西方哲学史

（增补修订版）

〔美〕梯利 著
伍德 增补
葛力 译

商务印书馆
创于1897 The Commercial Press

Frank Thilly

A HISTORY OF PHILOSOPHY

New York Henry Holt and Co. 1914

本书据纽约1914年版译出，并据其增订版(1962年，第三版)增补

序　论 1

哲学史旨在有联系地阐述那为解决存在问题或使人了解我们的经验世界而作的各种尝试。它是从古至今探源究理的人类思想的发展史;不仅按年代列举和解释各种哲学理论,而且研究各种哲学理论彼此的关系、产生的时期,以及提供哲学理论的思想家。每一种思想体系或多或少地有赖于其所由兴起的文明、以前各种思想体系的性质,及其创始者的个性;它又反过来对当代和后代的思想和制度发生很大的影响。所以哲学史必须力求把每一种宇宙观放在它适当的背景中,把它看作是一个有机整体的一部分,把它同它过去、现在和将来的文化的、政治的、道德的、社会的和宗教的因素联系起来。哲学史又必须试图追踪人类思辨历史上往前推进的线索:说明称为哲学的思想观点怎样产生,各种问题和提供的解答怎样引起新的问题和答案,各个时代对于达到最后的解决有哪些进展。

介绍各种体系时,我们将注意让作者摆出自己的观点,而不泛加品评。可以发现:哲学史在很大程度上是对哲学最好的评论者;某一体系由它的后继者所继承、演变、发挥或推翻,这就会暴露其中的错误和矛盾;这种体系又往往是新的思想倾向的起点。哲学 2
史家在自己的研究中应当采取不偏不倚和客观的态度,并且尽可能避免在探讨中渗入自己的哲学理论。但是完全消除个人因素是不可能的,哲学史家先入为主的成见必然在一定程度上流露于他的著作中。其表现方式多种多样:重视某些哲学,表明什么是进步和衰退，甚至对各个思想家论述的篇幅也有所不同。所有这些都是无可避免的。不过，应当让每个哲学家有机会充分地表明自己的论点，而不要常常加以批驳，使他受到干扰。而且我们不能单从现在的成就方面着眼来批评一个体系，就是说，不能用今天的标准来衡量而贬低它。同近代理论相比较，古希腊的世界观似乎是朴素、幼稚和粗糙的，而嘲讽这种世界观却极不明智。从当时的观点来看，人类最初努力了解世界而形成的这种世界观，显然是划时代的事件。评价一种思想体系，必须着眼于它本身的目的和历史背景，着眼于同它直接的前身和后继的体系相比较，着眼于它的前因后果以及由它所引起的发展。因此，我们的研究方法是历史的和批判的。

研究哲学史的价值应当很明显。有识之士都对存在的根本问题和人类力求在文明的各个不同阶段所作的解答感兴趣。此外，这种研究有助于人们理解自己的时代和其他时代，通过揭示各种思想所依据的根本原理，会使我们弄清过去和当代的伦理、宗教、政治、法律和经济思想。同时，这种研究对哲学思辨也是一种有益的准备。它评述民族的哲学经验，从比较简单的推向更复杂艰深的思想结构，并训练人们作抽象思维。这样，我们在形成自己的世
3 界观和人生观方面就会得到助益。如果有人试图建立一种哲学体系而绝对不依赖前人的工作，其结果必然同人类文明初期的粗糙理论相差无几，不会有什么提高。

科学和哲学可以说起源于宗教，或者毋宁说，起初科学、哲学和宗教是一回事：神话是了解世界的原始的尝试。人最初根据自己浅薄的经验来解释那大部分以某种理由（主要是实用的理由）而引起注意的现象。他设想现象具有他自己的特性，根据自己的形象来塑造现象，赋之以生命，把现象看作是活着的和“有灵魂的”。在

许多民族中间，这种模糊不清的物活论观念演变为清晰明确的关于人格的思想，——这种人格比人类更高一级，而本质上同人类相仿（多神论）。可是，不能把任何一种神话看作是个人的创造或逻辑思维的产物，神话是集体智慧的表现，其中想象和意志会起极为重要的作用。

哲学通史要包括所有民族的哲学。不过，不是所有的民族都已产生真正的思想体系，只有少数几个民族的思辨可以说具有历史。许多民族没有超过神话阶段。甚至东方民族如印度人、埃及人和中国人的理论，主要是神话和伦理学说，而不是纯粹的思想体系：这种理论同诗和信仰交织在一起。因此，我们将限于研究西方国家，从古希腊人的哲学开始，而西方文明的一部分是建立在古希腊人的文化之上的。我们将遵循通史的一贯的分类法，把哲学划分为古代哲学、中世纪或基督教哲学和近代哲学。

哲学史研究所用的资料将是：（一）哲学家的著作或者哲学家仅仅现存的著述的断简残篇，这是**原始资料**。（二）如果前两者都没有，要了解哲学家的学说，我们就必须依赖别人所作的最可靠和最准确的论述。对本书有帮助的资料中，有关于某些哲学家的生 4
平和学说的论述，关于哲学史的通论和专论，对某些学说的批评以及在各种书中关于某些学说的引证。原始资料散佚时，这种**第二手资料**是必不可少的。即使原始资料没有散佚，第二手资料在阐明其所探究的体系方面，也有很大价值。哲学史家要参阅一切对了解其课题有补益的著作，其中第二手资料占有重要地位。他还要涉猎那些足以使他了解他所探讨的时代精神的研究领域，涉猎诸如科学、文学、艺术、道德、教育、政治和宗教等一切人类活动的历史。

参　考　书

有关哲学史方面的著作(包括古代、中世纪和近代在内)。属于概论性质者：——K. 费舍：《近代哲学史》，戈迪译，第一卷，第一篇；B. D. 亚历山大：《哲学简史》；维贝尔：《哲学史》，梯利译；施维格勒：《哲学史》，西利译；A. K. 罗杰斯：《哲学史入门》；文德尔班：《哲学史》，塔夫茨译；特纳：《哲学史》；斯特克尔：《哲学史手册》，科菲译；库什曼：《哲学史》。并参阅：——J. B. 伯里：《思想自由史》[*]；J. M. 罗伯逊：《自由思想简史》，两卷。

比较高深的：——J. E. 埃尔德曼：《哲学史》，三卷，霍夫译；宇伯威格：《哲学史》，三卷，莫里斯译(1874 年从德文版译出，原书曾一再由 M. 海因泽加以修订和增补，现已出到第十版)；黑格尔：《哲学史讲演录》[**]，三卷，霍尔丹译；《哲学通史》(由若干德国学者为《现代文化》丛刊编写；其中也包括一些段落，论述原始哲学、印度哲学、伊斯兰教哲学和犹太哲学、中国哲学和日本哲学)；多伊森：《哲学通史》，第一卷(三部分)包括东方哲学，第二卷包括希腊哲学和圣经哲学；《伟大的思想家》，由很多德国学者编写；施瓦茨：《哲学中的神的思想》。

专史：——朗格：《唯物主义史》[***]，三卷，托马斯译；拉斯维茨：《原子论史》；维耳曼：《唯心主义史》，三卷；R. 里希特：《哲学中的怀疑主义》，两卷。逻辑：——普兰特耳：《逻辑史》，四卷；普胡埃斯：《作为认识批判的哲学史》；亚当森：《逻辑简史》。心理学：——德斯瓦尔：《心理学史纲》，费希尔译；克累姆：《心理学史》，威尔姆译；J. M. 鲍德温：《心理学史》，两卷；鲍桑葵：《美
5 学史》；沙斯勒尔：《美学批判史》。伦理学：——保尔森：《伦理学体系》，梯利编译，第 33—215 页；奥伊肯：《人生问题》，霍夫和博伊斯·吉布森合译；西奇威克：《伦理学史》；R. A. P. 罗杰斯：《伦理学简史》；冯特：《伦理学》，两卷；马蒂诺：《伦理学说类型》，两卷。(希斯洛普：《伦理学基础》、塞思：《伦理学原理研究》、梯利：《伦理学导论》包含史料)；兰德：《伦理学名著选》(许多作者原著选辑)；沃森：《从阿里斯提普斯到斯宾塞的享乐主义学说》；热奈：《伦

[*] 罗家伦译，商务印书馆，1927。

[**] 北京大学哲学系外国哲学史教研室译，商务印书馆，1964(原书三卷，中译编为四卷)。

[***] 郭大力译，《朗格唯物论史》，中华书局。

理和政治哲学史》。政治学：——波洛克：《政治学史》；邓宁：《政治学说史》；布仑奇利：《一般国家法的历史》。教育：——P. 芒罗：《教育史课本》；格雷夫斯：《教育史》，三卷；戴维森：《教育史》；威廉斯：《教育史》；施米德：《教育史》。科学：——惠威尔：《归纳科学史》，三卷；布里克：《自然科学史》；斯特龙茨、布里克、舒耳策的德文著作；H. F. 奥斯本：《从希腊人到达尔文》；昂讷坎：《科学史研究》；卡若里、鲍尔、坎托、蒙杜克拉、夏耳的数学史；科普的化学史；贝里、德雷尔、沃尔夫、德拉姆布尔的天文学史。

哲学辞典：——鲍德温编，两卷；艾斯勒、毛特纳、基尔克纳的德文著作；艾斯勒：《哲学辞典》。并参考百科全书条目，特别是《大英百科全书》、哈斯廷斯：《宗教和伦理学百科全书》《天主教百科全书》《犹太教百科全书》、P. 芒罗：《教育百科全书》中的条目。

关于书目，可参考兰德：《哲学书目》；鲍德温：《哲学辞典》，第三卷；宇伯威格-海因泽前引书德文第 10 版。1895 年以后出版的完备的书目可参看《系统哲学档案》；1908 年以来的，可参考鲁格：《现代哲学》。

（哲学杂志和心理学杂志从略）

目　　录

第三编　近代哲学

增订本补遗

第一编

希腊哲学

第一篇　自然哲学 7

第一章　早期希腊思想的起源和发展

第一节　希腊哲学史

古代民族中很少有远远超出神话阶段的，除去希腊人以外，或许没有一个古代民族可以说创制了真正的哲学。因此，我们的论述就从希腊人开始。希腊人不仅奠定了一切后来的西方思想体系的基础，而且几乎提出和提供了两千年来欧洲文明所探究的所有的问题和答案。他们的哲学是人类思想从简单的神话式开始演进到复杂广博的体系的一个最好的例证，这种例子是每个民族都提供了的。那种激发希腊思想家的独立精神和他们对真理的爱好是极为崇高，罕与伦比的。因此，对较深的思辨思想感兴趣的学者来说，研究希腊哲学，应该是一种引人入胜的可贵的锻炼。

所谓希腊哲学史，指的是起源于希腊世界并在其中发展的文化的演进。不过，它不仅包括希腊人自己的体系，还包括那些表现希腊思想的基本特征，显然产生于希腊文明而盛行于雅典、罗马、亚历山大或小亚细亚的体系。

第二节　自然和社会条件

我们要研究其哲学的民族居住在多山的希腊半岛上。这一领域的自然特点适宜造就坚强而活跃的民族，它的许多港口，有利于航海和贸易，为移民于域外各岛屿和大陆提供了出口岸。希腊殖民地从本土到小亚细亚沿岸，最后到埃及、西西里、意大利南部和 8

直布罗陀海峡两岸,构成一条连绵不断的索链。这些殖民地同风俗、传统和制度各异的民族经常接触,从中很容易得到好处,而又没有同宗主国失去联系。基于这些条件而取得的惊人的经济进展、贸易、工业和商业的发展,城市的兴起,财富的积累和分工的加细,对整个希腊世界的社会、政治、文化和宗教的生活,发生了深远的影响,为更加丰富的新文明开辟了道路。这种自然和社会条件有助于激发智慧和意志,开阔人们对生活和世界的眼界,活跃批评和思索的精神,导致独特人格的发展,促成人类思想和行动各个方面不同的进展。既然一个民族本来就有锐敏的智慧、渴求知识的强烈的愿望、精细的审美感、重实际的精力和锐气,这种条件就为它提供了磨炼其能力和才智的物质基础,从而使它在政治、宗教、道德、文学和哲学领域里突飞猛进。

第三节 政治

本土和殖民地的希腊城邦的政治兴衰,表现出某些共同的特征:我们发现任何地方都是从部落首长制、经过贵族政治到民主政治的演化。荷马史诗所描写的社会是等级社会,而且是部落首长制的政体形式。少数人获得财富和文化以后乃产生贵族政治的政体形式,后来则是寡头政治的兴起。随着社会条件的变化,一个公民阶级(平民)出现了,它开始同特权阶级争夺领导权。通过那些勇敢而有雄心的人从君主手中攫取权力的努力,公元前第六、七世纪在全希腊世界建立起"僭主政治"。最后,人民掌握了政权,僭主政治让位于民主政治。

第四节 文学

9 我们可以认为这种情况是希腊人意识觉醒的结果。新运动是启蒙文化的朕兆和原因：它是对传统事物日益增长的思考和批判的外在的表现，发源于反抗旧制度和要求改革。公元前六世纪以前希腊文学的历史揭示了思考和批判精神的发展，这种精神同它在政治生活上的表现相仿。以儿童时代的天真纯朴为特征的荷马式的欢快性和客观性逐渐消失；诗人越来越不乐观，越来越好批评、越来越主观。在荷马的著作中我们已经发现，他对人类的行为、芸芸众生的愚昧、人生的悲惨和短暂以及不正义的邪恶，间或从道德方面有所思考。在赫西俄德的著作中批判和悲观的色彩更加浓厚了。他的《工作与日子》一书是一本道德手册，这本书抨击了当代的缺陷，提出了道德准则和生活中实用的守则，赞扬素朴的道德，悲痛往昔美好时代的衰微。公元前第七世纪的诗人（阿耳喀乌斯、西蒙尼迪斯、阿客罗科斯）以感伤和嘲讽的语调，谴责僭主政治的出现，惋惜人类的软弱，但劝告他们刚毅地忍受自己的命运，让神祇来安排其后果。这种教诲人的和悲观的精神在公元前六世纪的诗中尤其明显。人们的政治命运成了讨论的课题，对事物新秩序的谴责，往往极为严厉。这时期有寓言作家伊索和所谓箴言诗人（梭伦、福库利德斯、特俄格尼斯），他们明智的准则，含有伦理观点，可以看作萌芽时期的道德哲学。事实是这样：个人正在开始分析和品评人生，他不仅过生活而且对生活有所思考；他不再满足于表达其民族通常的概念和理想，而是被激励着去提出他本人伦理的、政治的和宗教的思想和希望。从那些更广泛和更复杂的经验中产生的这种探索和不满的精神，终于导致人们以伦理和政治理论的形式对人类行为作哲学的研究。

第五节　宗教

宗教的发展沿循相仿的途径。最初希腊宗教采取自然崇拜的 10

形式，后来发展为多神教，创造了神仙社会，在这里住有诗人所想象的一群过着历史生活的神仙。在宗教领域里，思考和批判的精神也发挥作用，使宗教带有伦理和理性的色彩。思考荷马所描写的神仙的性格和行为，精炼道德意识，其结果就形成了关于奥林匹斯的比较纯净的概念。随着文明的发展，神仙自己也变成有道义的，宙斯被认为是神圣社会中有德性的首脑、天上人间正义的保护者。

另一方面，这种超自然的需要，在有关神仙的理论中，在论述神仙的起源、他们彼此之间以及他们和世俗的关系中，也有所表现。人们开始思索传统的神话，追问这些神仙是怎样产生的；他们用传统的神话作思索的基础，试图粗浅地解释万物。赫西俄德的《神谱》，就是神仙的这种原始系谱或神谱最古老的范例。属于这类文献的有公元前540年锡罗斯岛的弗瑞库德斯的《神谱》和奥甫斯的创世说，这种著作大概是建立在更加古老的神谱（约公元前六世纪）之上的，但是其当前形式的年代不会早于公元前一世纪。根据赫西俄德的《神谱》，最初产生凯奥斯（洪荒混沌），其次是盖亚（大地），再次是厄洛斯（爱）。由凯奥斯产生厄勒布（黑暗）和尼克斯（夜晚），又由后两者的结合产生埃德（光明）和赫麦拉（白昼）。大地生海，和天（乌拉诺斯）结合而生河。乌拉诺斯（天）的种子生阿芙罗狄蒂（爱），那就是，天降雨使生命萌芽于自然中。这里，试图解释万物之起源，不是采取我们所了解的科学的和逻辑思考的方式，而是求助于诗人的想象和通俗的神话。诗人追问他周围的事物和现象是怎样产生的，并根据简单的日常经验作出解释，认为那是生殖或人类意志所造成的：黑暗和夜晚相结合而生白昼；天和地相结合而生河。

第六节　哲学

神谱虽然不是哲学，却为哲学作了准备。在神话的观念中已 11
经出现哲学思想的胚种，即作某种解释的愿望，纵然这种要求植根于意志，很容易为想象的图景所满足。神谱学和创世说比神话前进了一步，它们试图用理论来说明神秘的世界，解释被设想为掌管自然现象和人类生活事件的主宰者的起源。但是，这些理论在很大程度上仍然只能满足含有诗意的想象，而不能满足进行推理的理智的要求；它们求助于超自然的力量和动因，而不求助于自然的原因。只有以理性代替幻想，用智慧代替想象，摈弃超自然的动因作为解释的原则，而以经验的事实作为探究和解说的基础，这时才产生哲学。哲学要努力在一定程度上不偏不倚地、没有成见地说明事物，不受通俗神话的影响，不为直接的实际需要所牵制。公元前六世纪在启蒙时代出现的哲学，就是以上所述的那种探究精神的自然成果，这种精神反映于希腊精神生活的各个方面。

参　考　书

冈珀茨：《希腊思想家》，第一卷；策勒尔：《希腊哲学史纲》和《希腊哲学》，第一卷；《大英百科全书》中希腊、希腊的艺术、文学、宗教等条目。

第七节　希腊哲学概观

希腊哲学从探究客观世界的本质开始。它最初主要是对外在的自然感兴趣（自然哲学），只是逐渐地转向内部，转向人类本身而带有人文主义性质。第一个大问题是：什么是自然，因而什么是人类？第二个问题：什么是人类，因而什么是自然？从自然到人类这一兴趣的转移导致人类精神问题的研究，即研究人类思想和人类行

为，研究逻辑、伦理学、心理学、政治学和诗论。后来，注意力更特
12 别集中于伦理问题：什么是至善？什么是人生的目的和目标？伦理学成了主要课题，研究逻辑和形而上学是为了帮助解决道德问题。最后，上帝和人同上帝的关系问题，即神学问题，占有显著地位，希腊哲学像它开始一样，仍归结于宗教。

（一）在我们称为智者学派以前的时期，大约从公元前585年到公元前第五世纪中叶，提出了第一个大问题。最早的希腊哲学是自然主义的：注意自然；它大半是物活论的：认为自然能够活动而有生命；它是本体论的：探索事物的本质；它主要是一元论的：试图用单一的原则来解释自然现象；它是独断的：天真地设想人的思想能够解决宇宙问题。这时期的哲学舞台是在殖民地，盛行于爱奥尼亚、意大利南部和西西里。

（二）第五世纪的智者学派时期是转折时期。这时期对人类思想能够解决世界问题逐渐发生怀疑，同时对传统的思想和制度相应地缺乏信仰。这个思潮是怀疑的、激进的、革命的，对形而上学的思辨漠不关心或怀有敌意。然而，注意研究人的问题，却有必要比较彻底地研究知识问题和行为问题，从而导入苏格拉底时期。雅典是这个新启蒙思想和从中产生的一些伟大哲学派别的发祥地。

（三）苏格拉底时期是重建时期，从公元前430年到公元前320年。苏格拉底维护知识，对抗怀疑论的袭击，他表明如何用逻辑的方法可以获得真理。他还努力规定善的意义，从而为伦理学铺平了道路。柏拉图和亚里士多德在这位大师所奠定的基础上，建立起唯理的认识论（逻辑）、行为论（伦理学）和国家论（政治学）。他们又建成广博的思想体系（形而上学），用思想或理性或精神
13 来解释宇宙。因此，我们可以说：这种哲学是批判的，因为它探索了知识原理；是唯理主义的，因为它肯定理性有追求真理的能

力；是人本主义的，因为它研究人；是唯灵主义或唯心主义的，因为它以思想作为解释实在的主要因素。就它认为物质是占第二位的因素而言，它是二元论的。

（四）最后的时期，从公元前320年到公元529年查士丁尼皇帝封闭所有的哲学家的学院为止，被称为后亚里士多德时期。活动的场所在雅典、亚历山大和罗马。有两方面值得注意，即伦理和神学。(1)斯多葛学派芝诺和快乐主义者伊壁鸠鲁所研究的首要问题是行为问题：什么是有理性的人类努力争取的目的，即至善？伊壁鸠鲁学派认为是幸福，斯多葛学派认为是有德性的生活。两派都对逻辑和形而上学感兴趣。前者认为这种知识能够破除迷信和愚昧，有助于增进幸福；后者认为这种知识能够教诲人认清，他生存于有理性的宇宙中，应当履行自己的职责。伊壁鸠鲁学派是机械论者；据斯多葛学派来看，宇宙则是神圣理性的表现。(2)神学运动发源于亚历山大里亚，是希腊哲学同东方宗教接触的结果。它发展的最高形式是新柏拉图主义，它力图把世界说成是从超绝的上帝流出的，而上帝则是万物的根源和归宿。

参　考　书

一般哲学史：——参看前所列举一般哲学史和专著以及下列各书：马歇尔：《希腊哲学史》；文德尔班：《古代哲学史》，库什曼译；策勒尔：《希腊哲学史纲》，艾莱恩和艾博特合译；本恩：《希腊哲学》，两卷；J. 伯内特：《希腊哲学史》；亚当森：《希腊哲学的发展》；施维格勒：《希腊哲学史》。

比较高深者：——策勒尔：《希腊哲学》（标准著作），艾莱恩等人译，九卷；冈珀茨：《希腊思想家》，四卷，马格纳斯译；M. 冯特：《希腊哲学史》，两卷；德林：《希腊哲学史》，两卷；西贝克：《希腊哲学研究》，第二版。

专著：——H. O. 泰勒：《古代理想》；马哈菲：《希腊文明史》和《希腊人对人类的贡献》；康福德：《从宗教到哲学》（把希腊哲学看作是从希腊宗教演化出来的）；罗伯特·艾斯勒：《世界外衣与天幕》（把希腊哲学看作小亚细亚和 14

印度的伊朗神迹传统的延续);坎贝尔:《希腊文学中的宗教》;凯尔德:《希腊哲学家神学思想的演化》,两卷;罗德:《灵魂》;基尔伯特:《希腊宗教哲学》;克里舍:《希腊思想家的神学学说》;海因泽:《逻各斯学说》,等等;阿耳:《逻各斯思想史》,等等。

逻辑:比耳:《希腊关于基本认识的理论》;伦理学:德尼:《古代道德理论和观念史》;海因泽:《希腊哲学中的幸福论》。教育:戴维逊:《亚里士多德和古代教育理想》。科学:苟·阿尔曼·布莱特施耐德尔和韩克尔所著数学史。

关于原始材料的叙述参看文德尔班:《古代哲学家》,第 8—11 页;策勒尔:《大纲》,第 7—14 页。

资料汇编:——由穆拉克所编(三卷)以及由锐特和普锐鲁所编,论述哲学家的片断和章节汇编;迪耳斯:《苏格拉底以前哲学片断》(希腊文和德文本),第二版,《希腊哲学汇编》和《哲学诗片断》。要经常参看亚里士多德《形而上学》卷一。

英文翻译片断等等:费尔班克斯:《希腊早期哲学家》;贝克韦尔:《古代哲学资料》;杰克逊:《从泰勒斯到亚里士多德哲学史文编》。

第二章 前智者学派哲学的发展

在这一课题方面我们将研究爱奥尼亚“物理学家”或自然哲学家、毕达哥拉斯学派、赫拉克利特、埃利亚学派、恩培多克勒、原子论学派和阿那克萨哥拉。爱奥尼亚物理学家真正表现出思辨的冲动,他们企图用自然的原因来说明现象,而不求助于神话中的事物。他们追问:什么是组成世界的基本材料?并依据感官知觉作出答案:那是水,或者是气,或者是一堆假设的、未经分化的东西。借助单一的原理,即一元论,他们力图解说不同物体的性质及其变迁,这就是原始质料的转化。观察表明,各种实体都可以变成其他
15 实体,例如,水变成蒸气。所以原来的元素一定已经同样转变成当前经验世界中不同的实体。所有早期的希腊哲学家都隐含地肯定

实在是有生命的：原来的实体内部拥有运动和变化的起因（物活论）。他们用这一观点来解释变化的事实本身。毕达哥拉斯学派不大注意感官知觉的实体，而注意宇宙万物间的关系、秩序、一致或和谐。因为这可以用数来表示，他们便把数看作实体，认为数是万物的基本原因。赫拉克利特像爱奥尼亚派一样，把一个生气蓬勃的实体（火）看作基质，但是他有意识地突出变化的事实或生成，把它看作重要的事情。他认为，世界不断变化，一切事物都处于流动状态，事物没有真正的永久性。他还比他的前人更清楚地提出了这种观念，就是世界上有一理性掌管其中发生的事件。埃利亚学派也注意变化的概念，不过他们摈弃它，视之为绝对不可设想的。一种元素，比如火，竟会变成其他任何一种事物，这是不可思议的。一种事物不能变成它本身以外的其他事物。凡现在是什么样的东西，一定保持是什么样的东西；实在的重要特征是恒常性，而不是变化。恩培多克勒思考这样提出的问题，同意埃利亚学派的观点，认为绝对的变化是不可能的；就变化的真实意义来说，没有什么东西能够变成任何别的东西。没有什么东西能够产生于无，没有什么东西能够变成无；没有什么东西能够变成另外一种绝对不同的东西。他却同赫拉克利特一样，仍然主张事物是会变化的。不过，这种变化是相对的，而不是绝对的。他肯定有恒常的元素或分子，元素或分子结合起来构成物体，这就是生成；物体的各部分分裂开来，则是衰颓。任何东西都不能绝对真正地生成、变易或消失；世界上只有恒常不变的元素能够并且确实在改变彼此之间的关系。原子论者在原则上接受了这种新观点，但是在几个方面和恩培多克勒有所不同。恩培多克勒设想土、气、火、水四种元素，还有某些人格化的活动力量——爱与恨。原子论者则假定有
无数微小不可分割、称为原子的物质分子，这同土、气、火、水相比 16

是更基本的东西。他们认为运动是原子本身所固有的。阿那克萨哥拉也赞成恩培多克勒和原子论者所提供的解释原理，唯有这一差别：阿那克萨哥拉假定有无数基本的性质，并采用了这些元素以外的心灵的观念，以解释其运动的起源。最后，智者对所有这些理论都抱否定态度，断定解决宇宙问题的尝试是徒劳无益的，其理由是，在这领域里不可能取得确实的知识。

参　考　书

专著：伯内特：《早期希腊哲学》，第二版；海德耳：《苏格拉底以前各哲学家自然观的研究》；泰希米勒：《探讨》；比克：《苏格拉底以前的哲学》；戈培尔：《苏格拉底以前的哲学》；舒耳茨：《毕达哥拉斯和赫拉克利特》。费尔班克斯、伯内特和贝克韦尔书中有翻译片断。宇伯威格-海因泽《哲学史》第一篇中有书目。

第三章　实体问题

第一节　泰勒斯

泰勒斯约在公元前 624 年生于希腊一个殖民地米利都，死于公元前 554 年和公元前 548 年之间。他以一个政治家、数学家、天文学家和希腊第一个哲学家而著称。据说他曾预言发生在公元前 585 年 5 月 28 日的日蚀。所有列举“希腊七贤”的作家都提到他的名字。泰勒斯或许从来没写过什么书，无论如何我们没有他的著作。有人说他写了一本《航海占星学》，其实那是假的。因此，我们关于他的学说的知识仅限于第二手材料。

泰勒斯的重要性在于他直截了当地提出哲学问题，在回答问题时不牵扯神话中的事物。他大概观察到生命所需的许多因素

（食物、热度和种子）都含有水分，因而推断说水是原始的要素。万物生于水，至于如何生于水，他没告诉我们，很可能因为他认为一种实体转化成另外一种实体是经验的事实，根本不是需要他解答的问题。同所有的早期希腊哲学家一样，他明显地把自然看作是有生命、能活动、行动和变化的；至少亚里士多德告诉我们的是如此。据希波里塔斯说，泰勒斯肯定万物不仅生于水，而且复归于水。他或许设想水为一种黏质物，这种黏质物能够圆满地说明固体、液体和生物的起源。

第二节　阿那克西曼德

阿那克西曼德在公元前611年生于米利都，死于公元前547
或公元前546年。据说他是泰勒斯的学生。比较稳妥的推测是， 17
他是泰勒斯的同乡，因而他熟悉泰勒斯的观点。相传他对天文学、地理学和宇宙生成论感兴趣；他绘制了地形图和天体图，把日晷引进希腊。他的论文《自然论》只有断简残章留下来，这是希腊第一部哲学著作，用希腊文写的第一部散文著作。

阿那克西曼德的论点大致如下：万物的本质或要素不是像泰勒斯所设想的水，因为水本身还必须加以解释，而是无限，即一种永恒不灭的实体。万物由它构成，又复归于它。所谓无限（τὸ ἄπειρον），他似乎指的是一种无穷无尽充满于空间的活泼的质料，但是他未明确规定其性质，因为他认为一切属性都是从它产生的。它是无限的，据他天真地推断，如果不是这样，它在创生万物时就会消耗殆尽。

这个未经分化的大块物质由于其永恒的运动，分离出不同的实体，最初是热，其次是冷，热像一圈火焰包围着冷。火焰的热使冷变成湿气，又变成空气，空气扩张并冲破火圈而成轮形的环。这些环有开口，好像长笛的小孔。从小孔中喷射出火，这就是天体。包围在天体周围的空气迫使天体围绕地球而旋转。太阳是天体中最高的物体，其次是月亮，再次是恒星和行星。地球是位于中心的圆筒形体，由原始的湿气干燥而成，剩余的湿气则是海。

从太阳蒸发的潮湿的元素中产生第一批生物。随着时间的推移，某些生物从水中爬上比较干燥的陆地，适应新的环境。像所有其他动物一样，人最初是鱼。一切事物都要复归于其所由产生的原始质料，以便重新产生，如此交替，以至于无穷。这是早期思想
18 共有的世界轮回说。从事物由于变成现有的状态而掠夺无限这个意义来说，事物的创造是不公允的。

阿那克西曼德的思想比泰勒斯的思想前进了一步。第一，他试图把泰勒斯认为是原质的因素解释成为演化出来的东西。第二，他试图描绘变化过程的一些阶段。而且他似乎有了某种物质不灭的观念。他不愿意规定那无限的质料的性质，这表明同他前人思索具体的、感官所知觉的实体相比，他倾向于更抽象的思维形式。他那独创的生物学说是进化论的先驱，他的天体论在天文学史上占有重要地位。

第三节 阿那克西米尼

阿那克西米尼(公元前588—前524年)，也是米利都人，据说是阿那克西曼德的学生。他用爱奥尼亚方言写了一部散文，只有其中少数片断留传下来。像他老师所主张的那样，他认为事物的原始基质或作为基础的实体，是太一和无限，但是它不是不明确的：它是空气、蒸气或雾。正如空气或气息是赋予我们以生命的元素，它同样是宇宙的基质。正如我们的灵魂是一种气，我们赖以生存一样，气息(πνεῦμα)或空气围绕着整个世界。这种气是活泼的，

无限地扩散于空间。

通过稀释和凝聚（π ύκνωσιs）的过程万物产生于气。稀释时，气变成火。凝聚时，气依次变成风、云、水、土和石头。一切其他的东西都是由这些东西组成。运动产生变化，而运动是永恒的。

米利都学派的后辈有希波（公元前五世纪）、伊德乌斯和阿波龙尼亚的第欧根尼（公元前 440—前 425 年）。

第四章　数的问题

第一节　毕达哥拉斯及其学派

以上我们所探讨的思想家都对事物的本质问题感兴趣：他们询问什么是组成世界的质料？他们认为那是具体确定的实体，如水或气，或从这些元素分化出来的某种东西。现在我们要 19
研究一派哲学家，他们特别注意形式或关系问题。作为数学家，他们对可计量的数量关系感兴趣，开始思索世界的齐一性和规律性问题，试图以数为实体，把它看作是万物的基质，从而说明这个事实。

毕达哥拉斯学派的创始人是毕达哥拉斯。关于这个人流传着许多奇闻轶事，特别是出自他死后几个世纪的作家。据说他曾做广泛的旅行，他的思想从他足迹所到的国家而来，但是，这些记载都不可靠。在公元前 580 和公元前 570 年之间，他生于萨摩斯，约在公元前 529 年迁居于意大利南部的希腊殖民地。据说他反对波利克拉提斯的僭主专政，忠于贵族党，所以离开了家乡。他定居于克罗托那，建立了一个据称抱有伦理、宗教和政治目的的社团。他的理想是要在其门徒中间发扬政治品德，教诲他们要为国家的利益而活动，使自己服从整体。为了实现这个目的，他强调道德训练的必要性：个人应该懂得约束自己，抑制情欲，使灵魂旷达；应该尊重权威，尊重长者、教师和国家的权威。这个毕达哥拉斯社团似乎是一个实际的公民训练学校，在这里试验毕达哥拉斯的理想。它的成员培育友爱的美德，训练自我检查的习惯以提高其品性。他们形成一个公社，像一个大家庭那样同吃同住，穿同样的衣服，专心从事艺术和工艺，又研究音乐、医学，特别是数学。通常它的成员都要经过一段学徒时期，格言是先倾听后理解。这个社团最初可能是当时出现在希腊、大规模流行的宗教复兴的一种形式，其目的在于纯净生活，使全民参加礼拜，特别是参加表现为所谓神秘宗教仪式的礼拜。这种神秘宗教的教义，指出灵魂未来的命运取决于人们在尘世生活中的行为，而且为掌管他们的行为制定了一些规章。据说毕达哥拉斯社团扩大了开展于下层阶级中的宗教运动的用途，使它适应比较有教养的贵族阶级的需要。

毕达哥拉斯社团的政治倾向同许多城市的居民发生矛盾，这
20 些城市都有其门徒；最后招致严重的迫害。由于这些骚乱，据说毕达哥拉斯被迫逃到梅塔彭顿去避难，公元前500年死于此地。他的许多追随者被逐出意大利，在希腊落脚，其中有塔仑丁的阿尔库塔斯（很可能是苏格拉底的同代人）和逃到梯比斯的吕西斯。这种灾难结束了毕达哥拉斯社团，使它不再成为一个有组织的团体，但是，毕达哥拉斯的弟子继续宣传和发扬这个大师的学说，有几百年之久。

参 考 书

波尔菲里：《毕达哥拉斯传》；扬布利可：《毕达哥拉斯传》。参看冈珀茨前引书，第1卷；策勒尔书，第1卷。

毕达哥拉斯本人没有留下什么著作,我们只能说他有上面所述的伦理、政治和宗教观点。他多半是数论的创始人,数论是毕达哥拉斯学派的中心思想,我们即将论述。留传至今的体系是由菲洛劳斯于公元前第五世纪后半叶建成的,为这个学派的其他成员阿尔库塔斯和吕西斯所承袭,直到公元前第四世纪。

第二节　毕达哥拉斯学派的数论

毕达哥拉斯学派注意世界上形式和关系的事实,他们发现量度、秩序、比例和始终一致的循环,可以用数来表示。他们论断,没有数就不会有这样的关系和一致性,就没有秩序和规律。因此,数一定是万物的基础,数一定是真正的实在、事物的实体和根基,一切其他东西都是数的表现。他们以数为基质,正如今天许多人以自然规律为基质,把这些规律说成是任何出现的东西的原因一样。他们发现在弦的长度和音调之间就有数的关系感到高兴,因而把仅仅是这种关系的符号或表现的数当作这种关系的原因,把数看作是位于现象背后的基本要素和基础。

如果数是事物的本质,那么,凡是数所具有的特性,事物也有。因此,毕达哥拉斯学派精心研究在数中可以发现的无穷的特征,把这些特征赋予整个宇宙。数有奇偶。奇数不能用二整除,而偶数则能这样除,因此前者有限,后者无限。奇数与偶数、有穷与无穷、
有限与无限构成实在的本质。自然界也是对立面的结合,即奇与 21
偶、有限与无限的结合。他们提供一个有十对这样对立面的表格:有限与无限,奇数与偶数,一与多,右与左,男与女,静止与运动,直与曲,光明与黑暗,善与恶,正方与长方。从一到十每个数都有其特征。

物质世界也有数的性质,以单元为基础。点是一元,线是二

元，面是三元，立体是四元。土是立方体，火是四面体，气是八面体，水是二十面体，如此等等。这就是说，物体的线与面被认为是有独立存在的实体，因为没有线与面就不会有物体，而没有物体，却可以设想有线与面。这些空间的形式是物体的原因，因为这些形式可以用数来表示，数就是终极的原因。对于非物质的事物可以做同样的推论：爱情、友谊、正义、德性、健康等等是建立在数之上的。爱情和友谊用数字“八”来表示，因为爱情和友谊是和谐，而八个音度是和谐。

第三节 天文学

毕达哥拉斯学派也注意研究天文学，涌现出许多著名的天文学家。他们认为宇宙是球形，当中是中心火。行星由其所附着的透明活动的球体所推动，围绕中心火而运转。恒星紧系于天的最高圆顶，这圆顶三万六千年围绕中心火旋转一周。下面是同心的球体土星、木星、火星、水星、金星、太阳、月亮和地球。因为十是完满的数字，一定有十个天体。毕达哥拉斯学派于是在地球和中心火之间安置一个反地球（a counter-earth）*，这反地球遮蔽地球，使它不受中心火射线的辐射。地球和反地球每天都围绕中心火运转，而地球却永远以同一面对着反地球和中心火，这样我们住在地球的另一面，就看不见中心火。太阳每年绕行中心火一周，它反射
22 中心火的光。诸天体的运动表征八音度，因此是和谐的；每个天体都能发出它自己的音调，乃有天体的和谐。

* 又译：反面地球（法·伏古勒尔著，李晓舫译：《天文学简史》，上海科学技术出版社，1960年版，第7页）；对地（北京大学哲学系外国哲学史教研室编译：古希腊罗马哲学，商务印书馆，1961年版，第34页）。

这种天文学思想尽管荒诞不经，却为大约公元前280年萨摩斯的阿里斯塔尔库斯所建立的古代太阳中心说铺平了道路。最后，人们摈弃了反地球和中心火，希克塔斯和埃克凡图斯宣称地球围绕轴心旋转。赫拉克利德斯认为有理由排除行星按同心环形围绕地球运转的观点，他把行星的运动同太阳的运动联系起来。由于太阳形体较大，阿里斯塔尔库斯得出结论，断定太阳不是围绕地球运转，而是地球围绕太阳运转。（参看冈珀茨，前引书，第一卷。）

第五章　变化的问题

第一节　永恒和变化

爱奥尼亚物理学家关注事物实体的性质，毕达哥拉斯学派关注量的关系、秩序、和谐和数。其次引人注意的问题是变化或变易的问题。早期哲学家朴素而客观地论述变化、转化、起源和衰败的过程，丝毫不以为那是问题。他们没有专心思考变化这个观念，在他们的解说中只是应用这一观念，未加深究。他们指出，万物如何由他们所设想的原始的统一体中生成，而又复归于它，例如气变成云，云变成水，水变成土；这些实体如何转化还原到原始的基质。一切实体转化理论中都含有这样一种思想，就是没有任何东西能够绝对地生成或消灭：一个同样的基质时而为水，时而为云，时而为土。有的思想家重视变化、生长、发生和衰灭的现象，把它提高到他的体系的中心地位，那是很自然的。赫拉克利特就是这样做的。他对世界上变化的事实有很深的印象，断言变化构成宇宙的真正生命，没有什么东西真正不变，永恒是虚幻；事物貌似稳定，实际上 23

处于无穷的变化过程中，处于不断的流动状态中。埃利亚学派持有相反的观点，根本否定变化或变易的可能性。在他们看来，现实竟然会发生变化，一个东西竟然真正会变成别的东西，这是不可思议的。因此，他们认为变化是虚妄的，只不过是感觉现象，而存在则是经久不变和永恒的。

第二节 赫拉克利特

赫拉克利特（公元前 535—前 475 年）生于以弗所，出身于贵族家庭。他一生都保持有十足的贵族气，极端轻蔑民主政治。他为人严肃，爱批评，情绪悲观，评价人时能独立思考，武断、骄傲，好吹毛求疵。他轻视赫西俄德、毕达哥拉斯、色诺芬尼以至荷马；他矜夸他的自修。他说："博学并不能训练头脑，如果能的话，它早就使赫西俄德、毕达哥拉斯和色诺芬尼聪明了。"他的文笔晦涩，可能故意如此，后来人们就称他为晦涩哲人。但他是一个出色的作家，富有机智和有创造性的言论，致力于发表神谕性的言词，而不试图加以证明。他的著作只有片断留传下来，据认为有《自然论》这样通常的标题，分为三部分，即物理、伦理和政治。往往说是出于他的笔下的《信札》，是一部伪作。

参 考 书

帕特里克：《赫拉克利特的自然论》；拜沃特：《赫拉克利特残篇》；迪耳斯：《赫拉克利特》（希腊文和德文），第二版；舍费尔：《赫拉克利特的哲学》；伯奈斯、拉萨尔、E. 普夫莱德雷尔、斯本格勒和博德雷罗所写的专题论文。

一、对立面的统一

如上所述，赫拉克利特学说中的基本思想是：宇宙处于永不止息的变化状态中。“人不能两次走进同一条河流，因为新而又新的水不断地往前流动。”为了发挥不断活动的思想，他选择了他所知道的某种最容易动的、永不静止的东西，作为他的原始的基质，这就是永生的火，有时他称之为蒸气或气息。他认为火是有机体根本的基质和灵魂的本质。有些注释家认为火一基质仅仅是对不断的活动或过程所作的具体的物理的表述，不是实体，而是实体的否定、纯粹的活动。然而，赫拉克利特很可能没有这样仔细地思考过，他只满足于求得一个不断变化、连续进行性质转化的基质，而 24
火符合这种要求。

火变成水，又变成土，而土又还原为水和火，“因为上升的路和下降的路是一条路”。“万物变成火，火变成万物；正如货物换成黄金，黄金换成货物一样。”事物好像是永恒的，因为我们看不见事物中不断的运动，事物在一方面有所失，在另一方面又有所得。太阳日日新，升起时照耀，下沉时熄灭。

原始的统一是不断地活动和变化的，永不停止。它的创造是毁灭，毁灭是创造。那就是说，一种东西变成另外一种东西，例如火变成水，火就消失于新的存在形式中。每一种东西都这样变成它的对立面，因此每一种东西都是对立性质的统一。没有什么东西的性质不变，没有什么东西具有永恒的性质。从这一意义来看，每一种东西既存在，又不存在。凡是论述它的对立面具有什么样的属性，同时对**它本身**可以作那样的论述。有这种对立，才可能有世界。比如，音乐中的和谐就产生于高低音调的结合，即对立面的统一。

换言之，世界为斗争所支配。“战争是万有之父和万有之王。”如果没有斗争和对立，世界就会消亡——停滞不前而毁灭。“甚至一剂药不予搅动，也会分解成它的组成成分。”对立和矛盾统一起来乃产生和谐。的确，没有矛盾、对立、运动或变化，就不会有这样的秩序。归根到底，它们都将在这普遍的基质中被调和起来。世界要回到火的原始状态，火也就是理性；这种过程又会重新开始。在这个意义上，善与恶是同一的东西。“生与死，醒与睡，少与老，是同样东西。后者变化，就成为前者，前者变回来，则成为后者。”对上帝来说，一切事物都是美好、善良和合理的，因为上帝是按当然之理来安排事物的，他使万物完善，以求整体的和谐。而人类却认为有些事物不合理，而另外一些事物是合理的。

二、理性的规律

因此，宇宙进程不是偶然的或随意的，而是依据“定则”，或者
25 像我们现在所说的，由规律所支配。“事物的这一秩序不是任何神或人所创造的，它过去一直是、现在是、将来也永久是永生之火，按照定则而燃烧，又按照定则而熄灭。”赫拉克利特有时把这说成是命运之神或正义之神的作为，借以表示必然性的观念。在一切变化和矛盾中唯一常住或保持不变的，是位于一切运动、变化和对立背后的规律，是一切事物中的理性，即逻各斯（*the logos*）。因此，原始的基质是唯理的基质，它有生命，有理性。赫拉克利特说：“只有了解那引导万物、使之流转于万物之间的智慧，才是聪明的。”我们没有绝对的把握说他是否认为这是有意识的智慧，不过，设想他抱有这样的见解，是合乎情理的。

三、心理学和伦理学

根据这种宇宙理论，赫拉克利特建立了他的心理学和伦理学。人类灵魂是普遍之火的一部分，并由它所滋养。我们呼吸火，通过感官接受火。最干燥和最温暖的灵魂是最好的灵魂，很像宇宙之

火那样的灵魂。感性知识不如理性，眼耳的见证不可靠。那就是说，没有思考的知觉不能给我们揭示隐秘的真理，这种真理只能由理性发现。

灵魂是人身上的起支配作用的因素，接近于神圣理性。人类必须服从普遍的理性，服从流行于万物中的法则。“言谈明智的人必须牢牢坚守万物中普遍的因素，像一个城市坚守法规一样，而且应当格外坚定。因为一切人类法规都由神圣的法则所滋养。”过唯理的生活，服从理性的命令，才合乎伦理，而理性则是我们一切人和全世界所同样具有的。然而，“虽然理性是共同的，大多数人在生活中却表现出好像他们有独特的知性那样。”道德意味着守法、律己和控制情欲；这就是根据唯理的原则来约束自己。“人民应该
为维护法律而战，正如为维护安全而战一样。”“品性是一个人的守 26
护神。”“扑灭放纵之情，应有甚于消灭火灾。”“很难对抗情欲，凡是它想得到的，它都要以牺牲灵魂来换取。”“一个人如果最优秀，我看他抵得上 1 万人。”

赫拉克利特鄙视群众，认为他们“尾随流浪诗人，以群氓为师，不知道多数是坏的，几乎没有几个是好的”，“像牲畜一样吃饱喝足。”人生充其量不过是悲惨的游戏：“人的一生有如一个儿童玩跳棋；王国是一个儿童的王国。”“人像夜间的灯光，点燃起来而又吹灭了。”他对流行的宗教也只有轻蔑：“他们用血来涤除罪行，有如一个人已经跨入泥淖之中，要用泥浆来洗掉泥浆一样。如果有人看见他这样干，会认为他在发疯。他们向这些偶像祈祷，好像同屋子说话一样，因为他们不知道什么是神灵和英雄。”[①]

---

① 参看费尔班克斯译：《希腊早期哲学家》。

第三节　埃利亚学派

赫拉克利特注意变化和运动的现象，而埃利亚学派则坚决认为变化和运动不可思议，事物的基质必然永恒、不动、永不变化。这个学派因其真正的创始人巴门尼德的家乡在意大利南部埃利亚城而得名。我们把这种哲学分成三个阶段。(一)色诺芬尼可以说是始祖，他以神学的形式来表述其基本思想。(二)巴门尼德把它发展成本体论，完成了这个体系。(三)芝诺和梅利苏斯是这种理论的捍卫者，是这学派中的论辩家。芝诺企图揭示其对立面的荒谬，从而证明埃利亚学派的论点，而梅利苏斯则为论证这种理论提供积极的论据。

参　考　书

弗罗伊登塔尔：《论色诺芬尼的神学》；迪耳斯：《巴门尼德》。参看宇伯威格-海因泽书§§18—21列举的书目。

一、神学

色诺芬尼(公元前570—前480年)从小亚细亚的科洛封迁居到意大利南部，作为一个吟游诗人到处流浪，背诵他的伦理宗教
27 诗。他的著作只留下少数断简残篇。他是一个思辨的神学家，而不是一个哲学家。同毕达哥拉斯一样，他受了公元前六世纪流行宗教运动的影响。他抨击盛行的多神论及其神人同形同性论，宣称神有统一性和不变性。“但是，世人认为神祇同他们一样是被生出来的，有类似他们那样的知觉、声音和形状。”“的确，如果牛或狮子有手，并且像人一样能够用手作画和创造艺术品，马就会把神的形象画得像马，牛就会把神的形象画得像牛。每一种动物都会按照自己的形

象来塑造神，使之带有同样的身体。”“所以埃塞俄比亚人把神祇弄成黑皮肤、扁鼻子，色雷斯人把神祇弄成红头发、蓝眼睛。”[①] 神是独一无二的，无论在形体或精神方面都和世人有所不同，他不费力气，以其头脑的思想来统治万物。他居处于一地，根本不移动，却全身，即其各个部分都有所见、所闻和所思。神是独一无二的，无始无终；他是永恒的。就他无所不包而言，他是无限的；但是，他不是一个无形的无限，而是一球形体、一完善的形式，这样，他又是有限的。因为运动同存在的统一性不相符，他作为整体是不动的，但是，在他的各个部分中则有运动或变化。

色诺芬尼是一个泛神论者，认为神是万物存在于其中的宇宙的永恒的基质，是太一和一切（εν καὶ πᾶν）。换句话说，神即宇宙。像早期希腊人通常对自然的看法（物活论）一样，神不是一纯粹精神，而是整个的有生命的自然。如果色诺芬尼竟然信仰多神教的神祇，他会把他们看作是宇宙的各个部分，看作是自然现象。

色诺芬尼也提供了自然科学理论。以留在石头中间的甲壳和海产物的印迹为佐证，他推论人类和现今存在、生长的万物，都发源于土和水。以前大地曾和海混杂在一起，后来大地摆脱了潮湿。大地还要沉入海中，变成泥淖，人类将从头重新开始。他认为太阳和星辰是火红的云团，它们每天熄灭，又重新燃起。

色诺芬尼提出的宇宙观，为巴门尼德所发展和完成了。巴门 28
尼德是这学派的形而上学家，约在公元前515年生于埃利亚一富裕家庭。他熟悉赫拉克利特的学说，可能曾经属于毕达哥拉斯学派。他的教诲诗《自然论》保存下来某些残篇，共分为两部分，即论真理和论意见。

---

① （作者注，下同）伯内特译文，见《早期希腊哲学》。

二、本体论

赫拉克利特认为万物都变化，火变成水，水变成土，土变成火；事物存在而又不存在。这怎么可能？巴门尼德问道，一个东西怎么会既存在，又不存在。一个人怎能这样的矛盾？一个东西怎能改变它的性质？一种性质怎能变成另外一种性质？如果说能，那就是说某种东西存在和某种东西不存在；无能生有，有能变无。或者，换一种论证的方式：如果存在有变化，它一定产生于非存在或产生于存在。如果产生于非存在，它产生于无，这是不可能的；如果产生于存在，那么它是产生于自身，这就等于说，它同它自身是同一的，过去一直是同一的。

因此很明显，存在只能产生于存在，没有一种东西能够变成别的东西。凡是存在的东西，一向总是存在，将永远存在，或保持原状。因此，只能有一个永恒的、非衍生的和不变的存在。既然它总是一样，除存在以外其中没有别的东西，它必然是连绵不断的。而且，它必然是不动的，因为存在不能生成或消逝，没有容它在其中活动的非存在，即空间。存在和思维是一回事，因为凡是不可思议的，就不存在；凡是不存在的或非存在，就不可思议。那就是说，思维和存在是同一的；凡是可思议的，就存在。从实在中赋有精神的意义来看，存在和思维也是一回事。

存在或实在是性质相同、连绵不断和不确定的质料——我们这位哲学家的审美想象把它描绘成一球形，——赋有理性、永恒和不变。任何变化都不可思议，因此，感官世界是虚幻。如果
29 认为我们感官所知觉的东西是真的，那就是把存在和非存在等同起来了。巴门尼德坚信理性：凡是同思维有矛盾的，就不可能真实。

除去真理论以外，巴门尼德还提出了一种建立在感官知觉之上的理论；根据这种理论，有存在和非存在，从而有运动和变化。宇宙是温暖和光明的元素同寒冷和黑暗的元素两种基质混合的结果。有机物产生于黏土。人的思想有赖于他身体中那些元素的混合。温暖的元素知觉宇宙间的温暖和光明，其他的元素知觉其对立面。

巴门尼德在他的“真实”学说中向我们表明，逻辑思维迫使我们把世界看成是统一体，不变和不动。感官知觉却揭示出世界是多元和变化的，这就是现象和意见所肯定的世界。怎么可能存在这样一个世界，或者怎么可能知觉这样一个世界，他没有告诉我们。

三、论辩术

芝诺（约公元前 490—前 430 年）是埃利亚的政治家，巴门尼德的学生。他试图指出其对立面的荒谬来证明埃利亚学派的学说。他认为我们如果假定有杂多和运动，就会陷于矛盾。杂多和运动的概念自相矛盾，因此不可能接受。如果真有许多东西，这些东西就一定既是无限小，又是无限大。其所以是无限小，因为我们可以把它们分成无限小以至不能度量的部分。其所以是无限大，因为我们可以给每一部分加上无限多的部分。说杂多既是无限小而又无限大，是背理的，因此，我们必须排斥。由于类似的理由，运动和空间是不可能的。如果我们说一切存在物都在空间中，我们就必须假定这个空间也在空间中，依此类推，以至于无穷。据此，让我们假定一物体经过空间而运动。为了穿过某一空间，必须首先穿过那一空间的一半；为了穿过这一半，它必须首先穿过这一半的一半；依此类推，以至于无穷（ad infinitum）。总之，实际这物体 30
不能有所移动，运动是不可能的。

萨摩斯的梅利苏斯是一个卓越的海军将官,他试图对埃利亚学派的学说作积极的论证。存在不能创生,因为这意味着在存在之前就有非存在,而存在不能产生于非存在。存在是一,因为如果存在多于一,存在就不是无限的。没有空虚的空间或非存在,因而运动是不可能的。如果既没有杂多,又没有运动,那就不会有分离和聚合,不会有变化。因此,感官在陈示运动和变化方面,欺骗了我们。

第六章 变化的解说

第一节 破谜

古代自然哲学家都隐隐约约地肯定事物没有生灭,绝对的创生或毁灭是不可能的。然而,他们没有有意识地对待这种思想,只承袭这种思想而未予品评。在他们的脑子里,那是隐含的,并不明确。埃利亚学派的思想家充分意识到这个原理,不仅在他们的推理中默认它为前提,而且经过深思熟虑断言那是思维的绝对的原则,并严格地加以运用。没有什么东西能够生灭,没有什么东西能够变成别的东西。没有一种性质能够变成别的性质,否则那就意味着一种性质消逝,而另一种性质生成。实在是永恒不变的,变化乃是感官的虚构。

但是,事物似乎是常住的,又似乎是变化的。事物怎么可能既常住而又变化呢?这思想上的疙瘩怎么解除?哲学不能就此放手不管,永恒和变化之谜必须解决,看世界的静态和动态观点必须有所融合;赫拉克利特和巴门尼德的继承人就着手做这件事。

埃利亚学派说不可能有绝对的变化,这是正确的。一个东西不可能由无中生成，变成无，起绝对的变化。但是，我们有权利在相对的意义上说生成、衰亡、生长和变化。有那么一些东西或实在 31
的分子，它们是永恒、原始、不灭和非派生的，而且它们不能变成别的东西。正如埃利亚学派所主张的，它们始终如一，保持原状。然而，这些东西或实在的分子能够聚合和分离，即形成那种能够重新分解成其元素的物体。实在的原始的分子不能创造或毁灭或变化其性质，但是能够改变彼此之间的关系。这就是我们所说的变化。换句话说，绝对的变化不可能，而相对的变化是可能的。生成是元素的聚合，衰亡是元素的分离，变化是元素之间的关系的变化。

恩培多克勒、原子论者和阿那克萨哥拉，对赫拉克利特和巴门尼德所提出的问题给予同样的总的回答。他们都承认绝对的变化不可能，只有相对的变化。但是，他们对下列问题的答案有分歧：（一）什么是组成世界的实在的分子的性质？（二）什么东西使分子聚合或分离？恩培多克勒和阿那克萨哥拉说这些元素有确定的性质，原子论者认为它们没有属性。恩培多克勒肯定有四种定性的元素，土、气、火和水，阿那克萨哥拉断言有无数这样的元素。恩培多克勒认为爱与恨这两个虚构的东西使元素结合和分裂，阿那克萨哥拉认为在元素以外有一种精神创始运动，原子论者则认为运动是元素本身所固有的。

第二节　恩培多克勒

恩培多克勒在公元前 495 年生于西西里的阿格里根顿的一个富有而关心公益的家庭。他长期是他本乡城市的民主派领袖，据说他拒绝接受王位。大概在公元前 435 年流亡时期死于伯罗奔尼撒。相传他跳入埃特拿火山口而自杀，这是无稽之谈。恩培多克勒不仅是个政治家和演说家，也是宣教师、医生、诗人和哲学家。关于他所作出的奇迹流传着许多故事，很可能他也相信自己的魔术力量。有两首诗的片断保存下来，一首是关于宇宙创成论的，叫作《论自然》，另一首是关于宗教的，标题为《论净化》（1908 年由伦纳德用韵文译出）。

32 恩培多克勒认为，严格说来，既没有生成，又没有衰亡，只有混合和分离。“任何东西都不能产生于不以任何方式而存在的东西，存在的东西竟然会消灭是不可能的，也没听说过。只要一个人把一个东西放在一处而不动它，它就会老在那里。”[①] 有四种元素或“万物之根”，即土、气、火和水，每一种都有其特殊的性质。它们是非衍生、不变和不灭的，充塞于宇宙间。这些元素结合起来构成物体，分裂开来则使物体毁灭。一物体影响另一物体，被解释成一物体的流出物进入和它们相适合的另一物体的细孔中。

但是，什么东西使这些元素结合和分裂？恩培多克勒设想有两种虚构的东西，即爱和斗争或恨[②]。这两种力量，我们称之为吸引和排斥，经常在一起发生作用，使物体形成和毁灭。不过最初所有这些元素都混杂在一起，构成一个球体、一个神圣的神，爱在他身上占有最高的统治地位。逐渐斗争占上风，诸元素分散，独自存在，没有任何种类的物体。以后爱进入混沌之中，产生旋转运动，使同类的分子互相结合。结果是空气或以太首先分离出去，形成天穹。尔后火分离出去形成下面的星空。水因旋转运动从大地里被压挤出来，形成海洋；水由天火蒸发产生更下面的大气层。这种

---

① 见伯内特译文。

② 这些元素，因为是富有生气的，似乎也有推动自己的能力。同类事物有趋向同类事物的倾向。

结合的过程将继续下去，直到所有这些元素势必通过爱的作用，重新组合成一个神圣的球形体，然后又开始分解的过程，如此循环不已。

有机的生命发源于土。最初是植物，其次是动物的各个部分，臂、眼和头。这些部分偶然结合，造成各种无定形的团块和怪物——有两面的动物，牛仔而有人面，人的子孙而有牛头。它们又 33
分离开来，经过多次试验，乃产生出适于生存的形式，这种形式为后代所延续。

人由四种元素所组成，所以有能力认识它们。同类认识同类。凭借土我们看见土，凭借水看见水，凭借空气看见荣耀的空气，如此等等。感官知觉是物体施作用于感官的结果。例如视觉，就是借助外来的分子的吸引作用，火和水的分子从所见的对象投射到眼睛那里，遇到由眼孔中逸出的同类的分子。这些物体在近眼睛表面的地方相接触，就产生影像。不过只有同眼孔相适应的分子影响眼睛。听觉是由于空气冲进耳朵里，产生声音。味觉和嗅觉是由于分子冲进鼻子里和嘴里。智慧位于心脏中。

恩培多克勒采取早期希腊自然哲学家物活论的态度，认为一切事物都有精神生活："一切事物都有思想能力。"他的宗教著作宣扬人的堕落和灵魂的轮回，从这种学说可以看出他同那影响所有希腊人的大奥尔弗斯派有联系。

第三节　阿那克萨哥拉

阿那克萨哥拉（公元前500—前428年）生于小亚细亚的克拉佐美尼，迁居于雅典，成为大政治家帕里克勒斯的朋友。帕里克勒斯企图使他的城市成为希腊的文化政治中心。由于帕里克勒斯的敌人控告阿那克萨哥拉不信神，他离开住了三十年之久的雅典（公元前

464—前434年)，定居于拉姆萨卡斯，后来就死在那里了。阿那克萨哥拉是一个著名的数学家、天文学家和哲学家。他的著作《自然论》的重要片断保存下来了，这本书是用简明的散文写的。

参考书

布赖埃尔:《阿那克萨哥拉的哲学》;海因泽:《论阿那克萨哥拉的 νοῦς(奴斯)》。

阿那克萨哥拉同恩培多克勒一样，所研究的问题是要说明变化或变易的现象。他承袭埃利亚学派的思想，认为绝对的变化是不可能的，没有一种性质能够变成另一种性质，实在的主要本质永
34 恒不变。“没有任何事物生成或消逝。”但是，他并不否认变化的事实:有相对的变化，就元素的混合和分离来看，事物能够生成和消逝。不过，这类元素一定不止四种，我们的世界这样丰富、充满各种性质，不能用如此少数几个元素加以说明。并且土、气、火和水根本不是元素，而是其他实体的混合物。因此，阿那克萨哥拉认为无数具有特质的实体是终极因素，这些实体“有各种形式、颜色和滋味”，如肉、发、血、骨、银、金等等的分子。这些无限小但不是不可分的微粒无因自成，不发生变化，否则“肉怎么会来自不是肉的东西?”它们的数量和质量是恒常的，不能增加或减少。他采取这一观点是由于他考虑到这种情况:身体是由在明暗、冷热、刚柔等等方面不同的皮、骨、血、肉等组成的。身体为食物所滋养，因此食物必然含有构成身体实体的成分;而食物又从土、水、气和太阳中吸取其要素，土、水、气和太阳一定会提供组成食物的成分。因此，恩培多克勒所谓简单的元素实际上是万物中最复杂的，是各种无限小的物质分子真正的贮藏所。它们一定包含有机体中的一切物质，否则我们怎能解释身体里的皮、骨和血呢?

宇宙形成以前，最初有无穷小的物质分子，阿那克萨哥拉称之为胚种或种子(spermata)，亚里士多德称之为同质的要素或同质的成分(homoiomere)(我们不妨称之为分子)。它们混杂在一起而成为乱作一团的质料，充塞于全宇宙，而没有空虚的空间把它们彼此隔开。这原始的质料是无数无穷小的种子的混合体。现在这个世界是组成此质料的那些分子的混合和分离的结果。但是，我们要追究，这些散处于混沌中的种子是怎么同它脱离，结合起来而构成一个宇宙或有秩序的世界的呢？用机械的方法或运动，通过位置的变化。又是什么东西使它们运动的？它们不是像物活论者 35
所主张的那样富有生命，又不为爱与恨所推动。阿那克萨哥拉从我们所观察到的天体运行得到启发，找到答案。一种迅速有力的旋转运动产生于质料中的某一点，使胚芽分开。这种运动越来越往远处伸展，把同质的种子集合在一起，并且将不断伸展，直到原始混沌的混合物完全解体为止。最初的旋转运动使浓厚和稀薄分离，温暖和寒冷分离，光明和黑暗分离，干燥和潮湿分离。“浓厚、潮湿、寒冷和黑暗集聚到目前大地所在处，稀薄、干燥、温暖和光明离去到太空的远方。”这样分离的过程继续不断而导致天体的构成，天体是借旋转力量从大地上投掷出来的固体。这种分离的过程还构成天地间的各种物体。太阳热逐渐使潮湿的大地干燥起来，充满于空气中，为落雨埋藏于泥土里的种子长成有机体，阿那克萨哥拉赋予它们以灵魂，来说明它们的运动。

我们看到，像现在这样一个复杂的整个的宇宙形成过程，必然由原始的旋转运动而来，是一长系列运动的结果。那是怎么造成的？为了说明初始的运动，阿那克萨哥拉求助于一个有智慧的本原、一个心灵或奴斯(νοῦς)、一个使世界有秩序的精神。他认为这种精神是一个绝对简单而同质的实体，不同其他元素或种子相混杂，而同它们绝对分离和有区分。它有支配物质的能力。它是能做自发活动的东西，是宇宙间一切运动和生命的自由的泉源。它无所不知，无论过去、现在和将来都是如此；它安排万物，是万物之本；它统治一切大大小小的有生命的东西。

至于阿那克萨哥拉所谓的心灵，是指纯粹精神，还是指极其精致的物质，或某种既不是完全物质的又不是完全非物质的东西，这在注释家中间存在着分歧。虽然他在这一点上有时表述得很笨拙，称心灵为万物中最稀薄者，实际上它却是一独特的元质，就是
36 说它不同任何别的东西相混杂。我们可以把他的观点看作是模糊的二元论，即尚未鲜明确定的二元论。心灵创始宇宙历程，又似乎存在于宇宙间，在有机体中，甚至在矿物中，存在于运动需要用它来解释、此外别无办法解释的地方。它存在于周围的物质中，存在于已经分离出去和正在分离出去的东西里。用近代的术语来说，它既是超然的，又是内在的；一神论和泛神论在那体系里没有严格地区分开来。亚里士多德批评得很正确："阿那克萨哥拉拿心灵当作构造宇宙的一种手段。当他无法解释一个东西必然存在的原因时，他就把它拖进来，但在其他情况下，他又不用心灵而用其他的原因来说明出现的事物。"[①] 事实上阿那克萨哥拉力图用机械原理来说明事物，而求助于心灵，把心灵看作是运动的有理智的原因，即仅仅把它当作一种最后依靠的手段。

第四节 原子论者

恩培多克勒和阿那克萨哥拉为宇宙的自然科学观点开辟了道路，这种称为原子论的观点在今天的科学中还是最有影响的理论。

---

① 见费尔班克斯的译文。

不过，他们学说的一些重要方面需要加以修正，原子论者做了这种工作。原子论者同意他们前人的观点，承认有实在的原始和不变的分子，但是否认这种分子具有恩培多克勒或阿那克萨哥拉所赋予它们的性质，而且摈弃由神祇或心灵从外面使它们运动的观点。土、气、火和水不是“万物之根”，也没有无数性质各异的“种子”。这些东西不是真正的元素，它们本身是由更简单的单元组成的。这些单元是看不见、透不进、占有空间而不可分的实体（原子），只在形状、重量和大小方面有差别；它们都有其本身固有的运动。

原子学派的创始人是留基伯和德谟克利特。关于留基伯我们几乎一无所知。有人甚至怀疑是否确有其人，而另一些人同亚里士多德一样，认为他是原子论的真正鼻祖[①]。后一观点多半正确。
据说他来自米利都，在埃利亚跟芝诺学习，在阿布德拉建立原子学 37
派，这个学派因其弟子德谟克利特而闻名。他的著作很少，相传已经并入到他弟子的著作中。

德谟克利特约在公元前 460 年生于色雷斯沿岸的阿布德拉商业城，死于公元前 370 年。他周游各地，写了许多关于物理学、形而上学、伦理学和历史的书籍，而且是一个出色的数学家。

他的著作残篇保存下来的比较少，而且我们还不能总是有把握地断定哪些是他的，哪些是留基伯的。不过根据现有的材料，我们却可对原子论有所认识，尽管作者为谁，只能存疑。

参　考　书

布里格尔：《原子的旋转运动》；洛尔青格：《德谟克利特伦理学残篇》；那托尔卜：《德谟克利特的伦理学》；德里奥夫：《德谟克利特研究》。

① 参看伯内特：《早期希腊哲学》。

原子论者同意埃利亚学派的观点,认为绝对的变化是不可能的,实在在本质上是永恒的、不可毁灭的和不变的。与此同时,也不能否认变化正在进行,万物不断运动。他们肯定,没有空洞的空间或空虚、没有巴门尼德称之为非存在的东西,运动和变化则是不可想象的。因此,原子论者坚持说,非存在或空洞的空间是有的。空间并不是在有形体的意义上是实在的,但是它存在着。**存在着的东西**如物体并不比**不存在的东西**如空间更实在。没有形体的东西可以是实在的。存在或充实和非存在或空虚都存在。那就是说,实在并不是像埃利亚学派所主张的那样,连绵不断、不可分和不动的东西,而是许许多多的东西,即彼此为空洞的空间间隔开来的无穷多的东西。

每一个这样的东西是一个不可分(ἄτομον)、不可穿透和单纯的原子。原子不像近代人所设想的那样为一数学点或一个力的中心;它有广袤。它不是在数学上不可分,而是在物理上不可分的,即在中间没有空洞的空间。一切原子都在性质上相同。它们既不是土、气、火或水,也不是特殊的胚种。它们只是极小而结实的物质单元,在形状、大小以及重量、排列和位置上彼此有所不同。它们是非衍生、不可毁灭和不变的。它们现在如此,过去一贯如此,将来会永远如此。换句话说,原子是巴门尼德一个不可分的存在,分裂成不能再分的小块,它们彼此为空洞的空间隔离开来。

38 万物是由作为实在的建筑石料的原子和空洞的空间构成的,正如喜剧和悲剧是由同样的字母拼成的文字组成的一样。一切物体都是原子和空间的结合物。结合则生成,分离即毁灭。因为组成物体的原子在结合和分离方面有所不同,物体彼此各异。只有通过直接接触、压迫和冲击,或通过由一物体喷射出来而碰撞其他物体的放射物，它们才能互相影响；超距作用是不可能的。使原子结合和分离的是它们本身所固有的运动。“没有什么东西会无因而生，万物的发生都有其缘故，而且是必然的。”运动同原子本身一样，不是创造出来的。原子从开天辟地以来就处于运动状态，从未静止。由于原子有许多不同的形状，有的有钩、有的有眼或槽、或凸出或凹陷，它们相互交织和挂联在一起。

下面说明宇宙的演化。原子沉重而下坠，其中较大者下坠得更快，从而迫使较轻者上升。这种作用造成回旋运动，回旋运动越来越往远处扩展，于是具有同样大小和重量的原子集合在一起，其中较重者聚于中心，构成空气、其次是水、再次是固体的土；其中较轻者散向周围，构成星体和以太。这样就产生了许多世界，各有其中心，并形成球形体。有的没有日、月，有的有较大或较多的行星。

地球是这样造成的物体之一。从湿土或黏泥中产生生命。炽热的原子遍布于整个有机体，从而物体有热。这种原子在人类灵魂中特别丰富。灵魂是由最细致、最圆、最灵敏和炽热的原子所组成。这种原子散布于整个身体，促成身体运动。每两个原子之间夹杂一个灵魂原子。身体的某些器官掌管特殊的精神作用。脑是思想器官，心是忿怒的器官，肝是欲望的器官。无论是有生物或无生物都能抵制周围的压力，就是因为它们有这样的灵魂。我们呼吸灵魂原子，只要这种过程继续不断，生命就存在。死亡时，灵魂 39
原子分散；盛灵魂的器皿破碎，灵魂则溢出。这是建立在唯物主义基础之上的生理心理学粗浅的开端。

感官知觉被解释为类似被知觉的物体的流射物* 或影像或偶

---

* 流射物和流出物意义相同。

像（εἴδωλα）的作用，在灵魂中引起的变化。这种影像从物体飞出，把它们的形状加给介于中间的空气，那就是说，它们改变物体附近分子的排列，尔后，又改变较远分子的排列，如此推进，一直到接触来自感官的流射物。同类知觉同类，那就是说，只有来自一物体的影像同由感官流射的影像相似，才能有所知觉。这种知觉论在原则上同近代科学的波动说和以太说相仿。

德谟克利特借助于来自各处物体的这种影像来解释梦、先知的幻象和对神祇的信仰。神祇存在，但是，他们尽管寿长，同人一样要死。有宇宙灵魂，它由比人的灵魂更精致的原子所组成。

我们认为各种物体所具有的可感觉的性质（颜色、声音、味道和气味等等），不在它们本身之中，只是原子相结合对我们感官所起的影响。原子本身除去以上所述的不可入性、形状和大小以外，没有别的性质。因此，感官知觉不能给我们关于事物的真知识，它只告诉我们事物如何影响**我们**。（在这里我们看到近代哲学对第一种属性和第二种属性所作的区分。）我们不能**看见**原子的本来面目，却能对它们进行**思维**。感官知觉是含糊的知识，超越感官知觉和现象而达于原子的思想是唯一真正的知识。德谟克利特确实同所有的早期希腊哲学家一样，是一个唯理主义者。但是，思想不是脱离感官知觉而独立的。当感官经验不
40 能使我们更前进一步，“当研究必须进入更细微的领域”，即感官知识不能达到的范围时，“具有较精致的思维器官的真正的认识之路”才开始。而且，我们必须记住，对德谟克利特来说，灵魂（ψυχή）和理性（νοῦς）是同一的东西。

在据认为是德谟克利特的伦理学的残篇中，可以看出精炼的快乐主义伦理学的梗概。人生的真正目的是幸福。他所谓的幸福

是由灵魂平静、和谐和无畏而来的内心的满足或愉快的状态。这不依靠物质财物、财富或身体快感（因为这是短暂的，会产生痛苦，还需要连绵不断），而是依靠快乐适度和生活谐调。欲念越少，越不容易失望。达到此目的的最好途径是，通过沉思默想美好的行为来锻炼思维能力。

凡是能够实现至善，即最大幸福的德性，都有价值，而其中主要的则是正义和仁爱。妒忌、猜疑和悲痛，造成矛盾又伤人。我们要做正当的事，不是怕惩罚，而是出于责任感。做好人，不仅不应做坏事，而且甚至要不想做坏事。“区分一个人究竟是真诚还是虚伪，不仅根据他的行为，而且还要根据他的欲念。”“心地正直的人总是愿意做正义的合法的事，日夜欢愉，身体强壮而无忧虑。”我们应该为国家服务，因为“一个治理得很好的国家是我们最大的保障”。“当国家处于健康的状态，一切繁荣；一旦国家腐败，一切都趋于灭亡。”[1]

---

① 英译文摘自贝克韦尔：《古代哲学资料》。

第二篇　知识和行为问题

第一章　智者时期

第一节　思想的进步

在神统论和宇宙创生论的时期以后，哲学有很大的进步。在哲学的影响下，旧的世界观和人生观发生了深刻的变化。素朴的宇宙论中充满神祇和凭空想出来的神秘的东西，把它同原子论者
41 的机械论相比，就可以很清楚地看出变化的程度。自由研究的精神不局限于哲学家各个派别，而是不可避免地渗透于其他思想领域，在那里，新观念也逐渐代替了旧观念。在希腊戏剧诗中可以看到这种变化，如埃斯库罗斯（公元前525—前456年）、索福克勒斯（公元前496—前405年）和欧里庇得斯（公元前480—前406年）的人生观和宗教观，通过评价和思考而向纵深发展了。在历史学家和地理学家的著作中也可以看到这种变化：原来很容易被人接受的由来已久的无稽之谈和迷信遭到怀疑，希罗多德（生于公元前480年）为对历史进行批判的研究开辟了道路，修昔底德（生于公元前471年）是这种研究最好的典型代表。在医学界，旧的荒唐思想和医疗方法为这行业领袖人物所摒弃，人们感到需要有关自然和人的知识；哲学家的物理理论被运用到治疗技术上，许多哲学家本人就是医生。希波克拉底（生于公元前460年）的名字特别突出，是希腊医学沿着科学研究方向取得进步的一个里程碑。医生的探索在表明观察和实验的重要性方面，对研究哲学的人有很大价值①。

① 参看冈珀茨：《希腊思想家》，第一卷；穆恩：《医学和哲学的关系》。

这是在希腊哲学史上建立伟大思想体系暂时停顿的时期。有些思想家仅仅继承和发挥现有学派的学说，其他一些思想家采取折中主义态度，把早期和后期大师的思想体系结合在一起。有些思想家把注意力转向医学界各派所从事的自然科学的探索，另外一些思想家对研究形成道德、法律和政治的基础的人文学科感兴趣。正如冈珀茨所指出的那样，探索的热情高涨，而且涉及各种问题，包括国家的起源和目的，行为、宗教、艺术和教育的原理。大量的专门手册被写作出来了。每一种人类活动，从烹饪到艺术创造， 42
从散步到进行战争，都形成法规，如果可能，则归结为原理。哲学在各方面起到了酵母的作用。作为希腊哲学创始时特征的独立思考和批判的精神，涌入各个研究领域，为另一更加伟大的思辨思想时代准备了条件。但是，在达到高峰以前，人类思想不得不走上许多错误道路，在许多死胡同里迷失方向。我们即将论述公元前五世纪后半期的哲学盛衰，一般说来，这一世纪对希腊历史和文明是有重大意义的。

第二节　希腊的启蒙时期

我们已经看到，在希腊人的政治、道德、宗教和哲学的发展中，有一种逐渐增长的向往自由和个人主义的倾向。他们早期的诗歌已经显示出对待生活和人类制度的批判态度，这在荷马的著作中表现微弱，而在赫西俄德和公元前六七世纪诗人的著作中则比较鲜明。他们思索当时的风俗习惯，社会和政治制度，宗教思想和仪式以及神祇的起源、性质和行为。他们创制了一个比较纯粹的神的观念，他们的神统论和宇宙创生论促成哲学的产生。在公元前六世纪的哲学中，独立思考的倾向几乎达到极为坚强的程度。这一世纪和公元前五世纪前半期特别注重研究自然科学和自然哲学，探索的精神转向外面的实物世界。人们为了解宇宙秩序的意义而作出努力，提供出一个又一个的体系以解决宇宙之谜。主要的兴趣归于研究宇宙及其规律，至于人在自然中的地位则由形而上学得出的结论来确定。

公元前五世纪，希腊人民的政治、经济和文化方面的经验，非常有利于那标志其哲学家特性的启蒙精神的发展。波斯战争（公元前500—前449年）的结果使雅典成为海上霸主、世界强权以及
43 希腊商业、文化和艺术的中心。诗人、艺术家、教师和哲学家进入雅典，协助工作，使富有的公民赏心悦目并得到教导。宏伟的建筑物和雕像装饰着这个城市，剧院回荡着怡然自得的人民的掌声。当我们回想起，公元前五世纪后半叶，曾住在这个城市的优秀人物，如伯里克利、阿那克萨哥拉、修昔底德、菲狄阿斯、索福克勒斯、欧里庇得斯、阿里斯托芬，希波克拉底和苏格拉底，我们能够充分理解伯里克利在一著名的悼词中所说的豪言壮语，称雅典为希腊学府。

事物的新秩序引起重大的经济变化和民主制度的建立，这进一步推动了独立思考和行动；随之而来的是这样一种欲望，即争取权力和那些能使人赢得权力的东西，如财富、声望、文化、实力和成功。宗教、道德、政治、哲学、科学和艺术的传统观点受到批判。旧的基石经过检验，其中多数被推翻。否定的精神在国土上广泛传布。学习新的研究课题的要求越来越强烈，公共生活为擅长说教宣传的人提供了良好的场所，在修词、演说和辩论术方面的素养乃成为实际需要。

以上所描述的时代是启蒙时代（*Aufklärung*）。新生的精神状态自然会鼓舞个人主义的滋长。个人开始摆脱团体的权威，进行自我奋斗，想其所想，自求解脱，而不依赖旧的传统。这种批判的思维

习惯本来很好,可是在某些地方过分夸张,流为诡辩和吹毛求疵;在另一些地方堕落成思想和行动上的主观主义:我正想是真的,就是真的;我正相信是正确的,就是正确的。一个人的意见和另一个人的意见一样好,一个人的行为方式和另一个人的行为方式没有差别。因此,在这种情况下,难怪没有一个人的意见会得到很高的评价,怀疑主义会在理论范围内盛行起来,自利信条竟在实践上为人赞颂。常常被引证的修昔底德的一段话,或许有些夸张,却多少 44
可以说明这种新运动堕落的情况。"随意颠倒文字的普通意义。把胆大妄为的亡命徒看作是最可爱的朋友,把谨慎温和的人说成懦夫,把遵从理性的人认为是毫无用处的庸人。人们得到信任同他的暴戾粗鲁成正比,没有人比得逞的阴谋家更卓具声望,除非或许另有聪明人,能干同样的勾当而略胜一筹。但是,凡是真诚地试图消除这种背信弃义行为的根源的人,都被认为是对他朋党的叛逆。至于誓言,没有人认为除去必要时以外,需要遵守片刻。事实上,如果你想出办法借助敌人信赖你的话,抓住他,消除他,那是一种额外的快乐。"[①] 阿里斯托芬的喜剧也揭露了新文明的黑暗面。据他揭示,本恩指出,"古代的风纪终于变得非常松弛。富有的人懒惰而奢侈,穷人犯法作乱,年轻人越来越对长上傲慢无礼,宗教遭到嘲弄,各个阶级都精神抖擞,抱有想法弄钱、把它花在声色享受上的共同欲念。"[②]

这是当时所产生的追求自由思想、个人主义文化和财富的图景的一面。另一面还有保守的人,即往昔美好时代的代表,他们反对新思想、新教育、新德性或者毋宁是新罪恶,因为他们认为追求

① 《伯罗奔尼撒战争史》,第三卷,第 82 页。

② 《希腊哲学家》,第一卷,第 74 页。

知识“导致非宗教、非道德，使年轻人同他们的祖先很不相像，总是同滥交朋友、过着放荡生活的情况相联系。”[1]

第三节 智者

智者是新运动的代表。智者这个词原来指聪明而有才能的人而言，但是，在这个时期它指的是职业教师。他们周游各地，收费教授思维和辩论术，为青年人从事政治生活作好准备[2]。他们以
45 炽烈的热情从事这项工作。据说普罗塔哥拉对一个青年说，“如果你跟我学习，就在这一天，你回去时会比你来时变得更好。”苏格拉底问他将怎能做到这一点，他回答说，“如果他来到我这里学习，他将学会他想要学的东西。这就是谨慎小心地对待公私事务。他将学会很好地处理家务，能使其言论行动符合国家事务的最大利益。”[3]为了使自己适合一种事业，一个青年人必须精通辩论、文法、修辞和演说。智者开始抱有实用的目的来研究这类课题，从而开辟了新的研究领域。他们还注意道德和政治问题，促进对伦理学和国家学说作比较有系统和深入的研究。随着这时代道德热诚衰退，冒险求成的欲望加强，某些后期智者急于使其门徒有所成就，往往趋于极端。教学的目的变成了用正当方式或卑鄙手段在辩论中压服敌手，混淆是非，使他为各式各样的逻辑谬误所困扰，在嘻笑的人群中显得滑稽荒唐。

那时代在很大程度上为哲学所培育的批判精神开始反过来影响哲学本身，一时引起对形而上学思辨的轻视。思维自行估量，发

---

① 本恩：前引书，第 93 页。

② 智者这个名称逐渐变成一个带有谴责意义的词，一部分因为他们收费，一部分因为某些后期的智者极为偏激地诽谤保守派。

③ 柏拉图：《普罗塔哥拉》。

现自己有缺陷；哲学自掘坟墓。大家议论说，对实在的本质问题所作的答案，没有两个哲学家的意见一致。有的人说它是水，别的人说它是气，说它是火，说它是土；还有的人说它是所有这些东西。有人说变化不可能，另外有人说，唯有变化，别无他物。如果没有
变化，就不能有知识：我们不能说什么东西有什么性质，一怎能变 46
成多？如果一切都在变化，也不能有知识；没有什么东西一成不变，我们怎么能说什么东西有什么性质？如果像某些人所主张的，只有事物影响我们的感官时，我们才认识事物，我们还是不能得到知识，因为我们不能把握事物的本性。所有这些论点归结为我们不能解决宇宙之谜。智者开始懂得这样的真理，人的思想是认识过程中的重要因素。在他们以前的思想家认为人类的理性能够获得真理。尽管他们有批判的锐敏的眼光，他们却忘记了批判智慧本身。现在智者着眼于能认识的主体，并得出结论，肯定知识有赖于具体的认知者。在一个人看来是真的，对他来说就是真的；没有客观真理，只有主观意见。所以普罗塔哥拉这样教诲人，“人是万物的尺度”，那就是说，在知识方面，人以自己为准则。这种理论上的怀疑主义很快导致伦理上的怀疑主义，导致在行为上人以自己为准则的观点。如果知识不可能，关于是非的知识就不可能，就没有公认的是非；良知无非是由主观来确定的。这样的结论不是早期智者如普罗塔哥拉（约生于公元前490年）和高尔吉亚等人所作的，而是由某些比较年轻的激进派如波拉斯、特拉西马库斯、卡利克勒斯和欧提德穆斯得出的，他们是柏拉图《对话》中的发言人。在他们看来，道德不过是协约，代表那些有权力把自己的要求强加于其同代人的意志。道德法规违反“自然”。有些人认为，法是由弱者、大多数人制定的，用来约束强者、“最优异者”，阻挠最适宜的人取得应有的东西：因此法侵犯了自然正义的原则。自然权利是强

者的权利。另外一些人认为法是一种阶级立法，是由少数，强者和有特权的人制定的，用来保护他们自己的利益。那就是说，别人守法，对超人一等的人有利，使他们犯法而能够得到更多的好处。

在柏拉图对话《高尔吉亚》中，卡利克勒斯说："法的制定者是
47 占人口大多数的弱者。他们制定法规，进行表扬和谴责，着眼于自己和为自己的利益威胁那些较强的和能够胜过他们的人，使其不能超越他们。他们说不诚实是可耻和非正义的，所谓非正义一词是指一个人想得到比他邻人较多的东西而言。他们自知处于劣势，我猜想他们十分喜欢平等。因此，要比大多数人多有所得的奋发的干劲照例被认为可耻和不正当的，被称为是非正义的。而自然本身却揭示应该让优秀者比卑劣者、强有力者比弱者多有所得；她还多方证明在人和动物中间，确实在各城市和各民族中间，正义在于优秀者统治卑劣者，比卑劣者拥有较多的东西。如波斯王薛西斯入侵希腊，或者他的父亲侵犯西塞亚国人，是根据什么正义的原则？（不要说还有其他无数的例证。）没有。他们遵循自然行事，出乎天理，依据自然法规：大概不是依据人为的法规，人为的法规是由人创造出来而强加于人的。从青年时起抽出最优秀最强壮的人，像驯养小狮子一样来驯养他们，用这种言辞来诱导他们，告诉他们必须满足于平等，平等是光荣和正义的。如果有人有足够的力量，他就会挣脱、冲破和逃出这一切，践踏所有那些信条、魔法和符咒以及违反自然的法规：奴隶会起来造反，变成我们的主宰，自然正义之光将照射于四方。"

特拉西马库斯在柏拉图的《理想国》中，有类似的一段话："正直的人同不正直的人相比永远是失败者。第一，在私人合同上，不正直的人同正直的人合伙，散伙时，不正直的人总是比正直的人占有较多的东西。第二，在对待国家方面，缴所得税时，正直的人

和不正直的人收入相同，但缴税要多；有所受益时，正直的人一无所得，而不正直的人收获很多。看看他们做政府机关工作，情况如何。正直的人，因为他正直，不顾自己的事情，或者还遭受其他损失，从公务工作中毫无所得。而且还因为他拒绝非法地为他的朋友和相识服务，被他们憎恨。但是，这在不正直的人那里，完全相反。同前面一样，我所说的不正直的情况是大量的，不正直的人非常显而易见地占了便宜。如果我论及极端不正直的情形，在那种情形下罪犯最快活，受难者或不做不正直的事的人最悲惨，我的意
思就会看得非常清楚了。那就是说，暴君用欺骗和武力掠夺别人 48
的财产，不是零敲碎打，而是一锅端。无论是神圣或世俗的，公家或私人的，都一扫而空。如果他被发觉只干其中任何一件坏事，他就会遭到惩罚，蒙受很大耻辱。只干个别坏事的人被称为盗窃庙堂的大盗、劫人的强盗、夜贼、骗子和惯偷。但是，如果一个人除去掠夺公民的金钱以外，还奴役他们，那么他就不会受那种谴责，反而被公民认为有福和值得颂扬；凡是听说这种登峰造极的非正义的人也持有同样的看法。人类谴责非正义的行为，是担心他们可能成为受害者，而不是因为他们不想插手。苏格拉底，像我已经证明的，不正直达到足够的程度，则不正直比正直有力量、自由和占优势。而且像我最初所说的，正直是强者的利益，不正直是一个人自己的利益。”①

第四节　智者活动的意义

由于柏拉图和亚里士多德怀有敌意的批判和某些比较年轻的智者的虚无主义论点，智者学派的运动在思想史上很长时期为人

① 参看周伊特译的柏拉图《对话》。

所误解。自从黑格尔和格罗特试图比较公允地评价这些思想家以后，大家才公平地对待他们。他们的学说中有优点和缺点。思考和批判是哲学、宗教、道德、政治以及人类一切活动领域内比较健全的思想所不可缺少的。推崇理性本身固然值得赞许，但智者学派有错误，即根本未能建设性地运用理性工具。西塞罗说，智者把哲学从上天下降到人间，使注意力从外界自然转向人本身，而且认为专门研究人类就是研究个人。他们却没有认识到人的普遍因素，见树不见林，只见个人而不见**人类**。他们夸大人类判断中的分歧，忽略其意见一致处。他们过分强调感官的虚幻。他们强调人类认识和行为中的偶然、主观和纯属个人的因素，而没有正确地对待客观因素，即为一切人所接受的原则。

但是，他们批评认识，于是必须对认识问题作深入的研究。以前的思辨家曾经朴素地和武断地肯定人类思想能够把握真理，而
49 智者否定有取得确实和普遍的知识的可能性，迫使哲学检查思维
过程本身，为认识论开辟了道路。他们利用过各种逻辑谬误和诡辩，这使研究正确的思维规律成为必要，从而加速了逻辑的诞生。

关于道德的认识和实践也是如此。注重个人良知是正确的：道德从仅仅盲目地、愚蠢地遵从习俗，提高到经过思考的个人选择阶段。但是，这变成为以单纯的主观意见和私利为准，那就错了。独立思考很容易衰退为思想和道德上的无政府状态，个人主义很容易流于纯粹的自私。不过，在这一领域，智者学派仍然有所贡献。对通常的是非和公私方面的正当性的观念所作的强烈批判，使人必须深入研究伦理学和政治学，这种研究不久即结出丰硕之果。

全部智者学派运动的重大价值在于：激发了人们的思想，要求哲学、宗教、习俗、道德以及建立在它们之上的制度来辨明自己的合理性。智者否认认识的可能性，那就使人有必要说明能够认识

的道理。他们迫使哲学寻求认识的标准。他们抨击传统道德，迫使道德反对怀疑主义和虚无主义来保卫自己，找出是非的合理的原则。他们抨击传统的宗教信仰，迫使思想家认为有必要提出更圆满和更纯粹的神的观念。他们批评国家和国家的法，必然促成有关国家的哲学理论的发展。必须把这种理论建立在比较坚实的基础上，必须追溯到根本的原理。什么是知识？什么是真理？什么是正确？什么是善？什么是真正的神的概念？什么是国家和人类制度的意义和目的？这些问题最后促进希腊思想家从新的角度重新考虑那曾一时被人弄模糊而又不能再忽视的老问题：什么是宇宙和人在自然中的地位？

参　考　书 50

格罗特：《希腊史》，第七卷；黑格尔：《哲学史》，第二卷；策勒尔：《希腊哲学》，第二卷；西季威克：《智者》，见 1872 和 1873 年第四、五卷《哲学杂志》；冈珀茨：前引书，第一卷；本恩：前引书，第一卷；《大英百科全书》中“智者”、“苏格拉底”、“柏拉图”等条目；山茨：《智者》。

第二章　苏格拉底

第一节　苏格拉底的生平

公元前五世纪末叶开始形成的情况已如上述。需要有人整顿这个时代思想和道德的混乱状态，分辨真伪，分辨本质和偶性，把人们引上正确的道路，帮助他们看清事物中间正确的关系。这就需要一个能够在极端保守派和极端自由派之间掌握裁决权的调解者。苏格拉底相当于这样的人，他是思想史上最伟大的人物之一，是一系列哲学家有智能的鼻祖，他的观念和理想统治西方文明达两千年之久，而且继续影响今天的思想。

苏格拉底于公元前469年生在雅典，父母是穷人。父亲是雕刻家，母亲是助产士。他怎么受的教育，我们不得而知。但他对知识的热爱，在这有文化的城市里显然为他的知识增长创造了机会。他继承父业，不久感到“神谕要他借询问别人来考查自己”。他有一种习惯，在大街上、市场里和运动场里同各种处于不同情况的男人和女人谈话，讨论各式各样的问题，如战争、政治、婚姻、友谊、爱情、家政、艺术、商业、诗歌、宗教和科学，特别是道德问题。他熟悉人类的一切事务，人生的各个方面都是他研究的课题。他只对物理世界不感兴趣，因为他宣称从树木和石头那里学不到什么。他精明敏锐，能很快发现辩论中的谬误，善于把谈话引到问题的核心。他虽然性情温和文雅，谈笑风生，却喜欢揭露那时代的江湖骗子，用他的智慧戳穿他们空虚的老底。

苏格拉底的行为体现他所教导的德性。他极为克己、豪爽、高尚、勤俭，有很大的耐性，没什么欲望。在七十年的一生中，在战争和执行政治任务时，他在行动和精神上都表明他很有勇气。他受审时的风度给人以深刻印象，表现出态度庄严、坚定，坚持自己的观点。他认为正确的就做，既不害怕，也不讲情面。对一切人仁爱，没有对任何人怀有恶意。他死得像他活着时一样壮丽。因被诬告为不信神和腐蚀青年，他被国人判处死刑，于公元前399年饮鸩而死。他以自己遵从法律并坚持别人也遵守法律，证明他尊重
51 权威和忠于国家。定罪以后，他的朋友安排一个逃跑的计划，他拒绝由这种做法得到好处。他提出理由，说他整个的一生都享受了法律的利益，不能在晚年不忠于法律。

苏格拉底貌不出众。身材矮胖粗壮，烂眼，扁鼻子，大嘴，厚唇。不修边幅，笨拙粗陋，他的体形像一个奇形怪状的萨蒂尔

(Satyr 森林之神)。因此,在柏拉图的《会饮篇》中阿耳基比阿德斯把他比作西勒努 Silenus(一个老而丑的森林之神)的半身像。但是,他说起话来,他个人的魔力和他那富有才华的谈吐的效果非常大,人们会忘记所有那些特征。

参　考　书

色诺芬:《回忆录》,达金斯译;柏拉图的《对话》,特别是《普罗塔哥拉篇》、《申辩篇》、《克里托篇》、《斐多篇》、《会饮篇》、《泰阿泰德篇》,周伊特译;亚里士多德:《形而上学》(第一卷,第六章;第十三卷,第四章),博恩丛书,W. S. 罗斯译;亚里士多德:《伦理学》,韦尔登译。A. E. 泰罗:《苏格拉底释义》,批判对苏格拉底的传统解释。并参看约尔:《色诺芬记载的真实的苏格拉底》智者名下的著作。舍格讷:《苏格拉底生平》;拉布里奥拉:《苏格拉底的学说》;富耶:《苏格拉底的哲学》,二卷;祖堪特:《苏格拉底》;F. 普夫莱德雷尔:《苏格拉底、柏拉图及其学派》;珀耳曼:《苏格拉底和他的人民》;德林:《作为社会改革体系的苏格拉底学说》;维耳道尔:《苏格拉底关于意志的学说》。参看宇伯威格-海因泽书中 § 33 所载多种书目。

第二节　真理问题

苏格拉底最关心的是反驳智者学派的论点,这种论点挖了知识的墙脚,会破坏道德和国家的基础。如果怀疑主义成为这时代的定论,就没有什么希望逃脱人生观中流行的虚无主义结论,所以他把哲学思考看作是现实的当务之急。他清楚地看出,流行的伦理的和政治的谬论产生于对真理意义的全盘误解,全部情况的关键在于知识问题。怀有这种信念,对人类理性有解决那时代实际困难的能力抱有乐观的信心,他肩负起他的任务。他心目中的目标不是建立一个哲学体系,而是激发人们爱真理和德性,帮助他们做正确的思维,以便他们过正当的生活。他的目的是实际的而不是玄想的。他对取得知识的正确方法,比对这种方法的理论或方法

52 论更感兴趣。他根本没有提出一种理论，而是实践一种方法，在生活中体现它，而且以身作则教诲别人来遵循它。

苏格拉底认为要把握真理，不能轻信出现于头脑中的偶然的意见。我们头脑里充满混乱、模糊和空洞的思想。我们有许多从来未加考查的未经消化的意见、许多以信仰为基础而接受的偏见，并不了解其意义。我们作出许多没有根据的武断。事实上我们根本没有知识，没有信念。我们的知识仓库是建立在沙丘之上的，略受袭击，全部大厦就会坍倒破碎。我们必须清理自己的观念，了解用词的真正意义，正确地为所用的概念下定义，确切地知道我们说的是什么。而且，我们要有理由来说明自己的观点，要证明我们的论断，要**思维**而不是猜测，要对我们的理论加以检验，用事实予以证明，参照事实进行修改和纠正。

智者说，没有真理，我们不能认识；人们有分歧，意见相互对立，不分好坏。苏格拉底说，这是错误的。诚然，思想有差异，但是，我们的任务就是要寻找出，是否在对立的意见中有一致的地方，有大家所依据的共同基础，有大家所同意的原则。苏格拉底方法的目标就是要抽绎出这种普遍判断，而这种方法是苏格拉底在讨论中所用的，是反复追问的巧妙形式。讨论主题时，他装作同其他参加者一样，知识不多，他还往往像是知道得更少，这是苏格拉底式的讥讽。但是，不久他们感到苏格拉底掌握局面；他使他们自相矛盾，在讨论的过程中灵巧地引导他们的思想纳入他的思想渠道。他的听众之一抱怨说，“你惯于提出你最了解其意义的大部分问题”。在人们眼前，参加争论者混乱错误的概念塑造成形，越来越清晰明确，最后突现，犹如美丽的雕像。苏格拉底没有白学雕刻术。

第三节　苏格拉底的方法

讨论一个问题时，苏格拉底一般从与他在一起的那一伙人的 53
普通而仓促形成的意见开始。他从日常生活中提出例证来考验这种意见，有可能和必要时，则表明这种意见的论据不充分，需要修改和纠正。他提示各种各样的事例，帮助参加对话的人构成正确的意见，直到真理逐步展现出来，才算满足。一个为人所熟知的例子，可以说明这一点。苏格拉底巧妙地追问一个名叫欧提德穆斯的青年，使他承认怀有雄心大志，想当大政治家。苏格拉底向他指出，如果是这样，很自然地他必然希望做一个正直的人。这青年认为他已经是那样的人了。如色诺芬所述，我们继续讲这个故事。

"苏格拉底：但是，必然有某些行为真正出于正直，正如出于其他职能和技巧一样。

欧提德穆斯：毫无疑问。

苏格拉底：那么，你自然能够告诉我那些行为是什么？出于正直的是什么？

欧提德穆斯：我当然能够，而且我还能告诉你出于非正直的是什么。

苏格拉底：很好，让我们在相反的两行中写出什么行为出于正直，什么行为出于非正直。

欧提德穆斯：我同意。

苏格拉底：好吧，虚伪怎么样？虚伪放在哪一行？

欧提德穆斯：当然放在不正直那一行。

苏格拉底：欺骗呢？

欧提德穆斯：放在同一行。

苏格拉底：偷盗呢？

欧提德穆斯：也放在那里。

苏格拉底：还有奴役吧？

欧提德穆斯：是的。

苏格拉底：没有一样这类事情可以放在正直的一行里吗？

欧提德穆斯：唔，要是那样搞，可没听说过。

苏格拉底：好啦。但是，如果一个将军必须惩处那极大地损害其国家的敌人，他战胜了这个敌人，而且奴役他，这不对吗？

欧提德穆斯：当然不能说不对。

苏格拉底：如果他运走敌人的财物，或者在战略上欺骗他，这种行为怎么样？

欧提德穆斯：噢，自然这完全正确。但是，我想你刚才要谈的是欺骗或错待朋友。

苏格拉底：那么，在某些情况下，同样的行为就得分写在两行里，是不是？

欧提德穆斯：我想是这样。

苏格拉底：好，现在就让我们来专门讨论对待朋友的问题吧。假定一位将军所统率的军队已丧失勇气，又分崩离析。如果他告诉他们生力军即将到来，欺骗他们相信他，使他们鼓起勇气，取得胜利。这种欺骗朋友
54 的行为怎么样？

欧提德穆斯：唔，我想我们也得把这个写在正直的一边。

苏格拉底：假定一个孩子需要吃药可又不肯吃。他的父亲欺骗他，使他相信药是好吃的，哄他吃了，救了他的命。这种欺骗怎么样？

欧提德穆斯：那也得归入正直的一边。

苏格拉底：假定有人发现一个朋友处于极端疯狂的状态，怕他自杀，偷走他的剑。你怎样看待这种偷盗？

欧提德穆斯：那也得算作正直。

苏格拉底：但是，我想你是说过不能欺骗朋友的吧？

欧提德穆斯：噢，请让我全部收回。

苏格拉底：很好。但是，还有一点，我想问你。你认为一个有意破坏正直的人比一个无意破坏正直的人更不正直吗？

欧提德穆斯：嗳呀，苏格拉底，我对我的回答已经失去了信心。因为整个事情已经变得同我原来想象的恰好相反。"[①]

这样，凭借归纳的过程，苏格拉底引申出定义来。靠举例来构成临时的定义，这再经其他例证的检验，加以扩大或缩小，以便使它符合要求，直到取得令人满意的结果为止。培根所谓反面事例，即同所提出的临时的定义相矛盾的情况，在这过程中能够发挥很大的作用。其目的总是要找出所要下定义的主题的本质的特征，取得清晰明确的观念或概念。苏格拉底还有时检查所提出的论旨，立即追溯到根本的原理，根据正确的定义予以评判。这是演绎的方法。例如你说这个人同那个人相比，是一个较好的公民。除非你说明理由，否则你的论断不过是主观的意见，毫无价值。你应该知道什么是一个好的公民，你应该为你用的词下定义。

"如果任何一个人在任何一点上同他有矛盾，而这个人说话不明确，或者也许毫无根据地论断某人比苏格拉底所说的另一个人在政治上聪明或精明或有勇气，或在这些方面受人尊敬，这时，他就以类似下面的方式，使全部论辩回到基本命题：

① 色诺芬：《回忆录》，第四卷，第二章（吴永泉译《回忆苏格拉底》第145—147页，商务印书馆，1984）。

你说你推荐的人同我推荐的人相比，是**一个较好的公民**吗？

我是这样说的。

为什么我们不首先考虑一下**一个好公民**的职责是什么？

让我们这样做吧。

那么，他不是在管理国家财政上比较优秀，会使国家富足吗？

没有疑问。

他不是在战争中会战胜敌人吗？

当然。

他不是在外交工作中会化敌为友吗？

毫无疑问。

他不是会号召人民防止分裂，鼓舞他们团结一致吗？

我想如此。

当一番讨论这样被拉回到基本原理时，真理对那些持相反意见的人看来就变得很明显了。”

55 “当他讨论正在争论的任何主题时，他就提出其真理为一般人所公认的命题，认为这样就为他的推理建立了可靠的基础。因此，每当他说话时，在我所熟悉的人们中间，他最容易说服听众，使他们同意他的论点。他常说荷马所以称颂尤利西斯为优秀的演说家，是因为他能根据人类所公认的论点来进行他的推理。”①

因此，知识毕竟是可能的。如果我们采用正当的方法，为所用的词正确地下定义，追溯到基本的原理，我们是能够获得真理的。知识涉及一般和典型，而不涉及个别和偶然。智者未能了解这一点，苏格拉底纠正了他们。不过他同他们一样相信，思考物理和形而上学问题毫无用处。“的确，同其他人相反，他拒绝讨论这样玄妙的问题，诸如宇宙的性质，学者所谓‘宇宙秩序’是怎样出现的，

① 色诺芬：前引书，第四卷，第六章，第十二节以下(吴译第182页)。

是什么力量使天体现象产生的。他争论说,在这些问题上伤脑筋是演滑稽戏。”他的兴趣在实用方面,他看不出作这种思考会产生什么结果。他说,“研究人类学问的人,希望真能通过他的研究有所收获,为他自己和别人谋福利。当探索上天运转的人发现是什么力量使各种现象出现时,能够希望随心所欲地呼风唤雨和创造丰产的季节吗?他们能够操纵这些和诸如此类的东西以适应他们的需要吗?”“他自己讨论各种人文问题,从来不感到厌倦。什么是虔诚?什么是不虔诚?什么是美?什么是丑?什么是高贵?什么是卑贱?什么是正直和不正直?什么是清醒和疯狂?什么是勇敢和怯懦?什么是国家?什么是政治家?什么是治人者?什么是占支配地位的人物?他还探讨了其他类似的问题,按他说来,只有掌握这种知识的人是高贵的,而缺乏这种知识理应被认定为奴隶。”[①]

第四节　伦理学

苏格拉底对知识和明确推理的思考怀有很强烈的信心,以至 56
认为知识可以治愈百病。他把他的方法运用到一切人类问题上,特别是道德领域,试图给行为找出合理的基础。如前所述,激进的思想家把那时代的伦理观念和实践仅仅看作是协议;归根到底,强权就是公理。保守分子则认为那是不言自明的:行为的准则不是可以推究的东西,必须服从。苏格拉底力求了解道德的意义,发现是非的唯理的原则,即可用以衡量的标准。他心目中最重要的问题是:我将怎样安排生活?什么是生活的合理途径?一个有理性的动物,一个人,应该怎样行动?智者说:人是万物的尺度,就是说凡是

① 色诺芬:前引书,第一卷,第一章,第十一节以下(吴译第5页);并参看第四卷,第七章。

使我、这个具体的我感到愉快的，对我来说，就是正确的；没有普遍的善。这是不对的。事情并不这样简单。当一切有理性的动物想透这问题时，必然有为他们所承认和接受的某种原则或标准或善。什么是善本身，什么是这种善，即至善，有了这种善，其余的一切都善？

苏格拉底回答说，知识是至善。正确的思维是正确的行动所不可缺少的。一个人要掌舵，必须有关于船的构造和功能的知识；要治国，必须有关于国家的性质和目的的知识。与此相同，除非一个人知道什么是德性，知道克己、勇敢、正直和虔诚以及其对立面的意义，他不能有德性。但是，知道什么是德性，他就会有德性。“没有人有意作恶或无意为善。”“没有人有意追求邪恶的东西或者他认为是邪恶的东西。趋恶避善不是人的本性。当被迫在两种邪恶之间有所抉择时，没有人在可以取其小者的情况下，选择那比较大的。”有人反驳说，“我们看到比较好的，而且赞同，却追求邪恶的东西。”苏格拉底会否定这种意见，即我们真正知道什么是好的，而不选取。在他看来，认识是非不仅是理论上的意见，而且是坚定的实践上的信念；不仅属于理智问题，而且属于意志问题。此
57 外，美德对人有利。一切诚实和有用的行动的趋向会使生活无痛苦而快乐。因此，诚实的工作是有用和好的。美德和真正的幸福是一致的。如果一个人不节制、勇敢、明智和正直，就不会幸福。苏格拉底在《申辩篇》中说：“我只奉劝你们老年人和青年人，不要顾虑你们个人和财产，首先和重要的是关注取得精神上最大的进步。我告诉你们，钱不能给人以德性，而钱和其他公与私的好东西，却能来自德性。”他于受审时最后说：“我仍然希望他们〔告发我和宣判我有罪的人〕照顾我一下。如果我的儿子们长大成人以后，只追求财富或任何其他东西而不顾及德性，如果他们实际上微不

足道，却装模作样，我要求你们，噢，我的朋友，来处罚他们，我要你们责难他们，正如我责难你们一样。如果他们不关注他们应该关注的东西，并且虚妄地以为自己有点儿了不起，你们就训斥他们，就像我训斥你们一样。如果你们这样做，这对我和我的儿子来说，你们是做了正直的事。”

第五节　苏格拉底的弟子

如前所述，苏格拉底没有建立形而上学体系，也没有提供认识论和关于行为的理论。这有待于他的弟子在他所奠定的基础上来建立。有的以他的方法所提示的逻辑问题作为研究课题，有的重视伦理问题，试图创立伦理理论。欧几里德（公元前 450—前 374 年）所建立的麦加拉学派，把苏格拉底德性即知识的论点，同埃利亚学派存在为一统一体的学说结合起来，规定善是万物永恒的本质，任何其他东西，诸如物质、运动或不断变化的感觉世界都不真正存在。因此，只存在一个德性，外在的财物不会有价值。欧几里德的继承人仿效芝诺、埃利亚学派和智者，夸大苏格拉底学说中辩 58
证法的一面，喜爱作各种隐晦和微末细节的争论。

这学派的成员有欧布利德斯、阿莱克西努斯、狄俄多鲁斯和斯提尔波。伊里斯的斐多建立了伊里学派，即后期伊雷特里学派，这个学派同麦加拉学派的观点是一致的。

有两个伦理学派兴起，各以苏格拉底的某些学说为基础，这就是由阿里斯提普斯（约生于公元前 435 年）在塞仁奈所建立的快乐学派和由安提斯泰奈斯（公元前 366 年以前）在雅典的塞诺萨尔格体育场所建立的犬儒学派。快乐学派以快乐为至善的理论，由伊壁鸠鲁学派所继承和完成；而犬儒学派反对快乐论，提出为德性而有德性作为座右铭，由斯多葛学派发展了这种学说。

第三篇　重建时期

第一章　柏拉图

第一节　柏拉图和他所研究的问题

所有这些学派都未能建立起完整和深入的思想体系，而又需要着手进行，以完成苏格拉底所开始的工作。他所提出的问题必须彻底思考；这些问题彼此密切相关，又同存在的终极性质问题有联系。除非研究它们的相互关系，把它们看作一个较大问题的若干部分，就不会得出令人满意的回答。要圆满地解答人生、人类认识、人类行为和人类制度等意义的问题，有赖于解答一般的实在的意义问题。苏格拉底极为著名的弟子柏拉图承担了这个迫切的任务。他不仅提供了认识论、行为论和国家论，而且还建立起宇宙论，胜利地完成了他的工作。

柏拉图生于公元前 427 年，父母是贵族。根据传闻，他最初从其他教师学习音乐、诗、绘画和哲学，公元前407年才成为苏格拉底
59 的学生，直到公元前 399 年，他的老师逝世为止，那时他陪伴心情沉痛的其他苏格拉底门徒到了麦加拉。据说，他曾游历埃及和小亚细亚，访问意大利，拜访过毕达哥拉斯学派信徒（公元前 388 年）。他曾一度住在叙拉古札的僭主狄奥尼修一世的宫廷之中。狄奥尼修变成他的敌人，把他作为战俘出卖为奴隶。但是，所有这些传说都已被否定。他在阿卡德穆斯的树丛中建立一所学校，即学园。他在那里教数学和各门哲学，采取前后连贯的讲课和对话的方式，这种方法同近代的课堂讨论相仿。传说他于公元前367年

和前361年两次中断了他的工作，因为他重访叙拉古札，可能是希望帮助当权者实现他的理想国，但是没有达到目的。他死于公元前347年。柏拉图是一个诗人和神秘主义者，也是哲学家和论辩学家。他以罕见的程度把逻辑分析和抽象思维的巨大力量，同令人惊奇的诗意的想象和深邃的神秘感情结合起来。他的品格是高贵的。他出身于贵族，气质也有贵族的派头。他是一个坚决的唯心论者，敌视一切卑下和庸俗的东西。

大概柏拉图的著作都保存下来了。这些以柏拉图的名义流传的著作有三十五篇对话、十三篇信札和一本定义集，其中信札（至少几乎是全部）和定义集是伪作。对话中的真品，黑尔曼认为是二十八篇，施莱尔马赫认为是二十三篇，策勒尔和海因泽认为是二十四篇，鲁托斯拉夫斯基认为是二十二篇。柏拉图的弟子亚里士多德鉴定柏拉图对话的真伪自然没有问题，但是不幸他没有提及所有这些著作。

许多学者试图按年代次序来排列对话，但是，还不可能很有把握地指出对话创作的确切时间和次序[①]。因此，还谈不到柏拉图学说发展的完整的历史。不过，我们可以划分早期的以苏格拉底哲学为主的一组，包括有关伦理的对话，在这里，柏拉图实质上没有超出他老师的观点。属于这一组的有：《申辩篇》、《小希比阿篇》、《查密迪斯篇》、《拉黑斯篇》、《李思篇》、《尤息弗罗篇》、《克里托篇》和《普罗塔哥拉篇》。第二组没有第一组那样容易确定，在这一组的著作中他开始发挥他自己的观点，制订出方法论。策勒尔认为属于这一组的有：《斐德罗篇》（这一篇包括这一时期论点的摘要）、《高尔吉亚篇》、《曼诺篇》、《尤息底莫斯篇》、《泰阿泰德篇》、《智者篇》、

① 参看宇伯威格-海因泽，第40节；《大英百科全书》"柏拉图"条目；鲁托斯拉夫斯基：《柏拉图的逻辑的产生和发展》；K. 周尔：前引书。

《政治篇》、《巴门尼德篇》和《克拉底鲁篇》。柏拉图的体系完成于后期，策勒尔认为这一时期的著作有：《会饮篇》、《斐多篇》、《斐里布篇》、《理想国》、《蒂迈欧篇》、《克力锡亚斯篇》和《法律篇》。策勒尔认为伪作而加以否定的有：《伊璧诺米篇》、《阿克拜第篇上、下》、《恩特拉斯篇》、《希巴克篇》、《塞亚各篇》、《米诺斯篇》、《克力托封篇》、《大希比阿篇》、《伊安篇》、《米纳仁纳篇》。

参 考 书

山茨于1875年开始编辑和伯纳特于1902年编辑的柏拉图著作；周伊特英译的五卷本柏拉图著作；关于其他版本和翻译，参看《大英百科全书》中所载甘倍尔论柏拉图的文章。里奇：《柏拉图》；A. E. 泰勒：《柏拉图》；佩特：《柏拉图和柏拉图主义》；亚当：《柏拉图主义的活力》；J. A. 斯图尔特：《柏拉图的理念说》和《柏拉图的神话》；内特尔希普：《关于理想国的演讲录》和《柏拉图的教育理论》；格罗特：《柏拉图》等等和《历史》，第七卷；文德尔班：《柏拉图》；赖尔：《柏拉图》；锐特：《柏拉图》和《新探》；那托尔卜：《柏拉图的理念说》和《柏拉图的国家》。福叶：《柏拉图的哲学》；伯尔那尔：《柏拉图》；惠特：《柏拉图》，两卷；米迟尔和阿伯特所作柏拉图著作索引。

60

苏格拉底曾经指出，要过合理和好的生活，我们必须具有善的知识，而获得这种知识是可能的。他没有提供取得知识方法的理论，只是采取了以对话的形式引申出真理的艺术。柏拉图在他的著作中运用这种方法，达到了惊人的艺术效果。他还思索这种方法和真理的意义，概要地论述了方法论或辩证法或逻辑学，在那里，他讨论了形成和结合概念的艺术，或为把握真理而运用的逻辑推演。这是认识论和形式逻辑的开端。不过柏拉图并不满足于表明如何可以获得真实的概念和判断，他的主要目标是要取得真实的概念和判断，以便从物理、精神和道德等等方面来认识实在，从统一和整体上来把握它。显然，他认为不了解宇宙的性质，就不能解决知识问题。为此，他根据那成为他的理想的伟大思想家的学说的精神，创造了一个包罗万象的体系。虽然柏拉图没有明显地把哲学分成逻辑学、形而上学（物理学）和伦理学（实用哲学，包括政治学），但他在著作中运用了这种划分法。因此，我们一般将按照这种次序来剖析他的思想，并从逻辑学或辩证法开始。

第二节　辩证法

柏拉图清楚地了解在他那时代的哲学中，知识问题极为重要。
一个思想家关于知识的性质和起源的思想，多半决定他对待那时
代重大问题的态度。柏拉图认为，如果我们的命题产生于感官知
觉和意见，那么，智者所提出的没有真正知识的观点就十分正
确。感官知觉（αἴσθησις）不能揭示事物的真相，只能显露现象。意
见（δόξα）有真伪，仅仅是意见，毫无价值。它不是知识，而是建立
在信念和感情之上的。它不知道自己是真是假，找不出为自己辩 61
解的理由。真正的知识（ἐπιστήμη）是以理性为基础的，这种知识
知道自己是知识，即能确证自己为真的知识。大多数人思维，而不
知道为什么那样思维，他们的观点是没有根据的。一般德性的情
况并不比这好一点。它也是建立在感官知觉和意见之上的，没有
意识到它的原理。人们不知道他们为什么那样做，他们根据本能，
遵循风俗习惯而行动，有如蚂蚁、蜜蜂和黄蜂。他们的行动是自私
的，为谋求快乐和利益。因此，广大群众是无意识的大智者。智者
的错误在于混淆现象和实在、快乐和善。

我们必须由感官知觉和意见前进，达到真正的知识。这一点是做不到的，除非我们有一种欲望，或者对真理的爱，所谓**厄洛斯**，即由探索美的观念所激起的爱慕之情：由探索美过渡到探索真理。对真理的爱迫使我们接受辩证法，迫使我们超越感官知觉而趋向

观念，趋向概念的知识，即由个别到一般。辩证法首先在于用一个理性概念（συναγωγή）来涵括零散的个别事物，其次，在于把这种理性概念划分（διαίρεσις）为类别，这就是概括和分类的过程。只有这样，才能有清楚和前后一致的思维。从概念到概念，上行和下达，概括和细论，结合和区划，综合和分析，雕刻出概念，正如雕刻家用一块大理石雕刻出美好的形象一样。在推理的过程中，判断表示概念彼此之间的关系，把概念同概念联系起来，而三段论法则把判断和判断连结起来。辩证法是用概念进行思维的艺术，思维的根本对象是概念，而不是感觉或影像。例如，除非我们有一个关于正直的观念或概念，**知道**什么是正直，我们就不能说一个人正直或不正直。我们知道以后，才能判断一个人正直或不正直。

但是，柏拉图告诫我们，像正直这样的观念或概念并非起源于
62 经验，不是通过归纳，由（关于正直）的个别情况抽绎出来的；个别的情况只是一种手段，用它把已经模糊或隐晦地存在于灵魂中的正直的观念清理一下，使人意识到它，把它弄得明显起来而已。当这个观念引申出来以后，可以从中演绎出其他的观念。我们展开它的涵义或意义，从而取得绝对确实的新知识。的确，人是万物和一切真理的尺度，因为在人的灵魂中蕴藏着作为他一切知识起点的某些普遍的原理、观念、概念或理念。

经验不是观念的来源，在经验或感官世界中没有同真、善、美那样的观念恰好相符的东西；任何具体的东西都不是绝对地美或善的。我们根据真、善、美的理想或标准来考察感官世界。除去这些观念以外，柏拉图还认为数学概念和某些逻辑概念或范畴是天赋或**先验的**，例如，存在和非存在，同一和差别，统一和杂多。

概念的知识是唯一的真知识，这是苏格拉底的观点。于是产生这样的问题，它的真理性的保证是什么？柏拉图根据他某些前辈

的形而上学的观点来回答问题。知识是思想同实在或存在的一致性：它必须有一个对象。因此，如果观念或概念要有作为知识的价值的话，某种实在的东西必然同它相符合。举例来说，必然有纯粹的绝对的美本身。必然存在着同我们一般的观念相符合的实在。换句话说，这种观念不可能仅仅是我们头脑中转瞬即逝的思想；数学的真理，真、善、美的理想，必然是实在的，必然有独立的存在。如果我们观念的对象不是实在的，知识就不能成为知识，因此，它们必然是实在的。

用另一种方式可以达到同样的结果。真理是关于实在、存在本身和实际的存在的知识。感官所知觉的世界不是真实的世界， 63
它是变化流动的世界，今日如此，明天变成别样（赫拉克利特）；它无非是现象、虚幻。真实的存在是常住不变和永恒的东西（巴门尼德）。因此，要取得真知识，必须认识事物常住不变的本质。只有思维、运用概念的思维，才能把握永恒不变的存在；它认识本然的存在、在万变和繁杂中保持始终如一的东西，即事物的根本**形式**。

总之，要证明知识的确实性，柏拉图认为有必要求助于形而上学，求助于他的世界观。智者所信赖的感官知识提供给我们流动、变化、个别和偶然的东西，那不是真知识。它不指明真理，不能抓住实在的核心。概念的知识揭示事物中的一般、不变和基本的因素，因而是真知识。哲学的目的在于认识一般、不变和永恒的东西。

第三节　理念论

我们已经看清，理念、观念或概念涵括或集合许多个别事物所共有的基本的特征，事物的必然的模式就是它们的本质。我们很容易把这种理念仅仅看作是心理的产物，即认为只有个别事物存在,没有同理念或心外的模型相应的东西。据说,安提斯泰尼说过,“我看见一匹马,但是我看不见抽象的马。”柏拉图不同意这种观点。在他看来,理念或模式(ἰδέαι,εἴδη,μορφαί)不是人心、以至神心中单纯的思想(当然,神圣的思想有赖于它们)。他认为理念或模式是自在和自为的,有实体性;它们是实体(οὐσίαι),是实在或实质的模式,即万物原始、永恒和超越的原型(παραδείγματα),先于、脱离和独立于事物而存在(χωρίς),不像事物那样受变化的影响。我们所看见的个别事物是这些永恒模型的不完善的复制品或反映,个别事物有生有灭,而理念或模式则永存不息。个别的人有生有死,而人的原型或人类却永远常在。事物或复制品
64 是繁多的,但一类事物永远只有一个理念。这样独立的模式或理念是无数的,没有任何东西因为太卑下或不重要而没有它的理念。有事物、关系、性质和行动的理念,有桌椅、床、颜色和声调的理念;有健康、静止和运动的理念,有大小和相似的理念,还有真、善、美的理念。

理念或原型虽然无数,但并非乱成一团,没有秩序。它们构成很有条理的宇宙,或者是有理性的宇宙(κόσμος νοητός)。其理想的秩序形成一个彼此有关系、有联系的有机的整体,各种理念按逻辑次序排列,位于最高的理念,即善的理念之下;善的理念是一切理念的泉源。这个理念是至高无上的,在它之外没有其他同样的理念。真正的实在和真正的善是同一的;善的理念是逻各斯,即宇宙的目的。因此,一中有多。在仅能用智力了解的或理想的宇宙里,没有不是一中有多或多中有一的(巴门尼德)。柏拉图认为宇宙是理念的逻辑体系。它构成一个有机的精神统一体,由宇宙的目的,即善的理念所统辖,因而是一个有理性的精神整体。感官不能把握其意义,感官只能感知其不完善和流动的反映,永远不能提高

到理解完善和不变的整体的地步。哲学的任务就是要用逻辑思维来了解它的内在的秩序和关联，思索它的本质。

柏拉图的思想体系是希腊著名思想家学说的融合和变革。柏拉图同意智者的意见，认为不可能有（关于现象的）知识；同意苏格拉底的意见，认为真知永远是关于概念的知识；同意赫拉克利特的意见，认为（现象）世界经常变化；同意埃利亚学派的意见，认为（理念）世界是不变的；同意原子论者的意见，认为存在是多（理念）；同意埃利亚学派的意见，认为存在是一；同意几乎所有的希腊思想家的意见，认为归根到底，宇宙是有理性的；同意阿那克萨哥拉的意见，认为精神统治宇宙，而精神同物质有区别。他的体系是到他那时为止希腊哲学史成熟了的果实。

第四节　自然哲学

现在我们来论述这个理想世界同所谓现实世界的关系。如前所述，自然中个别对象是理念的复制品。这应该如何理解？纯粹、65
完善和不变的基质对不完备和永远变化的感官世界起什么作用？这里有另一基质，它可以成为任何事物，而理念不是那样；可感觉的存在就因这一基质而不完善。这一基质，亚里士多德称之为柏拉图式的“物质”，构成现象世界的基础；作为基础，它总是可以在上面铭刻模式的粗糙的资料（ἐκμαγεῖον）。它是可以消灭、不真实和不完备的非存在（μὴὄν）；凡是被感知的世界所具有的任何实在性、形式或美都得自理念。某些柏拉图的注释家认为这种柏拉图的“物质”是空间，另一些注释家认为它是没有形式而充满于空间的质料。柏拉图需要理念以外的某种东西来说明我们所感觉的世界或自然，这种世界或自然不是纯粹感官的幻觉，而是比不变的理想境界低一级的秩序。这种不为理想的原则所触及的基础，必须设想它没有任何性质，不具形式，不能下定义，不可知觉。由于理想世界对非存在或物质施以影响，自然才得以存在。正如一条光线通过三棱镜分裂成许多条光线，理念会被物质分裂成许多对象。不具形式的东西不是按处于不存在状态这个意义来理解的非存在，而是在有较低级存在的意义上来理解的非存在。非存在一词表示价值判断。只要可感觉的世界呈现形式，它就有一定程度的实在性或存在。柏拉图没有更明确地规定这两个领域之间的关系的性质，但是，显然事物所有的实在性，总是来自理念，因为有理念，理念参与事物之中，事物才能存在。同时，具有同一名称的许多不同对象的差异和不完善，乃因非存在，即基质而起。策勒尔指出，它是第二种原因，即盲目而无理性的必然的原因。于是这里就有两种基质，即精神和物质，其中精神是真正的实在，最有价值，它使万物拥有形式和本质，是宇宙中法则和秩序的基质。而另一因素，即物质是属于第二位的，即呆滞的、无理性的、顽强的力量，精
66 神的不驯服的奴隶；它只是多少而不完善地打上了精神的印记。形式是能动的原因，物质是协作的原因。它既是朋友，又是敌人；既辅助，又阻挠；它是自然的精神上的弊病、变化和不完善的根源。因为理念世界和善是同一的，非理念的东西**必然**是邪恶。如果要标明柏拉图体系的这一部分，应该称之为**二元论**。因为它以精神为事物的首要因素，物质为占第二位的因素，它是唯心主义或唯灵主义的。无论如何，它是彻底反对唯物主义和机械论的。

柏拉图在他的《蒂迈欧篇》中，试图说明自然的起源，这部著作使人想起苏格拉底以前的早期哲学。他提出一种宇宙生成论，其中渗透着许多神话的因素，往往同他的其他学说有矛盾，不过，他只肯定它有盖然性。像人类的艺术家或工人，造物主以理想的世界为模型来塑造世界，以善的观念为指导，他尽可能地构成一个完

善的宇宙，唯受阻于物质的基质。造物主不是真正的创造者，而是建筑师。精神和物质两种基质早已存在，只需要有人把它们结合起来。为了实现这个目的，他赋予世界以灵魂和生命，而这个世界是由四种物质元素土、气、火和水组成的。他用不可分和可分的东西、同一和变化以及精神和物质（四元素）来组成这个世界灵魂，以便使它认识理想的东西和感知物质的东西。世界灵魂有自己的原始的运动，这是一切运动的原因；它自己运动，并促使物体运动。它弥布于全世界，是世界上美、秩序与和谐的根源；它是上帝的影像、一个可见的上帝。世界灵魂是理念世界和现象世界之间的中介。它是一切法则、数学关系、和谐、秩序、齐一性、生命、精神和知识的根源。它按照它本性固定的规律来运动，使物质分布给天体，并促使它们运动。除去世界灵魂以外，造物主还为行星创造了灵魂或神祇（他按毕达哥拉斯和谐的体系安排行星）和有理性的人类 67
灵魂，让低级的神祇来创造动物和人类灵魂的无理性部分。一切东西都为人类创造出来了，创造植物是为了供人营养，创造动物躯体是为了供堕落的灵魂寓居之用。

柏拉图的宇宙生成论中有许多神祇，他没有明确地肯定他们有人格，这也许是因为他类比人类灵魂来思考诸如善的理念、整个的理念世界、造物主、世界灵魂、行星的灵魂以及流行宗教的神祇，认为那是不言而喻的。

这种宇宙生成论是披着神话外衣的目的论的世界观，试图把实在解释成在理性和伦理目的的指导下，一种有目的和井井有条的宇宙，一种智慧的作品。目的和终极因是世界真实的原因，物理的原因仅仅是协作的原因。宇宙中所有美好、合理和有目的的东西，全靠理性；凡是邪恶的、不合理的和无目的的东西，都出自机械的原因。

第五节 心理学

认识论表明有三种知识，即感官知觉、意见和真正的知识或科学(Wissenschaft)。这种分类法对柏拉图的心理学有影响。就感觉和意见而言，灵魂依靠肉体；灵魂看到纯粹的理念世界时，它是纯粹理性。因此，肉体那部分是知识的障碍物，灵魂要把握纯粹的真理，必须不受它的干扰。存在于现象世界中的纯粹理念的复制品仅仅激发有理性的灵魂来思维。感觉引起理念，不能产生理念。因此灵魂在它同经验世界接触以前，必定已有理念。柏拉图指出，以前灵魂思考过这种理念，后来忘记了。感官世界中理念的不完善的复制品使它缅怀过去，好像使它回想起往昔曾经理解过的东西。一切知识是回忆(回想)，而一切学问是一种重新觉醒。(请参阅《斐德罗篇》中关于驭者的神话。)因此，灵魂在它同肉体结合以前，必然已经存在(先在)。

人类灵魂一部分是纯粹理性(νοῦς)，这有理性的部分是唯它
68 具有的特征。它进入肉体以后，又附加上有生灭和无理性的部分，使它适合存在于感官世界中。这一部分又分成为生气勃勃的部分(θυμός)，位于心脏中，柏拉图认为那是比较高尚的冲动，诸如忿怒、雄心大志和爱权力。另一部分是欲望(τὸ ἐπιθυμητικόν)，处于肝脏中，他认为这是比较低级的欲求或情欲，灵魂用以爱慕和感到饥渴。灵魂同肉体相结合，有碍于灵魂怀有**求知的**企望，有碍于取得知识。冲动和欲望当前，有碍于理性占有伦理的至高地位，柏拉图在他的伦理学中指出，这种障碍是理性本身必须设法克服的。沉思纯粹永恒理念的灵魂，至少一部分一定同这些纯粹和永恒的理念相似，因为只有同类才能认识同类。回忆说证实了灵魂的先在和延续的存在。灵魂不死的其他证明有：灵魂的单纯性，因为凡

是单纯的东西就不能加以分解；还有灵魂有生命或自发性。像这样活动的基质不会毁灭；生命不会变成死亡（见《斐多篇》）。

问题是，纯粹的、有理性的灵魂怎样同肉体相结合呢？柏拉图把他的认识论和经验心理学中的概念，同奥耳甫斯的和毕达哥拉斯学派的神秘主义结合起来，对这一问题又作了神话式的解释。造物主所创造的纯粹的、有理性的灵魂曾居处于一个星体上。但是，它有追求感官世界的欲望，被圈入肉体中，像被关进牢狱里一样。如果它顺利地克服了它本性中的这种较低级的欲望，它会回到星体上去；否则它将经过各种动物的肉体，越来越下沉，这就是灵魂轮回。如果灵魂在它的天国生活中抵制住欲念，它就会过超凡的生活，继续致力于沉思理念。实际的情况是它注定要经历净化的阶段。

关于厄洛斯的学说（爱慕论）是柏拉图心理学的一个重要方面。正如感官知觉激发灵魂回忆纯粹的理念或真理，对感性美的知觉作用引起感性爱，也激发灵魂回忆前世所沉思的理想的美。
这种回忆激发追求高尚的生活和纯粹理念世界的热望。感性的爱 69
同对美和善的企望是同样的冲动。灵魂渴慕永恒的价值，也就是渴慕不死。感性的冲动追求种的延续，高尚的冲动渴望名誉，这就是创造科学、艺术和人文制度的冲动。这些冲动是灵魂不死的另一证明，因为灵魂所想望的东西必然是能够得到的。

第六节　伦理学

苏格拉底认为最重要的问题是善的问题。什么是善的性质或意义，什么是善的生活，我们怎么能说这种生活合乎理性？一个有理性的动物应该怎样行动，什么是他的最高原则？苏格拉底提出问题，作了解答。他没有创立完整的有系统的人生哲学，但是为这种结构奠定了基础。柏拉图继续研究这种问题，并根据他那包罗万象的世界观力图予以解决。如前所述，他认为人生和人文制度的意义和价值问题，牵涉到宇宙和人类的性质和意义这一更大的问题。他的伦理学同他的认识论一样，是建立在他的形而上学之上的。

归根到底，宇宙是一个有理性的宇宙、一个精神体系。感官对象即我们周围的物质现象，不过是永恒不变的理念的流动的影子；它们不能持久，没有价值。只有持久的东西才是真实的和有价值的；只有理性具有绝对的价值，是至善。因此，人类有理性的部分是真正的部分，他的理想是要培育理性，即灵魂不死的一面。肉体和感官不是真正的部分。肉体确实是灵魂的监狱、桎梏，从中解脱出来是精神的最终目的。“因此，我们要尽快地飞离尘世，飞离就是变得同神一样。”灵魂脱离肉体，沉思美好的理念世界，乃是人生的终极目的。

同时，兼有理性、生气勃勃的部分和欲望的灵魂，被禁锢于地
70 牢中，需要解决一些问题。有理性的部分是聪明的，必须着眼于整个灵魂而进行预想，它的基本职能是发号施令。一个人的理性统率灵魂的其他冲动，知道怎样对整个的内部组织和它的每一部分有利，他就**聪明**。生气勃勃的部分（意志）的本分，是做理性的臣民和同盟者；音乐和体育可以使意志和理性这两种要素结合起来。当它们受到训练和教育以后，它们会控制欲望。理性进行思考，意志为理性奋战，服从它的指挥，并勇敢地完成它的指示。无论经历痛苦或快乐，当生气勃勃的部分坚决执行理性的教诲，知道什么要加以警惕，什么不要畏惧时，一个人是**勇敢的**。当意志和欲望同理性融洽，接受它的领导时，他是**有节制的**。节制或克己就是控制某种快乐和欲望。当这三种内部的因素彼此和谐，各司其专职时，一个

人是**正直**的。一个人具有这样的心地，就能遵循正直和诚实的轨道前进。当他聪明、勇敢和克制时，当他使他的灵魂和谐时，他就具有合乎伦理的态度。这样的人不会拒付存款，亵渎神物或偷盗，对朋友不忠，背叛祖国或犯类似的罪行。

所以，理想是一个有条理的灵魂，其中较高的功能驾驭较低的功能；它有聪明（σοφία）、勇敢（ἀνδρεία）、克己（σωφροσύνη）和正直（δικαιοσύνη）四种德性。有理性的生活即有德性的生活，是至善。过这种生活，才有幸福。正直的人毕竟是幸福的人。然而，快乐本身并不是目的，它不是灵魂生活中最高级的因素，而是最低级的。

我们已经提到柏拉图伦理学说的另一面，它特别注重灵魂中有理性的因素；认为不仅要制服无理性的因素，而且要予以排除。这一部分学说同一般的希腊思想不一样，有禁欲主义色彩，很像原始基督教**轻蔑尘世**（contemptus mundi）的学说：我们所见的世界 71
无非是刹那间的景象，“世界的繁华壮丽，昙花一现，情欲也要随之消逝”。在柏拉图看来，持久的东西是理性和真理，其余的一切都是虚幻。物质是不完善的，是灵魂致命的重负，从这种障碍物中解脱出来，沉醉于探索美好的理念，或者像基督教徒所说的，晤见上帝，是可以虔诚以求的崇高境界。在这里，柏拉图的哲学走到极端而成为神秘主义。

第七节　政治学

柏拉图在《理想国》中所表述的国家论，是建立在他的伦理学之上的。由于德性是至善，个人不能孤立地而只能在社会中取得这种善，国家的任务就在于实现德性和幸福；国家体制和法的目的在于为使尽量多的人为善而创造条件，即保证社会福利。社会生活是使个人完善的手段，它本身不是目的。诚然，个人必须以私利服从公共福利，但是，这只是因为个人的真正的善同社会福利联系在一起。如果所有的人都讲道理和有德性，就不必有法和国家，因为一个完全有德性的人受理性而不是受外在的法所统御。不过，完善的人是极少的，需要有法来实现我们真正的善。因为有必要，才建立起国家。

国家的组织应该像整个宇宙和个人有德性的灵魂一样，那就是说，理性应该在其中占统治地位。社会上有许多阶级，正如灵魂有各种功能；各个阶级之间的关系也相当于健康灵魂中各种功能之间的关系。受过哲学训练的人代表理性，应当作统治阶级；军人阶级代表生气勃勃的因素或意志，其职务是防御。农业生产者、手工业者和商人代表低级的欲望，以生产物质财富为其职能[①]。一个国家的每一个阶级，无论是从事工业、军事和守卫，做自己的工作，坚守自己的岗位，一个国家就会实现正义。这些阶级在一定的条件下，和睦相处，一个国家就有节制、勇敢和智慧。当粗俗的多
72 数人的欲望由少数人的欲望和才智所统御，统治者和被统治者对谁应该统治的意见一致时，国家运行自如。每一个人都应该在国家中有一种职业，这种职业应该是最适合他原有的能力的。正义就是占有自己应该有的，做自己应该做的，守本分，不管闲事。

理想的社会构成一个完整的统一体、一个大家庭。因此，柏拉图反对私有财产和一夫一妻制，主张两个（为劳动者所供养的）上等阶级实行共财产和共妻儿。他还有其他的建议，其中有监督婚姻和生育（优生学），遗弃弱婴，推行国家义务教育，教育妇女作战

---

① 在各民族中间，柏拉图认为腓尼基人代表低级的欲望，北方各野蛮民族代表生气勃勃的要素或意志，希腊人代表理性。

和参政，检查文学艺术作品。柏拉图对艺术没有好评，认为那是对感官世界的模仿，而感官世界本身也不过是事物真正本质的摹本。因此，艺术是模仿的模仿。但是他指出，艺术应该作为道德修养的一种手段。

国家是一个教育机构、文化工具，必须建立在可以获得的最高知识，即哲学的基础之上。“除非哲学家在国家中取得王权，或者是现在称为国王和君主的人具有足够的真正哲学方面的修养，那就是说，除非政权和哲学融合于一身……城邦就不会得救，何况全人类。”国家应承担教育高贵阶级儿童的任务，按照一定的教学计划进行。这种计划适用于到二十岁为止的男女，其中包括儿童时期的身体锻炼，涵养德性的神话讲述，增强体质和意志的体育，阅读和书写，激发和谐、调和与美感并鼓舞哲学思维的诗和音乐，诱导精神脱离情欲而追求实在的东西的数学，还有军事训练。从二 73
十岁的青年中选拔出优秀者，这些人着眼于相互关系而研究其儿童时代所学的各项科目，视之为一整体而作通盘考察。三十岁时，在这些领域、在军事和其他训练项目里表现出最大才能的人，研究五年论辩术，之后，在军事统率和占第二位的民事方面担任职务，接受考验。五十岁时，那些精明能干的人要研究哲学，等着轮到他们来掌管国家中更高的政务。

柏拉图的《理想国》是一个完善国家的理想，是人间神国的梦想。这往往被人称为乌托邦。不过，我们要记住，柏拉图是把它当作一个小的城邦来设想的，他的许多“理想”在斯巴达已经实现，不少的“理想”被认为是今天的事实。

在他的后期著作《法律篇》中，柏拉图大大修订了他的政治理论 。一个好的国家除去理性或洞见以外，还应该有自由和友谊。一切公民都应该有自由，享有参政权；他们应拥有土地，让农奴和外国人从事商业和贸易。家庭恢复了它固有的地位。知识并非无所不包,还有其他表现善良行为的动机,例如快乐和友谊,痛苦和憎恨。然而,德性仍然是理想,训练有道德的意志仍然是目标。

第八节　柏拉图在历史上的地位

柏拉图的哲学认为关于宇宙的唯理的知识是可能的,知识起源于理性而不是感官知觉;从这种意义来看,它是唯理主义的。不过,经验是激发先验观念的必要手段。它肯定实在世界的存在,从这个意义上说,它是实在主义的;它认为这个世界是理想或精神世界,从这个意义来说,它是唯心主义或唯灵主义的;它说感官世界是真实世界的一个表象或现象的世界,从这个意义上说,它是现象主义的。而且在这个意义上,它是极端反唯物主义的。它把一切
74
现象都看作是一个可以理解的宇宙秩序的表现,并引进一个联结一切的宇宙灵魂,从这一点看,它是泛神论的。它承认造物主,虽然这个形象是神话式的,在哲学上同它的体系不相称,从这一点看,它是有神论的。它断言理想的世界超越经验世界,纯粹理念要避免物质因素的污染,由此可见它宣扬超验论。它肯定宇宙灵魂遍布于空间,由此可见它传播内在论。它力图从终极的原因或目的方面对宇宙作最根本的解释,把一切都置于一个普遍的目的,即善的理念之下,因而它是反机械论,主张目的论的。它根据精神和物质两种基质来进行解释,因而它是二元论的。它宣称整个宇宙的终极原因是善的理念,因而它在根本方面有伦理色彩。它的伦理学说反对快乐主义,是直觉主义和唯心主义的,可以说是自我实现的理论,虽然这个词容易为人误解。它的政治理论是贵族主义和社会主义的。

柏拉图的体系对后期希腊思想和基督教哲学与神学有很大影

响，这是很容易理解的。它的世界观范围广泛，试图从理论上解说几乎人类的一切事业和活动。基督教力图使它的教义被有教养的罗马人所理解和接受时，柏拉图的体系乃成为它的思想宝库。它的唯心主义、目的论、以一套理念为世界模型的思想、二元论、神秘论、对物质和感官世界的轻蔑、伦理的国家、灵魂不死的论证和人类堕落的学说，所有这些以及许多其他论点，对于希望表明这种新信仰是合乎理性的人来说，是受欢迎的礼品。以后我们还有机会说明，基督教神学的建立如何极有赖于希腊人，早期教会最大的思想家圣奥古斯丁如何深受柏拉图的影响。每前进一步，我们都会看到柏拉图的唯心主义一直到现在为止，在全欧洲的哲学中，仍不失为一有生气的力量。

第九节　柏拉图学派

柏拉图死后，他所建立的学园由其弟子继续举办。最初这个学派承袭柏拉图晚年所采纳的毕达哥拉斯学派的学说，认为理念 75
就是数。它还注重伦理学的研究。这一时期的柏拉图学派被称为老学园，它的头目有柏拉图的侄子斯彪西波（自公元前 347 年到公元前 339 年）、色诺克拉提（自公元前 339 年到公元前 314 年）、波莱莫（自公元前 314 年到公元前 270 年）和克拉提（自公元前 270 年到公元前 247 年）。老学园的其他成员有庞土斯的赫拉克利德斯、欧普斯的菲力普、丕林苏斯的黑斯提厄和克尼杜斯的欧多克苏斯。克拉提的继承人阿尔凯西劳斯（自公元前 247 年到公元前 241 年）把怀疑论引进学园，建立第二期或中期学园，这时期的学园忠于阿尔凯西劳斯的学说，一直到公元前 156 年以前卡尔尼阿德成为学园的头目，建立第三期或新学园为止。（参看第 116 页以下几页）

第二章 亚里士多德

第一节 亚里士多德探讨的问题

柏拉图是建立包罗万象的唯心主义哲学的第一个希腊思想家。但是,他的体系有些难题和矛盾,需要考虑,如果可能,并予以克服。早期的柏拉图学派几乎没有发挥其创始人的思想,像一般学派所作的那样,它大部分照原样传布了他的学说。这有待于一个能独立思考的学生亚里士多德来建立体系,他以在他看来更前后一致的和科学的方式发展了这个体系。首先要重新考虑超越的理念问题。柏拉图似乎把后来亚里士多德所称之为永恒的形式者置于星体以外,把它同实际的经验世界隔离开来,并贬低经验世界为纯粹现象。其次是有关占第二位的因素,即柏拉图式的物质概念,需要更精确地予以规定,使它成为令人满意的解释原则。形式和物质之间的鸿沟需要弥合。遥远和不变的理念,如何能把它们的影像加在无生命和无理性的基质之上呢?还有其他难题。如何解释事物逐渐变化的形式;如何解释个体不死的灵魂存在而又依附肉体?造物主和世界灵魂(the world-soul)是权宜之计,求助于
76 神话和流行的宗教是自认无知的供认。仍然是二元论,并扩展到这一体系的各个方面,问题还是没有解决。至少在亚里士多德看来是如此。

亚里士多德保留了那些不变的永恒的形式,他老师的唯心主义原则,但他排除了它们的超验性。可以说他把那些原则由上天降到人间。形式不脱离事物,而在事物以内;不是超验的,而是内在的。物质〔即质料〕不是非存在($\mu\grave{\eta}$ ὄν),而是能动的(δυνάμει ὄν);形式和物质不是彼此脱节,而是永远结合在一起的。物质实现事物的形式或理念,移动、变化、生长或向前发展。感官世界或现象界不单纯是实在世界的模仿或影子。它就是实在的世界,形式和物质合成一体;它是科学的真正对象。正因为亚里士多德是这样构思的,所以他安然地生活于感官世界,以同情的态度来研究它;他的理论总是同它有密切的联系,而且鼓舞了自然科学。

公元前384年亚里士多德生于斯塔吉拉,是马其顿的菲力普的御医尼科马库斯的儿子。十七岁时进入柏拉图的学园,在那里作为学生和教师待了二十年。公元前347年柏拉图死后,他旅行到梅西阿的阿索斯,从那里又到米提棱奈,据说他回雅典开办过修辞学学校。公元前342年菲力普任命他来教他那后来称为大王的儿子亚历山大。七年以后他回到雅典,在题献给吕克昂太阳神阿波罗的体育馆建立一所学校,从而这个学校在历史上以吕克昂得名。因为亚里士多德有在散步时进行教学的习惯,他的学派又称为逍遥学派。他用演讲和对话教授学生。公元前323年亚历山大突然逝世,亚里士多德在雅典被反马其顿党控告有渎圣罪,被迫逃往攸波阿,于公元前322年死在那里。

亚里士多德是一个有高尚品质的人,他的个性体现了他在伦理学体系中所教诲的节制与和谐的希腊理想。他极爱真理,判断精确、不偏不倚而且尖锐。他精通论辩学,探究入微,博览群书,观察缜密,是一个专家。他文笔的风格有如他的思维,清晰、科学、平易,没有雕琢和空洞的幻想,乃至有点枯燥。我们在他的著作中很少感到他自己品格的锋芒,只有在罕见的场合他表现他的感情。在这些方面,他不像他的著名老师柏拉图。精读他的著作时,我们似乎是位于一个冷静而无个性的理性面前。但是,他是思想史上最伟大的人物之一,一个博学的天才。他对许多论题写有著作:逻辑 77

学、修辞学、诗学、物理学、植物学、动物学、心理学、伦理学、经济学、政治学和形而上学。

被认为是亚里士多德写的很多著作流传下来了，其中大部分是真的。不过，他的许多书好像已经遗失。安德罗尼库斯于公元前60年到公元前50年之间编辑出版了亚里士多德的著作，认为他写的书（我们应该说是篇章）有一千本。他为广大读者所出版的著作，只有断简残章保存下来；所保存的材料有对学生的演讲稿，原来没准备出版。

仿照策勒尔的办法，我们可以把亚里士多德现存的著作分类如下：(1)逻辑学（亚里士多德门徒称为《工具篇》，即有关用以获得知识的器械或工具的著作）。《范畴篇》（对此后人有所增减，大部分是真的，虽然有些权威人士表示怀疑）。《命题篇》（叙述亚里士多德的学说，但不是真的）。两个《分析篇》（三段论式；定义、分类和论证）。《正位篇》（九卷，论盖然性）。《辨谬篇》是《正位篇》的最后一卷。

(2)修辞学。《与泰欧德克提谈修辞学》（据亚里士多德的学说写成，不是他本人的著作）。《与亚历山大谈修辞学》（是伪作）。《修辞学》（三卷，第三卷可疑）。艺术论表述于《诗学》中，其中只有一部分保存了下来。

(3)形而上学。有一连续十四卷主要探讨第一原理的著作，在安德罗尼库斯所辑的文集中，被直接列于有关物理学著作的后面，取名为《物理学后编》（τὰ μετὰ τὰ φυσικά）（或者是在有关物理学著作后面的著作），这只标志它们在文集中的位置。形而上学一词即由此而来。亚里士多德本人从来没用过这个词，他称初始本原的讨论为“太初哲学”（First Philosophy）。亚里士多德原来并未有意把这十四卷合成一种。第二卷(a)和第十一卷中的一些部分是伪作。

（4）自然科学。《物理学》（八卷，第七卷是插进去的）。《天文学》（四卷）。《起源和衰灭》（两卷）。《气象学》（四卷）。《宇宙生成论》（伪作）。《植物学》（伪作）。《动物志》（十卷，第十卷是伪作）。《动物的分类学》（四卷）。《动物的演进论》（有些人认为不是真品）。《动物的起源论》（五卷）。《动物的运动论》（伪作）。心理学。《论灵魂》（八卷，其中三卷讨论感觉、记忆、睡和醒；其他称为《自然短论》，是后加的比较小的论文，而最后论呼吸的一卷是亚里士多德以后的著作）。

（5）伦理学。《尼各马可伦理学》（十卷，在五卷至七卷中已据《欧德穆伦理学》有所增补）。《欧德穆伦理学》（是由欧德穆对前书所做的修订本，只保留了一至三卷和第六卷）。《大伦理学》，即比较广泛的伦理学（是前二书的合编）。

（6）政治学。《政治学》（八卷，显然不完全）。《雅典政制》（是于 1890 年发现的《政治学》中的一部分）。一般所说亚里士多德经济学方面的著作不可靠。

参　考　书

贝克和布兰迪斯所编全集；罗塞所编片断选辑；J. A. 斯密司和 W. S. 罗
斯主持编辑出版的英译亚里士多德著作、邦尼茨编的著作索引；卡普斯编的 78
《亚里士多德辞典》。其他译本有伯斯特译《后分析篇》和《论智者的驳辩》；罗斯译《形而上学》（卷一为泰勒所译）；哈蒙德、希克斯和瓦莱斯译《心理学》；贝尔和罗斯译《小天地》；韦尔登、培特译《尼各马可伦理学》；韦尔登、周伊特译（两卷）和埃利斯译《政治学》；肯庸译《雅典政治》；比瓦特、布迟尔、L. 库佩和华尔顿译《诗学》；韦尔登译《修辞学》。（几乎所有这些著作都在伯恩丛书中；此外还有《工具篇》和《动物志》。）伯内特：《亚里士多德论教育》以及关于《伦理学》和《政治学》的部分翻译。

A. E. 泰勒：《亚里士多德》；E. 华莱士：《亚里士多德的哲学大纲》；格兰

特:《亚里士多德》;格罗特:《亚里士多德》;T. H. 格林:《亚里士多德》(在格林《著作》中);切塞:《亚里士多德的伦理学》;A. C. 布莱德雷:《亚里士多德的国家学说》(在《古代希腊》中);达维桑:《亚里士多德和古代教育理想》;琼斯:《亚里士多德在自然科学方面的研究》;泽贝克:《亚里士多德》;布伦塔诺:《亚里士多德和他的世界观》。比阿:《亚里士多德》;专著:贝尔那斯(戏剧理论),迈尔(三段论法),F. 布伦塔诺(心理学)。

第二节　哲学和科学

亚里士多德接受了他老师的唯心主义和目的论的前提:宇宙是一个理想的世界,一个相互关联的有机的整体,一个永恒不变的理念或形式(εἴδη)的体系。这是事物终极的本质和原因,是使事物所以成为现在那种样子的指导力量或目的。但是,理念不脱离我们所感知的世界,而是这个世界的主要部分,内蕴于世界;理念给世界以形式和生命。我们的经验世界是实在的世界,不是不可信赖的现象。因此,经验世界是我们要研究和了解的对象,经验是人类知识的基础和出发点,由此上升到关于终极原理的科学。亚里士多德作为一个医生的儿子,持有这样的实在的概念,所以他认清要尊重具体的和个别的东西,对自然科学感兴趣,而且确定了他的方法。但是,真正的知识(ἐπιστήμη)不在于仅仅熟悉事实,而在于认识它们的理由、原因或根据,认识它们必然如此的情况。哲学或广义的科学,包括一切这种经过理性思考的知识,其中有数学和各专门科学。研究事物根本的或初始的原因的科学或哲学,亚里
79 士多德称之为太初哲学,我们叫形而上学。形而上学研究本然的存在,各种科学研究存在的某些部分或方面。例如,物理学研究存在中的物质和运动。其他部分的科学或哲学取名为助理哲学(second philosophies)。

亚里士多德进一步区分理论科学(数学、物理学和形而上学)、

应用科学（伦理学和政治学）以及创制的科学或艺术（有关机械生产和艺术创作的知识）。他又把这些科学分成物理学（物理学、天文学和生物学等等）、形而上学和应用哲学，如果加上逻辑学，那就是柏拉图的一般分类：逻辑学、形而上学和伦理学。

第三节　逻辑学

逻辑学的职能是论述取得知识的方法。苏格拉底和柏拉图已经建立起逻辑学的基础，但是，亚里士多德是首先使之详细完善、成为专门科目的人。他是科学的逻辑学的创始者。他认为逻辑学是获得真正知识的重要工具，除非我们已经掌握分析学，否则就不要进行研究太初哲学或关于事物本质的科学。因此，逻辑学是哲学的导论或绪论。

逻辑学的主旨是分析思维的形式和内容以及取得知识的过程，它是正确思维的科学。思维是推理的或科学的论证，从一般推演出个别，从原因推演出受制约者。推论由在语言中称为命题的判断所组成，判断乃由表述于项中的概念所构成。亚里士多德讨论了判断的性质和种类、它们彼此之间不同的关系以及各种论证，为这种过程下定义并加以分类，这大都为现在的形式逻辑教科书所采用。在逻辑学方面，亚里士多德对概念未做详尽的研究。不过，他研究了狭义的概念，即定义和定义的通则，也研究了最高级的概念，即范畴。

他特别重视依据三段论式所做的论证，而这一领域是被柏拉 80
图忽略了的。策勒尔说亚里士多德首先发现三段论式是一切思维运动的基本形式，而且给它定下了名称。三段论式是由某种前提必然得出新结论的一种论述方法（a discourse，λόγος）。在三段论式中，从一般得出个别，这是演绎推理。归纳是由个别的经验事实推演出一般命题。要确实可靠，这种过程必须圆满完全，以了解到所有的情况为基础。

因此，有确实根据的或科学的论证永远采取三段论式的形式，它是三段论式的和演绎的。结论要真，必然遵循前提。这些前提本身必须是一般和必然的，因此它们需要证明，即要建立在其他的前提之上。知识的目的在于穷尽地论证[①]。这只有通过一系列三段论式才有可能，在三段论式中结论依赖前提，而这些前提又是其他前提的结论，如此等等。但是，这种过程不能前进不已，最后必然达到不能演绎地予以证明的命题或原则，这些命题或原则却有绝对的确实性，比由之推演出来的一切命题有更大的确实性。我们有这样直接或亲接、由直觉得到或自明的原则（ἀρχαί），例如，数学公理和矛盾律。每一种专门科学都有它自己的这种原则，此外还有一切科学所共有的普遍原则，即太初哲学的原则或形而上学。

基本的概念或原则为理性（νοῦς）本身，即灵魂最高尚的部分所固有，是由理性的直接直觉得来的。它们也可以由归纳来证明，这就是思维由感官知觉或对个体事物的知觉，上升到总的概念或关于一般的知识的过程。人类理性有从个别事物抽绎出其形式的
81 能力，即抽绎出它和其他同类个别事物一致的东西。这种形式是事物的本质，是实在的。但是，它们不仅是事物的原则或本质，而且是理性的原则，潜在于人心中。要使它实现出来，使理性察觉它们，使人们意识到它们，经验是必要的。那就是说，它们隐然地存在于人心中，经验使之明显起来，成为现实的。它们既是思维的形

① 亚里士多德时代理想的科学是数学，所以演绎法在他的逻辑学中占有重要的地位。他的目的是要达到数学的确实性。

式，又是实在本身的形式。亚里士多德的基本思想是，思维和存在是一致的，真理是思维和存在相符合。

因此，知识总是由感官知觉开始，由个别事实上升到一般概念，就是由“我们所熟知者”到“我们所熟知而它本身又更确实者”。一般是我们思考过程中最后所把握的东西，而在自然中却是初始的；它们是初始的本原。

归纳是演绎的准备工作。科学的理想必然总是由一般中推演出个别，提供论证或必要的证明，这有待于完成归纳工作，有待于经验激发起蛰伏于理性中的一般。这样，亚里士多德就调和了经验主义和唯理主义。没有经验，不可能有知识。但是，通过归纳由经验得来的真理是不确实的，只有盖然性；因此，真理必然也是先验的（a priori），隐然存在于人心中。没有经验，不能认识真理；真理不隐然存在于理性中，不能确实。

亚里士多德所说的范畴意指论断中最概括的形式，是论述任何事物所用的基本的、最一般的谓语。他列举十个、有时仅仅八个这样的范畴。我们说一个东西是什么（人：实体）*，怎么构成的（白色：性质），多大（两码长：量），关系如何（大一点，两倍：关系），在什么地方（在吕克昂：空间），什么时候（昨天：时间），采取什么姿势或位置（躺着，坐着：位置），处于什么状态（穿着衣服，执有武器），做什么（燃烧：主动），遭遇了什么（被焚：被动）。这一切都说明我们所经验的对象都处于时间和空间中，可以衡量和计算，同其他事物有关系，可以施予作用和承受作用，有本质的和偶然的性质。这种范畴固然是思维或语言的形式，不仅如此，而且还是本然的实在的谓语。每一个词或概念都有实在的东西同它相应。个别可见的实 82

* 冒号后面的词表明它前面的词属于什么范畴。

体是所有这些范畴的承担者，它是可以用这些范畴加以论述的东西。因此，实体这个范畴极为重要，其余的范畴只有可以用来论述实体时，才得以存在。科学就是要研究存在、本质或实体的范畴，即研究事物本质的性质。这引导我们阐述亚里士多德的形而上学。

第四节　形而上学

形而上学的问题，是要发现终极的本原。我们如何解释世界，它本质上是什么？德谟克利特及其学派把它归结为运动着的物质原子，柏拉图说它是超验的理念，这种理念能够影响无形式的物质。亚里士多德摈弃了这两种回答，试图予以调和。他认为理念或形式不可能像柏拉图所断定的那样，是脱离物质而自我存在的本质。性质不能脱离对象而存在。没有物质，就不可能有形式。我们所见的变化着的实在，也不可能像唯物主义者所主张的那样由单纯无目的的运动着的物质来说明。没有起指导作用的目的或形式，就不可能有物质。柏拉图把具体经验中的对象看作是一般理念的不完全的摹本，是偶然的东西，而形式是实体。亚里士多德却认为个别的对象或个体的存在物是实在的实体。但是，个别具体存在物的**形式**，它所属的那一类的一般的性质，构成它的本质或真正的性质。所以在他看来，归根到底形式或理念也是最本质的因素。

不过，个别的东西是发生变化或生长的，为人所见的一切都是变化的，既存在又不存在，既可能如此又可能不如此。时而有这种性质，时而有那种性质；时而是种子、树苗，时而又是树木、果实。怎么解释这种变化的过程呢？必然有变化的东西，在变化中持久常在的东西，具有我们所说的各种性质的东西。这就是物质（ύλη），物质持久常在，物质本身不会消失。物质必然永远有某种性质，我们从未经验过没有形式的物质，因此物质和性质或形式共同存在。83 当我们说一种东西改变了它的形式时，我们并不是说形式本身起了变化或变成别样。任何形式本身不能变成另外一种形式。物质采取不同的形式，一系列的形式，彼此衔接。物质持久常在，它最初所具有的形式不能变成另外一种形式，而是一种新的形式塑造了物质。各种形式一直是早已存在，不是突然生成的。所以，无论是物质或形式都没有生灭，它们是事物永恒的元质。为了说明变化或生长，我们必须设想有一种持久常在和变化的基质（sustratum），即物质，设想有一些本身永远不变而使我们周围的世界丰富和生长的性质（形式）。

一个事物成长以后，它就**实现了**它的意义、目的或形式。形式是它的真正的存在，它的实现或完成（ἐντελέχεια）。它的可能性已经实现，潜在于它里面（δύναμις）的东西则已变成现实的（ἐνέργεια）。物质采取形式。例如，橡子变成橡树，橡子是潜在的橡树，橡树是它的潜能性的实现，是被变得明显、实在和现实的形式。因此，亚里士多德把物质称为可能性的元质，形式为实在或现实性的元质。我们只能思维原始无形式的物质，它不能照原样存在，它无非是一种可能性。具体的物质总有形式，在某种意义上说是现实的。但是，对其他的形式或现实性而言，它不过是一种可能性。种子是形成橡树的物质，大理石是塑造雕像的物质。

为了说明变化的世界，我们必须肯定有形式和物质。有如柏拉图的理念，所有的形式都是永恒的，但不在物质**以外**，而是在物质**以内**。形式和物质永远共存，宇宙是永恒的。形式实现于事物中，它使物质运动，一个目的或目标则由该事物所实现。艺术家创造艺术品时，心目中有一观念或计划；通过手的活动，他施作用于物质，他的动作由他的计划所引导，这样就实现了一个目的。在这

种过程中，我们可以区分四个原则或四种原因。理念或形式（什么
样的东西，即存在于艺术家头脑里的雕像）是形式因，物质（雕像所
84 由造成的东西）是物质因，运动的原因（造成雕像所要借助者）是效
力因或动力因，目标或目的（所以要造雕像的理由）是终极因。这些原因在自然界、特别是有机界中同样起作用，只不过在自然界中艺术家同他的作品不是分离的，而是浑然一体。可以说艺术家即存在于他的作品里面。形式或计划同目的或目标实际上是一致的，有机体的目标就是它的形式的实现。形式或理念也是动力因，所以，归根到底，只有两种本质的原因，即形式和物质，它们构成一个不可分割的整体，只在思想上可以加以区分。

形式是在物质世界中实现自己的有目的的力量。每一有机体之所以变成它现在那种样子，是由于一种理念或目的发挥了作用。种子里面活动着的指导原则，使它只能变成它所由产生的植物或动物。因为形式不变，物种也不变；个体消逝，而物种却连绵不断。

既然一概如此，既然形式统辖物质，物质是潜在的形式，为什么自然界往往达不到它的目的，往往非常不完善、不完全以至变为畸形呢？亚里士多德把自然界的这种失败归诸物质的缺陷。在这一点上，物质不再是单纯的可能性，而对形式有抵制，有它自己的力量。由于它的顽抗，才在世界上同一类型的那些个体中表现出数目繁多和参差不齐，才在世界上表现出男女之间的差别，才有奇形怪状。

形式和物质相结合，乃产生运动或变化。理念或形式促成物质运动。理念是推动者，物质是被推动的东西。运动使事物的本身可能性变成现实。怎么会产生这样的情况呢？仅仅由于有理念存在。物质力求实现形式，为形式的存在所激发而活动；它有追求形式的欲望。形式和物质是永恒的，运动也是永恒的。在这里，不

服约束的物质表现出相反的性质，有沿着目的所指引的方向而运动的欲望。如果这不是亚里士多德所用的比喻的语言，那就是古希腊物活论的遗风。

根据亚里士多德的意见，在物质方面的这种永恒的运动，逻辑 85
上以永恒的不动的推动者，即促成运动而本身不动的东西为前提。如果它本身运动，那么，它就得被别的某种运动着的东西所推动，如此类推，以至无穷；这仍然没有说明运动。运动必然开始于某处，而不为运动着的某种东西所引起。因此，有一个永恒的不动的第一推动者，他是自然中所以有一切充满活力的力量的决定性根据。这第一原因既然不动，它必然是没有物质的形式，纯粹形式，绝对精神；因为有物质，就有运动和变化。

第一原因绝对完善，是世界的最高目的或至善。上帝施作用于世界，不靠推动它，而作为美好的图景或理想来影响灵魂。宇宙万物，植物、动物和人类，都因至善或上帝而希望实现其本质；上帝的存在引起这种愿望。因此，上帝是宇宙间起统一作用的基质，是一切事物努力趋赴的中心，是说明宇宙间一切秩序、美和生命的本原。上帝的活动在于思维，冥想事物的本质，想象美好的形式。他是一切现实性，各种可能性在他的身上得到实现。他没有印象、感觉、欲望和有所企求的意志，以及类似激情的感情。他是纯粹的智慧。人类的智慧是推理式的，人类的知识是零散的，是一步一步前进的。上帝的思维则是直觉的，他于瞬息之间明察一切，明察其整体。他没有痛苦和情绪，极为幸福。他是**哲学家**渴望达到的那种境界。

第五节　物理学

亚里士多德的物理学是关于物体和运动的科学，其特征在于反对德谟克利特的机械的原子论的观点。他摈弃从量的方面，从原子位置关系的变化上，来解释物质世界里面一切变化的做法。如前所述，他有把物质看作是被动和有惰性的倾向，在这方面，他同意德谟克利特的意见，虽然他有时赋予它以物活论者所加诸物质的性质。他连同原子一并否定了空洞的空间，认为空间是一个
86 被环绕的物体和一个环绕他物的物体中间的界限。凡是未被另一物体定界的东西，就不在空间中。因此，恒星以外没有空间，因为没有物体作它们的界限。只要不再有物体，空间就不再存在。因此，没有无限的空间，宇宙是有限的。宇宙作为整体不动，只是各个部分有变化。由于不能设想没有运动的空间，上帝不动，所以上帝不在空间中。

亚里士多德所说的运动（κίνησις），指的是各种变化，他根据目的论的观点把运动定义为“可能性的实现”，并列举四种运动：实质性的运动（生成和衰亡）；数量上的运动（物体靠增减而有大小的变化）；性质上的运动（一物转化成另一物）；位置上的运动（场所的变化），这制约着所有其他的变化。亚里士多德认为元素有四种（有时五种），它们可以相互转化，实体的混合构成新的实体。性质不是原子论者所主张的那样，是数量的变化所引起的单纯主观的结果，而是事物本身所具有的实在的性质。因此，不能机械地解释性质变化，把它们看成仅仅是原子位置排列上的变化，而是有性质上的绝对变化，这是由影响物质的力量所造成的。

所有这些观点同原子论者所构成的自然科学理论直接对立。二者有根本的差别。亚里士多德断定不能机械地解释自然，自然是有动力和有目的的，它是活动的，其中所发生的事情都有目的。由于亚里士多德确信他的形而上学前提的真理性，他往往宣称某些事件是不可能的，借以解决科学上的问题；其所以不可能，是因

为不可思议，即根据他的形而上学来说，是不可思议的。从机械论的观点来看，他的思想确实是在思想进程上倒退了一步，但是，今天有许多自然科学家仍然赞同他关于自然的唯力或“唯能”的解释，还有不少人接受他的目的论。

宇宙是永恒的，既无生成，又不毁灭。地球位于中心，周围以同心圆的层次环绕着水、气和火，其次是天体。天体是由以太组成的，有些天体携带行星和日月。其次是恒星。为了说明行星的运 87
动，亚里士多德引进许多反天体或“向后运动”的天体。上帝包围恒星所在的最外一层，使之运动，这一层的运动影响其他星体运动。但是，亚里士多德没有始终贯彻这种思想，他为每一天体提供了推动自己的精神。

第六节　生物学

亚里士多德可以称为有系统的比较动物学的创始人。像在物理学方面一样，在生物学方面他反对单纯从数量、机械和因果关系上来思考自然，他从性质、动力和目的论方面来解释自然。自然中有创制和引导运动的力量，如前所述，形式是有动力和目的的。它是有机体的灵魂。肉体是器械或工具，工具要为人所用，必然有使用者，即灵魂。灵魂推动肉体，确定其结构；它是生命的元质（活力论）。因为人有精神，所以有手。肉体和灵魂构成一个不可分割的统一体，但是，灵魂是起统率和指导作用的元质，那就是说，整体先于部分而存在，有目的然后才有目的的实现；没有整体，我们不能理解部分。

凡是有生命的地方——在整个的自然界，甚至在无机界中，凡是有生命痕迹的地方——就有灵魂。有灵魂的各种等级和程度存在，同生命的各种形式相应。灵魂不能没有肉体，不能没有一个特定的肉体。人的灵魂不能寓居于马的肉体中。有机界形成一个由最低级到最高级逐渐上升的肉体的阶梯；也形成一个分成等级的灵魂的系列，从掌握营养、生长和生殖职能的植物灵魂到拥有更多和更高的权能的人类灵魂。

第七节　心理学

人是自然的小宇宙和最终目的，因有理性（νοῦς）而不同于其他生物。在统辖较低级的维持生命所必须的职能方面，人类灵魂
88 类似植物灵魂；就有知觉能力以及所谓统觉、想象、记忆、愉快和痛苦以及欲望和厌恶而言，它同动物的灵魂相仿。感官知觉是所知觉的事物通过感官的媒介而引起的灵魂的变化。感官是潜在的，所知觉的对象是现实的，彼此相当。不同的感觉向灵魂报告事物的性质，统觉好像是所有的感觉的汇合处，它的机构位于心脏中。借助于统觉我们把其他感觉所提供的知觉结合起来，获得一个对象的全面的图景。它也给我们一幅关于性质的明晰的图景，诸如各个感觉所知觉的数目、大小、形状、运动和静止。统觉还能构成属类的和组合的影像，有保持或记忆（联想）的能力。愉快和痛苦的情感因知觉而起。各种职能能够往前推进，乃产生快感；受到阻碍，则有痛苦。这些情感引起欲望和厌恶，就使肉体运动。有灵魂想要的、它认为是好的对象呈现，欲望随之而起。伴有深思熟虑的欲望叫作有理性的意志。

除去以上所述的各种职能以外，人类灵魂还有用概念思维的能力，能够思维事物的一般和必然的本质。正如灵魂在知觉方面知觉所感觉的对象一样，灵魂作为理性，则把握概念。理性潜在地是它所能想象或思维的东西。用概念进行的思维就是实现了的理性。理性怎么会思维概念呢？有主动的或创造性的理性和被动的

理性。创造性的理性是纯粹的现实性，其中的概念是实现了的；它直接看见概念。在这里，思维和思维的对象合为一体，它有如沉思理念世界的柏拉图的纯粹灵魂。在被动的理性中，概念是潜在的（类似亚里士多德的物质：被动的理性是创造性的理性，即形式对它施予作用的物质）。创造性的理性使概念变成实在，实现或显现。根据亚里士多德的观点，不依赖已经存在的**现实的**原因，什么东西都永远不会变成现实的。例如，存在着一个个别的有机体的物质必须予以实现的完整的形式或理念。同样在这里，亚里士多德肯定，理性里面必然存在着一个要由理性来实现的完整的形式。为了在精神世界贯彻这种思想，他把理性区分为形式的一面
和物质的一面，主动的理性和被动的理性，现实的理性和潜在的理 89
性。概念在被动的理性中是潜在的，在创造性的理性中则是现实的。

知觉、想象和记忆同肉体有联系，生灭与共。被动的理性包含可感觉的影像的因素，从而也要消亡。这种影像是在被动理性中引起概念的诱因，但是，没有创造性理性的作用，不能激起概念。创造性的理性先于灵魂和肉体而存在，它绝对不是物质的，不会消亡，不依附肉体而且是不朽的。像亚里士多德所说的那样，它是从外部（ϑύραϑεν）进入灵魂的神圣精神的火花；它同其他的精神职能不一样，不是在灵魂发展的过程中产生的。因为它不是个体的理性，显然谈不到个人不死的问题。亚里士多德的一些注释家认为它相等于一般的理性或上帝的精神。

第八节　伦理学

亚里士多德的伦理学学说以他的形而上学和心理学为基础，是历史上最早出现的广博和科学的理论。它所要回答的问题是苏

格拉底的至善问题。人类的一切行动都有某种目的。这种目的可以成为达到较高目的的手段,这较高目的又是更高目的的手段,如此类推,最后达到最高的目的或目标,这是终极的原则或至善,是所以要追求其他各种善的目的。什么是至善?一个事物的善在于它特有性质的实现,每一种生物的目的或目标是要实现它那区别于其他生物的特殊本质或使之明显起来。人的特殊本质不单纯是有肉体存在,或带有欲望的感觉,行使植物和动物的职能,而是有理性的生活。因此,人的至善是全面和习惯地行使那种使人成为人的职能。这就是亚里士多德所说的幸福(εύδαιμονία),这一个词曾被译为快乐,如果这不作欢乐解释,无可非议。亚里士多德认为欢乐是伴随有德性的活动而产生的次要的效果,因而包括在至善里面,但不能和它等同。

90　不过,灵魂并非都是理性,它既有有理性的部分,也有非理性的部分,即感情、欲望和嗜欲。理性应当同它们合作。为了实现它的目的,灵魂各个部分必须正当地发挥作用,肉体必须合宜地行使职能,而且必须有适当的经济财物。(奴隶和儿童都不能达到道德目的,贫困、疾病和灾难也是障碍物。)一个有德性的灵魂是一个很有条理的灵魂,其中的理性、感情和欲望保持正当的关系。完善的理性活动本身是智慧上的(推理的)效能或德性(聪明,见识);感情冲动职能的完善的活动被称为伦理上的德性,诸如节制、勇敢和豪爽等等。有多少活动领域,就有多少道德上的德性。对于肉体嗜欲、恐惧、危险、忿怒以及对经济财物和声望的欲求等等,我们要持唯理的态度。

于是发生这样的问题,什么是唯理的态度?亚里士多德说,是居中于两个极端之间(即中庸论①)。例如,勇敢是蛮横和怯懦的

① 亚里士多德在讨论时往往放弃这一原则,因为它在许多情况下不适用。

中庸,豪爽是浪费和贪婪的中庸,谦虚是羞怯和无耻的中庸。这种中庸并不是对每一个人和在一切情况下都一样,它"以我们自己为准",是"由理性所确定或者像一个正直的人会予以确定的那样"。但是,那不是主观意见或任意选择的问题。什么是道德行为,要由正直的人来决定,有德性的人是万物的标准和尺度;他判断事物正确,能在每一种情况下看清真理。另外有两点需要铭记:道德行为包含一种气质(ἕξις)或意志的一种习惯,它是品格的表现:一只燕子飞来,还不能算是春天。而且,它是自愿的行动,有意识地带有目的的行动,自由选择的行动:"道德或邪恶是我们能够做到的。"亚里士多德把所有这些思想综合在下列定义中:"德性是一种倾向或习惯,包括审慎的目的或选择。道德在于中庸之道,这取决于我们自己,由理性来确定,或者像一个审慎的人会予以确定的那样。" 91

对人来说,至善是自我实现。但是,不能把这种学说解释成自私的个人主义。一个人在这种情况下才能够实现真正的自我,那就是,他爱护和满足他的存在的最高部分,即有理性的部分,为高贵的动机所推动,促进别人的福利,为祖国服务。我们只需阅读他《伦理学》中论友谊和正义的部分,就可以了解他学说中高贵的利他精神。"一个有德性的人往往为他的朋友和国家的利益而采取行动,必要时,乃至牺牲自己的生命。他宁愿捐弃世人所争夺的金钱、荣誉和一切财物,只求自己高尚。他宁愿享受短时间的极度的欢乐,而不愿享受长时间的平庸的欢乐;他宁愿高贵地生活一年,而不愿平淡地生活多年;他宁愿采取一种壮丽的高贵行动,而不愿采取许多微不足道的行动。这对一个为他人而捐躯,为自己选取极大的高贵品质的人来说,确实是这样。"一个有德性的人要求自己特别重视高贵的行动,从这个意义上说,他是爱护自己的。人是社会动物,他要同别人一起生活;他也需要别人做些好事。"一个有德性的人自然向往一个有德性的朋友，因为对有德性的人来说，那种天然是好的东西，其本身就是好的和令人喜欢的。”那就是说，为善的本身而爱善，他必然爱一个有德性的朋友；从这个意义来说，有德性的人的朋友是他的第二个自我，即另一个自我（an *alter ego*）。

正直是同他人发生关系的德性，因为它促进别人的利益，无论他是统治者或仅仅是普通公民。正直有两种涵义，即合法和公平。法是为社会全体，或在德性和类似的意义方面属于社会上最好或先进的公民的利益，而要求所有的臣民来遵守的。从公共福利的观点来看，一切德性都包括在正直的概念中。正直一词还有比较普通的意义，即给予每一个人他所应得者，这是分配上的正直。

92 不能从快乐论的意义来理解这种理论，把它看作是欢乐论。欢乐是有德性的活动的必然和直接的结果，但不是生活的目的。欢乐是活动的完成，是某种附加物，正如加诸青年力量之上的青年美一样。它是伴随行动而起的。“活动最完善时，最使人感到欢乐；处于健康条件下，对在它范围以内的最优秀的对象施予作用的那个部分的活动，极为完善。”欢乐可以使每一个人的生活完善，而生活又是人所渴望的，因此追求欢乐是合理的。欢乐和生活结合在一起，不容分割，因为没有活动，就不可能有欢乐，每一种活动都由欢乐使之完善。而且根据亚里士多德的意见，一个有德性的人认为可贵和使人欢乐者，就是真正可贵和讨人欢喜的东西。如果未曾尝过纯粹而高尚的欢乐滋味的人，只追求肉体的欢乐，总不能推论出这种欢乐是可取的。

人性的最好的部分的活动，即思辨的活动、采取沉思形式的活动，是最高尚的幸福。这是最高尚、最持久和最愉快的，极为自足，它本身为人所喜爱。对一个人来说，这样的生活似乎是异常的好。

他将欣赏这种生活，不是因为他有人性，而是因为他有某种神圣的因素。“如果同人性的其余部分相比，理性是神圣的，那么，同人的一般生活相比，合乎理性的生活就将是神圣的。人们说人的思想不应太高尚，以至不能为人类所达到，或者人类的思想不应太高尚，以至不能为必然要死者所达到，这种告诫不足为训，因为以人的固有的倾向而言，他应该追求不朽，尽力遵循人性的最好的部分而生活。”①

光知道德性的性质还不够，我们应当力求掌握它并身体力行。理论足以激发早已具有自由思想的青年，但不能鼓舞群众的豪侠行动。如果不受道德法规的教育，一个人很难于青年时代就有爱好德性的正确倾向。因为大多数人受制于惩罚的必要性和畏惧心 93
理，而不为理性和对高尚行为的向往所激励，成人以后也需要法规来教诲生活上的一切职责。国家应该承担教育和监护其公民的责任。无论如何，谁要想提高人民的风格，他就应该努力学习法的原则。为了使其人生哲学尽量完善，亚里士多德进行政治学研究，这在下面我们就要论述。

第九节　政治学

人是社会动物（ζῶον πολιτικόν）*，只能在社会和国家中实现其真正的自我。在时间上家庭和农村公社先于国家而存在，但是，国家是人类生活演化的目标，而且根据亚里士多德整体先于部分的原则，在性质上国家先于和高于家庭和农村公社以及个人。那就是说，社会生活是人类存在的目标或目的。而国家的目的是要

① 据韦尔登译文。

* 亚里士多德：《政治学》，商务印书馆，1965，第 7 页。

培育好的公民。在这里，把个人是生活的目的和社会是生活的目的这两种观点调和起来了。社会由个人所组成，社会的目的是使个体公民能够过一种有德性和幸福的生活。

国家体制必须适合人民的特性和要求。它赋予平等的人以平等的权利、不平等的人以不平等的权利，这样它就是正直的。公民在个人能力、财产条件、出身和自由方面有所不同，正直乃要求根据这些差别来对待他们。

国家的政体好坏不等。君主政治、贵族政治和公民几乎平等的政治是好的形式，而僭主政治、寡头政治和民主政治是坏的形式。亚里士多德认为，在他的时代，这样一种城邦是最好的国家，其中只有身世地位和教育程度使其有资格参政的人才是公民，这就是贵族政治。他宣称奴隶制是自然的制度，理应存在。因为唯
94 一组成希腊奴隶阶级的外国人不如希腊人，不应该和希腊人一样享有同等的权利，这是合理的。

第十节 逍遥学派

亚里士多德的学生继承了他的哲学，其中许多人能够独立思考。特奥弗拉斯图斯（公元前 287 年以前）继承他作为这个学派的领导，著有植物学一书和“物理学家”的学说史。欧德穆斯以他的数学史和天文学史，阿里斯托克塞努斯以他对音乐理论的研究，狄凯阿库斯以他的地理学和政治学，而闻名于世。斯特拉托从公元前 287 年到公元前 269 年接替特奥弗拉斯图斯来领导这个学派，他专心致志地研究自然哲学。吕科接替斯特拉托作为领导人以后（从公元前 269 年到公元前 225 年），逍遥学派失去重要地位，亚里士多德的著作就被人忽视了。到了公元前一世纪，这个学派转向文字审定和解释工作，由提兰尼俄和罗得岛的安德罗尼库斯开始，一

直延续很多世纪。依靠这种工作，亚里士多德的著作才得以保存和流传下来。

第四篇　伦理问题的探讨

第一章　概观

对苏格拉底来说，极为重要的问题是实践的问题，他认为使他那个时代正确地对待道德问题和真理问题是他的职责。他注意知识问题是同他这一信念相联系的，即清晰的思维足以导致正确的行动，而且有可能发现为一切讲道理的人所能接受的实践的原则。苏格拉底各学派认为伦理问题是十分重要的，虽然麦加拉学派也喜欢辩论式的讨论；柏拉图的早期著作贯穿着他老师的伦理学说的精神。甚至在他发展了的体系中，这位学园派的创始人也没有忘怀至善，他的全部哲学是他的伦理的唯心主义的唯理的基础。诚然，亚里士多德思考上帝时推崇理论的活动，但他也把这一伦理上的人格看作是宇宙的最崇高的目的。柏拉图和亚里士多德逝世以后，他们的学派大都墨守创始人的遗教，在思想发展上没有什么进步，靠传给他们的知识遗产过日子。快乐论者和犬儒学派同以
95 前一样，宣扬他们相互对立的快乐论和苦行论这两种伦理学说；麦加拉学派的斯提尔波受了塞诺普的犬儒学派的迪奥格涅斯的影响，也转而注意伦理问题。

苏格拉底死后，促进探索伦理问题的社会条件没有消失。那时代一般的道德气氛没有改进，追求享受和财富的活动依然如故，对流行宗教的信仰没有得到加强。希腊城邦之间频繁的长期战争接连摧毁各个霸权，使希腊人很容易地为马其顿人所征服。伯罗奔尼撒战争（公元前431—前404年）完全推翻了雅典这个政治上的

霸主，科林斯战争（公元前 395—前 387 年）使科林斯土崩瓦解，底比斯战争（公元前 379—前 362 年）导致斯巴达的失败。经过长期而顽强的奋斗，马其顿的菲力普在喀罗尼亚一役（公元前 338 年）击败了雅典人和底比斯人组成的联军，成为希腊的统治者。亚历山大大帝征服了波斯人，在他逝世（公元前 323 年）以后，他的大将分割了世界上一大部分土地。希腊人从马其顿的手里被转移到一个新的世界强权的手里，公元前 146 年希腊成为罗马的行省。

在以上所述的情况下，许多有思想的人自然又极为重视伦理问题。在这种时期，旧制度已经破坏，公私生活都伤风败俗，人生的意义问题不会不引起人们注意。国家丧失其独立性，公民的职责降为单纯的顺从，明智的人不得不思考如何拯救自己的问题。厌倦的灵魂怎样才得安宁？每当清醒的人们生活极其复杂和困难，在斗争中有陷于失败的危险的时候，他们不得不思考这亘古常新的问题。这就是价值问题、至善问题。世界上最有价值的东西是什么？一个人应该怎样生活，他要努力追求的是什么？那时同 96
现在一样，各种思想家给予问题以不同的回答。按伊壁鸠鲁学派来说，至善或最高理想是快乐或幸福（快乐论），这是唯一有价值的目的。其余的东西，如果能够带来快乐，成为幸福的手段，才有价值。生活在动乱和紧急时期，聪明智慧要使精神保持平静，以尽可能争取个人最大的利益为目标来处理事物。斯多葛学派则认为最有价值的东西不是幸福，而是品格、德性、律己、职责，以个人的利益服从全局的目的。

这两派的学说表述得比较通俗，同柏拉图和亚里士多德博大的体系相比，为更多的人所欢迎。两派都看到有必要为他们的伦理观点提供唯理的基础，说明其合理性并予以证明。他们相信，不了解事物的本性，就不能对道德问题作出令人满意的答案；除非认清世界的意义，否则不能指出人在世界上应该怎么活动。人的行为取决于他在其中生活的那一种宇宙。他的人生观由他的世界观来确定，他的伦理学则由他的**形而上学**来确定。尽管他们极为关注实际，这两个学派从未失去希腊人对思辨的爱好。

要实现至善，必须了解宇宙的意义，认识真理。于是发生了这样的问题，真理是什么？真理的标准是什么，它的起源是什么？怎么知道我们获得了真理？逻辑为我们回答了这些问题，给我们提供了知识的范本或标准，使我们能够区别真理和谬误。因此，伊壁鸠鲁和斯多葛学派把他们的人生哲学建立在逻辑和形而上学之上。

伊壁鸠鲁学派关于善的概念以德谟克利特的机械唯物主义为基础。根据这种学说，宇宙是无数的物质原子相互作用的结果，没有目的或智慧予以引导。人就是许多拥挤的物质分子相结合的一
97 种结果，是在永远变化着的存在的流动中经过多次试验和失败而构成的。他延续他短暂的生命，终于又扩散到他所由产生的大的原子旋涡中。因此，当他活着的时候，让他不为对现世和来世的迷信的恐惧所困扰；让他尽情地享受生命中转瞬即逝的时刻，让他设法从这场角逐中取得最大的幸福。另一方面，斯多葛学派的哲学家认为有一个有智慧的原则或目的在那里组合和主宰宇宙，使之成为美好而有条理的宇宙。他们看到宇宙的统一与和谐，宇宙就是一个活生生的上帝。既然人是这个大的唯理的整体的一部分，他的义务就是要发挥其作为部分的作用，使自己服从整体的和谐，让他的意志由法规和理性来统率，协助实现上帝的意志。他必须这样做，不是为了他自己狭隘的个人利益，不是为了快乐，而是为了整体的完善。在斯多葛学派看来，除非服从宇宙的理性或法规，否则就不能得到幸福。

第二章　伊壁鸠鲁主义

第一节　伊壁鸠鲁和他心目中的哲学

在古代同快乐主义伦理学联系最密切的思想家是伊壁鸠鲁。他的形而上学理论几乎完全重复了我们已经讨论过的德谟克利特的体系。德谟克利特和快乐学派已经预先表露了他的伦理学说本质的要点。

伊壁鸠鲁于公元前341年生在萨摩斯岛，父母是雅典人。通过他的老师瑙昔芬尼，他熟悉德谟克利特和皮浪的怀疑论学说。他在希腊各城讲学以后，于公元前306年在雅典建立了一所学校，平静地生活在那里，一直到公元前270年逝世；他周围有一群敬慕他的学生和朋友，其中有许多妇女。或许没有一个哲学家比这个和蔼可亲与爽朗的人受到更多的诽谤和误解了，他的名字已经成为一个作谴责用的词。

伊壁鸠鲁是一个多产的作家，出版了许多著作(其中有《自然论》，共三十七卷)，只有断简残篇保存了下来。他以问答体把他的体系综合归纳成四十四个命题叫《主要学说》(*κύριαι δόξαι*)，其要旨见于第欧根尼·拉尔修的《意见集》第十卷。他的门徒很少更动他的体系，他们的著作大都复述了他的思想。公元前一世纪以来，他 98
的哲学争取过来许多转变观点而为皈依者。他最著名的追随者是罗马诗人卢克莱修(公元前94—前54年)。这位诗人用他的诗篇《物性论》来解说唯物主义哲学，并使它为奥古斯都时代的许多诗人和学者所欢迎[①]。

他的著作留传下来的有三封信，其中两封据说是真的；有《主要学说》，这至少复述了伊壁鸠鲁的思想；还有一些片断。关于古城赫库兰尼姆遗址所发现的片断大部分取自他的《自然论》等作。片断汇集见1887年出版的游森内的《伊壁鸠鲁》和以上所述的一般汇集。

参 考 书

华莱士：《伊壁鸠鲁主义》；希克斯：《斯多葛学派和伊壁鸠鲁学派》；泰勒：《伊壁鸠鲁》；培特：《伊壁鸠鲁派马里阿斯》，两卷，1910年；柔游：《伊壁鸠鲁》；顾游和基兹斯基关于伊壁鸠鲁伦理学的著作。希克斯书中有很好的书目。

伊壁鸠鲁指出，哲学的目的在于使人过快乐的生活。科学不能帮助我们实现这个目的，便没有实用价值：诸如音乐、几何、算术和天文学都没有用处。需要有一定的逻辑知识，足以为我们提供知识的标准。我们所以要懂物理学或关于宇宙的理论，即形而上学，是为了理解事物的自然的原因。这种知识有用，因为它可以解除我们对神、自然现象和死亡的恐惧。认识人性，可以知道追求什么，避免什么。不过，最主要的是要了解万物产生于自然的原因，而不是产生于超自然的原因。因此，我们可以把哲学分成逻辑学（规范）、形而上学和伦理学。

第二节 逻辑学

这里的问题是，命题应如何构成，才能真实。什么是真理的试金石或标准（伊壁鸠鲁在他的题名为《规范学》一书中称之为规范）？命题都必须建立在感官知觉之上；我们所闻、所见、所嗅和所尝是真实的，“正如痛苦一样，是真实和明显的”。如果不相信感觉，就根本不会有知识。错觉不是来自感官，而是出于判断，那就是对感觉或对象的影像作了错误的解释，或者错误地混淆了对象。

① 芒罗所译。参阅桑塔雅那：《三位哲学诗人》。

这是由许多原因造成的，例如感官的差别，影像来到感官之前中途
发生的复制上的变化。但是，靠重复观察和借助于别人的经验，可 99
以纠正错误。

一般的观念或影像同它们所依赖的感觉有同样的确实性。不过，没有同这种观念相符合的抽象的性质，没有像柏拉图和亚里士多德所指出的那种独立存在的本质；同这种观念相符合的唯一实在的东西是属于一类的个别的具体对象，一般的观念是标志哪一类对象的符号。

除去感觉和观念以外，我们还构成意见和假说。意见和假说要真实，必须由感官知觉来确定或证实，至少不要同感官知觉有矛盾。原子论是一种假说，没有人看见过原子，将来是否有人会看见原子，也很难说。但是，靠同平常的经验相类比，我们构成一个原子观念，并赋予它们以感官知觉所揭示的、为较大物体所具有的那些性质。

在理论领域里，感觉是真理的标准；我们认识我们所知觉的东西。我们想象而且有权利来想象，我们未见的事物是同所见的事物相像的。伊壁鸠鲁完全根据德谟克利特的感官知觉论来论证感觉的可靠性。直接知觉的不是对象本身，而是对象的复制品，这种复制品脱离对象而影响感官。因此，他的真理论能否站得住脚，是和这样设想的感觉论有共同的命运的。在实践的领域里，快乐和痛苦是标准。凡是引起快乐的，就是好的；造成痛苦的，就是坏的。在这里，错觉也是由于对感觉作了错误的判断，可以避免。

第三节 形而上学

感官所感觉的无非是物质的物体，只有物体是实在的。如果只有物体存在，就不会有包容它们或让它们在其中活动的东西。因

此，必然有空虚的空间，“无形的性质”或非存在。既然没有可以绝对创成或毁灭的东西，只能把物体的起源、生长、变化和消灭解释成元素的结合和分离。这些元素是非常小的物质分子，不可见，用
100 物理的方法不可分割，不可毁灭和不可改变。（它们不是无限可分或在数学的意义上无限小的，否则，任何东西都会化为乌有。）伊壁鸠鲁说，原子依靠自己的力量而存在，绝对充实，即其中没有空虚的空间；它们绝对坚实而不可穿透，不能破裂或分割，因此被称为原子。除去这些性质以外，原子还有大小、形状和重量，在这些方面彼此不同；而且处于不断运动的状态。物体的差别可以由原子的大小、形状、重量和关系上的差别来说明。不过，伊壁鸠鲁认为形状为数有限。原子的数目是无限的，因而必然有包容原子的无限的空间，即无限的宇宙。

由于原子有重量，它们以等速向下作垂直运动。如果单纯这样向下运动，则只能有不断下降的原子雨，不会形成世界。因此，我们必须想象它们能够稍微偏离于垂直线，像卢克莱修所说的，“这正如所有的动物都有前往意志所指引的地方去的能力一样”。那就是说，伊壁鸠鲁肯定原子有自发性，这一部分是为了解释现存的世界，一部分是为了使人可能有自由意志。如果原子没有这种自由活动的能力，我们也不可能有自由，因为无中不能生有。而且自由的概念不像盲目的命运或冷酷的必然性那样，干扰精神的平静。

生物也可以用同样的原理来解释，它们原来起源于大地。最初产生了怪物，这种形状不能适应环境，不能生存。天体同样是自然生成的，不是神祇的创造物。它们没有灵魂，因为灵魂只能存在于生物中。

神祇是存在的，但不像人们由于恐惧和无知而想象的那样。一

般人相信它们——这种信念是一种自然的观念——，这可以证明它们存在；有必要肯定产生这一观念的原因，这也可以作为它们存在的证明。但是，神祇不创造世界。他们极为幸福，为什么要创造世界呢？而且他们从哪里得出这样一个世界的观念呢？最 101
后，完善的神怎能创造出这样一个不完善的世界呢？神祇具有人的形状，不过比较美丽；身体是漂亮的发光体，居处于世界和世界中间的空隙中（intermundia）。他们有性别，需要饮食，甚至说希腊话。他们不管人事，不干预尘世，只无忧无虑地过和平而幸福的生活。

第四节　心理学

灵魂同一切其他的东西一样，是物质的；否则就会无所作为，也不能感受什么。它是由极其精细，小而圆，因此又轻捷的原子所组成，此外还有火、气、呼吸，以及一种更加精细和活动的物质，这是灵魂的灵魂。它分布于整个身体，凡是身体有感觉的地方，就有灵魂，感觉完全依靠灵魂。有一个起指导作用或理性的部分位于胸中（情绪、恐惧和快乐），灵魂其余的部分都服从它的意志和倾向。灵魂有死，肉体解体时，灵魂也分解成它的元素，失掉它的能力。当我们确信意识随死亡而消失时，我们不会惧怕死亡；来世并不可怕，因为人死以后，万事都就此告终。卢克莱修说，“愚人与其寄希望于来世，不如求诸现实生活。”

伊壁鸠鲁同德谟克利特一样，认为感官知觉是由我们四周的对象流出的偶像、影像或有如薄膜的形象，影响感觉器官而造成的。错觉、幻觉、梦和类似的状态是由这种影像产生的：对象已经不存在，或者好些影像彼此纠缠在一起。还有通过其他非常自然的方式产生的。伊壁鸠鲁用下列观点解释意志。例如，行走的影象显现于精神，即理性的部分前面，精神愿意行走时，则触动分布于周身的灵魂的力量，灵魂触动身体，身体就运动。

第五节 伦理学

人的本性趋向快乐。诚然，一切动物降生以后都依赖天生的本能而趋乐避苦。因此，快乐是我们要追求而且应该追求的目的：快乐是至善。任何快乐本身都是好的，每一种痛苦都是坏的。但
102 是，我们要慎重地选取快乐。如果一种快乐和另一种快乐同样持久和强烈，则彼此不相上下。如果有些事情使放荡的人快乐，还能让他平安无事，对此不必加以谴责。但是，事情并非如此。不是所有的快乐都值得选取，也不是所有的痛苦都应该避免。有些快乐后面跟随着痛苦，或快乐的消逝。有许多痛苦后面，快乐接踵而至，因而胜过某些快乐。而且快乐的强度也有差别。精神快乐大于肉体快乐，精神痛苦比肉体痛苦更坏。因为肉体只能感受当前的痛苦，而灵魂却对过去、现在和将来都能感受。精神上的享受不仅大于肉体上的享受，而且没有精神上的享受，就不可能有肉体上的享受。因此伊壁鸠鲁宣称，选择明智生活的快乐，是聪明智慧的职责。理由很明显。我们害怕天灾、神怒、死亡和来世，担忧过去，现在和未来。只要有这种心绪，我们就不能快乐。要解除这种恐惧，应当力求了解事物的自然原因，即研究哲学。“如果一个人不了解宇宙的性质，或者怀有传说的寓言可能真实的思想，他就不可能排除对所谓最关重要的东西的恐惧心理。没有生理的知识〔关于自然的知识〕，一个人不可能享有纯粹的快乐。”

满足欲望或没有欲望，可以使人快乐。靠满足类似饥饿那样的欲望而产生的快乐，不是纯粹的快乐，而是快乐和痛苦的混合。当一种欲望满足以后归于消失，不再有那种欲望，那是纯粹的快乐。摆脱了痛苦是最大的快乐，这不能再加强了。超过这种情况

而别有所求的欲望则是贪得无厌。

要免除烦恼和恐惧，必须了解事物的原因，知道应该追求和避免什么快乐，换言之，就是要谨慎。如果我们谨慎从事，我们就有德性，就会遵守道德法规。一个人不在生活中谨慎、诚实和正直，不能快乐。德性或道德是达到快乐或精神宁静的目的的一种手段。它本身不是目的，而像医疗术一样，是一种手段。因为它有用 103
处，我们称颂它并加以运用。但是，快乐不能靠肉体享受和恣情纵欲来实现，快乐是同柏拉图、亚里士多德和斯多葛学派都推崇的德性，即聪慧、勇敢、节制和正直联系在一起的。

第六节　政治学

社会生活以利己的原则为基础，单个的人为了自卫而结成集团（契约论）。没有绝对的正义：所谓天赋人权是人们因其有用而同意遵守的行为规范。一切法和制度，只要能使个人安宁，即有用处，就是合理的。人们共同生活于社会中，依赖经验发现某些规范是必要的，这些规范乃成为人所公认的法。但是，各个国家的法却因情况而异。

我们正直，因为正直对自己有利。不正直本身不是坏事，但是，落入法网，担心惩罚，惶恐终日，才是坏事。参与公共生活无助于幸福，所以聪明人尽量避免。

虽然伊壁鸠鲁的快乐论不是纵欲说，但是，不难理解，他的许多追随者却作这样的解释，以便适应他们过奢侈和肉体享乐生活的欲望。如果快乐是人的至善，那么，凡是使他快乐的，就是好的。如果他愿意享有感觉上的快乐，而不取高尚的快乐：如果没有理智的生活，没有哲学，他能够使精神解除迷信的恐惧，达到精神恬静状态，谁能够反驳他？用边沁的话来说，“快乐在量相等的情况下，儿童的游戏和诗，无分好坏。”伊壁鸠鲁推崇诗、科学和德性，阿提古、贺拉斯和卢克莱修也是如此。但是“有一个阿提古，就有一百个卡提莱因；有一个贺拉斯，就有一百个微尔雷。”[①] 伊壁鸠鲁的哲学确实在本质上是有见识的利己的学说。它鼓舞个人以追求自己
104 的幸福为一切努力奋斗的目标，这种人生观很容易导致置他人于不顾的自私自利的局面。

参　考　书

累基：《欧洲道德学说史》，第一卷；弗里德伦德尔：《罗马道德学说史》，两卷。

第三章　斯多葛主义

第一节　芝诺及其学派

苏格拉底、柏拉图和亚里士多德所宣扬的哲学，同唯物主义、快乐主义和唯我主义的世界观和人生观是对立的。这些大师死后，斯多葛学派以通俗的方式论述了他们的人生观的要点。这个学派是芝诺于公元前300年左右在雅典建立起来的，希腊和罗马都有许多信奉者，一直延续到基督教时期。芝诺受了犬儒学派和麦加拉学派以及柏拉图和亚里士多德的影响。他清除了犬儒学派伦理学的狭隘性，为它提供了逻辑和形而上学的基础。他吸取了柏拉图和亚里士多德的思想，不过有所变化，否定形式和物质种类不

---

① 德尼：《道德理论和观念史》。

同；他回到赫拉克利特的物活论。

芝诺于公元前336年生在塞浦路斯的西提姆，这个希腊城市住有大批异族，可能是闪族人。他于公元前314年来到雅典，受教于犬儒学派的克拉提、麦加拉学派的斯提尔波和柏拉图学园的波莱蒙，这些人都对他的学说有影响。他于公元前294年在彩色的走廊或游廊（Stoa Poikile）下开办一所学校，他的学说就由此而得名。芝诺以品格高尚、生活朴素、谦虚和蔼并推崇道德而为人尊敬。他死于公元前264年。

芝诺的学生克利安西继他之后，来领导这个学派（公元前264—前232年），这个人似乎没有足以应付伊壁鸠鲁学派和怀疑派攻击的能力。克利安西以后由奇利奇亚的索利城的克吕西普负责（公元前232—前204年），他很有能力，明确地论述了这个学派的学说，使之成为统一的体系，并保卫它以抵制怀疑派的攻击。克吕西普的学生当中有塔尔塞斯的芝诺、巴比伦的第欧根尼和塔尔塞斯的安提珀特尔。斯多葛主义由克吕西普发挥以后，在罗马共和国时期极为流行，帕尼提乌斯（公元前180—前110年）是罗马最初的著名信奉者之一。在罗马帝国时期，它分成两派，即通俗派，其代表人物有穆索尼乌斯·鲁富斯（公元一世纪）、塞内卡（公元3—65年）、埃庇克泰图斯（公元一世纪）和马尔库·奥勒留皇帝（公元121—180年）；还有科学派，其唯一的目的是保持和解释原有的学说。最近发现的科林图斯和赫罗克莱斯的伦理学著作属于这一派。我们要阐述的是，在希腊学派发展过程中所完成的斯多 105
葛哲学，仅限于它的最重要的方面。

关于早期斯多葛学派（公元前304—前205年）和中期斯多葛学派（一直到罗马帝国时期），除去《克利安西的颂词》和以后的著作中许多引证以外，没有第一手材料。要了解其学说，必须依靠第二手材料，特别是第欧根尼·拉尔修、斯托巴乌、西塞罗、普鲁塔克、辛普里丘和塞克斯图·恩皮里可的著作，从他们那里我们可以领会斯多葛哲学的精神，虽然我们不能确切地分辨这些领袖人物各自的贡献。关于后期罗马斯多葛学派，有许多希腊和拉丁文著作。除去以上所述的片断汇编以外，可参阅阿尔尼姆的汇编，三卷；皮尔逊辑：《芝诺和克利安西的残篇》；迪耳斯：《希腊人拾遗》。

参 考 书

英译材料有埃庇克泰图斯：《论文集》(有手册和片断)，朗和希金森译；马尔库·奥勒留：《沉思集》，朗译。累基：《欧洲道德学说史》，第一卷；希克斯：《斯多葛学派和伊壁鸠鲁学派》；阿诺耳德：《罗马斯多葛学派》；布塞尔：《马尔库·奥勒留和后期斯多葛学派》；沃森：《安东尼努》；巴尔特：《斯多葛学派》，第二版。

海迟：《希腊思想和习俗对基督教教会的影响》；希尔兹尔：《西塞罗哲学研究》(第Ⅱ篇，第1—566页论斯多葛学派)；魏枸尔德：《斯多葛学派哲学》；史梅柯尔：《中期斯多葛学派哲学》；海因泽：《逻各斯学说》，等等；欧格柔：《斯多葛学派的哲学体系》；本胡费尔：《埃庇克泰图斯和斯多葛学派》、《斯多葛学派埃庇克泰图斯的伦理学》和《埃庇克泰图斯与新约圣经》；德柔夫：《早期斯多葛学派的伦理学》。苏席弥尔：《亚历山大时期文学史》；文德兰德：《希腊—罗马文化》。希克斯书中有很好的书目。

第二节 逻辑学

斯多葛哲学的目的在于为伦理学建立唯理的基础。除非具有真理的标准和宇宙论，即研究逻辑和形而上学，否则不能理解善的意义。斯多葛学派把哲学比作田地，逻辑学是围墙，物理学是土壤，伦理学是果实。

先讨论逻辑学。逻辑学是关于思维和论述的科学，即关于概念、判断、推理以及其语言表述的科学。斯多葛学派把语法包括在逻辑之中，是传统的语法科学的创始者。我们将限于论述所谓论辩的部分，这一部分研究认识论，讨论了两个主要的问题：什么是知识的起源或如何能够达到真理？什么是知识的标准？

知识来自知觉。没有柏拉图所说的那样的天赋的观念，初生的灵魂是一块空白的板子，或**一张白纸**(a tabula rasa)；它接受事物的印象，正如蜡板接受图章的印记一样。克吕西普说感觉是意 106
识的变化。印象保持下来，乃形成记忆影像，这种影像结合起来构成经验。感觉和影像形成一般的观念，这种观念如果建立在普通的经验基础之上并自然地引发出来，就称为普通的概念(notitiae communes)。这种普通的概念对所有的人来说都一样，不容易产生幻觉和错误。而科学的概念则是有意识和有条理地制定的，是精心思虑的结果。

感官知觉是一切知识的基础。头脑有能力构成一般的观念，用概念按类别来概括许多个别情况，根据同类而形成一般的判断。这种能力叫作理性，是思维和使用语言的能力。在本质上它同按照理性思维而塑造世界物质的普遍的理性相等。因此，人的头脑能够再现上帝的思想，而且也是那样看待世界。但是，概念要真实，必须符合反映在世界性质之中的神圣思想。斯多葛学派反对柏拉图的理念论，认为一般概念是主观的抽象，唯个别的对象是实在存在的。

因此，知识依靠知觉以及由知觉推衍出来的一般观念和概念。感官影像确实模写对象时，是真的。但是，知觉和概念会发生错误，许多观念显然不能提供真理，其中有些是虚妄的。怎么分辨真假呢？标准是什么？怎么能够指出实在有某种东西同观念相符合呢？怎么知道它们并不单纯是幻想的创造物呢？一切知识都以知觉为基础。知觉要真实，必须伴有这种意识或即时产生的信念，即认

为有同它相应的实在的对象，它同对象相符合。一个人相信他的
107 感官属于正常状态，其知觉清晰明确，他自己和别人的反复观察证实了最初的印象，这就是意识。伴有这样确信的感觉，芝诺称之为概念的印象，某些人把它译成有领悟作用的表象。

知识的标准是印象和概念的自明性，是确信有与之相应的实在的感觉。有些概念足以使我们产生这种感觉，有些却不然。单纯主观的或想象的观念就不伴有这种意识。如果没有这种确信，就不必赞同那样的观念或者作出判断，因此，我们要对错误负责；在这里，判断是自由意志的一种行为。不过，我们不能否定有概念性质的印象或观念。

科学或哲学并非单独拥有关于真理的知识。所有的人通过他们一般的观念都享有知识。但是，这种普通的概念不像经过推理而取得的真正的知识（ἐπιστήμη）那样使人确信。科学是真实判断的组合体，其中一个命题可以从另一命题根据逻辑的必然性推断出来。因此，作出正确推论的能力是达到真理的另一种手段，掌握论辩术是斯多葛学派哲人的一个基本的条件。斯多葛学派自然相当重视形式逻辑，特别是三段论式的原则，他们认为那是极为重要的一个方面。他们对亚里士多德的逻辑学有所补充，修订了范畴表。

斯多葛学派的逻辑学的主要目的，是要说明人的头脑本身不能创造知识，知觉是一切知识的来源，为知识提供材料。但是，斯多葛学派并不否认思维的活动。他们断定知识是这样增进的，即靠思考经验，把原材料组织成概念，对它构成判断，作出推论，并在时间和地点上由近及远，由个别推向一般。

第三节　形而上学

斯多葛学派同意亚里士多德的观点，认为万物是由两种基质生成的：一种基质能施予作用，有运动和组合的能力；另一基质是被施予作用、被推动和被组合的；这就是主动和被动的基质。他们还同意他肯定这两种东西不是彼此分离的实体，在思想上可以分 108
开，在实在中却融合为一体。不过，对于基质的性质的看法，他们同亚里士多德有分歧。在他们看来，没有一种实在的东西不是既能施予作用又被施予作用的；既然物体既主动又被动，形式或动力和物质都是有形体的。然而它们可以说在有形体性的程度方面有差别，动力是由一种比较精细的材料组成的，而物质本身则是粗糙、没有形式和不动的。如以上所述，二者不可分离，没有不具物质的动力，也没有不具动力的物质，物质到处渗透着动力。世界上的一切，包括人类灵魂和上帝在内，都是有形体的。甚至性质也有形体，是由火和气混合而成的气体的东西(a pneumatic substance πνεῦμα 普纽玛)，能够构成像现在那样的每一个别的对象。火和气是活动的元素，即生命和精神的基质，水和土是被动的元素，有惰性而无生命，是陶工手中的陶土。气体的实体渗入物质的每一分子中，不仅充满于分子之间的空间，而且也存在于实在的最微小的部分中，遍布于整个的宇宙。每一个别的东西都有其区别于其他东西的性质，它们之所以存在，乃由于物质的形式渗透于物体。

唯独动力有因果性，原因只能影响物体。但是，效果总是没有形体的。一种原因在另一物体中引起一种**状态**、运动或变化，这既不是物体，也不是物体的性质，而仅仅是物体的状态。因果作用和动力在这里是同一的，因果作用只能施之于物体，而产生的效果不是原因或动力，而仅仅是物体的偶然的状态。如果效果是一种物体，则动力就会产生另外一种物体，这是不可能的。关系也是无形体的。不过，要记住活动的基质是有生命、有智慧的；在这方面斯多葛学派接近亚里士多德的思想。根据他们的感觉论的观点，他们干脆否定它是纯粹的形式或精神。他们的形而上学是柏拉图—亚里士多德的哲学，经过自己的解释而使之回复到物活论。

109　天地万物中的动力形成一种无所不在的力或火（赫拉克利特的学说），这一基质是有理性的，是世界的活动的灵魂。它一定是一，因为天地万物是一个统一体，其中各个部分是和谐的。它所以被看作是火，因为热产生和推动万物，又创造生命。它是理性，有智慧、有目的而且善，因为天地万物是一个宇宙，是一个美好、有秩序和完善的整体（目的论的论点）。它是一切生命和运动的泉源，是上帝。它同世界中物质的关系，有如人类灵魂同肉体的关系。世界是上帝的肉体，是一个有生命的有机体。它是天地万物的灵魂或逻各斯（λόγος），其中含有生命的一切胚种或种子（spermata），潜存着整个有秩序的宇宙，这同种子里面潜存着植物一样。这是泛神论。

宇宙理性或灵魂遍布于整个世界，有如人类灵魂在肉体内到处存在一样。但是，正如灵魂中起统率作用的部分处于特殊的地位或中心，世界灵魂的统治部分，即上帝或宙斯也位于世界的最外层，从那里扩展到全世界。这两部分形成单一的神性，其中一部分作为世界的形式而存在，而另一部分则保持其原始的形状。上帝是万物之父，是最完善和神圣的神祇，能够预见和有意志，爱人而仁慈，关怀一切事物，惩恶扬善。在这些方面，斯多葛学派的上帝类似有神论的上帝。但二者有差别。这个上帝毕竟没有被看作是整体，一个自由的人格，一个世界的自由创造者，而如前所述，是根据自然过程的必然性从中产生一切事物的实体。斯多葛学派断定他有意志和预见，但是又把他和必然的规律等同起来。事实上这些思想都没有一致地贯彻到底，像许多近代的体系一样，泛神论和有神论共处于一个体系中，彼此都没有察觉对方的存在。

第四节　宇宙论

斯多葛学派详细地描述了宇宙从原始的神圣的火而来的演化。气、水和土生于火，而这个神圣的基质则渗透于较低的元素之中。（较低的元素如土和水，似乎是由火，即活动的基质凝聚而成的 110
形式，那就是丧失了动力的火：物质是无用的废物。）这神圣的元素本身分化为纯净程度不等的各种形式，并在各个领域里发挥不同的作用：在无机界是盲目的因果性，在植物的王国里乃成为盲目而有意义的自然力量，在动物界则是由观念引导的有目的的冲动，在人类中间就是唯理的有意识的目的。自然物体是由四种元素组成的，它们所以有差别，一部分是由于混合上的不同，一部分是由于神圣的火的构成的作用不同。宇宙是一完善的球形体，飘浮于空间，由它的灵魂所维护，并使之有生气。它是适逢其会而生成的，还将回复到火，回复到纯粹的生命和理性，回复到它所由产生的烈火那里，以便一再经历同样的循环，世界乃无穷无尽。但是，每一重新出现的世界的微细处，都同以前的各个世界相似（**轮回说**），因为它们是根据同样的规律产生的。一切事物都是绝对被决定的，甚至人的意志也是如此。全宇宙形成一连绵不断的因果链条，没有任何东西是偶然发生的，一切都必然地来自一个初始因或第一推动者。人在能够同意天命的意义上说是自由的，但无论他同意与否，必须服从。既然世界的规律和理性以及由此而产生的必然性都渊源于上帝的意志，一切都在上帝的意志或神圣的天道的控制之下。凡是由原始的基质演化而生的东西都符合神圣的目的，即实现了上帝潜在的目的。在这个意义上，命运和天道不是对立的，命运或规律是上帝的意志。

如果一切都是上帝的表现，怎么解释世界上有邪恶存在呢?这是一个问题。斯多葛学派有时否认邪恶的存在，宣称世界是完美的，所谓邪恶只是相对的邪恶，犹如画面上的阴影或音乐中有失和谐，这对整体的完美来说是必要的，或者它们是实现善的手段。有时他们认为邪恶(例如，疾病)是自然中不可避免的结果，是必然的邪恶。此外，既然自然的邪恶不能影响人的品格，那实际上也不算
111 邪恶。至于道德上的邪恶，没有对立面，就不可能有趋于德性的倾向，而且德性是在同它斗争中变得强健起来的。宇宙确实是一个美好和完善的整体，其中每一部分都有它自己合宜的地位和目的。

第五节 心理学

人是由肉体和灵魂组成的，灵魂是物质的实体，是神圣的火的火花。它由血液来滋养。其统治部分位于心中，行使各种心理职能，诸如知觉、判断、推论、感情和意志;在时间的进程中，它变成有理性的，获得了用概念思维的能力。只要人有了逻辑思维，他就是自由的。他不像兽类，仅仅受影像和冲动支配，而是能够思考和选取理性所赞同的行动。一个人遵循理性，即服从自然的永恒的规律而行动，这时他是自由的。因此，一个聪明人愿意做的事情和自然命令他做的事情之间，没有冲突。哲学家掌握了全部真理以后，同神一样自由。

斯多葛学派关于灵魂不灭的学说，各家的观点有所不同。有些人认为所有的灵魂都继续存在，一直到世界的末日。另外一些人则认为只有聪明而有德性的灵魂，才能持久。但是，所有的灵魂

都随着宇宙的再生而重新出现(轮回说)。人是自然,即神的目的或目标。

第六节　伦理学

斯多葛学派的伦理学是建立在以上所述各种学说之上的。他们认为宇宙不是一连串的机械的因果关系,而是一个有组织的、有理性的体系,一个美好而井井有条的整体,其中每一部分都着眼于整体而行使其职能,一切事物都为整体的利益而共同努力。宇宙是一切事物的和谐的统一体,这统一体里有一个统治的目的,有一个活生生的有智慧的上帝。人是宇宙体系的一部分,神圣的火的一个火花;他是一个小宇宙,他自己的本性同万有的本性是同一的。因此,他应该同宇宙的目的相协调而行动,力图在神圣的目的中来实现自己作为人的目的,以求达到最大限度的完善。为此,他必须使自己的灵魂清醒,让理性统率自己,正如它统率世界一样。
他应该使自己的意志服从世界的意志,遵守宇宙的规律,理解自己 112
在大宇宙中所处的地位,竭力有意识、有理性和自愿地作为宇宙的一个成员而尽其本分。

这就是斯多葛学派所谓要求人们遵从自然而生活的意义。遵从自然而生活,就是要使人们的行动符合理性、符合逻各斯,或过好的生活。德性是至善和最大的幸福,因为只有有德性的生活才是幸福的生活。过这样的生活就是实现自我;而实现真正的自我,就是为宇宙理性的目的而服务,为宇宙的目的而尽力。这意味着一个博大的社会,其中有理性的人类享受平等的权利,因为理性为人所共有,而一切人又同属于宇宙灵魂。

考察人的自然冲动也可以达到同样的结论。斯多葛学派认为宇宙的逻各斯既表现于人类的理性中,也同样表现于低级的本能中。每一个生物都力求保存自己，所以快乐不是冲动的目的，而只是自我实现成功的附随物。个体保存也不是目的。一切生物都有保存其种属的固有本能，这是对于身外的某种东西的欲望。随着理性的发展，人开始把他的有理性的本性看作是他的真正的自我，并且在到处使理性完善并推进合理的目的中得到满足。他在本人身上所爱的东西，在别人身上也不能不加以爱护。但这并不是说，在斯多葛学派看来理论思考本身就是目的；其所以特别推重理性，是因为理性指出了人类的职责。

德性本身是唯一的善，不道德是唯一的恶，同这个理想相比，其余的一切都无足轻重。健康、生命、荣誉、财产、地位、权力、友谊和成功，本身并非是善；死亡、疾病、耻辱、贫穷和出身卑贱，本身也并非是恶。快乐和幸福不是善本身，不是绝对的善，那是随行动而来的，不应该把它看作是目的。这些事情不能由我们来掌握，但是我们却能自行采取一种态度来对待它们。它们的价值有赖于我们如何利用它们，有赖于它们对我们品格的影响。它们本身是无所谓的。只有德性能够使人幸福。

113 真正有德性的行为是有意识地导向最高目的或目标的行为，是因清醒地了解道德原则而做出来的。那就是说，道德行为意味着一个人对善有完全和确实的知识，而且有意识地要实现至善。无意识和无知识的行为不是德行。如果这样看问题，德性是单一的，因为所有的道德行为都来自倾向，来自善良的意志。一个人或者具有善良的意志，或者不具有善良的意志，没有居中的余地。他不是聪明人，就是傻子。在这个意义上，有一种德性，就有一切德性。各种德性是同一种倾向的表现，从而彼此是不可分割地联系在一起的。（克吕西普不接受这种观点。）德性不是人生而有之的，而是通过实践和教育获得的。德性意味着有完全的知识，所以只有成熟的人能够有德性。这里所作的假定是，人根据自己的判断而行动，他会自然追求他认为是好的，避免坏的。因此，坏的行为产生于错误的判断或错误的意见，斯多葛学派有时指出后者是激情或无节制的冲动，即过头的冲动的原因，有时又视之为结果。激情（πάθη）有四种，即欢乐、欲念、恐惧和悲伤。对当前的善作出错误的判断，引起欢乐，或被欢乐所引起；对未来的善作出错误的判断，引起欲念；对当前的恶作出错误的判断，引起痛苦；对将来的恶作出错误的判断，引起恐惧。所有这些激情以及由此产生的其他各种激情是灵魂的病态，我们不仅要使其有节制，而且要予以根除，这颇为自然，因为那是荒唐而逾常的感情。激情是错误的意见。因此，斯多葛学派的理想是摆脱激情或无动于衷。为实现这种理想，需要有完备的知识，而这种知识同意志力量或品格有联系。要摆脱激情，就是要勇敢和有节制。但是，一个人是否服从道德规律，要由他自己来决定；意志是自由的。在形而上学方面，斯多葛学派主张决定论，在伦理学方面，则宣扬自由意志。

第七节　政治学

如前所述，斯多葛学派的伦理学不是唯我主义的。人不仅有自我保全的冲动，而且有引导他趋向不断扩大的团体生活的社会 114
冲动。理性思维激励自然本能，使之充分自觉并受到检验；理性指出，人是有理性的动物的大同社会的成员，对他们负有正直和仁爱的责任。这种社会是大同的国家，其中只有一种法律、一种权利，即天赋的法律、天赋的人权，因为只有一种宇宙理性。在这大同的国家里，道德是区别公民的唯一的尺度、唯一的标准；神祇和哲人是有特权的个人，而人人却都可以同他们结合起来。所有的人都有关系，都是兄弟，都是同一父亲的儿女，有同样的起源和命运，同一的宇宙理性在他们身上都发出呼声；他们服从同一种法律，是同一国家的公民，甚至敌人也应当得到我们的帮助和宽恕。理性要求我们把公共福利、共同的善置于个人利益之上；我们于必要时要为它而牺牲自己，因为实现共同的善，就是完成了我们真正的任务，保全了真正的自我。这就是斯多葛学派的世界大同主义。

斯多葛学派不像伊壁鸠鲁学派那样，漠视公共事务，他们鼓励人们参与政事。一个人要履行他作为世界公民的责任，同样他有参与社会和政治生活的义务，为自己的国家和人民谋福利。但是，他们永远不会变成狭隘的沙文主义者，胸怀全球的人道主义使他们的民族主义扩大了范围。个别国家的法律必须植根于大同国家大同的法律和正义之中，天赋人权是成文法的基础。他们也非常重视友谊和婚姻，这是社会生活最重要的形式，个人可以从中受到锻炼，使自己服从共同的理想。

第八节 宗教

斯多葛学派肯定宗教和哲学是一回事。他们维护流行宗教，认为它普遍地为人所信仰，足以证明它有真理性。他们还把通俗
115 宗教看作是道德的必要的支柱。但是，他们反对流行宗教中迷信和人类学的因素，为它提供了一种比喻的解释，这是在这方面最初所作的有系统的尝试。

虔诚是认识和崇敬神祇，是对神祇所形成的合宜的概念，并效仿其完善性。宗教的真实本质在于服从宏大的意志或听天由命。

第九节 希腊伦理学的要点

几乎所有的希腊道德理论都怀有秩序、和谐与调和的理想，人应该服从理性的约束、克己、对待一切事情都守中庸之道。唯物主

义者和唯心主义者都重视智慧，认为正确的行动有赖于正确的思维。对立的各派关于导致好的生活的行为的看法，也没有什么差异，纯粹的快乐主义者及其反对者同样推重聪明、克己、勇敢和正直这些基本的德性。他们一致承认，只要过有德性的生活，聪明、节制、勇敢和正直，人就能获得幸福，精神安宁和思想平静。其不同之处在于，快乐论者宣称我们应当为幸福而遵从德性，而伦理的唯心主义者认为健全美好的灵魂本身就是善，即使不能带来幸福，也值得拥有。他们都重视对同胞的厚意、友谊、仁慈和兄弟之情。斯多葛学派和伊壁鸠鲁学派将同情心扩及到全人类。但是，伊壁鸠鲁把这在理论上建立在利己的基础之上，这就是说，除非同周围的人和平相处，否则人们不会幸福。而斯多葛学派则以为爱邻本身就是善；同胞不是使人幸福的单纯的手段，而是，就我而论，同胞本身就是目的。

斯多葛学派的伦理哲学在看待人本身的价值方面，甚至超过柏拉图和亚里士多德的伦理哲学。这两位道德学家维护奴隶制，都受到民族偏见的影响，把“野蛮人”看作是劣等民族，奴隶制是自然而合理的制度。他们没有四海之内皆兄弟和人人平等的理想。他们宣扬国家中充分发展的和平等的公民享有正直和平等的权利，主张国家的建立是为了和平而不是为了征服。但是，他们心目 116
中的公民总是有智慧的自由的希腊人。一直到希腊丧失独立，亚历山大征服所谓野蛮人以后，有些人的头脑里才开始出现四海之内皆兄弟和一切有理性的人权利平等的思想。斯多葛学派就鼓吹了这种理想。这一派体系的中心思想是人类团结一致。他们发挥了人的尊严的观念，即一切有理性的人都是同一父亲的儿女和世界公民，具有同样的权利和同样的职责，受制于同样的法律、同样的真理和同样的理性。人的价值不靠财富、地位或阶级，而靠道德价值和良好的意志。“德性不轻视任何人,无论是希腊人或野蛮人,男人或女人,富人或穷人,自由人或奴隶,聪明人或无知的人,健康的人或患病的人。”[①]品格是最高的标准,没有人能够授予或夺取。

第四章 怀疑主义和折中主义

第一节 怀疑主义学派

以上所述的各种哲学思潮,尽管主要是研究伦理问题,却提供了广博的形而上学体系,试图证明人类理性能够得到真理。在这方面,他们承袭了苏格拉底以后伟大思想家的思想,这些思想家维护知识,抵制怀疑主义的袭击,恢复了对思维本身的崇信。但是,另一否定时期的出现似乎时机又已成熟。与斯多葛学派和伊壁鸠鲁学派同时而作为其独断论的阴影,出现了一种新的怀疑哲学。厄利斯的皮浪宣扬这种哲学,因而怀疑主义常被称为皮浪主义。

皮浪(公元前 365—前 270 年)年轻时跟德谟克利特的学生研究这位伟大的原子论者,了解埃利亚和麦加拉学派的学说。他没有写出什么著作,由弗利乌斯的提蒙(公元前 320—前 230 年)记录了他的观点,但是,提蒙的讽喻随笔(Σίλλοι)只有片断流传下来。提蒙以
117 后,怀疑学派被合并于柏拉图的学园中,一直到学园清除它的怀疑主义为止,始终没有作为一种独立的运动而重新出现。在学园的领导人中,阿尔凯西劳斯(公元前 315—前 241 年)首先放弃这种传统的学说,专心致志地批判斯多葛学派和伊壁鸠鲁学派,把它们看作是假哲学。他以论辩术,即证明和反证每一论题的技术,来教诲

① 德尼:《道德理论和观念史》。

学生。他认为对形而上学问题暂时不作判断是一种理想。学园中最伟大的怀疑论者是卡尔尼阿德(公元前213—前129年),同他的前辈一样,他没有写出什么东西。承继他的有克利托马库斯(公元前110年以前)、拉瑞萨的菲洛(公元前80年以前)和阿斯卡隆的安提奥库斯(公元前68年以前)。

在拉瑞萨的菲洛和安提奥库斯的领导下,学园(被称为在怀疑时期的中期学园)清除了怀疑主义。公元初期,安奈西德姆斯当权,怀疑主义又成为一种独立的运动,其后期代表人物是塞克斯图·恩皮里可,他活跃于公元180到210年之间。安奈西德姆斯写过论皮浪主义的著作,塞克斯图保存了其中的片断。塞克斯图·恩皮里可写了《反对数学家》和《皮浪学说纲要》。

参　考　书

瓦迟斯姆斯编纂的弗利乌斯的提蒙片断。

麦科尔:《希腊怀疑派》;帕特里克:《塞克斯图·恩皮里可》;罗伯逊:《自由思想简史》;格德克梅尔:《希腊怀疑主义史》;里希特:《哲学中的怀疑主义》,两卷;施托伊德林:《怀疑主义史》;克赖比格:《伦理学的怀疑主义》;布罗夏尔:《希腊的怀疑派》;瓦丹通:《皮浪和皮浪主义》。并参看原版第105页所引希尔兹尔和史梅柯尔的著作。

第二节　怀疑学派的学说

这学派共同的思想认为我们不能认识事物的本性。感官只能揭示事物表现出来的形象,不能揭示事物的本来面貌。如果感觉是一切知识的来源,我们又永远不能超出感觉以外,怎么知道对象同感觉相符与否?而且思想和感觉相互冲突,我们没有分辨真假的标准(皮浪的观点)。伊壁鸠鲁学派肯定每一种感觉都是衡量真理的标准,斯多葛学派宣称只有可以信赖的感觉,才能使我们赞同,但是,无论是哪一种情形,其标准都不可靠。感觉往往欺骗我们。

没有相应对象的知觉同真实的知觉一样清晰、明确和自明(阿尔凯西劳斯的观点)。我们不能指出感觉是否为实在对象的真实模写,因为我们没有同它相比的对象。而且我们不能赞同观念,只能赞同判断,判断已经是思维,需要有标准(卡尔尼阿德的观点)。卡尔尼阿德还宣称我们什么也不能证明。如果要有所证明,必须假定
118 真理所由推出的前提,这是以假定为论据;否则,就必须根据其他前提来证明这一前提。这样,永远不能达到终点,永远不能得到确实的结论。

如果不能有所认识,就不要作出判断;应该无所肯定。我们只能说,我们具有如此这般的意识状态,一个对象显现为白或黑的,不能说它是白或黑的。这对一切实用的目的来说,也就足够了(皮浪的观点)。在道德问题上也谈不到确实的知识,在这里,也不应该作出判断。如果这样做,不再追求理想,就会避免许多不愉快的事。精神宁静产生于恬淡寡欲的态度(ἀταραξία)。卡尔尼阿德指出,虽然没有认识事物本性的标准,但是,知觉明晰而鲜明,这种十分有把握的情况可以引导我们采取实际的行为。或然性的程度各不相同,因而没有必要不作出判断。聪明人根据其或然性的程度接受一种观念,可是他永远铭记,最大程度的或然性并不保证是真理。卡尔尼阿德的这种观点导致折中主义或常识哲学。

卡尔尼阿德抨击斯多葛学派的体系,力图揭示其中的矛盾,并证明知识无用。他认为世界不是合理而美好的,即使是,也不能证明上帝创造世界,从而驳斥了斯多葛学派对上帝存在所作的目的论论证。他根据这样的理由批评了他们的上帝或世界灵魂的概念:如果上帝有感觉或感情,他就是会变化的,而一个会变化的上帝不是永恒的。另一方面,如果他不变化,他就是一个呆滞而无生命的东西。再则,如果他有形体,则会发生变化和消逝;如果没有形体,

就没有感觉或感情。如果他是善的，就会由道德规律所确定，因而不是至高无上的；如果不是善的，则比人稍逊一等。关于上帝的观念充满矛盾；人类理性不能把握他，因此，认识他是不可能的。

拉瑞萨的菲洛宣称，虽然斯多葛学派的真理标准不合适，却不 119
能由此推论说不可能有知识。他不相信阿尔凯西劳斯或卡尔尼阿德曾经有意否认知识的可能性。安提欧库斯放弃了怀疑主义，选取了折中主义。

第三节　后期怀疑派

后期怀疑派安奈西德姆斯和塞克斯图更详细地发挥了怀疑派的观点。安奈西德姆斯所提供的知识不确实的理由当中有这样的论点：同样的对象，在不同的生物、不同的人看来有所不同；对不同的感官、对同一个人来说有所不同；而且因主体和环境处于不同的时间和不同的条件，对同一感官来说也有所不同。每一种感觉都为主观和客观的因素所制约，因此永远不一样。还提出证明，反驳证明的可能性、因果概念和上帝存在的论证。

怀疑主义思潮在哲学史上不是没有影响的。它削弱了某些学派的极端独断主义，诱导另一些学派修订了他们的观点。它指出各个体系之间以及它们本身以内的差异和矛盾，使思想家们缓和分歧而强调一致，从各体系中选取常识所能接受的观点。于是，被称为折中主义的哲学运动乃随之兴起。

第四节　折中主义

希腊学者和罗马人之间逐渐增长的文化交流也鼓舞了折中主义。罗马人没有哲学天才，缺乏思辨能力，不大关注宇宙观和人生观 。直到公元前168年马其顿被罗马征服，希腊变为罗马的一个行省(公元前 146 年),才产生哲学思考的兴趣。希腊教师去罗马,罗马青年进入希腊的哲学学校;希腊哲学开始被认为是较高文化不可缺少的一部分。但是,罗马思想家没有建立独立的思想体系,他们是折中主义者,承袭各个体系中他们认为最可贵的东西。甚至在他们接受一个体系的整体时,也要进行修订,以适合自己的志
120 趣。他们对隐晦、诡辩和两难之论不能容忍,避免希腊人极端爱好的剖析入微和精细的区分;他们也不喜欢论战和争议。他们不是穷知究虑的思想家,只信赖常识。德尼指出,“他们在哲学中追求和发现的,无非是行为的准则和治国的方法而已。”[1]

折中主义几乎渗透于所有的学派,诸如柏拉图的学园、亚里士多德的学园和斯多葛学派,只有伊壁鸠鲁学派忠于自己的信念。它的代表者有新学园的安提奥库斯;中期斯多葛学派的帕尼提乌斯(公元前 180—前 110 年)和波西多尼乌斯(公元前 91 年以前);西塞罗(公元前 106—43 年)、塞克斯提乌斯(生于公元前 70 年)在罗马所建立的学校、L. 安奈乌斯·科尔努图斯(公元一世纪)、L. 安奈乌斯·塞内卡(公元 3—65 年)和 C. 穆索尼乌斯·鲁富斯[*](公元一世纪)。

---

① 德尼:《道德理论和观念史》。

* 原书作 C. Musonius Rufus. C. 宜作通用的 G. (Gaius)。

第五篇　宗教运动

第一章　犹太希腊哲学

第一节　哲学和宗教

我们已经评述了继柏拉图和亚里士多德的博大的体系之后的各个哲学派别，现在论述哲学在宗教中寻求避难所的历史时期。伊壁鸠鲁学派把世界看成一架机器，劝导它的追随者要利用它，尽量从中取得幸福。斯多葛学派认为它是一个有智慧、有目的的体系；使自己服从宇宙意志并协助实现整体的目的，最为明智。怀疑主义拒绝回答任何问题，规劝人们放弃一切了解宇宙的企图，建议处理实际事务时以顺从自然、习惯和或然性为方针。而折中主义则采取各个理论的优点，努力凭借手头上现有的材料，综合成一满意的宇宙观。

但是，这些哲学不能满足各种思想要求。有些具有某种气质的人认为不可能把世界看成原子的机械的相互作用，从而不再考
虑上帝。他们也不能压抑渴望，听从宇宙意志，“在自己纯净的心中”谋求宁静和能力。尽管有怀疑派的说教，他们不能根除确实认识上帝的欲望，他们拒绝服从盲目的命运。他们不仅希望认识上帝，而且要看见上帝。策勒尔用下面的话来描述这一时期的特征：“同上帝疏远的感情，渴求更高的启示，是旧世界最后几个世纪的特征。这种渴求充分表明人们意识到古典民族及其文化的衰落，预感一个新时代的来临；它不仅使基督教兴起，而且，甚至在基督教产生以前，还使异教和犹太的亚历山大主义以及同它相连属的

现象流行于世。”①

这种态度促使染有浓厚的宗教神秘主义色彩的哲学诞生，希腊思想汇集了其思想史上的成就，同开始一样，归结于宗教。希腊思想同埃及、迦勒底、特别是犹太宗教的接触，鼓舞了这种宗教运动。埃及的亚历山大里亚这个国际城市，是这两种势力结合起来的有利的物质媒介。在宗教哲学中有三种潮流：(1)企图使希腊沉思冥想同东方宗教(犹太教)结合，这就是犹太希腊哲学；(2)企图在毕达哥拉斯学说上建立一个世界宗教，这就是新毕达哥拉斯主义；(3)企图使柏拉图学说成为宗教哲学，这就是新柏拉图主义。这三种神学或通神学的共同点有：超验存在的上帝概念，上帝和世界的二元论，关于上帝的受启示和神秘的知识的观念，禁欲主义和遁世思想，相信有居中的存在物，即魔鬼和天使的思想。其中有些因素是我们接触到的那个时代的犹太宗教的特征(一神教、二元论、启示和预言、天使说)，因此，犹太宗教很容易同某些希腊思想体系相糅杂，成为混合思想。所有这些体系都表明是希腊和东方
122 文化的结合，例如，在新柏拉图主义中希腊因素占统治地位，在犹太希腊哲学中东方色彩最强烈。

参 考 书

累基：《欧洲道德学说史》，第一卷；曲蒙：《罗马异教中的东方宗教》；吉朋：《罗马帝国衰亡史》。

第二节 犹太希腊哲学的起源

亚历山大大王于公元前333年所建立的亚历山大城，在他的大

① 策勒尔：《希腊哲学》，第三编，第二卷。

将托勒密的后裔的统治下(公元前 323—前 181 年),变成了世界上极为重要的商业和文化城市,变成了希腊和东方文明主要交流的地方。托勒密第二当政时(公元前 285—前 247 年),这里建立了一个宏伟的科学博物馆,其中有一座藏书七十万卷而为人称颂的图书馆;这吸引了来自古典文化世界各个领域的诗人、科学家和哲学家[1]。托勒密第二当政时,还为很大一部分忘记了祖国语言的犹太人民,把神圣的犹太经典译成希腊文(七十人译本),即希腊译旧约圣经。国王安提奥库斯第四尽力使犹太人希腊化,他本人又从耶路撒冷的有教养的阶级那里受到鼓舞,从这一点来看,希腊对犹太思想所发生的影响不限于亚历山大里亚,而且扩及到巴勒斯坦本身。

一个叫阿里斯托布鲁斯的逍遥派犹太人(约公元前 150 年)在一篇论文中最先表现出犹太和希腊思想相结合的直接痕迹,他写了一本摩西五书的注释。他试图表明旧约的说教和希腊哲学家论点的一致性,断言希腊人(奥耳弗斯、荷马、赫西俄德、毕达哥拉斯和柏拉图)曾经从犹太经典中吸取知识。为了说明这一观点,他举出希腊诗人的许多诗篇,这些诗后来证明是伪作。他还试图采取斯多葛学派的方式对犹太经典予以比喻的解释,借以剔除其中的神人同形同性论,使它同希腊思想调和起来。他认为上帝是超验的存在物,不可见;上帝除去显示给纯粹的智慧(νοῦs)以外,一般 123
人永远看不到他。斯多葛学派的世界灵魂不是上帝本身,而是主宰万物的神圣的权能。在这里,亚里士多德和斯多葛学派的影响是显而易见的。在其他的犹太著作中也可以发现希腊哲学的痕迹,

① 其中有诗人卡利马库斯、泰奥克里图斯和罗得斯的阿波洛尼乌斯,数学家欧几里德,天文学家佩尔加的阿波洛尼乌斯、阿律斯提鲁斯、提摩卡鲁斯和托勒密,即《天文学大全》的作者和地球中心说或托勒密天文理论的创制者,以及地理学家埃拉托色尼。

例如，《所罗门箴言》、《马卡比父子言论集》、《希维拉〔Sibylla〕预言集》〔即古罗马神谕集〕和《西拉赫智慧书》。

第三节 斐洛

这种倾向在斐洛的体系中达到了登峰造极的地步。公元前30年斐洛生于亚历山大里亚的犹太教士家庭，死于公元50年。他写过历史、政治、伦理和经典注释的著作，其中许多书流传了下来。斐洛认为犹太教集人类智慧之大成。无论在希腊哲学家毕达哥拉斯和柏拉图的学说中，还是在摩西和预言者受灵感启示的学说中，都发出了同一理性的声音。为了证明这一点，斐洛借助于亚历山大里亚通用的比喻法，给犹太教经典注入了希腊哲学，特别是柏拉图主义和斯多葛主义的精神。让亚当代表精神或心灵，夏娃代表恣情纵欲，雅各代表禁欲主义，如此等等。

参考书

温德兰德和科恩编纂的斐洛著作新编；杨格译斐洛著作，四卷。

德茹蒙德：《犹太人斐洛》；科尼比尔：《斐洛》；许雷尔：《犹太民族史》；普夫莱德雷尔：《宗教哲学史》；海因泽：《逻各斯学说》；雷维叶：《逻各斯》；阿尔尼姆：《斐洛学说探源》；法耳特尔：《斐洛和普罗提诺》。

斐洛体系的根本概念是关于上帝的概念。上帝是绝对超验的存在物，他高高在上，我们不能理解和规定他；我们不能用语言来形容，他高于知识和德性，是至善。我们知道他存在，不知道他是什么；通过最高的理性或纯粹的智慧，我们能够直接确定他的存在。然而，他的存在还是可以加以证明的。他是万物的基础和泉源，无所不包。他是绝对权能，绝对完美，绝对的善，绝对幸福；他是纯粹精神、智慧或理性。上帝极其高贵，不能接触不纯粹的物

质。为了解说他对世界的作用，斐洛利用犹太的天使和魔鬼的观 124
念，以及希腊的世界灵魂和理念的概念，肯定有居间的权能或工具。有时他把这种权能描述成上帝的性质、上帝的观念或思想和宇宙权能或理性的部分；有时候他把它们描述成上帝的使者或仆从，灵魂、天使或魔鬼。时而根据希腊哲学来思考，时而又着眼于犹太宗教来思考。他把所有这些权能糅合在一起，糅合成逻各斯，即神圣的理性或智慧。（通过我们自身中的逻各斯、即同纯粹的智慧或奴斯（νοῦς）有差异而属于知识的第二种官能，我们设想逻各斯。）逻各斯是一切观念的容器或汇集的地方（这有如建筑师的灵魂中包涵城市计划一样），是一切权能的权能、最高的天使、上帝的初生子、上帝的影像、上帝第二、神人和神圣的亚当。事实上，斐洛的逻各斯就是斯多葛学派的世界灵魂、世界的构成者、宇宙的模型或柏拉图的理念世界，被改造成为介于上帝和世界中间的东西。有时候他把这一基质说成是神圣的光的辐射，这种思想约略预示了普罗提诺的流射论。逻各斯是否被设想成一个人，还未确定。

逻各斯是上帝的智慧、权能和善的实体化，或被设想同他有区别的实体。要使它在某种东西上发挥作用，于是引进另一基质，这就是没有属性的物质或占有空间的质料，上帝是它的原因。上帝以逻各斯为工具，从这混乱的质料中塑造出可见事物的世界，这些可见事物是理念的影像或摹本。通过感官知觉、即人类的第三种知识官能，我们认识逻各斯的可感知的影像或感官世界。世界在时间上有开始，但是没有终结，这就是犹太人的创世思想。创造世界时，也创造了时间和空间。逻各斯是完美和善的，所以世界的缺陷和罪恶必然起源于物质。

人同宇宙一样，是由灵魂和物质组成的；他是小宇宙，是最重要的创造物。但是，纯粹思想（νοῦς）是他的主要本质。肉体和灵

125 魂的无理性部分属于物质世界，主宰的部分则是欲望、勇敢和理性（逻各斯）。无形体的精神或纯粹的智慧是从上面加给灵魂的，这就使人成为上帝的影像。肉体是人的罪恶的渊薮。灵魂附于肉体，这是堕落，因为灵魂同肉体相结合很容易使人趋向于邪恶（原罪）。如果堕落的灵魂不能超拔于感官，它们将投入其他生物体中。斐洛认为虽然人类智慧经常同神圣的精神有联系，但是，他可以自由地表明态度，赞成或反对上帝，自由地沉沦于肉体欲望中或超脱出来。斐洛没有说明这如何可能。人应该凭借理论上的沉思，从肉体中，从自身的邪恶基质中拯救出自己，扑灭激情和一切肉体欲望（禁欲主义）。但是，我们不能在没有帮助的情况下这样做，我们力量薄弱，不能胜任，而且我们罪孽深重；我们需要帮助、神的帮助。上帝必须启发我们，渗入我们的灵魂。“意识的太阳必须陨落。”这是心醉神迷。处于这种状态，我们直接领悟上帝，沉浸于存在的纯粹泉源之中，目睹上帝（神秘主义）。

第二章 新柏拉图主义

第一节 新毕达哥拉斯主义

毕达哥拉斯生活在公元前六世纪。他的学说主要注重伦理、政治和宗教，目的在于进行伦理和宗教的改革。他死后，他的学说的实用方面保存了下来，特别是在意大利，而作为哲学机构的学校在公元前四世纪就消亡了。柏拉图晚年吸收了毕达哥拉斯的数论和宗教的神秘因素，他的直接继承者推重这位大师的晚期学说。亚里士多德主义和后来的希腊体系兴起以后，学园不再承认毕达哥拉斯主义是它的正统信条。毕达哥拉斯式的秘密结社及其神秘思想继续存在，尽管有点不很稳定，这一直到公元前一世纪罗马人渴望宗教，才使它们复兴起来，而时代精神又鼓舞它们再度致力于哲学研究。但是，这一运动的领袖没有回到早期的毕达哥拉斯主义那里去，他们采纳了融合于柏拉图主义之中的毕达哥拉斯的学说， 126
而且，以当时的折中主义方式把它同其他的希腊理论结合起来。他们认为毕达哥拉斯是受神启示的知识的泉源。凡是新毕达哥拉斯学派接受为真理的，凡是柏拉图、亚里士多德和斯多葛学派著作中投合他们的想望的，他们都天真地归诸毕达哥拉斯；这位伟大的老师的品格和著作已经围上一轮神秘的光圈。

新毕达哥拉斯学派的重要人物，公元一世纪有：P. 尼吉迪乌斯·菲古鲁斯、塞克斯提乌斯的学生索提翁、提阿那的阿波洛尼乌斯、摩德拉图斯，公元二世纪有尼科马库斯和菲洛斯特拉特。阿波洛尼乌斯宣称毕达哥拉斯是救世主，而菲洛斯特拉特认为阿波洛尼乌斯本人是救世主。新毕达哥拉斯学派的运动对许多柏拉图主义者，例如，喀罗尼亚的普鲁塔克（50—125 年）、提尔的马克西姆斯、阿普莱乌斯（生于 126—132 年左右）、医生伽伦（二世纪）、凯尔苏斯、努梅尼乌斯等人，也有影响。

菲洛斯特拉特的翻译，有《阿波洛尼乌斯传》，1903 年；F. 甘波尔、珲塔克尔和米德关于阿波洛尼乌斯的著作。

第二节　新柏拉图主义

试图以希腊思想为基础来创建宗教哲学，这在新柏拉图主义中达到了登峰造极的地步。柏拉图的体系成为宗教世界观或通神学的构架，这种世界观以独立的精神，吸取了其他理论、特别是逍遥学派和斯多葛学派思想中任何有点价值的东西。上帝被认为是万物的泉源和归宿，万物从他而来，又复归于他；他是起点、中点和终点。与神相交或与神合一,是人类一切努力追求的目标,宗教是宇宙的心脏搏动。

这个学派可以分为一些阶段:(1)亚历山大里亚—罗马学派,其中有安莫纽·萨卡斯(175—242 年)是创造者,没有留下著作;普罗提诺(204—269 年),他发展了这个体系;波尔菲里(232—304 年),是他的学生。(2)叙利亚学派,以扬布利可(330 年以前)为代表。(3)雅典学派,小普鲁塔克(350—433 年)和普罗克鲁斯(411—485 年)是主要人物。

参 考 书

A. 哈尔纳克:《大英百科全书》中关于新柏拉图主义的条目,《教义史》;比格:《新柏拉图主义》和《亚历山大里亚的基督教柏拉图主义者》;惠特克:
127 《新柏拉图主义者》;R. M. 琼斯:《神秘宗教研究》;哈奇:原版第 105 页所引书即《希腊的思想和习俗对基督教会的影响》;笛尔:《从尼禄列马·奥勒留的罗马社会》;A. 德留斯:《普罗提诺和古代世界观的衰微》;原版第 105 页所引苏席弥尔和海因泽的著作以及原版第 123 页所列著作。

第三节 普罗提诺

公元 204 年普罗提诺生于埃及的来科波利斯,在亚历山大里亚跟阿姆摩尼乌斯·萨卡斯研究哲学十一年。243 年他到罗马,建立一所学校,但是,五十岁以后他才把他的哲学写出来。他死了以后(269 年),他的学生波尔菲里修订和出版了他的手稿,并附有他老师的传记;他把这些手稿编成六卷《九章集》,每一卷有九篇作品。这部著作流传了下来。

沃尔克曼编纂的著作;T. 泰罗的选译,现收入《博恩丛书》中。

一、神学

上帝是一切存在物、一切对立和差异、精神和肉体、形式和物质的泉源，但是，他自己没有对立和差异，而是绝对的一、即排除了杂多和分歧的一。他是无所不包的太一，是无限的，是无因自成的初始因，从中产生一切、流射一切。杂多总是以统一为前提，统一先于一切存在，超越一切存在。他是超验的，对他有所表述，无非是限定他，因而不能肯定他是美、善、思想或意志。所有这些属性都是限定，实际上不完善。我们不能说他是什么，只能说他不是什么。我们不能规定他存在，因为存在是可以思考的，而可以思考的东西包含主体和客体，这就是限定。他高于真、善、美、意识和意志，因为这一切都依赖他。我们不能设想他在思维，因为这包含思维者和思想，甚至一个自觉的人思维他自己时，也要分成主体和客体。说上帝思维和希望，就是用他思维和希望什么来限定他，从而剥夺他的独立性。

虽然世界来自上帝，上帝并没有创造世界。创造含有意识和意志或限定的意思，上帝没有决定创造一个世界。上帝最完善，世界也不是由上帝演化而来的。宇宙是出自上帝的流射物*，是他无
限权能或现实性的不可避免的漫溢。普罗提诺作出几个比喻，来 128
说明他的意思。上帝是无限的喷泉，从中涌出流水，而无限的水源永不枯竭。上帝是太阳，从中辐射光芒，而无损于太阳。他用这些例证来说明太初本原的绝对权力和独立性。原因不会转移到结果那里，或消失于结果之中；结果不限定原因。就上帝来说，结果不

---

* emanation 又可以译为流溢或放射，表明宇宙万物是从上帝那里流溢或放射出来的。

是本质的东西。世界依赖上帝，上帝不依赖世界。动物生子以后，仍然不失其为动物。

我们离太阳越远，离黑暗（物质）越近。创造是从完善到不完善的堕落。在存在的阶梯上越往下走，就越不完善、繁杂、变化和分散。每后一阶段都是前一阶段的必然结果，是它的摹本、阴影和它的偶然性。但是，每后一阶段都努力追求较高的阶段，转向它的泉源，从它的先行者那里找到它的目的或目标。

二、存在的三个阶段

流射的过程可以划分为不同的阶段：纯粹思想或精神（νοῦς）、灵魂和物质。在第一阶段，上帝分成为思想和观念，那就是说，上帝思维思想，沉思纯粹的理想宇宙（κόσμος νοητός）。在这一阶段，思维及其观念、主体和客体融合为一，在时间和空间上不是分离的：在神圣的心境中思维者及其思想是一回事。如果上帝的思维要成为完善的真理，而真理意味着思维及其对象的合而为一，这是势所必然的。上帝思维他自己的思想，而思想是从他的本质中流出的。在神圣的心境中，思维的活动、思维者和思想是一回事，而不是彼此分开的。他的思想不是推论式的，从观念到观念，由前提到结论，而是直觉的、静态的，好像是瞬息之间就思索了全部的观念体系。观念是很多的，其数目同现象世界中的个别事物相等，彼此各不相同，但是，像柏拉图所指出的那样，它们形成一个统一的体系。这许多不同的观念的**体系**反映了太初本原（上帝）的绝对统一性。

感官世界中每一个别对象，都在上帝的精神中有一个理念。因
129 此，纯粹思想是现象世界的模型或楷范，不占有时间和空间；那是一个完美的、永恒的、和谐的可以用智力理解的世界。但是，那不仅

仅是模型；理念是动力因，如前所述，流射过程中的每一阶段都是下一阶段的原因。

灵魂（ψυχή）是神圣的流射过程的第二阶段，起源于纯粹思想。只要有理念或目的，它们就力图实现自己，产生某种东西。灵魂是纯粹思想的产物、影像或摹本。既然是产物或摹本，所以没有原物完善。它是超越感觉或仅能用智力理解的。它活动而有观念。它有思维能力，尽管属于推理性质而在形式上没有纯粹思想完备。它是自觉的，不过不需要知觉和记忆。灵魂具有两个方面：一方面趋向纯粹思想，另一方面又趋向感官世界。处于前一种情况，它作为思想而活动，沉思纯粹观念；在后一种条件下，它有欲望，不得不给物质以秩序。普罗提诺称第一方面为世界灵魂，第二方面为自然。有时候他表明，好像有两个这样的世界灵魂，第二个世界灵魂有如光线一样，从第一个世界灵魂中发射出来，构成物质存在的无意识的灵魂。拥有观念的灵魂，向往精神，不容分割；怀有欲望的灵魂，激励现象世界的东西，可以分割。

但是，没有可以施予作用的某种东西，灵魂不能实现它施展其权能、即施予作用和构成的欲望；它产生物质。物质本身，既没有形式、性质、权能，也没有统一性；它绝对无能和贫乏，是邪恶的基质。它离上帝最远，其中没有上帝的痕迹；它是黑暗。我们不能形成它的影像，只能假定它是变化的性质的现象背后必要的基质，即变动的感官世界中持久的东西。包容于世界灵魂中、又和它的观念同一的动力能或灵魂，对这样的物质施予作用，把它塑造成神圣智慧中所含有的明净世界的可感觉的影像或摹本。这些个别的权
能或灵魂加印于物质上，似乎这样就产生了时空中个别的可感觉 130
的对象，而它们自己却包容在不可分割的世界灵魂中。无论是它们或世界灵魂都不存在于空间，也不展开。各种对象空间上的配

置完全来自其中的物质。现象世界的美、秩序和统一专靠世界灵魂，而灵魂则复归于上帝。

普罗提诺认为世界从世界灵魂中流射，是世界灵魂的本性的必然结果，而不是对意志活动有所反应、在时间上已经开始的一种过程。组成这一过程的有三个阶段，即世界灵魂的流射、物质的创成和物质形成物体。抽象思维能够把这过程分析成为三个阶段，实际上那却是一次永恒而不可分割的活动。同亚里士多德一样，普罗提诺宣扬宇宙的永恒性。与此同时，他认为物质只能相继地接受其形式，世界灵魂创造了时间，以便发挥作用。他同样采纳了斯多葛学派循环出现的理论。他没有说明这些观点如何可以调和起来。他试图表述的总的思想是：世界一向如此，而且将永远如此；感官世界的部分有变化，整体是永恒的。

三、人的灵魂

人的灵魂是世界灵魂的一部分，它本身是超感觉和自由的。原来在它依附肉体以前，它以神秘的直觉沉思永恒的奴斯，趋向上帝而认识善。但是，当它凝视尘世，趋向肉体时，就堕落了。这种堕落一部分是由于世界灵魂有塑造物质的欲望，乃势所必然；一部分是由于个别的灵魂本身有追求感性生活的不可抗拒的冲动。于是灵魂失掉了原有的自由，因为它的自由在于转向另一方向，那就是要符合它的比较高尚的本性，远离肉体欲望。如果它没有这样做，继续沉浸于肉体生活中，死后则根据它罪恶的程度附着于另一个人、动物或植物的肉体上。辐射到物质的肉体中去的那一部分灵魂不是实在的自我，而只是它的影子、即灵魂的无理性和动物性的部分，是欲望和感官知觉的中心，是罪恶、以至德性的渊源。真正的自
131 我是由思想(νοῦς)和逻各斯组成的；只有从感性生活转向思想，

又通过思想转向上帝，才能实现它的使命。但是，在尘世生活中有可能复归于上帝，只是这种情况罕见而已。

四、神秘主义

哲学家通常的德性不足以达到这个目的。节制冲动也不够，灵魂必须清除一切肉体欲望，不受肉体玷污（κάθαρσις）。不过，还可以达到比净化更高一级的阶段，这只是为理论沉思或观念的直接直觉作准备；理论高于实践，因为它使我们更接近于看见上帝。最高的阶段、即与神合一，甚至不能由这种高尚的思想来达到，唯有处于心醉神迷的状态（ἔκστασις）* 才有可能，在这种情况下，灵魂超越它自己的思想，沉浸于神的灵魂，与神合而为一。这是神秘地复归于上帝。

这是希腊哲学同东方宗教相结合的体系。它宣扬超验的上帝，是有神论；它认为一切事物，包括最低级的物质在内，都自上帝流射，是泛神论。它主张灵魂的最终目标是在上帝的精神中找到归宿，虽然这在现世不可能达到，人却应该凝神于上帝，解除感官的羁绊，作好准备；它是宗教唯心主义。

普罗提诺并不排斥多神论，他认为神祇是神性的体现。他相信尘世的领域中存在好和恶的魔鬼，精神可能在远距离中发生作用；整个宇宙有精神性质，各种精灵自然会息息相通地相互发生作用。他的许多继承者夸大了这种迷信，维护流行的多神论，抨击基督教，沉溺于巫术和通神术。

第四节　提尔的波尔菲里

普罗提诺的学生、提尔的波尔菲里（232—304年），出版了他

* 又可以译为狂喜、入神或忘我。

老师的著作,并附有传记。他的目的在于解说而不是发挥普罗提诺的哲学。他比他的老师更加强调禁欲主义和流行宗教,视之为净化的手段。由于同样的原因,他接受了各式各样的迷信的信仰
132 和活动,诸如魔鬼学、神谕、偶像崇拜、巫术和通神术。他还写了毕达哥拉斯的传记、柏拉图和亚里士多德某些著作的注释、《(亚里士多德)范畴篇导论》、普罗提诺哲学大纲、《与阿奈玻论魔鬼书》以及十五卷《反基督教徒》的书。《导论》对中世纪哲学产生很大的作用,《大纲》(拉丁文译本)、普罗提诺和毕达哥拉斯的传记、《书信》和一些注释的片断,仍然保存下来了。

第五节 扬布利可

卡耳基斯的扬布利可(330 年以前)信奉新毕达哥拉斯主义和新柏拉图主义,他利用哲学,主要是为了维护和证明多神论的宗教。迷信的影响在他的学说中比在波尔菲里的学说中更加严重。他的著作中有《论毕达哥拉斯的生平》、《劝修哲学》以及对柏拉图和亚里士多德著作的注释。

扬布利可的门徒之中有企图恢复旧宗教的背教者朱利安(罗马皇帝,361—363 年)、阿塞恩的泰奥多鲁斯、柏拉图和亚里士多德的卓越注释家泰米斯提乌斯、马克罗比乌斯、奥林匹俄多鲁斯和许帕提阿。许帕提阿于公元 415 年在亚历山大被基督教徒杀害,是柏拉图和亚里士多德著作的一位有才能的解说家。她有一个学生叫塞内西乌斯,后来成了基督教的主教。

第六节 雅典学园的终结

雅典学园的领导人普罗克鲁斯(410—485年),在五世纪恢复

了新柏拉图主义。继他之后,有马里努*、伊西多鲁斯和达马斯基乌斯。529年查士丁尼皇帝下令封闭雅典的学园,希腊哲学的历史正式告终。此后,西姆普利丘斯、小奥林匹俄多鲁斯、波爱修斯(著名的《哲学的慰藉》的作者)和菲洛波努斯,出版了柏拉图和亚里士多德著作的一些好的注释。波爱修斯的著作以及他关于亚里士多德著作和波尔菲里的《导论》的翻译,在中世纪初期对传播希腊哲学的知识是很有贡献的。(参阅原版第163页)

但是这种哲学不再有生气,为复兴旧的多神论和拯救旧文明所作的努力都是徒劳的;它已经衰败而无用。未来属于它曾与之作过残酷斗争的新宗教,这种新宗教企图占领文化领域,由于奇异的命运嘲弄却使希腊哲学成为它的同盟者。

* 原书作马里乌斯(Marius),疑即马里努(Marinus)。

第二编

中古哲学

第一篇　基督教神学的兴起

第一章　基督教的开端

第一节　宗教复兴

我们已经论述了希腊哲学的发展，从神话开始到衰亡而转入 133
通神论思想和狂热的礼拜。最后它注重伦理和神学的讨论，诸如人的起源和归宿问题、人对上帝和世界的关系以及人的堕落和赎罪。东方宗教和受其影响的思想体系极受欢迎，这显然表明，在罗马帝国时期，不仅哲学家，而且一般有教养的阶级，对这些问题有越来越强烈的兴趣。但是，希腊精神已经失去创造性和活力，不可能“靠注入东方思想的精神，使哲学尸体复活”。

第二节　基督教

在希腊思想发展的末期，一种新的宗教有许多因素适合于时代的需要，这使一些罗马人改变了信仰。这种宗教是在犹太教的土壤上产生的，宣扬仁慈、公正和同样爱他所有的孩子的天父、即上帝的福音；保证人类可以通过耶稣基督、即上帝的儿子来赎罪。它宣称没有人太卑下而不能得救，一切人都有希望；基督要首先在人间、其次在天上重建天国，但是，无论在天上或人间，那将是一个正义和仁爱的王国。它宣称在审判日，恶人尽管富贵和有权势，会狼狈不堪；而心地纯净者，虽然贫穷和卑贱，却要升入天国。基督教提出从罪恶世界解脱出来和将来过幸福生活的说法，直扣一般
人的心弦，满足了时代的要求。解脱的条件不靠外在和偶然的善， 134

而靠思想变化、忏悔、爱上帝和人。基督教的创始人把法利赛人字义上的正义概念转化成精神上的正义理论。无论做什么事情,都要从爱戴和崇拜上帝着眼,而不是出于恐惧。在他看来,心地纯净比表面上遵守规定的条文和礼仪更为有益;内在的精神比外在的形式更有价值。要想得救只有一途,就是摆脱邪恶的激情、嫉妒、愤怒、憎恨和报复;甚至要原谅嫌恶自己的人,因为蒙冤胜于犯错。仁爱和宽恕取憎恨和报复而代之,人要爱邻如己,而人人都是与他为邻的。

第三节 基督教和古典文化

新教宣扬精神上的一神论、来世的生活、仁爱的福音以及基督受难的范例,是受罗马世界帝国欢迎的。随着有文化的阶层当中改变信仰者的逐渐增加,它不能忽视它必须在其中繁荣起来的文明所培育的哲学概念。的确,出现于巴勒斯坦的基督教,至少是一部分起源于这种文明。犹太教不能抵制盛行于大罗马帝国的伦理、政治、社会、宗教和学术的影响,其结果之一就是基督教徒的反抗。时代条件成熟了,于是降生了新的世界宗教。促使它诞生的有这些因素:世界帝国的存在,斯多葛学派所极力宣扬而逐渐增长的世界大同和四海之内皆兄弟的精神,哲学家所教诲的精神神性的概念,流行的希腊神秘思想和东方宗教中不死的学说以及犹太有人格的上帝的理想,这种理想在形而上学抽象的观念无能为力的条件下,能够唤起宗教精神。基督教在一定的意义上可以说是时代的产儿、犹太教和希腊—罗马文明的产儿。但是,时代的影响并不
135 由于基督教在世界上的出现而不再发生作用。基督教一方面对那时期的希腊人和罗马人进行宣传,另一方面又逐渐吸收了它在其中活动的那个世界的文化。如果新教中犹太—基督教一派把新教解释成犹太教的一个阶段,取得胜利,基督教很可能早就埋葬在耶

路撒冷的城下了。

基督教要想有效地宣扬其教义，必须解决若干重要问题。它要论证它忠于理性，保卫自己以反驳当时予以注意的政论家和哲学家的攻击，并且表明它的学说的合理性。它的领袖有必要站在自己的立场上，利用他们所熟悉的哲学概念，来对付他们的敌手；用他们自己的思想武器，即自己的哲学，同他们进行斗争。这种信仰的捍卫者或护教论者适应需要而产生了。但也有必要为信条下定义，制定信仰的条款，建立学说或教义的体系。受过哲学训练的人能够对基督教社团传统的信仰给予唯理的表述。在这方面，希腊思想对基督教具有重要的影响。正式规定教义由大的教会会议来决定，但是，在未达成协议以前，要做大量工作。许多解决的办法提出后又遭到否决，对信仰所做的许多解释各自争取胜利。获胜的信条就定为正统的信条，在规定信条中发挥重要作用的思想家叫作教父。

参 考 书

哈尔纳克:《什么是基督教?》,桑德斯译;《基督教的扩张》,莫法特译;普夫莱德雷尔:《基督教的起源》、《基督教的发展》和《原始基督教》;麦吉弗特:《使徒时代的基督教史》;吉朋:《罗马帝国衰亡史》,第十五章;蒙森:《罗马史》(特别是论述行省的一卷);累基:前引书,第一卷;弗里德伦德尔:前引书;文德兰德:《希腊—罗马文化》;歇讷:《圣经百科全书》;黑斯廷斯:《圣经辞典》和《宗教和伦理学百科全书》。

第四节 经院哲学

基督教建成基本理论并定为有组织的国教以后，紧接着就是哲学建设时期。这就是阐发一种哲学，其中的题材和指导原则都 136
由教义来确定。这种哲学作为中世纪哲学的最主要部分或基督教哲学，其目的在于解说基督教的教义，使之系统化并加以论证，即在基督教的基础上创建一种关于宇宙和人生的理论。做这种工作的思想家叫作经院哲学家，他们的体系被称为经院哲学。

在以上所述的情况中，经院哲学家靠希腊哲学来解决问题。但是，他们的思想态度和古代哲学家有所不同。古代哲学家的目的主要是超拔流行宗教而对宇宙予以唯理的解释；他们以或多或少的科学精神、甚至往往以同盛行的信条相敌对的精神，来进行这项工作。而经院哲学家则认为基督教的真理是无可争议的，这种真理是他们思维的起点和统御原则，他们力图使这些真理条理分明、顺情达理，并加以证明。为了胜利完成任务，他们依赖那些最能适合于他们心目中的目的的希腊哲学体系，让哲学为宗教服务，于是哲学成了神学的婢女(ancilla theologiae)。

在基督教教义所划定的范围以内，人类思维可以自由地运用其才智；只要同既定的真理没有矛盾，人类理性可以随意解释世界。然而，随着时间的推移，人类智慧开始脱离神学的束缚，试图在所限定的范围以外求得满足。经院哲学的态度和方法不能令人满意，人们企图在比较独立的基础上创造思想体系。从另一方面，对这整个的理性主义运动也提出了异议，即批判教义和全部教会统治的体系，努力改变人们内在的宗教生活，而以《圣经》和良心为指针和标准。这种改革已经建立起来的基督教的理论和实践的倾
137 向，在近代的两大序幕、即文艺复兴和宗教改革中达于顶点。

参 考 书

保尔森：《伦理学体系》，第一卷，第二、三、四、六章；德·伍尔夫：《中世纪哲学史》，科菲译，《新旧经院哲学》；哈尔纳克：《教义史》，布坎南译；汤森：《伟大的经院哲学家》；泰勒：《中世纪的古典遗产》和《中世纪思想》，两卷；普尔：《中世纪思想史解说》；累基：《欧洲道德学说史》；霍尔：《在基督教建制内的伦

理学史》；布雷特：《心理学史》；艾肯：《中古时代世界观的历史和体系》；皮卡维：《中世纪哲学史大纲》；普朗特尔：《西方逻辑史》，四卷；斯特克尔：《中古哲学史》，三卷；奥柔：《经院哲学》；冒让：《经院哲学和神学辞典》；鲍梅克尔等人：《论文》；葛拉伯曼：《经院哲学方法史》，两卷；席比克：《亚里士多德到阿奎那的心理学史》；盖斯，卢特哈德特和孜格洛尔著的基督教伦理学史；怀特：《科学和神学论战史》；斯特龙茨：《中世纪自然科学史》；艾伯特：《中世纪文学通史》；鲁宾逊：《西欧史导论》；埃默顿：《中世纪的欧洲》；亚当斯：《中世纪的文明》；《剑桥中世纪史》。

保尔森：《德国大学》，梯利和艾尔王译；拉拾达尔《中世纪的欧洲大学》；邓尼福尔，《中古时代的大学》。

第二章　基督教神学的发展

第一节　早期神学

如前所述，新教不久即被迫规定和保卫其学说，建立基督教神学，表明它对盛行的犹太和希腊思想方式的态度。在基督教发端时期，最适应当前需要的思想体系是我们曾经略述的犹太—希腊哲学。策勒尔说，"对《旧约》作比喻的解释，成为把新信仰同旧启示结合起来的必要的方法；斐洛的逻各斯学说融合犹太—基督教救世(弥赛亚)的信仰，构成了未来几个世纪基督教神学的教义运动的中心。"

使徒保罗及其学派的著作中有最早的基督教教义的神学。他 138
是最初创立基督教神学或以基督教为基础创立历史的哲学的人。被认为是他写的使徒书信，透露出同所谓《所罗门的智慧》(无疑他是熟悉这部书的)中运用的概念相仿的一些概念的影响，并在斐洛的哲学中得到了发挥。保罗把基督同上帝的权能和智慧、即逻各斯等同起来。基督先于人而存在，是原型的人，但他是由上帝创造的。同样的思想也反映在克莱门特的《致哥林多派书信》(93—95年)、《巴拿巴书信》(96或97年)、《赫尔马斯的牧者》(约140年)、《第四福音书》以及伊格纳修斯的著作(115年)中。

第二节　诺斯替教

这种观念表现出相当明确规定了的神学。人们根据希腊的逻各斯学说来解释基督教的历史成分,把宗教和哲学的成分糅合在一起而强调宗教方面。逻各斯有人格,是一个活生生的父亲的儿子,而不是冷酷的哲学抽象。不过,其他带有比较强烈的思辨倾向的思想家,根据他们原有的哲学概念来解释新教,使它合理化,并把信仰转化为知识(γνῶσις,gnosis),那是十分自然的。第二世纪被称为诺斯替教派的人就做了这种工作。犹太人斐洛曾以希腊哲学解释犹太教,企图调和希腊形而上学家和犹太学者的思想。诺斯替教派力图为基督教做同样的工作。他们思索他们的信仰,建立关于基督教的哲学和基督教哲学,融合信仰和知识、宗教和科学。

这是经院哲学的胚胎,尽管粗浅和荒诞。这些可以称为基督教斐洛主义者的人断言,他们的学说是由耶稣传给他这样一些门徒的,这些门徒能够接受学说,认为那是适合有教养的人的秘密的或秘传的教义。他们宣扬基督教是一个崭新而神圣的理论,犹太教是腐败的宗教形式,由比较低下的神祇所启示;异教是恶魔的创造
139 物。犹太神或造物主是假神,同光明的王国或最高神灵的寓所相对立,同真正的神相对立。最高神灵之一、基督进入人体,以解放被造物主拘禁于物质之中的光明的精神。能够理解基督的真正教诲的人,变成诺斯替教派或神灵,终于会从物质的束缚中解脱出来。禁欲是求解脱的一种方法。不能从感性的物质中解脱的,同它一

起消灭;而能解脱者(精灵)则升入创世主的天堂。世界是堕落的结果,物质是罪落的渊薮。公开的学说包含于教条中,秘传的学说是秘密相传的。

属于诺斯替派的主要有:塞林撒斯(公元 115 年)、萨土尔尼努斯(125 年)和瓦伦廷(160 年以前)。马尔西翁于 144 年在罗马创立一教堂,以圣路加的福音书和保罗十书信为圣典。他的体系包括类似诺斯替派的学说,但是,在信仰和知识当中偏重信仰,因而不能算作是这一派。

曼色尔、尼安得尔、鲍尔和迈特关于诺斯替教的著作,参看舒尔茨:《诺斯替教文献》,其中包括德译原始资料;布赛特在《大英百科全书》中所写的条目,在那里也有书目。

显然,诺斯替教派力不胜任。他们没有建立起哲学体系,只提供了"半基督教的神话"。此外,他们的学说同耶稣学说流行的概念有矛盾。他们弃绝旧约,区分秘传的和公开的基督教,把耶稣看作是一个身体由神圣的基督所用的人,一个远在上帝之下,甚至在天使之下的生物,相信具有特殊禀赋的造化或精灵,作比喻的解释;所有这一切都被基督教的护教者和其他保守的领袖所反对,并被指责为异端。与此同时,诺斯替运动对新宗教及其神学发生了巨大的影响。它促进了对信仰或神学的哲学研究。它的一些来自希腊哲学的根本观念溶化于早期教会作家的著作中,从而变成为教义演化的一个因素。

第三节 护教者 140

护教者总的目的在于使新教容易为人领悟,在这一点上同诺斯替教没有差异。他们也利用哲学，尽力维护信仰，以对抗异教和诺斯替教派荒诞的解释。在他们看来，基督教既是哲学，又是启示。它的真理起源于超自然的东西，而且绝对确实，但是，那是唯理的真理，纵然只能由通神而感悟的心灵所理解。哈尔纳克在其《教义史纲》中说，“护教者共同的信念可以概括如下：基督教是哲学，因为它有唯理的内容，凡是真正的哲学家努力回答的问题，它都作出了令人满意和普遍地为人理解的答案；但是，它又不是哲学，确实同哲学直接对立……因为它是天启的真理，具有超自然的神圣的泉源，这泉源是它的学说的真理性和确实性的唯一的最后根据。”①

护教者熟悉当代的文学和哲学，同有教养的阶级交往攀谈。的确，几乎所有的早期教会的领袖，在他们改变信仰以后，都毅然为新教辩护，并争取人民的支持。因此，他们的著作中哲学成分总是占有很大的比重，纯粹宗教的一面往往处于次要的地位。

护教者的领袖有：殉教者查士丁（166 年以前）、塔提安（生于130年左右）、阿泰纳戈拉斯（写作于170年左右）、泰奥菲鲁斯（180年是主教）、伊勒纳乌斯（生于120—130年）、希波里塔斯（死于235年以后）、米努基乌斯·费利克斯（第二世纪）、德尔图良（160—240年）、屈普里安（200—258 年）、亚历山大里亚的克莱门特（216 年以前）和俄里根（185—254 年）。这个运动发展到各个教义问答学派兴起而达于顶点，其中最早的一个是由潘太努斯于 180 年在亚历山大里亚建立的；潘太努斯原先是斯多葛学派的哲学家。这些学派的目标不仅在于保卫新教，论证其合理性，而且使教义系统化，以便牧师克尽职责，向异教徒和犹太改变信仰者宣讲基督教的原理。亚历山大里亚学派最伟大的领导人俄里根，制定了内容广

① 《教义史纲》，德文版，第 89 页；米彻尔英译：《教义史大纲》，第 121 页。

博的基督教神学，其中滋长于亚历山大里亚的新柏拉图主义的影响是非常明显的。

教父文集（拉丁和希腊文），米格尔编 1840 年和以后数年； 141
德·格阿特等人编，1875 年和以后数年；维也纳科学院编新版《拉丁文基督教教会文集》（从 1866 年起）；普鲁士科学院编最初三世纪希腊教父文集（从 1897 年起）；在罗伯茨和邓那尔德逊所编前尼西内基督教丛书以及沙夫和瓦斯所编尼西内和后尼西内教父丛书中有英译本。

第四节　护教者的学说

护教者的著作中有这样的根本思想：尽管世界可以消逝，却呈现出理性和秩序的痕迹，而且指向一个永恒、不变、美好和正直的初始因、即一切生命和存在的泉源。这个基质超越一切生命和存在。上帝的崇高、权能、智慧、仁慈和善，超越人类的一切概念，非笔墨所能形容。但是，一切造化的初始因一定是唯理的，潜在于其中的理性总是它内在本性的一部分；宇宙之所以有秩序和目的，是由于上帝有理性和逻各斯。换言之，理性和善位于世界的根基，上帝是一切变化中永恒不变的基质。

通过自由意志的活动，上帝发射出逻各斯。逻各斯来自上帝，有如光发自太阳一样。光发自太阳而不离开太阳；神圣的理性发出时，也不离开上帝。上帝自身产生理性，而不失去理性。逻各斯同其创造者共在，同其所由产生的泉源共存。与此同时，逻各斯被设想为一个独立的人格，和上帝在本质上同一而不是在数目上同一；它和上帝永远在一起，是第二个上帝。逻各斯借耶稣基督而变成人，基督是逻各斯的化身，是“有血肉的逻各斯”。圣灵也渊源于上帝，这发源于上帝而作预言的神灵被设想为实体。

这些概念反映神圣理性的人格化，这在希腊的宗教哲学中是人所熟知的：理性是世界赖以塑造的机关，上帝通过它间接施作用于世界。护教者强调上帝的超验性，又试图保存逻各斯的独立性。142 逻各斯和上帝永相与共，一样悠久，正如通常所说的，潜在于上帝之中，其固有的本性是和上帝同一的。但是，天父是他存在和活动的泉源(伊勒纳乌斯的观点)，他服从天父，是天父的创造物。而且，他因上帝的意志而变成人，这意味着有一段时间他不存在，后来才变成为创造物。俄里根从事解决这个困难，把两种观念结合起来，宣称逻各斯永远是被创造的。创造的活动不是在时间中的活动，而始终是当前的活动，那就是即刻而同时(semel et simul)：圣子永远和继续处于被创造的过程中。

护教者以希腊人为榜样，来说明世界的创造。上帝是万物的根基和目的，万物来自上帝，又复归于上帝。逻各斯是一切创造物的模型、原型或范本，这就是说，万物是依据理性的影像，由理性的能力或神圣的智慧所创造的。换言之，造物主根据他心目中的模型或合理的计划，用不具形式的物质塑造世界；而物质是他从虚无中创造出来的。他们认为这一套思想是一个有人格的实体，这实体作为能动的原因，构成、保持和控制万物。

创造出自上帝的爱和善，以及为人的利益。按照大多数护教者的说法，创造是在时间中发生的行为；按照俄里根的说法，上帝的创造是永恒的，创造物一直存在。他和亚里士多德一样，肯定宇宙永恒存在，但现存的世界已经有了一个开端，将要消逝，而为其他不同的世界所代替。

世界是为人类创造的。可是人的目的却不在现世而在来世。向往来世、遁世以及灵魂从感官世界退隐而趋向上帝，是至善。所有的护教者都宣扬肉体和灵魂(或精神)以某种方式复活。有时候认为灵魂和肉体都要死，神根据灵魂的德行恩赐它们以不死（查士丁的观点）。有时候认为人除去肉体和灵魂以外，还有一个较高而不死的精神，通过这个精神，灵魂和肉体得以不死（塔提安的观 143
点）。有时候认为这种精神是由上天赋予那些能克制激情的人的。

关于自由意志和人的堕落的说法是护教者另一共同的论点。上帝创造精神，予以区分善恶和自由选择善恶的能力。有些精神选择了违背上帝的道路，趋向肉体，远离上帝，从而犯罪，在肉体中过比较低级的生活。通过基督徒的生活和神圣的恩惠以及逻各斯启示的真理，人可以恢复已经失去的地位。停留在哈得斯（地狱）或涤罪所（Purgatory）以后，在审判日，公正的人将享有永恒的生活，而不正直的人要永远遭到排斥。然而俄里根相信，最后一切人都能赎罪。这种学说中所贯穿的思想是，按当时的情况，第一个人或上天的精灵，在犯罪时把罪恶带到世界上来，为此人类正在受难；只要超脱尘世的事物，力求重新同上帝结合，则有最后赎罪的希望。

基督教基本的一条信仰宣称，上帝之子耶稣基督拯救人类，上帝之子降世以解除人类的罪恶。这一简单的命题引起许多问题，基督教神学家争议了几个世纪，经过长期和激烈的辩论以后，才得到正式解决。这个命题含有三个重要概念，即上帝、耶稣基督和人。在救世的格局中，我们怎样看待上帝、天父，上帝之子和人性？天父和天父之子或逻各斯，天父之子和耶稣这个人，上帝和人，他们彼此的关系如何？

第五节　逻各斯学说

在早期基督教神学中占有重要地位的逻各斯学说，没有渗入早期教会一般教徒的思想。最初几个世纪头脑简单的基督徒生活于多神教的社会中，相信天父、天父之子和圣灵，没有从形而上学

方面对他们的信仰加以解释。他们认为耶稣这个人反正就是上帝之子，圣灵是另一个超自然的存在物；他们不想探索这些存在物彼
144 此之间以及他们同上帝之间的形而上学的性质和关系。教会中有才智的领袖努力维护他们的信仰，以抵制诺斯替教派和异教哲学家，于是越来越深入思考希腊各个学派的理论，直到他们最后使福音书希腊化为止。逻各斯学说在许多地区竟然遭到严重的反对，必须竭力对基本信条少作一些形而上学的解释，这是十分自然的。于是产生许多派别，它们采取那种使不熟悉神学思想的人容易了解的形式来表述基督教教义。从公元 130 年到 300 年，基督徒当中信奉者最多的一种学说是形态论〔内容讲三位一体〕，这在西罗马称为佩特里帕西阿斯教派（Patri-passianism 父苦说），在东罗马叫作撒伯留斯教派（Sabellianism 三位变态说[*]）。前者认为上帝有肉体，变成人，在肉体上受害。后者断言上帝在相继的三种方式或权能上，即作为天父、天父之子和圣灵，来显示自己。无论是哪一种情况，这三个人都是表现为不同的形式或样态的同一个上帝。

但是，这些观点没有压倒逻各斯神学，到第三世纪末期哲学的神学取得了胜利。哈尔纳克说，“它甚至用它的信条来解释教义”。思想家们都深受俄里根的影响。他的继承者使信仰带有浓厚的哲学色彩，以至俗人不能理解。他们推崇纯粹的宇宙论和哲学内容，使救世观念黯然失色；他们建立起来的信条甚至没有提到基督的名字。俄里根体系的新柏拉图主义大有淹没基督教之势。[1]

逻各斯同上帝的关系或天父之子同天父的关系问题，是在公元 325 年尼西亚会议上阿里乌斯教派，即阿里乌斯的门徒和后来以阿塔纳西乌斯为领袖的反阿里乌斯教派之间争论最激烈的一个

---

* 樊炳清编：《哲学辞典》，商务印书馆，1926 年，第 80、963 页。

① 参阅哈尔纳克：《教义史纲》，第 193 页以下。

课题。阿里乌斯认为基督是上帝的创造物，秉赋有自由意志，上帝预见他将用以为善，从而在创造时授予他以神的尊严。阿塔纳西乌斯则认为，天父之子作为救世的本原，是天父所生而不是由他创造的；同天父一样悠久，同天父属于一个实体（同质 homoousios）， 145
充分享有天父的本性，而无损于天父，又不失其为另外一种人格。历史上的耶稣在本质上是逻各斯—上帝或天父之子同人体的结合；这种化身是完全的化身。圣灵是第三种存在物；上帝是同一实体的三位一体，即由本性同一的三种人格所组成。

在尼西亚会议上反阿里乌斯教派取得胜利，阿里乌斯教义遭到谴责，阿里乌斯及其门徒被开除出教会。“是天父所生，而不是由他创造的，同天父属于一个实体”这样的字句编入所谓尼西亚的信条中。后来有人宣称上帝和基督不属于同样的实体（homoousios），而具有同样的本性（homoiousios），借以试图调和阿里乌斯教派和阿塔纳西乌斯教派，结果没有成功。在这一点上未能取得一致的意见，导致分裂成罗马教会和希腊教会。

参加争论的双方，都在俄里根的新柏拉图哲学中为他们的观点寻求根据，正统的解释和被击败的理论一样，都以逻各斯学说为依据。

引起争论的另一个问题，是耶稣这个人同逻各斯—上帝的关系问题，即基督论的问题。答案很多，而且构成许多派别，以支持不同的理论。基督有两种性质，“每种性质本身都很完善，彼此又有区别，二者却完全结合在一个人的身上，这个人既是上帝，又是人。”这种解释于公元 451 年为查尔西顿宗教会议所接受，变成正统的教义。

尼西亚会议确立教义以后，基督教哲学主要为亚历山大里亚的俄里根学派所研究。他们主要采取正统的学说,俄里根体系中的观点同这种学说有矛盾的地方则受到排斥。这个学派协助进行整顿工作的代表有尼萨的格雷果里(公元 394 年以前)、大巴西尔(379 年以前)和纳济安曾的格雷果里(390 年以前)。普罗提诺所宣扬的新柏拉图主义也有许多信奉者,他们的领袖当中有塞内西乌斯主教(430 年以前)、内梅西乌斯主教(约 450 年)、加扎的阿内阿斯(约 530 年)、学者札卡赖亚斯、修辞学者约翰和约翰·菲洛波努斯等等,他们都是六世纪的人。被错误地认为是雅典最高法院法官狄奥尼修所写的新柏拉图派著作,出现于第五世纪末期。

第六节 自由意志和原罪

146 第三个问题需要正式解答的是,在救世的格局中人处于什么地位。一种广泛流传的观点认为,整个人类因第一个人或一个堕落的天使的犯罪而腐化,需要某种形式的神圣的帮助来赎罪。为了拯救人类,基督从天上下降到人间,这一基本信条似乎赞成这样的解释:如果有必要解除人类的罪恶,显然人类不能自救,他是罪恶的奴仆,在本性上是罪人(原罪),或在某一点上已经成了罪人;无论如何,他不是自由的。承袭波斯人摩尼(277 年以前)的学说、人数众多的教派摩尼教,拥护这种观点。摩尼以波斯的二元论和诺斯替教义来解释圣经,而且把基督教同拜火教始祖的学说结合起来。摩尼教宣传人的光明基质受黑暗的基质、即物质的束缚,通过禁欲、弃绝酒肉、婚姻、财富和劳动,人能纯净化,回到他所由产生的光明的王国去。但是,对基督降世为人赎罪这一信条,容有不同的看法。犯罪意味着有罪,有罪的人对此要负责任;在正确和错误之间可以自由选择的人,才能是罪犯。因此,如果人有罪,他必然曾经是自由的。经过另外的途径可以达到同样的结论。上帝是全能的，人则无能而不自由，难免犯罪；唯神迹能够解救他。或者说，上帝绝对正直和善，对罪恶不负责任；人是自由的，他自己是罪恶的承担者。

公元400年一个名叫裴拉鸠斯的僧侣来到罗马，持有同原罪思想相对立的学说。他认为上帝是正直和善的上帝，他所创造的一切都是好的；因此人的本性不能根本是坏的。亚当犯罪或不犯罪，有自由；他的感官感受方面的性质是坏的，这决定了他的行动，而且他选择了犯罪的道路。每个人都有自由意志，所以罪恶不能代代相传；犯罪意味着自由。自由是由为善的上帝所赐予的第一种礼品，是上帝施恩于人的初始的活动；为此，人不需要帮助，他能 147
够抵抗罪恶并希望为善。但是，亚当犯罪的榜样是有害的，对他那坏榜样的模仿导致了难以克服的习惯，从而使人堕落。这位牧师追问，如果人不为罪恶所奴役，如果他选择的自由没有被破坏，神圣的恩惠和基督教对人类赎罪起什么作用呢？裴拉鸠斯派回答说，在圣经、耶稣的教诲和榜样以及教会的教旨里面，神圣的恩惠作用启示人的认识，这会鼓舞人类意志择善而从。要进入天堂，必须受洗礼和信仰耶稣基督。上帝是无所不知的，他精确地知道，人们在生活中将要选择什么，即如何利用自由的权利，预先决定应予的赏罚（宿命论）。

第三章　奥古斯丁的宇宙观

第一节　奥古斯丁

奥古斯丁是早期基督教会最伟大而有创见的思想家、最有影响的大师，他反对裴拉鸠斯派的学说。他的体系讨论了当代最重要的神学和哲学问题，阐释了一种基督教的世界观，这种世界观达到教父思想的顶峰，成为此后几个世纪基督教哲学的指南。奥古斯丁的观点对中世纪哲学、宗教改革时期和近代的基督教神学都有影响，我们要从各个方面讨论其体系。

公元 353 年奥古斯丁生于北非的塔加斯特，父亲属异教，母亲蒙尼卡是基督徒，对他深有影响。他先在乡镇、后来在米兰（384—386 年），当过修辞学教师，致力于研究神学和哲学问题，这使他由摩尼教转向怀疑主义，但仍不能得到满足。386 年他开始阅读柏拉图和新柏拉图主义者的一些著作，这些著作使他的思想得到稳定，而且他还受了富有辩才的米兰主教安布罗斯的影响，这位主教的讲道使他深受感动。387 年皈依基督教以后，他回到塔加斯特；
148 他在那里根据修道院的规章住了三年（388—391 年），并被授予教士职位。396 年他被提升为非洲希波的主教，他担任这一职务，以其非凡的才智致力于发展和宣传天主教学说，一直到 430 年逝世为止。

他的著作有《自由意志》、《真正的宗教》、《宿命论和恩赐》、《三位一体》、《上帝之城》、《忏悔录》、《回想录》和《书信集》等。

参　考　书

米格内编辑的著作，见第 XXXⅡ-XLⅦ 卷；道茨编译十五卷，这些著作也收入沙夫丛书中第Ⅰ-ⅤⅢ卷。

麦凯比：《圣奥古斯丁和他的时代》；布瓦西埃：《异教的终结》；宾德曼、多尔内、茹特以及布伦格尔在他的《教会史》第 XI 卷《马丁》中的论著。

第二节　认识论

奥古斯丁认为值得具有的知识是关于上帝和自我的知识，这种观点是整个基督教时代精神的特征。所有其他的科学,诸如逻辑、形而上学和伦理学,旨在给我们关于上帝的知识方面有其价值。我们的职责是了解我们所坚信的东西,看到我们信仰的合理性。“了解是为了信仰;信仰是为了可以了解。有些事情,除非我们了解,否则就不能相信;另外一些事情,除非我们相信,否则就不能了解。”除去自然知识以外,信仰神圣的启示,是关于上帝的知识的泉源。需要智慧,以了解它所信仰的东西;需要信仰,以相信它所了解的东西。的确,理性必须首先确定天启是否确实已经降临。当信仰领悟了天启以后,理性就力图了解和解释它。不过我们不能了解我们所相信的一切事物,但必须以上帝在人间的代表、即教会的权威为准,来接受信仰的真理。

我们知道自己存在,我们的思维和存在,是无可争辩的确实的东西。我们知道有永恒和不变的真理。我们怀疑,恰好证明我们意识到有真理;我们称一个判断是真或假,这一事实本身表明真理的世界是存在的。在这里,奥古斯丁同柏拉图一样,认为真理确实存在,人类思想能够本能地认识真理。有时他论证起来,好像表示我们靠直觉而看见神圣的观念,有时他又说上帝在我们心中创造了这种观念。无论是哪一种情况,真理都是客观的,不是人类精神 149
主观的产物。真理独立存在,使人不得不予以肯定;不论有没有人掌握,它现在是并且将来也永远是存在的。永恒不变的真理世界的泉源是上帝,的确,柏拉图式的理念、形式、原型或本质以至对个别事物的观念,都位于神圣的精神中。

第三节　神学

奥古斯丁神学中激励人心的主旨,是新柏拉图主义关于上帝的绝对性和庄严性的思想,脱离上帝的创造物无足轻重。上帝是永恒和超验的存在物，是全能、全善和全智的；有绝对的统一性、绝对的智慧和绝对的意志。他是绝对的精神。他绝对自由，而他的决定有如他的本性，不容更改；他绝对神圣，不可能想望邪恶。他的意愿和作为是一回事。他希望什么，就干什么，不需要居间的存在物或逻各斯的帮助。他具有一切事物的理念或形式，这就是说，他合理地进行创造世界，每一事物都因他而有形式。奥古斯丁承继了阿塔纳西乌斯的三位一体的学说，虽然他用以说明这种学说所举的例证染有撒伯留斯教派的色彩。

上帝从无中创造世界，世界不是像泛神论的新柏拉图主义者所主张的那样，必然由上帝本身的存在演化而来，因为他本身的存在超越他的创造物的性质。他的创造是连续的创造（creatiocontinua），否则世界将趋于支离破碎。世界绝对依赖他。我们不能说世界是在时间和空间中创造的。在上帝创造世界以前，既没有时间，又没有空间。上帝创造世界时，创造了时间和空间；他本身却在时间和空间以外。然而，上帝的创造不是永恒的创造，世界有其开端，创造物是有限的，会变化和消逝。上帝还创造了物质，物质不能早于形式，尽管在性质上先于形式，那就是说，我们必须合乎逻辑地预先假定物质是形式的基础。既然上帝无所不能，凡是可以思议的东西，甚至微不足道的东西，也必然出现于宇宙中。

为了证明上帝无所不能，奥古斯丁不得不肯定上帝是万物的原因。要证明他是善的，就必须把邪恶排除于世界之外，或者通过解释，把它化归乌有。创造显示了上帝之善，出于无限的仁爱，他
150 创造了宇宙。（但是，奥古斯丁唯恐剥夺了上帝的绝对权力，急忙补充说，上帝不负有创造的责任，他的仁爱并没有强迫他创造；创造是他自由意志的活动。）只要不从人类功利方面着眼，每一种存在物在一定的意义上都是善的。如果上帝创造和预先确定了一切

事物，同时他是绝对善的存在物，那么，他希望每一种事物都是他最好的创造物，甚至邪恶也必然有某种好处。邪恶有如图画中的阴影，属于整体的美的范畴；邪恶不是善，黑不是白，但是，有邪恶存在则是有益的。或者说，邪恶是一种缺陷，是本质的匮乏（privatio substantiae），善的遗漏；从这个意义上说，没有善，就没有邪恶。没有邪恶，可能有善；没有善，却不可能有邪恶。至少就万物竟然存在而言，它们都是好的。善的匮乏是邪恶，因为这意味着缺乏自然应有的某种东西。道德邪恶也无损于宇宙创造的美。道德邪恶由人的意志或堕落的天使而来，出自邪恶的意志；邪恶的意志不是积极的东西，只代表有缺陷的意志，那也就是善的匮乏（privatio boni）。最坏的邪恶是**缺乏神性**（privatio Dei），是背离上帝或至善，趋向不能经久的尘世。上帝本来可以从事物的格局中去掉邪恶，但是，他宁愿用它充当为善而服务的手段；宇宙以有邪恶出现而愈加光荣（乐观主义）。例如，上帝预见人将舍善而趋恶，他容许人这样做，而且预先确定了他的惩罚。奥古斯丁为了保持上帝的善和无所不能的性质，（1）否定有真正的邪恶，或使它成为相对的；（2）把它定义为善的匮乏；（3）把犯罪的责任转移给人。

第四节　心理学

人是物质世界上最高的创造物，是灵魂和肉体的结合。这种结合不是犯罪的结果，肉体不是灵魂的牢狱，不是邪恶。灵魂是单纯的非物质的或精神的实体，在本质上和肉体完全不同；它是指导和形成肉体的基质，是肉体的生命，至于它如何施作用于肉体，则
神秘莫测。感觉是精神的过程，而不是物理的过程。感官知觉、想 151
象和诉诸感官的欲望是有感觉或比较低级的灵魂的机能。记忆、

智慧和意志是有智慧或比较高级的灵魂或精神的机能，这样的灵魂绝不依赖于肉体。所有这些机能都是一个灵魂的机能，灵魂是一统一体、三位一体，是三位一体的上帝的影像。凡灵魂有所变化时，都有意志参与，可以说除意志而外，别无他物。

灵魂不是上帝的流射物，每一个人都有他自己的灵魂。灵魂未同肉体结合以前，不能预先存在(preëxistence)。至于灵魂是怎么产生的，奥古斯丁未作定论，这是他不能解决的问题，当时流行的有两种观点，即上帝为每一个降生的婴儿创造一个灵魂(灵魂创造说)；灵魂有如肉体产生肉体一样，以同样的方式和在同一时间内由双亲的灵魂所产生(灵魂繁殖说)。他很难决定赞同其中哪一种观点。

虽然灵魂在时间上有开端，它却不死。奥古斯丁借助柏拉图和他那时代所惯用的论证来证明灵魂不死。而且，虽然灵魂在继续存在的意义上不死，它却不是在实现永恒的幸福的意义上必然地不死。灵魂沉浸于神性中所享受的永恒的幸福，是不能证明的。我们对永恒幸福怀抱希望，不过是信仰的行为。

第五节　伦理学

人类最高的目的是同上帝融合，这是宗教的神秘理想，即看见上帝。这种融合在不完善的世界中不能实现，只能实现于来生，即真正的生活中。尘世生活无非是参拜上帝的旅程，同永恒的幸福相比，那不是生活，而是死亡。这显然是早期基督教对现实世界所抱有的典型的悲观主义，对来世而言，又是轻快的乐观主义，即一方面轻蔑尘世(contemptus mundi)，另一方面又爱慕上帝(amor Dei)。奥古斯丁力图用前面所述的没有绝对邪恶的理论，来调和为善的上帝和邪恶的世界之间的二元论。他还想用同样的方法以弥合至善和世俗道德之间的伦理的二元论。

我们靠爱而同上帝、即至善相融合，爱是最高的德性，是所有 152
其他德性的泉源。节制或克己发源于爱，即爱上帝，同爱尘世相对立；刚毅发源于爱，即靠爱来克服痛苦和受难；正直发源于爱，即敬奉上帝；智慧发源于爱，即正确选择的力量。爱上帝是真正爱己和爱人的基础。只有爱上帝，才使所谓异教的德性变成真正的德性；除非由这种爱所激发和推动，否则那不过是"华丽的恶德"而已。

对上帝的爱是神圣的恩惠在内心所发挥的作用，这是在上帝权力的影响下产生于教会圣礼中的一种神秘的过程。信仰、希望和仁慈是道德转化的三个阶段，爱是最高的。"只要爱得正确，信仰和希望无疑地也是正确的。""没有爱，信仰就无所作为；没有希望，就没有爱；没有爱，也就没有希望；没有信仰，爱和希望都不会有。"

这种学说比原始基督教的理想，有可能对尘世生活和人类制度怀有更积极的态度。早期基督教徒对人类制度，诸如婚姻、国事、战争、司法以及商业等等，采取消极的态度。但是，在有组织的教会得到发展和罗马帝国以基督教为国教以后，必然发生一种变化，其直接的结果是动摇于出世和入世之间。奥古斯丁就在苦行的理想和世俗的理想之间，摇摆不定。他的态度是中世纪道德学家典型的态度。例如，他承认财产权，不同意老教父的这样一些观点，即财产是建立在非正义的基础之上的，人人都有同等的财产权，财富是"可恶的掠夺"(安布罗斯的观点)。他还肯定穷人和富人一样能够得救。不过，他把拥有私人财产看作是灵魂的障碍物，而清贫则比较有益。他说我们不要占有私人财产，如果不能做到这一点，那就不要喜爱占有。他关于结婚和独身的评价，同样是二 153
元论的：结婚是圣礼，而独身的状态最为高尚。

他的国家观念也暴露了二元论。尘世的国家是建立在自爱、以至轻蔑上帝(contemptus Dei)的基础之上的,而上帝之城则以爱上帝和轻蔑自己为基础。世俗的国家是伦理的社团,负有增进尘世幸福的使命,正义在其中占有统治地位。但是它的目的是相对的,而教会的目的是绝对的。为此,国家从属于教会,教会的权威不会错误,它是上帝王国的显现。

总之,奥古斯丁有双重的理想。至善或完善是超验的善,甚至基督徒,由于仍然受肉体欲望的支配,也不能在世俗的生活中予以实现。因此,他的完善在于爱上帝、有善良的意愿。然而,一定程度的完善,即一种神圣性,可以由做某种外表的工作来达到。例如,用祈祷、斋戒和施舍以解除轻微的罪恶。而最高和真正的目的,毕竟是弃绝尘世,摆脱社会生活,禁欲和模仿上帝。奥古斯丁认为,只有修道院的生活才是基督徒的理想。

这种伦理学说突出的特点是唯心主义。宇宙间最伟大的东西不是存在的物质方面,而是精神。人类最伟大的东西不是肉体,不是感觉上的冲动本性,不是嗜欲的满足,而是精神。

第六节 意志自由

奥古斯丁反对裴拉鸠斯的意志论。的确,人类以亚当为代表,有犯罪或不犯罪的自由,上帝不仅创造了自由的人,而且恩赐他以超自然的禀赋,即不死、神圣性、正直和超拔顽固欲望的自由。但是,亚当决定背离上帝,从而失掉其神圣的禀赋,又腐蚀了全人类,使之成为"沉沦的芸芸众生"。第一个人代表全人类,他把犯罪的本性以及同犯罪必然相联系的惩罚,遗传给他的后裔。于是人不可能不犯罪(*non posse non peccare*),他有犯罪的自由,没有解脱
154 罪恶的自由。亚当犯罪不单纯是犯罪的开端和先例,还是原罪,有遗传性。其结果是全人类都有罪,除非上帝仁慈,额外施予恩惠,否

则人类是不能解除其应得的惩罚的。只有上帝能够拯救堕落了的人。他并非根据做出的善事来选择施予恩惠的人，确切地说，有罪的人不可能作出善事；唯有上帝选择作为施予恩惠目标的人能够做善事。“人类意志不是因行动自由而蒙受恩惠，毋宁是因恩惠而取得自由。”那就是说，上帝让人类灵魂发生变化，使它具有亚当堕落以前那样对善的喜爱。认识和喜爱至善或上帝，可以使人恢复做善事的能力、舍感性生活而趋向上帝的能力，换句话说，这种自由的能力也就是从肉体的束缚中解放出来的意志。自由的意思是爱善，就是说，只有善良的意愿是自由的。

这种学说的背后有这样的思想，即除非一个人有善的概念，知道什么是真正的善，并且喜爱它，否则他将无可挽救。有些人有善良的意愿，其他人没有。奥古斯丁的问题是要对上述现象加以解释，他认为那是上帝自由赐予的。

为什么上帝让某些人永远享福，使另外一些人永远受罚，这是神秘莫测的。但是，他的选择并非不公道，因为人已经丧失本来可以有的要求得救的权利。那么，预定论和命定论不是同一的吗？这不是说上帝已经预先决定谁应该得救，谁应该毁灭，而他的选择纯粹是随意的吗？预定是上帝永恒的决定，靠毫无差错的恩赐让这个人或那个人享有永恒的生活。预定含有关于选择的先见之明。但是这和人的自由没有关系。奥古斯丁认为，人原有选择永恒生活的自由，他没有选择；上帝知道他不会选择，预先决定拯救谁。这又是奥古斯丁关于上帝有绝对权力思想的一个例证。他丝毫不 155
愿限制上帝的自由：上帝能够随心所欲地对待人类，亘古以来他就确定了每一个人的命运。人在亚当时有〔自由选择的〕机会，他却滥用其特权；上帝知道他会滥用。但没有人强迫他做坏事，如果他不是上帝的选民，他无权抱怨。如果他真爱上帝，有神圣的意志，他是能赎罪的。

上帝所选择的得救的人构成上帝之城,上帝所确定要毁灭的人则形成尘世之城,即罪恶的王国。人类的历史表现两种王国的斗争,其最后一个阶段是基督创始的时期,上帝通过基督而施恩于尘世。上帝的王国借基督教教会而达到完善的境地,基督教教会是尘世间的上帝之城。虽然不是每一个人都能在教会内得救,但没有人能在教会以外得救。没有人知道谁能得救。善恶力量之间的斗争将以正义取得胜利而告终,接着就是大安息日,这时上帝之城的成员将享有永恒的幸福,而罪恶的子孙将要在永恒的火中同魔鬼一道忍受永恒的惩罚。

第二篇　经院哲学的开端

第一章　黑暗时期

第一节　新民族

奥古斯丁的体系达到了教父哲学的顶峰，这是古典—基督教文明最后的伟大产品，是垂死的古代留传给野蛮的继承者的遗产。在产生这种著作的世纪，西罗马帝国衰亡，北方生气勃勃的年轻民族兴起而掌握了政权。西哥特人占有高卢和西班牙，汪达尔人蹂躏了非洲。东哥特人占据了罗马皇帝的宝座(476 年)。当时的问题是糅合罗马—基督教文化同日耳曼民族的观念和制度，这是需要一千年来完成的任务。在这称为中世纪的时期，由有关的不同 156
人类因素所提供的混杂材料中，逐渐发展出一种新文明，产生一种新的政治、社会、文化和宗教的秩序。从新语言、新国家、新风俗、新法律、新宗教以及各种新生活方式的演变中，从旧文明消失于欧洲各民族伟大的熔炉中，可以看出变革的过程是多么彻底。这过程的完成标志着近代纪元的开始。

糅合的工作不能迅速地进行，这是不足为奇的；只能以缓慢的程度吸收过去的传统和制度。没有一个民族立即改变自己的生活，没有一个民族会完全发生变革。野蛮民族接受罗马基督教的文明以前，还有许多东西要学；他们又只能以自己的器官来吸收新文化，新文化进入野蛮的灵魂必然有其漫长的历史。旧世界中较高的文化竟然被忽视，一部分被基督教徒所占领和开垦了的哲学园地竟然有许多世纪任其荒芜，这也是不足为奇的。当时无暇创制形而上学和神学的体系，各个人类活动领域都遇到了严重的实际问题。而且，哲学属于成人的事业，新民族尚处于学童时期。野蛮民族必须首先掌握知识的要素和工具，才能赏识有教养的民族的最高成就。那时当前的问题是教育问题，从奥古斯丁到第九世纪这一时期的学术文献，主要限于有关七艺（文法、修辞、逻辑、算术、几何、天文和音乐）的教材和基督教教义的摘要。

受基督教神学束缚的哲学，仅仅保持过去的传统。在有较高文化的东罗马帝国，几乎普遍对神学问题感兴趣，但是，这只表现为毫无结果的教条的争辩，撰述百科全书式的手册或有系统地搜集教义，有如公元700年左右大马士革的约翰所做的那样。在西
157 方，写作科学、逻辑和哲学教科书以及注释的有马尔提阿努斯·卡帕拉（430年左右）、波依修斯（480—525年）和卡西奥多鲁斯（477—570年），而塞维尔的伊西多尔（636年以前）和可尊敬的贝德（674—735年）却因编纂显然缺乏创造性思想的摘要而很容易地享有博学之名。经过几个世纪之久，实际上有古典和基督教这两种不同的著述并驾齐驱，许多有教养的希腊人和罗马人对混杂不纯的基督教著作只有表示轻蔑。关于继续沿着斯多葛学派的路线前进的古典哲学，即新毕达哥拉斯主义和新柏拉图主义，这在我们论述希腊思想时已经谈过了。

第二节　学术研究的开端

罗马帝国有教养的阶级改信基督教和教会组织发展以后，基督教僧侣逐渐担当起往昔哲学家的学派所肩负的文化领导任务，成为学术的监护人。几乎所有的东西罗马大作家都是僧侣。中世纪开始时，日耳曼民族处于上升阶段，知识的火炬闪烁着暗淡的光芒，新增补的基督教教区僧侣大部分来自野蛮人后裔，他们对于研

究希腊哲学、文学和艺术，既无兴趣，也不认为是光荣。第七、八世
纪可能是西欧文明最黑暗的时期、一个极为愚昧和野蛮的时期；往
昔古典时期文学艺术的成就在普遍覆灭中，行将凋零殆尽。在这
荒凉的时代，修道院不仅是被迫害和被压迫者的避难处，而且是被
轻蔑和被忽视的文学艺术的庇护所。在修道院里，凡是文学艺术
和科学中留传下来的东西都被保存和加以研究，人们手抄手稿，对
较高的精神理想的喜爱活跃起来了。修道院还建校授课，尽管贫
乏枯燥。一个较有希望的时代开始了，那时查理曼鼓励教育，招聘
学者入境，并且创立学校，教授七艺。这些学者有教会的执事保罗
（伦巴德的历史学家）、爱因哈德、安吉伯特和其中最伟大的盎格鲁
撒克逊族人阿尔克温（735—804 年）。阿尔克温是约克修道院学 158
校的学生，后来成为查理曼皇帝教育事业的主要顾问；他在图尔的
修道院学校似乎成功地激发起人们对哲学问题的强烈兴趣。阿尔
克温撰写了文法、修辞和论辩术、即**三学科**的教科书，还撰写了一
本受有柏拉图和奥古斯丁思想影响的心理学。他的弟子当中有弗
雷德吉苏斯和腊巴努斯·毛鲁斯（776—856 年）。前者是《虚无的
暧昧》的作者，后者是编纂家和教科书的撰写者，人们称之为日耳
曼学派的创始人。

一直没有思想史上重要的著作出现，到第九世纪中叶，约翰·司各脱·伊里杰纳（或伊留杰纳）才出版了一本书，这本书是教父哲学的继续和基督教思想史上一个新纪元的先驱。我们即将讨论这个所谓经院哲学的时期，而首先略述中世纪一般的特征。

参　考　书

丘奇：《中世纪的开端》；芒罗：《教育史》；格拉维斯：《中世纪教育史》，第 1—4 章；穆林格：《查理大帝时期各派》；累基：前引书，第 4 章；加斯科因：《阿尔

克温》;韦斯特:《阿尔克温和基督教各派的兴起》;韦讷:《阿尔克温及其世纪》;费西:《修道主义》;威沙特:《僧侣和修道院简史》;加斯克:《英国的修道生活》;邹克勒尔:《禁欲主义以及僧侣寺院设备和生活方式》;海姆布歇尔:《天主教团和教长会》,三卷;哈尔纳克:《修道主义》,克赖特和马尔塞禄译。

第二章 中世纪的精神和基督教哲学

第一节 教会的权威

在中世纪,权威、恭顺和服从这些字眼是生活词汇中的重要名词。在政治、宗教、道德、教育、哲学、科学、文学和艺术方面,即在每一种人类活动的领域里,有组织的教会都有极大的影响。教会作为上帝在人间统治的代理人和天启真理的泉源,变成教育的监
159 护人、道德的检查官、文化和精神事务的最高法庭;它的确是文明的机构,天堂门户的掌管者。既然教会直接从上帝那里接受真理,哪里还有必要寻求真理?哲学除去作神学的婢女以外,还有什么用处?人类理性只限于使天启的真理或基督教的教义系统化和容易理解而已。在宗教信仰和仪式方面,个人服从教会,教会居于个人和上帝之间;在生与死的一切重大事情上,都有十字架的阴影出现。巨大的上帝之城守护一个人从摇篮到坟墓,甚至发给他进入天堂的护照。在上帝之城以外,一个人不能得救。教会也掌管教育,的确,除去传达上帝的启示的中间人以外,谁能教授真理?除去正义和公道的最高的人间权威以外,谁能够检查人类的行为?教会认为自己高于国家,并力图在实践中运用它的理论,这样,教会就同德国的几个皇帝冲突过。教会同国家的关系,有如太阳同月亮的关系。罗马教皇英诺森三世当权时(1198—1216年),教会的权力

达于最高峰，他有称霸世界的野心。国家本身终于以同样的权威自居来对待人民：君主靠神圣的权力而统治，人民由神注定要恭顺。一个国家里的个人在社会、政治和经济方面要受约束，遵守纪律。对人民大众来说，驯服是生活的规律，他们要使自己服从某一集团，即对统治者、君王、行会、师傅和家长恭顺。权威和传统高于舆论和个人的良知，信仰高于理性，团体高于个人，等级高于人类。

第二节　经院哲学所研究的问题

这时期的哲学思想反映时代精神。传统和权威占有首要地位，学者极其信赖教会、奥古斯丁、柏拉图或亚里士多德以及修道院的命令或他们的学派。他们一方面肯定教会教义的真理性，同 160
时又有极强烈的思辨欲望，于是尽可能以基督教信仰来解释哲学，或以哲学来解释基督教信仰，力图予以调和。但是，在他们的工作中，信仰贯彻始终，神学是一切知识的王冠，是至高无上的科学。甚至在知识尚未形成、理性还没弄清的地方，宗教的真理仍然为人信仰，而且因其有神秘性，有些人信仰更加坚定。思辨的神学不是被认为无用而遭摈弃，就是在双重真理、即理性的真理和信仰的真理的原则中，寻求安慰。

教父哲学曾经致力于发挥和制定信条，把它们组织成为唯理的体系。经院哲学家登上舞台时，酝酿的过程实际上已经结束，他们拥有固定的一套现成的教义。而且，还有组织起来的教士政权，能够运用教会和国家这样的武器，及时抵制任何持异议的人，以保卫其真理。那时的问题是要构成一个符合教义、即调和科学与信仰的思想体系。经院哲学家同在他们以前的希腊哲学家一样，力求对事物作唯理的解释，不过他们进行这种工作，怀有明确的预想的目的。他们已经知道某些基本真理,救世的格局本身是一个尽人皆知的事实,哲学家的任务是加以解释,使它同其余的知识联系起来,或使它容易理解。中世纪思想家肯定宗教信仰是合理的,理性和信仰一致,神圣的启示和人类思维没有矛盾。纵然某些宗教真理超越人类理性,但信仰是知识的另一来源,这种真理还会由信仰保证。在这种情况下,容有各种做法。思想家可以从基督教的世界观入手,借助某种哲学或某种个别的哲学体系予以证明。他自己也可以构成一个符合基督教原理的哲学体系。或者他可以关注同神学没有直接联系的问题。无论如何,教义是有统率作用
161 的原则。经院哲学家不会明知而故意承认同基本信条相矛盾的命题,至少不能不加以解释,以免使教义的真理遭受损害。他还会以某种方式,确信两个纵然矛盾但同样正确的命题,而不抛弃教义。

第三节 经院哲学的特征

经院哲学的目的决定了它的方法,只要它的目的在于论证早已被肯定的命题,它就会主要运用演绎法。这些命题的性质以及加以证明的必要性,说明经院哲学其他一些特征。经院哲学家主要感兴趣的对象,是超验的世界、上帝的世界、天使和圣人。他们的思想不关注现象世界中的事物,而关注不可见的精神领域。这说明经院哲学极为推崇神学,而相对地不重视自然科学和精神科学。这还说明他们没有用经验的方法从事研究他们感兴趣的课题、即心理学和伦理学。他们不注意灵魂如何活动,而注意它的终极的性质和归宿;他们认为这不可能通过分析其内容而求得理解。借助经验世界,似乎也不能回答伦理学的问题。同上帝融合的幸福生活是至善,这是已经解决了的,但是,不能用经验的方法寻求享受这种生活的途径。这是由神圣的恩惠赐与执行上帝意旨的人

的。顺从上帝的意旨是是非的标准。上帝希望什么，不可能由分析经验而发现，那是神圣的启示。经院哲学的伦理学不能放弃神学的阵地。

事实上经院哲学家所主要关心的世界不是感官所知觉的世界，他们依靠思维来寻求知识。因此，他们认为逻辑是一项极为重要的研究项目，特别是演绎或三段论式的逻辑，即他们用以追求真理的方法的逻辑。在这一领域里，经院哲学家不但分析逻辑过程，而且特别发挥那些已经好歹变成人类文化遗产一部分的概念，表现出极为精微细致的精神。他们没有使认识论有很大的进步，没有像通常的情况那样，感到知识的可能性和限度是可以推敲的；他 162
们对人类理性能够达到某种真理怀有坚定不移的信心。当然，唯名论者研究了知识的确实性问题，但是，唯名论者已经不再是真正的经院哲学家了。

第四节　经院哲学的阶段

经院哲学可以分成几个重要阶段。我们已经注意到约翰·司各脱·伊里杰纳。虽然他的思想不是典型的经院哲学的体系，他却是经院哲学运动的先锋。这一时期从九世纪开始，终于十二世纪，主要受柏拉图思想的影响。柏拉图主义、新柏拉图主义和奥古斯丁主义是占主导地位的哲学流派。按照柏拉图的理论来解释，理念或一般概念是事物的真实本质，并先于事物而存在（universalia sunt realia ante res）。这是柏拉图式的唯实论，安瑟伦是主要代表。十三世纪，亚里士多德的哲学兴起，基督教同这位希腊的伟大思想家结合起来，这时一般概念被认为是实在的，不过不先于事物，而在事物之中（universalia sunt realia in rebus）。这种学说叫作亚里士多德式的唯实论。十三世纪是个体系内容广泛的时期，主要的思想家有博学多才的大阿尔伯特和托马斯·阿奎那。从经院哲学的观点来看，十四世纪是继繁荣之后的衰败时期，这时期人们认为一般概念不是事物的本质，而仅仅是人心中的概念或文字、名称（nomina），只有个别的事物是实在的（universalia sunt realia post res）。这是唯名论。约翰·邓·司各脱和奥卡姆的威廉是这一运动的领袖，其结果则破坏了经院哲学的前提。经院哲学的唯实论同柏拉图和亚里士多德一样，认为宇宙是理想的宇宙，是理念或形式的体系，这些理念或形式总会作为事物本质的性质反映在现象世界里。宇宙是合乎理性和逻辑的世界，因此是能够被人思维清楚的，其中所表现的理性同显现于人心中的理性是相
163 同的。使一类事物具有现在那种样子的形式，同人类的思想或一般的观念是一致的。如果一般的观念仅仅是人类头脑中的思想，或者更糟的是仅仅是名称；如果没有与它们一致的真实东西在事物之中或在事物以外，我们就不可能通过它们而认识事物，不可能掌握有关宇宙和一般概念的唯理的知识。认为理性有达到真理的能力这种信念，就会减弱或完全破灭。换言之，中世纪的哲学没有始终维持经院哲学的原理，经院哲学在十四世纪就失势了。

这说明理性和信仰以及哲学和宗教的结合不太紧密了。那种认为信仰的学说同关于理性的意见相一致的观点，逐渐发生变化。有人指出，有些教义可以解释或使之容易为人理解，其他一些教义则超越理性。还有人认为教义不能解释，教义根本不是哲学知识的对象，宗教的真理超出理性所及的范围，理性不能探索那些真理。这后一观点等于摈弃了经院哲学本身，使哲学从教条神学的奴仆的地位解放出来。

第五节　经院哲学的原始文献

早期经院哲学家所汲取的来源有，基督教教父的文献、希腊哲学以及后来的阿拉伯人和犹太人的思考。一直到十二世纪中叶，他们所使用的希腊哲学材料包括下列拉丁文译本：柏拉图的《蒂迈欧篇》几个部分（西塞罗和卡耳西迪乌斯译）、亚里士多德的《范畴篇》和《解释篇》（波依修斯译）以及波尔菲里的《范畴导论》（波依修斯和维克托里努斯译）。柏拉图的《曼诺篇》和《斐多篇》是十二世纪翻译的，内梅西乌斯的《论人的本性》是十一世纪中叶翻译的。关于拉丁哲学家，他们了解波依修斯、马尔提阿努斯·卡帕拉、卡西奥多鲁斯、克劳迪阿努斯·马梅尔图斯的著作；还有维克托里努斯的《论定义》和阿普莱乌斯的《论柏拉图的学说》；伪阿普莱乌斯的《阿斯克勒庇俄斯》；马克罗比乌斯；伪狄奥尼修；塞维尔的伊西多尔等等。他们知道亚里士多德的《分析篇》和《正位篇》的译本是在 1128 年以后，知道他有关形而上学和物理学的著作是在 1200 年左右。

参　考　书

参阅图讷尔：《哲学史》，第 243 页；宇伯威格-海因泽书，德文版，第二编。关于经院哲学的专门书目，参看宇伯威格-海因泽书，§19 和皮卡维：《中世纪哲学》，第 15—34 页。

第三章　约翰·司各脱·伊里杰纳

第一节　传略

第五世纪末期出版了一本文集，这本文集被错误地认为是古 164

希腊雅典最高法院的法官狄奥尼修的著作,人们认定他是雅典第一个主教;它散布新柏拉图主义的精神。文集激起浓厚的兴趣,使中世纪思想深受影响。对它的神秘的泛神论着迷的人当中,有约翰·司各脱·伊里杰纳。他把这部著作译成拉丁文,并且在这基础上建立了一个哲学体系。810 年他生于爱尔兰,在爱尔兰学校里受教育,秃头王查理招聘他任巴黎宫廷学校校长。虽然有人推测他活到 877 年,他的死亡日期却不得而知。他的著作《自然区分论》表述了他的哲学。

参　考　书

米格内:《拉丁教祖遗集》,第 CXXⅡ 卷中,有伊里杰纳的著作。(米格内:《希腊教祖遗集》,第Ⅲ和第Ⅳ卷中,有用希腊文和拉丁文写的伪雅典最高法院法官的著作;由帕克尔译成英文。)

普尔:《中世纪思想》;格德纳尔:《约翰·司各脱》;泰兰弟尔·胡布尔、斯特克尔和闹克的专著。

第二节　信仰和知识

司各脱·伊里杰纳把神学和哲学、权威和理性以及信仰和知识等同起来,认为宗教的真理是合理的真理。真正的宗教和真正的哲学是一回事,信仰并不单纯是轻信地接受一个命题,而这种接受是理性所赞同的;所以那是合理的、明智的信仰。他肯定教义是理性所发现而由教会的神父传下来的真理。为了辨明其唯理主义的立场,司各脱解释圣经和教会权威的著作时,不得不经常利用比喻的方法。

第三节　泛神论

司各脱的神学渗透着为人熟知的新柏拉图主义和奥古斯丁思

想的精神。上帝是万物的开端、中点和归宿。万物导源于他，在他之内和通过他而存在，还将复归于他。他由无创造世界，或者是由他本身，即无因而成的初始因，创造世界。司各脱指出，作为上帝的自然是不被创造的创造者，即不被创造而能起创造作用的基质(natura creans)。他按照他思想(逻各斯)中的计划或永恒的模型，来创造世界，这是他存在的表现。他的智慧使万物具有形式和秩序，并继续对它们施予作用。司各脱这样说：作为逻各斯的自然是被创造的创造者，而作为由逻各斯所产生的万物那样的自然是被创造的，没有创造能力。一切物质和精神的东西，要复归于上帝 165
并永恒地休止于此，因为他是一切创造的终极目的。在这个意义上，司各脱认为自然(上帝)不是被创造的，也不创造。上帝作为存在是圣父，作为逻各斯或智慧是圣子，作为生命则是圣灵。

宇宙是上帝本质的表现或产物：他的思想、逻各斯和现象世界，一切都发源于他。但是，所显现的情况不脱离上帝，不是被抛弃的东西，而是上帝的活生生的外衣。上帝和他的创造物是二而一的，他处于创造物之中，创造物也处于他之中。二者浑然一体，这意思是说他显现于他的创造物之中。不可见和不可理解的太一使他自己可见，他没有形式和性质，但给自己以形式和性质。在人看来，宇宙表现为可分、繁复和杂多的宇宙，是**神的显现**；但是，在原则上它是单一而不可分的整体，即在其中一切对立都调和了的整体。

上帝内在于世界，又是超验的。司各脱不愿意设想宇宙耗尽或减少了神性。神性只有一部分展开了，尚未表现的部分是无穷无尽的。有如光线为众人所见、声音为众人所闻，而毫无损伤，万物分享神的存在，而不会使他丧失存在的圆满性。因此，不论用什么词，都不能描述他。他不是用语言所能表述的，他远远超越了一切思想范畴。对他有所论断，就是限定他；肯定一种性质，就是否定另外一种。他具有至高无上的本质，超越善、神性、真理、永恒和智慧。在这个意义上，他是不可名状、不可理解、不可认知和不可规定的基质，对于他无可论断，同时，就他的表现，他显示自己的方式而言，又无一不可论断。

根据这种泛神论，自然会得出结论说，人也是神圣基质的表现，但是，司各脱没有立即得出这种结论。这种结论将隐含人类宿命论，并归罪于上帝。人不仅是有形体的肉体，而是一小宇宙，一活生生的精神，对他从上帝那里堕落下来而趋向自己负有责任。上
166 帝不可能是罪恶的原因，上帝没有罪恶的观念。像奥古斯丁所指出的，罪恶不过是善的匮乏。逻各斯通过同人性相结合，帮助人类赎罪；有些人同上帝结合起来，另外一些人恢复对上帝原有的崇敬。

第四节　神秘主义

万物来自上帝，又力求复归于上帝；他是万物存在的泉源和目的。只有靠神秘狂热的精神状态、沉思上帝的神性、超脱感官和理性，使我们的心目中除去不可理解的超越的上帝存在以外，别无他物，才能复归于上帝。处于这种神秘的浑浑噩噩的状态，我们沉入神圣的幽冥之中而忘却自我。

司各脱·伊里杰纳把基督教的概念溶入一个广博的体系，使之容易为人理解；他的哲学含有中世纪唯实论的萌芽。从这种意义来说，他可以算作是经院哲学的先驱。不过，他的思想异常独特，他的学说同传统的观点极少相符之处，所以在当时基督教学者中间不受欢迎。同奥古斯丁相比，不可能希望这些人仰慕司各脱。他的同时代人帕斯卡西乌斯·腊德伯尔图斯扼要地论述了奥古斯丁的思想，他的著作更合乎时代的要求。

第四章　一般概念的问题　唯实论和唯名论

第一节　早期经院哲学家

约翰·司各脱的出现不过是黑暗的中世纪暂时的一点闪光而已，他逝世以后，在文化方面又是长期的沉寂。“七艺”的教师继续讲授由来已久的教科书中传统的论辩术，没有付出精力来建设神学。他们以奥古斯丁为靠山，如果倾向泛神论，就沉迷于伪狄奥尼修泛神论的神秘主义中，那时伪狄奥尼修的著作有司各脱·伊里杰纳的拉丁文译本；或者研究司各脱本人的书。在研究逻辑方面，他们注意到同认识论和形而上学有关系的一个问题，这个问题注定要成为经院哲学史上重要的争论课题。波尔菲里在他的《导论》 167
中把这个问题表述为：一般概念（类和种）是否是实在的实体，或者是否只存在于人心中；如果它们是实在的，到底是物质的，还是非物质的；它们是脱离具体的可感觉的事物而存在，还是存在于它们之中。这是柏拉图的理念和亚里士多德的形式的实体性问题，这个问题在伟大的希腊哲学家的理论中占有很重要的地位。传到这时期的各种逻辑论著，对这个问题的答案各不相同。有些表明赞同柏拉图式的唯实论，认为一般概念是先于事物的实在的东西；有些表明赞同亚里士多德的唯实论，认为一般概念是在事物之中的实在的东西；还有些人表明赞同唯名论，认为一般概念仅仅是个别事物的名称，不先于事物，也不在事物之中，而是在事物以后。波尔菲里是一个坚决的唯实论者，波依修斯、马克罗比乌斯和卡耳西迪乌斯采取中间的立场，而马尔提阿努斯·卡帕拉是一个明确而坦率的唯名论者。约翰·司各脱本人是一个唯实论者，他认为一般概念既先于个别物体而存在，又在它们之中；现象世界表现上帝的思想，不能脱离一般概念而存在。第九、十世纪人们也持有这种观点，未加以发挥，一直到后来才把它弄得明确而详尽起来。许多不熟悉亚里士多德著作的逻辑学家，同意亚里士多德的观点，认为个体是真正实在的东西，按模糊的唯名论的意义予以解释；而他们自己还不明白唯名论的确切涵义是什么。

参 考 书

巴腊赫：《洛色林以前的唯名论史》。

这里应提到奥赫雷的埃里克、他的学生雷米吉乌斯；腊巴努斯·毛鲁斯的学生的著作《超乎波尔菲里》——都是九世纪人；波普波，赖因哈德，诺特卡·拉彪（1022年前），格伯特（死于1003年，死时是教皇奚法司特第二），富尔伯特（1029年），图尔的贝朗热（1088年前）。这方面的兴致日益浓厚，于是，论辩家企图使圣书的教导服从论辩的权威，而一些较为保守的神父则反对，彼得·达米安尼（1007—1072年）宣称逻辑应当是神的婢女（ancilla Domini）。

第二节 洛色林的唯名论

唯实论和唯名论学说充分的意义及其同形而上学和神学的关
168 系，一直到十一世纪下半期以后，好像是经过实践彻底验证以后，才为人所理解。洛色林[1]宣扬明显的唯名论，把它作为解释三位一体说的基础。他的论证如下：只有个别的实体存在，一般的概念无非是人们用以规定个别对象的名称和字眼。因此，丝毫没有实在的东西同上帝这个一般名称相符合；我们应用到三位一体上的神性的概念不过是一个名称或一个字眼。不是只有一个上帝实体，而是有三个个别的实体或位，他们具有同等的权力。

① 参阅皮卡费：《洛色林》。

第三节　唯实论的意义

这种观点同正统的三位一体的教义直接对立，引起极大的愤慨和反对。1092 年苏瓦松会议谴责了洛色林三位一体的解释，强迫他撤回原意。虽然唯名论本身没有遭到谴责，它却失去威信，一直到十四世纪才重新出现。经院哲学家采纳了柏拉图式的唯实论，这种唯实论在许多方面经过修改和发挥，在整个的十二世纪一直是占有统治地位的思想。它适合于防止像洛色林对三位一体那样的攻击，从理论上保卫整个教会的教义。如果一般概念是实在的，不单纯是各类个别事物的标签或标记，那么，三位一体的观念就不仅仅是三个位的总和。关于一般概念问题的争论不单纯是逻辑诡辩，对这问题的答案具有深远的形而上学和神学的涵义。这种观点，即一般的概念、抽象逻辑的思想不仅仅是人心中主观的观念，而有其自己脱离人心的实在性，含有宇宙是唯理和可知的意义。它意味着真理不单纯是主观的意见，而是有客观真理、普遍确实的真理存在：哲学的任务就是要在概念的思维中认识这种真理。它意味着除去生成和消逝的个别现象以外，还有永恒而不灭的实在。教会的学者以这一概念为良好的基础，在那上面树立其全部文化和教会的建筑物。上帝是这样一般的观念，比单纯的现象界 169
卓越，寿命更长久；人类有这样一般的实在性，这种实在性在亚当身上受到腐蚀，又在基督身上健全起来；教会是超乎有生死的教会成员而持久的实体，是一个在本质上不受其部分的生成和消逝影响的理想的整体。我们看到，正统的牧师并不是出于偶然的一闪念，弃置唯名论而集聚到柏拉图式的唯实论的旗帜周围的；他们选取了那种使基督教世界观和生活方式在他们心目中具有意义的学说。

第三篇　经院哲学的唯实论的发展

第一章　坎特伯雷的安瑟伦

第一节　安瑟伦的哲学

安瑟伦(1033—1109 年)是坎特伯雷的大主教,在他那建立在柏拉图和奥古斯丁原理基础上的思想体系中,反对洛色林的唯名论异端。他是典型的经院哲学家,既坚定地信仰教义的真理性,又有强烈的哲学兴趣,他力图向理性证明要接受什么,应以教权为准。他试图对信仰给予理论上的论证,不仅毅然地把上帝的存在这种一般的命题包括在内,而且包容救世、三位一体、神的化身和人类赎罪等一整套教会的信念。人们必须相信天主教的教义,这固然无可非议;还要设法了解他们相信什么,了解为什么那是真的。永远要记住,凡是智慧不能理解的,就应该虔诚地崇敬信仰。

安瑟伦的著作中有《独白篇》、《论道篇》、《上帝为什么化身为人?》。迪恩翻译了这些著作以及僧侣高尼洛对安瑟伦本体论论证的批判。

参　考　书

丘奇:《圣安瑟伦》;里格:《圣安瑟伦》;鲁尔:《圣安瑟伦的生平及其时代》;腊盖神父:《圣安瑟伦传》和《圣安瑟伦大师》;德·沃尔盖:《圣安瑟伦》。还有哈斯、雷姆萨特和穆勒翻译的书。

170 安瑟伦根据柏拉图一般概念脱离个别事物而独立存在的思想,构成他关于上帝存在的著名论证。他在1070年写的《独白篇》

中，运用奥古斯丁曾经用过的宇宙论论证，于此不必重述了。他在《论道篇》中仍然根据柏拉图式的唯实论提出了另一论证，即所谓本体论的论证，这使他成为思想史上一个著名人物。这个证明从关于上帝的概念中推导出上帝存在，表明上帝的观念本身隐含着他的存在。上帝的观念是一个无与伦比的宏伟的存在物的观念，即一个完善的存在物的观念。如果上帝不存在，那么，这个观念就是不可思议的最宏伟的存在物的观念；还会有更宏伟的东西。具有存在性的东西的观念，同没有存在性的东西的观念相比，是更完善的东西的观念。上帝最完善，必然存在。这就是安瑟伦所谓上帝的完善性隐含着上帝存在的思想。

不过，根据安瑟伦的前提，得不出这样的结论。他的推论无非证明，当我们思考一个东西，认为它存在时，我们是思考一个比非存在物更完善的东西。关于一个存在物的概念，同被设想为不存在的东西相比，是关于一个具有更多性质的东西的概念。他没有证明上帝存在，而只是证明一个存在着的上帝的观念，比单纯是主观的上帝观念有更丰富的内涵或意义。从逻辑方面看，这是对的，但是，根据携有存在观念的一个完美的东西的概念，不能必然地得出这样的东西存在的结论。但不可忘记，凡是承认唯实论的前提，认为一般概念具有超越精神的实在性的人，都认为本体论的论证是令人信服的。

僧侣高尼洛在其匿名出版的《反对安瑟伦论道篇中的推论》一书中，揭露了安瑟伦论证的错误。他宣称，从被思考方面来看，人心中上帝的存在同人心中任何其他东西的存在是一样的。安瑟伦证明上帝存在，你也可以用同样的方法证明一个完美的岛屿存在。一百多年以后，托马斯·阿奎那也审慎地分析了这一论证。经院哲学中往往有人依然运用这一论证，奥赫雷的威廉和阿累斯的亚

171 历山大就是例证。

安瑟伦在写于1094年至1098年的《上帝为什么化身为人?》一书中,提出赎罪方案的理论,他认为赎罪是上帝的正义和仁慈之间的矛盾。亚当的堕落使全人类犯罪。上帝的正义要求得到满足,为了使事物走上正轨,有必要降罚于人或使之受苦,但是,他的仁慈不容许他这样做。纯洁的基督这样的神人,为人类而牺牲自己,借以满足正义的要求。

第二节 安瑟伦的同时代人

洛色林运用唯名论,在他的同时代人和后继者中间,加强了对一般概念问题的兴趣。安瑟伦站在唯实论的立场上批评唯名论的观点,而我们已经指出,唯实论是非常适合他那正统的目的的。他认为一般概念是实在的,组成一类的个别事物构成一个实在的统一体。他说,“一种之中的许多人是一个人”,“〔三位一体中的〕多数位是一个神,其中每一个单一的位都是完善的神。”于是产生这样的问题,一般同个别事物的关系如何?在这种情况下个体起什么作用? 尚波的威廉(1070—1121年)认为个体所属的类和种完全呈现在每一个体中,个体只在偶然的性质方面彼此有所不同,本质上丝毫没有差别。阿贝拉向他指出,果真如此,则同样的实体就会有不同的、以至相矛盾的性质;举例来说,它就会在同一时间内处于不同的地方。如果人性完全在苏格拉底身上,就不可能在柏拉图身上。如果我们说它也在柏拉图身上,那么,柏拉图必定是苏格拉底,苏格拉底必定既处于他自己的地位,也处于柏拉图的地位。后来,威廉修改了他的理论,他不愿意否认个体之间本质的差别了;很可能他还没有看清对逻辑范畴作唯实论的解释所引起的困难。

《类和种》被认为写于十二世纪初期,作者为谁,不得而知。根据这本著作，一般不是存在于确定的个体中，而是存在于同种的一切个体中。这样，存在于一类的一切个体中的共同因素是物质，使 172
个体与同类其他个体有所不同的，即其个性，是形式。

第二章　彼得·阿贝拉和十二世纪的经院哲学家

第一节　阿贝拉

所有这些经院哲学家中最使人感兴趣的人物是彼得·阿贝拉(Abælardus 或 Abeillard)。1079 年他生于帕累，同教会发生多次冲突以后，1142 年死于巴黎。他有奇异的才能，是当时声名显赫的教师。他运用的方法是在讨论了每一重要的论题以后，摆出相互对立的权威的观点(dicta pro et contra)，提出抉择的原则，让读者自己解决问题。他的学生伦巴德人彼得在神学教科书中采用了同样的方法，这本书成为以后一切这类中世纪著作的范本。

参　考　书

阿贝拉的著作中有:《书信集》、《神学导论》、《伦理学》、《是与非》、《哲学、犹太人和基督徒对话》、《我的受难史》(自传)。库赞编辑的著作，两卷；米格内书，第 178 卷的神学著作。马卡贝:《阿贝拉》；雷米萨:《阿贝拉》，两卷；豪斯拉思:《阿贝拉》；刺格勒:《阿贝拉》。(策勒尔纪念集，1884)。

阿贝拉在他的两位老师洛色林的唯名论和威廉原来的唯实论形式之间，似乎采取折中的立场，但是他没有明确地解决问题。他反对一般概念是先于事物的实在的东西(ante res)(除非在上帝的思想中)这一观点。他认为我们不能用一个东西来论述一个东西，却能用一般论述许多东西，因此一般不可能是一个东西。一般也不仅是单纯的一个词，只就它论述一类事物、即同所指的对象有关联而言，它是一个词。因此，一般概念不是〔单纯的〕字（voces），而是**一般的词**（sermones）。他这意思可能是说，一般的概念表述一类对象共有的性质，是人类思想中的概念；用以表述这类概念的词或
173 字是**一般的词**。这是**概念论**的观点，阿贝拉表达了概念论的意义，但是，他没有彻底制订出概念论。他主要关注的是，要表明一般概念不是脱离事物而存在的实体，事物之间有本质的不同。关于这正确的观点，阿贝拉很可能心存怀疑。他极力赞扬柏拉图和亚里士多德，这可能使他感到两个人都是正确的。他特别想要强调的是，我们的思维是关于事物的，语言的目的是为了表达思想，而思想必须同事物相符合。

阿贝拉的著作《神学》于1140年在桑会议上受到谴责，在这部著作中他强调指出，要使信仰没有盲目性，有必要检查信仰；为此，他建议受逻辑训练，在神学中运用逻辑方法。理性应当在信仰之先，应该看清信仰的合理性。另一方面，他显然相信，不能对教义提供严格的逻辑证明，信仰是自由意志的行动，这会因认识信仰的根由而在来生得到报酬。这说明阿贝拉多么牢固地为经院哲学的方法所钳制，尽管他能独立思考和尊重理性，仍然基本上持经院哲学的态度。这就是说，你要尽可能深刻地思考教义，在未探究教义的道理以前，不要信仰它；但是，在怀疑和探究以后，教义依然不能投合你的心意时，你却要下定决心来信仰它，因为你必须信仰。

他的《神学》中关于三位一体那部分，引起强烈的反对，使这本书受到谴责。他说，在三位一体中，圣父是太一或善，圣子是逻各斯或上帝含有理念的心灵（νοῦs），圣灵是世界灵魂。他表述这三位的特性为权力、智慧和上帝良好的意愿。

阿贝拉的伦理学强调善良意愿的重要性。一种行为的是非不
在于事实，而在于行动者的意图。行动本身同来自原罪的趋于为 174
恶的自然倾向一样，是无足轻重的。“上帝所考虑的不是做了什么，而是以什么精神做的；行动者的优点或美德不在于事实，而在于意图。”犯罪是我们有意去做我们承认是罪恶的事，即向往我们明知是错误的东西；所以，犯罪是自由意志的行动。换言之，道德是有关良心的事。只要行动者根据良心、即按照他认为是正确者而行动，他可能犯错误，但是他并不犯罪。如果他认为是正确的事情确实正确，他主观的信念符合正确性的客观原则，那么，他的行动是真正有德性的。阿贝拉想到了主观的道德行动和客观的道德行动之间的区别。从广义方面来看，凡是同正确相反者，就是犯罪；就狭义而言，只是有意识而自愿地图谋作恶，才是犯罪。

为什么有意做明知是错误的事是犯罪呢？因为这是明目张胆地轻蔑上帝，背离神圣的意愿，违反他的命令；这是最大的罪恶。善良的意愿是由崇敬神明所激励的，它服从神圣的命令而行动。阿贝拉认为这种命令本身是自由的神明随意发出的，随时间的变化而有所不同，但是，服从命令是合乎道德的而且是必要的。在这里，我们看到，虽然有独立思考的偶然的征兆，终于显露出经院哲学的精神。

第二节　夏特勒学派

夏特勒学派的领导人有夏特勒的贝纳尔（死于1124年和1130年之间）和他的弟弟提埃里（1150年以前），它的追随者当中有图尔的贝纳尔、康切斯的威廉（1154年以前）、普瓦提埃的济耳贝尔（1154年以前）、蒙特尼厄的瓦尔特（1174年以前）和巴思的阿德拉尔德。这个学派研究和力图发扬那时为人所知的柏拉图学说，有时

同亚里士多德的观点联系起来。经院学派哲学家最初从拉丁文译本(1128年)了解到亚里士多德的《分析篇》、《正位篇》和《辨谬篇》。夏特勒学派不仅对论辩术有研究,而且对天文、数学、医药、物理、生理和心理的问题很感兴趣;这些方面的书籍是从阿拉伯文翻译过来的。讨论逻辑问题的人肯定了同柏拉图式的唯实论相仿的唯实论,认为一般概念或类和种的概念(在图尔的贝纳尔看来,还有个别事物的概念)以纯净状态存在于神心中。物质靠一般概念而有
175 某种形式。据说,物体存在于一般概念中,有如水存在于河床中;或者引进"固有的形式"以解释物体,这种形式同神心中的纯粹理念的关系,有如一事物同其模型的关系;或者对这种关系的性质未加确定。物质对象模糊地显现形式或理念。智慧凭借抽象而把握物体中的形式或共有的性质。参看宇伯威格-海因泽前引本,§25。

第三节　箴言集派

我们曾经注意到阿贝拉在讲道和著述中所运用的方法,即陈述各家对讨论课题的意见(sententiae,sentences)。这种方法不是新鲜事物,许多神学教科书就采用过,这种教科书叫作《箴言集》或《箴言摘要》。在其他神学教科书中,罗伯特·普莱恩(1150年以前)的《箴言八书》和圣维克托的雨果的《箴言总述》也采用了同样的方法(这些书的作者被称为总述专家)。彼得·伦巴德(1164年以前)很好地利用所有这些著作,出版了《箴言四书》,这部书形成几个世纪神学教学的基础,使它的作者赢得箴言大师的称号。这部四书讨论作为绝对善的上帝、创造物、神的化身、赎罪和各种德性以及七大圣典。这时期其他的总述专家有默伦的罗伯特、鲁昂的雨果(1164年以前)、普瓦提埃的彼得(1205年以前)和图尔内的西蒙。利尔的阿兰(1203年以前,拉丁名为因苏

利斯的阿拉奴斯）以一种教条体系的形式论述了《箴言集》中所讨论的课题。在《受教规约束的宗教》和《神学规章》中，他运用数学演绎法，企图把神学建立在基本的原理上。尽管他怀有唯理主义的理想，阿兰却往往暴露怀疑主义和神秘主义的倾向。他认为教会的教义比一切世俗科学都确实，但是，不是绝对地确实。信仰也有其功绩，如果教义绝对确实，相信教义就没有功绩了。

第四节　索尔兹伯里的约翰

索尔兹伯里的约翰（约 1115—1180 年）是英国人，多亏他，我们了解到他那时代许多经院哲学家。他批评全部经院学派的思潮纠缠在毫无结果的争论中，他在《实质逻辑》中要求改造逻辑。他在《政体革新论》中赞成应在教育方面作崇尚实际的研究，主张教会脱离国家而绝对独立。他认为任何知识都要实用，凡是对我施作用于自然或执行职责没有帮助的，就没有用处。真善在于有虔敬的生活，我们应该相信教会的教义，即使不能予以证明。

参　考　书

吉尔斯编的著作，五卷，米格内编的著作，第 CXCIX 卷；维伯编的《政体革新论》，两卷；沙尔施米特：《索尔兹伯里的约翰》。

第三章　神秘主义和泛神论

第一节　神秘主义

以上所述的哲学—神学运动，是要对基督教的宇宙、即正统的教徒所设想的宇宙，给以唯理的解释。它预料理性能够理解上帝的 176

目的、性质和作用，能够以基督教信条为基础来建立一个体系。这就是为官方的教会教义所规定的教条的唯理主义或理智主义。但是，经院哲学作为完全唯理化的教会神学，却从未主宰基督教的世界而没有争议。同它并驾齐驱，往往在它内部有反神学的思潮，这是对过分唯理化信仰的一种反动，希望比较实际地表现宗教生活。这一思潮认为，宗教不仅是宗教哲学，它感到满意的，不是对信仰的理论化，而是要对信仰取得**实际经验**。它的主要欲望不是要证明上帝的存在并给他下定义，而是要同他建立异于理智的关系。这种神秘的思路代表基督教保守的奥古斯丁因素，事实上最初神秘派的领袖就是巴黎圣维克托的奥古斯丁修道院的僧侣。

照神秘派来看，不能靠论辩术或逻辑达到上帝，只能求之于神秘的冥想；神学的职能在于指出如何实现这种状态。他们极为重视人的内在信仰、灵魂的经验，自然比惯常的做法更加注意从经验上对灵魂进行研究。神秘主义是应用神学、即教诲神秘的冥想术的神学。神秘派也有唯理的神学，不过，他们强调信仰的超唯理性。随着这学派的发展，他们强调神秘的冥想，甚至加以夸张。圣维克托的理查认为神秘的冥想远比知识优越，根据瓦尔特的意见，逻辑是一切异端邪说的根源。信仰不仅超越知识，而且同知识有矛盾。瓦尔特著有《反对法兰西的四迷津》一书，意思是说济耳贝尔、阿贝拉、伦巴德人彼得、普瓦提埃的彼得，都是异端。

正统或教会神秘主义的主要代表有克勒尔沃的贝纳尔（1091—1153年）、圣维克托的雨果（1096—1141年）、圣维克托的理查
177 （1173年以前）和圣维克托的瓦尔特。托马斯·加勒斯（1216年）和博纳班图拉（1221—1274年）继承了十二世纪的神秘主义。埃克哈尔特大师（1260—1327年）、约翰·陶勒（1300—1361年）和约翰·鲁

伊斯布罗埃克(1293—1381年)是泛神论的神秘派,他们的学说被天主教教会指斥为异端。

参　考　书

米格内集成中有这些人的著作。伊里斯翻译贝纳尔著作四卷。

沃恩:《同神秘派在一起的时刻》,两卷;格雷果里:《基督教神秘主义导论》;琼斯:《神秘宗教研究》;斯范森:《基督教神秘派》;冯·胡格耳:《宗教的神秘因素》,两卷;德拉克鲁瓦:《神秘主义的历史和心理研究》。

神秘派的最高目的是"灵魂神秘地升入天堂,脱离肉体之乡,甜蜜地返回家园而进入精神领域;自我复归于上帝而沉浸于上帝之中"。达到这一目的的道路,是超越感官知觉甚至概念思维而趋于凝神冥想,在凝神冥想中直接领悟理想的对象。知识有三个阶段,即认识、沉思和凝神冥想,最高阶段超越理性而胜于理性,使精神沉入宗教的最深邃的神秘中。个体意识最高尚的境界是归诸凝神冥想而寂然不动。人所能做到的是准备和等待神秘地"投入无限真理的海洋",这是上帝特许的恩赐。

第二节　泛神论

十二世纪正统思想家的理想是给信仰找理由,为此,他们运用逻辑和形而上学。他们这样做怀有一种愿望,就是要理解教会所教诲和他们所信仰的东西。传统的神学建立在唯实论的预想上,这似乎使哲学思想的结果同教会教义调和起来了。但是,即使根据同样的前提来推理,往往得出不同的结论,其结果并不总是相符。这在基督教教义制订的时期是经常发生的,在后来的时代也 178
时常出现。约翰·司各脱、洛色林和阿贝拉没有能够使他们的思想同官方的要求恰好一致。在吸引思想家的异端当中,泛神论从未失势,撒伯留斯教派、伪狄奥尼修和司各脱·伊里杰纳都流露过泛神论思想,神秘派同它也相去不远。十二世纪末叶,泛神论又活动起来,而且有所前进。其主要代表有男修道院院长弗洛里斯的约阿希姆(1202 年以前)、在巴黎教神学的本内斯的阿马耳里克或阿莫里(1206 年以前)和迪囊的大卫(约死于 1200 年),关于他们的生平我们知道得不多。这些泛神论者通过推导他们认为是柏拉图式的唯实论的逻辑含义而十分简单地得出他们的结论。如果一般概念是实在的,那么,最高的一般、即上帝必然是最实在的存在物,其余的一切都是这神圣本质的一种表现,这有如逻辑中最高的类包括一切可能的种和个体一样。阿马耳里克同约翰·司各脱一道,似乎表明,变化而可以分割的现象世界来自上帝,终究要复归于上帝,作为一个不变的个体而保持在那里。

许多人赞同这种泛神论的学说,而且形成一个阿马耳里克派,扩展到瑞士和阿尔萨斯。教会斥责这种教义,尽管阿马耳里克于死前已经被迫撤回他的观点,还是挖掘了他的坟墓,而且解散了这一派。1225 年教会宣判司各脱·伊里杰纳为异端。亚里士多德的物理学,从阿拉伯文译出的拉丁文译本终于流传到西方世界以后,为 1210 年在巴黎召开的大教区会议所禁止。这一切都证明独立精神的增长。人类思想又滋长一种倾向,跃跃欲试。

第四章 不安的征兆

第一节 反对经院哲学

十二世纪终结时,除去占统治地位的经院哲学以外,产生了一些对立的倾向。有些比较保守的正统派教徒,反对过分推重论辩术的传统体系,认为那不够严谨。有些比传统哲学家有独立精神的思想家，得出同官方基督教思想相对立的结论，认为那太严格。还有人对试图建立唯理的神学抱怀疑的态度，因为他们不相信理性 179
是内在的活生生的信仰的同盟者，或者因为他们感到那时盛行的哲学讨论，同教会真正的实际问题没有关系。在许多领域里都流露出一种愿望，要进一步了解一般的观念或一般概念同个别对象的世界的关系，这种愿望发展成为对自然科学的兴趣，而阿拉伯文的科学书籍的拉丁文译本则培育了这种兴趣。

第二节 组成学校

问题和困难复杂起来，许多人开始看到，教会的独断教义和一般的神学命题都很难证明，于是产生不安的征兆。尽管经院哲学家勇于运用三段论式，他们常常承认其结论固然比任何世俗的知识确实，仍然缺乏绝对合理的确实性。但他们仍旧坚持基本的信念，认为宇宙是唯理的宇宙，上帝的活动明达而趋于至善，如果人们努力追求，真理是存在的。追求的目的是确定了的，擅自更动教义则亵渎神明而有危险；教会的强大组织有精神和世俗的可怕的武器，对迷途而远离教义的人会立即予以惩处。基督徒的文化活动也逐渐有组织而形成团体，大教堂和修道院的学校发展成为大学，学者的团体从事神学、哲学、医药和法律的研究。某些修道院牧师组成严谨的哲学学校，这就像古希腊的学园一样，延续几个世纪来教授他们所推崇的教义。巴黎这个宏伟的国际大学就是于1208年被特许、由圣母（玛利亚）神学院和在圣格讷维厄夫的逻辑学院联合而建成的。多米尼克教团和弗朗西斯教团变成十三世纪巨大的宣讲教团，几乎所有这时代著名的教师和作家不是属于这一教团，就属于那一教团。这些机构，即教会、大学和修道院教团，180
在保卫基督教传统的教义方面彼此合作。思想家个人的任务是调和理性和信仰。这不是哲学，而是那时代已经形成的思想使之成为必要的工作，是阻力最小的一条出路。

这个时代并不准备放弃教义，也没有能力脱离宗教和哲学传统而建立一个思想体系；又缺乏符合需要的关于经验事实的知识。经验科学处于低潮，现代的科学方法默默无闻。这是个围着书本转的时代，却没有可以获得科学知识的书籍。保尔森说，如果把现代的科学教科书突然大批地送给希腊人，他们会无所措手足。这种话对中世纪也适用，他们也必须想出解救自己的办法。

参　考　书

参阅原版第 137 页所列大学历史书；图纳尔：前引书，第 321 页。格拉夫斯：《中世纪教育》，第八、九章以及其中所列书目。

第三节　发现了亚里士多德

在我们所叙述的时期，一个新的世界开始展开于西方基督教界的面前，重新促进了经院哲学的研究。希腊的数学、天文学和医学著作，亚里士多德以及他的一些希腊注释家的著作(阿弗罗迪西阿斯的亚历山大，泰米斯提乌斯)，最著名的阿拉伯和犹太哲学家以及亚里士多德的注释家，根据从阿拉伯文翻译过来的拉丁文译本[①]，逐渐为人所认识。人们热中于研究这些书，最初按新柏拉图主义的精神，照阿拉伯人的方式予以解释。

教会以怀疑的眼光来看待这样新的亚里士多德的著作，毫无

① 1150 年左右约翰·艾文戴思和多米尼克·贡迪萨耳维把亚里士多德的主要著作以及犹太人和阿拉伯人的书籍从阿拉伯文译成拉丁文。在 1210 年和 1225 年之间，通过拉丁文译本，人们了解到几乎所有的亚里士多德的著作。

疑问，这无疑在一定程度上是因为阿拉伯注释家已经给这种著作包围上泛神论的气味。1215年巴黎大学的规章明确禁止研究亚里士多德的物理学和形而上学，在亚里士多德的《物理学》未经检查和删改以前，教皇格雷果里九世又于1231年禁止使用。但是，181
这些规定只不过生效于一时；人们仍然读这些书，这时期第一流学者开始写这些书的注释。这一世纪后期，这位伟大的逍遥学派的主要著作由希腊原文译出，真正的亚里士多德开始及时地同阿拉伯人给涂上新柏拉图派色彩的仿造品区别开来。

林肯的主教罗伯特·格雷特黑德（1253年以前）曾经翻译〔亚里士多德的著作〕，特别是《尼各马可伦理学》（1250年）。默尔贝克的威廉（1281年以前）也翻译过〔亚里士多德的〕著作，包括《政治学》在内。1271年左右布拉邦特的亨利翻译过一些〔亚里士多德的〕著作。1254年《物理学》和《形而上学》变成巴黎大学的课程，而四十年前这同一所大学却曾对这样的著作予以非难。亚里士多德被看成是“真理的准则，在那里自然好像表现出人类精神最高的完善性”；被看成是“基督在自然事物中的先驱，有如施洗礼者约翰在恩赐方面一样”。以新哲学为基础，由十二世纪塞果维亚的贡迪萨耳维、奥弗涅的威廉（1249年以前）、罗伯特·基尔沃德拜（1278年以前）和最著名的博韦的万桑（1264年以前）编辑的几种大百科全书问世了。

第四篇　经院哲学的鼎盛时期

第一章　阿拉伯哲学

第一节　希腊的资料

西欧最初根据从阿拉伯文译出的译本、通过以新柏拉图派的精神解释亚里士多德的阿拉伯哲学家的体系和注释，了解到亚里士多德的著作。穆罕默德的信奉者热中于使一切异教徒都信仰伊斯兰的教义，于 632 年发动征服世界，711 年就统治了叙利亚、埃及、波斯、非洲和西班牙。在叙利亚，好战的新宗教的学者开始熟悉亚里士多德哲学，这种哲学染有新柏拉图主义的色彩，是几个世纪东方帝国基督教神学家和异教哲学家主要的研究课题，是由流亡的奈斯脱教派传到叙利亚的。最初由叙利亚文、后来由希腊文译出的阿拉伯译本，不仅有亚里士多德的著作，还有阿弗罗迪西阿斯的亚历山大、泰米斯提乌斯、波尔菲里和安莫纽等人的注释以及柏拉图的《理想国》、《蒂迈欧篇》和《法律篇》(876 年)。阿拉伯人还研究翻译过来的有关数学、天文学、医学和其他自然科学的希腊著作，对其中的某些领域作出了有价值的贡献。阿拉伯学者所接触的亚里士多德，是穿着他后来的注释家给加上的新柏拉图主义的外衣的，由于这一事实以及发源于新柏拉图主义(冒充亚里士多德)的伪亚里士多德著作的存在，这就很容易用流射说来解释逍遥派的哲学了。

参　考　书

德伯尔:《伊斯兰教哲学史》,琼斯译;沙拉斯坦尼:《宗教和哲学派别史》;原版第 4 页所提及的戈耳特戚厄:《哲学通史》中“伊斯兰和犹太哲学”;艾斯勒:《中世纪犹太哲学》,三卷;耶耳:《对哲学史的贡献》,两卷;诺伊马克:《犹太哲学史》;蒙克和底特雷西的著作。戈耳特戚厄和宇伯威格-海因泽本,第Ⅱ编,§ 28、§ 29 中的书目(其中含有关于阿拉伯和伊斯兰哲学的精辟论述)。

第二节　各种派别

伊斯兰教的学者凭借这种文献,能够把宗教建立在哲学的基础上,而且创制一种目的同西方相仿的经院哲学体系。他们和基督徒一样,认为关键的问题是神明的启示同人类知识和行为的关系,他们的科学的目的是调和可兰经的教义和理性活动,为信仰寻求理由。

初期,神明预定和人类自由之间的关系以及上帝的统一性和他的属性之间的关系,引起伊斯兰教学者的争论。正统派承袭了可兰经的学说而未试图予以论证,肯定有一个全知全能的上帝,他预先决定一切。怀有不同意见的人或自由思想家(称为穆尔太齐赖派*),以理性为真理的试金石,提出异议,反对这种传统的观点。这些思想家感觉到需要哲学,于是在各种希腊理论中为他们的观点寻找根据,却没有立即建立他们自己的体系。第十世纪,唯理派内部产生了一种力量,反对哲学,赞同正统派;认为亚里士多德的思 183
想,连同它那被动而沉思的上帝和永恒的宇宙,以及新柏拉图派的流射说,同伊斯兰教有人格的世界创造者的观念不相符合,而予以排斥。这因其领袖阿舍里(873—935年)而被称为阿舍里派的反对

* Mutazites,又译:穆阿台及勒派(阿赫默德·艾敏著,纳忠译:《阿拉伯文化的黎明时期》,商务印书馆,1958 年,第 286 页)即分离派。

派,极为赞赏原子论,却对这理论的基本原理置而不论。他们认为原子是上帝连续不断的创造物,摈弃了因果观念和自然齐一性,以便保全上帝绝对的专断的权力和神奇的干预的可能性。

仍然忠于哲学的那一部分唯理派,创制了一些体系,亚里士多德思想和新柏拉图派思想、有时还有新毕达哥拉斯思想,以不同的比例在其中结合起来。有些人强调新柏拉图派方面,突出实际、伦理和宗教学说;另外一些人注重亚里士多德的思想,坚决主张逻辑研究是一种准备,以他们心目中的自然科学为基础来创建他们的形而上学。

《各种科学的百科全书》是阿拉伯新柏拉图主义的范例,其中有五十一篇论文,是由第十世纪一个叫作真诚兄弟会*的宗教—哲学派别的成员编写的,对伊斯兰教世界有很大影响。这种人民团体同往昔在意大利的毕达哥拉斯派一样,借助于哲学研究,以使人类灵魂达到类似上帝的完善为理想。它的伦理—宗教学说是建立在新柏拉图派的流射说之上的,根据这种学说,万物自上帝的绝对统一性中流出,又复归于那里。人是宇宙的仿造品,是小宇宙,必须从物质的束缚中解放出来,经过净化以后,又回到他所由产生的泉源中。这《百科全书》以神秘主义而告终,其最后部分认真地讨论了占星术、巫术、炼金术和末世论。

伊本·米斯卡韦希(1030年以前)在《道德修养》一书中叙述一
184 种伦理体系,其中奇异地混杂着柏拉图、亚里士多德和新柏拉图派的思想。在苏菲派(禁欲的伊斯兰教神秘派)中,强调新柏拉图主义神秘的一面,认为现象世界是幻想,物质是神的最低级的流射

---

* Brothers of Sincerity,又译:精诚同志社(第·博尔著,马坚译:《伊斯兰哲学史》,中华书局,1958 年,第 72 页)。

物，通过禁欲和神驰的忘我状态，灵魂能够透过幻想的帏幕而同上帝融合。苏菲派（禁欲的伊斯兰教神秘派）显然受到佛教影响，它宣扬个人绝对沉浸于涅槃的境界。

第三节　唯理主义者

阿拉伯学派的另一支派坚持肯定逻辑的重要性，视之为哲学研究入门，强调把形而上学建立在自然研究之上的必要性。这一支派在东方的主要代表有阿耳金迪（870 年以前）、阿耳法拉比（950 年以前）和阿维森纳（1037 年以前）。但是，他们关于自然科学的概念极其粗浅，充满异想天开的想法、宗教迷信和各种神秘理论。这些科学家把圆梦、妖术、炼金术、占星术和自然巫术都看作是自然科学应有的部分。他们相信星灵，认为星灵就是可兰经和圣经上所说的天使；他们几乎都是神秘论者。只有逻辑和数学没有沾染上迷信思想。大多数思想家没有掌握真正的亚里士多德学说，把它解释成新柏拉图主义，这是不足为奇的。几个世纪以来，亚里士多德被湮没在大量的新柏拉图主义的注释和解释之下，要发现真正的亚里士多德不是容易的事。

在逻辑研究方面，一般说来，阿拉伯哲学家善作判断，精于论辩。他们也注意到基督教经院哲学的一个重要部分、即一般概念的问题。在阿耳法拉比看来，一般概念存在于事物之中，不能脱离个别而存在；但甚至个体的形式也在心中有其地位。阿维森纳同样认为，除去在上帝的心中以外，一般概念不能作为独立的实体先于事物而存在；一般概念在人类的思想中后于事物而存在，是从个别中抽象出来的；一般概念也存在于事物之中，但不是不同它们的偶然性相混合的。

在形而上学中，阿耳法拉比和阿维森纳对他们宗教的要求作

了让步。他们区别必然的存在和潜在的存在，借以试图削弱亚里
185 士多德关于一个永恒宇宙的思想。同亚里士多德一样，他们认为永恒的原始的存在物是智慧，即上帝初始而唯一的直接产物，这是必然而无因自成的。其余的一切依靠这一原因而存在并为它所制约，这就是说，它们潜在于上帝之中。世界发自其根源的演进是流射的过程。阿耳法拉比指出物质是这个过程的一个阶段，阿维森纳认为物质是永恒而非创造的。但他们都肯定，创造意味着物质中的潜势的具体化或实现，形式是由上帝以某种方式加给物质的；上帝用他活动的智慧，似乎把作为潜势的形式置于物质之中，继而又使之实现或把它们表现出来。阿耳法拉比认为这是时间中的一个过程，而阿维森纳则肯定从高级到低级的流射是永恒的过程，因为结果一定是和原因同时发生，这是永恒的，因此宇宙是永恒的。

发源于上帝的许多流射物之一，是活动的或有创造性的思想，即月球的精灵，它把万物已经准备接受的形式给了它们。通过这一普泛的活动的智慧，潜在的智慧才得以实现，或者说，人的知识才能发扬出来。阿耳法拉比认为这样实现了的人的智慧便成为一个简单的不朽的实体。

哲学的目的是尽可能地认知和模拟上帝。阿维森纳说，这可由受教诲和神明的启示而达到，阿耳法拉比则认为灵魂同上帝的神秘的结合是“无稽之谈”。

第四节 东方哲学的衰落

在十一世纪的转折点，东方的阿拉伯哲学趋于末日。阿尔·安萨里（1111 年以前）在他的《哲学家的毁灭》一书中，为维护流行宗教而攻击哲学家的学说；否认哲学能够把握真理。在各派的体系

中，他没有找到伊斯兰教正统派所特别强调的学说，诸如创世论、人格不朽论以及相信上帝的绝对预见和神意，即认为上帝知道和预见一切生活细节，并随时加以干预的那种观点。阿尔·安萨里 186
的书问世，不仅使哲学家们哑口无言，而且导致官方权贵焚毁他们的书籍。

第五节　西班牙学派

但是，阿拉伯哲学继续存在，盛行于西班牙摩尔式国王官邸中，特别是在一个著名学校的所在地科尔多瓦，在那里伊斯兰教徒、犹太人和基督徒进行研究而不受干扰。在西方占有最重要地位的阿拉伯思想家有阿韦姆帕塞（1138 年以前）、阿布巴塞尔（1185 年以前）和阿威罗伊（伊本·路西德，1126—1198 年）。他们是医生，又是哲学家。其中最伟大的阿威罗伊使阿拉伯思想达于顶峰，他的思想对基督教学者也有影响。

阿韦姆帕塞否认灵魂不死，认为只有表现于个别人类思想中的普泛的智慧才能不死。他还反对神秘主义。诚然，超出灵魂生活的较低阶段而达到完全的自我意识，使思想同它的对象融合为一，这是理想，但是，要达到这一目的不是凭借忘我的沉醉状态，而是通过思想机能逐渐的和自然的发展。对于这一点，阿布巴塞尔大都同意，他在虚构的哲学故事中描述一个人单独生活在荒岛上，他的自然才能逐渐演进，通过禁欲和忘我的沉醉状态最后同上帝融合在一起。

阿威罗伊对亚里士多德有高度的评价，认为他的智慧是完善的人类思想。他的主要雄心是如实地表述真实的亚里士多德，可是，很难说他已经实现了这种雄心。他不可能完成这项工作，一部分因为他用新柏拉图主义的先入之见来解释亚里士多德学说，一部分因为具有作为中世纪所有哲学家特征的、要把亚里士多德的理论同宗教要求调和起来的欲望。无论如何，阿威罗伊接受了伊斯兰教中被破坏了的亚里士多德主义的基本信条，即流射说和普泛智慧论。

阿威罗伊指出，形式隐含于物质中，不是像阿耳法拉比和阿维
187 森纳所说的那样，附加在上面，而是由于较高级形式的作用而展开或演进或实现，神圣的智慧是最高级的形式。因此，他排斥了通常意义上的创造。他认为有一种普泛的活动的精神，影响个别的个体，使他们有知识。对此，阿威罗伊解释如下：个体灵魂自然容易接受这种影响，通过普泛的活动的精神的作用，容易感受影响的灵魂就变成潜在的精神，从而具有隐含的智慧。普泛的精神同能够容纳它的灵魂相结合，则产生个体化的灵魂。能够吸取智慧的灵魂，因普泛的精神的渗入而得以个体化，这正如阳光因照射在能够接受阳光的物体上而个体化或个别化一样。普泛的精神对个体化的灵魂进一步施予作用，隐含于后者之中的知识就明显起来或得以实现。个体化的灵魂提高到最高的自我意识的程度，就同普泛的精神融合在一起或凝神贯注在普泛的精神之中（神秘主义），变成人类共有的精神的一个方面或因素。在这个意义上，而且只有在这个意义上，个体的灵魂不死；这不是个人不死，而只是普泛的精神不死。阿威罗伊认为普泛的精神本身是上帝许多流射物中的一种，它是人间世界的精神或推动者的流射物。

阿威罗伊同他那学派所有的阿拉伯哲学家一样，认为普通人不能把握全部真理；在宗教中，人通过象征来领悟真理，对于那种象征，哲学家作譬喻的解释，而普通人则追求字面上的意义。因此，在哲学上为真者，在神学上则不真；反之亦然。阿威罗伊肯定他依靠理性必然可以推导出智慧的统一性，但根据信仰，他坚持相

反的观点。阿威罗伊是宫廷医生，晚年被指控宣扬有害于伊斯兰教的学说，被逐出科尔多瓦的哈里发*的宫廷。

不难看出，基督教教会为什么以怀疑的态度接受阿拉伯人的哲学礼物。基督教教会同它的泛神论的异端进行斗争，不愿意再对异教徒的异端开放门户。

第六节　犹太哲学

188

以上所述阿拉伯思想的各种倾向，大大影响了中世纪犹太哲学，并在其中有所反映。阿维塞布朗（所罗门·伊本·格比劳勒）在十一世纪生活于西班牙，在他题名为《生活的泉源》一书中撮要地论述了新柏拉图主义，这本书在欧洲的经院哲学家当中得到广泛流传。这时期最大的犹太哲学家是科尔多瓦的摩西·迈蒙尼德（摩西·本·迈蒙，1135—1204 年），他是亚里士多德主义的信奉者，著有《迷途者的指南》。他肯定亚里士多德是人间的权威，但是，他依赖犹太人信赖的启示以求得关于神祇的知识。他坚持主张由无中创世的学说，在人事中有一全智的上帝。他还宣扬意志自由和灵魂不死。（即后天的能动的智慧：νοῦs ἐπίκτητοs）

第二章　亚里士多德的卓越地位

第一节　经院哲学和亚里士多德

虽然研究亚里士多德哲学延长了经院哲学的寿命，但是，这没有使那时期的哲学思想发生很大的变化。亚里士多德之所以受欢

---

* 哈里发（Calif），即伊斯兰教国家政教合一的领袖的称号。

迎，是因为可以利用他来增强流行的经院哲学体系。经院哲学家的主要目的一直是调和宗教和哲学，亚里士多德的哲学是一个完备的思想体系，是希腊智慧最高发展的产物，便于用来作为这种结合的一个伴侣。这个体系包括人类知识的各个部门，得出了确定的结论，又运用明晰精确的语言予以表述，而且它具有固定的词汇。经院哲学家和其他人一样，认为那是一个冷静而客观的理性的作品，它满足了经院哲学对论辩术的要求，指出赞同和反对每一重要命题的理由。这是那位逻辑大师的作品。

亚里士多德学说本身有许多内容符合经院哲学的要求。如果发生分歧，经院哲学家不难采取方便的解释或改变学说以适应教会的观点。亚里士多德指出有一个纯粹精神的上帝存在，他和宇宙不同，又超越宇宙，可是，他是宇宙的初始和终极的原因。这种有神论和二元论思想加强了基督教的观点。亚里士多德提供了一
189 个彻底的目的论的自然观，这一向受常识欢迎，而对刚刚开始注意研究自然的时代特别有吸引力。亚里士多德的哲学是使人类知识领域有条理的体系，正如旨在使由启示而来的知识领域有条理的教义体系一样完备。这样，“知识界的巨擘”很快变成“自然事物”方面最伟大的权威，经院哲学要利用他来维护基督教的世界观，是不足为奇的。

诚然，亚里士多德的体系同基督教哲学有严重的分歧，这种分歧在经院哲学史的进程中是显而易见的。亚里士多德宣扬宇宙的永恒性，教会则表明由无中创世。亚里士多德不主张个人灵魂不死，教会却作这样的主张。亚里士多德的伦理学是自然主义的，教会的伦理学则是超自然主义的。但是，只要有分歧和困难，经院哲学家就加以融合、调和、修改和补充，以适应其需要。我们会看到这是卓有成效的。

第二节　奥古斯丁的神学

但是，十二世纪传统的神学运动并没有因为亚里士多德思想盛行而告终。教会教义在柏拉图思想的影响下得到发展，奥古斯丁神学对于正统思想和希腊哲学作了最初的大综合，仍然具有很大的影响。十三世纪开始时，经院哲学派的职能是尽可能地融合新材料，加以改造以符合自己的体系，在这过程中其结果是它本身也逐渐发生了变化。但是，有些基督教学者受新哲学的影响很少，基本上忠于十二世纪的传统。这些学者当中有阿累斯的亚历山大(1245 年以前)和根特的亨利(1293 年以前)。其他人，例如大阿尔伯特和阿奎那的托马斯，力图综合传统的神学和亚里士多德的思想。还有另外一些人，例如布拉邦特的西格尔(1282 年以前)，追求他们所理解的纯粹亚里士多德主义。不久以后前进路线在于朝向亚里士多德哲学同经院哲学过去的成就相结合。

一个英国的弗兰西斯教派的僧侣、阿累斯的亚历山大(1245 190
年以前)，在他的箴言集《神学大全》中首先利用新学说来证明教义。他提出问题，又回答问题，引经据典，用三段论式论证答案。他认为拉丁系教父是信仰方面的权威，诸如安布罗斯、奥古斯丁、哲罗姆，还有可敬的贝德、阿尔克温、安瑟伦、维克托教派、伦巴德的彼得、克莱尔沃的贝纳尔；理性的权威有柏拉图、亚里士多德、阿耳法拉比、阿维森纳、阿尔·安萨里、西塞罗、马克罗比乌斯、波依修斯和卡西奥多鲁斯。亚历山大的神学、形而上学和心理学表明他崇敬奥古斯丁，同时也表明他未能深入掌握新运动的思想。

第三节　大阿尔伯特

1193年博耳斯台特的阿尔伯特生于符腾堡的劳因根，在帕多瓦和波伦亚大学研究哲学、数学、医学和神学；1222 年加入了多米尼克教团。他在巴黎和科隆教哲学，声誉卓著，以大阿尔伯特而闻名。他死于 1280 年。他撰有关于亚里士多德的著作、圣经和《箴言集》的注释。他的哲学和神学著作有《宇宙的起因和过程》、《论理智的统一性，反对阿威罗伊主义》、《神学撮要》和《精神的极乐世界》。

参 考 书

席格哈尔特：《大阿尔伯特》，迪克逊译；赫尔特灵：《大阿尔伯特》；费勒尔：《大阿尔伯特的道德学说》。

阿尔伯特作为教会的长老，首先以亚里士多德的哲学为基础，创制了经院哲学体系。但是，他的著作受到了阿拉伯人的影响，这是显而易见的。阿尔伯特依赖迈蒙尼德的《迷途者的指南》，来讨论带有神学意义的问题。这在他看来比其他权威更符合正统的论旨。他对自然科学的研究极感兴趣，往往被称为这领域里的罗吉尔·培根的先驱。虽然他坚持根据经验来研究自然，却又沾染了一般经院学者的习气，以亚里士多德的眼光来看待自然。阿尔伯特以学问的广度而不是以其深度而著称。在批评的敏锐和深邃的领会方面，阿尔伯特同他著名的学生、阿奎那的托马斯相比，略逊一筹。

191 阿尔伯特说，哲学课题应该用哲学方法来探讨，神学课题要根据神学观点来探讨。把这两种领域区分开来的趋势，是双重真理说的先声，这是由于许多经院哲学家有了逐渐增长的信念，认为像三位一体和化身说那样一些教义，不能在逻辑上予以证明。例如，任何东西都不能产生于无的原理，在物理学上是真实的，在神学上却不然。这对个别的占第二位的原因来说是真实的，对终极的东西来说却不然。他认为奥古斯丁在有关信仰的问题上是主要的权威，而亚里士多德在自然科学和唯理的神学方面是主要的权威，虽然他承认这位希腊思想家不尽同独断的神学相符合。

阿尔伯特的学生托马斯高超地发挥了他的思想并使之完善，托马斯广博的体系是十三世纪经院哲学最好的范例。

第三章　托马斯·阿奎那

第一节　托马斯·阿奎那略传

托马斯是阿奎那的郎多耳福伯爵的儿子，1225 年或 1227 年生于那不勒斯附近古老的城堡，在蒙特卡西诺修道院受教于本尼迪克特教派的僧侣。在年轻的时候，他不顾他父亲的反对，加入了多米尼克教团，继续在巴黎和科隆进行研究，在科隆跟大阿尔伯特学习。他学习期满以后，在科隆、巴黎、波伦亚、罗马和那不勒斯教授神学和哲学，经常移居，专心从事于建立前所未有的最伟大的天主教思想体系。他死于 1274 年。他的同时代人称之为天使博士，1323 年教皇约翰第二十二世承认他为圣徒。

托马斯对许多著作作了注释，其中有亚里士多德的著作；还写了许多哲学和神学论文。他的主要著作有《神学大全》和《反异教大全》、《论基本政体》（一部分是他的）等。

参　考　书

由教皇列奥 XⅢ 出版的著作版本；里卡贝、阿施莱翻译的《神学大全》、瓦恩《阿奎那的圣托马斯》；色提朗格斯：《圣托马斯·阿奎那》，二卷；维纳尔：《阿奎那的托马斯》，三卷；茹尔丹：《托马斯·阿奎那的哲学》；史奈德尔的书；舒尔茨：《托马斯词典》。

第二节 哲学和神学

托马斯的体系是以上所述思潮的典范。它的根本目的在于论证宇宙的合理性为上帝的启示。它的纲要同奥古斯丁的形而上学相符合,它承袭了那些已经成为教会遗产的学说作为指导原则。但是,它采用了亚里士多德的方法,自始至终运用亚里士多德的概
192 念;又出现纯粹的推动作用、形式和物质、现实性和潜在性、四种原因以及其他亚里士多德派的解释原则。与此同时,他并非想要削弱教会教义的确实性或教会的救世方法;亚里士多德的自然主义并不妨碍基督教思想体系中的超自然主义,因此,对圣托马斯的严格的正统性无可非议。

托马斯指出,哲学是由事实到上帝,神学是由上帝到事实。他在区分理性和信仰方面,效法阿尔伯特。他认为像三位一体、化身、原罪、世界在时间中创成和圣典等教义,不能用天然的理性予以证明,它们不是哲学对象,而是信仰的问题,神启的真理;超越理性,但不违反理性。我们不能证明也不能反驳那些教义;但是,我们却能驳斥异议。例如,不能为世界在时间中创成提供必要的证明,那是启示的问题,否则我们就不会知道。但是,这教义没有不合理之处。只有相信这些信条,才能理解其合理性、或然性和似真性。如果试图在理论上证明宗教的神秘性,这实际上是破坏信仰。只相信能够向理性证明的东西,没有什么好处。信仰是有关意志的事,意志命令人接受信仰;托马斯把这种强制性解释成内在的本能(上帝诱导我们来相信),或者来自外界,导源于奇迹。

巴黎大学正式承认了神启的神学同自然或唯理的神学和哲学的区分,宣告"任何哲学教师不得考虑明确属于神学性质的问题"。此后,正统的基督教,无论是天主教或新教,都接受了这一规定。托

马斯所作的这种区分对哲学有贡献，这终于导致排除神学问题于哲学讨论之外。邓斯·司各脱及其追随者更进一步使唯理或自然的神学不受理性的裁判，把一切有关上帝的问题交给信仰。

第三节 认识论 193

托马斯在方法和认识论方面大都遵从亚里士多德的观点，从这里可以理解他对这问题的态度的一部分。他认为真正的知识是概念的知识。但是，概念以感官知觉为基础，凡是智慧所把握的东西最初都曾出现于感觉中。灵魂有不同的职能或能力，诸如感觉能力、能动智慧(intellectus agens)的能力以及潜在智慧(intellectus possibilis)的能力。凭借这种能力，灵魂才能以不同的方式发挥作用，因为相似者被融合于相似之中。通过感觉它接受个别事物的摹本或“可感觉物的种”。潜在智慧完全脱离肉体，或者可以说是超有机体的，可感觉的摹本要想被潜在智慧所认知或接受，就必须摆脱其中任何物质的或有形的东西。能动智慧做这个工作，它从所感觉的摹本中抽出符合这种智慧的性质的因素，把可感觉的摹本塑造成为理智所理解的摹本，因为灵魂只能融合那种符合于它的性质的东西。因此，为理智所理解的摹本或者像托马斯所说的“为理智所理解的种”，不是占有时间和空间而有一切偶然属性的个别对象的摹本，而是只含有本质的属性；潜在智慧通过这种为理智所理解的摹本而认知或把握关于事物的一般的概念。如果没有感觉，人心就不能有所认知；如果原来没有以感觉为契机而构成一般的概念的自然倾向，它也不能有所认知。托马斯在这学说中指出了我们认识上的感觉阶段和概念阶段，个别和一般的两个方面。他还强调人类思维的活动的或自发的性质，指出它先验的性质；人心事先就有以某种方式进行活动的倾向，即用一般的词来思维。知识隐含于人心中，当人心被激起而活动时，这种知识就变得明显起来。

通过外在的对象施作用于灵魂，人心较高的能力接受知识原料，把它加工成概念的知识。因此，真正的知识或科学(scientia)
194 以感官知觉和经验为基础，我们只能认识我们所经验的东西。这样，哲学家就有必要以经验世界作为其解释的出发点，由分析经验开始而上升到原理或本质或事物的存在。关于这种存在的科学是形而上学。我们从个别对象中抽出其共同的性质，或者用一般概念来思维。因此，只有在一般概念成为可能时，只是在有了具有共同性质的个别事物时，才有科学。精灵的东西自成一种，我们没有关于这种东西的一般的概念，没有关于这种东西的真正的知识。

第四节 形而上学

既然科学以一般概念为对象，一般概念就必须是实在的，否则就没有真理。但是，按一般概念脱离个别对象而存在的意义来说，它们并不实在：它们不是“存在着的”东西，它们并不作为实体而存在。一般概念有如多中之一，作为事物的本质，或者作为托马斯所称谓的事物的实质(quidditas)、事物的本性，存在于个别对象中。同时，托马斯和阿尔伯特一样，同意亚里士多德的意见，认为观念或形式或一般概念内在于上帝的心中；同时也是从人心上的事物中抽象出来的。

形式或一般概念是形而上学中必要的解释原则。但是，仅仅有形式或一般概念还不能解释自然对象的世界。同亚里士多德一样，托马斯引进了一个第二原则、即物质，认为自然是形式和物质的结合。物质存在物的性质或实体由形式和物质组成。所谓实体，托马斯指的是事物所借以形成现在那种样子的东西，自然的对象通过物质和形式而形成现在那种样子。借助于这两种原则，托马斯不仅企图说明自然中的秩序和目的性，而且还解释个别对象的存在或事物的繁复性和多样性。有些唯实论者认为个别个体对象的存在取决于形式，形式是**个体化的原则**，而托马斯则认为物质是个体化的原则。同一个种中，个体的多样性是由于物体组织的不同。区分开来或个别的一块物质（materia signata；materia individuails），或一个别自然的对象所具有的一定量的物质，同这个别定量 195
的物质所特有的一切个别偶然性一起，构成正是现在这种样子的个别的个体对象。就人而论，由于灵魂同个别的有机体相联系，他才成为这个个别的人。苏格拉底所以是苏格拉底而不是别人，正是由于他所特有的个别的物质。

除去物质中含有的形式（固有的或物质的形式）以外，还有独立存在的形式，这不需要物质而成为实在的（持续存在的形式）。这当中有纯粹精神的存在物或天使和人类灵魂。他们的实体或性质，即他们所借以形成者，不是物质和形式，而是单纯的形式。他们使自己个体化，因自身而有个体性。

第五节　神学

上帝是纯粹的形式、纯粹的现实性。人通过信仰而认识上帝，也可以通过上述的态度，即借助于推理而把握这种知识；不过，这是间接的或介于中间的知识。在一切推理中由已知到未知，由结果到原因，由被制约者到不被制约者。由上帝的创造推论出上帝的存在，这只能用**后验**的方法加以证明。托马斯摈弃安瑟伦本体论的论证，利用亚里士多德、奥古斯丁和阿拉伯哲学家所用的许多论证。（甲）每一被推动的东西需要某种东西来推动，每一结果含有一原因，因而必须有一初始而不被推动的运动原则，否则我们将被迫在因果系列上趋于无穷而永远不能达到终点。一定有某种本身自在的东西,并不需要其他任何东西就能存在。(亚里士多德的论点。)(乙)自然的对象只是偶然或可能的;这个或那个个别对象之所以存在,不是必然的。但是,一定有某种东西,它不仅是可能的,而且是实在或必然的;它是偶然或可能的东西的根由或基础,是绝对必然的东西。(阿耳法拉比的论点。)这两个论证后来康德称之为宇宙论的论证。(丙)事物形成一个渐次优越的阶梯,一定有一最高的形式或最高完善的程度,使这多少有点完善的对象的系列
196 达于顶点。每一事物都由初始因所引起,这初始因必然是最完善的原因,最完善的存在物,宇宙中一切完善事物的原因。(奥古斯丁的论点。)(丁)自然中每一事物都实现一目的或意图。这种作用隐含着一个引导它的智慧,富有目的性的宇宙隐含着一个伟大的目的制订者,一个明达的上帝。这最后两个证明是目的论的证明,是希腊人和经院哲学家共同使用的。

因此,上帝是宇宙最初和最后(有目的性)的原因。他是纯粹的现实性或活力。如果他只是潜在的存在物,就需要别的什么东西来使他成为现实的或实在的,他就不是初始的原因了。上帝作为纯粹的现实性,是绝对单纯和绝对完善的;他也是绝对的智慧,绝对的意识和绝对的意志。

上帝由无中创造世界,包括物质在内。如果上帝是一切事物的初始因,他必然是物质和形式的原因。因为他是纯粹精神,未杂有物质,物质就不可能由他那里流射;他必定是由无中创造物质的。既不能证明世界在时间中没有开端,也不能证明它在时间中有开端;两种观点都是可能的。从无中创造,这意思不过是说世界靠上帝而存在,上帝是必然的原因;这并不意味着在时间中的或永恒的创造。因此,我们靠启示而相信宇宙在时间中有开端。时间

从世界的创造开始。上帝不仅创造了世界，而且世界无时无刻不靠他而存在，他的创造是不断的创造。他选择了这个世界，把它看作是一切可能的世界中最好的世界。他的意志既然为善所决定，他只能希望最好的东西。他创造的目的是通过各种各样的方式来显示自己，从而创造了各种等级的东西。

第六节　心理学

上帝创造自然、人类灵魂和天使。天使是非物质的纯粹精神，有多少个体的天使，就有多少种天使。自然的对象是物质的，其形式隐含于物质中。有植物灵魂和动物灵魂，它们都不能脱离物质 197
而存在。人既是纯粹的精神，又是物质，他是单一的人格，是融合于完整实体中的两种基质。灵魂是非物质的“持续存在的”形式，是肉体圆满的实现。它是有智慧、有感觉和有机的，是肉体所以形成或与生命攸关的基质，是运动的基质，有感觉的基质和有智慧的基质。灵魂是单一的，而具有不同的能力或职能。胎儿具有有机的和有感觉的灵魂，降生时则附加上有智慧的灵魂。一旦肉体事先安排或做好准备来接受时，上帝就创造灵魂。智慧和意志构成人类灵魂的本质，把它同其他灵魂区别开来。虽然灵魂同有机的肉体密切地结合在一起，它的有智慧的那一方面却是超有机体的，是完全不受肉体束缚的。换言之，人是精神同肉体的结合，这二者密切地联系在一起，但是，显然不像自然中一般的形式和物质的结合那样难分难解。灵魂是一个有智慧、有感觉和与生命攸关的基质，这样的三位一体形成和推动那易于感受这种作用的肉体，有感觉、能思维而且有意志。

有智慧的灵魂能够脱离肉体而执行其职能，它是不死的。“肉体解体以后，它仍然能活动。”没有像阿拉伯人所宣扬的那样万能的智慧。如果有，那么，人就既不是理性动物，也不是守道德的动物，他的思维和意志就会是由和他不同的某种东西所造成的。智慧、感觉和有机的灵魂形成单一的灵魂，人体死亡以后，个体灵魂仍然在其各个部分中作为智慧、感觉和有机的灵魂而继续存在，而且为自己构成一个有如往昔的肉体一样的新肉体。

托马斯所用的灵魂不死的论证，是柏拉图式的老论证，这种论证已经变成基督教和阿拉伯世界的公共财富。人类灵魂认知一般概念，因而是非物质的。这样，它同肉体的分离不能毁灭它。它既然是现实的形式（一个活生生的基质），所以不会消灭，因为现实性（生命）涵蕴连绵不断的存在。而且，灵魂希望不死，是它不能毁灭的另一原因，因为每一自然的欲望一定会得到满足。

人有感性欲望和理性欲望或意志，同感性知识和超感性或理
198 性的知识相适应。人的欲望和行为不像兽类那样，似乎绝对地由外面被感觉的印象来决定；他有自决的能力，掌握采取行动与否的权力。但是，意志要作出决定，必须首先有善的观念。智慧推动意志，却不是强迫或强制意志，而是使它明了自己的对象、即目的或意图，借以推动意志。意志促使智慧和感受性发挥作用，因而从这个意义上说，是“灵魂王国中的第一推动者”；它却不能控制有机体的生活。托马斯认为智慧和意志互相决定，但是智慧领先。意志由智慧认为是善者、即合理的目的所决定。这不是强迫，强迫意味着不可避免地由外在的原因所决定。人是自由的，因为他有理性，不是不经他的同意、由外在的原因迫使他行动，他能够在实现善的手段和他的理性所抱有的目的之间作出选择。

第七节 伦理学

托马斯的伦理学是亚里士多德和基督教思想的结合。它所依

据的思想是，上帝创造万物，在创造中怀有显示他的善良的目的，万物的性质就体现这一目的；每一创造物都实现神圣的观念，借实现其真正的存在而显示上帝的善良。从客观方面着眼，至善是上帝，从主观方面来看，即对创造物来说，至善是最高可能的完善性或类似上帝。托马斯同意亚里士多德的观点，认为人的至善（亚里士多德称之为 beatitudo 幸福）在于实现他真正的自我。无理性动物要实现其目的，取决于上帝所赋予的自然或感觉上的冲动，而理性动物则力求有意识而自愿地实现它。行动的最高形式是思索或沉思，思索的最高目标是上帝。因此，人在认识上帝中实现其真正的自我，即他的完善性和最大的幸福。但是，认识上帝的途径是多种多样的。有一种自然、直接和未加思索的关于上帝的知识，但 199
是，这不能使人完全幸福，因为那不是完善的活动。也可以通过推理而认识上帝，但是，不是所有的人都能由此而把握这种知识，而且，这也不够确实。还可以通过信仰而认识他，但是，信仰依赖意志，缺乏自明性。关于上帝的最高级的知识是直觉，这只能得之于来世而受用无穷；它使人有最大的幸福，是人类努力追求的最高目标。那些像上帝认识自己一样地认识上帝的人们，最像上帝。

基督教贯彻了亚里士多德的思想。亚里士多德认为至善是思辨的知识、哲学和纯粹地沉思上帝。而归根到底哲学家或明达的人则是他的理想。托马斯也认为关于上帝的知识是至善，但是，那只能由直觉取得。那是极为幸福的洞见，只有在来生才有可能实现。从这个意义来看，那是超自然的善，而所谓超自然，也就是说它是一种超自然的恩赐。既然幸福不过是获得至善，那么，没有快乐（delectatio）伴随，就没有幸福。敬爱是幸福的另一伴随物，不敬爱上帝，就不能见到上帝。

托马斯在他的伦理学中没有局限于至善的讨论，他详细分析了道德行为,充分讨论了德性。经过思考和选择的行为叫作有道德的行为,换言之,这是自由而有理性的动物的行为。行为的善恶要根据它所趋向的目标、行为者的目的和意向以及环境来决定。这必须符合理性的规范,而理性则是人类行为的准则。道德行为的最高标准是上帝的理性、永恒或神圣的法规(lex ceterna)、《新约》和《旧约》中的法规。《旧约》的法规标出世俗的目的,要求正直的工作,以恐惧为其推动力;《新约》的法规则标出神圣的目的,要求意志的神圣性,以仁爱为其推动力。上帝的法规不是随意的法规,上帝唯有向往善的东西。除去永恒的法规以外,还有自然或人
200 类的法规(lex naturce),这是写在人心上的法规。因此,要想为善,一种行为必须符合神圣的法规或自然的法规所激发的理性,是教诲或灌输的结果。

托马斯以中世纪的方式来解释良心。智慧是思辨和实践的,理性拥有实践和理论的原则。理性有掌握道德原则的能力,被称为关于道德行为的根本原则的先天知识(synteresis)。这种知识提供三段论式的大前提:应该避免一切邪恶,较低级的理性或《圣经》告诉我们通奸是邪恶,于是良知(syneidesis)就得出应该避免通奸的结论。

必须记取,外部行为的不道德的性质完全视意志而定;一种行为本身可以是好的,但是,它转向不道德的目的,因而是坏的。一种外部行为本身就是邪恶,却永远不能由意志引导它趋于善的目的,而使之成为善行。这就是说,托马斯没有宣扬只要目的正当可以不择手段的学说。至于所谓"灵魂的激情",即感觉上的欲望,这在道德上并非总是坏的;只有不符合理性的规范时,才是坏的。

托马斯仿效亚里士多德的办法来讨论和区分德性,不过用基督教的概念加以补充。任何德性都不是与生俱来的,通过实行有德

性的行为，可以获得一切德性。这种后天的德性只能使人在这一生中可能享有不完善或不完全的幸福。为了实现永恒的幸福，必须由上帝再给灵魂加上恩赐的超自然的基质，即使人可能有较高的完善性和较高的素质那样一种较高的形式。上帝给人注入或灌输某种超自然的德性，即信仰、希望和仁慈这三种神学上的德性；没有这些，不能达到超自然的目的。为了帮助我们实现幸福的生活，必须由上帝注入这种伦理的德性；仅仅是后天的德性在这方面毫无用处。仁爱是被注入的最高的德性、一切德性中完善的形式。

如前所述，沉思的生活是至高无上、最幸福和最快乐的生活。甚至在这个世界也可以达到沉思的境界。在上帝启发的影响下，能够产生极乐状态，灵魂乃脱离感官和器官的束缚，而在行动上达到忘我的纯净的境地（神秘主义）。这种沉思的生活不仅比实际生 201
活优越，而且更加值得赞赏。沉思的生活以爱上帝为基础，而实际生活则建立在爱人上面。只要积极的生活追求外在的活动，它就是沉思的生活的障碍；一旦它从事于控制感官，它就有助于沉思的生活。

达到幸福的最可靠和最迅速的道路，是完全放弃世俗的财物而寻求永恒的生活。不能用命令使人走这条途径，只能予以劝告。有某些福音忠告（consilia evangelica），诸如清贫、独身和服从，信奉这种忠告，可以达到较高的完善性。托马斯和奥古斯丁，事实上还有所有的教会僧侣，都认为修道院的或禁欲的生活是理想的生活；可是，这只适宜于少数人过这种生活，对生活于这个世界的大多数人，则设有较低的界限。

我们已经注意到的希腊和中世纪伦理学的对照，明显地表露在托马斯·阿奎那的道德哲学中。希腊哲学家认为至善总是尘世人生中的某一方面或收获，无论那是德性或快乐；这由完全自然的方式、即通过运用德性和取得人类理性的帮助，可以得到。根据中世纪神学家的意见，尘世生活不过是趋向上帝的旅途，至善不是现世生活，而是来生永恒的幸福。要达到这一目的，不是自然和必然地出于履行有道德的行为，而是依靠上帝本身的超自然的恩赐。理想的善人不是聪明人，而是圣洁的人，他为敬爱上帝所鼓舞，完全按照上帝的意志办事。在修道院中摆脱尘世的诱惑和纷扰，最能达到这种圣洁状态。

托马斯和奥古斯丁一样，认为邪恶是缺陷。只要一个东西遵循它那善的本性而行动，它就不会造成邪恶。邪恶起于在形式或原因方面有缺陷的行动，或者起于物质有缺陷的状态、即其结果。就道德的邪恶而言，缺陷在于意志，意志缺少理性的规范和神圣的法规作指导。一切事物都以善为鹄的。如果它们造成邪恶，那是
202 超出它们的意向以外的。这对自由的理性动物来说，尤其是如此。凡是他们努力追求的，他们都认为是善的。也可能是邪恶，不过，这并非因为它邪恶，他们才追求它，而是因为他们把它看成是好的了（sub ratione boni）。

托马斯的伦理学以救世说为结尾，这种学说承袭了奥古斯丁和正统的神学。亚里士多德的形而上学认为存在的较低阶段是邻近的较高阶段的物质，较高阶段是较低阶段的形式，如此推进，一直到系列的末端。托马斯利用这种思想把自然的人称为精神的人的物质和准备；精神的人有上帝的恩惠对他施予作用，能够比亚里士多德心目中的人上升到更高一层的完善境界。亚当犯罪，人性受到腐蚀；他把罪恶传给子孙后代（原罪），唯有神圣的恩惠能够拯救他。教会的圣礼是上帝借以降赐恩惠的机关或工具。上帝给予那些可以得救的人以恩惠。在托马斯看来，这并不剥夺意志的自由，因为只有人的意志协同合作，恩惠才能对人发生作用。人不能

复归于上帝,这不应由上帝来负责。上帝预见到某些人会滥用其自由而作恶,他允许他们这样做,并预先定下对这些人的惩罚。一切伦理和宗教进步的目标在于万物复苏,其中包括肉体复苏。

第八节　政治学

托马斯的国家论,融合了亚里士多德的思想和奥古斯丁在《上帝之城》中所描绘的基督教政体的理想。人是政治动物,要过社会生活。一切政府都以公共福利为目标,要实现这一目标,社会内部必须和平统一,能够抵御外敌而保持安宁;中央集权的政府或君主政体是最好的工具。君主政体的组成要防止暴政。但是,甚至在受极端压迫的情况下,弑君和革命都是不正当的。补救之道应该按照宪法,求之于立法的手段,因为政治秩序是神圣的秩序;如果 203
这不可能,那就由上帝来处理。

君王应该把这神圣的目标记在心头,使他的臣民实现至善。但是,人类的至善既然是永恒的幸福,教会及其首脑、即上帝在人间的代理人教皇,就高于世俗的权力。因此,在精神事务中,尘世的统治者要服从僧侣;他们是教会的封臣,一旦被逐出于教会,他们的属下就不必对他们效忠。国家不再像在《上帝之城》中所说的那样,被认为是出于人类罪恶的本性,而是神圣地建立起来的制度。

第九节　托马斯的追随者

托马斯的追随者有:累辛斯的阿吉迪斯(1278年)、丰坦斯的高特弗雷德(约1283年)、阿吉迪斯·科隆纳(1316年以前)、斯特拉斯堡的托马斯(1357年以前)、埃尔韦·德·讷德勒克(1323年以前)、托马斯·布雷德沃丁(1349年以前)、卡普雷欧拉斯(1444年以前)、佛兰德的多米尼克(1500年以前)和托马斯·德·维奥(卡耶塔努斯，1534 年以前）。诗人但丁（1265—1321 年）在他的《神曲》中表明他是托马斯学说热诚的信奉者。

耶稣会会士莫利纳、加布雷耳·瓦斯凯斯（1604 年以前）和弗兰西斯·苏阿雷斯（1617 年以前）讲授经过修订了的托马斯主义。弗兰西斯·维托里阿（1546 年以前）和巴涅斯（1604 年以前）则维护托马斯原来的观点。

1286 年多米尼克教派推崇托马斯为“教团的博士”。耶稣会派以洛约拉于 1534 年创制的体系为基础，采纳了托马斯的学说，不过后来又背离了这种学说。现在教皇的前任列奥十三世，规定圣托马斯的哲学为天主教教会的官方哲学，敕令出版他的著作的新版。托马斯主义是今天天主教思想中主要的哲学体系：教会的教师和作家都以托马斯作根据。

第四章　反经院哲学的倾向：神秘主义、泛神论和自然科学

第一节　神秘主义

第十三世纪，除去阿尔伯特和托马斯博大的经院哲学体系以外，也有我们在概述十二世纪思想时所注意到的同样相辅而行和对抗的思潮：神秘主义、逻辑和科学研究以及泛神论继续吸引教会的许多学者。

约翰·菲当萨（1221—1274年），被称为博纳班图拉，是阿累斯的亚历山大的学生，属于弗兰西斯教团，在这教团里奥古斯丁的思想颇为盛行。虽然他写有《箴言集》和经典注释的著作，却特别以
204 神秘主义者而闻名。他倾向于奥古斯丁—柏拉图式的思想类型，他

的神秘主义同圣维克托学派的神秘主义没有本质的差别。他主要的神秘著作是《精神趋向上帝的旅途指南》。

趋于上帝之路由认识(cogitatio)开始，中间经过沉思(meditatio)以达到凝神冥想(contemplatio)。凝神冥想有几个阶段：我们在物质世界、进而在自己内在的生活中默想上帝，由此上升而直接看见上帝本身。在这最高阶段，灵魂超越他本身，进入圣洁的浑浑噩噩的境界，通过敬爱而与神的意志合而为一。心醉神迷是上帝的恩赐，过圣洁和祈祷的生活是达到这种状态的准备。博纳班图拉是阿西西的圣弗兰西斯托钵僧团的成员，他认为修道院的禁欲生活及其守清贫、贞洁和顺从的誓愿是基督教完善的最高形式。

参　考　书

参看原版第177页所列关于神秘主义的著作。

第二节　逻辑

致力于逻辑和文法研究的有希雷斯伍德的威廉(1249年以前)、奥塞尔的拉姆贝尔(1250年以前)和彼得·伊斯帕努斯(很可能就是死于1277年的教皇约翰二十一世)。彼得写了一本逻辑教科书《逻辑简述》，这本书大半采取了亚里士多德和波伊修斯的观点，从那时起几个世纪以来一直是这方面的权威著作。巴黎的尼科拉(他于1250—1263年间在克洛—布伦诺教书)在他的《混合范畴论》中把文法和逻辑结合了起来。

第三节　自然科学

如前所述，同中世纪主要的文化事业、即经院哲学并肩前进的，是对自然科学发生了一定的兴趣。十三世纪，虽然这一思潮的领袖之一罗吉尔·培根抱怨,在牛津以外很少注意自然科学的研究,这方面的工作却仍在进行。在我们所提到的那些鼓励研究自然的兴趣的人当中,有巴思的阿德拉尔德和大阿尔伯特。在英国,人们钻研数学和物理学。阿尔伯特、博韦的万桑和罗吉尔·培根
205 致力于地理学的研究。那时期的科学家相信地球是个球状体,而教会斥责这种观点。人们设想地中海流域位于地球中心,由海路西行可以抵达印度。的确,哥伦布至死还相信他已经发现了印度西部。

> 曾被列为科学家的有亚历山大·内坎(1217 年以前)、阿尔弗雷德·萨尔切耳(约 1225 年他写了一篇关于心脏运动的论文)、约翰·佩克姆(1292 年以前)、罗吉尔·培根(1294 年以前)、威特娄(约生于 1230 年)和弗赖贝格的迪特里赫(1265—1269 年在巴黎当教师)。威特娄和迪特里赫对自然科学的兴趣夹杂着新柏拉图主义的倾向。

这些人当中最有创造性和独立思考的是罗吉尔·培根(1294 年以前),他是中世纪和近代学者奇异地融合于一身的人物。罗吉尔是弗兰西斯教派的僧侣,在牛津和巴黎受教育,特别专心致志地研究数学和物理学。他认为数学是一切科学研究的基础,其中包括算术、几何、天文和音乐;物理科学包括透视法、占卜天文学和实用天文学、炼丹术、农学(植物和动物)、医学、占星术和巫术。他还认为研究希腊文、希伯来文、阿拉伯文和迦勒底文是研究神学和哲学所不可缺少的。形而上学是关于第一原理的科学。罗吉尔在他百科全书式的著作《大著作》中记载了他的思想。

参　考　书

泽伯、布里芝斯编的《大著作》；布茹尔编的未发表的著作；斯蒂尔编的其他未发表的著作；杜衡编的《第三著作》未发表的片断；瓦特编的《论文集》。

查尔斯：《培根》等；西伯特：《培根》；弗吕格尔：《培根在哲学史上的地位》；帕罗：《培根及其同代人》；韦讷：《心理学》和《培根的宇宙论》；福格耳：《培根的物理学》。

关于论证和经验两种认识方法，培根强调后者，“因为没有经验，不能充分地认识任何东西”。但是，经验是双重的。有依赖外在感官的人类或哲学经验，还有内在的启示或神圣的灵感，借此我 206
们“既能把握有关精神事物的知识，又能把握有关具体的物质和哲学的科学的知识”。通过这种内在的经验，经由七个阶段，我们也可以上升到心醉神迷的境地，或者取得“有关精神事物或一切人文科学的”神秘的知识，有这种经验的人领会许多不容言传的东西。

由此可见，培根的这种态度同现代科学概念的距离，是多么遥远。培根尽管有许多现代观念，他却暴露出大量荒诞思想和迷信。占星术和天文学、巫术和力学、炼丹术和化学混杂在一起；双重经验学说为一切有害于实验科学发展的可能性打开了门户。但是，培根确实孜孜不倦地研究自然，强调在这一领域里观察的必要性，这至关重要。

罗吉尔的哲学染有奥古斯丁—柏拉图的色彩，可是他遵循那逐渐变成他的教派的传统的学说，把它同阿拉伯人深沉的思想结合起来。

第四节　异端

除去常常同经院哲学不相适应的神秘的和自然科学的倾向以外，十三世纪还透露出反对全部教会哲学的迹象。在阿威罗伊学说的影响下，一些思想家把哲学真理和神学真理区分开来，认为彼此虽然相互矛盾，在各自的范围以内却都正确。这样发挥出来的某些异端命题于1240年遭到巴黎主教的谴责。布雷西亚的约翰于1247年提出一些异端论点，借口说那是哲学真理而不是神学真理。于1270年和1277年，巴黎主教（埃田讷·汤皮厄）又排斥双重真理说，而且斥责巴黎大学艺术学院所教授的一长串论题，其中有否定三位一体、肉体复苏、灵魂遭受火厄、心醉神迷和见神的超自然的性质、在时间中创世以及需要恩赐作为达到快乐的手段等命题。大概在同一时期，布拉邦特的西格尔试图证明相反的命题，207 诸如没有上帝，没有确实的知识，没有道德责任，没有矛盾律以及不受支持的重物不会坠落，借以表明不能论证一些“在神学上”自明的命题。

第五节 拉伊芒德·卢利

拉伊芒德·卢利（1235—1351年；著有《简要学问》和《大学问》）反对这种异端，这个事例说明对理性有解决一切问题的能力没有失去信心。在他看来，理性不仅能够达到同基督教信仰没有矛盾的结论，而且还能够绝对确实地论证一切宗教的神秘性。他发明了一种他所谓的“大技术”，通过这种方法“不经努力学习和思考，就可以解答一切知识问题”。这种方法是把一连串九个概念和问题放在七个活动的同心的圆盘上，尔后操纵这些圆盘，以便使之作出答案。他用这种毫无价值的机械手法竟成功地赢得许多热心的信奉者，对“大技术”的信赖，一直延续到十七世纪。

参考书

克尔彻：《拉伊芒德·卢利》。

第五篇　经院哲学的衰落

第一章　约翰·邓·司各脱

第一节　反对托马斯

托马斯哲学虽然已经变成大多米尼克教团的官方学说，而且有许多追随者，但是，它的至高无上的地位并非无可争议。弗兰西斯教各派最初的大师有阿累斯的亚历山大和博纳班图拉，他们尽管没有摈弃亚里士多德主义，却信奉奥古斯丁—柏拉图式的传统，反对新体系的许多论证和结论；不久基督教学者就分裂成两个敌对的阵营。弗兰西斯教派强调宗教的实际、情感、神秘、有关个人和虔诚的一面；他们认为意志比智慧重要，基督教的伦理—宗教的内容比信仰的理论建设更为重要。这自然就会从这一教派中产生出许多新经院哲学的批评家和反对者。持异议者可以从一些可能 208
的方面着手。第一，攻击占统治地位的哲学的某些原理；第二，排斥基督教同亚里士多德主义的结合，认为那是不成功的；第三，否定信仰可以论证；第四，根本否定经院哲学的可能性。约翰·邓·司各脱采纳前三点，为接受第四点铺平了道路，这就有助于推翻经院哲学的体系。

反对托马斯主义者还有下列人士，其中有些在其他有关的地方已经谈到过：佩克姆、瓦罗、基尔沃德拜（1278 年以前）、威廉·拉马雷（著有《纠正托马斯兄弟》，1284）、米德尔顿的里查德（1300 年以前）、根特的亨利（1217—1293年）、布拉邦特的西格尔（1282年以前)、阿卡斯帕尔塔的马修(1302 年以前)、彼得·约翰·奥利维(1298 年以前)、罗吉尔·培根(1294 年以前)和圣普尔散的威廉·杜朗(1332 年以前)。

第二节 邓·司各脱

约翰·邓·司各脱大约生于 1265 年,是英格兰或爱尔兰人,属于弗兰西斯教团;他的思想反映出反对托马斯主义的精神。关于他确切的出生地点和日期,不得而知。他在牛津学习,表现有数学才能,后来在牛津、巴黎和科隆当教师;1308 年死于科隆。他享有声誉,这与其说他有创建的能力,毋宁说他有作为评论家的才智和技巧。他的称号是"精明的博士",这恰如其分。他受罗吉尔·培根和阿累斯的亚历山大的影响,认为奥古斯丁和安瑟伦是最高权威。弗兰西斯教派推举他为该派的博士。

他的著作有《牛津论学》和《巴黎论学》(由其学生在巴黎出版的讲演笔记);《问题论丛》著作,1639 年里昂版;二十六卷,1895 年巴黎版。

参 考 书

哈根巴赫:《教义史》,英文译本;韦讷:《约翰·邓·司各脱》;塞贝尔格:《邓·司各脱的神学》;卡耳:《奥古斯丁、邓·司各脱和笛卡尔推崇意志的学说》。

第三节 信仰和知识

邓·司各脱的思想以下列各点为前提:教义不容争论,信仰是最高真理的基础,仁爱是基本的德性,信仰和仁爱建立在意志之上;这些都是看到上帝的条件,因而意志高于智慧。他同意托马斯的观点，认为信仰的真理同理性的真理没有冲突，而且他也利用哲学知识以维护自己的理论和批评对方。在他看来，理性不能解释宗教的神秘性，应该由信仰来补充。但是，在限制理性的范围方 209
面，他比托马斯走得更远，通过数学研究他认识到论证的真正意义。他认为有关神圣的性质、神圣的目的、神圣的先知和命定论、灵魂不死等命题，不能作理论上的论证，或者说对这些命题的论证不确实有效。他肯定只有信仰使我们感到有确实性，信仰并不完全排除怀疑，不过它却排除使人信服的怀疑。神学的目的不是揭示救世的计划；它的目的是实际的，不是理论的。没有神学所关注的无启的教义，就不能了解上帝对人类的意图；任何科学都不能指出这一点。神学有其本身的原则和最高的对象（上帝），它高于一切科学。哲学也有它自己的原则，是一门独立的科学，决不从属于神学。这学说清楚地区分了天启神学和哲学，如果始终坚持，则导致哲学从神学奴婢的地位解放出来。邓·司各脱作这样的区分，是为了维护信仰，但是，其结果却为哲学的解放开辟了道路。他十分相信天启神学的真理性，不怕来自思想的危险。他认为，合理运用的理性必然同宗教和谐一致。理性虽然不能论证教义，至少不能证明教义错误。对没有司各脱那样坚定信仰的思想家来说，却有其他一些可能性：理性得到的结果同教义相冲突时，他们承认或伪装承认理性和信仰，或放弃教义。他们各有抉择。

第四节　共相论

邓·司各脱在共相〔即“一般概念”〕学说上，基本上承袭了他那时代的理论，这也是托马斯所承认的。共相作为上帝心目中的形式，先于事物而存在，作为事物的本质和一般的性质，存在于事物之中，还作为人心中抽象的概念，后于事物而存在。共相不仅仅

是观念,概念的知识是实在的,或有实在的对象;否则一切科学都
210 将归结为单纯的逻辑。邓·司各脱遵循这样的原则,即思维同实在相符合,逻辑的概念和区分不单纯是思维活动,而有同它们相符合的实在。知识同对象相符合,二者却不必然同一而合成一体,前者并不必然是后者的摹本。不从个别的对象开始,不能思维;一经思维,就用共相的词来思维。我们在逻辑上区分类与种,类必然涵蕴种,种必然涵蕴个体。同种中的每一个体都和其他个体不同,正如有种的差异以区分种,也有个体的差异以区分各个个体。由此不能再往前推进,不能分裂个体。每一个个体或个别事物都是一个不可分割的统一体,它是最后的实在,是不能再有所增益的最后的形式。个体的差异性是构成这一个别个体的东西;犹如种是类加上种的差异性,个体是种加上个体的差异性。这就是共性或本质或"所以构成某物的性质"(guidditas)由个体的性质、即"所以成为此物的性质"(后来的信徒把这表述为 haecceitas)所补充。人(在逻辑上)来自动物,再给生命加上人性这个种的差异性,同样地,苏格拉底来自于人,就是把苏格拉底这个个性加在一般和特殊的本质上。邓·司各脱宣称,个体性的基质是个体的差异性,而不是托马斯所说的物质。个别的东西之所以成为它那个样子,不是由于其中的物质,而是由于它那个体化的性质、它的个体性。如果是由于物质,那么,同一种的东西就都会一样。个体性的差异不是一个东西(res),也不仅仅是逻辑上的区分。那不是加在对象的一般特性上的分离开来的实体,而是同这种一般的特性连属在一起、即隐含于其中的一种性质或形式或属性。

分析共相或一般概念,我们最后达到个体。我们也可以上升,
211 一直到最一般的概念为止,其中最高者为存在(ens);它超越一切其他概念,因为我们可以用它来表述一切别的东西。除此以外,还

有其他超越的概念；这是我们可用以表述事物的最一般的术语，诸如统一性、善、真，同一和差别，偶然性和必然性以及现实性和可能性，等等。

第五节　神学

邓·司各脱和托马斯一样，认为我们只有从神的作业或后验地推论出上帝的存在；这种证据潜在于每一被创造的精神中，理性能够使之变成现实。但是，神圣的全能性或者由无中创世，却不能加以证明。上帝是纯粹形式或权能或现实性，在他身上的每一事物都是明显的，没有任何东西仅仅是潜在的；否则他就不会完善，就不是绝对精神的。上帝的知识是对每一实在和可能的事物的活生生的直觉，是明显的现实性。从这世界的事实中，我们推论出第一因，思想有必要肯定它有有意识的知识和目的。但是，从上帝神圣的性质或存在，我们不能先验地演绎出他的智慧。只有建立在后验推理之上的论证才具有理论上的确实性，邓·司各脱排斥当时经院哲学家所信奉的其他一切思辨的形式。根据同样的理由，我们可以肯定上帝有意志；他自己能绝对地运用意志力，他的意志是无限的。在一项单一的活动中，他能以意志力支配对他来说一切可能的东西，而他愿意这样作与否，则有绝对的自由。这对人类理性来说是不可想象的，但是，基督教的思想确是如此。上帝以意志力支配这个世界，一定永恒地一贯如此，否则就会有一段时间上帝未曾以意志力支配这个世界，这意味着上帝有变化和不完善。

创造中的其他一切东西都是形式和物质、现实性和潜在性的结合，包括天使在内的一切被创造的精灵和人类灵魂既有物质，又有形式。（这个理论是司各脱派和托马斯派争论点之一。）司各脱的意思是说潜在性含有某种物质性，只有现实的或实现了的精神(上帝)是纯粹的。我们可以设想物质(materia prima)是一切事物共有的性质。

第六节 心理学

邓·司各脱的心理学同他的哲学的其余部分一样,表明有许
212 多点同托马斯的观点一致。但是,形式和物质、灵魂和肉体构成人的实质性的统一体。如上所述,灵魂本身是形式和物质的结合,肉体作为个别灵魂的个别肉体,也有其形式。邓·司各脱又断言,灵魂的不同能力在形式上既和灵魂的本质不同,彼此也有区别,而实际上则不然。灵魂是一个,而能力不同或者说机能不同。另一个分歧也引起托马斯派和司各脱派的争论。虽然托马斯承认意志在灵魂的机构里的重要性,他体系里的智慧同意志相比,却占有优越的地位;作为最抽象和单纯的机能,它是较高的能力,是有理性动物突出的标记;我们知道,它在对待至善方面对意志起决定作用。而邓·司各脱则认为意志高于智慧。如果意志必然由知识来决定,则它将不成其为意志。它有同意(velle)或否定(nolle)的权力。想象和智慧是意志的活动注定必要的前提(causae sine quibus non),而不是起决定作用的原因:意志能够决定受感官引诱,维护道德法规、道德原则(synteresis)*;它是自由的意志(liberum arbitrium)。

如果情况是这样,那么,没有神圣的恩赐的帮助,意志也能够按照自然的道德要求而行动。邓·司各脱接受这个结论,但他指出,没有恩赐,没有能使意志履行上帝所要求的行动的那些恩赐,诸如信仰、希望和仁爱,就不能赢得永恒的生活。托马斯认为永恒

* synteresis 即关于道德行为的根本系列的先天知识。

的幸福在于沉思上帝，而司各脱认为永恒的幸福集中在意志的行动上，集中在我们借以直接同上帝相结合的职能上；那是仁爱，是意志的活动。怀想上帝是幸福的重要原因或条件。知识的目的是意志，意志或仁爱则以自身为目的。托马斯说，在要智慧而不要意志和要意志而不要智慧之间任选一种时，应该选取前者；司各脱则主张选取后者。意志是灵魂的比较高尚、崇高和有价值的能力，它行动上绝对自由，不受善的观念所决定；它自由地择善而从。

第七节　上帝和道德律

邓·司各脱把这些思想运用到他对上帝的概念上。上帝的意 213
志也高于智慧，他不受他的理性所决定。因此，我们不能根据原则作理论上的推断而认识他的目的和了解他的活动。他没有必要创造一个世界，如果他要创造的话，他可以创造和现在不同的一个世界。他也不受他已经建立起来的秩序所限制，他能够**随意**改变它而不招致罪责。凡是他所想望和建立的，都正确(lex recta)。宇宙不在这个意义上是合理的，即它必然地产生于合理的思想；否则，我们自己就能推论出全部事态，似乎按照上帝的方式来思维上帝的思想。

同样地，关于人类在这世界上的生活和他们彼此之间的关系那样一些神圣的戒律，并不是必然的戒律。并非因为有对理性来说是自明和必然的法规，上帝才命令我们按照某种方式而行动。不是这样，而是因为上帝给人类作出规定，这些法规才是必然的。他可以创造一个社会，在那里谋杀、多妻和侵犯财产权都不犯错误。我们不能从绝对的道德律中推导出这些法律，也不能从兄弟友爱的指令中推演出来，因为从绝对的道德律中不能必然地得出这些法律，而且仁爱的法规不是自然的法规。我们也不能证明敬爱上帝是自然的法规。但是,邓·司各脱认为摩西十诫(Decalogue)中的某些戒律、即头四条戒律是必然的。当然,这在原则上等于放弃了全部的独断意志论,因为上帝如果终究还受必然法规的约束,他就不是绝对自由的。司各脱为这一例外这样辩解:人除去上帝以外,没有别的神,他不能徒然对待上帝的名字,他应该崇敬他,这都是自明的法规;这些法规来自上帝的自爱,上帝一定爱他自己;这些法规不单纯是独断的意志的命令。

既然上帝是全能的,他的命令必须付诸实现。他那不可收回的命令当中,有对善人的奖赏,对恶棍的惩罚。但是,哪一个别的人要奖赏,谁应该受惩罚,尚未决定。这里所说的是特殊的决定,而不是一般的法规,在这些情况下,上帝可以改变自己的意见,而
214 有另外的想望,因为他是绝对自由的。上帝的意志绝对公正,因为凡是他所想望的,都绝对公正。

邓·司各脱的学生有约翰·德·巴索利、昂托尼乌斯·昂德雷埃(1320 年以前)、弗朗西·德·默罗尼(1325 年以前)和沃尔特·伯利(1337 年以前)。

第二章 唯名论

第一节 唯理的神学和共相

托马斯和司各脱都限定了可以证明的真理的范围。他们以前的经院哲学家认为可以论证的学说,被归属于权威和信仰的领域。我们已经指出,司各脱在这方面甚至比托马斯走得更远,他不仅划定了哲学的界限,而且还深追穷索和破坏性地批判了为维护基督

教教义和自然神学所提出的论证。他对经院哲学家的智力活动进行了严格的检查，详细地区分了他们的推论之中什么是确实有效和什么是虚伪无效的，把思想限制在他认为是合法的界限以内。他对人类理性没有失去信心；确实，他对人类理性有坚定的信心，在哲学和在神学中同样运用逻辑的方法。但是，他清楚地了解到，信条一旦经过启示而为人所掌握，尽管可以作理论上的探讨，却不能为无帮助的自然理性所取得和论证。

这种观点向一些思想家提示了更进一步的、更激进的进展；他们简单地把可以证明的神学真理清除于经院哲学的范围以外。他们断言，神学中没有什么可以证明的，神学根本不是科学；教义不仅不能证明，甚至不能为人了解。与其努力使之理论化，我们不如恭顺地相信它。教义尽管杂乱而无意义，却是真的；相信不能论证的东西是值得嘉许的。

托马斯和司各脱的唯实论的学说，提示了另一思想路线。司
各脱说，如果个别的对象是“终极的现实”，个体性不仅是由偶然的 215
特性组合而成，而且是共相的最后的实现，那么，个别的对象是真实和最实在的现实，是我们科学研究唯一的对象。有人争辩说，这种研究揭示了这样一个事实，即一般概念或共相在经院哲学的意义上是完全不实在的，它们不过是能思维的头脑的抽象，不过是表现许多个别事物共有的性质的方式。这是出现在经院哲学初期的学说（洛色林）的复活，同时也标志它的终结，即唯名论。

得出这样的结论并奠定新唯名论哲学基础的，有弗兰西斯教派的彼得·奥勒欧利（1321年以前）和曾经是托马斯信徒的多米尼克教派的威廉·杜朗（1332年以前）。这一运动伟大的领导人物被他的追随者称为“可尊敬的创始者”（venerable inceptor）和“不

可战胜的博士”（invincible doctor），他就是奥卡姆的威廉或奥卡姆（约生于 1280 年），属于英国的弗兰西斯教派。他可能是邓·司各脱在牛津时的学生，肯定在巴黎教过几年书。在他那时代教会同国家的激烈斗争中，他站在国家主义者一边，得到巴伐利亚的路易四世的庇护，于 1347 年死于他的宫廷。

他的著作中有：《箴言集》四卷、《逻辑大全》、《论辩集七篇》、《神学百谈》以及论述国家和教会权力的著作。

参 考 书

勒韦：《唯实论和唯名论的斗争》等等；施赖贝尔：《在贝尔路德维希之下的政治和宗教学说》。

第二节 威廉·奥卡姆

照威廉·奥卡姆看来，只有个别的东西存在，人类的一切知识都从个别的东西开始。因此，他所谓直观或知觉就很重要，通过知觉我们察觉事物的存在，并在作出判断时加以表达（actus intellectus）。从个别对象中抽绎出共有的性质，从而形成概念或共相。没有心智的特殊能力或智慧来承担这一工作；当两个相同的对象出现于面前时，我们自然会进行抽象作用。但是，这种共相只是存在于头脑中的观念或思想，可用文字或惯用的符号予以表述；它们标志着众多个别同样的事物。科学完全论述符号或术语（这个词
216 等于文字加意义）。不过，这并非说判断只涉及观念，判断总是关系到事物的。

共相不存在于心外，它们不存在于事物之中。如果像唯实论者所主张的那样作如此的想象，那是以抽象为实体，或使观念实体化；此外，还会引导我们陷入各式各样的荒谬中。威廉说，Entia non multiplicanda praeter necessitatem(不要不必要地增加实体或基质),这是"奥卡姆的剃刀";彼得·奥勒欧利已经表述过这种思想。共相也不作为本体或实体存在于上帝的心中,共相是他关于事物的知识,同人类一样,他有关于个别事物的知识,只有个别事物才真正存在。

除去感官知觉以外,直观的知识还包括关于人的内在状态的知识,诸如"智力作用、意志活动、喜悦和悲伤",这比感官知觉更加确实。但是,我们不能就这样得到关于灵魂的性质的知识,只不过观察它的活动。除去这种直接的知识以外,还有奥卡姆所谓"抽象"的知识;他指的是通过演绎推理或三段论式而得到的必然为真的知识。构成论证基础的原则,是依靠归纳由经验而来。经验是知识的源泉,超越经验的一切知识都不过是信仰的问题。不可能在本体论上(安瑟伦)或根据经验来论证上帝的存在。甚至根据经验的方法也只能得出或然性,因为它运用的一切原则,例如关于不能无限回溯的概念,都是未加证明的假定。站在唯理的立场上,上帝的存在仍然是或然的,不能使信条为理性所理解。不可能对基督教教条作理论上的说明;我们所能做的只是相信那些教条。因此,没有神学的科学这样东西,关于宗教真理的确实性,完全依赖启示。哲学和神学互不为谋。

上帝是全能的神,不为规律所限制;思想、意志和行动都自由。除去他已经给我们规定的道德法规外,他本来也可以建立其他的 217
道德法规。那些法规丝毫没有自明性,它们所以对我们有约束力,就是因为他愿意有那样的法规。在我们身上同在他那里一样,意志高于智慧。

第三节 唯名论和唯实论的对立

这些观点放弃了经院哲学所由出发的基本原则。原来的目的是使基督教信仰理论化,是要把哲学和宗教结合起来。现在却宣布,这种工作不但冒昧,而且徒劳无益;经院哲学的神学是伪科学;信仰的全部内容都是理性所不能掌握的。传布这些思想的虔诚的弗兰西斯教派奥卡姆,同接受他全部学说的信徒,在神学遭难时更加顽强地坚持自己的信念。但是,具有不同气质的人则拒绝放弃对宇宙作理论上说明的企图。托马斯学派和司各脱学派之间的斗争,这时转化为唯实论者和唯名论者之间的斗争,这种斗争进行得极为激烈。巴黎大学于 1339 年禁用威廉·奥卡姆的书,于 1340 年排斥唯名论;一个多世纪以后,于 1473 年又规定全体教师必须发誓教授唯实论。然而,其他大学建立起来了,在那里唯名论者有很好的机会来表述自己的意见。布拉格于 1348 年、维也纳于 1365 年、海德尔贝格于 1386 年、科隆于 1388 年建立起大学。这场争论延续一百多年。

第四节 奥卡姆的追随者

奥卡姆的追随者有约翰·布里丹(约死于 1350 年),他讨论意志自由;萨克森的阿耳伯特(1340 年以前),他在逻辑和物理学方面有著作。还有罗伯特·霍耳科特(1349 年以前)、里米尼的格雷果里(1358 年以前)、尼古拉·德·奥勒斯姆(1382 年以前)、因汉的马西利乌斯(1392 年以前)、海因里希·黑姆布赫特(1397 年以前)和加布里耳·比耳(1495 年以前)。比耳系统地阐述了威廉的学说,被称为"最后的一位经院哲学家"。

皮埃尔·德·阿伊(1425年以前)认为,内在的知觉比感官知觉更加确实,承认根据矛盾律而进行的演绎推理的科学的确实性,例如数学中所运用的推理。罗伯特·霍耳科特坚持哲学思想前后一致的发展,不顾它对教义的后果如何。奥特雷考特的尼古拉批判因果概念;他反对亚里士多德,承袭了原子论派的理论以及世界 218
永恒重现的学说。约翰·格尔森(1363—1429 年)根据唯名论的前提来建立他的神秘主义,强调启示、忏悔的重要性,并强调以信仰作为知识的手段。萨崩德的雷蒙德试图调和自然与天启,或借参证自然中的天启来证明基督教教义。

第三章　神秘主义

第一节　正统和异端的神秘派

在论述作为中世纪特征的各种倾向时,我们曾经常表明,神秘主义如何像阴影一样伴随经院哲学。许多人不满足于一种不能使他们更接近上帝的关于上帝的科学;凡是不能使他们产生同上帝融合的个人的经验的神学,对他们来说都毫无价值。十四世纪的神学思潮完全有利于这种宗教运动:理性在掌握和解释宗教的神秘性上越是无能为力,越能推崇感情和意志。

十四世纪有两派神秘主义,一派是拉丁系神秘主义,它服从教会,沿循圣维克托教团和博纳班图拉指出的道路前进;一派是日耳曼的神秘主义,它对教会的学说和政权采取比较独立的态度。属于前一派的有皮埃尔·德·阿伊(1350—1425年)、他的学生约翰·格尔森(1363—1429 年)和萨崩德的雷蒙德,他大约于 1434 年写了一本《自然神学或自由创成论》。属于日耳曼派的有埃克哈尔特或埃凯哈尔特(1260—1327年)、海因里希·索伊塞或苏索(1300—

1366 年)、约翰·陶勒(1300—1361 年)和《德国神学》的无名作者。还有荷兰的神秘派,詹·范·鲁伊斯布罗埃克(1293—1381 年)、格尔哈德·德·格鲁特(1384 年以前)、共同生活兄弟会以及肯皮的托马斯,即肯彭的托马斯·哈梅尔肯(1380—1471 年)。哈梅尔肯是《效法基督》一书的著名作者。

参　考　书

参阅原版第 177 页所列关于神秘派和神秘主义著作;普法伊费尔:《十四世纪的德国神秘派》(包括埃克哈尔特及其前驱的著作);毕特纳尔编辑的埃克哈尔特的著作和布道文;参阅拉松:《埃克哈尔特大师》;还有宇伯威格-海因泽前引书;§ 38 中拉松关于埃克哈尔特的精辟论述。关于德国神秘派的书目,参阅上书同一节。

219

第二节　埃克哈尔特大师

全部神秘主义运动最伟大的人物是埃克哈尔特大师,他是一个多米尼克教派的教师,死于其教团的监狱中。虽然他的神秘主义以托马斯体系作形而上学的基础,来源于伪狄奥尼修著作的新柏拉图主义的因素却极为明显。在他用拉丁文写的著作中,他陈述自己的观点比较专门,同经院哲学的传统有联系。而他在用德文写的布道文和小册子中,他的论述比较带有个性、有感情和通俗。通过这特别强调伦理和心理学说的后一方式,他产生了很大的影响;如拉松所述,当他给参加作礼拜的会众讲道,而不是向他的学派讲道时,他的重要地位就显示出来了。但是,他的兴趣总是在于思辨的;他和十四世纪大多数神秘派不同,主要不是强调神秘地沉浸于上帝中,而是对全部基督教的生活方式予以理论上的解释。他的神秘主义是重智慧的神秘主义。

同新柏拉图主义一样,埃克哈尔特认为神是不可思议、不能规定的精神实体，是万物结合于其中的无限的潜能。开始和终结是永恒神性的神秘的秘密甚至它本身也一无所知。在这超越的意义上，作为不可言传的存在物，上帝不能显示他自己；他只显示在三位一体中。在永恒的过程中，三位自神性中流出，又复流归于神性。神只有凭借思维自己而成为上帝，要思维他自己，他需要三位一体和世界。上帝必须认识自己，必须活动和表达自己，并期望好的东西。埃克哈尔特认为这一切都是无始无终的不变的过程。他曾把人类的范畴运用到上帝身上，尔后，认为那不适合一个超验的存在物，他又收回了。

上帝是世界的根基，他涵蕴有永恒的理念的体系，正如艺术家的心里怀有艺术品一样。世界是永恒的创造。有了理念以后，上帝才成其为上帝，从这个意义来看，万物在上帝之中，上帝也在万物之中。有限的心智看到了多样化，而超时空的心智则对万物一览无遗。在上帝的心智中，一切都永恒地呈现于当前。为了避免 220
泛神论，他把一个创造物的世界、即另一世界的摹本、由无中创成的尘世，同统一的理想的世界区分开来；它好像是由神圣的本质中溢出，而又包含在神圣的本质中。它在上帝之中，又和上帝不是同一的；它的不完善性并不沾染他。没有创造物，上帝是不可想象的。创造物不能离开上帝，上帝同样不能离开万物。不过，上帝在人心中得到真正的安顿。

认识是灵魂的最高职能，而认识的最高阶段是超理性的。它是一种超时空、超自然的沉思，是谋求同其对象，即上帝融成一体的沉思；它超越杂多、世俗和外在的东西。灵魂借助于神圣的“本然的火花”才能完成这一步。灵魂同神的智慧相结合，不是人自己的行动，而是在人身之中上帝的行动。认识的全部过程是由个别上升到统一；它前进不已，一直到越过所有的差别，而进入“寂静的荒芜之地，其中从未渗入差别，而且它是不动的，超越一切对立和分歧”。

道德在于使灵魂复归于上帝。为了实现这一目标，人必须否定其个性，这种个性毕竟是偶然的属性，是虚无。“舍置虚无，则万物归一。”“谁要想了悟上帝，他自己必须寂然不动，沉湎于上帝之中，沉湎于未曾显示的荒芜之地、即神性之中，又恢复到最初他原有的状态。”“最高程度的自我疏远是清贫。谁一无所知，一无所求，一无所有，谁就清贫。只要他还想按上帝的意志行事，或渴望上帝或永恒性或任何个别的东西，他尚未十分清贫，尚未十分完善。”“为活动而活动，为仁爱而仁爱；纵然没有天堂和地狱，也要为了上帝的善而爱上帝。”“道德不在于作为，而在于素质。”仁爱是一切德性的准则，它努力追求善，它就是上帝自己。得救不靠斋戒或克制肉体欲望等那样的外表行为。不过做这种事的精神是好的。
221 一切德性是一回事，德性没有等级。正当的行动来自正当的准则。只要你能做出任何违反上帝意志的事，你就还未拥有上帝的爱。这不能理解为，一个人应把全部时间来沉思；单纯沉思就会是自私。如果一个人处于心醉神迷状态，知道一个穷人需要救济，他最好停止这种状态而去帮助他那贫困的同胞。

人借神恩而重新同上帝融合。我变成个体而把上帝的善交给上帝，并且经常这样做，因为人使上帝有可能表达他自己。上帝不能没有灵魂而认识自己。只要我内在于神(Deity)的本质中，上帝就通过我而进行工作；凡是他理解的对象，那就是我。我复归于上帝，又同上帝合成一体；上帝已经变成人，为了使我变成上帝。

埃克哈尔特异常注重神秘主义思辨的一面，他的追随者却忽视这一点；他们强调实用宗教的一面。有一本书复述了埃克哈尔特神秘主义的实质，这本书论述其要点，是在美因河畔法兰克福写成的，后来为路德所发现，他把它出版了，标题为《德意志神学》(Eine deutsche Theologie)。它给这位伟大的改革家留下很深刻的印象。

第四章　自由思想的发展

第一节　中世纪的唯理主义

中世纪的任务是要使新兴的民族继承和延续古典的基督教文明。教会作为新兴民族的精神保护人，承担了这一工作。但是，儿童不可避免地要长大成人，他受保护的日子要结束。这个时期已经到来，哲学史进入了一个新阶段。可是，不应设想历史忽然中断，这种中断是罕见的。新时期不过是长期演进的结果，是由过去发展而来的，带有过去的许多特征。经院哲学本身之所以已经产生，是由于人们渴望在理论上有参悟的能力，希望了解和寻求它所信仰者的理由。这反映同样的思索和探究的精神，这种精神曾使人在希腊思想的黄金时代建立起伟大的形而上学体系。诚然，经 222
院哲学研究的目的是由信仰确定的，它以哲学作为婢女；但是，在它所划定的界限以内，人类理性有一定的自由活动的余地。中世纪对理性知识的态度决不类同于早期的基督教徒。原始基督教不重视人类的文化成就，也不打算通过思辨理性之门而进入天国。圣保罗问道："哪里有聪明人？哪里有学者？哪里有关于这个世界的争辩者？上帝不是使这世界上的智慧变得愚蠢了吗？此后，在上帝的智慧看来，人们不能靠智慧来认识上帝，有信仰的人靠愚诚的祈祷可以得救，这会使上帝感到高兴。"中世纪经院哲学的精神却不是这样。教会的神父和学者热中于理解，决心使他们的信仰理论化；他们希望用智慧来认识上帝。他们不像我们那样研究世界，也没有希腊人那样追求真理的独立的精神，这是因为他们完全相信他们的前提、他们所信仰的学说的绝对真理性。这些学说就是他们的论据，他们用这些论据来磨炼自己的智慧，试图把它们糅合成一个体系。他们重视超验世界以及尘世同精神王国的关系；除非他们在自然现象中看到神的计划的作用，否则他们对那些现象是漠不关心的。他们既然了解到真正有价值的超验的真理，又何必关心那些微末细节呢？教会不反对科学研究本身。它确实相信，凡是不会证明伟大和根本的真理的论据，都是不能发现的，因而它漠视了科学研究。

第二节 国家主义的兴起

必须记取，尽管反对教权的独立精神长期以来处于沉闷状态，却从未完全消灭。在政治领域里，它表现为教会和国家的斗争，这种斗争开始很早而且双方进行得很激烈。时而教皇战胜君王，时而君王又战胜教皇。格雷果里七世(1077 年)统治的时代标志教会的
223 胜利，德国的亨利四世曾到卡诺萨去悔过和朝拜教皇。英诺森三世做教皇时(1198—1216年)，教会的权力达到顶峰，但此后就衰落了。法国的菲力普四世(1285—1314 年)同教皇博尼法塞八世作斗争，取得胜利，使教廷迁移到阿维尼翁，从 1309 年到 1376 年教廷一直设在那里。这时期唯名论和德国神秘主义这两个独立的思潮有很大的进展。从 1378 年到 1415 年教会政权极端分裂，竟有两个教皇进行统治，还有一度是三个。教皇像犹太人被巴比伦人囚禁那样被囚在阿维尼翁* 和教权分裂，是教会严重的灾难。它

* 参阅罗素著：《西方哲学史》，商务印书馆 1965 年版，上卷，第 385 页。

既然自己内部分裂，怎能在尘世和精神世界具有至高无上的权力呢？这种不幸的情况使巴黎大学产生了国家教会的思想。如果这世界可以有两个教皇，为什么每一个国家不可以有它自己的大主教？也有人反对教皇在教会内部实行专制，于是提出这样的要求，既然教会高于教皇，教皇就应该服从教会会议。

这就是国家主义和教会统治权之间以及民主主义和专制主义之间的斗争。早在十二世纪，布雷西亚的阿诺耳德就反对过教会在尘世间的统治权，在罗马建立了一个共和国，不过，这个共和国昙花一现，阿诺耳德于 1155 年被绞死。最初教会的学者站在教会的一边，但是，逐渐在其内部有人反对罗马教廷的尘世权力。

主张教会有至高无上的权力的，几乎都是老正统经院哲学家，在十四世纪有奥古斯提努斯·特留姆富斯（1328 年以前）和阿耳瓦鲁斯·佩拉希乌斯（1352 年以前）。但丁（1265—1321 年）在他的《论君主专政政体》中赞成皇帝在尘世事务中有绝对的权力，而教皇在精神事务中有绝对的权力。弗洛里斯的约阿奇姆、威廉·奥卡姆（1347 年以前）、威克利夫（1327—1384 年）和帕多瓦的马西利乌斯（1343 年以前），都反对教会在尘世的权利。马西利乌斯宣扬帝国主义的国家论、尘世统治权的学说和契约论。

参　考　书

累基：《欧洲唯理主义兴起史》，第五章；詹克斯：《中世纪的法律和政治》；吉尔克：《中世纪政治理论》，梅特兰译；布赖斯：《神圣罗马帝国》；罗伯逊：《神权》；特勒耳奇：《基督教教会的社会学说》。

224

第三节 异端倾向

还必须看到,异端倾向是从基督教试图宣布其宗教纲领时开始的,它一直没有消失。追溯教义演进时,我们曾经有机会论述那些反对正统教义的许多派别。马尔西翁(约 130 年)是新宗教保罗派极端热诚的皈依者,他谴责任何带有犹太和彼得色彩的东西;他是在不同的形式下延续了几个世纪的一种思潮的始祖。从五世纪以后,亚美尼亚和小亚细亚有马尔西翁,即保罗派的信徒;从十世纪开始,保加利亚有波哥米尔教派。十一世纪,一个主张同波哥米尔教派相仿的教义而被称为卡塔尔或卡塔里的教派出现于法兰西南部。有好几个世纪,教会对叫作阿尔比冈瑟的教派进行了残酷的迫害,借助于恐怖的宗教法庭彻底毁灭了这一派。十二世纪,在意大利北部相仿的一派崛起,这就是瓦耳多派,是 1170 年由彼得·瓦耳多建立的;这一教派采取了沃杜瓦的名称,现在仍然存在。瓦耳多强调借信仰而解脱罪恶,宣传悔过,推崇讲道而不重视仪式,反对供罪、天命、神圣的遗物、崇拜圣人和实体转移说〔transubstantiation 即圣餐中的面包和酒变成耶稣的血和肉〕。他以《圣经》为信仰的准则,曾翻译《新约》供一般人研究。

十四和十五世纪,威克利夫(1327—1384 年)在英国发动了伟大的改革运动,约翰·赫斯(1369—1415 年)在波希米亚继续往前推进。威克利夫反对教会制度、圣人崇拜、牧师独身、修道院生活、弥撒、实体转移说、教士政治和教皇专权,他要求回复到原来会众的组织,教会和国家各自独立。随着宗教改革的愿望而来的,是希望政治和社会改革。沃特·泰勒在英国和托马斯·闵采尔在德国是社会革命的领导人。

第四节　自由探索的精神

那些拒绝接受正统哲学的人，表明有同样独立思考的精神。我们曾经论述到司各脱·伊里杰纳的泛神论，这是为教会所诅咒 225
的；还有这些泛神论者，诸如弗洛里斯的约阿奇姆、图尔内的西蒙、本内斯的阿马耳里克和迪囊的大卫，他们表现出明显的自由思想。圣维克托的虔诚的神秘派否定理性和信仰以及科学和宗教相结合的可能性，从而动摇了经院哲学的基础。十二世纪，甚至名副其实的经院哲学家也有自由思想的倾向。事实上，当人们开始思维时，尽管有正统的信仰，他们有时会很容易地同所规定的教义发生冲突。安瑟伦唯一的目的是使信仰理论化，却同他以前的奥古斯丁和司各脱·伊里杰纳所做的一样，常常很危险地接近于违背教会的教义。洛色林思考共相，结果使他陷于彻头彻尾的异端。阿贝拉给人留下这样一个印象，他在保全智慧和忠于教会的矛盾中度过了整个的一生。在夏特勒的贝纳尔、康切斯的威廉、普瓦提埃的济耳贝尔和索尔兹伯里的约翰以及教会所有主教的著作中，都可以看到独立精神的火花。伦巴德的彼得在其《摘要》中的讨论，表现出智力上的好奇心，这种好奇心足以表明思维是颇有前途的。那个时代的思想家曾经严肃考虑的许多问题，在我们看来似乎毫无意义而且愚蠢，这是因为我们的人生观已经改变了；联系他们中世纪的宗教背景来观察，这些问题是能进行探索的头脑的产物。

十三世纪由柏拉图的唯实论转向亚里士多德的唯实论。这个时代对亚里士多德感兴趣，它本身就是思想自由的一个标志。亚里士多德不信教，而且关于他的著作的知识是由“异教徒”阿拉伯人传到西方世界的。最初教会谴责他的哲学，这是十分自然的，但是，不久就采用它以适应需要，肯定它为官方的教会哲学。十三世纪初期理性和信仰的结合已经松弛，这种新的世界观有助于加强二者的联系。诚然，在这方面亚里士多德主义被用作纠正那个时
226 代自由倾向的手段，它遏制了自由思想的潮流。与此同时，它本身又含有极端有害于经院哲学和鼓舞独立思考精神的因素。教会把一个不信基督教的哲学家抬到这么高的地位，这就扩大了人们的知识视野，加深了他们对古代成就的敬仰。亚里士多德的体系也有助于激发研究自然的兴趣，而且这恰好证明它对自由探索是极大的推动。它构成从柏拉图的唯实论到唯名论、又到近代科学的桥梁。亚里士多德的哲学是自然主义的，而基督教思想是超自然主义的。虽然托马斯·阿奎那试图引进超自然主义，借以补充亚里士多德的世界观，两种思想路线的矛盾却仍然存在。迟早要暴露出来的矛盾暴露出来以后，由于亚里士多德极受尊重，他的异端理论还能合乎人们的口味。

亚里士多德的哲学毕竟是希腊人的礼物，它导致经院哲学的解体。圣托马斯在亚里士多德哲学的基础上建立一个使教会满意的体系。但是，邓·司各脱没有被推举为圣徒，他相信他在反对托马斯的唯理论、唯实论和宿命论的思想方面贯彻了亚里士多德的思想。他那样强调个体的实在性，这实质上肯定了个体的人的重要性和个人良知的价值。他的学说也为经验主义和唯名论铺平了道路。如果上帝创造世界，不取决于他的理性，那么，自然的规律就不是必然的，就不能借助理性从上帝的理性中推导出来。事物所以会是现在这种样子，是因为上帝是这样创造的；它们本来可以是别种样子，并且只要上帝有那样的意愿，它们也可以改变。因此，要认识什么是自然和自然如何活动，必须观察自然；经验是人类知识的泉源。而且，如果个别事物是终极的实在，不用经验的方法怎

能认识它们呢？

奥卡姆的威廉勇敢地发挥了司各脱的学说中某些隐含的思想，直接攻击了经院哲学的基础。如果共相不是实在的，它们就只是文字。如果神学是贫乏无益的科学，就让教会把它抛弃。信仰应该代替理性。我们应该拆散教会同理性和尘世的联系，恢复单 227
纯的信仰，恢复耶稣使徒时代神圣教会的民主组织。

神秘主义一贯厌恶唯理的神学。十二世纪和十三世纪的神秘派尽管有反唯理主义的倾向，他们却仍然忠于教会已经确定的教义。如前所述，在十四世纪和十五世纪，他们变成泛神论和唯名论者，他们的学说虽然为维护超越世俗的宗教而提出，却大大削弱了经院哲学的体系和显赫教会的影响。

第六篇　文艺复兴时期的哲学

第一章　新启蒙思潮

第一节　理性和教权

以上所概括论述的思潮，如民族主义的发展、异端思想的流行、神秘主义以及对神学和哲学的经院式的结合的反对，是被称为文艺复兴和宗教改革两大改革运动的先驱。这个时期开始指责旧的传统、旧的语言和文学、旧的艺术、旧的神学体系、教会和国家之间旧的政治关系以及旧的专权的宗教。这种思考和批评的精神曾经暗中活跃，尔后爆发为公开反抗教权和传统。国家反抗教会，理性反抗规定的真理，个人反抗教会组织的强制。教会和国家矛盾的解决有利于国家，但是，在教会和国家内部也酝酿着对政治、经济、宗教和文化自由的要求。这种要求一部分在文艺复兴和宗教改革中得到实现；以后又表现在近代哲学中，表现在为人类自由和文明而奋斗的一切活动的力量中。

教会的权威慢慢地但确实地在人心中削弱了，个人开始坚持

独立思考精神。在哲学上理性代替权威，哲学摆脱了被监护的地位。这种思想开始流行起来，即认为真理可以达到，通过自由和不偏不倚的探究而取得，不是教权所规定的。中世纪思想家的兴趣大都集中在超自然的东西上面，神学在一切科学中居首位。新时代则把注意力从天上移到人间，自然科学逐渐位于前列。这同样独立的精神也显现在宗教中。个人扔掉教会的枷锁，要求以《圣经》和良知为准则。他拒绝承认处于他和上帝之间的人的中介，渴

望亲自同他所信仰的对象发生神交。

参　考　书

参阅原版第 4 页以下所列哲学通史和专著；还有原版第 252 页所列关于近代哲学史的书目；以及下列各书：

费舍：《近代哲学史》，第一卷，导言，第五、六章；保尔森：《伦理学体系》，第 126 页以下；赫德森：《文艺复兴轶事》；《剑桥近代史》，第一卷；格雷夫斯：《中世纪教育史》，第二编，《彼得·拉穆斯》；芒罗：《教育史》，第六章；累基：《欧洲唯理主义兴起史》；怀特：《科学和神学的斗争史》；西蒙兹：《意大利的文艺复兴》，七卷；布尔克哈特：《文艺复兴时期的文化》，两卷；沃伊格特：《古代古典文化的复兴》，两卷；卡里埃尔：《宗教改革时期的世界观》；哈根：《文艺复兴时期德国的文艺和宗教状况》；佩施耳：《启蒙时代史》；特勒耳奇：《基督教教会的社会学说》。

宇伯威格-海因泽书第三编，第一卷，§ 2 以下中的书目。法尔肯伯格：《近代哲学史》，第 15—63 页和《剑桥近代史》，第一卷中书目。

第二节　人文主义

这个时代摈弃旧的东西，渴望新鲜事物，有两条出路：创造生活、艺术和思想的新形式，或者复归于古代以求范本。人们选取了后一途径。中世纪人心受教权和传统的束缚，不能立即开辟新的途径。文化方面的改革家为寻一启发而转向古典文化，希腊和罗马文化复活或重生，这就是文艺复兴；重新发现人性，这就是人文主义。

十五世纪，西方世界觉醒，欣赏长期以来被忽视的古典文明的 229
遗产。一百年以前，意大利诗人但丁（1265—1321 年）、薄伽丘（1375 年以前）和彼特拉克（1374 年以前）已经培育了对古典文化的兴趣，而且用其祖国语言作为写作的工具。劳兰提乌斯·瓦拉（1406—1457 年）这时纯洁了教会用的芜杂的拉丁文，而以西塞罗和昆提良的著作为拉丁文风格的范本。马努埃耳·克里索洛拉斯

(1415 年以前)是在意大利公共学校教授希腊语文的第一个希腊人,他的学生累奥纳尔杜斯·阿雷提努斯(1444 年以前)翻译了柏拉图和亚里士多德的著作,这在意大利人中间激发起广泛的研究希腊的兴趣。1438 年和 1453 年君士坦丁堡陷落以后,希腊学者逃往意大利。当西方沉浸于“哥特的野蛮状态”时,由东罗马帝国保存、欣赏和研究的文学艺术宝藏,现在为西方学者乐于进行研究。人文主义传入教廷和皇宫,甚至大学也受到它的影响。一些教皇本人感受到新文化的影响。尼古拉五世(1447—1455 年)创办梵蒂冈图书馆,尤利乌斯二世(1503—1513 年)重建圣彼得教堂;据说列奥十世(1513—1521 年)研究古典著述比研究基督教神学更感兴趣。人们对人类的成就发生兴趣,尊重人,推崇人类天才;人的才能不再认为无足轻重或可鄙的,因此当时的诗人、演说家和历史学家屡屡享有荣誉。好像艺术和建筑学也人文化了,表现厌世、苦难和死亡的精神的中世纪艺术,让位给表现人生自然快乐的文艺复兴的艺术。

第二章　新哲学

第一节　柏拉图主义

文艺复兴时期的哲学有几个特征是引人注意的。最初,人们研究和模仿古希腊人的体系,攻击全部经院哲学的方法,认为那是在文字上绞尽脑汁,空洞无益,而且是吹毛求疵的论辩;他们努力创制一种新逻辑。他们有时也提供一些有创造性的理论,但是,一般
230 说来,这种理论是粗糙的,而且不可避免地陷入旧日观察问题的传统方式。他们逐渐摆脱经院哲学的因素,也不再墨守成规地遵循

古代的模式，思想比较新颖和有创造性，终于发展成被称为近代哲学的阶段。

当时要进行的首要工作是研究古代哲学家。一个叫普勒托的希腊人于1438年来到意大利，参加在佛罗伦萨召开的会议，来研究东西方教会相结合的问题。他由科斯莫·迪·梅迪契规劝而留在意大利，于1440年建立起佛罗伦萨学园，目的是要教授和捍卫柏拉图的哲学。从此西方学者能够得到柏拉图的全部著作，在哲学领域内，改革家得以设置一对立面，以反对教会哲学家亚里士多德。但是，他们完全根据东方的方式，把柏拉图巨大的唯心主义体系解释成新柏拉图主义。普勒托非常推崇希腊文化，他力图用一种寓言式的新柏拉图哲学的形式，恢复对古希腊的崇拜。他写了一本书，比较柏拉图和亚里士多德的学说。

贝萨里昂为普勒托在这学园的继承人，他于1469年著有《反对诽谤柏拉图的人》。他维护柏拉图，反对他那些信奉亚里士多德思想的同胞，诸如詹纳迪乌斯、泰奥多鲁斯·加扎和特雷比宗德的乔尔季乌斯。贝萨里昂的学生和继承人马尔西利乌斯·菲契努斯（1433—1499年），是佛罗伦萨人；他认为柏拉图的哲学是智慧的精华，是掌握基督教的钥匙。他曾编辑和翻译柏拉图和新柏拉图主义者的著作，并对这些著作写有注释。所有这些思想家反对教会的哲学体系。

第二节　库萨的尼古拉

十五世纪没有因袭经院哲学的老路，唯一建立有创造性的思想体系的，是库萨的尼古拉（库埃斯或库萨的克雷布斯，1401—1464年）。尼古拉在德万泰尔受教于神秘的共同生活兄弟会，在海德堡和帕多瓦学数学、法学和神学，后来成为教会的主教和红衣主教。同文艺复兴甚至更早时期的许多哲学一样，尼古拉的世界观是中世纪思想和近代思想的混合物。它表明受有德国神秘主义、新柏拉图主义和毕达哥拉斯数论的影响，动摇于泛神论和基督教关于上帝与尘世的二元论思想之间。

231 参　考　书

《论天真无邪的学说》，1440 年；《论预测》，1440 年；《论劝服或相待以诚》，1453 年（明显地体现宗教容忍的精神。参阅 G. L. 伯尔，《关于中世纪》，《美国历史评论》，第 XVIII 卷，第 4 号）。书目见法耳肯伯格，《近代哲学史》和宇伯威格-海因泽前引书，第三编，第一卷 § 7。

尼古拉具有唯名论的观点，认为理性不能作为认识上帝的泉源。他同神秘派所宣扬的一样，坚持主张人对上帝有直接的直觉，这就是"洞见而不理解"，可以由忘我的沉醉状态来达到。这就是超越推论的思想，有学识的天真无邪状态（docta ignorantia）。上帝是事物中所有现实的东西的无限本体，在他那里，本质和存在、潜在性和现实性是一回事。他是纯粹和无限的现实性、绝对的潜在性、绝对的认识、绝对的意志和绝对的善。他包含一切矛盾，是对立面的融合，我们不能由概念思维来把握他。的确，只有否定是真实的，肯定则在神学中不适用。尼古拉不愿意以任何方式来形容上帝：唯有那知道自己对上帝一无所知的人，才能接近无限的上帝。

世界是上帝的展现，是分化为杂多的统一体；它是上帝的摹本，是一个生气蓬勃的整体，上帝以其全部力量呈现于其中每一部分。就他无限而无所不包而言，他是至大；就他呈现于每一个别事物之中而言，他又极小。从这个意义来看，"每一现实事物都是一切事物的缩影”,上帝潜在于其中。这是彻底的泛神论。如果保持其原样,那就是纯粹的异端。尼古拉试图把世界同上帝分开,以便使他的理论符合正统的二元论。他宣称事物的本质和上帝的本质不同,事物是有限的,并未完全实现神圣的理念;事物是偶然的,不是必然地来自上帝的本性。

第三节　真正的亚里士多德

其他思想家逐渐认清真正的亚里士多德,开始注意到这个亚里士多德同经院哲学所理解的亚里士多德之间的区别,经院哲学的理解受到了阿拉伯人用新柏拉图主义予以解释的影响。亚里士多德的信奉者分裂成两派,在解释亚里士多德的体系上,一派信奉阿威罗伊,一派追随阿弗罗迪西阿斯的亚历山大。他们机智地反
对教会所宣传的亚里士多德。帕多瓦的一位教授皮埃特罗·彭波 232
那齐(1462—1524 年)在他 1516 年所写的《论灵魂的不朽》中,宣称亚里士多德没有讲个人不死,个人不死在物理上不可能,在道德上也不必要。

彭波那齐的其他著作有《论巫术》、《论命运》和《自由意志》等等。参看道格拉斯著《彭波那齐的心理学和哲学》。

阿威罗伊学派存在于意大利北部帕多瓦,其中大都是医生和自然科学家;他们根据阿威罗伊的思想来解释亚里士多德,接受关于普泛的智慧的学说,否定灵魂不死。但是,当他们认识到新的亚里士多德以后,这个学派改变了立场,遵从阿弗罗迪西阿斯的亚历山大的解释。

亚里士多德主义的其他代表有,波尔塔(1555 年以前)、斯卡利杰尔(1484—1558 年)、克雷莫尼尼(1552—1631 年)和鲁道尔夫·阿格里科拉。

还有人想调和柏拉图主义和亚里士多德主义。站在柏拉图主义一边的有米朗多拉的约翰·皮科,偏重亚里士多德主义的有安德雷阿斯·凯萨耳皮努斯(1519—1603年)。那时期的其他思想家力图恢复伊壁鸠鲁主义和斯多葛主义;染有罗马色彩的斯多葛主义很受有文化的阶层的欢迎。

第四节 科学和哲学的改造

西班牙人路易斯·斐微斯(1492—1540年)不仅反对经院哲学的体系,而且反对它那以权威代替经验的一整套经院哲学的方法。他持有这种观点,导源于唯名论的哲学。他在他的对话集《论智慧》和他的主要著作《论科学》中,严厉地批判了经院哲学的诡辩和各种科学。他认为,在自然科学方面不要局限于研究亚里士多德,应该独立地探索自然;不要沉迷于形而上学的思辨,应该观察现象本身,进行实验,加以思考。他还建议用经验方法研究心灵,不要追究它的本质,而要发现它如何活动。斐微斯还制订一种形而上学理论,这种理论类似经院哲学,以论述上帝为其中心学说。在解决根本的问题上,他所持的批评态度表明他受有唯名论的影响;他认为信仰上帝和灵魂不死的伦理意义,比为二者提出的论证有较大的价值。

第五节 逻辑的改造

彼得·拉穆斯(皮埃尔·德、拉·拉梅1515—1572年)受斐微斯的影响,在他于1543年出版的《批判亚里士多德的论辩术》中,
233 也攻击亚里士多德的逻辑。他指责它破坏了人类思想中固有的逻辑,把当时流行于大学中贫乏无益的论辩方法归咎于这位伟大的希腊思想家。与此同时,他出版了一本《论辩律则》,创制了一种新

型逻辑，这是争议中所用的技术(ars disserendi)，首先寻求原则，尔后提出证明。在这一著作中，他排斥据认为是亚里士多德所作的《工具论》，视之为伪作，而称他自己是唯一真正亚里士多德式的人物。他批评经院式的教授法，要求教育改革，在这方面，他是培根、笛卡尔和洛克的先驱，实际上几乎是所有对经院课程感到愤慨的早期近代哲学家的先驱。在教育领域里，他比任何其他人都有更突出的人文主义的精神。

第三章　自然哲学和自然科学

第一节　神秘主义

如前所述，启蒙时期开始表现有研究自然的兴趣。而那时期比较鲁莽的人，要揭示外在世界的秘密，却采取荒诞不经和虚伪欺骗的手法。他们不运用观察和实验的方法，却不耐烦地希望用神秘的手段和高于感官知觉的特殊的内在的启示，来迫使自然供出自己的秘密。属于这一派的有柏拉图主义者米朗多拉的约翰·皮科(1494 年以前)、他的侄子弗朗西斯(1533 年以前)和罗伊希林。罗伊希林于 1494 年写了一本《论奇异的文字》。他们热中于研究犹太神秘哲学或神秘的流射论，这种理论从九世纪起就曾经为犹太人所研究，通常要追溯到阿卜拉哈姆。

其他人不满足于这种探究自然秘密的方法，急于要掌握控制它的能力，迫使它符合自己的愿望。但是，他们确实认为自然是神秘力量的表现，相信同这些精灵发生神交就可以控制自然现象。他们希望通过秘密的技术和符号以及各种各样神秘的方式，或者发现毕达哥拉斯学说所指出的写成自然这部书的隐秘的数字，来达

到这种目的。这就是巫术或魔术。行星也为精灵所控制，占星术
234 乃成为爱好神秘术者的学说的重要部分。他们还极重视用巫术的方法转化金属，这就是制造金子的技术或炼金术。他们使炼金术为医药服务，以非常荒诞的方式混合成奥秘的合成物或药剂，用来治病。简言之，全部活动是寻求哲人之石，借以探索自然最深的奥秘，并对它能够完全加以控制。

纳特斯海姆的阿格里帕(1487—1535年)和霍亨海姆的特奥弗拉斯图斯、即帕拉塞耳萨斯(1493—1541年)是这一群奇异人中主要人物。帕拉塞耳萨斯后来的追随者有弗鲁德(1637年以前)、约翰·巴普提斯塔·范·赫耳芒特(1577—1644年)和弗朗西斯·梅尔库里乌斯·范·赫耳芒特(1618—1699年)。

新柏拉图主义是帕拉塞耳萨斯关于自然的概念的哲学基础。帕拉塞耳萨斯认为人是一个小宇宙，只有研究人，才能理解宇宙；只有研究宇宙，才能理解人。人有一个基本的、在地球上的或可见的身体，有一个来自恒星领域、属于恒星范围或星界的不可见的身体(即精神)，还有一个导源于上帝的灵魂。因此，有三种重要的科学，即哲学、占星术和神学。这些同炼金术相结合，构成医学的基础，医生应该懂得所有这些学问。所谓四种元素，土、水、火和气是由三种基本的实体组成的，那就是盐(固体基质)、水银(液体)和硫磺(可以燃烧)。每一种元素都由其要素的精灵所统治，土受地神统治，水受水神统治，气受风神统治，火受火神统治。每一个别事物也有一个与生命攸关的元质统治它，疾病对抗那些处于地球上或来自星界的力量，以遏制这种生命力。医药的秘密就在于借助于炼金术和巫术，维护这个生命力，反对它的敌人。

歌德的《浮士德》细致地描绘了这种奇特糅合超自然主义和自然主义、神秘主义和科学的古怪的自然观。《浮士德》使文艺复兴的精神人格化。处于两个时代转折点的人具有这些特征：极端渴 235
慕知识，用粗朴的方法求得知识，有中世纪的迷信和偏见，接着就产生怀疑主义，还迫切希望享受丰富的生活。

特奥弗拉斯图斯和类似他的人，提出那样的学说，不足为奇。自然是奥秘而奇异的力量的所在地，这种观点同流行的信仰是一致的。奇迹不是不平常的，一个又一个的圣人制造奇迹，他们死后的遗物也发生奇异的作用。专搞隐秘的力量或驱使恶魔的魔术的人，能做出令人惊奇的事情！十五世纪末期，一个叫作亚科布斯·斯普兰杰耳的神学家在他所写的论魔术《犯罪恶行》的书中，严肃认真地用科学的态度讨论了它的起因、效果以及对它的防治法。

这种思潮荒诞和迷信，但可以说标志着进步。它试图研究和控制自然，是近代科学的先驱。信奉巫术的人尽管仍然沉溺于中世纪神秘的理论和活动，他们却面向未来。随着时间的推移，荒唐的因素逐渐被剥除，炼金术演化为化学，占星术演化为天文学，巫术演化为实验；而神秘的毕达哥拉斯的数论则培育了对数学的兴趣。哥白尼出于追究占星术的动机，研究天空的数学秩序。最长的绕弯的路有时是回家的捷径。

参　考　书

累基：《唯理主义》；怀特：《科学同神学的斗争》；基塞韦特尔：《新神秘主义史》；里赫纳尔和西贝尔：《著名物理学家的生活和学说》等等；斯特龙茨：《帕拉塞耳萨斯》；累曼：《迷信和巫术》。

第二节　自然哲学

意大利有一些自然哲学家，他们虽然没有完全摆脱过去的迷信，如炼金术和占星术，却表现出真正的科学精神。一个著名的物理学家、数学家和科学家季罗拉莫·卡尔丹或卡尔当(1501—1576年)，试图以自然原则来解释万物。他肯定有三种元素，即土、气和
236 水，而不是四种。火根本不是实体，乃是由热产生的偶然的属性，而热又是由运动产生的。世界有一个和光与热同一的灵魂。

卡尔丹著有：《论事物的微妙》、《论事物的多样化》和《我的生平》(一个饶有趣味的自传)。

贝尔纳迪诺·特勒肖(1508—1588年；著有《物性论》)以改造自然科学为目的，这就是要自然科学脱离亚里士多德和古人而独立，建立在观察上面。虽然他的哲学远远超过文艺复兴时期的其他自然哲学，他还没有摆脱希腊的影响，其中苏格拉底以前的“自然哲学家”的痕迹和斯多葛学派形而上学的气味，是极其明显的。他认为物质是由上帝创造的，在数量上恒常不变。他以物质和热与冷两种对立的力量为解释的原则。热使物质膨胀和疏稀，是一切生命和运动的泉源；冷则使物质收缩和凝聚，是一切固定和静止的原因。由于这两种本原经常的对立，宇宙才得以存在和变化。特勒肖甚至用机械的方法和物质来解释灵魂(spiritus)。他认为灵魂是由热组成的精细的质料，位于头脑之中，通过神经散布于全身。灵魂使有机体的各个部分结合在一起并进行活动。除去物质的灵魂以外，还有一个由上帝所附加的不死的灵魂。

特勒肖的伦理学以自我保全为人类努力追求的唯一的目标。

特勒肖在那不勒斯创办特勒肖学园，那是一个自然科学学社。弗兰西斯·帕特里齐(1529—1597年)把新柏拉图主义同特勒肖的原理结合了起来。

第三节　科学研究运动

对外界自然的兴趣在中世纪经常表现出来，而且采取那样奇异的方式，其发展的高峰为科学研究运动；其中主要的代表有列奥纳多·达·芬奇(1452—1519年)、哥白尼(1473—1543年)、伽利略(1564—1641年)、刻卜勒(1571—1630年)和牛顿(1642—1727年)。在这里，神秘和巫术的因素消灭殆尽，人们试图十分自然地解释自然现象。古老的亚里士多德的解释原则，例如施作用于物 237
质而使之实现形式的目的或目标的形式或本质等等，已被摈弃，而代之以机械的解释：一切自然现象都是按照固定的规律由物体运动引起的。数学揭示了行星运动的秘密：刻卜勒发现行星的轨道，占星术变成天文学。罗伯特·波义耳(1627—1691年)本人是一个炼金术士，但他在化学中提出原子论的理论，从而埋葬了炼金术。十九世纪达尔文的理论力图从因果和机械方面来解释有机体，而不再着眼于事物之中或事物以外任何所谓生命力或目的，这使反神学的思想路线达到了顶峰。

参　考　书

参阅自然科学史；朗格：《唯物主义史》；许夫定：《近代哲学》，第一卷，第161页以下；还有原版第235页所列累基、怀特、里赫纳尔和西贝尔的著作。宇伯威格-海因泽书第三编，第一卷，§7中的书目。

伽利略非常熟悉德谟克利特的理论，他认为德谟克利特的哲学成就超过亚里士多德。在他看来，一切变化无非是事物各个部分之间关系的变化，严格地说，没有起源和衰灭，万物都产生于原子运动。可感觉的性质是主观的，是建立在量的关系之上的；一切性质都可以用量来解释。因此，研究量的关系的数学是最高级的科学。“宇宙这部书就是用数学文字写成的。”凡是我们能够度量的，就能认识；不能度量，就不能认识。运动的关系可以归结为数学公式，运动及其规律可以用来解释现象。这些构成力学研究基础的定律，是由列奥纳多、刻卜勒和伽利略所发现和制订成公式的。伽利略和刻卜勒的工作，是建立天文学中的哥白尼理论或太阳中心说，根据这种学说，地球不再是宇宙的不动的中心，而是同所有的行星一起，围绕中心的太阳而运转，太阳又绕自己的轴而运
238 动。最初教会欢迎哥白尼的学说，以后又加以谴责，认为它“有害于教会的真理”；于 1616 年把它列为被禁止的学说。1633 年伽利略被迫宣布放弃哥白尼的学说，受宗教裁判所监视，一直到他于 1641 年死亡为止。1682 年艾萨克·牛顿爵士（1642—1727 年）发现了万有引力定律，太阳中心说得到证实。人们看清，刻卜勒所发现的定律是万有引力定律必然的结果。

伽利略在科学问题上排斥权威和神秘的臆测，宣称一切全称命题都应该以观察和实验为基础。但是，他说经验需要由知性来补充，归纳法本身就超越了经验的范围。我们按规律来把握事实，对各种偶然的情况进行抽象，借以寻求事实的单纯和必然的原因；这都是**思维**。理想的研究方法是建立在实验、观察和思维之上的论证。

比埃尔·伽桑狄（1592—1655 年）恢复了伊壁鸠鲁和卢克莱修的理论，反对哲学家笛卡尔的微粒说。与此同时，他以上帝为

运动的创始者，用这样的神学思想作为机械论的补充。梅桑神父(1588—1648 年)和罗伯特·波义耳力图调和伽桑狄的原子论和笛卡尔的微粒说。波义耳把原子论引入化学，但是，他把原子论当作方法的工具，而不把它看作是关于宇宙的哲学理论。世界表明有一个有智慧的创造者和设计者，他开创运动。牛顿持有同样的有神论观点。

第四章　布鲁诺和康帕内拉

第一节　布鲁诺

意大利人乔尔丹诺·布鲁诺(1548—1600 年)和托姆马索·康帕内拉(1568 年—1639 年)的著作，论述了带有新时代精神而内容极其丰富的关于形而上学的理论。

布鲁诺曾参加多米尼克教派，后来脱离，到各城市旅行；在他于 1592 年重新踏上意大利的土地以前，他到处漫游，从未停顿。在那一年，他被宗教裁判所囚禁起来。他拒绝放弃自己的信念，在监狱中度过七年以后，于 1600 年被烧死于罗马。

他的著作有《论原因、本原和统一》、《论三种、极小和量度》、《论单子、数和形状》和《论无限性、宇宙和诸世界》。

意大利文著作是由克罗齐和金蒂雷编辑的；拉丁文著作，托索编；生前未刊著作是由鲁托斯拉夫斯基和托索编辑的。全集德文本是库伦伯克翻译的；英文方面有《趾高气扬的野兽驱逐记》(摩尔海)《论英雄气概》(威廉)和《论无限性、宇宙和诸世界》的序 239
(托兰)。

参　考　书

普龙普特里:《布鲁诺的生平和著作》;黎尔:《布鲁诺》,弗赖译;麦金太尔:《布鲁诺》;金蒂雷:《在历史和文化中的布鲁诺》。宇伯威格-海因泽书,第三编,§7中的书目。

布鲁诺感到新的天文宇宙广漠无垠,认为恒星类似我们的行星系。上帝内蕴于无限的宇宙之间,是活动的本原;活生生的宇宙产生于他内在的必然性,他借此来表现自己。同库萨一样,他肯定上帝是一切对立的统一,只有统一而没有对立,他既是一又是多,这是有限的心智不能领会的。

但是,布鲁诺的哲学没有摈弃旧的亚里士多德的形式。形式或灵魂使星体运动,万物都有灵魂和生命。没有物质的形式不存在,形式和物质相结合而构成统一体,形式在物质中产生和消逝。一切个别的事物都发生变化,但宇宙却绝对完善,恒常不变。

除此之外,布鲁诺还持有单子学说或单子论,这同斯多葛学派的胚种说相仿。万物都是由所谓单子组成的,这种单子是无因自成而不毁灭的基本部分,既是精神的,又是物质的。灵魂本身就是一个不死的单子,上帝是单子的单子。

第二节　康帕内拉

托姆马索·康帕内拉(1568—1639年)也是多米尼克教派僧侣,也遭受宗教裁判所的迫害;由于抱有他从未企图付诸实践的政治理想,他被关闭于监狱中二十七年。他也是时代的产儿,他的思想既追溯过去,又展望未来。他指出,人们要直接研究自然,不要靠书本;一切哲学知识都以感觉为基础,一切较高级的认识无非是各种形式的感觉。同时,他又认为自然是上帝的显现,信仰是认识的一种形式，是神学所由产生的泉源。

他著有《感官实证的哲学》、《哲学总论》等等；《太阳城》。著作的编者是安柯那。

我们靠感觉而认识自己的存在、自己的意识状态以及事物如 240
何影响我们，却不能认识事物本身。同他以前的奥古斯丁和他以后的笛卡尔一样，康帕内拉以意识为把握确实性的中枢。他认为我们什么都可以怀疑，却不能怀疑自己的感觉和存在。内省向我们表明灵魂有三种基本的属性，即能力、认识和意志（posse，nosse，velle），其完善的形式同样是上帝的属性，即全能、全智和绝对的善。在这里，康帕内拉肯定，既然上帝是一切事物的基础，人是小宇宙（parvus mundus），神的一些性质就必然以有限的程度附着于人类灵魂。一切存在物都有这同样的本原，不过，在较低级的存在形式中，当它们同非存在混杂在一起时，它们表现为无能、无知和恶念。换言之，他持有新柏拉图主义的观点，认为世界是由上帝流射的一系列的东西；上帝创造了天使、理念、精灵、不死的人类灵魂、空间和物体。人类直接认识上帝，上帝在《圣经》中也显示自己。人类根据无限存在物的概念来证明上帝存在，人类不能自行产生这样的观念，因而它涵蕴一个无限的原因。这种论证在以后笛卡尔的哲学中起了很重要的作用。

康帕内拉在他的《太阳城》（Civitas solis）中，创制了一个社会主义的国家学说，这同柏拉图的《理想国》相仿。在一个文明的国家、一个太阳城里，知识统率权力，人人平等，除去按知识划分以外，没有阶级差别。哲学家（神父）是统治者，那是一个教皇专制的政体，它掌握一切权力，有统一的宗教、统治世俗的国家。教育是普及和强迫的，以数学和自然科学为基础，训练学生适应各种职业。康帕内拉还建议通过戏剧、露天学校和实物教学来进行学习。

241
第五章　新国家理论、宗教哲学和怀疑主义

第一节　经院哲学的国家论

那时代还有人试图脱离神学和亚里士多德而独立地制订一个新的国家理论，在这方面同样显示出作为其他思想领域特征的反抗权威和传统的精神。正统的经院哲学家维护教士统治的世俗权力，主张国家服从教会。像托马斯·阿奎那那样的一些学者，根据基督教和亚里士多德的前提所作的论证，为教皇的无上权力而辩解。他们指出，一切人类政府的目标是福利，一个统治者能够为这一目的而服务，就是好的，否则就是坏的，可予免职。人民最高的福利是精神上的福利，一个君王拒绝接受基督教教义，甚至同教会对立，那将危及人民真正的福利，人民有理由起来造反。教会来源于上帝，是上帝在人间的代理人，是有关信仰事宜的最高法庭，其职能是传播和普及基督教。因此，归根到底，国家应该屈从教会，政治有如哲学，是神学的婢女。

参　考　书

参阅原版第 5、223 页所列政治学史；许夫定前引书，第 38—58 页；法耳肯伯格前引书，第 39—48 页；累基：《唯理主义》，第五章；吉尔克：《阿耳图西乌斯和自然法政治学说的发展》；怀特：《七大政治家》。

第二节　马基雅维利

如前所述，世俗的政权反对这种政治理论以及为实践这种理论所作的努力；在教皇权力衰落的几个世纪，天主教的学者们同样表示反对。文艺复兴和宗教改革时期，反对这种天主教的思想的程度更加强烈，这为在近代史上曾发生很重要作用的政治理论奠定了基础。抨击最激烈的是尼科洛·马基雅维利（1469—1527年）。他是意大利外交家，是佛罗伦萨十人委员会公署的秘书。他 242
了解罗马教廷和意大利各届政府政治腐败的情况，深为不满。他在《佛罗伦萨史》（1532 年）、《论李维的罗马史前十卷》（1532 年）和《君主论》（1515 年）等书中表述了自己的观点。

参　考　书

《剑桥近代史》，第一卷阐述马基雅维利的短论；维拉里：《马基雅维利及其时代史》，两卷。

马基雅维利的思想，是要把意大利建成一个统一、独立和自主的国家，在政治、科学和宗教方面绝对不受教会的统治。他断言基督教束缚公民的政治活动，使他们唯命是从；古罗马宗教培育了爱国者，比较可取。最好的政体形式是共和制，这曾辉煌地体现于斯巴达、罗马和威尼斯。但是，只有在人们表现出为公精神的地方，这种政体才有可能实现；当人们纯洁时，自由才是必要的。像马基雅维利生活于其中的政治腐败时期，则需要绝对的专制政体以实现强盛而独立的国家的理想，而且必须牺牲公民的自由。（研究意大利文艺复兴时期无数小的暴君的历史，可以看清他的国家令人恐惧的政治情况。[①]）因此，只要能够达到这种国家主义的目的，君

① 参阅布尔克哈特：《文艺复兴时期的文化》。

王无论采取什么手段都正确；这个伟大的目标容许利用武力、欺骗、严厉的措施，以至破坏所谓道德法规。什么都比当前存在的无政府状态和政治腐败好。马基雅维利所以有这种政治思想，是由于他憎恶当时世俗和教会的政治；由于他对人性抱有悲观的看法，认为只有饥饿才能使人勤奋，只有法律才能使人为善；由于他希望有一个合理的共和国。除去以武力对付武力，以欺诈对付欺诈和用自己的武器来同恶魔战斗以外，他看不到别的办法，以解决那时代的政治腐败和紊乱；在追求目标上他谴责妥协的措施。教会和国家的许多政治家曾经实践而且直到今天仍然继续实践他在理论上认为是正确的东西，但是，他所以认为正确，只是因为他看不到其他挽救国家的途径。

第三节 新政治学

243 这样，就有必要建立脱离神学和教会而独立的政治理论，使之符合一个新的主权国家的理想。这个问题不仅是理论问题。由于基督教各个派别的存在，人们自然想到这些团体同国家和君王的关系；实际上有必要考虑统治权的意义和来源。在创制新政治哲学方面，我们所提到的中世纪思想家的许多理论都被利用和发挥了：契约论、人民主权和统治者的统治权的概念以及关于自然法和天赋人权的思想。这样标明的思想路线，一方面发展为霍布斯的理论，另一方面发展为洛克和卢梭的理论，并在专制主义和民主政治两方面得到实际运用。

让·博丹（1530—1596年）指出，国家建立在社会契约之上，通过这种契约，人民主权已无可改变地转移给统治者。约翰·阿耳图西乌斯（1557—1638年）则认为契约是有条件的，要看统治者遵守契约与否。人民的主权不得割让，而进行统治的官吏的权威却可以解除,违反契约的君王可以废黜或处以死刑。在一定程度上由于宗教压迫,国家不应干涉公民的宗教信仰的思想流行起来;人民拥有革命的权利。阿耳贝里科·金蒂雷(1551—1611 年)在他于 1588 年出版的《论战争法》中,讨论了战争的法规。托马斯·莫尔在其所著《乌托邦》(1516 年)中描述了一个社会主义国家的理想。

一个荷兰贵族党的领袖格老秀斯(本名 Huig van Groot, 1583—1645 年)和普芬多尔夫(1632—1694 年)承袭了具有温和形式的专制主义的理论。格老秀斯在他著名的著作《论战争与和平法》(1625 年)中,论述了来自斯多葛主义和罗马法的自然权利说。自然或不成文法(*jus naturale*)来源于人类唯理的本性,一成不变,上帝也不能改变它;而成文法(*jus voluntarium* 或 *civile*)则是在历史上产生的,以实用原则为基础,是有意制定的。社会起源于人类的爱群居的本性,这种本性是爱邻和履行其他一切职责的根 244
源。在社会中,自然权利因顾及社会福利而受限制;凡是有利于维持社会生活的也是一种自然权利。因此,国家建立在理性和人类的本性上。国家不是上帝的自己造作的创造品,而是自然的制度。它有赖于其成员的自由同意,那就是靠契约,所以永远不能废除个人的权利。人民有主权,但是,总要让给一个君主或一个阶级。只有在自然权利遭受侵犯时,国家之间才有理由交战,但进行战争时要合乎人道。

参　考　书

惠威尔翻译的《论战争法》,三卷。

在政治学方面的其他作家有:阿亚拉、奥耳登多尔普(1561 年以前)、尼古拉·亨明(1513—1600年)、阿耳贝里科·金蒂雷

(1551—1611 年)和本尼迪克特·温克勒(1648 年以前)。普芬多尔夫是格罗特和霍布斯的追随者,他把自然法的概念引入德国。他认为君权包含意志的统一,因而包含君主的绝对权力。

在正统的作家当中,新教徒路德和梅兰克通认为国家起源于神,而耶稣会会士贝拉明(1542—1621 年)和胡昂·马里昂纳(1537—1624 年)则主张契约论和人民主权说。

第四节 近代国家的演变

这些理论反映中世纪时期以后政治思想和政治制度的演变。中世纪的国家没有近代国家所拥有的那种统治权。中世纪统治者的权力受到一定的限制。封建领主也有他们的权利,皇帝、国王和封臣之间经常发生冲突;统治者的权力要依赖其封臣的善意和他自己的军事力量。在德国和意大利,封建制度和割据一方的领主解体以后,中央集权的国家逐渐分裂,变成松弛的联邦。法国是另一种趋势,由松弛的联邦变成统一的国家或民族,国王有绝对的权力。英国仍然是一个中央集权的国家,但是,随着人民权力的增长,国王的权力日益衰落。总之,国家主权的思想是逐渐发展的,
245 国家有主权,而且扩大了它的职能,即变成近代国家,这是历史演进的结果。近代初期倾向于专制主义,这在十七世纪后半叶和十八世纪前半叶,即路易十四时期,达到顶峰。在理论上统治者的权力无限,臣民从国家那里接受他们应有的权利,而统治者是国家的化身。路易十四宣称,“朕即国家”(L’état,c’est moi)。国家主权的概念保持未变,但是,反映在阿耳图西乌斯、洛克和卢梭理论中的反对专制主义的思想流行起来,终于导致近代立宪君主政体和民主政体的建立。

第五节　新宗教哲学

我们已经讲过，新哲学对万物作自然的和唯理的解释，以代替超自然的解释。它不仅把这种方法运用到形而上学的体系上，而且运用到特殊的思想领域，其中包括政治和宗教。切尔伯雷的赫伯特(1583—1648 年)以认识论为基础，脱离任何独断的或历史上的宗教而独立地提出了一种宗教哲学。他认为一切宗教都有这种唯理的或自然的真理：有一个上帝，应该崇拜他，崇拜在于虔诚和有德性，人类必须忏悔自己的罪恶，有现实和未来的赏罚。换言之，如果一个自然人不受偏见的阻挠，顺从自己的理性，就会趋于这种信仰；这是受之于自然的真理。这些真理属于一组人所共有的概念(notitiae communes)或一般的概念，有神圣的来源和下列特征：优先、独立、普遍、确实、必然(在效用的意义上)和直接。根据赫伯特的意见，这种原始的自然宗教被僧侣腐蚀了，又由基督教恢复起来。这可以由启示加以补充，而启示一定是合理的。赫伯特是十八世纪自然神论信徒和自然或唯理宗教理论的鼓吹者的先驱。

赫伯特著有《论真理》等(1624 年)和《论异端宗教》(1645 年)，刘易斯翻译(1705 年)；S. 李编辑的自传。

雷姆萨特和古特勒尔写的专著；参阅累赫勒：《英国自然神论史》。

第六节　怀疑主义 246

文艺复兴时期，法国一些思想家受希腊怀疑主义著作的影响，有类似唯名论和神秘主义的怀疑主义倾向。米舍尔·德·蒙田(1533—1592年)著有驰名的《论文集》，他怀疑有确实认识的可能性,他所持的理由同希腊怀疑主义者所提出的相仿。他对理性感到失望,建议复旧未经腐蚀的本性和启示。但是,他极力主张,虽然我们不可能有知识,却能履行自己的职责,服从神的命令。比埃尔·沙朗(1541—1603年)指出,怀疑的态度能够保持活跃的钻研精神,使人信仰真正的宗教,即基督教。他强调基督教实践的伦理方面的作用。弗朗西斯·桑舍(1632年以前)也认为不可能有绝对的知识,他的意思是说有限的人类不可能把握事物内在的本质,或者了解整个宇宙的意义,但是他肯定,通过观察和实验,人类能够认识占第二位的原因。后来的法国怀疑派有,拉·莫特·勒·瓦耶尔(1672年以前)和比埃尔·于厄主教(1721年以前)。约瑟夫·格兰维耳(1636—1680年)和布拉格的希罗尼穆斯·希尔恩海姆(1679年以前),从某一意义来讲,还有《历史和批评词典》(1695年)的作者比埃尔·培尔(1647—1706年),也是属于这同一思潮的人物(参阅原版第291页)。

参 考 书

柯尔贝和罗耶尔编辑的蒙田的《论文集》,由福罗里欧翻译。参阅累维-布鲁耳:《法国近代哲学》;原版第117页论怀疑主义的著作;斯塔普费尔、窦顿和隆得斯所写关于蒙田的专著。

第六章 宗教改革

第一节 宗教改革的精神

意大利文艺复兴反抗教权和经院哲学,从古典文化的文学艺术作品中得到启发。那是人们的思想对文化迫害的抗议。德国的宗教改革是宗教上的觉醒或复兴:那是精神对信仰的机械性抗议。

人文主义曾求助于古代哲学、文学和艺术，而宗教复兴则转向《圣经》和对早期神父，特别是圣奥古斯丁的单纯信仰以寻求支柱。宗 247
教改革摈弃经院哲学的神学、有关功德和免罪的烦琐制度以及礼拜的仪式；强调内在的信仰生活和精神上的崇拜，认为以信仰代替功德活动是合理而且正当的。宗教改革同文艺复兴一致轻蔑"空洞无益的经院哲学"(barren scholasticism)，反对教权和政权，推崇人类的良知。但是，文艺复兴称颂理智，对人生抱有乐观高兴的态度，在这方面，宗教改革和它分道扬镳了。路德沉溺于唯名论的神秘派，以原始基督教的怀疑态度来看待理性。他认为理性在有关拯救灵魂方面是盲目的。一件事情在哲学中可能是虚妄的，而在以信仰为基础的神学中则可能是真实的。他既轻视经院哲学所论述的亚里士多德，也同样轻视真正的亚里士多德。

宗教改革的强劲有力的领袖尽管有反唯理主义态度，新宗教运动却培育了批评探究和独立思考的精神，这同文艺复兴相比，毫不逊色。它拒绝承认教会是基督教信仰的仲裁者，以《圣经》和良知为准，赋予理性以评判宗教教义的权利，鼓励唯理主义和个人主义。这不是原来路德所追求的，但宗教改革既然反对专权的教会和独断的神学，这实际上是不可避免的结果，是大多数新教派信徒毫不迟疑地得出的结论。诚然，宗教改革家内部在解释基督教重要教义上发生分歧，新教不久就分裂为不同的派别。路德承认圣餐中神秘地存在着基督，茨文格利是宗教改革家中思想最开明的，认为圣礼是一种象征，而加尔文则宣扬命定论，这是天主教教会曾经拒绝接受的，尽管它崇敬具有重大影响的奥古斯丁。

第二节　新教的经院哲学

虽然路德认为经院哲学是在文字上绞尽脑汁的空洞无益的东

西，加以排斥，不久新教教会却感到有必要使信仰理论化，即建立它自己的经院哲学体系。他们诉诸《圣经》和原始基督教时期的信仰，这就造成各式各样的奇异的派别，它们按各自的见解解释基督
248 教教义；再浸礼教派和破坏圣象教派就是例证。随着新教会的创立，实际上需要有一个宗教纲领；导源于神秘主义、曾经反对宗教的机械性的运动，现在忘记了它的神秘的起源，开始制订它自己的教义。在德国，承担创建“新教体系”工作的神学家是梅兰克通(1497—1560 年)。他选取了亚里士多德的世界观，认为那是“一种诡辩最少而方法正确的哲学”，最适合他的任务。在他看来，伊壁鸠鲁学派缺乏对神的信仰，斯多葛学派宿命论观点严重，柏拉图和新柏拉图主义的思想太模糊而有异端色彩，而中期学园又嫌怀疑过度。路德也开始感觉到需要哲学来维护宗教改革。梅兰克通以亚里士多德为指针，编写新教派教科书，成为**德国的导师**(proeceptar Germanice)。十七世纪德国始终用他的书。尼科劳斯·陶雷卢斯(欧迟来恩，1547—1606 年)的哲学，表明新教派试图以奥古斯丁思想为基础，来建立一个经院哲学体系。它反对亚里士多德主义，这标志着新教中奥古斯丁神秘派反对官方的教会教义。它认为宇宙是受规律支配的，不由神来干预，这种思想显然是受了新的自然科学的影响。像波尔—罗亚尔修道院的天主教的詹生派一样，加尔文也回到奥古斯丁那里，而茨文格利则信奉新柏拉图主义。

第三节　亚科布·柏麦的神秘主义

但是，神秘主义在一般人中间仍然占有阵地，它的主要代表，例如奥西安德尔(1552年以前)、卡斯帕尔·施文克费耳德(1561年以前)、塞巴斯提安·弗兰克(1545年以前)和法伦廷·魏格耳(1594年以前)，反对经院哲学和宗教改革的形式主义，这犹如路

德本人曾经愤怒地斥责罗马天主教教会一样。十七世纪开始时，德国一个没有受过多少正式学校教育的修鞋工人亚科布·柏麦(1575—1624年)在他内容广泛的哲学著作《曙光》中，又表述了这种神秘主义。

参　考　书

施伯勒尔编柏麦全集；柯拉森编选集；由W. 劳翻译；马滕森翻译德森和拉松所写的专著。参阅原著第177页论神秘主义的著作。

柏麦为世界存在罪恶而感到不安，于是试图说明它是上帝自我表现过程中一个必然阶段。他看到现实中到处都是对立和矛盾：没有恶，就没有善；没有黑暗，就没有光明；没有差异，就没有性质。既然万物来自上帝，他一定是一切对立的初始的根源，在他身上一定蕴藏着自然界的一切对立面。就上帝是万物的本源而言，他是一个未分化、不受限制、不运动的神：绝对寂静，既是一切，又是虚无；他是深不可测的根底，是初始而无目标的意志。这一个基质要显现自己和认识自己，必须分化，必须有可以沉思的某种东西；犹如光明要借黑暗来显现，没有对象，上帝就不能意识到自己和表现自己。这种神圣而盲目的渴望，产生人类所遇到的世界上的对立。 249

柏麦的世界观中的要点有下列学说：矛盾结合而构成宇宙，生命和进程包含对立，一切现实事物的基础位于精神的基质中(泛神论)；这个基质从根本上说不是智慧(像埃克哈尔特所指出的那样)，而是无根基的意志(自由意志论)；存在是从黑暗到光明的一个过程。柏麦试图追踪这过程的演进，把基督教神学思想(三位一体、天使、撒旦犯罪、人类堕落和救世计划)同一切荒诞的概念结合起来，这些思想来自帕拉塞耳萨斯带有巫术性质的自然哲学，渗透于德国新教的神秘主义中。像新柏拉图主义所宣扬的那样，这过程要折回而复归于它的来源：具体的物质世界是撒旦犯罪的结果，是模仿上帝的滑稽画，它要回到它的家乡上帝那里；事物的物质外衣被剥除，上帝沉思其处于赤裸裸的纯净状态的本质。

第三编

近代哲学

近代哲学的精神 250

第一节　近代的特征

新时代的历史可以说是思考精神觉醒，批评活跃，反抗权威和传统，反对专制主义和集权主义，要求思想、感情和行动自由。自文艺复兴和宗教革命的过渡时期开始发挥作用的那种引起变化的因素，在随后几个世纪内继续活跃，直到现在没有停止。政治冲突以有利于国家的方式而解决，国家逐渐代替教会作为文化机构：国家掌权，取教会统治而代之。在国家内部出现了逐渐增长的、趋于立宪政治和民主政体的倾向，这种倾向现在依然存在：各个国家都要求平等权利和社会正义。独立的精神原来很合时宜地极力反对过教会的权威，现在又攻击国家的家长式的控制；政治上不加干预的学说变成为个人主义者的理想。在经济领域里也表现出同样的精神：奴隶制、农奴制和古老的行会制度逐渐消失，个人摆脱羁绊，要求独立自主地寻求经济出路（放任主义）。

在文化领域也有同样的情况，反对控制，要求自由。理性成了科学和哲学中的权威。如前所述，这种思想开始流行，即认为真理不是权威传给后世或教皇的敕令颁布的，而是由不偏不倚的自由研究获得的。注意力从探索超自然的事物转到研究自然事物，从天上转到人间；神学把她的王冠让给科学和哲学。人们用自然的原因来解释物质和精神世界，解释社会、人类制度和宗教本身。中 251
世纪以后那个时期的高级精神生活的特征是，坚定地相信人类理性的能力，对自然事物有浓厚的兴趣，强烈地渴求文明和进步。但是，要注意的是，重视和渴求知识，不是为其自身，而是为实用，为其实际价值:知识就是力量。从弗兰西斯·培根起,几乎一切近代伟大的思想家都对科学研究成果的实际应用感兴趣,怀着热诚的乐观主义展望未来的时代在机械工艺、技术、医药以及政治和社会改革上令人惊奇的成就。

个人在宗教和道德方面同样摈弃了教会的桎梏。在文化问题上尊重理性,在信仰和行为问题上注重信念和良心,并驾齐驱。他拒绝承认他和上帝之间的中介。路德固然和文艺复兴的领袖人物有所不同,宗教改革终究有助于促进宗教、道德和文化领域里的独立精神,并在人类思想摆脱外在权威的束缚方面贡献了它的一份力量。

近代哲学一开始就体现近代的精神,我们曾尽力描述了这种精神的特征。它独立地寻求真理,在这方面同古希腊的思想相仿。它追求知识时以人类理性为最高权威,在这个意义上它是唯理主义的。它试图解释精神和物质现象时并不预设超自然的东西,因而是自然主义的。因此它是科学的,同新科学、特别是自然科学有联系。

必须记取,虽然近代哲学兴起而反对陈腐的经院哲学,它却没有、也不可能完全和过去决裂。在后来很长的时期里,它的血
252 统中仍然保留有经院哲学的痕迹。早期近代思想家不断批评经院哲学的方法,经院哲学中许多旧概念却不折不扣地为他们所继承,并对他们如何提出问题和解决问题发生影响。神学的偏见也没有完全消失:培根、笛卡尔、洛克、柏克莱和莱布尼茨都接受了基督教的基本学说。诚然,我们往往不能判断他们反对经院哲学的坦率性,但是,即使他们在这方面弄虚作假,这也足以证明他们所受神学的影响。

参　考　书

一般近代哲学史

除去原版第4页以下和第228页所列著作外，参看：罗伊斯：《近代哲学精神》；法耳肯伯格，《近代哲学史》，阿姆斯特朗译；许夫定：《近代哲学简史》，桑德尔斯译，《近代哲学史》，两卷，迈尔译；卡耳金斯：《哲学中一再发生的问题》；亚当森：《近代哲学的发展》；费舍：《近代哲学史》，十卷其中的一些部分由高尔底、马海费和胡夫译；文德尔班：《近代哲学史》，两卷；策勒尔：《莱布尼茨以后的德国哲学史》；伦宁格：《认识的哲学》；梅尔茨：《十九世纪欧洲思想史》，三卷。

专著

克朗恩伯格，《唯心主义史》，三卷；拉斯威茨，《原子论史》，两卷；马比勒，《原子论史》；包曼，《时空和数学论》，两卷；沙勒尔，《自然哲学史》；克尼格，《因果问题的演进》，三卷；福斯特，《生理学史》；卡西雷尔，《近代哲学和科学中的认识论问题》，五卷；格里姆，《认识问题史》；沃尔伦德尔，《道德、法和政治哲学史》；约德耳，《伦理学史》，两卷；登宁，《从路德到孟德斯鸠的政治学说》；特勒耳奇，《基督教教会的社会学说》；普夫莱德雷尔，《宗教哲学》，斯图尔特和门梓斯译，四卷；平哲尔，《基督教的宗教哲学史》，哈斯蒂译，两卷；累基，《欧洲唯理主义精神的兴起及其影响的历史》；博克尔、德普、狄安和柯柔梓尔所著文化史，并参看《剑桥近代史》、《大英百科全书》和其他百科全书。兰德所编哲学家著作选。

第二节　经验主义和唯理主义

近代哲学按照它们以理性(ratio)或经验为知识的泉源或准则而被划分为唯理主义或经验主义。为了避免误会起见，必须强调以下数点：(1)所谓唯理主义可以指这种态度，它肯定知识的标准是理性而不是启示或权威。从这个意义来看，一切近代哲学体系都是唯理主义的；确实由于这一特征，我们才把它们划归近代哲学。诚然有这种世界观，它们不在理智中，而在感情、信仰或直觉 253
中寻求真理的泉源；不过这种信仰哲学或感情哲学也努力创制理

论，证明它们把握真理的方法和信仰的对象是合乎理性的。(2)所谓唯理主义可以指这种观点，它认为真正的知识由全称和必然的判断所组成，思维的目的是制定真理的**体系**，其中各种命题在逻辑上相互有联系。这是关于知识的数学式概念，几乎所有的新思想家都视之为理想。无论他们是否相信这种理想是能实现的，他们只承认合乎数学模型的知识，才是真正的知识。(3)还有关于知识的**起源**问题，近代哲学对此有不同的答案：(a)真正的知识不能来自感官知觉或经验，而必然在思想或理性中有其基础。真理是理性天然所有或理性所固有的，那就是天赋、或与生俱来、或**先验的**真理。确实的真理起源于思想本身。这种观点虽然有些人愿意定名为直觉主义或先验论，也被称为唯理主义。(b)没有与生俱来的真理：一切知识都发源于感官知觉或经验，因此，所谓必然的命题根本不是必然或绝对确实的，只能给人以**或然的**知识。这种观点被称为经验主义或感觉主义。

经验主义者会承认第一种和第二种意义的唯理主义，认为只有绝对确实的知识是真知识，同时否认有获得真实的知识的可能性，除非在数学中或许有这种可能。如果经验主义指经验世界是哲学的对象，哲学必须解释经验世界，那么，一切近代哲学都是经验主义的。如果经验主义指没有经验就不能认识，纯粹思想或绝对脱离感官知觉的思想是不可能的，那么，近代哲学又大部分是经验主义的。

记住以上所述，我们就能按照哲学家对知识起源问题所作的答案，区别他们为唯理主义者(先验主义者)或经验主义者(感觉主义者)。
254 义者)。哲学家总是把这种答案，同关于知识确实性或可靠性问题的答案联系起来。近代早期的两派都肯定感性知识不绝对确实。唯理主义者宣称，只有唯理或**先验的**真理、清晰明确被理解了的真理，才确实。一般说来，经验主义者否认有先验的真理，指出清晰明确被理解了的真理不是必然确实的真理。因此，我们划分笛卡尔、斯宾诺莎、马勒伯朗士、莱布尼茨和沃尔夫为唯理主义者，培根、霍布斯、洛克、贝克莱和休谟为经验主义者。在一般的认识论方面，唯理主义者是柏拉图、亚里士多德和经院学派哲学家的后裔，经验主义者是唯名论传统的继承者。但是，必须注意，这些思想家论述他们的学说时，往往前后不一致。我们是根据他们对知识起源问题的总的态度，来作这种大体上的划分的。

除了这些哲学运动外，同时还有在中世纪为人所熟知的通常与此相伴随的其他哲学流派，即怀疑主义和神秘主义（信仰哲学），二者都是从经验主义或唯理主义的土壤中发展起来的。大卫·休谟的怀疑主义的结论可以说是洛克某些经验主义前提的归宿，比埃尔·培尔的怀疑主义的结论是笛卡尔唯理主义理想的运用。我们知道，神秘主义可以流行在两个领域里；中世纪许多唯名论者是神秘主义者，而近代许多神秘主义者则以唯理主义为基础。在这些思潮以外，天主教学者还延续了陈腐的经院哲学。

第一篇　英国经验主义

参　考　书

关于英国哲学的专门著作

索尔累,《英国哲学的开端》,见《剑桥英国文学史》,第四卷以下;福尔西思,《英国哲学》;J. 赛思,《英国哲学家》;费舍,《培根及其后继者》,奥克森佛尔德译;T. H. 格林,《休谟导论》,见格林和格罗斯编休谟著作,第一卷和格林
255 著作第一卷;麦科希,《苏格兰哲学》;普林格耳-派蒂逊,《论苏格兰哲学》;雷木萨,《英国哲学史》;累赫勒,《英国自然神论史》;L. 史蒂芬,《十八世纪英国思想史》,两卷,《英国功利主义者》和《自由思想与坦率言论文集》;里昂,《十八世纪英国唯心主义》;阿耳比,《英国功利主义史》;惠威尔,《英国道德哲学史》;麦肯塔什,《伦理哲学的进展》等等;塞耳比-比格,《英国伦理学家著作选》;格雷姆,《从霍布斯到梅恩的英国政治哲学》;察尔特,《培根以来英国哲学对十八世纪德国哲学的影响》。参看 J. M. 罗伯逊,《人文主义先驱》、《自由思想简史》和《国家的演化》。

第一章　弗兰西斯·培根

第一节　改造科学

弗·培根在许多方面是新思潮的典型代表。他反对古代权威,反对亚里士多德和希腊哲学,不亚于他反对空洞无益的经院哲学。他指出,思想的眼光永远不能脱离事物本身,应该如实地看待它们的影像。过去一事无成,它的方法、基础和结果都是错误的;我们必须重新开始,使我们的头脑摆脱流传下来、因袭的偏见和意见。不要人云亦云和玩弄文字,要研究事物本身——总之,我们要独立

思考。要以自然科学为基础,归纳法为方法,发明的技术为目的。两千五百年以来所以很少进步,就是因为没有遵循正确的求知方法。有些人运用证明法,但是,他们从原则出发,这些原则仓促构成,或者因信以为真而被取用,却不确实。另外一些人相信感官,但是,感官孤立起来时是不完善的。还有些人对一切知识都失望,这种态度也是独断的,不能令人满意。我们必须重新做工作,在坚实的基础上建造或重建科学、技术和人类一切知识。这就是伟大的复兴。

这些都是近代的思想,也是培根极大的自信和乐观精神。过去的失败激发他产生了这种希望和信念,即具有辉煌成就的时代即将到来,伟大的事物即将出现,摈弃毫无结果的科学以后,大地 256
和社会的面貌就会改变(参看他的《新大西岛》)。培根一贯强调实际的目的,"把得到的真理应用到人类的福利上,是始终要记在心里的目标"。

培根没有凭借他的实验来推进自然科学事业,他对数学又确实没有足够的知识,不能理解新时代伟大天文学家们的著作。几乎不能说他的方法论对实验科学有什么影响;科学远远超过了他的方法论。他祖国的威廉·吉尔伯特(1540—1603 年),1600 年出版《论磁体》一书的著名作者,在培根关于这一课题的著作问世以前,已经在研究工作中运用了归纳法。但是,培根有意识地表述了新科学的精神,他自称为他那时代的鼓吹者,他确实应该享有这个头衔。他理解和强调在自然科学中有系统和有步骤地进行观察和实验的重要性,他提出并认为自然科学中另一最重要的一面,即数学,是本质的东西。只是因为他不知道如何在他的理论中运用数学,所以他没有用。

弗兰西斯·培根(1561—1626年)曾致力于法律和政治事业,

但是，他自己说，他的主要兴趣在于业余的研究工作。伊丽莎白女王和詹姆斯一世国王授予他重要的官职和很高的荣誉。他被封为维鲁拉姆男爵和圣阿耳班斯子爵，又是大法官。1621年他任法官时，被指控接受诉讼当事人的贿赂，他自己也承认犯法，却宣称这并未影响他的判决。他被定罪，宣判入狱，课以重罚，解除官职，但是，他得到国王的赦免，退职而隐居。

培根的英国先驱中有埃佛拉尔德·迪格比(1592年以前)。迪格比是剑桥的逻辑教授，在英国激发起研究哲学的兴趣；他把他那新柏拉图主义的学说同希伯来神秘教义结合起来，遭到威廉·滕普尔爵士(1553—1626年)的反对。滕普尔拥护彼得·拉穆斯的逻辑，反对亚里士多德。

培根的著名《论文集》于1597年出版，增补的版本于1625年出版。论文集的拉丁文译本题名为《忠诚的训诫》。他的其他著作有：《学术的进展》(1605年、增订拉丁文本题名为《学术的价值和
257 进展》，1623年)；《思维和力量》(1612年)和《新工具》(1620年)。这新"工具"或认识的工具，攻击旧的亚里士多德逻辑，目的在于改造逻辑。它是用格言警句写的，没有完成。

培根全集的拉丁文和英文版，由斯佩丁·艾利斯和黑思编辑，于1870年出版了第二版，共七卷；罗伯逊，重印哲学著作，一卷，1905年；S. 李编，英文著作，1905年；分门别类著作的许多版本。

参　考　书

斯佩丁，《培根的书信及其生平》，《培根的生平及其时代》；彻尔奇，《培根》；E. A. 阿博特，《培根》；福勒，《培根》；尼裘耳，《培根》；S. 李，《十六世纪的英国伟人》；赫斯勒，《培根》，沃尔夫，《培根及其渊源》。

第二节　归纳法

培根认为过去科学和哲学之所以毫无结果，是由于缺乏正确的方法。双手得不到帮助，知性独自思考，力量微薄。我们必须想出求知的一种新途径、头脑所用的新机械或机关，那就是新逻辑、新工具。对于科学的发现来说，旧逻辑无所作为；它使来自粗浅的概念的错误确定下来，根深蒂固，而无助于追求真理。

在仔细地描述这种方法以前，培根坚持必须清除头脑中的一切错误的意见、偏见或幻象，这共有四种。（一）种族的幻象（idola-tribus）是人类头脑的本性所固有的，其中有终极因（目的论）的概念和把人的愿望加给自然的习惯。（二）洞穴（specus）的幻象是个别的人所特有的，这是由于他有特殊的性格、教育和交往，由于他所读的书籍和所崇拜的权威，如此等等。（三）市场（fori）的幻象是最繁杂的一种，因语词和名称的联想而起。语词常被用来作不存在事物的名称，或者作现实事物的名称，但是混乱、定义含糊，由事物仓促抽绎而成。（四）剧场（theatri）的幻象出自错误的理论或哲学，出自被歪曲了的论证规律。

人的头脑必须解除和扫清这些幻象，必须单纯担当认识的工作而不受干扰。必须牢记，目的在于发现原则本身——不是要用文字战胜对方，而是要用工作战胜自然。不认识自然，不能达到这个目的；为了产生效果，应该认识原因。现在的三段论法没有用 258
处。现在的科学无非是把已经发现的事物作特殊的处理而已。三段论法由命题所组成，命题由语词所组成，而语词代表概念。因此，如果概念混乱，粗率地由事物抽绎而成——事实正是这样——整个的上层建筑就不牢固。三段论法中的概念、原则和公理都建立在经验上——正如一切原则或公理也确实是这样——不过是建立在模糊和错误的经验上，那是对经验的轻率概括。我们希望有真正的归纳法。必须连续逐渐地构成命题，有秩序和有步骤地进行，最后达到最一般和精确规定的公理。这就是说，我们必须把实验同理性能力结合起来。

归纳法不是单纯的枚举，单纯的枚举是儿戏。人类认识的目的在于发现某种特性或性质的**形式**，或其真正的差异，或它所由产生的根源。培根所谓形式不是唯实论者所指的形式，不是抽象的形式或理念。他指出，我们所关注的对象是物质，而不是形式；自然中除去按照固定规律活动的个体物体以外，别无他物。在哲学中研究、发现和解释这个定律，既是认识的基础，也是活动的基础。培根称这定律为**形式**，形式已经成为通用的词；他提到特勒肖，特勒肖说热和冷是自然中能动的形式。热的形式就是热的定律，它决定和制约任何地方的热，是热的根据。认识了形式，理解了极不相同的实体中的自然齐一性；就认识了自然中恒常、永久和普遍的东西，就为人类力量开辟了广阔的道路，这种力量是人类思想很难理解和预料的。培根称热的形式或实体性的自身是运动，是物体微小粒子的运动。形而上学研究永恒和不变的形式（原因），物理学研究动力因、物质、潜在的过程和潜在的结构。运用关于形式的
259 知识或关于自然的基本规律，导致极为重要的发明。培根称之为魔术，那就是应用形而上学（培根显然想的是炼金术）。运用关于物质和动力因的知识，是力学或应用物理学。

因此，科学要发现的最重要的原因或规律是形式，而靠的则是归纳法。(1)一种特性或性质（例如热）的形式是这样，有了形式，性质就丝毫不爽地跟随而来。因此，性质存在时，形式总是存在；形式含有性质，恒常为性质所固有。(2)形式又是这样，如果把形式移去，性质一定消失。因此，性质不在时，形式总是不在；形式的

不在含有性质的不在，形式不蕴藏于任何其他东西里面。（3）最后，真正的形式是这样的形式，它从较多的性质所固有的某种存在之源，推演出某种性质，而这较多的性质所固有者，在事物的自然秩序中是比形式本身更清楚地为人所认识的。这一切都给我们提供了进行方法的线索。（1）给出一种性质，我们必须首先研究一切已知的事例，这些事例尽管在质料上非常不同，在这同一性质方面却彼此一致（这是所谓肯定的事例）。这是本质表或存在表（穆勒称之为契合法）。（2）其次，我们应该检查缺乏这种性质的事例（这是所谓否定的事例）。应该给肯定的事例增补上否定的事例，只在那些非常类似具有和会有这种性质的事例的事物中，探究某种性质的缺乏。这个，培根称之为差异表或接近中的缺乏表。穆勒称之为差异法。（3）再次，我们要考察这种情况，其中有我们所研究的对象，而大小的程度却不相等；这要靠比较它在同一对象中的增减或在不同对象中的程度。这是程度表或比较表，穆勒称之为共变法。培根还提出十一种其他有助于头脑发现形式的方法，每一种都有名称，如排拒法、第一次收获和优异事例等等，但是他只详细论述了三种。

第三节　哲学的梗概

培根认为人类必须重新开始科学工作。在当时的情况下，他本人自然没有建立一种完整的宇宙论；他的任务是划定场地，指出
达到新成就的途径。为此，他计划写作他的巨著《伟大的复兴》，这 260
部书有六部分，他只完成了其中两部分，即《百科全书》或《学术的进展》和《新工具》。他根据心智的各种能力（记忆、想象和理性）把知识范围或“文化领域”分成历史、诗和哲学，又把它们细分为许多专业部门。

哲学是理性的工作，研究由感官印象而来的抽象的概念；它的任务是根据自然规律和事实，组合和区分这种概念。它包括：首要哲学、天启神学、自然神学、形而上学、物理学、力学、魔术、数学、心理学和伦理学。首要哲学研究几种科学所共有的公理，研究我们现在称之为思维规律和范畴的东西。形而上学有两种职能：即发现物体永恒和不变的形式，探讨目标、目的和终极因。物理学不讨论终极因，德谟克利特从来没在终极因上浪费时间，而柏拉图和亚里士多德却对终极因反复论述，因此培根宣称，德谟克利特比柏拉图和亚里士多德更深入地探索了自然。终极因的学说没有实际的价值，它不过是一个没用的东西或献身于上帝的处女。数学是形而上学的一个部门，是关于量的科学，而量是物质本质的、最抽象和可以分离的一种形式。数学和逻辑都应该为物理学服务，但相反，它们却支配了物理学。数学对形而上学、力学和魔术都极重要。

第四节 人的哲学

人的哲学包括人类哲学和市民或政治哲学。前者以单个的人为对象，后者以结合于社会中的人为对象。人类哲学研究肉体和灵魂以及它们之间的关系。它的课题之中有人类的痛苦、优异或卓越处、人相学和关于日常做梦的解释、身体状况对于精神的影响（神经错乱、疯狂）、精神对身体的影响、每一种心智官能在身
261 体及其器官中恰当的位置和处所，还有“医药、美容术、运动和骄奢淫逸”。

人的灵魂有神圣或理性的部分和非理性的部分。有关前者的一切问题必须交给宗教。有感觉的或产生出来的灵魂是物质的，因热而稀薄，变成看不见的；它主要居于完善动物的头脑中，沿着

神经而奔跑，靠动脉中富有元气的血液得以恢复和振作精神。灵魂的官能有知性、理性、想象、记忆、嗜欲、意志以及逻辑和伦理学所关注的一切东西。这些官能的根源必须从物质上去研究。关于随意的活动和感觉的问题是很有意思的。像（物质的）灵魂那样精微的气息怎能使粗糙而坚实的身体运动呢？知觉和感觉的差别是什么呢？培根发现许多物体有很明显的知觉能力，有选取自己喜爱和避免自己厌恶之物的愿望（磁石吸铁，水滴交流）。一个物体感到另一物体的冲力，察觉妨碍它的物体的撤离；整个自然界都分布有知觉。他追问，在多大程度上能够引起知觉而没有理会（意识）？可以看到，这位新思想家要摆脱中世纪有生命的自然这个概念，是多么困难。

逻辑讨论知性和理性，伦理学讨论意志、嗜欲和感情。前者作出决定，后者产生行动。逻辑的艺术在于探究或发明，考察或判断，保管或记忆，论辩或陈述。关于归纳法的研究属于判断的技术。伦理学描述善的性质，制定符合于善的法规，人为自私和社会的冲动（晚近的作家这样称谓）所推动。个人或自己的利益、自卫和自我守备，同社会的利益完全不同，虽然二者有时是一致的。社会的利益叫作责任。政治科学的任务在于发现正义和公共利益的泉源。

第五节 形而上学和神学

广义的哲学是知识金字塔的顶点，建立在培根所提出的各种课题的正确、纯粹和严格的研究上。培根的目的不是要提供一个 262
包罗万象的体系，而是“要打下更坚实的基础，更广地扩大人类力量和卓越的界限”。他认为试图建立宇宙论的时机还没有到来，他似乎根本怀疑有把握这种知识的可能性。

培根把神学区分为自然神学和神感或天启神学。自然神学是有关上帝的知识或基本知识，这可以借助自然之光和人的沉思而得到。正确地划定的这种知识的界限是这样，它足以驳斥无神论，使人确信其错误，提供关于自然规律的讯息，但不足以建立宗教。培根说，"有较少或肤浅的哲学知识使人的思想倾向于无神论，这是人所设想的真理和得自经验的结论；但是，继续深入地研究，又使人的精神皈依宗教。"不过，这种研究不能给人关于上帝的完善的知识，也不能使人的理性接受天国的神秘。由感官而来的知识，像由感官而来的一切科学一样，在这里是没有用处的。"感官犹如太阳，展示了大地的面貌，却遮掩了天国的情况。"因此，人类必须求助于神圣或神感的神学，"抛弃人类理性的小舟，登上教会的大船，只有这只大船才有正确地指出航程的神圣的指针。哲学的星光不再对人类有什么帮助。我们必须服从神圣的规律，尽管我们的意志暗中抱怨而反对；同样，我们必须相信上帝的命令，虽然我们的理性对此感到震惊。神圣的神秘越荒谬而不可信，我们能相信它，越表明我们崇敬上帝。现在我们看清，说到底信仰比认识更有价值。在认识上人的心智受感觉影响，感觉因物质事物而起；而在信仰上，精神受精神影响，精神是更有价值的动因。因此，神圣的神学应得自上帝的命令和神谕，而不应得自理性的指示。"这不仅适用于上帝的巨大的神秘性，而且适用于正确解释道德规律，大
263 部分道德规律极为崇高，不是自然之光所能掌握的。因此培根反对经院哲学家从哲学家的原理中推导出基督教真理的企图；他认为科学和信仰的结合是不正当的。但是，宗教的原理和信条被设定以后，我们能够据以作出推论。既然承认前提，就必须承认结论。"在下棋和其他相仿的比赛中，基本的比赛规则和条律只是明确的基本公设，这必须全部遵守：至于玩得好不好，那要靠技术和理性。"

培根区分开神学和哲学，这是中世纪末期情况的延续；他把教义归属于一单独的领域，这就为哲学扫清了阵地。他对待神学实际是采取一种淡漠的态度。他特别注意占星术、梦寐和占卜等等，这会使我们惊异；但是，在他那时代，相信这些东西的人很多，那时对这些东西作科学研究并不是不相称的。

第六节　培根是经验主义者

我们可以把培根划归经验主义学派，尽管他的经验主义不彻底和前后不一致。他认为除去天启以外，一切知识都产生于感觉；只有个别的东西存在。精神或理性能对感官所提供的材料加工，知识是理性的，又是实验的；而理性本身却得不出真理。与此同时，他论述心智的各种能力时，好像那是先天的资质。灵魂是物质的。可是此外还有理性的灵魂，关于这个灵魂我们一无所知；它属于宗教范围。目的论被排除在物理学以外，变成为形而上学毫无效益的部分中的一部分。

第二章　托马斯·霍布斯

第一节　目的和方法

托马斯·霍布斯是近代运动的最勇敢和最始终一致的代表之一。同所有的革新者一样，他同过去决裂：他认为希腊哲学是“幻想”；排除根深蒂固的意见是要进行处理的任务。同培根一样，他重视科学或哲学的实际效用：知识的目标是力量。他完全否定神 264
学的科学性：没有关于上帝的科学，没有关于天使的学说。他还排斥关于灵魂的唯灵主义的概念，而这种概念是他的同时代人笛卡尔的基本思想,是培根作为附录引进他的生理心理学中的。他采纳了哥白尼、伽利略和哈维的新自然科学,他把这些人看作是科学的创始者;他大胆地在他的唯物主义哲学中推演出机械论的结果。霍布斯本人研究过数学,肯定几何学的方法是唯一可以给我们以确实而普遍的知识的方法;因此,自然和政治历史不是科学:这种知识只是经验,而没有经由逻辑推理的过程。他的唯理主义的知识理想,同伽利略和笛卡尔的观点是一致的,而在知识起源的理论方面,他同培根一样,是一个经验主义者。但是,他感到很难调和他的唯理主义和经验主义;他的体系中有这两个因素,因而有许多矛盾和不确定的地方。他认为他的国家论是他对于思想的主要贡献。他骄傲地指出,公民哲学不早于他的《论公民》。

托马斯·霍布斯(1588—1679 年)在牛津研究经院哲学和亚里士多德哲学,作为英国青年贵族的私人教师和伴侣周游大陆,在巴黎结识了笛卡尔、伽桑第和梅桑。他于 1640 年 11 月长期国会开幕以后逃往法国,1651 年回国,同克伦威尔讲和。

霍布斯的著作有《论公民的哲学基础》(1642 年)、《论物体》(1655 年)、《论人》(1658 年)、《利维坦》(或教会和公民国家的内容、形式和权力)(1651 年)、《自然和政治法原理》(写于 1640 年,包括《论人性》和《国家》),佟尼斯编,1888 年;还有另外两篇论述《自由和必然》的论文(1646 年和 1654 年)。

莫尔沃斯编,五卷拉丁文版和十一卷英文版霍布斯著作,1839—1845 年。佟尼斯编,《法学原理、巨兽、书信》,1888 年、1889 年;佟尼斯,《霍布斯著作摘要》,1904 年及以后数年。伍德布里季等所编霍布斯选集。G. C. 罗伯逊等所写论霍布斯的专著。

第二节　认识论

霍布斯认为哲学是从结果到原因以及从原因到结果的知识；因此，它的方法一部分是综合的，一部分是分析的。那就是 265
说，我们可以从感官知觉或经验进到原则（分析），或者从始初的、最一般的命题、或不言自明的原则，到结论（综合）。要有真实的科学或真正的证明，推理必须从真正的原则开始；单纯的经验不是科学。霍布斯是一个唯名论者，他也给推理下定义为一种计算：理性无非是计算，即加减为人所承认的普通名称，以记录和表示人们的思想。

因此，问题是要寻求第一原理，即推理的出发点、一切结果所根据的原因。霍布斯在运动中寻求。我们能知道其原因和结果的每一物体，都是哲学要加以研究的课题。有自然物体和人为物体，或者国家，即由人所创制的物体。从而乃有包括物理学和心理学的自然哲学以及由伦理学和专门政治学所组成的政治哲学。元始或第一哲学是关于一切科学的基本原则或定义的科学；它是其他分支的序论，研究时、空、物体、原因、结果、同一和差异、关系、数量，如此等等。靠分析个别事物，我们终于把握了它们最一般的特性；我们立即认识到它们的原因，因为这些原因是不言自明的，一切只有一个普遍的原因，即运动。不充分了解最初的东西，就不能证明最后的东西。因此，哲学是关于自然物体和政治物体的运动和活动的科学。可以用运动或用力学解释一切事物：人类本性、精神世界、国家以及自然界的现象。

这些原则从哪里来，人类知识是怎么产生的呢？感觉是一切思想的泉源。知觉留存或保持在记忆中，是“衰退了的感觉”。记忆了许多事物则是经验。在头脑中影像或思想彼此相续，乃有一系

列思想，这种思想为欲望和计划所制约。语言的目的是把思想活动转化为一连串的语句，这种语句帮助我们记录思想和向别人传
266 布思想。运用语言才有科学，首先名称要有正确的定义。**科学**用一般的词，而事物本身却不是一般的，没有叫作一般的人（唯名论）。因此，无论关于事实的知识或关于结果的知识，都不是绝对的，而是有条件的。

培根强调经验或归纳的作用，而霍布斯则表明需要论证或演绎法。但是，既然他认为我们所据以推理的原则来自感觉，他对用任何方法以把握绝对知识的可能性，失去了坚定的信心。后来洛克宣称根本没有关于物体的科学，加深了这种怀疑。

知识起源于感觉印象。感觉是什么，怎么引起的？我们通过不同的感觉器官而有不同的感觉：颜色、声音、滋味、气味和触觉。这些感觉是由于某种外在的对象施作用于感觉器官而造成的。在器官里产生了运动，经过神经被送进大脑，又由那里进入心脏。接着就有了反应，这是努力向外的一种活动，使外在的事物显现出来。因此，感觉无非是头脑或心智组织或头部的某种内在基质的运动。感觉或影像或颜色不过是因对象在大脑里引起运动、振奋或变化而造成的现象、幻象。感觉不是事物本身的属性，只是在我们内部的运动。既然只有运动才能引起运动，外界除了运动以外，别无他物。一切感觉都是幻觉，但原因却是实在的物体。感觉的原因和感觉或现象之间没有相同之处。外界现实是运动着的现实，而我们感觉到的却是颜色或声音。我们通过感觉而得到的关于世界的图景，不是实在的世界。

果真如此，我们怎能认识世界的本性呢？霍布斯没有回答，这个问题没有打扰过他；同他那时代的科学家一样，他独断地设想世界是在运动中的物质世界。我们以后会看到，笛卡尔试图根据意识

的自我确实性，演绎地证明一个有广袤、运动着的实在的存在，但 267
是，这位英国的经验主义者没有因怀疑物自体而感到困惑。

第三节　形而上学

一个有物体存在于空间的真实世界存在着；除去想象的空间或事物所引起的空间概念以外，有实在的空间。一物体的实在的大小使人在头脑中产生空间的观念或幻象，从这个意义来说，想象的空间是头脑的偶性。物体没有广袤和形状的偶性是不可想象的；一切其他偶性，诸如静止、运动、颜色、坚硬等等不断消逝而为其他偶性所接替，而物体，正因为如此，却永远不会消逝。运动被定义为不断放弃一空间，取得另一空间。运动除去运动以外，没有其他原因。当一运动产生另一运动时，这并不是说一种偶性从一个物体中移出，进入另一物体，而是说一种偶性消逝，另一种偶性诞生。我们说一物体活动或施作用于另一物体，对它有所**作为**，那就是在它那里产生或破坏某种偶性。这是因果关系。一切变化和运动的动力因是运动。动力不是和一切活动不同的某种偶性，因为它以后会引起另外一种活动，才叫作动力。哲学家不能回答运动开端的问题，只有“那些在法律上受权下令来崇拜上帝的人”才能回答。在创世的时候，上帝给一切事物以他认为好的自然而特殊的运动。

除去物体以外，没有像经院哲学家所主张的无形体的实体或精灵。实体或物体是同样的东西，谈论无形体的实体，就等于谈论无形体的物体，这是用词矛盾或用语荒谬。即使有精灵或灵魂，我们也不能认识，因为一切知识都以感觉为基础，精灵是不可设想能施作用于感官的。《圣经》没有宣告有无形体或非物质的灵魂。事实上，它宁可最赞成这种人，他们认为天使和精灵是有形体的。霍布斯有这种倾向，认为上帝本身是一物体或一有形体的存在物。我们知道上帝存在，并能用因果关系加以证明，但是，他是什么，我们不知道。

第四节　心理学

268 霍布斯提供了各种精神概念。精神是头脑中的运动，或者它是头部中的一个内在的基质，一个精微的物体。影像或观念是头脑和心中的运动，是物质实体的运动。这是彻底的唯物主义。但是，他又指出心理作用是运动的现象或幻象，是精神的偶性，却"与运动不同"，这样，他就修订了他的唯物主义：在这里意识状态不再是运动，而是运动的效果。这种观点近代学者称之为随附现象论：意识是随后产生的现象。

除去认识的机能或能力以外，还有促使运动的能力，即精神使肉体产生肢体运动的能力。运动由大脑到心脏，在那里有助于生命攸关的运动时，则为愉悦或快乐；起阻碍作用时，乃为痛苦。快乐和痛苦引起嗜欲或欲望和厌恶：欲望是极力向外有所追求，厌恶是力图避免某种东西。某些欲望和厌恶是与生俱来的（如食欲），其余的则来自经验。

凡使人喜爱的，他称之为善；使人憎恶的，他称之为恶。人的禀性不同，关于善恶的一般区分也不一样。没有绝对的善，善总是相对的；即使是上帝之善，也只对人类是善。一切娱乐或快乐都是嗜欲，除非继续或前进，就不能得到满足。幸福或延续的快乐不在于已经取得了，乃在于正处在取得的过程中。

想象是一切随意运动最初的开端。嗜欲和厌恶持续地交替叫作考虑；考虑当中最后的嗜欲和最后的厌恶称为意志：要做的意志，不做或取消的意志。一切其他要做和要放弃的嗜欲是意向和倾向，而不是意志。人的意志和其他动物的意志并无不同。因此，人的嗜欲和厌恶的原因也是人的意志的原因。人的意志决定于感觉、记忆、知性、理性和意见。意志和考虑过程中的每一种倾向和任何事件一样都必然产生并决定于一种充足的原因。意志不是自由的，而是被引起的；说一个人自由，意思是说他已经作了最后的 269
考虑。一个人欲行则行，欲止则止，他是一个自由的人；自由是没有外在的阻障。一个人有行动的自由，却没有要想望、就想望的自由，他不能有要想望的想望。说我要想望就能想望，这是背理的。

第五节　政治学

我们既然了解了人的本性，就可以掌握国家和法的意义。我们可以综合地研究公民和道德哲学，那就是从原则出发，例如，从关于人的动机（精神活动）的认识开始，从中推导出建立国家、权利和义务的必要性。然而我们也可以用归纳法或通过观察自身的动机，分析地达到这种原则。一个人运用一切手段和采取任何必要的措施，以保卫他的身体，这是正当和合理的。人生来就有权利享有一切事物，对他想讨好的人做他愿意做的事，占有、使用和享受一切他能掌握的东西。自然已经把一切东西给所有的人，因此，权利和利益（*jus* 和 *utile*）是一回事。处于自然状态，每一个人都努力追求这种权利，每一个人都可以侵犯别人的权利和抵制别人侵犯他自己，这就造成了一切人反对一切人（*bellum omnium contra omnes*）的连绵不断的战争。在这种战争状态中，没有什么是不正义的，谈不到正确和错误、正义和非正义。没有共同的权力，就没有法律；没有法律，就无所谓非正义。武力和欺诈是战争中的基本德性；正义和非正义是同社会中的人有联系的品德，而不是同处于孤立状态中的人有联系的品德。亚里士多德曾经指出，人是社会的动物，社会本能使人组成社会。霍布斯否定这种观点。他认为人是凶恶的动物，人对人像狼一样（*homo homini lupus*）；争夺财富、名誉、统率或其他权力，会引起竞争、仇恨和战争，因为竞争者要满足他的欲望的办法，就是杀害、制服、排挤或拒斥别人。在这种敌对和战争状态下，无论什么时候，谁都不能希望有足够的力量来保全自己。结果他争取权力的欲望遭受挫折，造成不能达到他所追求的目的的局面。这样，非正义和伤害似乎是荒谬的行动：有
270 意不做一开始他就一直有意做着的事。虽然非正义是不合理和没理性的，霍布斯却并没有乐观到足以相信人受理性支配；他认为由于害怕后果，人才履行自己的诺言。

于是理性训诫应该有和平状态，每一个人都要寻求和平。理性的第一道告诫，或自然**规律**，是要人自我保全。第二道告诫是要人放弃**天赋**人权；满足于这样一点自由，即如果为了和平和自卫他认为有必要时，他可用以抵制别人，这相等于他容许别人抵制他自己的自由。他放弃他的权利以后，他的**责任**是不要使他那自愿的行动归于无效。而一个人转让权利，是为了得到互惠地转让给他自己的某种权利或某种好处。因此，某种权利，例如自卫权，说是转让了，那是无法理解的。他转让权利，目的是为了使他的生活安全。权利的相互转让就是**契约**。因此，第三条自然规律是人要执行所缔结的契约。这就是正义的源泉和开端。凡是没有契约的地方，就没有权利转让，就无所谓不正义的行动。但是，只要任何一方会不执行契约，契约则是一纸空文，就不可能有非正义。因此，必须有某种强制的力量，迫使人同样执行契约，靠惩罚的恐惧迫使他们执行，这样，正义和非正义才有意义。在建立国家以前，没有这种权力；因此没有国家，就无所谓非正义。此外还有其他规律，这都可用下一公式来概括：己所不欲，勿施于人。

自然规律是不变和永恒的；非正义、忘恩负义、骄傲、自负、邪恶、偏袒等等，永远不能成为合法的。因为战争绝不会保全生命，和平绝不会伤害生命。关于这些规律的科学，是真正唯一的道德哲学。道德哲学不过是关于人类交往中和社会中的善恶的科学。这些规律是理性的训诫，所以叫作**自然规律**；它们涉及人对人的态 271
度，所以叫作**道德**规律；就其制定者而言，它们也是**神圣**的规律。

建立国家和维持和平唯一的途径，是把人们所有的权力和力量交给一个人或由一些人组成的会议；通过大多数人投票把全体人的意志化为一个意志。这不仅仅是意见一致或协和，而是全体人的真正的统一，即通过人与人之间所订的约定而统一于一个人格。群众这样联合在一个人格里就叫作国家，那就是伟大的“利维坦”，人间的上帝。体现这个人格的人是元首，他有至高无上的权力。

臣民不得改变政体，至高无上的权力不能撤销；谁也不能抗议由群众所确定的共同元首的制度。元首有全权来制定法规（立法权）、有司法权、宣战和媾和权、选任顾问和政府阁员权、赏罚权；他还有权决定适合教育其臣民的学说。这些权力不可分享、不能分裂。元首可以把其他权力授予别人，例如，铸造货币之权。由这绝对统治权可能产生的恶果，同内战的悲惨和可怕的灾难、没有首脑的人群的散漫状况，是不能相比的。

统治权可以掌握在一个人或由一些人组成的会议手里，那就是君主政治、贵族政治和民主政治。君主政体是最好的形式：在君主身上公私利益得到最密切的结合，君主的行动同一个团体的人相比，更能前后一致。不管归谁掌握，统治权必须是绝对的。但是，有些事情臣民可以拒绝做：每一个臣民在其权利不能用契约来转让的一切事情上，是有自由的；他没有义务伤害或杀死自己、

坦白罪恶、杀死任何别人，如此等等。霍布斯没有把信教自由包括
在这种权利内：臣民信仰宗教由国家来规定，这对臣民要加以强
制。现在上帝靠他的副神或人间的代理人、靠统治者君主或有同
君主一样统治权者，来发号施令。重视个人良心会引起纠纷，如果
272 要维持和平，需要有公共法庭，来决定如何行动。霍布斯的国家理
论可以看作是反对人民的要求，为英国斯图亚特君主专政王朝作
哲学的辩解。君主不会伤害我，因为他是我的代表。我已经把权
威交给他。他可能做出邪恶的事，但是，这不是恰当意义上的非正
义或伤害。臣民服从的义务同君主用以保护人民的权力同始终。
君主的责任是组成一个好的人民的政府；如果他的行动会伤害一
般的人民，这种行动就破坏了自然规律或神圣的规律（salus popu-
li suprema lex）。

第二篇　大陆的唯理主义

第一章　勒奈·笛卡尔

第一节　调和的问题

笛卡尔同培根一样，坚决反对旧权威，强调一切哲学的实践性。“哲学是关于人所能认识的一切事物的完善的知识，既是为了指导生活，也是为了保持健康，发现各种技术。”不过，同英国这位经验主义者不一样，他把数学看作是哲学方法的典范：他指出，要研究逻辑，靠研究数学来运用逻辑规律。他不仅提供了人类知识纲领，而且努力创建一个具有数学确实性的思想体系。在对外在自然的观点上，他同那新时代的伟大的自然科学家们是一致的：关于自然中的一切，以至生理过程和情绪，都必须采用机械的解释，不必借助形式或本质。与此同时，他承袭了由来已久的唯心主义的或唯灵主义的哲学的基本原则，试图使之符合新科学的要求：他的问题是调和机械论和上帝、灵魂和自由的概念。

勒奈·笛卡尔（1596—1650 年）生于图棱的拉哈耶，是贵族家庭的后裔，曾受教于拉福累歇的耶稣会学校，学习古代语言、经院哲学和数学。只有在数学中他找到了他渴望的确实性和明晰性，其他科目不能使他满足，他于 1612 年离开学校时放弃了，只追求“在他本身或在世界这部大书中可以发现的”那种科学。他外出旅行，享受上流社会的消遣，1617 年和 1619 年先后加入拿骚的莫里斯和提利将军的军队，同各式各样和情况不同的人混在一起。在整个这个时期他求知的兴趣从未减弱，人们常常发现他独自沉思，甚至在军队司令部里也是如此。他所要解决的问题是如何在哲学中达到数学所特有的那种确实性,他为求神明的启示而祈祷,发出誓言,如果他的恳求得到满足,就去参拜洛雷托圣地。1621 年离开军队,笛卡尔集中精力从事旅行和研究工作(1621—1625 年)。他同他的科学界的朋友一起在巴黎呆了三年(1625—1628 年),但是,他感到需要幽静,就隐居荷兰,在那里积极进行著述的准备(1629—1649 年)。瑞典女王克里斯蒂娜对哲学极感兴趣,1649 年他接受了她的邀请,旅行到斯德哥尔摩;可是,那里的天气损害了他的健康,侨居一年以后于 1650 年去世。

笛卡尔的著作有《方法论》(在一套《哲学论丛》中与《屈光学》、《气象学》和《几何学》同时发表,1637 年),《形而上学的沉思》(附有学者如阿尔诺尔、霍布斯、伽桑第和其他人的反驳,还有作者自己的答辩,1641 年),《哲学原理》(1644 年),《论心灵的各种感情》(1650 年)。《方法论》和《论心灵的各种感情》是用法文写的,《形而上学的沉思》和《哲学原理》是用拉丁文写的。1630 年笛卡尔开始写《宇宙或论光》这部书,没有出版;1632 年伽利略被宗教法庭判罪,使这位怯懦和爱平静的哲学家不得写完。这部书和《论人》于 1664 年才出版,《书札》于 1657—1667 年出版,遗著于 1701 年出版。

关于笛卡尔的著作,有库赞编法文版,11 卷,1824—1826 年;F. 德・卡瑞叶编,某些未发表的作品,2 卷,1859—1860 年;阿德姆和唐纳瑞编,10 卷,1897 年及以后数年;法文版文集,1907 年及以后数年。魏迟和陶瑞所作的《方法论》和《沉思集》翻译以及《哲学原理》(魏迟所选而为我们所用者)选集;E. S. 黑尔德恩和 G. 柔斯所作的著作翻译。

参　考　书

K. 费舍,《笛卡尔及其学派》翻译本;马黑福等人所写的专著;N. 斯密思,《笛卡尔哲学研究》;布特鲁,《笛卡尔和笛卡尔主义》,见《剑桥近代史》,第四卷,第二十七章;《形而上学和道德学评论》,1896 年,7 月号,笛卡尔专号;纳托尔普,《笛卡尔的认识论》;科赫,《笛卡尔的心理学》;海因泽,《笛卡尔的伦理学》;土夏尔,《笛卡尔的道德学》;E. S. 黑尔德恩,《笛卡尔的生平》。

累维-布鲁耳,《法国近代哲学史》;达米隆,《十七世纪哲学史》;布耶尔,《笛卡尔派哲学史》;芒商,《笛卡尔主义在比利时的历史》;伊佛腊奇,《笛卡尔、斯宾诺莎和新哲学》;沙尔施密特,《笛卡尔和斯宾诺莎》。

第二节　科学分类

在笛卡尔看来,真正哲学的首要部分是形而上学;形而上学包
括知识原理,诸如上帝主要属性的定义,灵魂的非物质性以及人类 274
的全部单纯而清晰的概念。第二部分是物理学。物理学发现物质事物的真正的原理以后,进而一般地研究世界整体的构造,然后特别研究地球的本质和地球上最普通的东西如空气、水、火、磁石和其他矿物的本质;还要研究植物、动物、尤其是人的本质,以便此后得以发现对人类有用的其他科学。这样,整个哲学犹如一棵树,其中的形而上学是根,物理学是干,其他各种科学都是由树干生长出来的分枝,分枝归结为三个主要部分,即医药、力学和伦理学。道德科学是最高级、最完善的科学,这种科学以关于其他科学的全部知识为前提,是最高级的智慧[①]。笛卡尔《哲学原理》一书的第一部分包括形而上学,其他三部分探讨"物理学中一切最一般的东西"。

① 笛卡尔同古典时期的希腊思想家和他以后的许多伟大的哲学家一样,强调哲学的实践、伦理的意义,他说,"研究哲学以调节举止作风和指导生活,这比用眼睛引导我们走路更加迫切需要。"

第三节 知识的方法和标准

笛卡尔的目的是要发现一些确实而自明的真理,这种真理,每一个具有常识和推理能力的人都会承认。经院学派的哲学不能提供这种知识;它对同一课题意见分歧,在这领域里,要找确实性是徒劳的。其他科学实际上是从经院哲学中援引原则,在这不稳固的基础上不能建立坚实可靠的东西。因此,我们得不到清晰明确的知识,只承受许多错误的意见,陷于荒谬和怀疑中。在哲学中没有一个问题不仍然处于争辩之中。因此,科学要有坚定和恒常的
275 东西,必须扫除这种意见,从根基上重新建立起来。

我们不承袭传统的观点,应该研究世界这部大书。“纵然我们熟悉柏拉图和亚里士多德所有的推理,如果对任何命题不能作出健全的判断,那就永远不会成为哲学家。”知道别人的意见不是科学,而是历史;一个人要独立思考。我们如何去把握清晰明确的知识,应该运用什么方法?数学是榜样,给我们提示了推理应遵循的步骤;只有数学家能够发现确实而自明的命题。我们承认这样的表述,没有异议:二乘二等于四,一三角形的三内角之和等于二直角。如果我们能够在哲学中发现这样的真理,无数的争议和辩论就会结束:我们就能证明上帝存在,灵魂不死,外在世界有实在性,我们就能为科学奠定牢固的基础。

数学是怎样进行的,遵循什么方法?它从公理或自明的原则开始,凡是听到和理解这种公理的人都会予以承认。我们以这种原则为出发点,推导出其他命题,如果推理没有错误,这种命题在逻辑上可以从原则中演绎出来,而且同原则一样确实。那就是说,从简单自明的命题开始,由此得出比较复杂的命题;这种方法是综合的或演绎的。

这种方法必须运用到哲学上。我们必须从一些绝对确实的最初的原理出发、从一些清晰明确的命题出发，推向同样确实的未知的新真理。在传统的经院哲学体系里找不到这种真理，因为其中只有许多分歧的意见。而且我们不能依赖他人的权威而接受真理，必须自己寻求；凡是未经清晰明确地认识到任何东西是真实的，就绝不承认它是真实的。在这里我们要特别警惕。我们有偏见，有许多留传下来的观念是在我们幼年时代，由父母和师长传授给我们 276
的。经验证明许多这样的观念是错误的，也许全都是错误的。我们对感觉也没有信心，因为这些感觉往往欺骗我们。我们怎么能够知道有真实的东西同这些感觉相符合呢?那么，我们自己的身体和行动不是实在的吗?不，甚至这些东西我们也不能确知，我们常常被欺骗。我们做梦，在梦中我们相信眼前有实在的东西，而实际上那些东西无非是幻象而已。很可能当前，此时此刻，我们正在做梦；我们没有可用以确切区分觉醒和梦寐的标志。恐怕有一个恶魔已经把我造成这样，以致我对自己所描绘的这个世界只存在于我的想象中；它也许不存在于我的心灵以外。数学证明也可以怀疑，因为我们看到有人在数学问题上陷于错误；在我们看来是错误的，他们却肯定绝对确实。此外，上帝是全能的，他可能是这样创造了我们，以致纵然在我们认为自己所熟知的事情上，我们也常常受骗。

因此没有任何一种观念在我看来是确实的。笛卡尔说，“于是我想我所看见的一切事物都是假的；我相信我的欺诈的记忆所提供给我的那些东西，没有一件是真的；我想我没有感觉；我相信物体、形状、广袤、运动和位置不过是我心灵的虚构。那么，还有什么可以认为是真的呢？也许只是这样，世界上没有什么是确实的。”

但是，有一件事是确实的，那就是我怀疑或思维，对此是不能怀疑的。在思维者进行思维的时候，设想思维者不存在，这是矛盾的。在这里笛卡尔不是从经验的心理事实推论出:我思,故我在;而是从逻辑上推论:怀疑意味着存在一个怀疑者,思维意味着存在一个思维者,即一个思维着的东西(*res cogitans*)或精神实体;这样就把握了在他看来是一个合理的、自明的命题。怀疑意味着思维,思维意味着存在;*cogito*,*ergo sum*,我思,故我在。"对一个循序而进行哲学思维的人来说,这是首先出现、最确实的知识。"这是我们一直寻求的原则——形而上学的一个确实而自明的出发
277 点。这个命题还提供了真理的标准或检验法。它绝对确实,是真的,是清晰明确地被人认知的。因此,我们能够确定这样一条普遍的规则:凡是清晰明确被人认知的,都是真的。

第四节 论证上帝存在

现在我们有了认识的基本原则和标准。此外还能知道什么呢?只要我们有上帝骗人的观念,是否有什么东西是确实的,就是个疑问。我们还不知道是否有一个上帝,不知道他不是一个骗子。必须解除这种困难。我们有些观念似乎是天赋的,有些是自己的创造,其中大部分好像来自外界。有些观念我们认为是外在世界的影像或摹本。但是,这一切都可能是幻觉。我心中的观念之一是关于上帝的观念。没有任何东西是无缘无故产生的,凡是存在者必然有其存在的原因,这也是一个自明的命题。而且,原因至少必须同结果大小相等,其中的实在至少必须同结果中的实在一样多。那本身含有更大的实在、更加完善的东西,不可能产生和依赖于比较欠完善的东西。因此,我自己不可能是上帝这个观念的原因,因为我是有限和欠完善的存在物;上帝的观念是一个完善的无限的东西的观念。因此,这个观念必然是由一个无限的东西或上帝置于我心中的,上帝必然存在。这样论证上帝存在,不是安瑟伦

的本体论的论证，而是建立在一个完善的东西的观念之上、有因果关系的论证。这不是证明，因为我们有上帝的观念，所以上帝存在；而是证明，有关于上帝的知识，必然意味着存在比认知者更伟大的东西，这是这一概念的根据。

但是，也许有人进一步提出，无限的概念仅仅是一个否定的概念：即对完善的否定。据笛卡尔看来，情况不是那样，因为有限的观念涵蕴无限或上帝的观念；如果我心目中没有比我自己更完善的东西的观念，同它相比我认识到我本性的缺陷，我怎么会怀疑或有欲望？怀疑涵蕴真理的标准，不完善涵蕴完善的标准。

此外，因为我有一个完善的观念，我不可能是自己存在的原因。如果我创造了自己，就会使自己完善，而且能够保全自己，而 278
实际上并非如此。如果是我的父母创造了我，他们也就能保全我，这是不可能的。最后，从上帝作为一个完善的东西这个观念，还推论出他存在。我没有能力设想一个不存在的上帝，即设想他是一个极其完善的东西，却缺乏绝对的完善性。这是安瑟伦和奥古斯丁两人所用的本体论的论证。

我所设想的神圣的完善性竟然有一个以上的原因，这也是不可思议的。如果这些原因有几个，它们就不会完善；要完善，必然只有一个原因，一个上帝。上帝必然以自己为原因。如果他是另外一存在物的结果，那存在物又是其他存在物的结果，如此类推，以至于无穷：无限地往后追溯，永远不能达到任何结果。

上帝的观念来自上帝本身，是天赋的。上帝不仅是人类存在的原因，而且是人类存在的原型，上帝根据他自己的影像来创造人。上帝创造人时把这个观念置于人心中，犹如工人在他的造件上加印一个标记，这是不足为奇的。如果上帝不存在，人不可能是现在这个样子，也不会有上帝的观念。我们知道上帝本身和人类心灵，比知道物质的东西更清楚。思考上帝的观念，我们认识到他是永恒、全能和全知的，是一切善和真理的泉源，是一切事物的创造者。他不是物质的，不像人那样用感官来知觉。他有智慧和意志，不过和人类的智慧和意志不同。他不想作恶或犯罪，因为罪恶是存在的否定。这是在经院哲学中我们所熟知的通常的有神论的立场。笛卡尔同意邓·司各脱这一观点，只要理性同天启不发生矛盾，我们就承认理性。他和司各脱一样，肯定上帝本来可以把这个世界安排得和现在不一样。他同样肯定一个东西所以好，因为上帝把它创造成这样；并不是因为它是好的，上帝才把它创造成这样。

第五节 真理和谬误

到这里为止，我们已经发现了几种自明的真理：我存在；凡是清晰明确被认知的，都是真的；任何事情都有原因；原因至少必须
279 同结果一样实在和完善；上帝存在；上帝完善，上帝不会欺骗我们。但是，我们怎么就会被骗，我们怎么就会错误？首先，这是因为上帝赋予我们区分真假的能力不是无限的。其次，错误是由于认识能力和选择能力或自由选择的力量，即知性和意志，这两种原因同时发生作用之故。单靠知性我既不能有所肯定，也不能有所否定，只是了解可以构成判断的观念；在这里没有真正的错误。意志本身也不是错误的来源，因为它在其本质上特别充实和完善。错误是由于我对一件事情理解不够清楚和明确的时候，未能约束自己的意志使其不下判断。意志选择了荒谬和邪恶，而不是真实和良好的东西，乃陷于错误和罪恶。

第六节 外在世界

另外一个需要考虑的问题是关于外在世界的问题。我们想象

在我们以外有物体。我们怎么能够知道物体实际存在呢？我们有快乐和痛苦的感受，有嗜欲和感觉，我们本能地认为这有物体作为原因。但是，物体往往欺骗我们，我们不能根据这种经验存在来证明物体存在。我们又不能自己产生这种状态，这种状态必然是由上帝或外界事物造成的。如果这种状态是由上帝造成的——因为我们不知道他是其原因——我们受骗了，上帝就是一个骗子。可是我们已经证明上帝不是骗子，而是诚实的神明，因此我们的感觉必然是由实在的物体所引起的。

什么是物体？物体脱离人类思维而独立存在，不需要人类的存在而存在。这样独立的东西叫作**实体**。所谓实体不过是不需要别的东西而存在的东西。实际上只有一个这样的存在物，既上帝才是绝对意义上的实体。因此，严格说来，有一个绝对的实体，即上帝和两个相对的实体，即精神和物体。这两个相对的实体相互独立而存在，却都依赖上帝。它们彼此之间根本不同，我们只是通 280
过它们的属性来认识它们。实体必然固有的本质的特征或性质，叫作**属性**。属性是这样的性质，没有它，实体就不可设想，不能存在。但是，属性以不同的方式、样态或变化来显示它自己。我们可以脱离样态而设想实体和属性，却不能脱离实体和属性而思索样态。我们不能脱离广袤而设想形状，只能在有广袤的空间以内设想运动；如果没有能思维的东西，就不能设想想象、感觉或意志。另一方面，我们却可以脱离形状或运动而设想广袤，脱离想象或感觉而设想思维。实体不能改变它的属性，却可以改变它的样态：一物体总是有广袤的，而它的形状不必保持原状。因为上帝不变化，所以上帝没有形态。

什么是事物本身？我们在物体中清晰明确认识到的是物体的本质的属性。声音、颜色、滋味、气味、热和冷不是物体的属性：我们不能清晰明确地思考这些，它们是混乱的；我们所感觉的不是物体真正的实在。物体的属性是广袤，而不是别的什么东西：物体和广袤是同一的。广袤是长宽厚，因而广袤和空间是同一的。每一物体是一个有限的有广袤的量。没有空虚的空间或真空：只要有空间，就有物体。空间是无限可分的，没有空间的终极的部分，因而没有**原子**。物体最小的部分仍然可以继续分割，它们不是原子，而是像我们现在所说的微粒或分子。广袤没有止境，物质世界是无限的。

外在世界的一切历程是广袤的变化或样态，广袤可以无限分割，它的各个部分可以结合和分离，这就造成了物质的不同的形式。物质的一切变化或不同的形式因运动而起。运动是一物体由一处转移到另一处的活动。它是能活动的东西的样态，而不是实体。一切现象都是由一部分空间到另一部分空间的运动的转移。
281 “运动是一部分物质或一物体从同它直接接触或我们认为静止的那些物体附近，运转到另外一些物体的附近。”物理世界是根据力学来解释的。没有超距作用，一切现象都出自压力和冲力。因此，必然有普遍存在的以太，可用以说明天文学中的事实。

被认为仅仅是广袤的物体，是被动的，它本身不能运动，因此必须求助于上帝，以上帝为世界上运动的初始因。“上帝原来把物质同运动和静止一道创造了；现在单靠他的集聚作用在整个宇宙间保持他当初置于其中的相等的运动量。”在笛卡尔和他以后的时代，关于第一推动者的观点是很普通的。伽利略和牛顿都承认它，这是古老的亚里士多德的概念。为了防止由神来干预世界，以免放弃机械论，重蹈经院哲学的覆辙，笛卡尔宣称上帝已经授予世界一定的运动量：运动是恒常的。这是能量守恒理论的萌芽。物体自己不能产生或制止运动，因而不能增加或减少运动，运动和静止的量必然保持不变。

因为上帝是不变的，物体世界的一切变化必然遵循恒常的规律或自然律。一切自然规律都是运动规律。物体之间的差别可以看作是其各部分之间不同的关系：固体是各部分相互结合而静止的物体；液体是各部分运动的物体。

第七节 精神和肉体

精神和肉体是完全对立的。肉体的属性是广袤，肉体是被动的，而精神的属性是思维，精神是主动而自由的。这两种实体绝对不同：精神绝对没有广袤，肉体不能思维。我们不能设想精神或灵魂而没有思想：灵魂是能思维的东西（*res cogitans*）。作为一个能思维而无广袤的东西，我对我自己有一个清晰明确的观念。的确，我，即那使我所以成为我的精神，完全地、真正地同我的肉体不同，可以脱离我的肉体而存在。我能够清晰明确地设想自己（作为完整的）没有想象和知觉能力；但是，我不能思考这种能力而不思考 282
我自己，即不思考那种能力居处其中的一个有智慧的实体。因此，想象、知觉和我自己不同，犹如样态和事物不同[1]。我们清楚地看到，广袤、形状、位移运动或可以归属于肉体的其他相仿的特性，都同我的本性无关；只有思想属于我的本性。所以我们拥有的精神的概念，比任何物质东西的概念，都占有优先的地位，而且比较确实，因为当我们仍然怀疑是否有任何肉体存在的时候，我们已经认识到我们能思维。

在这种极端的二元论中，笛卡尔特别关注的是让自然科学对

① 在笛卡尔看来，思想包括意志，而且显然还包括那些不是由肉体和精神相结合而产生的比较高尚的情操。在《方法论》中他指出，一个思维者就是一个能怀疑、理解、设想、肯定、否定、向往、拒绝、想象和感觉的事物。

自然界自由地作机械的解释。精神被排除在自然界以外,使它占有一独立的领域。容许物理学独立活动,从中排除一切目的和终极因。区分精神和肉体,同经院哲学盛行的时代区分神学和哲学相仿。笛卡尔把这种学说运用到整个有机界,甚至应用于人类身体。人类身体和动物身体一样,是一架机器。其中的运动源泉是心脏里面的热,运动的器官是肌肉,感觉的器官是神经。血气在心脏血液中蒸馏净化,通过动脉进入头脑,又从那里传到肌肉和神经。在这架机器中,身体的职能都自然地因器官的安排而起作用,正如一只表或其他自动化机器的运动必然因摆锤和机轮而产生一样。在身体里面,除去血液和血气以外,不必设想有什么设备或有感觉的灵魂或其他极关重要的运动基质。笛卡尔反对亚里士多德和经院哲学家的活力论,对有机的自然界提供了一个彻底的机械论。

如果这两种实体相互排除,那么,它们彼此之间就不会有相互
283 作用:精神不能引起肉体变化,肉体也不能引起精神变化。可是笛卡尔没有从他的前提中得出这样的结论。有些事实表明人类的精神和肉体是密切结合的,例如:饥渴的欲望;不完全是心理影响的精神情绪和激情;痛、色、光和声音等等的感觉。这些都不能只归于肉体或只归于灵魂,必须用二者之密切结合加以解释。这种结合不能看作是类似领航人和船舶那样的结合。我的精神和肉体组成**牢固的**结合。以上所述的那些感觉就是意识混杂的样态,是这种结合的结果。那就是说,人不是一个纯粹的精神。动物进行运动,没有理性参与,这在人类也往往如此。由外在事物所激起的感觉只对血气有反应,这种反应是机械的——动物不过是一架机器。但是,人类感觉并非如此。如果我仅仅是一个能思维者,我的灵魂不总是同我的肉体密切联系着,那么,举例来说,我就会只**知道**我

饥饿，而不感觉饥饿。我就不会有这种意识的混杂的样态。

可是究竟怎样理解这种密切的结合，却并没有讲得十分清楚。笛卡尔告诫我们不要混淆精神和肉体。他指出，在人那里，思维和广袤可以结合，在组合上统一，而不在本性上统一。这种结合和两个物体的混合不同。他表明"思维可以受器官干扰，而不是它们的产物"；感觉、感情和欲望是由灵魂同肉体相结合而产生于灵魂中的骚动。虽然肉体与灵魂相互结合，彼此仍有区别；上帝把它们放在一起，而没有解除把它们分开或保留一个、摆脱开另一个的权力。在这里，笛卡尔的意思似乎是说，精神和肉体的关系不是这样，即不是身体状态变成心理状态，产生或引起心理状态，或者相反：精神只被器官的作用所困扰而已。在这一点上他所以含糊和摇摆，是由于他想根据纯粹的机械原理来解释物质世界，与此同时又 284
给精神原则以活动的余地。经验的事实证明这两个世界是密切结合的，而笛卡尔把二者截然划分，却使这种结合成了不可能之事。

可是有时候笛卡尔又毫不迟疑地承认有因果关系的相互作用的理论。灵魂虽然和整个肉体相结合，它所执行的职能却比较特殊，它的主要位置是在头脑的松果腺中。血气中的可感觉的对象引起运动，这种运动传到松果腺，于是产生感觉。灵魂还能以不同的方式促使松果腺运动，这种运动传到血气，由血气引导，通过神经而传到肌肉。笛卡尔把精神和肉体很清楚地看作是因果关系：以松果腺为媒介，造成二者之间的某种相互作用。

第八节　情绪

根据笛卡尔的观点，灵魂不是由一些分立的灵魂或能力所组成，而是一个单一的原则，以不同的方式来表现自己：这同一个灵魂既能感觉，又能推理和有意志。他把灵魂区分为主动和被动的两面，他称之为灵魂的活动和感受。前者是意志的抉择或活动，因灵魂本身而起：我愿意爱上帝，思索纯粹的思想，或创造想象的图画和推动我的身体，这些我都是自由的。后者是感觉及其摹本、欲望、痛苦、热和其他身体感觉，这是由外在的对象或身体所引起的。自愿或主动的情况绝对在灵魂的权力以内，只能间接地由身体引起变化；而被动的状态绝对依赖生理的原因，只间接地由灵魂引起变化，除非有时候灵魂本身就是它的原因。可是，此外还有其他情状或"知觉"，"我们感受其影响像在灵魂本身中一样"。有快乐、愤怒等等情操，严格说来，这些是激情；它们是灵魂的知觉、情操或情绪，我们特别把它们归属于灵魂；这由血气的运动所引起、支持和加强。这种激情的主要影响和用途是激发和引导灵魂向往那些激
285 情促使身体去做的事情：恐惧引起逃避的愿望，勇敢引起战斗的愿望，如此等等。真正的激情有刺激松果腺的血气的运动作为其直接的原因，但是，有时灵魂愿意思索某种事物，那时激情是由灵魂的活动所引起的，例如，我分析形势，可以鼓起我的勇气。

所谓自然欲望和意志之间的冲突，可以用两种运动的对立加以说明，一种是身体由其精神所引起的运动，一种是灵魂由其意志所引起的运动，这两种运动要在同时刺激松果腺。每一个人都能通过这种冲突的结果而认识自己灵魂的强弱。但是灵魂却不是那么虚弱，只要善加引导，就有驾驭激情的绝对能力。但是，不认识真理，灵魂的力量就不能胜任。

笛卡尔列举了六种基本的强烈的情感：惊奇、爱慕、憎恨、欲望、快乐和悲痛，其余的一切都是这些情感的种属。所有这种情感都同身体有关，它们的自然用途是激发灵魂，使之同意或增强那有助于保全身体或让身体更加完善的活动；在这个意义上首先运用的是快乐和悲痛。因为灵魂只是由痛苦的感觉直接引导来回避有

害的东西，而痛苦的感觉产生悲痛的情感，然后乃有对痛苦的原因的憎恨和解除痛苦的欲望。

善恶主要决定于在灵魂中只由灵魂本身所激起的内在情绪。只要灵魂内部有某种东西使它满足，一切来自外面的困扰就都不可能损害它。要取得这种内在的满足，只须严格地遵循道德。我们在这里注意到斯多葛学派对笛卡尔的伦理学的影响。斯多葛主义在文艺复兴时期是流行的伦理理论，一直到近代仍然受人欢迎。

培根曾对心理状态提出一种机械论，霍布斯则以机械论为其全部世界观的基础。笛卡尔试图运用机械论详细地说明人类大部分的心理活动。但是，他没用这种办法来解释所有的心理过程。精神是一个独特的实体，有理解力和意志。而且，笛卡尔所谈到的一切"知觉"，诸如感觉、欲望和情绪，是精神状态，不是运动；有些强烈的情感纯粹是精神作用，根本不是由器官的活动所造成的。意志是离 286
身体状态而独立的，能够由其本意产生这种状态。意志是自由的；灵魂的伦理理想是要使它自己不受外界影响，由自己掌握主动权。

第九节　天赋观念

笛卡尔的目的在于把握清晰明确的知识，当我们判断一件事不可能同我们所设想的不一样时，这就达到了确实性。在数学论证中有这种必然的知识，如果我们采取正当的方法，在哲学中也可以取得。确实的真理是被清晰明确认识到的，虽然不是所有的人都能同样看清。这种知识不可能产生于感觉，感觉不能表明事物本身的状态，只表明事物如何影响我们。颜色、声音、滋味和气味不归物体所有。当真实的物体被剥除感官所赋予它的性质以后，我们只能用清晰明确的思维认识它是什么样子。如果我们不能从感官经验中得出真正的知识，如果真正的知识是根据某种基本概念和原理进行推理的结果，那么这些基本概念和原则必然是头脑所固有的、天赋或先验的。头脑有它自己的标准或规范来引导它寻求真理。认识的原理总是一开始就存在的，不过，只有在经验的过程中，即当头脑进行思维时，才变得明显起来。笛卡尔的基本思想，是他认为理性有它固有的规范，至于这种规范如何出现，他没有明确的观点，在这里他又摇摆不定。所谓天赋的知识，有时他指头脑所感受的观念或真理，指灵魂于自身中发现的原理；有时他指在经验的过程中、灵魂产生这种知识的固有的能力或机能。洛克反对天赋观念论的论辩，使整个问题更加清楚明确，使莱布尼茨和康德那样的唯理主义者不得不以不同的方式来论述这种学说。

笛卡尔的唯理主义和先验主义没有妨碍他极为注重经验[①]。
287 他没有创制一种系统的认识论；他感兴趣的是发现真理的方法，而不是详细地探讨认识论问题。他虽然有精心思考过的怀疑主义思想，他却相信理性有能力把握确实的知识，从这个意义来看，他是一个独断论者。他是一个实在论者，承认外在世界存在，可是唯有理性思维能够认识其真实的本性。

第二章 笛卡尔的后继者

第一节 笛卡尔哲学中的问题

笛卡尔的哲学面临许多困难，引起许多问题，这使后来的思想家忙了几个世纪。有人指出，如果像笛卡尔的理论所主张的，上帝和自然是两种不同和各自独立的实在，那么，二者之间就没有实在的关系。上帝就不能把他本身的观念印在人心上，人对上帝就一无

---

① 参看杜布：《笛卡尔的物理学》；福斯特：《十六、十七和十八世纪的历史》。

所知。而且也不能解释上帝,一个纯粹精神,怎么会授予物质以运动。笛卡尔有时候区分上帝的实体性和灵魂与物体的实体性,借以试图避免这种令人困惑难解的问题:上帝是唯一实在的实体,其余的一切都依赖他,是以他作为原因所引起的结果,是他的创造物。笛卡尔徒有其名地放弃他体系中所固有的二元论,为斯宾诺莎的泛神论开辟了道路。像笛卡尔那样赋予人以自由意志,而他的哲学又不能解释这种"极大的神秘性",于是在上帝和人之间就造成了相似的二元论。在人和自然或精神和肉体之间,也存在着鸿沟。如果精神和肉体完全不同,它们之间怎么会发生关系?根据假设,彼此之间的相互作用是不可能的,而同时又认为这种相互作用是事实。这就产生了双重矛盾:肉体和灵魂是独立的实体,上帝是唯一的真正的实体,灵魂和肉体都是上帝所创造的;灵魂和肉体是独立的实体,彼此之间却有相互作用。还有人提出了这样的问题,如果动物的肉体是机器,为什么人类的肉体就不是机器?

笛卡尔的新哲学试图调和不能忽视的近代科学的机械论和随
基督教而来的唯灵主义的神学与形而上学。几乎笛卡尔所有的困 288
难都是由这种调和工作造成的,他的后继者的任务就是要指出这种困难或发现摆脱这种困难的途径。采取下列办法,可以避免笛卡尔体系的二元论:(1)取消自然为独立的实在,宣扬绝对唯心主义(马勒伯朗士);(2)取消精神为独立的实在,肯定唯物主义(霍布斯、拉·美特利和法国唯物主义者);(3)使精神和物质都成为绝对实体上帝或自然的表现(斯宾诺莎)。还可能保持二元论,坦率否定相互作用的可能性(平行论)。除形而上学的问题以外,另外还有关于知识的起源、性质和方法问题也都需要进一步加以研究;在这方面英国经验主义者和法国感觉主义者所做的工作最为突出。

笛卡尔的哲学在荷兰受到耶稣会派(1663年把其著作列为禁

书)和加尔文派的激烈反对,在法国和德国大学中被禁止。但是,它在荷兰新大学,特别是在神学家当中,赢得了追随者,在法国为天主教神父团体所继承。对笛卡尔哲学所提出的形而上学问题,特别是精神和肉体的关系问题感兴趣的有:雷吉斯(1632—1707年)、德·拉·福尔盖、科尔德毛伊、克劳贝尔格(1622—1665年)和贝克尔(1634—1698年);贝克尔试图根据笛卡尔的原理,证明妖魔学、巫术、魔术和其他迷信的东西是不可能的。此外还有阿·格林克斯(1625—1669年)。克劳贝尔格认为灵魂不能创制肉体运动,却能像驭者指挥马一样,引领这种运动。同尼科尔一起写《思维的艺术》或被称为《保尔-罗亚尔逻辑学》的作者安·阿尔诺(1612—1694年),是个詹森主义的信徒,他赞同笛卡尔的哲学。

第二节 偶因论

笛卡尔派大都排斥相互作用的理论、或者所称谓的精气流动(influxus physicus),借助于上帝的意志以解释精神和肉体的关系。精神和肉体是有区别的,意志不能推动肉体,它怎么能够呢?偶因使外在世界发生这种变化,是上帝亲自促其实现的。自然现象也不能使我们产生观念,这只是上帝在我们心目中造成这种观
289 念的偶然的原因(causae occasionales)。这种观点叫作偶因论。偶因论是平行论,认为心理和物理作用没有因果联系,彼此是平行的。这是对因果观念批评的开端,这种批评在休谟的怀疑主义中达到了登峰造极的地步:精神上的原因怎能产生肉体上的影响,或肉体上的原因怎能产生精神上的影响?

第三节 阿尔诺尔·格林克斯

格林克斯解释物质的方式有些不同。他指出,的确我们不能

施作用于物质世界，物质世界也不能施作用于我们。从上帝特殊的行动来说，我们的意志不是造成运动的原因，运动也不是造成观念的原因。上帝也没有在肉体和灵魂之间预先建立了和谐。虽然我的意志是自由的，上帝却知道我将要向往什么；整个宇宙是按照他那种知识来安排的。“上帝用他的无限的智慧制定了运动规律，因此完全脱离我的意志和能力而独立的运动却符合我的自由意志。”格林克斯的认识论也和笛卡尔派不同：我们不能认识事物本身；上帝能够认识事物，而我们只能认识我们自己。

格林克斯的著作有《农神节》（1653 年），《逻辑学》（1662 年），《伦理学》（1664 年以后），《真正的物理学》（1688 年）和《形而上学》（1691 年）。兰德编辑的格林克斯的著作有三卷。兰德等的专论。

第四节　唯心主义

尼古拉·马勒伯朗士（1638—1715 年）从另一角度看待笛卡尔所提出的问题。他是耶稣祈祷派的成员，这个团体重视奥古斯丁的学说，对笛卡尔的思想很感兴趣。马勒伯朗士阅读了笛卡尔的《论人》，这使他致力于研究笛卡尔的整个体系。虽然他的目的是要调和宗教和哲学、奥古斯丁主义和笛卡尔主义，他的著作却被列为禁书。他的主要著作有：《关于真理的研究》，1675 年；《论自然和恩赐》，1680 年；《论道德》，1684 年；《关于宗教和形而上学的探讨》，1688 年；以及《论对上帝的爱》，1697 年。

西蒙编辑的著作有四卷；马勒伯朗士著作的一些译本；约利等的专著。并参看凯尔德《论文学和哲学文集》；庇雍，《唯心主义的演化》，见《哲学年鉴》第 IV 和第 V 卷。

马勒伯朗士问道，如果思想和运动完全不同，运动怎么会产生感觉，精神怎么能够知觉真实的广袤，如果有实在的广袤的话。这 290

似乎是不可能的。精神的东西用精神的方法得以为人所认识,同类只能认识同类。我们所见者不是实在的世界或实在的广袤,而是一个观念的世界,一个只有理智可以理解的世界、只有理智可以理解或具有观念性质的空间。观念在上帝那里,上帝是精神,只有精神的属性。一个实在的物体或被创造的空间,不能影响精神,只有具有观念性质的物体,即一物体的观念,能够影响精神。我们知道一切事物都在上帝那里,不是在有广袤的上帝那里,而是在能思维的上帝那里;我们所理解的东西是观念,不是有广袤的物质对象本身。到此为止,马勒伯朗士的理论是唯心主义的泛神论;如果他停留在这里,哲学史家称他为"信基督教的斯宾诺莎",这种判断是有一部分理由的。但是,他并不主张只有一个普遍的实体,而主张唯有一个包罗所有事物的观念的最高理性。物质世界是一个不可认识的领域(terra incognita),他不知道它是否存在。我的心智的实在的直接对象,是物质世界的观念,而不是物质本身;除去通过自然或超自然的启示以外,我不知道这个对象的存在。"如果上帝毁灭了这个被创造的世界,而像他现在那样继续影响我,我就会继续看见现在我所看见的东西,我会相信这个(被创造的)世界是存在的,因为影响我的心智的不是这个世界。"我们相信这样一个世界,由于启示告诉我们它存在着。如果马勒伯朗士排除这个不以其面貌对着我们的陌生的相反世界,他的体系就是泛神论,不过那是唯心主义的泛神论,不是斯宾诺莎主义。

马勒伯朗士关于因果问题的讨论,类似后来休谟所作的批判,休谟检查了法国柏拉图主义者的学说。他认为我们不能从内在和外在的经验中得出因果必然联系的概念:我们所以有权利假定这种必然的联系在于理性。因果必然联系的概念涵蕴在普遍存在物的概念中。

第五节　神秘主义

布莱斯·巴斯噶(1623—1662 年)著有《外省信札》,1657 年;
《关于宗教的思考》,1669 年。他是一个富有才华的数学家和物理
学家,他的神秘主义夹杂着一部分怀疑主义。巴斯噶同情保尔·
罗亚尔的詹森派,即由奥古斯丁思想所鼓舞而产生于天主教教会 291
内部的改革运动,赞同笛卡尔的二元论及其机械的自然观。他还承认某些首要的原理的确实性,例如认为时空、运动、数目和物质是存在的。但是他断言关于终极的东西的认识超越人类的能力范围以外,人既不知道事物的根据,也不知道事物的目的。人既不能证明上帝存在,也不能证明灵魂不死。哲学的论证或许可以把人引到真理之神,却永远不能把人引到爱之神那里。这样,理性归结为怀疑,一旦在我们的利害关系的最紧要关头,把我们扔下不管。但是,在宗教的感情中,我们能够直接经验上帝而感到平静。"人心有它自己的道理,这是理性所不能理解的。"可是,由于一切自然的东西,例如人性和人类社会,都是有罪和堕落的,只有神圣的恩惠、天启和教会的权威能够拯救我们。

参　考　书

博苏特所编巴斯噶著作;布隆施维茨所编《思想》1904 年;凯根·保罗英译《思想录》和《外省信札》;图劳迟等的专著;科斯特,《巴斯噶的伦理学》。

普瓦雷(1646—1719 年)承袭了柏麦的神秘主义。黑耳芒特(1618—1699 年)在单子论方面是莱布尼茨的先驱,他是一个神秘主义者,受到柏拉图主义和犹太神秘教教义的影响。

第六节 怀疑主义

比埃尔·培尔(1647—1706 年)著有《历史批判辞典》,1695 年;《哲学体系》,1737 年。他运用笛卡尔派清晰明确的认识标准,作为他尖锐深刻地批评哲学和神学独断主义的试金石。他以突出的辩证的技巧揭露了宗教教义中事实和理性的矛盾,使人注意理性和启示、科学和宗教的对立。宗教限制在启示的范围以内,而启示本身必须服从理性;对宗教所根据的历史事实必须加以批判的考查。可是宗教和形而上学理论并不影响人类道德。

培尔对莱布尼茨和休谟都有影响,他的《辞典》由启蒙运动领袖之一同哥特舍德一样重要人物译成德文。他的破坏性的批评,对十八世纪法国启蒙时期的哲学家来说,是极其有力的。近来有
292 一个学者指出,这些哲学家大量援引他的伟大的著作,不过未提作者的名字。1767 年腓特烈大帝写信给伏尔泰,他说:“培尔开始战斗。一些英国人跟着加入战斗。你注定要结束这场斗争。”

参 考 书

德尔沃尔夫,《在培尔著作中的宗教、批判和实证哲学》;皮荣在 1896—1902 年《哲学年刊》上发表的论文;费尔巴哈等的专著。

第三章 斯宾诺莎

第一节 唯理主义

笛卡尔相信人类理性有能力把握确实和普遍的知识,他是一个独断主义者和唯理主义者。借助于心灵中固有的自明的概念和

原理，他从事于建立一包罗万象的理论，这种理论像几何学的命题那样必然为理性所遵守。斯宾诺莎具有同样的信心，他认为哲学的目的也是要获得关于事物的完全的知识，这只有靠清晰明确的思维才能达到。如果我们从自明的原则出发，在论证中每一步都加以证明，我们能够构成像数学一样确实而普遍的真理系统。笛卡尔在他的《沉思集》的附录中曾列举运用几何方法的例证。斯宾诺莎在他的早期论述笛卡尔哲学的著作和他的主要著作《伦理学》中运用了同样的方法。他从定义和公理出发，再到命题，这种命题是他按几何学的次序（ordine geometrico）加以论证的，在论证中各个命题都占据它应有的地位。命题之后还有**推论**，即由命题产生的必然的结果；还有**解说**，在这里对命题不拘形式地作比较详细的讨论。斯宾诺莎严格遵循数学的方法，这使他的思想深受影响，下文我们要谈到的。

在目的和方法上，斯宾诺莎于是以笛卡尔为榜样。同他的前辈一样，他对同样的问题也感兴趣，但是，他试图用比较严谨和有系统的方式来解决问题。笛卡尔截然划分上帝和自然以及精神和肉体：思想是精神的属性，广袤是肉体的属性。但是，他宣称上帝是唯一独立的实体，其他所谓实体都依赖于他，而且只有相对的独 293
立性。斯宾诺莎严肃地采纳了这种思想，并以逻辑的一致性予以加工。如果实体除其本身以外不需要别的东西便得以存在或被设想，如果上帝就是**这个**实体，其余的一切都依赖于他，那么，显然上帝以外就不可能有实体。思想和广袤不可能是不同实体的属性，而是同实体一起融合于上帝之中；它们是唯一的独立的实体的属性。宇宙中一切事物都依赖于它；上帝是一切性质和事态的原因和负荷者，是一切事物赖以存在的一个基质。他是一个既能思维、又有广袤的实体，这样，实体的二元论消失了，而属性的二元论依然存在。这两种属性之间、精神和物质活动变化之间没有相互作用，这两个系列相互平行，永不相交。凡是有精神现象的地方，必然有物质现象，反之亦然；物质领域里的秩序和联系同精神领域里的秩序和联系是同一的。一元论、泛神论和平行论取二元论、有神论和相互作用而代之。

巴鲁赫（别涅狄克特）·斯宾诺莎（1632—1677年）生于荷兰，是一个富有的葡萄牙犹太商人的儿子。他研究希伯来文献，目的是要成为犹太教教士，但是，犹太的烦琐哲学不能使他满足，犹如基督教的思想体系不能使培根和笛卡尔满足一样。处于怀疑的境地，他通晓了笛卡尔的著作，摈弃了犹太教。1656年他被逐出犹太教公会，不得不离开阿姆斯特丹，曾在荷兰几个市镇住过，最后于1669年定居海牙，在那里靠磨光学镜片来维持生活。他热爱真理，大公无私，生活简朴，是体现了哲学家德性的典范。但是，他的泛神论的体系激起了强烈而几乎普遍的愤怒，有好几个世纪斯宾诺莎被藐视为无神论者。他生前用自己的名字发表的唯一的著作，是于1663年出版、阐述笛卡尔体系的《形而上学的沉思》。他在《神学政治论》中批判地讨论了《摩西五书》摩西这个作者问题，主张思想自由以及教会和国家分离；这部书的出版没有署名。他死后于1677年出版的著作有《伦理学》、《政治学》、《知性改进论》和《书信集》。1850年发现了他最早的著作《简论》的荷兰文译本，其拉丁文和荷兰文的原文已经遗失。

参 考 书

弗洛顿和兰德所编斯宾诺莎著作最佳版本，两卷，1882—1883年。艾惠斯译主要著作，两卷；怀特译《伦理学》，第二版；怀特译《知性改进论》；布里垣译《形而上学的沉思》；A. 沃尔夫（与赖夫）译《简论》；弗勒尔顿编《选集》，第

二版。(此书采用了艾惠斯和怀特的译文。) 294

凯尔德,《斯宾诺莎》;马提诺,《斯宾诺莎研究》;波洛克,《斯宾诺莎,他的生平及其哲学》,第二版;约阿希姆,《斯宾诺莎伦理学研究》;皮克通,《斯宾诺莎》;达夫,《斯宾诺莎的政治和伦理哲学》;K.费舍,前引书,第1、2卷;弗罗伊登塔耳,《斯宾诺莎传》和《斯宾诺莎生平》;曼斯玛,《斯宾诺莎及其亲友》;艾尔哈尔德特,《斯宾诺莎的哲学》;瓦耳,《斯宾诺莎的伦理学》;顿尼-布尔考茨基,《青年斯宾诺莎》;沃尔姆斯,《斯宾诺莎的道德学》;布隆施维茨,《斯宾诺莎》;库仇得,《斯宾诺莎》。艾尔哈尔德特书第1—66页载有斯宾诺莎主义史,关于不同解释的探讨见该书第466—502页附录。

研究斯宾诺莎学说的学者曾经从不同的方面追溯斯宾诺莎思想的渊源:阿威罗伊思想、中世纪希伯来神秘哲学和泛神论的文献、犹太学者摩西·迈芒尼德和克雷斯卡斯的著作[①]以及乔尔丹诺·布鲁诺的深沉的思想。不管其中任何一种学说或所有的这些学说对他有什么影响,可以肯定笛卡尔的哲学是他的思想体系的基石。他所关注和要解决的问题,是由这位伟大的法国唯理主义者的理论所产生出来的问题;那作为他的解决办法的特征的泛神论概念,是笛卡尔把上帝概念看作是绝对实体的合乎逻辑的结果。但是,很可能是中世纪犹太思想家的新柏拉图主义,使他认识到笛卡尔体系有发展成泛神论的可能。

第二节　方法

斯宾诺莎在他的体系中对待世界,像对待几何学中的问题一样。他认为一切事物都必然地由宇宙的第一原理或根据而来,犹如几何学的命题必然地由其逻辑前提推演而来。正如在数学演绎中其结果不只是在时间上的后果,而是同原理本身一样是永恒的。

① 迈芒尼德认为设想上帝为许多属性的负荷者,就会破坏他的统一性,而克雷斯卡斯却维护这种观点。

事物也因第一原因而起，不是在时间中的演进，从永恒的观点来看（*sub specie aeternitatis*），而是永恒的。时间仅仅是思维的样态（*modus cogitondi*），这里却没有先后，只有永恒性。根据等于结果，原因等于理由；合理的或逻辑的根据和实在的根据之间没有区别。思维和存在是同一的。在现实中每一事物都由另一事物而来，或被引起；宇宙是一个因果锁链，其中每一环节必然和前一环节相联系，正如在推理的过程中每一结论都是建立在前提之上的。
295 而且，正如在数学证明中每一命题都是其他命题的必然结果，在自然中每一事物也是其他事物的必然结果：整体是一个有相互联系的体系，其中每一部分都有其必然的位置。这就是说，斯宾诺莎的体系是严格的决定论的。另一方面，自然中没有目的或计划，正如数学中没有目的或计划一样；从这一点来看，斯宾诺莎的体系是反目的论的。上帝怎么会有计划？思维同有广袤的性质一样，是潜在的实体的属性，所以不能作为终极因先于后者而存在。如果肯定上帝有目的，那就是把思维置于广袤之前，而事实上思维作为上帝的属性或表现，是和广袤处于同样地位的。

第三节 万有实体

斯宾诺莎在《伦理学》中最为充分地表述了他的思想体系。这部书分为五部分，讨论了以下课题：(1)上帝，(2)心灵的性质和起源，(3)情绪的性质和起源，(4)人的奴役和情绪的力量，(5)理智的力量或人的自由。为实体下定义是作者思考的起点。实体独自存在或不依赖于任何别的东西而存在，它不必借助于任何其他事物的概念而被理解：不能设想任何东西而不预先肯定实体，却能设想实体而不预先肯定任何别的东西；它是绝对独立、根本的基质。

根据实体的定义，必然得出某些结论。如果实体是绝对独立的存在物，它必然是无限的，否则它就不是独立的。只能有一个这样的存在物，否则它就会受其他东西的限制，而不是独立的。它是以自身为原因（causa sui）的；如果它由任何别的东西所产生，它就依赖于那个东西。因此，它是自由的，意思是说，没有在它以外的什么东西能够决定它；它是由自身来决定的，它的一切性质和活动必然地由其本性而来，正如一个三角形的性质由三角形的本性而来一样。不能赋予实体以个体性或人格，因为这隐含着规定或限制：一切规定都是否定。于是实体也没有人那样的智慧和意志，它 296
不思维、不计划、不决定，不按照有意识的目的和意图行动：这种目的论同实体的本性是格格不入的。斯宾诺莎指出："我坦白地说，认为一切事物都受制于上帝漠不关心的意志，是出于上帝的任意性，这种观点比那主张上帝的所作所为都是为了行善的观点，更接近真理。因为这些人似乎把一个离上帝而独立的东西置于上帝以外，上帝进行作业时，视之为模型，这是他要达到的目的，犹如趋向一个目标。实际上这不过是使上帝服从命运，是对上帝最荒谬的看法；我们已经表明上帝是事物本质和存在的元始和唯一的、自由的原因。"

这一单一、永恒、无限、以自身为原因的必然的事物基质叫作上帝或自然。上帝不像笛卡尔所主张的那样脱离世界，是从外面施作用于世界的一个外在的超验的原因（有神论），而是在世界以内，是宇宙内在的基质。上帝在世界之中，世界也在上帝之中；他是一切存在物的泉源（泛神论）。上帝和世界是一而二、二而一的。这里原因和结果没有区别；上帝没有创造同他分开、在他以外的某种东西，即离他而独立的某种东西；他是事物内永恒的实体、基质或本质。上帝作为一切实在之活动的本原或泉源，斯宾诺莎用老经院学派的术语称他为产生自然的自然（*natura naturans*）；上帝作为多种多样的物体、出自本原的结果或产物，他被称为被自然产生的自然（*natura naturata*）。

第四节 上帝的属性

我们另外还能怎样为上帝或自然下定义呢？什么是万有实在的属性呢？所谓属性，斯宾诺莎是指理智认识到的组成实体的本质的东西。关于斯宾诺莎的意思，黑格尔和埃尔德曼这样的注释家这样理解：属性是人类知识的形式，不是实在地为上帝所有，而是由人类思想赋予他的。其他人，例如K.费舍，则认为属性不仅仅是人类思维的形式，而是上帝本性的真实表现、上帝实在的性质。这后一观点可能是正确的解释；唯理主义者斯宾诺莎肯定思
297 维必然的形式具有客观确实性：理性迫使我们思维的，不仅仅有思想上的实在性。可是，一切规定都是否定，要把确定的性质加在万物的无限的根源上，他在一定的程度上犹豫不决。要避免这种困难，于是他把无限数目的无限的属性赋予这无限的实体：其中每一种属性本质上都是无限和永恒的。上帝极其伟大，他被设想具有在无限程度上的无限的属性。

人类心灵只掌握无限的属性中的两种，即思想和广袤。自然以无限的方式来表现自己，人所能认识的不过是思想和广袤——人本身就是物质和精神的生物。因此，上帝或自然至少既是物体，又是精神。哪里有空间或物质，哪里就有灵魂或精神，反之亦然；这两种属性是实体本性的本质的东西，存在于任何有实体的地方，即到处都有。广袤和思想就其本身那一类来说都是无限的，但是，不是绝对地无限，那就是说，无论是思想或广袤都不是唯一的属性；因为上帝有许多其他属性，没有一种能够称为绝对地无限的。

这些属性绝对相互独立,不能相互影响:精神不能引起肉体的变化,肉体也不能引起精神的变化。“如果两个东西没有共同之处,其中的一个就不能是另一个的原因。结果不包含属于原因的任何东西时,结果中的东西就是无中生有了。”这里斯宾诺莎赞同偶因论者和马勒伯朗士的学说,即只有同类产生同类,精神不能产生运动,运动也不能产生精神。

我们不能像唯物主义那样,以物质来解释精神,也不能像唯灵主义那样,以精神来解释物质。精神和物质领域、思想现象和运动现象是同一个万有实在的表现,二者的地位相等;其中一个不能是另一个的原因或结果,二者都是同一个原因的结果,出自同一个实体。从一方面看,不可分割的自然或上帝是占有空间、运动着的东西;从另一方面看,那是一个观念的世界。这就是现在我们所谓的心理生理平行主义。一领域中的秩序和联系和另一领域中的秩序 298
和联系是相同的。自然界中存在一个实在的圆,同我的圆的概念相符合。

第五节　样态说

属性表现为特殊的情况或样态。样态被规定为“实体的状态或变化,或在另一东西以内、并通过另一东西而被人理解者”。那就是说,样态或变化总是某一事物的变化,除去作为一事物的样态以外,是不可设想的。广袤的属性表现于一个具有特殊形状的物体中,而思想则表现于特殊的观念和意志活动中。永远不会有纯粹抽象的思想、一段空无所有的思想,也不会有纯粹抽象的广袤;而有的总是特殊的观念和特殊的物体。但是,我们不能脱离属性而设想后者,例如,不能设想运动或静止而没有广袤;不能设想理智或意志而没有精神。

在一种意义上，样态是无限和必然的；在另一种意义上，样态是有限和暂时的。例如，物种是永恒的，而个别的个体则要消逝；个体灭亡，而类长存。智慧和意志或人物自古至今一直存在，将来还要永远存在，而个别的人却有生有死。永恒无限的实体永远以一定的方式来表现自己，表现为物质和精神形式的永恒和必然的体系，表现为观念的体系和物体的体系。斯宾诺莎把这一观念的无限和必然的体系，即一切观念的总体，称为绝对无限的理智；把广袤样态的体系称为运动和静止[①]；这二者共同构成**整个宇宙的面貌**。整个宇宙的面貌永远保持不变，虽然它的各个部分经常发生变化。作为一个整体，自然可以比作一单个的有机体，其中的成分虽有生灭，而其形式（面貌）却依然如故。

个别的有限的物体和精神不是直接出自上帝的实体；每一有限的事物都以其他有限的事物为动力因，如此类推，**以至于无穷**。
299 个别的物体形成一相互联系的锁链、严格的因果关系；个别的观念形成一相仿的锁链。我头脑中个别的观念因其他观念而存在，如此往前推进；我眼前的个别的物体因其他物体而存在。如果不是因为有这一个，另外一个东西就不会存在。但是，这个或那个个别东西的存在，对万有实体来说，并不是必要的；它们都不是必然地产生于上帝的本性。如果没有一切事物所隶属、一切事物都是其状态的永恒而潜在的实在，那么哪怕一个单独的思想或物体都不会存在。斯宾诺莎十分清楚，我们不能从实体的概念中，用逻辑的方法推论出这个或那个个别的事物、有限的样态；从概念中永远不能推导出个体。已知一个无限的有广袤和能思维的实体的概念之

① 运动和静止是广袤的样态。斯宾诺莎认为，既然没有广袤，就不可能有运动，那么广袤必然是运动的根基。如果广袤是运动的根基，那么运动就是广袤的样态。

后，我们不能就此证明必然会有如此这般的一个个体。但是，斯宾诺莎相信，我们能够说，有了这样一个实体，必然会有思想和物体。犹如三角形的一切性质由三角形的定义而来，宇宙的一切性质必然由实体而来。但是，我们不能根据三角形的概念，推导出各种三角形的存在、数目、大小和形状。同样，我们不能根据实体的概念或上帝，推导出这世界上各种有限的物体的存在、数目和性质，推导出实体借以显现的所谓样态或形式，即现在存在的特殊的、具体的人、植物和物体。这些都并不必然要产生于实体观念，对上帝来说，它们都是不定和偶然的。斯宾诺莎把这解释成仿佛彼此互为结果。这里我们仅作一般的科学的解释，未能深入；**从永恒的观点来看**，根本谈不到合情合理的解释。

根据永恒之形式来看，上帝是其无限的属性；根据时间这一形式或通过想象来看，上帝就是世界。对感觉和想象来说，自然表现为分别孤立的现象，不过这纯粹是一种抽象和肤浅的观察方式；对知性来说，自然则是一个万有实体，是实体的特殊的现象，是它的一种有限的形式，是实体借以表现它自己的一切其他形式的否定。300
样态只能作为实体的样态或变化而存在；实体是永在的基质，样态是倏忽即逝的。因此，特殊的样态不是永恒的，只是实体暂时的表现。

斯宾诺莎的样态说是由他的唯理主义的前提决定的。我们不能用逻辑的方法，从上帝的概念中推导出个别的样态，因此，它们没有真正的实在，不是本质的。可是，事物的本质、经院哲学的共相是上帝的必然观念；而且，经验似乎表明，虽然个体不能持久，它所从属的类(种、类)却能常在。于是得出这样的结论：从宇宙的面貌保持不变的意义来看，样态是无限、必然和永恒的。但是，既然特殊的样态都在实体中有其渊源，一切事物都必然地由它而来，那么就很难理解，为什么特殊样态不是实体的必然的结果。斯宾诺莎试图从逻辑方面来解释宇宙，这就造成了他的困难。他受几何学方法的影响，主张一切事物都永恒地由元始的基质而来，这使变化和演化成为不可能的了；然而经验却又使他相信有变化。为了公平地对待逻辑和事实，斯宾诺莎创造了必然的样态和偶然的样态学说。

第六节 人的精神

笛卡尔认为有物质的实体和精神的实体，彼此相互施加作用。斯宾诺莎肯定只有一个实体或基质，一切物质和精神的活动变化都以此为基础，都是它的活动变化。因此不可能有灵魂或自我这样的东西，即一个有思想、感情和意志的精神实体；精神是由它的思想、感情和意志组成的。这种状态不是肉体或肉体活动变化的结果；观念或精神状态同肉体活动变化相符合，这两个系列是平行的；但是，它们是不同地表现出来的同一事物的活动变化。它们彼此不互相影响，二者之间没有相互作用。

一切事物都是物质的样态或形式，同时也是精神的样态或形式：一切肉体都有生气，而一切灵魂都有肉体。哪里有肉体，哪里就有观念或精神现象；哪里有精神活动变化，哪里就有肉体。因
301 此，斯宾诺莎称人的精神为人的肉体的观念；肉体或运动则是同某一观念相应的、在空间中的对象或活动变化。人的肉体十分复杂，由许多部分所组成。人的精神也一样由许多观念所组成。一个肉体愈复杂，和它相应的精神所可能有的知识就愈充分。人的精神不仅是肉体的观念，还意识到自己的活动或有自我意识；因此，斯宾诺莎称之为“肉体的观念的观念”，或“精神的观念”。但是，只有当精神掌握肉体变化的观念时，它才能认识自己。

观念的秩序和联系同事物的秩序和联系是同一的；肉体活动、强烈感受的秩序和联系，同精神活动、强烈感受的秩序和联系是相符合的。每一种事物既是精神，又是物体；既是观念，又是观念的对象。宇宙中一切观念或思想组成一统一的精神体系，同自然的体系相应。每一个灵魂是无限的智慧的一部分，而无限的智慧是由无数的灵魂和观念所组成，是上帝思想的一个永恒的样态。如果这都是真的，如果物理的秩序或关系又有因果性质，那么，精神上连续出现的事态也必然是以因果关系来决定的。

凡是发生于身体中的事情，没有不被精神所知觉的，就是说，没有不伴随相应的精神状态的。从这个意义说，人的精神一定能够知觉发生于身体中的一切事物。但是，除非通过同这些身体变化相应的观念，它不能认识身体本身，不知道身体存在。同样，因为它的身体感受到其他物体的影响，它才知道其他物体的存在和性质。但是，所有这些属于感性认识的知识都不清晰明确，而是混乱的；通过这些观念我们不能得到关于我们的身体和外在的物体的适当的知识。只要精神由外界偶然的巧合所决定，它的知识就是混乱的；只有当它决定于内部时，它才能清晰明确地思索事物，才能一下子看清几种事物，而必然理解它们彼此之间的区别、一致 302
或对立。

第七节　认识论

斯宾诺莎在他的《伦理学》第二部分和《知性改进论》的著作中，探讨了认识论；现在我们就来论述他的观点。(1)模糊不清和不适当的观念产生于想象，建立在感官知觉之上，而感觉以物体的变化为其对象。不作辨别的经验和单纯的意见不能给人以真正的知识。(2)此外，还有充分的知识，清晰明确的观念和理性知识。理性思索事物的本来面目，认识它们的必然联系，从永恒性方面来加以思考。它在这些事物和一切事物共有的特殊属性中，把握事物的普遍本质，从和上帝存在的关系方面来了解这些必然和永恒的本质：这种知识是自明的，它本身就带有自明性；在这个意义上，真理就是它自己的标准；真理阐明它自己以及错误，甚至于像光那样既显示它本身，又揭示黑暗。(3)斯宾诺莎认为直觉的知识是最高级的知识；不过，很难说，究竟它同前一阶段有什么区别。根据直觉的知识，一切事物被认为在上帝的存在中有其必然的根源，是由它而来的："它从关于上帝的某些属性的客观本质的一个适当的观念，前进到事物的适当的本质。"想象不能看到事物整体，它沉溺于细节，不能掌握现象的统一性，不能了解其意义。它是偏见、幻想和错误的根源；它使人相信离个体而独立的所谓一般的观念，相信自然中的终极因或目的，相信精灵，相信具有人的形式和感情的上帝，相信自由意志以及其他错误。理性和直觉的知识斥责所有这些想象的产物为不适当的，唯有它们能够使人区分真理和谬误。这是任何有真实观念的人都知道的。

斯宾诺莎认为错误仅仅是缺乏知识。作为观念，无所谓真假，它所以真或假，是由于一事物并不存在，却假定它存在。缺乏这样
303 的认识，即一个观念不过是一个观念，一个幻想。"因为我们是某一能思维的存在物的一部分，他的某些思想作为一个整体构成我们灵魂的本质，其他思想只是部分如此，所以我们构成不恰当的观念。"

第八节　理智和意志

就心灵认识观念而言，它是智慧或理智，从它肯定或否定真或假的方面来看，我们称之为意志。无论是理智或意志都不是精神

的机能；没有心灵的机能，心灵中只存在着观念。灵魂归结为观念，灵魂就是肉体的观念：它反映生理的过程。斯宾诺莎没有区分认识、感情或情绪和意志。意向也不过是关于事物的观念；意志的特殊的活动和特殊的观念是同一的。因此，智慧和意志在本质上是相同的：意志是肯定或否定它自己的一种观念。这种肯定或否定（判断）的活动不像笛卡尔所说的那样、是自由选择的活动或任意的，而是由观念本身决定的。没有自由意志这种东西，自然中的一切都是决定了的，一切都必然产生于万有实体。人的心灵无非是上帝思想的样态；而且，我们已经知道，意志的每一种特殊的活动都是由另一样态决定的。精神和肉体之间没有因果关系：意志不能推动肉体。任何物质的东西都遵循机械的定律。意志和欲望的决定同肉体的因果关系的确定是一回事。从思想的属性方面来考察，我们称之为决定，从广袤的属性来看，我们称之为确定。人不知道原因，所以认为他是自由的。如果落下的石头有意识，它也会认为它是自由的。因他肯定他是自由的，于是构成褒贬、过失和罪恶的观念。斯宾诺莎把人的自由和任意或非决定论等同起来；可是就上帝而论，自由意味着他的活动符合他的本性。

意志和智慧因此是同一的。意志的各阶段，即激情和意志本身，符合理智的各阶段，即感觉或想象和理性。激情是同生理状态相应的混乱和不适当的观念，属于人的精神的被动方面。爱慕、憎 304
恨、希望和恐惧的激情出自我们的无知和混乱。就精神有了清楚明确（适当）的观念而言，就它认识和了解而言，它就不是被动的，而是主动的：它是唯理的意志。在这个意义上，人显然是自由的，不受机械的驱使，而为目的论所支配，由目的所控制。在斯宾诺莎的体系中这如何可能，是另一问题。他说，“如果我们说一个人的行动是被迫的，是说他违背他的意志而活动的话，那么我承认在某些事情上，我们绝不是被迫的，而且在这个范围里我们是有自由意志的。”斯宾诺莎的主要论点是反对绝对的自由选择或毫无根据的意志。当心灵了解事物的意义或有适当的观念时，它就没有情绪，不受束缚。一个人的认识越混乱，他就越为情绪所奴役，越受限制，越无能为力和有所依赖。一个人的认识越清楚，他越是合乎理性，这就是说，他越是了解宇宙的所有关系，那么他越能摆脱情绪而少受其影响。认识意味着不受憎恨和恐惧、愤怒和嫉妒、甚至爱慕和希望以及怜悯和忏悔的干扰。谁能认识事物真正的原因，看到它们同上帝必然的关系，就会爱上帝：这种对上帝的理智的爱（amor Dei），就是上帝爱他自己，因为人是上帝的样态。上帝爱他自己，也就是上帝爱人，因为人是上帝的一部分。

激情不是人类本性的错误，而是必然为它所有的性质，因此它们好像是“线、面和物体”一样，应该加以研究。有三种基本激情：欲望、快乐和忧虑。一切激情的基础是保全自我的愿望。各种事物都力求维持其存在，人也极力（appetitus）保持肉体和精神生活。人类精神意识到人性所努力追求的是什么，这种有意识的努力追求只关连心灵时，是意志（voluntas）；同时也关连肉体时，则是有意识的欲望（cupiditas）。凡是增进欲望的，都是好的；反之，都是坏的。因此每一个人都企图使他的生存有所增益；当他的生存得到加强时，感到快乐，否则就忧虑。快乐是从欠完善到更加完善的过渡，忧虑是从比较完善到欠完善的过渡。快乐不是完善本
305 身。如果人生来完善，他不会有快乐的感觉。人试图保持快乐的感情，解除忧虑。我们喜爱使我们快乐的原因，憎恨伤害我们的原因。怀想未来的快乐或痛苦的原因则是希望或恐惧。个人相信他是他自己活动的原因，当这种活动使人愉快时，他感到自我满足，当这种活动令人痛苦时，他就懊悔。越是使人愉快的感情，越是活

跃：我们越活跃，越感到自己有力量。因此，像嫉妒和怜悯这种情绪，对我们来说是坏的，因为它们降低我们的力量感觉和我们的生命力。像笛卡尔一样，斯宾诺莎是近代生理心理学的先驱之一。

第九节　伦理学和政治学

促进斯宾诺莎思想的动机是伦理的和宗教的："精神的至善是认识上帝，精神最高的德性是了解上帝。"只有通过哲学才能达到这个目的；伦理学必须建立在形而上学之上。斯宾诺莎的思想体系在伦理学中达到了最高点：他主要的哲学著作的标题就是《伦理学》。同霍布斯一样，他从利己主义的前提出发，但是有所修改，削弱了这些前提的作用。他认为万物都力求维持自己的生存，这种努力就是德性。因此，德性就是力量。凡是趋向减弱肉体和精神这种力量的东西都是坏的：怜悯和忧虑是坏的，而快乐则是好的。自然不要求任何违反自然的东西，因此它要求人人自爱、爱于他有利者并努力追求能导致进一步完善的任何东西。自然的权力就是上帝本身的权力。因此人人都有至高无上的权利，来谋求一切于他自己有用的东西，并采用各种手段去取得，无论是通过武力、策略或恳求。大鱼完全有权利占有水域，吃掉小鱼。至此为止，这是赤裸裸的利己主义学说：强权就是公理。但是，斯宾诺莎并没有停留在这里。有德性的活动是唯理的活动：只有当心灵有适当的观念或认识了的时候，才可以说它实在是在活动着。激情不是力量，而是虚弱、奴役。每一个人都应该追求确实于他有用的东西，而理性告诉他，唯有认识的手段对心灵才有用。在生活中认识的手段是一切事物中使知性或理性完善的最有用的东西；人的最大的快乐或 306
幸福就在于使知性或理性完善；幸福确实不过是精神的满足，这是由直觉地认识上帝所产生的。使知性完善无非是了解上帝，了解上帝的属性和由他的本性的必然性而来的活动。

而且，对于一个想要使其生存完善的人来说，没有比人与人的目的统一更有用的了，没有比在一切问题上所有的人都一致同意：所有的精神和肉体都应该说构成仿佛一个单一的精神和肉体更优越的了。一个明达的人追求他自己真正的利益，这最有助于其他人保持他实在的存在，因此，如果每一个人都追求他自己的真正的好处或者以理性为指导而活动，这对彼此都极为有利。所以，由理性统率的人自己所谋求者，也希望其余的人类享有，从而他们的行动是公正、忠诚和高尚的。凡是对别人是好的，对我也是好的。因此以德报怨是好事；憎恨、愤怒、报复、嫉妒和蔑视是坏事。谦卑、克己、懊悔和希望都不好，尽管也许可以促使意志薄弱的人过比较合理的生活。

在自然状态中人人都有权利做他所能做的事，强权就是公理。但是，在这种情况下，人们过分地运用他们的权利，于是引起冲突；为了使所有的人和平共处，必须放弃天赋的权利（社会契约论）。这在国家中能够做到，国家维护公共福利而限制个人的天赋权利和任意性。只有在有组织的社会中，正义和非正义、功绩和罪恶才有意义，那就是说，道德能够促成社会生活时，才有存在的理由。

斯宾诺莎的伦理学的根本动机，是向往个人完善或幸福；从这一点来看，它是个人主义的。一个人应该追求他自己的利益，他最高的利益是认识宇宙或上帝，这能使他心安理得；怀有这样的目的，则照顾别人的福利对他有利。它教诲精神的至善是认识上帝，
307 精神的最高德性是了解上帝；这是全体人类终归得救的思想。至善是爱上帝，这是建立在对上帝有切合的认识之上的。

人的至善在于对上帝有理性的爱，这像理性本身一样是永恒的。人的精神不能随同肉体一起而绝对毁灭，其中有的是永恒的

而得以保存，正如肉体中有的是永恒的而得以保存一样。我们靠经验而感觉和认识到我们是永恒的，精神的存在不受时间限制，也不通过时间的持续而表现。

第十节　上帝的概念

上帝一词在斯宾诺莎的体系中有各种用法。上帝和宇宙是等同的，或者和他的属性是等同的，或者他是绝对统一的实体而有无限的属性，或者他就是统一的实体本身，高于这些属性。上帝被认为是有永恒和必然的统一性的宇宙，是一个有机的整体，是杂多中的统一，很可能这就是他实在的意义。

斯宾诺莎明确地否认上帝有人格和意识：上帝没有理智和感情，也没有意志。他不按照目的而行动，一切都遵循规律，必然地来自他的本性。他的行动是有因果性的，而不是有目的性的。上帝的思维是由世界上的全部观念所组成的。他有思维能力或思维属性，这表现于绝对无限的智慧或永恒和必然的思维样态中，而这种样态又依次表现于流逝的人的精神中。但是，斯宾诺莎有时候说，上帝能够认识他自己的本质以及由这本质而来的一切东西。

第三篇　经验主义的发展

第一章　洛克

第一节　注意的问题

我们已经知道，霍布斯在他的认识的理想方面是一个唯理主义者。同笛卡尔一样，他认为单纯的经验不能给人以确实性。与此同时，他同意他的同胞培根的意见，肯定感觉是知识来源。这是
308 两种思想路线，似乎不能融合在一个体系中；感觉主义的知识来源会损害知识的有效性或破坏知识的确实性。霍布斯自己感到了这种困难，因此有时在物理学上得出怀疑的结论。洛克认为这个问题极关重要，在他那里，哲学转向认识论，从事探讨知识的性质、起源和确实性——哲学成为一篇“人类理智论”。

约翰·洛克(1632—1704 年)在牛津大学研究哲学、自然科学和医学。他厌恶在该大学教学中仍然流行的经院哲学的方法，对笛卡尔的著作极为满意。他为沙甫慈伯利伯爵服务多年(1666—1683 年)，做他的秘书和他儿孙的教师，并随从他的主顾逃亡荷兰。詹姆士二世被黜，奥伦治的威廉登上皇帝宝座以后，他于 1689 年回到英国，曾几次担任政府要职，晚年在弗兰西斯·马沙姆爵士家里度过(1700—1704 年)，爵士夫人是哲学家库德沃尔思的女儿。

洛克的著作有《人类理智论》，1690 年；《政府论》，1690 年；《论宽容的信札》，1689 年及以后；《有关教育的思想》，1693 年；《基督教的合理性》，1695 年。《论理智活动》和《自然哲学基础》是他死后出版的。

著作集，1853 年，圣约翰编，哲学专著，见博恩丛书。弗莱则编，《论文》，两卷；罗素的《论文》选。

参　考　书

F. 鲍恩，《洛克生平》，两卷；弗莱则等的专著；格林，《休谟导论》；莫尔，《洛克〈人类理智论〉关于存在、意义和实在的观点》；柯蒂斯，《洛克的伦理哲学》；梯利，《洛克与笛卡尔的关系》，《哲学评论》ix，6；库赞，《洛克的哲学》；奥兰，《洛克哲学总述》；巴斯提德，《洛克：他的政治论》等等；德·福雷，《洛克的实体论》；凯泽林，《洛克和休谟的意志论》；克罗斯，《洛克的宗教哲学论》；冯·赫尔特林，《洛克和剑桥学派》；哈尔腾斯太恩等论洛克与莱布尼茨的关系专著，并参看原版第 254 页以下所列关于英国哲学总括的著作以及希本著《启蒙哲学》。

第二节　知识的起源

洛克断言，哲学是关于事物的真正知识，包括事物的性质（物理学），人作为有理性、有意志的主体所应该做的（实践学或伦理学）以及取得和传播这种知识的途径和方法（指逻辑学或评论）。洛克肯定认识问题是三者之中最重要的，指出在我们进行研究之 309
前，必须检查我们的能力，看一看我们的理智适宜做什么，不适宜做什么。他在他的主要著作《人类理智论》中讨论了这个问题。但是，他宣称，要说明什么是确实的知识，什么不是，什么是认识的界限，我们必须首先研究观念的起源。这主要取决于发现知识所由产生的泉源，如果确实像笛卡尔和许多其他人所说的那样，人类有关于原则的内在的知识，那就没有理由怀疑知识的确实性了。因此，这位英国思想家在他的《人类理智论》的第一卷中探究了天赋观念的问题，可是这却是他最后才写成的。

如果有任何天赋的原理，人类心灵一定能意识到，因为没有什么东西存在于心灵中，而不为心灵所察觉；据此，洛克进而驳斥天赋的真理说。人的心灵中没有理论或实践原则，即使有，那也和其他真理一样，是以同样的方式得到的。如果原则印在心灵上而不为人所认识，则不可能区分什么是天赋的，什么不是。不能说我们一旦运用理性，就认识这种真理，因为儿童、未受教育者和野蛮人早就有理性，却对此一无所知。而且对一个命题马上同意，也不能证明这个命题的原始性。道德律也不能说是天赋的，因为那不是自明的或一致公认的，并不推动人行动。在许多民族看来是罪恶，另外一些民族视之为义务。如果说由于偏见、教育和风俗，这种观念逐渐模糊了，这恰好是否定了对这种观念的普遍承认。如果说这种观念不能磨灭，那就应该为一切人所有，在儿童和没文化的人的心中最清楚。笛卡尔所强调的上帝的观念不可能是天赋的，因为一些部落全体都缺乏神的观念和知识，或者没有清楚的神的印
310 象。即使全人类到处都有上帝的观念，也不能得出结论说上帝的观念是天赋的。火、热、太阳和数的观念，不能因为普遍地为人所有、为人所认识，就证明是天赋的。一个有理性的动物，思考神圣的智慧和力量在创造物中所显现的迹象，不能不发现有一个神。

总之，观念和原则同艺术和科学一样，不是天赋的。心灵的原来状态是一块白板、一片空白的板块(tabula rasa)、一个“暗室”、一个“空箱”或一张“白纸”，其中没有任何字样、任何观念。问题是它又怎么装备起来了呢？从哪里来的那些理性和知识的材料？洛克用一句话来回答，即来自经验；人类所有的知识都建立在经验之上，归根到底发源于经验。人类的观念有两个来源，即感觉，它为心灵提供可感觉的性质；此外还有反省或内在的感觉，它为心灵提供关于它自己活动，诸如知觉、思维、怀疑、信奉、推理、认识和愿望的观念。人类理智首要的机能是心灵能接受所感受的印象，这是外在的对象通过感官所造成的，或者由它本身反省那些印象时的

活动所造成的。洛克所谓观念指心灵在它本身中所知觉者，或者指知觉、思想或理智的直接对象。

这样获得的观念是**简单观念**，心灵有能力加以重复、比较和结合，甚至达到几乎无限的变化，所以能够随意造成新的**复杂观念**。但是，理智没有能力发明或制造一个新的简单观念，也没有能力破坏心灵中的观念。有些简单观念只通过一种感官而进入心灵，例如，颜色、声音、滋味、冷、热和坚硬；有些由一个以上的感官传入心灵，例如，空间或广袤、形状、静止和运动（通过视觉和触觉）。有些是只由反省而来，那就是说，心灵观察它自己关于它已有的观念所进行的活动，从而得到其他观念，例如，它注意到它的知觉、保留（沉思和记忆）、分辨、比较、混合、命名和抽象等等活动。最后，还有由感觉和反省二者而来的观念，如快乐和痛苦或不安，能力、存 311
在、统一、相继或持续。

大部分感觉观念不是外界存在物的相似性，不是物体所固有的某种东西的精确的影像或摹写。物体有能力使我们产生某些观念，我们称这种能力为性质。有些性质为物体本身所有，同物体完全不能分开，洛克称之为原始的或**第一性的性质**；坚硬、广袤、形状、运动或静止以及数目，就属于这一类。那不在物体本身以内，而靠第一性的性质能够使我们产生各种感觉者，如颜色、声音、滋味等等，叫作**第二性的性质**。

一切简单观念都是通过以上所述的入口得到的，人类的知识由简单观念所构成，正如英语的词由二十六个字母所组成一样。外在和内在的感觉是光线通向理智的暗室的窗户。但是，心灵靠它自己的能力，能够把它得到的观念集合在一起，构成新的**复杂观念**，而心灵从来没有感受这样结合起来的复杂观念。心灵把两个观念联系在一起，以便同时一并观察，通过这种途径，取得一切的关系观念；心灵还能够把这种观念同它们实际存在中的一切其他伴随的观念分开，这叫作抽象。心灵接受一切简单观念时是被动的，而在以上所述的行动中，它却有支配简单观念的能力。无数的复杂观念可分为三种，即样态、实体和关系。

样态的观念是复杂的观念，这种观念本身不包含独立自存的假定，而被认为是实体的从属者或实体的性质，例如三角形、感激和谋杀。简单样态只是同一简单观念的变化或不同的组合，不夹杂任何其他的观念，例如一打或十二个（一些单位的相加）。混合样态是由几种简单观念组成的，这些观念结合起来，构成一个复杂观念，例如，美就是颜色和形状的某种组合，使见者愉快高兴。把
312 空间的简单概念结合起来，就会构成广漠、形状、地点和无限广袤的简单样态；小时、日、年、时间和永恒以及相继是持续的简单样态。还有思维或心灵活动的简单样态。

实体的观念也是复杂观念，是由心灵把简单观念结合在一起构成的。某一实体的复杂观念由许多性质的观念组合而成，可以说代表一个独特的个别事物；同时也是这种性质的支持者或负荷者的含糊观念。实体铅的观念就是由一个负荷者的这个被假定或含混的观念构成的，在这观念上再加上下列观念：某种暗淡的灰白色，某种程度的重量、硬度、可塑性和可熔性。我们注意到来自感觉和反省的一些简单观念经常结合在一起，于是认为它们属于同一事物；它们这样结合在一起，我们用一个名字称呼它们。我们不能想象这些性质（观念）能够独立存在，所以我们习惯于设想它们存在于一基质中，由此基质而来；因此，我们称这基质为实体。我们有物质实体、精神实体和上帝等等观念。

心灵由比较事物而得到关系的观念，它好像把一事物同另一事物并列在一起，由此及彼地进行观察，或者把它们联系起来。一

切事物都可能有关系,一切关系的观念都由简单观念构成的。因果观念是同一切存在和能存在的事物有关的最广泛的关系,由感觉和反省而来。感官告诉我们事物有变化,性质和实体开始存在,依赖于某种其他存在物的活动而存在。我们称那产生任何简单观念或复杂观念者为原因,被产生者为结果:热是蜡融化的原因。原因是使另一事物开始存在者,无论那是简单观念、实体或样态;结果是起源于某种其他事物者。创造、产生、制作和变化是不同的原因。但是,要有因果观念,只要考虑任一简单观念或实体之所以存在,是由于某种其他东西的作用,而不知道那种作用的方式,这就够了。还有不可胜数的其他关系,如时间、地点和广袤的关系,同一和差别的关系,道德关系,如此等等。

第三节　知识的性质和确实性 313

感觉和反省为心灵提供认识材料,心灵在这材料上加工,从而构成复杂观念。于此产生了这样的问题:这种观念有什么认识上的价值?必须满足什么条件,才能成为知识?观念应该清晰明确,因为含混模糊的观念使语言的表述不能确定。真实的观念在自然中有基础,同事物的实际存在和现实存在或其原型相符合。简单观念都是实在的,不是因为它们都是存在者的影像或表象(只有物体的第一性的性质是如此),而是因为它们是外在的力量所引起的。混合的样态和关系只在人类心灵中有实在性,不是要作确实存在的事物的摹本的;构成这种观念,如果可能有存在的东西同它们相符合,它们就是真实的。它们本身是原型,除非混入有矛盾的观念,它们不是虚幻的。但是,关于实体的复杂观念是我们用来如实地代表外在的实体的,因此,只要它们是在外界事物中实在结合与并存在一起的简单观念的组合,它们就是真实的。完全代表心灵认为是出于其中的原型的观念是妥当的，而只是部分地或不完全地代表原型的观念是不妥当的。简单观念和样态都妥当；而实体的观念都不妥当，因为它们要如实地摹写存在的事物。凡是心灵要让它的任何观念代表在它们以外的什么东西，它们就可能被称为真或假；在这里，心灵隐含地假定这些观念同那事物相符合，而这可能真，也可能假。

因为一切知识都是有关观念的，所以知识不过是关于观念的联系、观念彼此符合或不符合和彼此矛盾的知觉。我们知道白不是黑，白的观念和黑的观念不相符。知识的明确程度不同。有时
314 候心灵直接认识到两个观念的相符或不相符，只靠这种观念本身，而不必以任何其他观念为中介。这是直觉的知识。心灵立刻认识到白不是黑，圆不是三角形，三大于二。这是人类薄弱的能力所能得到的最清楚和最确实的知识，不必证明，不能证明，无可争辩而自明；一切知识的确实性和证实都建立在这种知识上面。有时候心灵不能立刻认识到两个观念的相符或不相符，只有当它把这种观念同一个或更多的观念比较以后，才能发现它们相符或不相符：这是间接的知识、推理的知识或论证的知识。这种知识的确实性依靠介于其间的观念或证明，它的明确性不那么明白清楚，对于这种知识也不像对待直觉的知识那样能马上予以同意。但是，要使结论可靠，这种知识中每一步都必须有直觉的确实性。在数学中以及在只有心灵靠中介观念的帮助才能认识到观念的相符或不相符的地方，都有这种论证。直觉和论证的知识有确实性，缺乏这两种知识的任何一种，那只是信仰或意见，而不是知识，至少就一般的真理来说是如此。

但是，我们如何看待关于外在世界的知识呢？我们心灵中有关于外在对象的观念，这是千真万确的。不过，观念以外是否还有什

么东西？我们能够确实推论出同观念相符合的外在的东西的存在吗？外面有实在的世界吗？有时候像在梦中那样，没有什么东西同我们的观念相符合。我们也有证据，使我们不容怀疑，那就是，我们关于外界个别有限的东西的存在的知识超过了单纯的可能性，尽管这还没有达到完全直观或论证的知识水平，洛克称之为**感性**知识。除了关于我们自己和上帝存在的知识以外，我们没有关于实在存在的自明的知识；我们靠直觉知道自己存在，理性很清楚地使我们认识上帝存在。凭借感官我们注意到外界事物的存在，这尽管不像直觉的知识或理性演绎那样确实，却是一种保证，应该 315
称为知识。但是，除去这一来自感官本身的保证以外，同时我们还根据其他协同的理由得到证实：只有凭借感官入口，我们才知道事物的存在；这种事物和记忆里的影像不同，往往伴有痛苦；它们相互确定彼此的证明。

第四节　知识的界限

什么是知识的范围：什么是它力所能及的限度？既然知识是关于人类任何观念相符合或不相符合的知觉，知识就不能超出我们的观念的范围。没有观念，就没有知识。我们只通过很少而又不大锐敏的知觉渠道得到一些模糊而狭隘的报导。我们的知识比我们的观念甚至更加狭隘。我们不仅不能超出我们所能经验者，而且我们没有、将来也不会有关于我们希望有的观念的知识。我们没有经验我们所能经验的一切，也不了解我们实际知觉的一切。我们无知，首先由于缺乏观念。比我们完善的存在物可能比我们有更多的简单观念和更锐利的感官。对我们的观察力来说，有些太遥远（行星），有些又太小（原子）。而且我们不能发现我们许多观念之间的必然联系：我们看不到物体不可见的部分的形状、大小和运动同物体的颜色、滋味或声音之间的关系;我们不了解金子的黄颜色、重量、可展性、固定性和可熔性之间的关系,所以我们知道一两个或更多的这种属性,不能知道其他属性必然存在。知道了三角形的定义,必然得出三角形三内角之和等于两个直角:这是自明的命题,适用于任何三角形,无论目前是否有这样的三角形。但是,从黄色金属而有一定重量的金子的观念中,不能确定地推导出它有可展性。我们观察到金子有可展性,而一切金子都有可展性却不是自明的真理。我们所要求的是普遍而自明的真理,知识就是由这种真理构成的,但从我们所有的经验中却得不到这种真理。

316 另外一件事需要记取的是,要成为真实的知识,我们的观念必须以某种方式同实在的事物相符合。这又限制了我们的知识。一切简单观念都代表外在的东西,因为它们是施作用于人类心灵的事物的必然的产物。外界有物体引起我们白的感觉,虽然我们不知道是什么东西引起这种感觉的,它怎么引起的,但我们却知道有引起这种感觉的某种东西。大部分复杂观念也给人以知识,但是,原因不同。复杂观念不是任何东西的摹本,也不以任何存在的东西为泉源;它们是心灵自己创制的模型或原型。心灵出于它自己的自由选择而结合观念,没有考虑这种观念在自然界中的任何联系。如果我们记住这一点,我们就会看清它们给我们确实的知识。在数学中有这种知识。数学家构成一三角形或一圆的观念,这都是由他自己在心灵中创制的。根据这些定义用逻辑的方法推导出来的命题是真实和确定的。如果有三角形这样的东西,无论它存在于什么地方,这些命题对它一定都适用。

但是,关于实体的复杂观念的情况却不同。人们认为实体的观念是外界原型的摹本或代表外界原型。如果在实体观念中我们放在一起的性质并存于自然中,如果,举例来说,在自然中有具有黄

色、可展性、可熔性和固定性等等性质的某种东西，那么，实体的观
念就是真实知识的对象。我们可以说，凡简单观念曾经为人发现
并存于任一实体中者，肯定还会结合在一起。但是，需要注意，我
们不能制定关于实体的全称命题，因为我们看不到放在一起的观
念之间的必然关系。经验告诉我们，某些性质并存于人所不知的
负荷者或基质之中，但是，我们不能发现这些性质的相互依赖关
系；从我们观察到的在一起的性质，不能推论出什么样的其他性质
必然和它们在一起。没有一个关于金子的一般的论断是我们知道
它确实为真的，即有绝对自明的真实性的。如果我们能够发现金
子的可展性和重量之间的必然联系，那么在这方面我们可以构成 317
一个确定的全称命题，指出凡是金子都有可展性，这个命题的真实
性就会同下述真理一样确实：三角形的三内角之和等于两直角。关
于实体的情况还有另外的困难，使问题复杂化。自然中的实体不是
独立和孤立的东西，它们的性质大都依赖许多在自然中不可见的
条件。溪流来自何方，使这些奇异的机器不停地运动并得以修补，
这些机器如何被运转而起变化，这都不是我们所能注意和理解的。
因此，要正确地了解这些，我们应该了解宇宙整体。但是，我们甚至
不能发现其细小的活动部分的大小、形状和组织，更不理解外界物
体在它们以内对它们所形成的不同的运动和冲击。于是我们不知
道一物体的第一性的性质，一定会在另一物体的第一性的性质中，
有规律地产生什么样的变化以及如何产生；我们也不知道哪一个
物体的什么样的第一性的性质使我们产生感觉或观念。我们看不
到第一性的性质及其产生的后果之间的必然联系。在这里我们得
不到普遍的确实性，必须满足于或然性。因为这个理由，所以没有
完善的自然科学。关于精神，我们甚至更加无知。“我们不能获得关
于自然物体的完善的自然科学（更不要说关于精神的东西了），如

果要追求，那是徒劳无益的。”

只有在观念的相符或不相符中，才有一般的确实性。只有沉思我们自己的抽象观念，才能给我们提供一般的知识。没有关于实在的存在的（上帝和我们自己的存在是例外）自明的命题，不能在那上面建立科学。

关于我们思维、推论、讲述和据以行动的大部分命题的真理性，我们不可能有不容置疑的知识。但是，其中有些命题如此接近于确实性，使我们毫不怀疑，只坚定地予以赞同。或然性的程度和基础各不相同：同我们自己的经验相符合，其他人经验的佐证。而
318 洛克却认为纯粹天启的佐证具有最高的确实性；我们同意这种佐证则是信仰。信仰是同意和确信所固定下来的确凿的原则，没有怀疑和犹豫的余地。不过，我们必须有把握，肯定那是神圣的天启。因此，我们的同意不超越天启的证明，那是合理的。如果一个命题同我们清楚的直觉的知识相矛盾，就不能认为那是神圣的天启；信仰不能使我们信服任何同我们的知识相矛盾的东西。任何一种传统的天启，都不能被证明出于神，就它所用的语言和我们所了解的意义来说，都没有理性的原则那样清楚确实。但是，任何非我们的自然官能所能发现，超乎理性之上的事物，一旦由神来启示，那就正好属于信仰的范围。这样，死而复生就纯粹是信仰，理性跟它没有直接关系。

第五节 形而上学

我们已经叙述了洛克关于知识的起源、确实性和界限问题的答案，现在让我们来论述他的思想所根据的一般的世界观。他未曾著有专书，制订出关于实在的完整的理论，他的思想建立在他的哲学前提上，这于他的《人类理智论》中可以发现。虽然他给知识

以种种限制，又往往表现出怀疑的态度，他却采纳了笛卡尔组成了体系的常识形而上学，不过有所变动。

世界由实体所组成，实体是能力、性质和活动所依附和所由产生的支持者或负荷者，是性质和活动的根据和原因。实体有两种，即物体和灵魂。物体是这样的实体，它的属性是广袤、坚实或不可入性以及能运动和被推动的能力。这些是第一性的性质，通过感官我们能够感受。因此，可以有不存在物体的空间，或纯粹空间，即真空。我们能够设想没有坚实性的空间，运动就证明有真空。除了物质实体以外，还有精神实体或灵魂。灵魂是实在的存在物，我们有清晰明确的灵魂观念。知觉或思维能力或推动物体运动的意志或能力是它的属性。通过反省我们认识这种性质。但是，思维 319
不是灵魂的本质，而是灵魂的活动。灵魂是非物质的实体。精神实体的观念同物质实体的观念一样清晰明确。把某些物质的性质结合在一起并设想这些性质的一个支持者，就构成物体实体的观念；思考我们心灵的活动，诸如思维、理解、愿望、认识和开始运动的能力，把这些联结在一个支持者或负荷者之上，就构成灵魂实体的观念。因为没有关于物质实体的清晰明确的观念，就肯定没有物体，这同没有精神实体的清晰明确的观念，就说没有精神，一样合理。"我心中关于思维的观念既然同关于坚实性的观念一样清晰明确，我不明白为什么不可以容许一个没有坚实性、非物质而能思维的东西存在，像容许一个不能思维的坚实的东西，即物质存在一样，特别是因为设想没有物质的思维存在，并不比设想物质竟能思维困难。"的确，在我以内有一个能见能闻的精神存在物，这比在我以外存在着某种物质的东西，我知道得更加确实。而且，没有认识能力的物质和运动绝不能产生思想；不可能设想具有运动或没有运动的物质原来在它内部能够具有——或由它本身能够产生感觉、知觉和知识。

纯粹精神(上帝)只有主动性,物质只有被动性,而人类的灵魂既主动又被动。经验证明,灵魂有推动物体的能力,外界物体则使灵魂产生变化。我们的所有观念确实因物体施作用于心灵而起。这就是相互作用论。的确,我们不知道相互作用是怎样形成的,但是我们同样也不知道一个物体如何推动另一物体。我们知道精神中主动的活动能力,比知道物体中的那种能力更清楚。设想一个有广袤的存在物,并不比设想一个能思维的存在物容易。

精神和物体是实际存在的东西,彼此相互作用。物体施作用于心灵,产生颜色、声音、接触、坚实性和有广袤等等的感觉。其中
320 的第二性的性质并不真正代表外界实在的东西。物质没有颜色、声音、芳香、味道,这是有广袤的固体的东西在心灵上造成的结果;广袤、坚实性和运动等观念是实际存在的东西的摹本。物体是能运动的坚实而有广袤的东西。但是,就我们所能理解者而论,物体只能撞击和影响物体;就我们的思想所能把握者而言,运动只能产生运动。因此,当我们说运动产生快乐、痛苦,或者颜色、声音的观念的时候,我们要摈绝理性,越出观念的范围,把这完全归之于人类创造者的善良兴趣。

在这里,洛克遇到了困难。机械论同明显的经验事实发生了矛盾。如果运动只能产生运动,它怎么能够使我们产生意识形态?他告诉我们,上帝把我们认为不是由运动造成的结果附加在运动上。于是他陷入偶因论。精神怎么能够开创运动,意志怎么能够引起行动,这同样难于理解。

洛克在其他章节中宣称,运动如何产生运动,同运动如何产生感觉和感觉如何产生运动一样难于理解,借以回避困难。可是经验告诉我们,这种事情时刻都有。在这些方面他偶尔有所疑虑,正

如他对待灵魂的非物质性的问题一样。他的一般的论点是这样：心理现象不能是单纯的没有感觉的物质的活动；没有非物质的能思维的存在物，就不会有感觉。在人体以内有一个能见能闻的精神存在物。与此同时，他有时又怀疑这在人体以内能思维的存在物的性质。或许那是物质的，或许一个物质的存在物能够思维。我们不知道任何实体的实在的性质，怎么能够知道只有固体的东西不能思维，没有广袤的东西才能思维？很可能我们永远不会知道任何单纯的物质的东西是否思维。我们不知道思维的性质，也不知道全能者把那种能力赋予哪种实体，那种能力除去出自创造者的善意和恩惠以外，不能存在于任何被创造的存在物之中。上帝曾经使运动发生作用，这是我们不能理解的；他为什么不能对他认为适宜装配在一起的某些被创造的物质体系，赋予某种程度的 321
感觉、知觉和思想呢？

这些就是洛克的体系的一些困难和矛盾。但是他的理论主要还是保持二元论：有两种实体，即物质和精神的，“不能认识和能认识的”。在这方面，他同笛卡尔的观点一致，不过他认为坚实性和不可入性是物体的属性。他还以“微粒子论”的假设为事实的最好的解释，这也同笛卡尔的观点一致。他肯定存在极其微小的物体或原子，它们有大小、形状和运动能力。这些不可见的微粒子是物质的活动部分和自然的巨大工具，是一切第二性的性质以及它们大部分固有的活动的基础。但是，关于它们第一性的性质，我们没有明确的观念。没有人敢说看清了它们的大小、形状或运动，没有人了解那把它们结合在一起的纽带。如果我们能够发现任何两个物体的微细的组成部分的形状、大小、组织和运动，我们不经过试验就能知道它们之间的一些相互作用，犹如我们知道方形或三角形的性质。我们不知道这些东西，不知道什么纽带把这种微粒子结合在一起，什么黏合剂使它们粘得这样牢固；我们不知道一个微粒子如何推动另一个微粒子，运动是怎么传导的。因此，归根到底，这种微粒子的假设没有使我们关于物质实体的知识前进多少。我们既然看不到物体的性质和能力之间的必然关系，我们的知识就是缺乏的。因此，就没有真正关于物体的科学。无论如何，原子论不可能成为世界观或宇宙论。

除去肉体和精神两种实体以外，还有一个精神实体，即上帝。我们并没有天赋的关于上帝的观念，但正确使用固有的才能，我们就能够认识上帝。上帝存在，这同由两条直线相交而成的两个对顶角相等一样确实。我们采取那得自关于存在和持续、知识和能力、快乐和幸福等等经验的观念，根据无限的观念把所有的这些观
322 念加以扩大，构成上帝的观念；把这些观念集合在一起，形成上帝的复杂观念。可是我们并不知道上帝的真正本质。

洛克提供了关于上帝存在的通常的因果性和目的论的证明。人确实知道他自己存在。他还知道单纯虚无不能产生实在的东西。因此，如果有实在的存在物（人知道他自己是实在的存在物），必须有产生他的东西。而且，凡是因另一存在物而得以存在和产生的，它所有的一切必然来自创造它的那个东西。一切存在的永恒的泉源必然是一切力量的泉源，因此，它必然是全能的，而且，因为同一理由，必然是全智的。不能思维的物质不能产生能思维的存在物。如果上帝创造了能思维的存在物，那么他必定也创造了宇宙中那些比较不那么精细的东西，这标志他的全智、能力和神意。无论我们怎么设想上帝，都不能设想他是物质的。就算是物质的，他仍然是上帝。物质也不能和同样永恒的精神一起永在。如果要问我们怎能设想上帝由虚无中创造出任何东西来，洛克指出，我们不能设想思想怎能产生运动，可是我们并不否认这是事实。

第六节　伦理学

洛克的伦理学是经验主义的，以利己主义的快乐主义为归宿，这同他的总的观点是一致的。他认为没有天赋的理论的真理，同样没有天赋的实践的或道德的真理。我们作出道德判断，却没有“写在人心上的”任何法规。许多人逐渐知道这些法规，而且相信应该遵守，这同他们逐渐知道其他事情的方式是一样的。其他人由教育、环境及其国家的风俗习惯而认识这些法规。事实是，我们把我们希望儿童记忆和相信的学说逐渐灌输给他们，儿童长大成人以后，发现他们的良心中有这些真理，认为那是受之于上帝和自然而不是任何别的人所传授的。良心不过是根据这样取得的道德知识，对人类行动的是非所表示的意见。“道德是行动同法规的关系，是自主的行动同某些条律的符合或不符合。”

这样问题就产生了：道德规律是怎么建立起来的？是非的知 323
识是怎么取得的？我们的经验主义者断言，快乐和痛苦是道德的大教师。自然使人期望幸福，避免悲惨，这是影响人类一切行动的自然倾向或实践原则；但这是理智的旨趣，不是理智的本性。引起快感的，我们称之为善；容易造成痛苦的，我们称之为恶。人人都经常追求幸福，期望一切属于幸福的东西；这种欲望或不安决定人的意志。人类所能得到的最大的快乐是极端幸福，最大的痛苦是悲惨。某些类型的行动促进公共幸福，保卫社会，又有利于行动者本人。上帝把德性和公共幸福结合在一起，使社会要求有德性的实践。人们发现这种行为的形式，承认那是实践的法规。每一个人都因遵守道德法规而得到好处，从而推荐这些法规。

但是，一个明智的人给另一个人的行动制定下规章，是徒劳的，如果他没有权力以善来奖赏服从者，或以恶来惩罚违抗者，这种善和恶又并不是行动本身所自然产生的。如果行动的自然结果具有足够的动力，就不需要有条律。条律的制定者的意志与权力给条律附加上赏罚、快乐和痛苦，以便决定人们的意志。条律有三种，即神法、民法以及舆论或声誉法。神法是上帝给人的行动建立的条律，无论这是自然之光还是天启的声音所传布给他们的。上帝有权对来生施与无限重大和持久的赏罚，借以推行这种条律。这里说的是职责和罪恶。民法是国家所制定的法规，伴有法律上的赏罚。这涉及到罪恶或无辜的概念。但是，大部分人，如果不是只靠、也主要靠风尚和自我责备来统率自己。褒贬是使人适应社
324 会人士的意见和规章的强大动力。如果一个人违犯他要交往和要委身于其中的社团的风尚和意见，他就不会逃脱他的同伙人的厌恶和责备的惩罚。德性到处为人称赞，只有受公众尊重者才称为德性。人们用这种条律或规章来衡量他们的行动，根据同条律或规章相符与否，称之为善或恶。但是，真正核准德性的是上帝的意志，上帝的意志和条律是道德唯一的试金石。

一般说来，德性和邪恶到处都一样，同建立在上帝的条律之上的不变的是非规章相符合。服从上帝的条律，就取得和推进人类公共福利，因此，有理性的人关心自己的利益，不能不称颂正确的东西，谴责错误的东西。

这是古希腊对道德的快乐主义的解说，又用基督教神学的狭隘概念予以补充。德性不过是对自己或对别人做些好事。生活中最持久的快乐是健康、声望、知识、做好事和对来世永恒无限幸福的期望。

洛克说明了我们如何从经验中得到道德知识。但是，他认为通过证明、也可以根据某种第一原理，由推理得到道德知识。道德同数学一样可以证明。“有一个至高无上的存在物，他有无限的权

力、善意和智慧，我们是他的创造物，都依赖于他。这样一个观念和我们自己作为能理解、有理性的动物的观念，如果予以充分的考虑和探究，就会使我们认识职责的根据和行动的法规，从而使道德成为可以证明的科学。”“没有所有权，就没有对权利的侵犯；这个命题像欧氏几何学的任一论证一样确实。”“再者，政府决不允许绝对的自由；政府的宗旨是要建立某些法规和条律，要求人们遵守，而绝对自由的宗旨意味着任何人都可以为所欲为，所以我确信这个命题的真理性，正如我确信任一数学命题的真理性一样。”

换言之，人类有关于是非的经验知识、论证知识和天启知识， 325
三者是一致的。上帝作了这样的安排，给人以追求幸福的欲望，人就引申出道德规范。他还赋予人以理性，使人通过论证而认识道德真理。他又在圣经中揭示那借助于经验和理性可以把握的同样的条律。

第七节　自由意志

在洛克看来，自由的观念不是意志或爱好，而是根据心灵的选择或指导，人有做或不做的力量。我们不能说一个人的意志是自由的。“如果要问一个人的意志是否自由，正如问他的睡眠是否敏捷或者他的德性是否是正方形一样没有意义。”意志是一种力量或能力，就是一个人思索其行动以及愿意选取或排除其种行动的力量。自由是另外一种力量或能力，就是根据他自己的愿望要进行或不进行某一个别活动的力量。因此，要问意志自由吗？实际上等于问，一种力量具有另一种力量吗？这是荒谬的。那就是问，意志是一个实体、一个行动者吗？意志不是一种官能或实体。一个人只要根据他自己心灵的爱好或指导，有力量思索或不思索、活动或不活动，他就是自由的。只要没有力量根据他的心灵的决定或思想来行动或不行动，他就是不自由的，虽然他的行动也许是自愿的。坐立不安能够相继决定意志并推动我们采取我们所执行的行动。这种不安是欲望，是因为心灵缺少某种没得到的好东西而感到的不安。上帝使人因饥渴和其他自然欲望而感到不安，以鼓舞和决定其意志，来保全自己和延续种族。最有压力的不安自然会决定意志。但是，什么东西激励欲望呢？只有幸福。

第八节　政治学

洛克在他的《政府论》中论述了他的国家学说，其中第一篇驳斥罗伯特·费尔默爵士（1653 年逝世）的关于专制主义的著作《族
326 长制》。[①] 第二篇讨论“公民政权的真正起源、范围和目的。”他反对这种观点：一切政权都是绝对的君主专制，君王具有神圣的权利来掌握绝对权力，人民没有天赋的自由和平等的权利。他认为，人本来处于完全自由的状态，可以根据自己认为合适的想法，在自然规律的范围以内，采取行动和处理财物，而不必经过任何别人的批准，仰赖别人的意志。人还处于自然平等的状态，没有一个人比另外一个人拥有更多的权利和裁判权。自然或理性的规律教导说，所有的人类都是平等独立的，谁都不能损害别人的生命、自由和财产。[②] 每一个人都必须保全他自己，而当他的自我保全与人无争时，他还必须保全别人。在自然状态中每人都有权惩罚侵犯自然

① 族长的权威是从亚当因袭而来的神圣、不可改变的权力。阿尔杰农·西德尼（1622—1683 年）在他的《政府论》中驳斥费尔默依据圣经的论证。诗人弥尔顿（1608—1674 年）要求家务、宗教和政治自由。巴尔克累非常积极地维护绝对君主专制政体。洛克的学说主要以里查·胡克在他于 1593 年出版的《教会政权的法律》中所奠定的原则为基础。

② 洛克于 1669 年为南北卡罗来纳起草了第一部宪法，查理二世曾把这块地赠与一些贵族，其中包括洛克的保护人沙甫慈伯利伯爵。

规律的人，保全无辜的人，遏制犯罪者，并对自己所受的损害取得补偿。惩罚要严格，达到这样的程度，足以使犯法者感到吃亏，懊悔其作为，以儆效尤。

自然状态并不像霍布斯所设想的那样一种战斗状态，而是和平、友爱和互助的状态。上帝创造人，使他们对结成社会感到方便而且有那种倾向，又给他们配备上理智和语言，以便维持社会和享受社会的好处。但是，在自然状态中缺乏许多东西：创制而确定下来、为人所熟知的法律；著名而公正的有权威的法官；当判决正确时，给予支持并使之得以不折不扣地执行的权力。当一些人结合成一个社会，放弃各自执行自然规律的权利，委之于社会，就是当人们组成社会而成为一个民族、一个政治团体，处于一个最高政府的统治之下时，就形成了政治或市民社会（契约论）。

因此，绝对的君主专制政体同市民社会不相容。如果君王兼 327
有立法和行政权力，就没有公共的法官公平无私和有权威地进行判决，没有既成的法规可以遵循，公民就是独夫的奴隶。不经过自己的同意，没有一个人能够服从另一个人的政治权利。经过每个人同意，一些人形成社会，从而使那个社会成为一个整体，具有像一个整体那样行动的权力，而这权力是由大多数人的意志和决定所构成的。但是这个社会形成以后，每一个人都对社会中的人负有服从多数人统治的义务。如果人像以前处于自然状态那样，自由自在，不受约束，那就不会有契约了。一致同意几乎是不可能的。在和平中开始产生的世界上的政府，是由于人们的同意而构成的。

人享受自由和权利很不稳定，经常遭受别人的侵袭，于是予以放弃。因为每一个人都和他处于同等的地位，和他一样是君王，而大多数人都不严格尊重平等的权利和正义，这样他享受自己所有的财产就非常不稳定、不牢靠。如果没有堕落的人的败坏和腐化，那么除了自然状态以外就不需要任何社会。人结合成为国家的最大而主要的目的是彼此都保全自己的生命、自由和财产。所以社会的权力不能超出公共福利以外。

甚至于统率立法权本身的首要而基本的自然规律，是保全社会，而且，只要同公共福利相符合，还要保全其中每一个人。一切共和国首要的基本的成文法是建立立法权。这种立法权不仅是至高无上的权力，而且一旦由社会赋予了人，在他那里就是神圣而不可更改的；任何别的人的命令不经过公众所选择和委任的立法权的批准，都没有法律的力量和强制性。但是，立法权不能绝对任意地控制人民的生命和财产，而只以注重社会公共福
328 利为限。自然的规律不仅适用于社会，对一切人来说，其中包括立法者和其他人，都是永恒的法规。因此，立法权没有权力去奴役、损害臣民，或蓄意使臣民穷困。而且立法权不能拥有凭借临时制定的武断的命令来统治的权力，而需要有恒常的法律。此外，最高的权力不经过一个臣民的同意也不能攫取他的财产；只有经过大多数人的同意才能抽税。最后，不能把制定法律的权利授予任何别的人。

制定法律者不应该兼有执行法律的权力。联邦的权力是宣战、媾和、结盟和协约以及同国外的一切人和社团交往。联邦和行政的权力几乎永远是结合在一起的，最好为一人所有。行政部门有执行法律的最高权力，不受其他权力支配。但是，立法者可以因故从它所委任者的手中撤回行政和联邦的权力，惩罚在执行法律中造成紊乱现象的人。立法是最高的权力，不过它是为某种目的而活动的受信托的权力。所以，当人民发现立法同他们所信托的背道而驰时，他们拥有取消和修改立法的最高权力。政府存在时，立法权至高无上。而选取立法者的权力在于人民。国家的灵魂不

像霍布斯所说的那样是君王,而是立法者。立法者代表人民,君王或立法者的行动是否违背他们的信托,人民可以裁判。

第九节　教育

同近代所有的伟大哲学家一样,洛克看到从经院哲学因袭下来的教学法的缺点,提出以他的经验心理学和伦理学为基础的一个新的教育纲领。他认为人于出生时,除去期望快乐和有接受印象的能力以外,心灵没有任何原则;教育问题就是必须靠经验来学习和实现幸福。为了达到这个目的,需要有健康的身体和健全的感觉器官;要靠锻炼和习惯来增强体质;因此,儿童需要受体育训 329
练,大家都应过朴素的生活。儿童个性要自然发展,所以个别教授比较可取。洛克还强调实物教学、通过游戏来学习和激发学生思想活动的重要性;必须使学习成为乐事。最重要的是,不可忽视教育的社会目的:要把青年训练成社会中有用的成员。

第二章　洛克的后继者

第一节　洛克的影响

洛克的学说形成许多思想路线的出发点,他的影响像笛卡尔一样,远远超出了他的时代和国界。席勒关于一个伟人说过这样的话:他骨子里有精华,可以延续几个世纪。这对洛克也适用。他的《人类理智论》在近代哲学史上第一次力图创立一个博大的认识论,开创了那个产生贝克莱和休谟而在康德那里达到登峰造极地步的运动。他的经验主义心理学是英国的联想论(布朗和哈特莱)和法国的感觉论(孔狄亚克和爱尔维修)从中得到滋养的泉源。沙甫慈伯利、哈奇森、弗格森、休谟和亚当·斯密继承和纠正了他的伦理哲学。他的教育理论影响了法国的伟大作家卢梭，并通过他影响了全世界。他的政治思想在伏尔泰的著作和孟德斯鸠的《法意》中得到卓越的阐述，并为卢梭在《契约论》中全部继承下来。他的整个思想促进了英国和法国自然神论者的宗教运动。在洛克那里，促进启蒙运动的力量集中，同在他以前的任何思想家的表述相比，更加确实地得到反映。他代表近代的精神，即独立和批评的精神，个人主义的精神，民主的精神，表现在十六、七世纪宗教改革和
330 政治革命中，并在十八世纪英国启蒙运动中达到顶点的那种精神。没有一个哲学家比洛克的思想更加深刻地影响了人类的精神和制度。

第二节 自然神论者

从洛克的《基督教的合理性》(1695 年)开始，自然神论形成了重大的运动。洛克确定理性为启示的最后准则。启示的真理绝对确实，无可怀疑，但是人类理性是启示本身的标准。同切尔布里的赫尔伯特一样，这位伟大的经验主义者承认自然或唯理的神学中的某些命题是真的，不过，他不认为那是天赋的。自然神论者运用洛克这种思想，以理性的标准来衡量启示，在自然规律中寻求上帝的启示。在这个基础上基督教形成为唯理的宗教；基督教并不神秘，和天地万物一样古老。约翰·托兰德写了《基督教并不神秘》(1696 年)，这本书遭到英国国教教会的谴责。在他的《给塞烈娜的信》(1704 年)和《泛神论》(1720 年)中，他肯定了自然宗教，称之为泛神论(这个词是他开始采用的)。柯林斯写了《自由思想论》(1713 年)，反对教会干涉批评地讨论《圣经》。其他自然神论的著作有：丁达尔的《基督教创世时就已存在》(1730 年)，伍耳斯顿的《六论救世主的奇迹》(1727—1730年)，恰布的《耶稣基督福音真传》(1738

年)和摩根的《道德哲学家》(1737年)。康尼比尔(1732年)和J.巴特尔(1736年)维护天启的宗教,反对自然神论。

参　考　书

史蒂芬,《十八世纪英国思想史》,两卷;罗伯逊,《自由思想简史》,两卷;累赫尔,《英国自然神教史》。参看《大英百科全书》,自然神论录目下的书目。

第三节　心理学

在论述知识的起源时,洛克区分了感觉和反省,他还认为心灵有对感觉材料加工的能力或机能。他的许多后继者试图把一切心智活动,包括反省和加工的机能,都解释成变相的感觉:把反省和知性能力化为感觉。布朗,科克的主教,死于1735年,著有《知性 331
的活动、范围和界限》(1728年)就提出了这种观点,法国神父埃蒂安内·德·孔狄亚克(1715—1780年)在他的《感觉论》(1754年)中又详细地加以论述。孔狄亚克力图表明,一个仅具有单一感觉(例如嗅觉)的生物会依次发展而能注意、记忆和比较,有快乐和痛苦、情绪、欲望和意志。比较无非是感觉的增殖,由比较产生判断、反省、推理和抽象,这就是知性。反省或自我只是我们现有和以前所有的感觉的总和。不过,要取得关于外在世界的观念,即广袤、形式、坚实性和物体,需要有触觉。触觉使我们认识客观现实,知道在我们以外还有别的某种东西,但是我们不知道这种东西的本性。

感觉论以不同的形式流行于英法,其中的信奉者有:哈尔特莱、普里斯特利、伊腊斯穆斯·达尔文、詹姆斯·穆勒、边沁、爱尔维修、孔多塞、沃尔涅、百科全书派和唯物主义者。查尔斯·德·崩内(1720—1793年)宣扬温和的感觉论,但是他认为一切心智的活动，无论是高级或低级的，都要靠头脑振动，而这种振动引起非物质的心灵的反应。爱尔维修把感觉论运用到伦理学上。

观念联合的规律（即观念按一定的有规则的次序在心灵中联合），曾经为亚里士多德和霍布斯所注意，由洛克和盖伊讨论过；大卫·哈尔特莱（1705—1757 年）加以发挥，构成一个哲学体系。哈尔特莱著有《论人，他的结构、职责和期望》（1749 年）。经验论信徒，诸如休谟、孔狄亚克、普里斯特利、穆勒父子、边沁和许多近代心理学家，把这一规律同一切观念都是感觉的摹本的学说结合在一起，用来作为解释心智活动的主要原则。在伦理学方面，他们利用这一规律来解释道德情操：人学会把他的快乐同使他喜爱的东
332 西联系起来。道德情操使人得到许多可喜的利益，人的感情逐渐由这种利益转移到使人取得利益的东西，这样就会为德性而爱德性。

参　考　书

参看原版第 254 页以下和洛克名下所列著作；还有博尔，《哈尔特莱和詹姆斯·穆勒》；朔恩兰克，《哈尔特莱和普里斯特利：联想论的首创者》；马尔库斯，《联想论》。宇伯威格-海因泽书第三编，第一卷，§ 22 中的书目。

第四节　伦理学

英国经验主义者认为是非的知识来自经验，把道德建立在自我保全的冲动或对幸福的期望上。诚然，培根没有忽视社会本能，但是霍布斯和洛克却肯定人性基本上是利己主义的，道德是开明的自利。像库德华兹、克拉克和沃拉斯顿那样的唯理主义思想家反对这种经验主义和利己主义的思想。克拉克说，否认我会为别人做别人在同样的情况下会为我做的事，“犹如一个人竟要争辩，二加三虽然等于五，却不等于二加三。”理查·坎伯兰（1632—1719

年)著有《关于自然规律的哲学探讨》(1672 年),可以说是英国功利主义的奠基者。他拒绝接受唯理主义关于天赋的道德知识的学说,但是他认为把人看作是利己主义的,把这个概念看作仅仅是一种自私的冲动,那种观点同样是错误的:人既有自私的感情,也有同情的感情,或仁爱。社会生活或公共福利是至善,人有社会感情和理性,能够适应这种至善。

继洛克之后的英国道德学家,主要把道德知识建立在感情或冲动上,而不是建立在理性或天赋的是非观念上,但是,他们认为这种感情是人类本性所固有的资质。沙甫慈伯利勋爵(1671—1713年)著有《人的特征》(1711年);他认为人有自爱的感情,也有社会的感情,道德就在于两者之间的正常平衡;道德感可以告诉我们彼此是否和谐。F. 哈奇森(1694—1747 年)在他的《美和德性观念研究》(1725 年)和《道德哲学体系》(1755 年)中系统地探讨了这种思想,首先运用了这个公式:"最大多数人的最大幸福。"属于这学派的还有大卫·休谟,他著有《关于道德原理的研究》(1751 年);亚 333
当·弗格森,著有《道德哲学原理》(1769 年);亚当·斯密(1723—1790 年),著有《道德情操论》(1759 年)和《原富》(1776 年),他以同情为道德规律的泉源和标准。所有这些哲学家都注重人类本性的感情冲动方面,认为伦理的判断和行动不是起源于理性,而是起源于感情。其中大多数是直觉主义者:不是认为天赋的道德感区分开动机的好坏和行为,就是认为道德判断建立在同情感上。他们都肯定公共福利是至善。坎伯兰和沙甫慈伯利把至善看作是完善,其他人则认为是幸福,尽管完善和幸福的界限尚未划清。

柔斯夫·巴特勒(1692—1752年)著有《人类本性论》(1726年)、《德性论》和《宗教的类比》(1736年)。在一般的学说方面他因袭以上所述的一派,但是他更加注重良心。他认为良心不是感情,不是道德感，而是反省的原则："每一个人都有一个优越的反省的原则，或者叫作良心，这会辨别他心中内在的原则和外在的行动；品评他本人和他的内在的原则；毅然断定某些行动本身公道、正确和良好，另外一些行动邪恶、错误和不公道；这不和人商议、不经人劝告，就可以满有权威地尽力发挥作用，从而赞扬或谴责采取行动的人。"如果它既有权利，又有威力，就会绝对控制世界。他认为，个人幸福虽然不是区分是非的心理动机，却是最后的唯理的标准。如果我们了解真正的幸福，良心或职责以及自爱或利益总会引导我们走同样的路。它们在这个世界上彼此大多极为吻合，但是如果我们全面考虑，着眼于未来和整体，那么它们在每一事例中是完全一致的。幸福和悲惨的观念对我们来说，极为密切和至关重要，如果这种观念同秩序、美好、和谐以及平衡的观念竟然发生矛盾（这是不大可能的），那么前者将战胜而且应该战胜后者。当我们冷静地坐下来时，我们不会认为有理由追求单纯正确和美好的东西，或进
334 行其他的追求，除非我们确信那会促进我们的幸福，至少那不能与幸福背道而驰。

威廉·佩利在他的《道德哲学和政治哲学原理》（1785 年）中摈弃道德感，主张要按照其倾向来衡量行动。凡是有利的事都是对的。"德性是为人类做有益的事，服从上帝的意志，寻求永久的幸福。"

贝尔纳德·孟德维尔（1670—1733 年）著有《发怨言的蜂箱，或恶棍转变的诚实人》（1705 年）和《蜜蜂的寓言，或个人劣行即公共利益》（1714 年）。同沙甫慈伯利相反，他试图表明，自私（或个人劣行）对公共福利的贡献比仁爱更大。法国人爱尔维修（1715—1771年）著有《精神论》（1758年）和《论人》（1772年）。他承袭霍布斯和孟德维尔的思想，以利己主义为人类活动唯一的动机，以开明

的自私为道德标准。他认为使人有道德的唯一途径是让人在公共福利中看到自己的福利，这只有靠立法才能做到，即靠恰当的赏罚。道德科学无非是立法科学。归根到底，这种理论是剥除了其神学色彩的洛克的理论。

第五节　政治经济学

这种个人主义观点既渗透于洛克和佩利的著述中，又影响了巴特勒的理论，在法国重农学派，如 F. 魁奈（1694—1774 年）和 A. 杜尔阁（1727—1781 年）的经济理论以及亚当·斯密的《原富》中，也得到反映。所有这些学者都反对产生于中世纪末期的旧重商制度。新的政治经济学是建立在这样的思想之上的，即个人在经济领域内有进行活动的天赋权利，社会应尽可能少予干涉（放任主义）。这种思想肯定，允许自由竞争，取消不合人情的限制，其中包括垄断或特权，实行自由交易，保护契约和财产，开明的自利就不仅能实现个人的利益，还能实现公共福利。放任主义思想是天赋人权总的理论的一种表现，要求为个人享受生活、自由和幸福开 335
辟道路，认为这会形成社会的正义。亚当·斯密说，“简单明显的天赋的自由的制度是由其自身的原因而建立起来的”。这种理论有助于贬斥和推翻旧制度，使个人从有害的限制中解放出来。

参　考　书

参看原版第 254 页以下所列著作，特别是伦理学史和政治学史；还有罗伯逊编，沙甫慈伯利的《人的特征》；福勒，《沙甫慈伯利和哈奇森》；吉策基，《沙甫慈伯利的哲学》；兰德，《沙甫慈伯利的生平、信札和哲学体系》；葛拉斯顿编，《巴特勒的著作》；柯林斯，《巴特勒》；法雷耳，《A. 斯密》。

第三章 贝克莱

第一节 重要的问题

在洛克看来，物体使心灵产生感觉，即关于广袤、坚实性、运动、颜色、声音、滋味、气味和接触的感觉或观念。其中有些是事物真正的摹写，或第一性的性质，另外一些则是事物影响我们的结果，而不是事物切实的表象。感觉给心灵提供材料，提供一切知识的原始资料。心灵予以加工，即排列、联合、分离和联系，并反省它自己的活动。我们的一切知识都限制在经验的事实以内，我们只有关于观念的直接知识。我们也知道有一个外在的世界，但是，这种知识不像关于观念的知识那样无须论证而自明。

贝克莱主教利用洛克的基本学说，来反驳唯物论和无神论。如果人类知识的基础是感觉和反省，我们只知道观念，我们怎么知道有一个物体的世界，一个外在的物质的世界呢？关于物质问题，我们仅限于知道自己的意识状态，不能把我们的观念同物质的实体相比较，不知道它们是什么，不知道它们存在。如果洛克学说正确，有物质，我们却不认识它，这就会陷于怀疑论。而且，如果有像物质那样独立的实体和一个纯粹空间的世界，就会有一个无限的永恒不变的实在同上帝并存，限制上帝，以致提示上帝不存在。因此，相信有物质，就会导致无神论和唯物论。怀疑论、无神论和漠视宗教的根源就在于认为物质或物体的世界是存在的。要避免这种漠视宗
336 教的结果，只有排除其所由产生的前提，即关于物质存在的论断。不用这样的前提，我们可以解释世界：只要设有上帝这个最高无上的精神和其他精神的东西，就可以解说一切事实。因此，贝克莱最重

要的问题是，心灵以外的世界存在吗？有一个独立的物质世界吗？

乔治·贝克莱（1685—1753 年），生于爱尔兰，曾在都柏林三一学院学习，又旅行过，于 1734 年任克罗因的主教。1732 年他被派到罗德岛，去建立布道团。他的著作有：《视觉新论》（1709 年），《人类知识原理》（1710 年），《海拉和菲伦诺的三篇对话》（1713 年）和《阿耳西弗朗，或渺小的哲学家》（1732 年）等等。

参　考　书

A. C. 弗雷塞编贝克莱著作，四卷，第二版；弗雷塞编，《贝克莱选集》；弗雷塞，《贝克莱》和《贝克莱，唯灵的实在论》；西蒙，《全面的反唯物论》；古尔，《贝克莱的哲学日记》（摘录）。

第二节　认识的对象

贝克莱说，认为无知出于人类能力的限制，是错误的；如果正当地利用造物主灌输给创造物之中的欲望，那么他通常提供满足欲望的手段。因此应该肯定，正当地运用我们的能力，可以满足求知的欲望；根据确实的原则，可以得出可靠的推论。这就值得我们尽力严格地探究**人类知识原理**，从各个方面进行分析和考察。

认为外在的对象（诸如房屋、山岳和河流）自然地和真正地存在着，和其被知觉的情况不同，这种主张的主要原因在于有这样的学说，它认为心灵能够构成抽象的观念。其实不然。我们能够想象或表象我们所知觉的个别事物的观念，我们能够以各种方式把它们分开和联合起来。但是，举例来说，我们思想中不可能有这样的观念，它同一般的三角形的观念的描绘相应，这样的三角形"既不是锐角和钝角的，又不是直角、等边和等腰的，也不是不等边的，而同时是所有这样的三角形，又不是任何一种三角形。"诚然，可以思

考仅仅是一三角形的图形，而不注意三角形的特殊性质或各边的
337 关系。人可以进行抽象，但是，这绝不能证明，人能构成一个抽象，一般而又自相矛盾的三角形观念。同样，人不能构成这样一个明确的运动观念，它脱离运动着的物体，不快不慢，既不是曲线，又不是直线。的确，在这种意义上有一般的概念：一个观念单从它自身来考虑是个别的，由于表象或代表同类的其他个别的概念，则变成一般的。人用一个名字或符号来代表同类的一切个别的观念，从而就相信有一个一般或抽象的观念同它相应。这样设想的抽象的观念对于交流思想和扩大知识来说，都是不必要的[①]。

心灵以外的世界，即实在的物质世界的观念，就是这样抽象的观念。人把可感觉的对象同其被知觉区分开，认为物质不为人所知觉而存在。这是不可能的。没有关于一事物的实在的感觉，人不能看见或感觉那个事物；脱离感觉或知觉，人也不能想象可感觉的事物或对象。

贝克莱同意洛克的观点，认为人类认识的对象或是确实印在感官上的，或是因注意心灵的情绪和活动而被知觉的，或者是靠记忆和想象的帮助而形成的观念。人联合、分开或仅仅表象这种观念。除去观念以外，还有认识或知觉观念的东西，它对观念进行各种活动，诸如愿望、想象和记忆。这个能知觉和活动的东西就是心灵、精神、灵魂和自我。它和观念完全不同，是观念存在于其中或观念所借以被知觉的东西，因为观念的存在就在于被知觉。

第三节 物体世界

谁都会承认，没有心灵，人的思想、情绪和想象的图画就不存

① 后来贝克莱修改了这种唯名论的学说。参看《阿耳西弗朗》(英文版)，第二卷，第436页以下。

在；它们都存在于心灵中，它们的存在就在于为心灵所知觉或认识。但是，这对感觉来说也是对的，在这里，存在也意味着被知觉：**存在就是被知觉**。当我说我在上面写字的桌子存在时，我的意思 338
是说我能看见或感觉到它。当我离开屋子而说它存在时，我的意思是说，如果我在屋子里，我就会看见它，或者某一其他心灵实际看见了它。如果说事物存在而不被心灵知觉，那完全是不可思议的。存在意味着被知觉，存在于心灵中。因此，没有心灵，则物体不存在；它们的**存在**就在于被知觉或被认识。只要它们不被我知觉，也不存在于我的心灵或任何其他被创造的精神的心灵中，它们就根本不存在，否则，它们就存在于某一永恒的精神的心灵中。说物质存在于心灵之外，那是用语矛盾。

由洛克对物体的看法出发，必然产生这样的结果。物体是坚实、有广袤和有形状的实体，能够运动，具有一定的颜色、重量、滋味、气味和声音。但是，某些性质不是它所固有的，颜色、声音、滋味和气味是物体在能感觉的主体中产生的结果，不在物体本身中，而在**我以内**；这叫作第二性的性质。广袤、形状、坚实性、运动和静止被认为是实体、物体本身所固有的性质，是第一性的性质。贝克莱说这种所谓**第一性的**性质，同其他的性质一样是第二性的。通过触觉我得到广袤和坚实性的观念，这些观念也是心灵中的感觉。我不能把广袤的观念同颜色和其他第二性的观念分开，我永远不能看见一个有广袤而又不带颜色的东西；如此等等。第一性的性质同第二性的性质不可分离地结合在一起；我不能把后者抽绎出来，留下一个有广袤的坚实的实体，即只是实体而不是别的东西。我头脑里没有这样一个抽象的实体观念。但是，据说必须有一个外在的某种东西，支撑或位于第二性的性质的下面，这就是实体。贝克莱说，那又不过是抽象，物质的实体这样的词没有任何意义。即使

心外存在一个坚实、有形状和能运动的实体，我们怎能认识它呢？而且，一切观念或感觉或被知觉的东西是不活动的，没有产生任何
339 作用的力量，因此，广袤、形状和运动都是观念，不能引起感觉。

第四节 精神世界

但是，你要说在心灵中一定有感觉或观念的原因。确实是这样，这个原因一定是一个活动的实体。不过，它不能是物质的实体，因为没有这样的物质的实体；它一定是一个非物质的、活动的实体或精神。精神是单一而不可分的活动的东西。它知觉观念，则被称为**知性**；它产生观念，不然就摆布观念，则被称为**意志**。不能形成灵魂或精神的**观念**，因为所有的观念都是被动或有惰性的，我们没有关于能活动的东西的观念、影像或画像。我们不能**知觉**精神本身，只能知觉它所产生的影响。不过，我们毕竟对灵魂或精神以及心灵的活动，诸如愿望、爱、憎，是有所**了解**的，因为我们理解这些字的意义。

有些观念我能够随意构成或摈弃，在这方面我的心灵是主动的，我能够支配我的思想。但是，我不能支配我的**感觉**。我睁开眼睛：我不能选择我是否要看，也不能决定哪些特殊的对象在我眼前出现。印在我感官上的观念不是我的意志的产物，因此，有产生这种观念的某一其他的意志或精神。感官的观念比想象的观念强烈、生动和清晰，又稳定、有秩序和连贯，不像通常由人的意志所造成的结果那样，是随意激起的，而是形成有规律的排列或系列，其中可取的联系足以验证造物主的智慧和仁爱。人所依赖的**精神**根据既定的规律或确定的方法激起我们的感官观念，这种规律或方法叫作**自然规律**。通过经验，我们认识这些规律，知道在事物的日常进程中如此这般的观念伴有如此这般的其他观念。换言之，上帝激

起我们有某种秩序的一些观念，把食物的观念同营养的观念联系起来，把睡眠的观念同恢复精神的观念联系起来，把对火的视觉同身体温暖的感觉联系起来。如果我们的感觉没有这样有规律的秩序，我们会永远迷惘，无所措手足。前后相继的感觉中的这种规律 340
性，能够使我们调整行动，以利于生活。我们注意到观念中间的联系，错误地相信观念是相互引起的；火产生温暖，睡眠促使精神恢复，物体撞击会发出声音。由上帝印在感官上的观念叫作实在的东西；在想象中被激起的观念，不是那么有规律、生动和经常，比较恰当地叫作事物的观念或影像，是摹写或表象事物的。但是，感觉依然是观念，存在于心灵中，只不过是比影像生动、强烈、有秩序和连贯的观念。这种观念依赖知觉它们的能思维的实体较少，因为它们是由另外一个更加有力量的精神的意志所激起的。

第五节　对反驳的答复

根据这种假设，日月、星辰、房屋、山川、石木的情况会怎样呢？那不过是幻想、错觉吗？我们的唯心主义者说，绝对不是。在以上所说的意义上，它们是存在的；从上帝以有规律的连贯的秩序引起我们的感觉的意义来说，它们是实在的东西。如果物质的实体指的是诸如广袤、坚实和重量等等可感觉的性质的组合，在这个意义上，它也是实在的。如果指的是偶性或性质的心外的支撑者，那么，它甚至不存在于想象中。但是，这不是说我们吃、喝观念，又穿观念吗？我们吃、喝和穿的是感官直接的对象，这种对象不能不被知觉或者在心灵以外而存在。因此，称之为东西，而不称之为观念，更恰当。但是，我们能够看到远方外界的东西。思考这种困难，促成《视觉新论》的诞生，在这部书里，贝克莱认为远方、外界不是由视觉直接知觉的，也不是凭借线、角或同它有必然联系的任何东西，而为人理解或判断的。视觉给我们提示某些触觉或移动的观念。当对象小而不清楚时，经验告诉我们，那很远，在远方，必须走近才能取得清楚和较大的图景。

341 当我闭眼时，不是一切都要消失吗？事物不为我所知觉时，必定不再存在。贝克莱说，坚持别的观点的人也会遇到同样的困难。当我闭目塞听时，声音颜色都会消失吗？我们所见的个别的物体，都有颜色、声音、形状和大小。如果这些都消失了，世界还留下了什么呢？而且，我可以说，当我闭眼时，别的心灵会知觉这些东西。

其次，这种唯心主义不是废除了全部微粒子哲学吗？贝克莱回答说，凡是用那种假设所解释的现象，都可以不用那种假设而予以解释。没有人确实知道物质如何施作用于精神或者使它产生观念。而且，自然科学家不是用物质实体来解释事物，而是用形状、运动和其他性质。形状和运动等实际上无非仅仅是观念，不能是事物的原因。

再次，用这种新理论的语言来说，精神发热，而不是火发热，这不荒谬吗？贝克莱回答说，在这些事情上，我们应该像学者一样思维，同俗人一样说话。相信哥白尼理论的人仍然说太阳升起。有人说全世界都相信物质，全世界都错了吗？但是，全世界真是这样相信吗？相信物质，是矛盾。实际上，关于物质，人根本没有经过思考的意见。而且，普遍的同意不能算作证明。我们可以说明这种偏见。人设想其感觉独立于心灵，在心灵以外，因为它们不能自生。这些人作梦也没想到这些话里包含着矛盾。据设想，性质存在于心外。因此需要一个不思维的实体。第二性的性质不存在于心外。既然第一性的性质也不存在于心外，就不必要有实体。如果你说或许拥有性质的实体存在，这种实体却如颜色之于天生盲人，不为人所理解，那么我们就要问，争论不可知的性质的不可知的支撑者，争论

我们不知道是什么和为什么的某种东西，有什么好处呢？而且，如 342
果我们有新的官能，知觉这些性质，还会遇到这些困难。如果物质被规定为某种不可知的东西，既非实体，又非属性，既非精神，又非观念，而且有惰性、无思想、不可分割、不活动、没有广袤和不存在于任何地方，那么，它就是虚无。如果说它存在，是本质和实体，因而和虚无有区别，这种观念是不可理解的文字游戏。

第六节　关于观念、精神和关系的知识

精神是活动、不可分割的实体；观念是有呆滞性、流逝性和有所依赖的东西，不能独立存在，而由心灵或精神实体所支撑或存在于它们之中。我们靠内在的感觉或反省而理解自己的存在，靠理性而理解其他精神的存在。我们有关于自己的心灵以及精神和活动东西的一些知识或概念，严格说来，却没有关于这些东西的观念。同样，我们认识和具有事物或观念之间的关系的概念，这种关系和观念或相互关联的事物不同；我们知觉后者，而不能知觉前者。贝克莱认为观念、精神和关系，就它们各自的种类来说，都是人类知识的对象和论述的主题；观念一词不适当地加以引申了，用来代表我们所认识或具有其概念的一切事物。印在感官上的观念是实在的东西或实际存在，但是，它们不能脱离能知觉它们的心灵而存在，同存在于心外的任何原型不相似。从它们不产生于心灵本身而言，可以说它们是外在的，不过是由一个精神印上的，这精神和知觉它们的人有所不同。可感觉的东西也可以说在“心以外”，那就是说，当我闭上眼睛时，事物仍然存在，不过，必须存在于另一心灵中。

第七节　对二元论、无神论和怀疑论的驳斥

贝克莱宣称，这种唯心主义的理论从哲学中排除了含糊难解

的问题:物质实体是否能思维?物质是否无限可分?它如何对精神施予作用?这种理论把人类知识化为关于观念和精神的知识。它摆脱了由理智所理解的对象或心内的对象和心外实在的对象的二元论。这种二元论是怀疑论的根源,因为我们怎么知道所知觉
343 的事物符合人不知觉的事物呢?如果认为颜色、形相、运动和广袤等属于心外的东西,我们看到的只是现象,不是事物实在的性质,我们就会陷于怀疑论,不相信感官。而根据我们的理论,则一切怀疑化为乌有。

物质学说也导致无神论;抛弃物质,整个建筑物就坍塌了。如果自在的、无感觉和不能思维的实体是一切事物的基础和根源,事物的形成就没有自由、智慧和计划。去掉物质,伊壁鸠鲁派和霍布斯派之类的人就丝毫没有借口了。偶像崇拜也会同物质一起倒台。如果感官对象只是人心中的种种感觉,人不会屈身崇敬他自己的观念。而且,只要去掉物质实体,如一般平常人所理解的物体这个词的意义来理解物体,那就是说,物体就是直接为人所见和所感觉者,只是性质或观念的集合——那么对复活的反驳就化为乌有了。

抽象观念的学说是错误的另一来源。谁都知道个别或具体的时空和运动,但是,经过形而上学者之手以后,这些东西就太抽象、太精细了,普通人不能理解。时间无非是从人类心灵中的观念相继抽绎出来的,有限精神的延续必须由许多观念或行动在同一精神或心灵中的彼此相继来衡量。因此,心灵显然总是进行思维的。在人心中,只要有广袤,就有颜色,原型只存在于某一另外心灵中;感觉对象不过是结合、混杂和凝聚在一起的感觉,不能设想任何一种感觉可以不被知觉而存在。我们不能构成一个排除掉一切物体的纯空间的观念。纯空间的意思是说,我的四肢有可能向各方面移动,遇不到什么阻障。

怀疑论者在自然哲学方面取得了胜利。他们说我们不认识事物的真正本质、内在的性质和组织。每一滴水、一粒沙中都有某种东西，不是人类理性能力所能探索或理解的。这种抱怨没有根据。344
并没有那样的事物内在本质，可辨认的性质从中流出，或赖以为根基。举例来说，努力用形状、运动、重量或不可见的微粒子的这类性质，来解释现象或性质、声色的产生，是徒劳的。除去精神以外，没有其他的行动者或动力因，运动和所有其他的观念一样，完全是不起作用的。

引力是现在流行的重要原理。这个词的意思指的不过是引力的结果，没有告诉我们引力借以产生的活动的性质，或产生引力作用的原因。许多人宣称，引力作用是普遍的：据说吸引和被其他物体吸引是一切物体所固有的本质的属性。这种情况绝不是必要或本质的，而是完全依赖于主宰的精神的意志的，他根据各种规律，使物体聚合在一起或相互吸引。因此，要探索那不同于心灵或精神的自然的动力因，是无益的。全部创造都是一个聪明和善良的造物主的产品，因此，哲学家应该运用他们的思想来探究事物的终极因。一种好的途径，是指出事物所适应以及事物原来所以被创制的各种目的。没有理由不进行观察和实验。观察和实验对人类有用，使人得出一般的结论，这不是由于事物中有不变的特性或关系，而是由于上帝在管理世界时对人类善良和仁爱。通过勤奋地观察现象，人可以发现一般的自然规律，并由此而推导出其他现象。"我不说证明，因为所有的那类演绎都建立在这一假定上，即自然的主宰总是始终如一地进行活动，而且恒常地遵循人认为是原则的法规；这些法规我们显然不能认识。"但是，贝克莱认为道德法规必然能够促进人类福利，能够予以证明，这同几何学的命题一样具有永恒不变的真理性。

参 考 书

345 阿·柯立尔在他的《万全的线索》(1713 年)中，从马勒伯朗士的哲学出发，试图根据唯理主义的观点，来证明外界不存在。布曼编，《万全的线索》。参看里昂，《一个英国唯心主义者》，载《哲学评论》1880 年；科瓦洛斯基，《阿·柯立尔的〈万全的线索〉评析》。

第四章 休谟

第一节 提出的问题

洛克指出，人有关于观念的确实的知识，关于上帝和道德的论证的知识，以及实际上关于外在物体世界的确实的知识。贝克莱否定物质世界存在，把知识局限在观念、关系和精神存在物的范围以内。大卫·休谟承袭了知识起源的经验论和贝克莱**存在即被知觉**的观点，得出他认为是来自这前提的结果。如果人所认识的是自己的印象，就没有权利断定物质实体或精神实体的实在性。人没有那种印象，使他有理由假定**任何**实体。在人的经验里也没有发现任何东西，足以辨明必然联系或因果概念的正当合理。原因和结果无非是观念有规则地前后相继。从形而上学、神学和自然科学中，不能得到普遍和必然的知识；至于上帝、宇宙和灵魂的科学，像洛克对物体科学所论断的，同理论科学一样是不可能的。我们只能认知所经验者，只能把握被限制的范围的盖然性。休谟同意笛卡尔、霍布斯和洛克这一观点，即真正的知识必须是自明的，但他认为只是在数学中才有这种知识，因为数学仅仅分析它本身的概念。

休谟的观点是经验主义：我们的知识来源于经验；是实证主

义：知识受到现象界的限制；是不可知论；对于最后本体、实体、原因、灵魂、自我、永恒世界、宇宙，我们一无所知；是人文主义：唯独人的精神世界是我们研究的真正对象。

大卫·休谟1711年生于爱丁堡，学法律，曾先后任圣克莱尔将军和赫尔特福尔德勋爵的秘书（1763—1766年）、爱丁堡法学院的图书馆馆长（1752—1757年）和副国务大臣（1767—1769年）。346
他在第一次旅居法国期间（1734—1737年）写成他的主要著作《人性论》，共三卷，但是，这部著作在群众中默默无闻：休谟说，"出版后成了生下来的死婴"。他后来以更加通俗的形式修订了这部书，分别出版其中的三卷（1748年，1751年，1757年）。他生前享有盛名，是因为他作为历史学家取得了成就，而不是由于他的哲学著作。第二次以英国大使馆成员的身份寄居巴黎的时候，结识了卢梭、狄德罗、霍尔巴赫、杜尔阁和达兰贝尔，并劝诱卢梭访问英国。死于1776年。

他的著作有《人性论》（1739—1740年）；五卷论文集：1.《道德、政治和文学概论》（1741—1742年）；2.《人类理智研究》（1748年，是《人性论》第一卷的修订本）；3.《道德原则研究》（1751年，是《人性论》第三卷的修订本）；4.《政治论谈》（1752年）；5.《四篇论文》（1757年），其中包括《论情感》（《人性论》第二卷）和《自然宗教史》。死后出版的著作有《我的一生》（由亚当·斯密出版，1777年）；《关于自然宗教的对话》（1779年），《自杀》和《灵魂不死》（1783年）。他的《英国史》于1754—1762年问世。

格林和格柔斯编休谟著作，四卷，1874年，新版，1909年；席尔拜-比格编《论文集》和《道德原理》，1894年，比·希尔编，《书信集》1888年；艾肯斯编《人性论》选集；希斯洛普编伦理著作选集。

参 考 书

赫胥黎等所撰专著；格林，《休谟著作导论》，并见格林著作；伊耳凯恩，《休谟的人性论和人类理智研究》；约德耳，《休谟的生平及其哲学》；E. 普夫雷德尔，《休谟哲学中的经验论和怀疑论》；斯皮克，《康德、休谟和贝克莱》；迈农，《休谟研究》，两卷；吉泽基，《休谟的伦理学》；赫德法耳，《休谟的认识论》；累哈尔提尔，《休谟：道德学家和社会学家》。并参看麦科希，《苏格兰哲学》；普林格耳-派蒂逊，《论苏格兰哲学》，以及原版第 254 页以下所列关于英国哲学的著作。

第二节 人性的科学

休谟说一切科学都同人性有关系。逻辑学唯一的目的在于解释推理能力的原理和活动以及人类观念的性质。伦理学和评论考察人类的趣味和情操，政治学研究人在社会中彼此结合并相互依赖。甚至数学、自然哲学和自然宗教也靠人的能力和机能来判断。因此，我们应该研究人性本身，以便发现那制约人的理智、刺激人
347 的情操以及使人褒贬个别对象、行动或行为的原则。我们要问，什么是区别真伪、善恶以及美丑的根源呢？人所能给予其他科学的唯一的坚实的基础，休谟称之为人的科学或道德哲学。这种人的科学必须建立在经验和观察上，哲学必须引用“推理的实验方法”。休谟在他的《人性论》中就是试图这样做的，其中第一卷讨论知性，第二卷讨论情感，第三卷讨论道德。《人类理智研究》、《论情感》和《道德原则研究》讨论了同样的课题。

最重要的任务是研究人类知性的性质，分析它的力量和能力，表明它不适宜探讨传统哲学塞给它的玄妙和迂远的课题。换言之，我们要建立真正的形而上学、即关于知性的科学，摧毁那试图探察智力所不能达到的领域的虚伪和混杂的形而上学。即使只搞出一种心灵的地理学，好像是划分心灵的不同部分和能力，至少可以说

这一定像研究行星的体系一样，令人感到满意。但是，我们为什么不可以希望发现那促进心灵活动的秘密的泉源和原则，希望涌现出一个研究心灵的牛顿来，他或许会发现心灵的普遍而一般的原则呢？

第三节 知识的起源

知识的起源和性质是休谟所研究的主要问题。知识的来源是什么？它的确实性、范围和界限是什么？某些认识形式或范畴，如实体和因果，有什么价值？对这些问题的回答都有赖于休谟对知识起源问题的回答。人类思维的一切材料都来自外在和内在的印象。印象是当人有所见闻、感觉、爱或恨、要求或希望时所产生的比较鲜明的知觉：那就是最初出现于人的心灵中的一切感觉、情绪和感情。人的思想或观念是这类印象的摹本，是不太鲜明的知觉， 348
是模糊微弱的印象，是人反省以上所述的感觉或运动时才意识到的。外在的印象或感觉由于未知的原因而出现于心灵中，而内在的印象大都由观念而来：例如，印象触及到感官，我们知道冷热、快乐或痛苦。印象的摹本保留下来，就是观念。这种快乐和痛苦的观念产生新的印象：欲求和避免、希望和恐惧是反省的印象。记忆和想象又摹写这种印象。通过混合、调换、增减感官和经验所提供的材料，可以由印象构成知识。只有心灵和意志混合和组合印象。分析表明，我们考察的每一观念都由摹写相同的印象而来。而且，没有印象，就没有观念；盲人不能有颜色的概念，聋人不能有声音的概念。因此，在考察哲学名词意义的时候，我们总应该自问：这被信以为真的观念是从什么印象衍生出来的？

但是，我们的思想或观念不是完全散漫而无秩序的，不是偶然联结在一起的。它们以一定程度的秩序和规则相互招引，它们之间有联结线，一个唤起另外一个。一幅画自然使人想起原物（相似），说住宅中的一间房就提示邻近的一间（接近），受伤的思想唤起痛苦的观念（原因和结果）。这种现象叫作观念的联想。联想的原则或规律是相似、时空间的接近以及原因和结果。换言之，思想会唤起相似的东西、在时空中接近的东西和有因果关联的东西的思想。观念按照这些原则而结合或联合，则构成一切复杂的观念。

关于事实情况的一切推理建立在因果关系上，那就是说，我们往往在当前的事实和另一事实之间寻求联系。一个人在荒岛上发
349 现一只表，他由结果断定原因，推论曾有人到过那里。人的思考和实践有赖于探索因果。因此，研究这种关系极为重要。人怎么取得因果知识？什么是这种知识的确实性？什么是其证明的性质？

人不能靠先验的推理而得到这种关系的知识。亚当不能从火的光和热，先验地、先于经验地推导出火会使他化为灰烬。心灵不能从设想的原因推导出结果，无论怎样进行推理都不能使我们先验地发现火药爆炸或磁石吸引。因为结果和原因完全不同，永远不能在原因中发现。我们不能论证某一原因必定产生某一结果或它必定总是产生同样的结果；我们不能像证明数学命题那样，按道理证明面包有营养、火生热、面包和营养的性质之间没有这样必然联系，即其中一个概念必然涵蕴另一概念；如果有的话，我们不靠经验，从这些性质的第一次出现，就会推论出那样的结果，犹如从三角形的性质推论出其三内角之和等于两直角一样。设想火不热、面包没有营养和火药不爆炸，在逻辑上丝毫没有矛盾。

关于因果关系的知识建立在观察和经验上。我们观察到对象之前后相连，相同的东西经常联结在一起，火焰生热，寒冷降雪，一个台球运动接着另一个台球运动。在许多事例中发现两种对象往往在一起，我们推论这种对象有因果关系，其中一个是另一个的原

因。这引导我们看到其中一个出现，就期待另一个出现；心灵由习惯或习俗所推动而相信那两种东西有联系、将永远结合在一起。火和热、重量和坚固性等两种东西经常联结以后，我们就受习惯的 350
决定，从一种东西的出现而期待另一种东西。换言之，经验到对象的经常联结，于是相信它们有联系。信仰是灵魂的一种作用、一种自然本能，像受惠之后而产生爱慕之情一样不可避免。我们只能把信仰规定为尽人皆知其意义的一种感情，因为谁都能意识到这种信仰。（休谟在《人性论》中对这种信仰心理学的态度仍然没有确定。他把信仰看作是想象，但是他感到那模糊含混，不能令人满意）。因此，天性未曾把心灵由相似的结果推论出相似的原因以及相反情况的作用，委托给理性靠不住的推导，却靠本能或机械的倾向而促成这种作用。

原因可以被定义为由别的东西所跟随的东西，它的出现总是使人想到另一个东西。某些形而上学家不满意这一定义，他们认为它没有指出其中的某种东西。在他们看来，原因是能够产生另一个东西的某种东西，原因中有一种东西，即结果所以能产生的秘密的力量、效力或能力。原因和结果之间有联结的带子，原因和结果之间有必然的联系；如果我们知道这种力量，甚至不靠经验就能够预见结果，就可以靠思维和推理的力量立即确定其结果。果真如此，我们就能够从原因推导出结果，知道原因必然知道结果：不靠任何经验就可以知道一种东西如何活动。

力量、效力、能力和必然的联系，这些词的意义是什么？我们有什么权利来利用它们？要回答这个问题，必须分析力量或必然的联系的观念。人不能思维他以前未曾通过外在或内在的感觉而感觉到的东西。那么，力量这个观念靠的是什么印象呢？怎么得到这个观念的？当我们注视外在的对象并考虑原因的作用时，我们从未发现任何力量或必然的联系，即联结原因和结果，使其中一个万试不爽地随另一个而起的任何性质。我们只发现其中一个确实随另一个之后而起。一个台球冲撞之后，第二个台球跟着就运动起来，这
351 是外在的感官所能见到的一切。从一个对象的首次出现，我们永远不能猜测其结果。宇宙间推动整个机器的力量是完全隐蔽的。我们知道热经常随伴火焰而起，但是，我们不能想象其间必然的联系。我们不能从反省自己心灵的活动而得到力量的观念，这个观念也不是由摹写内在的印象或经验而来。但是，有人会说，我们不是时时刻刻都意识到内在的力量吗？我们不是感觉到单靠意志的命令，就能推动身体器官或指导心灵的机能吗？意志的活动使四肢运动或在人的想象中产生一种新观念。通过意识我们认识到意志的影响。这样，我们就得到了力量或能力的观念，我们确实知道我们自己和一切其他有智慧的生物拥有力量。

休谟说，让我们检查一下这种观点。诚然，人靠意志来影响身体器官，但是我们意识不到造成这种结果的方式，我们永远不能直接意识到意志借以进行这种工作的能力。像在自然事件情况中一样，在这里，这种力量是对我们完全隐蔽的。经验所能告诉我们的是，有了意志的命令，随后就是身体运动；至于那是怎么进行的，则神秘莫测。经验没有指出那联结意志及其活动并使二者不可分割的秘密的联系。灵魂和肉体的全部关系是神秘的，我们不知道其中原因和结果的联系。原因中表面的力量或能力把原因和结果联系起来并使其中一个丝毫不爽地是另一个的结果，我们永远不能从这里看到精神对肉体的影响。我们同样不可能知道意志如何控制思维，不可能知道灵魂产生观念所凭借的力量。我们没有发现任何这样的力量，我们所知道的是意志统率观念，随后就出现事件。

总而言之，我们根本不能发现任何力量，我们所见的无非是一

个事件跟随另一事件。我们不能观察或思索那联结运动和意志的链条或精神借以产生此结果的能力。自然事件也是如此。一事件 352
跟随另一事件，我们永远观察不到其间的链条。它们似乎**联结**在一起，但是，从来没有联系。我们没有经验过这样一个链条或力量或联系，我们没有这样的**印象**，从而也没有这样的**观念**。照现在的用法来看，这些词似乎没有意义。但是，用得恰当，则有意义：当我们说一个对象和另一对象有联系的时候，意思是说它们在我们的思想中取得了联系。如前所述，心灵由**习惯**所推动，看到一事件出现，就期待它通常的伴随物并**相信**这伴随物会存在。因此，我们在**心灵**中所**感觉**到的这种联系，即想象从一对象向它通常的伴随物的惯常转移，是我们据以构成力量或必然的联系的观念的感受或印象。

在休谟看来，对象不是必然地有联系，观念靠联想而在人的头脑中有联系。这种联系产生于重复、习俗或习惯。这些观念常常在一起，其中一个出现，提示另一个。在这里没有逻辑的必然性，只有心理的必然性，这种心理的必然性依赖于经验：这种过程在动物、儿童以及一般人和哲学家中间都一样。

实体是哲学家所构成的另一概念。人们不禁把颜色、声音、滋味、形象和物体的其他性质看作是这样的存在物，它们不能各自独立存在，却需要一个依附的主体，以便得到支撑或支持。想象捏造了一个不可知和不可分的某种东西，认为它在一切变化中保持不变。这不可知的某种东西是实体，它的性质叫作偶性。哲学家还设想神秘的性质和具有实体性的形式。但是，这一切都是虚构，犹如黑暗中的幽灵。人只有关于知觉的完善的观念。实体和知觉完全不同。因此，人没有实体的观念。每一种性质都和另一种性质不同，它可以被设想为独立存在的，不仅脱离所有其他的性质，而且脱离那不可理解的实体的幻想而可以独立存在。

第四节 知识的确实性

人的一切观念或思想都是印象的摹本,一切知识都来自经验。试问这种知识的确实性是什么?其证明的性质是什么?人类理性
353 的对象可以分为两部分:观念的关系和事实的情况。几何学、代数和算术,总之,凡是直觉到或经过论证而成为确实的一切论断,都属于第一类。弦方等于勾方加股方,这个命题表述这些形状之间的关系。三乘五等于三十的一半,这个命题表述这些数之间的关系。这类命题仅仅通过思想上的运算就可以发现,而不靠存在于宇宙间任何地方的东西。即使自然界没有圆形或三角形,欧几里得所证明的真理仍然会保持其确实性和自明性。

凡不是感官或记忆所能验证的事实情况的一切证明,都来自因果关系。我们知道,关于因果的知识来自经验:经验告诉我们,一些对象常常联结在一起,习惯就使我们推论这总会如此,但是,习惯是本能,而本能会错误。关于事实情况真理性的证明和数学中的证明不一样。每一事实的相反的情况仍然是可能的,因为那绝不意味着矛盾。明天太阳将不升起,这个命题同样可以理解,比说它会升起并不涵蕴较多的矛盾。在这里,我们所讨论的不是确实、自明的知识,而是盖然性。

我们没有任何实体的观念,实体不属于知识范围。但是,也许有人要问,为什么在原因问题上信赖想象,在实体问题上就不信赖呢?休谟回答说,我们必须区分永久、牢靠和普遍的原则以及变化、微弱和不规则的原则。由原因到结果的惯常的转移属于前者,实体、实体性的形式、偶性和神秘的性质属于后者。前者是人类思想和行动的基础,除掉这基础以后,人类不可避免地就要消亡和毁

灭。而后者对人类来说，不是不可缺少的，在指导生活方面也不是 354
必需和有用的。

人没有关于事实情况绝对或自明或确实的知识，人的知识绝不会达到绝对的确实性。人根据经验而建立结论，相信未来同过去一样，但是没有绝对的把握，不能肯定事情不会发生变化。如果人不靠相信自然有规则和有齐一性而行动，就不可能生活。从怀疑论得不到什么实际的好处，实践是医治一切怀疑思想的良药。

第五节　对外在世界的知识

但是，人不能只盲目地相信感官，感官的证明必须由理性来矫正。人靠自然本能而相信感官。人往往不经过推论，几乎未运用理性，就假定一个外在的宇宙。甚至假定一切能感觉的生物都消灭了，这个宇宙依然存在。不过略作哲学的思考，会摧毁一切人的意见。心灵所接受的无非是影像或知觉。人不能证明知觉是外在的东西所引起的，这种东西尽管类似知觉（如果可能的话），却和知觉完全不同。在这里，经验无能为力，因为人心所感受的只是知觉。我们在两种知觉之间观察到因果关系，但是从未观察到知觉和物体之间的这种关系，因此，我们不能由知觉而断定物体是其原因。如果剥除掉物质的第一性的性质和第二性的性质，只剩下一个某种不可知、不可理解的东西作为人的印象的原因，这个概念极不完善，怀疑论者认为不值一驳。我们不知道是否有物自体。一切知识的对象都是关于印象的观念。我们不能证明，外在的物体、不可知的实体、我们自己或上帝，引起这些印象。感觉是由不可知的原因在心灵中产生的。人所能作的，是把自己局限在经验世界、印象和观念的范围以内。人能比较观念，注意它们的关系并对这种关系进行推论，由此而得到论证的知识。人还能观察感觉的秩序，通过习俗或

355 习惯认为一种对象同另一对象有关系，并称之为原因和结果。

我们只能研究人类知性有限的能力所能胜任的课题。哲学的论断不过是对日常生活的思索加以整理并纠正。哲学家考虑到他们所运用的能力有欠完善、能达到的范围狭隘和发挥的作用不准确，永远不会试图超出日常生活以外。关于世界的起源和自然的情况，人类绝不能得出令人满意的结论，过去和将来都是如此。

第六节 心灵实体

因此，形而上学作为宇宙终极起源和性质的知识，是不可能的：根本谈不到理论宇宙论。也不可能有理论心理学，即有关心灵本质的科学，人对于非物质、不可分和不可消灭的心灵实体，一无所知。实体的观念，无论用到物质或精神上，都没有意义。关于一个能思维的实体具有单纯性和不可分割性的学说，是真正的无神论；休谟宣称，如果接受这种学说，我们必须信奉斯宾诺莎主义。我们也没有像某些哲学家所主张的那样的、单纯和同一的自我观念。在我之中没有这样单纯和连续的基质。“当我仔细观察所谓自我的时候，我总是遇到一些个别的知觉或其他知觉，即冷或热、光明或阴暗、爱或恨以及痛苦或快乐的知觉。无论什么时候，我从来没有知觉而把握住自我，我所观察到的无非是知觉。”精神是一束或一团不同的知觉，它们以不可思议的速度彼此相继，处于永恒的流动和运动中。精神是一种舞台，在那里，一些知觉相继出现，来来往往，一溜而过，并以无限变化的姿态和情况混杂在一起。在一段时间内其中既没有真正的单纯性，在不同的时间内也没有同一性。休谟告诉我们，同舞台相比，不会使我们误解。只有前后相继的知觉构成精神。我们也没有关于这些场面所得以表演的场所的非常隐晦的概念；也没有关于精神所由组成的材料的非常深奥的概念。每一

个别的知觉都是单独存在的，都和同时或后继的其他知觉不同，可 356
以辨别并区分开来。这种同一的关系是实际联结我们的一些知觉呢？还是只在想象中联合知觉的观念呢？当我们说同一个人时，是我们在关于他的知觉当中观察到了某些实在的联系呢？还是只在我们构成这种知觉的观念当中感觉到有一种联系？知性从未在对象当中观察到任何实在的联系，甚至原因和结果的联结也变成为惯常的观念的联合。因此，同一性不是实在为这些不同的知觉所有，并把这种知觉联结在一起的什么东西，而仅仅是当人思考知觉时，由于知觉的观念在想象中的联结而被赋予知觉的一种性质。精神不过是按某种关系而结合在一起的一堆或一团不同的知觉，却被设想具有完善的单纯性和同一性，尽管这种设想是错误的。

第七节　自由和必然

必然和因果观念完全是由在自然的活动中可以观察到的齐一性而来。相似的事物经常联结在一起，心灵乃出于习惯从其中一个的出现，推论到另一个。除去相似的事物的经常联结和随后的由此及彼的推论，人没有任何必然或联系的概念。必然的观念也应用于人的有意的行动上。人类总是同意这一点的。关于自由和必然的争论出于误解，有了一些清晰易懂的定义，就可以予以排除。人类的行动有很大的齐一性，人类在任何时代和任何地区大致一样。动机和有意的行动之间的联结，像在自然任何部分中的原因和结果之间一样，有规则和有齐一性；这是人类普遍承认的。不承认必然的学说以及由原因到结果、由品格到行为的推论，似乎就不可能进行科学研究或采取任何行动。但是，人为什么在言论上反对这种学说呢？这是因为人有了错误的必然的概念。他们相信他们在自然中知觉到有如必然的联系的东西，而当他们思考自己心灵的

357 活动时,却在动机和行动之间没有感觉到这种联系。不过,必然不是行动的强制性,而是行动的齐一性,是动机和结果之间恒常的联系。自由是根据意志的决定而行动或不行动的能力,那就是说,我欲静则静,欲动则动。一个人可以拒绝称人类行动的这种性质为必然性,但是,只要了解其意义,用这个词也没有坏处。这种学说没有错儿。

这样解释的自由和必然不仅同道德一致,而且是道德绝对必要的支柱。必然是相似的事物恒常的联结,或者必然是知性从一事物到另一事物的推论。人根据人类行动而进行推论,推论建立在人所经验的相似的活动同相似的动机的联结上。如果行动不是出自采取行动的人的品格和气质中的某种原因,他就不能对那种行动负责。如果没有自由,人类行动就没有任何道德性质,也不是褒贬的对象。被称为有道德性质的行为,一定导源于人的内在品格、情绪和爱好,在这个意义上,它们是自由的;如果完全由外在的事物而来,就不能加以赞扬或谴责:它们是不自由的。

第八节 上帝

尽管我们仍然相信世界的独立存在,却不能予以证明:理论宇宙论是不可能的。我们也不能证明心灵实体和灵魂不死:理论心理学是不可能的。最后,我们不能证明上帝的本性、属性、命令及其深谋远虑的计划。人类的理性太微弱、盲目和能力有限,不能解决这些问题:理论神学是不可能的。一块石头的各部分凝聚在一起,甚至组合得使它有广袤,这是司空见惯的,却那么费解,牵涉的情况又不调和、有矛盾,我们有什么把握能够论断世界的起源,或者从久远的上古到无穷的来世,追溯它们的历史呢?如果要思考时间上
358 的两个无限,现在事物情况的前后,即思考宇宙的创造和构成,精

灵的存在和性质，一个宇宙精神的力量和作用，他无始无终地存在着，全能全智，不变，无限和不可理解，这远远超出了我们的能力范围。

问题不是论述上帝的存在，而是论述上帝的性质。上帝的存在极为确实。上帝是人类一切希望的泉源、道德的可靠基础和社会的牢固支柱。凡事物存在都有原因，我们称宇宙(无论它是什么样)初始的原因为上帝，并虔诚地赋予上帝一切完善的性质。但是，我们不能理解这个神圣的存在物的属性，也不能设想他的完善性同人的完善性可以类比或有相似之处。休谟特别反对以**意向为根据的论证**或所谓目的论的论证，这种论证从宇宙的秩序和美善，来推论上帝的智慧和仁爱。除非情况恰好相同，否则在这里我们就不能完全信赖类比推理。宇宙同房屋、船只、家具和机器有很大差别，我们没有理由从结果的微弱的相似，推论相似的原因。诚然，智慧是积极的原因，我们发现，自然中某些个别的部分通过这个原因使其他部分发生变化。但是，人和其动物的思想、意向和智慧只不过是宇宙间的泉源和基质之一，像冷或热、吸引或排斥以及日常所观察到的许多其他现象一样。我们不能由部分推论到全体，那是不妥当的。即使能够，我们称之为思想的那种在头脑里微小的振动有什么特权，我们必须拿它作全宇宙的模型？我们能够想象在广大的宇宙中自然本身不断地临摹吗？如果我们看见一所房子，我们极有把握地推断它曾有建筑师或营造师经手，因为这恰
恰是从那种原因得出而为人所经验到的那种结果。但是，宇宙和 359
房子不同，我们不能同样确实地推论出一个相似的原因，或者推论说在这里类比是完善的。其不同极为明显，于此所能肯定的，充其量不过是关于相似的原因的一种猜测、推想、一种假定。

我们不能论述神同人心相似，这样做会陷于神人同形同性论。

人心经常变化，不能同那被认为是神所具有的不变性和单纯性相比。再者，我们为什么不停留在物质世界呢？说组成至高无上的神的理性的各种观念，由于它们的本性而自己形成秩序，比如说物质世界的各部分，由于它们的本性而自己形成秩序，没有更多的意义。关于物质这样活动和精神这样活动，我们都有经验。

试图从宇宙的本性来推论神的本性，一定以惨败而告终。运用这种神人同形同性论的推理方法，我们不能赋予神以无限性，因为结果不是无限的；也不能赋予神以完善性，因为宇宙不完善。即使宇宙是一个完善的产物，是否恰当地把一切卓越的工作都归功于一个造物主，仍然不能确定。在悠久的上古，也许粗拙地创制了许多世界，白费了大量劳动，做过许多无效的试验；在创制世界的工艺方面，经过无限年代的缓慢和不断的改进，才造成现在这个体系。而且，根据这个论证，也不能证明只有一个统一的神，可能有许多神联合起来创制世界。再者，人要死，以生殖子孙来延续种族，如果根据类比而推论，为什么从神那里排除掉这种普遍的情况？为什么不使神人同形同性论完备起来，给那唯一的神或许多神祇加上身体呢？

在休谟看来，推论宇宙为一动物，神为宇宙的灵魂，推动宇宙并为宇宙所推动，这个假设比神人同形同性论更有道理。这个宇宙同一只表或一架织布机相比，显然更像一个动物或一棵植物。
360 它的根源很像动植物的根源。动植物的根源是生殖或生长。于是，我们可以推论，宇宙的根源总类似生殖或生长。

这些确实都是关于宇宙的幻想，我们没有建立任何宇宙论体系的材料。人类的经验有限、欠完善，不能推测全部事物。把宇宙比作一个动物，和把它同人类的设计相比，这两种假设同样是可能的。当然，前者的类比比后者更饶有趣味。

休谟还指出，我们不能从宇宙推论出一个存在物，他具有人那样的道德性质。自然的目的和意向是要保存和繁殖种族，而不在于使他们快乐。在宇宙中悲苦超过了快乐。痛苦的事实证明上帝不仁，又非全能。自然和道德中的一些坏事，使我们推论不出一个善良的上帝来。也许有人会说，人类理性孱弱，不足以了解宇宙的目的，但是，这丝毫不能使我们推论出上帝的善良来。一个人必须根据他所知道的东西，而不是靠他所不知道的东西，来进行推论。

我们不能**先验地**论证神是必然存在的东西，没有什么其不存在就构成矛盾的东西。我们不能证明神的存在是他的本性的必然结果，因为我们不知道他的本性是什么。就我们所知道的来说，物质的宇宙或许具有这样的性质，它们使宇宙不存在成为不可思议的。

关于宗教的起源，休谟指出，信仰上帝不是导源于思考、好奇或者纯粹爱真理，而是由于热中于快乐，害怕来世的悲苦，恐惧死亡，渴望报复以及嗜好食物和其他必需品。最初和最古的宗教一定是多神教或偶像崇拜，而不是有神论。

尽管作了这种怀疑论的思考，休谟宣称，一旦把上帝的观念提示给一个知性健康的人，他大概不会拒绝。一切事物当中显然都有目的、意向和计划，当我们扩张理解力来思索物质世界的最初起源时，我们一定具有极强的信心，想到某一个有智慧的根源或造物主。这种相信一个不可见而有智慧的力量的普遍倾向，如果不是 361
固有的本能，至少是人性中一般的伴随物，可以看作是神圣的创世者在他的产品上所打的标记或烙印。鉴于休谟以前所说的那些话，如何郑重地对待这种言论，那要由读者自己来决定。

第九节　反理智主义

神学不是可以论证的科学，人不能证明上帝的存在及其属性。

目的论的论证不完善，神人同形同性论是偏见。休谟倾向于有机的宇宙观，在这方面他反对十八世纪的理想。他关于宗教起源的观点也同十八世纪的思想不协调。十八世纪的思想认为宗教起源于原始人理论活动能力，或者诡诈的僧侣的创造。休谟反对所有这些理论，他认为信仰上帝不是思辨的推论的结果，而是建立在人的感情和冲动的本性上。唯意志论的观点取理智主义或唯理主义的解释而代之：宗教植根于意志中。而且，宗教不是创造的，而是长成的；有神论由多神论发展而来。休谟把这种观点引进他的国家学说中，摈弃神学思想和盛行于十八世纪的契约论。没有明确构成的契约或协约使人一致服从，这种观念远远不是野蛮人所能理解的。酋长运用权威，原来一定是个别的情况，出于当时紧急关头的需要。由于他插手而得到的显而易见的好处使权威的运用一天一天频繁起来，这样在群众中间就取得了习惯上的、可以说是自愿和不确定的默认。如果追溯政府的最初起源到森林和沙漠里去的话，那么一切权力和司法权都来自于人民；人民为了和平和秩序而自愿地放弃他们固有的自由，承认他们同辈和同伴的法律。在这里，历史的或发生的观点取代了唯理主义思想。

362

第五章　英国唯理主义反对派

第一节　剑桥学派

从罗吉尔·培根和威廉·奥卡姆的时代，一直到最近期间，虽然经验主义在英国思想界占统治地位，但是，对这一学派的反对从未消失。在大学和神学家中间，经院哲学唯理主义的传统仍然继续活动，又有唯灵主义的哲学体系的兴起，对抗霍布斯、洛克和休谟的激进思想。剑桥大学教授拉·库德华兹(1617—1688 年)根据基督教柏拉图主义的观点,在他的《真正理智的宇宙体系》(1678 年)中,反对霍布斯无神论和唯物主义的学说。他承袭笛卡尔的唯理主义,但反对一切导致无神论的机械的自然观。他认为人人都有同样的根本的概念或范畴,凡是清晰明确为人所知觉者,都是真的。这些先验的范畴总是反映普遍的理性、上帝的心灵,同样构成事物的本性或本质。道德规律属于这样的天赋真理,像数学公理一样,是上帝必须遵守的。库德华兹的伦理哲学刊载于他的遗著中:《永恒和不变的道德论》(1731 年)和《自由意志论》(1838 年)。

剑桥学派中柏拉图主义者和英国经验论的反对者还有:亨利·莫尔(1614—1687 年),著有《形而上学手册》和《伦理学手册》(1668 年);梯欧菲拉斯·盖耳(1628—1677 年),著有《宇宙哲学》(1676 年);约翰·诺里斯(1657—1711 年),著有《论理想或有智慧的宇宙》(1701 年,1704 年)。

参　考　书

参看原版第 254 页以下所列关于英国哲学的著作;塔勒克,《理论神学》等,第二卷;马提诺,《伦理理论类型》,第二卷,第二章;约德耳,《伦理学史》;斯科特,《库德华兹学说导论》;胡布施,《库德华兹》;马金囊,《约翰·诺里斯的哲学》。

唯理主义的思想认为,在理论和实践方面的普遍、必然的真理,不是来自经验,这在十八世纪英国思想界继续流行。斯·克拉克(1675—1729年)在《论自然宗教不可改变的义务》(1708年)中指出,事物有永恒、必然的差别和关系,神圣和人类的理性都知觉到 363
它们如实的情况:没有人会拒不承认正确的数学证明或道德真理。威廉·沃拉斯汤(1659—1724 年)和理查德·普赖斯(1723—1791 年)都同意这种观点。前者著有《自然宗教概论》(1722年),后者著有《道德主要问题评述》(1758 年)和《关于唯物主义和哲学上的必然性的信札》(1778 年)。后来雷德的苏格兰派的哲学也采纳了这种观点。

第二节　苏格兰常识派

以托马斯·雷德(1710—1796年)为首的苏格兰派体现一种反应,反对贝克莱的唯心主义和休谟的怀疑论。经验主义最后流于否定人类常识。不承认知识中最确实的事实,即外在世界的存在和不死的灵魂的存在;它确实怀疑真理本身的可能性。如果实体和因果的概念仅是幻想,物体不过是人类头脑中的观念,则有实体性的灵魂是不可能的,上帝的存在不能证明,哲学也要破产。哲学不能违反人类共同的意识。感觉使人直接信赖物体的现实性,这种直接感受的确实性提供了真理的标准。一切证明都建立在这种直接的知识上,建立在这种自明而不能进一步证明的原理上。关于这些原理和真理标准的知识是常识。人通过观察所发现的这些原理,不是必然真理的基本原理,就是因事而异的真理的基本原理,或表述事实的真理的基本原理。雷德指出,属于前一类的有:逻辑和数学公理,语法、旨趣和道德原理以及形而上学原理。属于后一类的有:人所意识到的一切事物的存在;人意识到的思想是人称之为自己的思想、自己的心灵和人格;人的同一的人格和延续的存在;人通过感官所明确知觉的事物真实地存在着,而且就是人所知觉的那个
364 样子;人在一定程度上能够支配自己的行动和意志的决定;人借以区分真理和谬误的固有的能力不会错误;人的同胞有生命和智慧;将来的情况,在相同的条件下,很可能同原来的情况相似。

苏格兰学派的其他成员有:J. 贝阿提(1735—1803年)、J. 奥斯瓦尔德(1793年以前)和D. 斯图尔特(1753—1828年)。哈密尔顿编

辑了斯图尔特的著作集(1854—1858年)。托马斯·布朗(1778—1820年)在他的《因果关系论》(1803年)中试图调和休谟的学说和常识哲学。在威廉·哈密尔顿爵士那里,这种哲学受到康德批判哲学的影响。德国的启蒙哲学家对苏格兰哲学很感兴趣,在观点上同这种哲学有许多共同之处;他们翻译了这个学派的许多著作。在法国,鲁瓦埃-库拉尔和Th.儒弗鲁瓦维护常识哲学,反对感觉论、唯物主义和实证主义。(参看原版第380页以下、504页和513页等。)

参　考　书

雷德的著作:《按照常识原则而探索人类精神》,1764年;《论人类精神力量》,1785年,1788年。哈密尔顿全集,第7版,1872年;司尼斯编《探索》的选集。参看弗雷塞,《雷德》;佩特尔斯,《作为休谟的评论者的雷德》。关于全部思潮,尤其要参看原版第254页以下所列有关苏格兰和英国哲学。

第四篇　德国唯理主义的发展

第一章　莱布尼茨

第一节　德意志文化的兴起

在十八世纪以前几个世纪里，德国哲学没有什么进步。宗教改革以后无聊的神学争论和三十年战争(1618—1648 年)不利于科学和哲学的发展。在英国产生莎士比亚、培根、密尔顿和洛克以及在法国产生蒙田、高乃依、拉辛、莫里哀、巴斯噶和笛卡尔的那个时期，路德故国的文化正处于低潮。德国语言本身作为一种学术工具的作用，似乎已经消失了。富贵的阶级说法语，学者仍然用拉丁文写作，只有普通人使用祖国的语言。法国文化通过无数的宫廷而传入，这些宫廷仿效法国的繁文缛节，模仿法国的风格。随着
365 德国在领土上分裂成独立的侯国，民族主义精神衰落，德国人对德国这个名称感到羞耻。像在英国和法国一样，大学不传播近代思想，新的科学和哲学是在大学以外成长的，受到有文化的上流社会的鼓舞。德国新文化最初的伟大代表有：萨姆艾尔·普芬多尔夫(1632—1694 年)，提倡自然法的理论；克里斯钦·托曼济厄斯(1655—1728 年)，首先用德文印发周刊，并首先在莱比锡大学用德文授课；莱布尼茨以数学、法学和哲学而闻名。特席尔思豪森(1651—1708 年)同斯宾诺莎和莱布尼茨相应和，赞同数学方法，但是，他认为一切演绎都必然从经验事实开始，并在经验中得到证实。所有这些思想家都是德国近代思想的先锋和启蒙思潮的前驱；启蒙思潮已经开始在英法播下种子，还注定在莱辛、歌德和康德的祖国取得丰硕的收获。

第二节　思考的问题

笛卡尔假定有两种不同的解释原则，即物体和精神，它们本质的属性分别为广袤和思想。斯宾诺莎树立起一个普遍的实体，他认为这个实体既有广袤，又能思维。这两个哲学家都把物理和精神领域看作是绝对封闭的体系，只有这一差别：笛卡尔肯定在人类头脑的一小点上，二者之间有相互作用。在物质一边的一切事物都从物理上予以解释：在他们二人看来，物质的宇宙是一架机器。近代的哲学家和自然科学家承袭了这种机械的解释。不过，在大多数大学占统治地位的哲学—神学的经院哲学，强烈地反对这种观点，并谴责它是未能说明宇宙中神圣目的的无神论。像他的前辈一样，莱布尼茨在大学里熟知经院哲学的形而上学，青年时期，信奉新教经院哲学家传统的宇宙观。但是，他研究了近代哲学和科学，特别是他发现了微积分，这使他的思想有很显著的进步，还使他想到必须有一种理论，正确地对 366
待近代科学和哲学的成就以及基督教—经院哲学中有价值的因素，总之，必须有一种体系，调和机械观和目的论、自然科学和神学以及近代和古代哲学。他的老师，耶拿的数学家魏格耳，使他确信这样一种思想的真理性，这种思想一直是他后来努力建立的宇宙观，即毕达哥拉斯—柏拉图式的谐和的宇宙观的基础和指导原则。他从未放弃这种观点：宇宙是一个由数学和逻辑原则所统率的谐和的整体，因而数学和形而上学是基本的科学，论证的方法是真正的哲学方法。

哥特弗利德·威廉·莱布尼茨（1646—1716 年）生于莱比锡，在莱比锡、耶拿和阿尔特多夫等大学学习法律、哲学和数学，二十岁时从阿尔特多夫获得法律博士学位。他的老师当中有著名的克里斯钦·托曼济厄斯的父亲、亚科布·托曼济厄斯和魏格尔。他曾旅居马延塞(1670—1672 年),从事修改选帝侯职位的法律程序,又作为外交使节去过巴黎(1672—1676 年),后应召到汉诺威任宫廷顾问和图书馆馆长,1716 年逝世前他一直担任这样的职务。

他的著作大部分是用拉丁文、法文和德文写的发表于学术刊物上的短篇论文,还有私人信札:《论认识、真理和思想》(1684年);《论物体的本质是否在于有广袤的书信》(1691 年);《新的自然体系》(1695年);《人类理智新论》(对洛克《人类理智论》的答辩(1704年),第一次发表于1765年);《论真正的自然》(1698年);《神正论》(1710 年);《单子论》(1714 年),《自然和恩赐的原则》(1714 年)。

哲学著作集,J. E. 埃尔德曼编,1840 年;F. 德·卡雷尔编,1859 年以后几年;詹奈特编,两卷,1866 年;格尔哈德特编,七卷,1875—1890年;古饶尔编,德文著作,1838—1840年。新材料:库屠腊,《未出版的著作和片断》;卡比茨,《青年莱布尼茨》;P. 李特尔,《新莱布尼茨资料》;巴茹兹,《莱布尼茨以及大批未出版的手稿》。

翻译:敦堪译《哲学著作》,第二版;朗格莱译《新论》;拉塔译《单子论》等;蒙特高莫理译《和阿尔诺的通讯》和《单子论》。

参 考 书

梅尔茨,《莱布尼茨》;杜威,《莱布尼茨的人类理智新论》;B. 罗素,《莱布尼茨哲学评述》;顾赫劳尔,《莱布尼茨》,两卷,马其译;K. 费舍,《莱布尼茨》;卡西雷尔,《莱布尼茨的体系》;库屠腊,《莱布尼茨的逻辑》和《论莱布尼茨的
367 形而上学》(《形而上学和道德学评论》,X,第 1—23 页);朗努韦,《新单子论》;德·卡雷伊,《莱布尼茨、笛卡尔和斯宾诺莎》;E. 普夫莱德雷尔,《莱布尼茨和格林克斯》;斯太因,《莱布尼茨和斯宾诺莎》;哈尔腾斯太恩等论莱布尼茨和洛克认识论专著;比玛,《莱布尼茨和康德的时空观》;策勒尔精辟的著作,《莱布尼茨以来的德国哲学》;法尔伯尔,《近代思想》(从路德到莱布尼茨);默拉,《从莱布尼茨到黑格尔》。

第三节　力的概念

莱布尼茨考察新科学的前提，发现这种前提不妥。他看到，即使是物理事实，也不能用仅仅有广袤的物体和运动的假设，作出令人满意的解释。笛卡尔宣称动量守恒。但是，物体静止下来和物体开始运动；运动似乎是忽失忽得。这违反**连续性原则**，即自然不搞飞跃的原则。当运动停止时，一定有继续存在的某种东西，即运动的根源：这就是**力**，或**努力**，或物体运动、继续运动的倾向；力在量上是守恒的。因此，没有一种实体不活动，不表现力：凡是不活动的，就不存在；只有**活动的**，才是实在的。因此，物体本质的属性是力，而不是广袤。力或能不灭的规律必须取运动不灭的规律而代之。广袤不可能是物体本质的属性，这在广袤的合成的性质上可以找到另一证明：凡是由部分构成的，不可能是原始的基质。必须有某种单纯的东西，力就是这样一种单纯、不可分的实在。

在莱布尼茨的哲学中，**动态**或**能量**的观点取代了几何学或静态的自然观。物体不靠广袤而存在，广袤却靠物体(力)而存在；没有力，没有动态的物体，就没有广袤。笛卡尔认为物体的存在，必须先有广袤，而莱布尼茨则肯定，广袤必须以物体或力的存在为必要条件。力是“机械世界的泉源”或根源，机械世界是力可感觉的现象。“物体有一种自身能够伸张、扩展和延续的特性、属性或本性，才有广袤。”物体中的力先于全部广袤。由于物体中有阻力，物 368
体才显现有不可入性和有界限，或显现为物质。每一单位的力都是灵魂和物质、主动和被动的不可分割的结合。它是有组织作用、自我决定和有目的的力，这种力也限制自己或有抗阻的力量。

莱布尼茨认为众力和谐共存，乃有空间，因而空间不是绝对存在的。没有事物存在于**其中**的绝对空间，空间是相对于事物的，将随事物而消失。力不依赖于空间，空间却依赖于力。没有空虚的空间在事物之间或在事物以外。如果力停止活动，宇宙即归于灭亡。

第四节 单子论

物体是单纯的力的集合。因为有许多事物存在，自然中没有单独的力，而有无限数目的力，其中每一种都是特殊和个别的实体。力是不可分割或是单纯的，从而是非物质和没有广袤的。单纯的实体或力，莱布尼茨称之为形而上学的点、根本的原子、本质的形式、实体的形式或**单子**、单体。它们不是物理的点，因为这种点不过是压缩了的物体；它们也不是数学的点，因为这种点尽管是“真确的”点，却不“实在”，仅仅是“思量”。只有形而上学的点真确而实在，没有这种点，就没有实在的东西，因为没有单体，就没有复合体。而且，这样的力的原子必定是永恒的，既不能毁灭（只有奇迹能够使之毁灭），也不能被创造：单子无生无灭。莱布尼茨把原来经院哲学的概念，即个别活动的实体的形式，携出大学，从而使之转化成个别的力的学说。

我们知道物体世界是由无限多的动态的单体，或非物质和没有广袤的单纯的力的单体所组成的。我们对这一基质还能论述什么？在哪里研究它？在我们自身。我们发现在我们自己的内在的生活中有这样单纯非物质的实体：心灵就是这样的实体。凡是心
369 灵所有的特性，在一定程度上，一切单子也有。莱布尼茨运用类比推理把单子解释成精神或心理的力。这种力有某种东西，类似人的感觉和倾向（要求、愿望）；它们有“知觉”和“欲望”。那表现于人类心灵中的同样的基质，在物体和动植物中也是活动的。到处有力，没有真空；物质每一部分都像充满植物的花园，一切物质，甚至最微细的部分，都是活动而有生命的。

但是，在石头、甚至在植物那里，怎么能够有精神？莱布尼茨指出，石头、植物和人的精神不是绝对一样的。笛卡尔认为精神中没有没意识的，物质中没有没广袤的。物理学的事实却表明，自然本质上是非物质的，心理学的事实表明，精神本质上是无意识的。物体和广袤不是同一的术语，精神和意识不是同一的术语。精神由知觉和倾向所组成。单子不同，知觉清晰明确的程度也不相同；的确，人类精神本身揭示知觉清晰的程度有所不同。当我仔细注视一个对象时，所注视的因素清晰明确地突出起来，而周围的部分则依次越来越模糊不清，一直到它们根本不得分辨为止。一个对象离注意的焦点越远，它越微小和模糊。因此，有清楚和含糊的知觉，后者称为“微弱的知觉”（perceptions petites）。在海洋怒吼中感觉不能区分不同的因素或每一个别波浪的运动所引起的细微的知觉，而这些个别的声音却包含在这感觉之中。恰好像单子有不同清晰的程度，单子在它们知觉的清晰性上也彼此不同。在最低级的单子那里，一切都是模糊和混乱的，类似睡眠的情况；它们处于昏睡的状态，我们发现植物有这种休眠的生活。动物有留存记忆的知觉，这就是意识；人的意识更清楚，叫作**统觉**，是“关于内在状态的反省的知识”，或自我意识。

每一个单子都有知觉或表征的能力，它知觉或表征和表现全宇宙。在这个意义上，它是小型的宇宙、小宇宙；它是一面“宇宙活 370
生生的镜子”，一个集中的宇宙，一个自为的宇宙。但是，每一个单子都用它自己的方式，从它自己的观点来表征宇宙，各有不同的清晰的程度；它是有限的个体，在它以外还有其他个体。单子越高级，它知觉或表现或表征它那部分宇宙，越清晰明确；它表征同它最接近的单子或它自己的身体，极为清楚。这种学说导致“每一物体感受发生于全宇宙中的一切事物，因此，察觉一切的任何人，能够于每一特殊的事情中,见到所有别处发生的事情以及已经发生和将要发生的事情;由当前而知觉到时空方面遥远的事物”。

单子从最低级到最高级形成一逐渐前进的系列。宇宙由无限多的单子所组成,这些单子清晰的程度是逐步上升的,没有两个单子恰好一样;如果是恰好一样,就不能加以区分(不可辨别的原则)。自然中没有飞跃,从最低级到最高级的链条上没有中断;由最愚钝的一块无机物质到上帝中间有一个差别无限小的连续的链条。宇宙中没有其中完全空无的东西,没有不产生结果的东西,没有死寂的东西。上帝是最高和最完善的单子,是纯粹的活动(actus purus),是初始的单子,是单子中的单子。连续性的原则要求有这样一个至高无上的单子。

斯宾诺莎肯定有一个普遍的实体,莱布尼茨断定有无限多的实体。笛卡尔也假定多数实体,但是,这种实体本质上是彼此直接对立的(精神和物质),而莱布尼茨所提出的力本质上是一样的。原子论者也承认有许多同质的实在的东西,这种东西是物质的,而莱布尼茨把它们看成是精神的。同柏拉图的理念一样,莱布尼茨所说的原则是永恒的目的,这种原则在事物之中;像亚里士多德所指出的,单子是“隐德来希”〔即圆满实现〕。莱布尼茨宣称,“你要了解我,必须了解德谟克利特、柏拉图和亚里士多德。”莱布尼茨在青年时代主张,只有个别的东西是实在的,共相在个别的事物中有
371 其根源,除非在上帝的精神那里,共相不能脱离个别事物而存在。他从未放弃这种个体和多元的概念,他实际把整个宇宙分割成无数的个体存在物,并使这种存在物成为精神的实体。

每一个单子都处于演化的过程中,因内在的必然性而实现其本性。它不受外界决定,没有任何东西可以通过而进入其中的窗子;它要成为什么样子,那是潜伏和涵蕴在它本身以内的。这是由

连续性原则必然得出的结果:原来一直没有的东西,现在不可能在单子中;单子现在没有的,永远不可能进入到里面去。单子经过一系列的演化阶段,展开那预先在其中形成的东西。全人类在亚当的精液和夏娃的卵巢中预先形成了。发展了的个体早就存在于胚种中,以微小型预先形成于胚胎中。存在于单子里的东西不会失掉,一切都保存在以后的阶段中;早期阶段已经预先决定了未来的阶段。因此,每一个单子都"携带着过去"又"孕育着未来"。这种预成论(套装论)在莱布尼茨时代的生物学家(如雷汶胡克和斯万默丹)中间是常见的。1759年卡斯帕尔·弗·沃尔夫提出了**渐成论**,这种理论认为器官是从原来同质的胚胎中逐渐形成和分化的,反对预成论。但是,渐成论的思想在1859年达尔文的《物种起源》出版以前,一直没有得到普遍的承认。

有机体和无机体有区别,情况如下。二者都是由单子或力的中心所组成的,但是,有机体包含一个中心的单子、一个"皇后单子"、一个心灵。这样一个单子表征或预先拥有整体的图景;它是它周围的单子的指导原则。无机体不是这样实行中央集权制的,而仅仅是由一堆或集合体的单子所组成的。物体越高级,越有组织。高等有机物中的单了,构成有很好的秩序的结合。

这使人想到了精神和肉体的关系问题。中心的单子如何影响肉体?可以设想它们之间有相互作用,但是,莱布尼茨已经指出,单子没有窗子,不能受外界影响,或由外界施予作用。偶因论认为上帝 372
创造了精神和肉体,像钟表工调准他的钟表那样,调准它们的活动,使之相互合拍。莱布尼茨排斥了这种学说。他这样解释,上帝创造精神和肉体时,作了安排,从一开始,二者就并肩前进:心灵和肉体之间的关系是上帝所预先建立的和谐的关系。没有因果的相互作用的问题。心理和物理的状态是平行的,或**相伴而生**的:在这个意义上肉体是心灵的物质方面的表现。不过，不要忘记，肉体是由无数的单子或心力组成的，每一个单子或心力都是有机的，都按照其本性预先制定的规律而活动。“心灵通过欲望、目的和手段，遵循终极因的规律而活动。肉体依照动力因或运动的规律而活动。这两个领域是彼此和谐的。”换言之，有机体及其最细微的部分是由上帝预先构成的：它们是“神圣的自动机”或“神圣的机器”。

这种思想扩展而推及全宇宙。一切单子都像一有机体的各部分那样共同行动，其中每一个单子都执行它自己的任务。一切事物都相互关连，但是，因果关系不过是同时发生的变化，不过是上帝预先决定的各部分的和谐的行动。换句话说，上帝已经这样安排了宇宙，让它独自运行而不加以干预：每一单子的每一种状态都是由那单子前一种状态产生的，它的活动又同所有其他单子的状态一致。宇宙是彻底和谐的。物质世界有规律、秩序和齐一性，从这个意义上说，可以用**机械的观点**，解释自然中的一切事物。但是，全局的计划指向一个较高的理性：上帝是一切现象终极的原因。“力学导源于形而上学，”莱布尼茨把这一箴言置于他的体系中的首要地位。

我们不能证明自然规律和运动规律的必然性；这些规律不像逻辑、算术和几何学的规律那样是必然的。只因为有用，才得以存
373 在；其根源在上帝的智慧之中。上帝选取这些规律作为实现其目的的方式，从而宇宙因上帝心灵中的目的而存在。上帝是终极因，他利用占第二位的原因或动力因作为手段。

这样，机械论和目的论则有希望得到调和。解释自然，不必引用目的概念，但是，机械哲学把人引到上帝那里，因为没有神圣的目的，不能解释物理学和力学的普遍的原则。宗教和理性就这样和谐了。自然的物理界和神恩的道德界，即有理性的灵魂和上帝

自己的王国之间，也是和谐的。灵魂模拟上帝，在其自己的范围内是小小的神灵；人的理性和上帝的理性在性质上相似，尽管程度有所不同。人的目的也和上帝的目的是一致的。这就产生了精神界或精神的结合，灵魂的和谐。它是同物理界对立的道德界，莱布尼茨称之为神恩界。但是，作为宇宙机器建筑师的上帝和作为神圣的精神国家最高统治者的上帝，二者之间是和谐的。

第五节　神学

这引领我们考察到莱布尼茨的神学。上帝是最高的单子，是众单子的单子。可以从几方面证明他的存在。连续性的原则要求有一个最高的单子，位于力的系列的顶端。而且根据充足理由律，需要原因来解释单子本身*（因果论或宇宙论的证明）。最后，自然的秩序以及和谐要求有一个调和者（物理—神学的证明）。宇宙的原因一定在宇宙以外，还必然只有一个，因为宇宙是一个；它一定是有理性的，因为宇宙有秩序。另外提出的一个证明，可以称之为认识论的证明。永恒和必然的真理，即逻辑和几何学的真理是存在的，这种真理是以它存在于其中的永恒的智慧为前提的。

上帝作为一单子是一个体、一人格。但是，他超越一切单子， 374
是超自然和超理性的，是最完善和最实在的存在物。人不能构成一完全清楚的上帝的观念，因为上帝是最高的原子，而人是有限的。唯有完善的心灵能够认识完善的心灵。不过，人把每一单子在一定程度上所有的性质，提高到最高限度，赋予上帝以全能、全

---

* 莱布尼茨在他关于形而上学问题的讨论中，把单子定义为永恒的实体，还指出唯有奇迹能够毁灭一个单子。而在他的神学中，他却宣称上帝创造单子，只有上帝能够毁灭它们。有时候他称单子为上帝的“闪耀”或表现，这极接近泛神论的思想。

智和绝对善良的性质。这样,我们就形成一个上帝的概念:他是超理性的,却不是反理性的。人还有模糊的上帝观念,混乱的概念,并向往和追求上帝。因此,宗教有不同的阶段,同神为人所知的清晰的程度相适应。

上帝是完善的,同其他一切单子不一样,既不发生变化,也不发展。他自身圆满,他的知识也圆满;他能全面地看清一切事物,而且一目了然。他是实现了的实在。他按照计划来创造世界,他把这个世界看作是一切可能的世界当中最好的一个而选择了它。他的选择不是没有根据的,而是由善的原则,即道德的必然性所决定的。他还由逻辑的必然性所决定,那就是说,他和人同样要遵守基本的思想规律。

但是,根据这种理论,怎么解释世界上的邪恶呢?这个世界既然是最好的可能的世界,那就是说,在这个世界里,变化最大,同时又极为和谐。但是,它不完善,有缺陷;上帝不能借有限的形式来表现他的本能,而不受限制和阻碍。这种限制是形而上学的邪恶,归结为痛苦和忍受(物理上的恶)以及罪恶(道德上的恶)。而且,邪恶是善和美的衬托物,像图画的阴影一样,有助于突出好的东西。德性在同邪恶的斗争中增强了力量,邪恶是激励人趋向好的行为的刺激物。这种论证上溯到斯多葛派和新柏拉图主义,已经成为中世纪基督教神学的共同财富。

第六节 伦理学

伦理学是理论科学。有些道德原则为心灵所固有,不能证明,而其他道德真理却必然由此而来。这些道德原则有如本能,在人
375 心中无意识地发挥作用,但是,人可以察觉。例如,人应该趋乐避
苦这样的真理,就建立在混乱的知识和内在的经验上,建立在本能

地追求幸福的愿望上。从这一原则能够推导出其他的原则，这些原则的特性是自明的，甚至一群强盗要保持他们的合伙勾结，也必须遵守这些原则。

道德本能不经思虑，直接指导人，不过不是不可抗拒的，因为这种本能可以被情绪和恶习所腐蚀。甚至野蛮人也有正义的原则，这个原则构成他们本性的一部分。虽然传统、习惯和教育有助于发展心灵的这类倾向，这类倾向终归植根于人性本身之中。

诚然，人往往不遵守那与生俱来的道德规律，但是这不能证明他们不知道这些规律。人不承认一种道德原则以及公众违反这样的道德规律，都不能作为反驳它的天赋性质的论证；那毋宁是对这一法规无知的证明。这些法规往往不是很清楚地为人所知觉，需要证明，恰好像几何学的命题需要证明一样，这是事实。甚至学者也没有充分意识到这些法规，需要加以注意和采用方法，使之显现出来。

我们看到，精神生活本质上是知觉和嗜欲，即认识和愿望。嗜欲和知觉相结合，叫作冲动或欲望。意志是有意识的冲动或追求，而冲动是由清晰的观念所引导的。因此，意志绝不是淡漠的意志，或者是恣情任性，而往往是由观念所决定的。由于单子没有任何东西可以通过而进入其中来强制它的窗子，人不受外界决定，从这个意义来说，人是自由的。他在内部却由他自己的本性、他自己的冲动和观念来决定。最强烈的欲望规定选择。希望自由决定采取一种行动而不是另一种行动，这是希望做一个愚人。

第七节　逻辑和认识论

莱布尼茨的认识论以他的形而上学的前提为基础。他沿袭唯理主义思想，认为真正的知识是普遍和必然的，不是建立在导源于经验的原则上。宇宙是一个数学—逻辑的体系，只有理性能够阐明。因为心灵单子是一个独立的东西，外在的原因不能施予影响；
376 知识不能来自外界，一定产生于心灵自身内部。因此，心灵不像洛克所主张的那样，是一块空白的白板，外界自然能够在那上面书写它的文字。一切知识都隐含于心灵中：感觉和知性同样如此。经验不能创造知识，只把知识引出，加以澄清，使之明显起来。只有首先存在于感觉中的，才能存在于理智中。莱布尼茨补充说，的确是这样，不过理智本身除外。莱布尼茨宣称，即使我们把单子论置之度外，也能证明知识不是来自感觉。如果知识来自感觉，普遍的知识就不可能，因为所谓经验的真理没有必然性，只有偶然性的命题：我们不能因为某一事已经发生了，就断定它必然永远以同样的方式发生。普遍和必然的命题不能导源于感觉，它们的处所和根源乃在心灵本身中。

洛克争论说，因为人始终没有意识到内在或先验的知识，所以没有这种知识。如果心灵没有意识到，心灵就没有它所固有的东西，那么洛克是正确的。如果笛卡尔派把精神生活和意识等同起来是合理的，那么经验主义的论证就是有效的。但是，心灵往往不能意识到它的观念：观念和原则可以存在于心灵中，而人却没有意识到它们。即使能够证明一切真理实际上由感觉而来，这样对洛克观点的矫正于人也毫无裨益。况且，那不能证明。导源于经验或通过归纳而得到的命题缺乏普遍性和必然性；这种命题不能给人以确实的知识：一种现象不管有多少例证，都不能证明这个事件将永远和必然发生。有些知识不靠感觉证明：那是普遍和必然的命题，例如，数学真理。显然，在这种情况下，心灵本身补充了感觉所不能提供的东西。逻辑、形而上学、伦理学、神学和法理学充满了这种命题，它们建立在渊源于心灵本身的原则上。的确，没有感

觉经验，人永远不会意识到这样的原则；感觉提供了知觉这些原则 377
的机缘，但是，不能产生或创制它们。没有这种原则，就根本没有科学；只有一堆细微的情节。“必然真理的最后证明只来自知性，其他真理导源于经验或感官的观察。心灵能够认识两种真理，但是，它是必然真理的泉源。不管我们有多少关于普遍真理的个别经验，除非通过理性而认识它的必然性，我们永远不能靠归纳来绝对确定这种普遍的真理。”“感觉能唤起、证明和核实这种真理，但是，不能证明它们永恒和必然的确实性。”

这种固有的真理不是作为人所意识到的真理而存在于心灵中：“我们不能阅读而理解这种永恒的理性规律，像从表册上阅读而理解执政官的法令一样，但是，当感觉提供机缘时，我们加以注意，就会在我们心中发现这些规律。”观念和真理是固有的倾向、素质和自然的潜在能力而不是行动，“虽然这种潜在能力永远伴有往往不易知觉而作为反应的行动。”在这个意义上，算术和几何学潜在于人心中，不必利用任何经验的真理，就可以从心中提取出来。这种真理比它们所由组成的观念发现得较晚（洛克的观点），这不能否定它们的根源；人首先学的是符号，其次是观念，再其次才是真理本身，这一事实同样不能否定它们的根源。一般的真理，例如同一律，对于人类思维极关重要；心灵时刻都依赖它们，虽然我们必须极为注意，才能对它们有所察觉。我们在日常推理中甚至本能地运用逻辑规律，却没有意识到这些规律。我们已经看到，在伦理学的领域也有这样天赋的原则。

因此，单纯接受观念的能力是一种虚构。但是，经院哲学家所说的纯粹能力或力量，也是这样虚构或抽象的东西。我们从未在什么地方发现一种能力，它固步自封，无所作为；心灵总是愿意以
一种特殊的方式来活动，采取一种方式，而不是另一种，那就是说， 378

它有一定的倾向。经验激励心灵是必要的,但是,不能创制观念。心灵不是在上面刻记印象的蜡块,那认为它是蜡块的人,实际上是把它看成一个物质的实体。经验主义者反驳说,存在于理智中的,没有不先存在于感觉中。莱布尼茨说,他说得对,只须补充一句,理智本身除外。心灵中包含存在、实体、统一、同一、原因,知觉、推理和量等,感觉永远不给人这样的概念。

莱布尼茨提出这种学说,目的在于调和先验论和经验论,后来康德进行了大量的这样的工作。他也把空间看作是心灵的形式,这也部分地预示了康德的思想。感官知觉和理智作为不可分割的单子的职能,种类相同,程度有别。感觉是模糊混乱的观念,而知性的对象则是清晰明确的。感官知觉不能认识事物真实的性质、事物本身,即不能认识它们是活动的精神实体或单子;只能模糊混乱地知觉它们为占有空间的现象。清楚而运用概念的思想,把单子共存看作是精神实体和谐的秩序,感官知觉则视之为有广袤的现象世界。换言之,能知觉的主体从空间方面来观察和想象精神的秩序。莱布尼茨指出,"人类的空间、形状、运动和静止的观念起源于总合的知觉、心灵本身,因为它们是纯粹知性的观念,不过它们同外在世界有关系。"这种观点认为空间的观念是心灵所固有的,像康德后来所宣扬的那样。可是,我们已经看到,空间的观念不仅仅是单子并存在人心中所唤起的一个观念,不仅仅是一种观察事物的方式;单子并存构成客观的物质世界。但是,空间不是实在的,力是实在的东西;空间是力的表现、显现或现象。

唯理的知识,只有通过确实的推理所根据的先验的原则才能
379 成立。先验的原则有同一律和矛盾律,这是纯粹思想范围里真理的标准;还有充足理由律,这是经验领域中真理的标准。在莱布尼茨看来,充足理由律不仅仅具有逻辑的意义,即每一判断必须有根据

和理由来证明它的真理，而且它还是形而上学的规律，即一切事物必须有充足存在的理由。充足理由律包含逻辑的根据(ratio cognoscendi)和实在的根据(ratio essendi)。物理学、伦理学、形而上学和神学，都建立在充足理由律上。“如果不承认充足理由律，上帝存在的证明和许多哲学理论就要破产。”宇宙是一个唯理的体系，其中一切事物都有充足理由。宇宙被认为类似一逻辑体系，这逻辑体系中的命题在理论上是相互联系的。哲学的问题是发现认识的根本原则，这种原则同时也是实在的根本原则或前提。实在的宇宙和逻辑体系一样，具有相同的必然性。莱布尼茨的逻辑影响他的形而上学。而他的形而上学也影响他的逻辑：我们知道，他把知识看作是心灵所固有的原则的发展，这是建立在他的唯灵论的单子论之上的。他的个体论不是由他关于宇宙的逻辑概念而来的必然的结果；独立的个体不能以符合逻辑的理由来证明自己存在的合理性。可是，莱布尼茨从目的论方面来解释个体存在；个体是神圣的创造的意志的目的，从一开始就包含在宇宙的根基中。在这里，莱布尼茨用人文的价值来看待宇宙的逻辑根据。

除去清晰明确的知识以外，还有混乱的知识。这样，举例来说，谐和与美是建立在某种比例的关系之上的。这可以很清楚地为学者所看清，但是，不必如此。谐和与美表现在审美欣赏的感情中，这种感情是人类模糊的谐和的知觉或形式。因此，心灵知觉事物的秩序、宇宙的和谐，而不必有清晰和明确的知识；在这里，它有模糊的关于上帝的感情。这也是模糊的知识，能够变成清楚的知识。

380

第二章 莱布尼茨的后继者

第一节 常识哲学

继德国莱布尼茨哲学之后的是同雷德的苏格兰派哲学相仿的常识哲学。莱布尼茨是试图建立形而上学体系的第一个近代伟大的德国思想家，但是几乎他所有的著作都是用拉丁文和法文写的发表于各个刊物之上的书信和文章。哈雷大学教授克里斯钦·沃尔夫(1679—1754 年)承担了任务，使莱布尼茨学说系统化，适应常识并用德语予以表述。他继承了笛卡尔、斯宾诺莎和莱布尼茨的唯理主义，把哲学的方法同数学的方法等同起来。同时，他认为经验的事实会符合理性的演绎：理性和感官知觉都是认识的正当的机能。他采纳了笛卡尔的心物二元论，但是，他认为力是肉体本质的属性，把心灵和肉体之间明显的相互作用解释成预定的和谐(莱布尼茨的观点)。同斯宾诺莎一样，他把宇宙看作是有因果关联的秩序，又保持莱布尼茨目的论的解释。他同样把发展的观点引入他的体系。

沃尔夫根据灵魂的两种机能，即认识和嗜欲，把科学分成为理论的和应用的两种。前者包括本体论、宇宙论、心理学和神学，这都属于形而上学；后者包括伦理学、政治学和经济学。根据命题来自理性还是经验，这些科学也分成为理论的和经验的科学。例如理论的宇宙论和经验的物理学；理论的心理学和经验的心理学等等。逻辑是一切科学的导论。

沃尔夫用德文和拉丁文写了各科教科书，这种教科书为德国大学所采用，经历了许多年；他还创造了迄今仍在使用的德文哲学术语。他虽然缺乏创造性，实际上削弱了莱布尼茨的哲学，但是他推动了德国哲学研究，对启蒙思潮作出了贡献。381

莱布尼茨—沃尔夫学派的追随着当中有比耳芬格尔（1693—1750 年）、德国美学的创始人 A. 鲍姆加登（1714—1762 年）和早期的康德。沃尔夫的哲学发展成为折中主义的思潮，这种思潮试图调和经验主义和唯理主义，为康德的《纯粹理性批判》铺平了道路。还有康德的老师 M. 克努岑（1751 年以前）、同康德有通讯联系者之一 J. H. 兰伯尔特（1728—1777 年）以及对康德有影响的 N. 特滕斯（1736—1805 年）。这种折中主义的其他代表有所谓通俗哲学家，其主要功绩在于通俗地论述了那占统治地位的哲学：如 M. 门德耳松（1729—1786 年）、弗格森和 A. 斯密著作的翻译者 C. 加尔维（1742—1798 年）、J. J. 恩格耳（1741—1802 年）、E. 普拉特奈耳（1744—1818 年）和 F. 尼寇莱（1733—1811 年）。S. 雷马鲁斯（1694—1768 年）受有这个学派和英国自然神论的影响，是一个自然神论者，对《圣经》进行了尖锐的批判。所有这些思想家都可以说是十八世纪德国启蒙思潮的代表。

参　考　书

策勒尔，前引书；K. 费舍，《莱布尼茨》；包曼，《沃尔夫的定义论》；齐梅尔曼，《兰伯尔特：康德的先驱》；斯特伦，《特腾斯的认识论》。

第二节　神秘主义

莱布尼茨和沃尔夫的唯理主义没有满足所有的思想家。有些思想家不相信理性能够把握真理，又不愿意加入经验主义者和怀疑派的行列。这些人是神秘派嫡系的后裔，认为确实性的泉源位于内在的经验、感情和本能中：最高级的真理不能证明，只能感受。莱布尼兹的学说为这种观点提供了一些根据，它断言感情、追求或冲动是认识的另一阶段，是把握真理的本能的形式。莱布尼茨认为这是低级的、混乱的认识形式，而相信信仰或感情的哲学家则肯定信仰或感情是认识的较高级的阶段：凡是有限的理性不能探究的，可以在宗教、审美或道德的感情中感受或预测到。这些哲学家当中有 J. G. 哈曼（1788 年以前）和 J. G. 赫尔德（1744—1803 年）。赫德尔在他的《对批判的批判》中批评了康德的《纯粹理性批判》。还有 F. H. 雅科比（1743—1819 年），他根据直觉哲学反对唯理主义的形而上学。（参看原版第 428 页以下）

一种被称为虔敬主义而具有类似性质的运动在德国新教中兴起，它反对新教会的理论化神学：基督教不是供教授们思辨的学
382 说，而是内心宗教信仰的皈依。P. J. 斯宾讷（1635—1705 年）、A. H. 弗兰克（1663—1727 年）和 J. J. 朗格（1670—1744 年）是这一运动的著名成员；后二人曾使 C. 沃尔夫被解除哈雷大学教授的职务。

第五篇　启蒙运动哲学

第一章　启蒙运动的进展

第一节　十八世纪

如前所述，近代精神是反抗中世纪社会及其制度和思想的精神，也是在思想和行动的领域里人类理性的自我伸张。这种活动由文艺复兴开始，延续到十六和十七世纪；宗教改革、三十年战争以及英国和法国（福隆德运动）的政治、社会革命是这种变化的征兆。伟大的大陆思想体系和英国的经验主义以及它们的流派，助长了其所由产生的火焰；独立探索的精神缓慢而确实地改变了生活的面貌。但是，新的观点必须在人类比较广泛的领域里加以通俗化和传播；十八世纪执行了这一任务，被称为启蒙运动的世纪：这个世纪是我们所描述的整个文化运动的顶峰。那是一个拥有原理和世界观的时代，对人类精神解决它的问题的能力，充满信心；它力图理解并阐明人类生活——诸如国家、宗教、道德、语言——和整个宇宙。那是一个拥有哲学信条的时代，那是一个有勇气写作像沃尔夫的《关于上帝、世界和人的灵魂以及万物的合理的思想》那样的书的时代。那是一个自由和独立思考的时代，特别是在法国，人们勇敢地发表自己的意见，无所畏惧地根据所思考的原则推导出结论。

十八世纪的哲学不仅反映那个时代的奋斗情况，而且影响人们的行动。它走出学者的书斋，像在苏格拉底的时代一样，同市场中的群众结合在一起。它不再用它特有的语言、经院哲学家的语言，而用群众的语言，用一般人所能理解的词汇。在法国，由于社会、政治和教会的压迫，启蒙运动表现得极为激烈；影响也最大：新思想的传播导致革命。尊重人类理性和人权几乎是一切近代哲学思想的特征，这在十八世纪普遍流行；人性、善意、天赋人权、自由、平等和博爱脍炙人口。甚至温情主义的政府认为增进人类的幸福和福利，是它们的职责。对中世纪思想制度的反抗最后导致伟大的社会和政治革命，这标志十八世纪的终结：新社会取旧制度而代之。近代精神的要求，诸如任良心所之、信教自由、机会平等、经济自由、代议政体以及在法律面前人人平等，部分地达到了目的。

参　考　书

希本，《启蒙思想哲学》；累维-布鲁耳，《法国近代哲学史》；麦克唐纳耳德，《法国关于伏尔泰和卢梭的研究》；约翰·摩莱论伏尔泰、狄德罗、卢梭和孔多塞的著作；史蒂芬，《十八世纪英国思想》；法尔伯，《革命的先锋（从培尔到孔多塞）》；达米隆，《十八世纪法国哲学史资料》，三卷；赫特纳，《十八世纪文学史》，里奇；《天赋人权》；政治史。

第二节　伏尔泰

在法国以及确实在全欧洲，促进新精神的觉醒和新思想的传播的主要人物，有伏尔泰（1694—1778 年）和孟德斯鸠（1685—1755年）。他们都访问过英国，羡慕英国的制度。伏尔泰是启蒙运动的卓越多才的宣传家。他从英国带回洛克的思想、牛顿的自然哲学和英国的自然神论，在《英国通信》（1728 年）中宣传和运用了洛
384 克的思想，这部书由检查官下令而被焚毁。他是自然神论者，从未放弃信仰上帝："全部自然都向人们高呼上帝存在。"在他的早期著作中他还承认意志自由和灵魂不死，后来，他怀疑死后的生活，倾向于决定论："我能做我希望做的事情的时候，我是自由的；但是，我必然希望我所希望的。"但是，他总是无情地抨击迷信和教会的统

治;他认为天启的宗教是无知和欺骗的产物,是精明的僧侣利用人类的愚昧和偏见以统治人的创制品。他的宗教建立在不变的道德原则上,他认为这种原则在哲学家的学说中本质上是保持不变的。他反对一切压迫,为文化、政治和宗教自由而奋斗,为出版自由、选举自由和议会自由而奋斗;他为在工商业中兴起而繁荣的第三等级或资产阶级要求政治权利。尽管他有自由主义思想,他却不拥护民主,对下层社会的自治能力缺乏信心:他说,"必然会有无知的暴徒,一旦他们开始争议,则一切归于失败。"这个理性的时代不是要把"仆从、补鞋匠和女佣"包括在它所祝福的范围以内。

伏尔泰的思想主要表现洛克哲学的精神,虽然我们不可忽视培尔《辞典》的影响,这部书几乎影响了十八世纪所有的法国文化界的领袖。英国的思想对法国的自由化和革命化起了很大作用。

除去已经列出的著作以外,参看卡莱尔等论伏尔泰的专著。

在法国帮助发展和宣传英国经验哲学的有:孔狄亚克、爱尔维修、孔多塞、卡巴尼斯、沃尔涅、崩内、代斯屠·德·特腊基、拉·美特利、霍尔巴赫,特别是以狄德罗和达兰贝尔为首的百科全书派。

第三节 英国的启蒙运动

英国的启蒙运动不像法国那样在比较短的时期内达到顶峰;它的影响也不像法国那样蔚为奇观。社会条件不同,在英国曾经 385
有较大的进展:新观念和新理想逐渐渗透于人民的生活中。几乎所有遵循洛克原则的哲学家都可以称为启蒙者。自然神论者、道德学家、休谟、哈尔特莱、普里斯特利、伊腊斯穆斯·达尔文、《政治正义论》(1793)的作者威廉·葛德文、《人权论》(1791—92)和《理性时代》(1794)的作者托马斯·潘恩,都鼓舞了独立思考的进展。

第四节 德国的启蒙运动

在德国,一直到十八世纪中叶,莱布尼茨—沃尔夫的形而上学仍然是占统治地位的体系;当时,英国的思想,通过洛克和休谟以及英国道德学家如沙甫慈伯利、哈奇森和弗格森著作的翻译,已经开始发生影响。其结果是唯理主义和经验主义相结合,这就是折中主义或常识哲学;这种哲学认为宇宙和人类历史是一种唯理的、有目的的秩序,由于这种秩序是理性的表现,它完全能够为理性所理解。这种哲学的任务在于清理(Aufklärung)奥秘和扫除迷信,用理性的光来辨明万物。它提供了一种自然或理论神学,从事于证明和弄清一切宗教所共有的基本学说,如上帝存在、意志自由和灵魂不死。我们已经提到这一运动中在形而上学方面的领袖人物。在历史研究方面同样运用了唯理主义的方法:语言、法律、国家、道德和宗教起源于人类理性;举例来说,人为交流思想而创制语言,为保障福利而组织国家。既然一切事物都是理性的产物,那么,让这些事物越来越合理,清除在历史过程上混入其中并使之败坏的反理性和偶然的因素,就是理想。这种唯物主义的思想方式,在德国促成政治理论的变化,还使平等和天赋人权的学说甚至在统治者的宫廷里(腓特烈大帝和约瑟夫皇帝)流行起来:社会的分化既违反自然,也违反理性。

386 启蒙运动甚至把清晰和功利的标准贯彻到美学的领域;诗歌、雕刻、建筑和绘画都以唯理主义为准则:有人说格勒特的神话是“用诗写成的道德哲学”,他的宗教赞美歌是“押韵成诗的理论神学”。哥特舍德写了一本论《诗的艺术》的书,书中表明应该如何作诗,以便使诗作为手段,为启发人类和使人类道德化而服务。

一个世纪以前,这同样的思潮在英国洛克的哲学中,已经有所透露。那些使十八世纪最后二十五年成为德国文化生活中最光辉灿烂的时代，在文学和哲学中伟大的领袖人物，反对这种思潮。康德抨击启蒙运动的理论神学，赫德尔抨击它对历史作唯理主义的解释，文克耳曼和莱辛以及哥德和席勒抨击它的唯理主义的美学。

第五节　唯物主义和进化论

我们已经看到，笛卡尔哲学如何导致马勒伯朗士的客观唯心主义，英国的经验主义如何在贝克莱那里变成为唯心主义。在十八世纪，就是这些伟大的思潮也转向了唯物主义的思想。笛卡尔提供了有机界的机械的解释，认为动物是一部完整的机器。这就提示了一种思想，人也是一部机器，心灵不是独立的实体，而是肉体的机能。洛克的后继者（孔狄亚克、哈尔特莱和其他人）试图把一切心理活动归结为感觉，这很容易推移到这种观点，即心理的基本状态无非是大脑的作用。莱布尼茨把物质看作是力，认为物质类似精神活动；其他人反其道而行之，把精神活动解释成物理的力。充满古老的亚里士多德形而上学的宇宙中的精神基质，被近代科学排除于自然界之外，由哲学使之归属于它们自己单独的世界中，这时候，有些思想家完全放弃了精神基质，用进行运动的物质来解释一切现象，那有什么奇怪呢？

十八世纪，唯物主义的世界观在英国和法国发展了；十八世纪末期，在法国的文化界，唯物主义的世界观已经变成为流行的学 387
说。约翰·托兰德（1670—1721年）在他的晚年著作《泛神论者的神像》（1720年）中指出，思维是脑髓的机能，是"脑髓的某种运动"；脑髓是思维的器官，正如舌头是味觉的器官一样。大卫·哈特莱（1704—1757年）认为，一切心理活动都依赖脑髓遵循机械规律的颤动，生理上的联合伴随心理上的联合。但是，他没有把意识状态归结为运动。他没有确定是否应该把这种关系看作是因果关系。氧的发现者约瑟夫·普里斯特利(1733—1804 年)却把心理活动和运动等同起来，从而大胆地肯定了唯物主义对精神和肉体问题的解决。不过，他却不否认上帝存在或灵魂不死；他步霍布斯的后尘，宣称人和神的灵魂的物质性的思想，同基督教没有什么不一致的。

法国人拉·美特利(1709—1751 年)著有《心灵自然史》(1745年)、《人是机器》(1748 年)和《人是植物》(1748 年)，受笛卡尔和洛克的影响，根据笛卡尔对动物的机械解释，建立了他的唯物论：如果动物是机器，为什么人不是机器呢？这种唯物主义被德国男爵霍尔巴赫(1789 年以前)在他的《自然体系》(这部书用笔名米拉波于 1770 年在伦敦第一次出版)中发展成为广博的形而上学体系。一切事物都用物质和运动予以解释，都被看作是必然规律的产物。没有灵魂，思维是脑髓的机能，唯有物质不灭。人的意志是被严格决定的，无论是在自然中或自然以外都没有计划，没有目的，没有上帝。

其他往往不始终一致、不明朗的唯物主义的提倡者，有《百科全书》主编、晚年时期的德尼·狄德罗(1713—1784 年)；卡巴尼斯(1757—1808年)，他认为思维是脑髓的机能，像胃有消化的机能和肝脏分泌胆汁一样；还有代斯屠·德·特腊基(1754—1836 年)。法国
388 生物学家毕丰著有《自然史》(1749 年以后)，罗比耐著有《自然论》(1763 年以后)；他们采取形式有所变化的唯物主义，即物活论。毕丰认为赋有生命的分子是存在的，罗比耐受莱布尼茨的影响，肯定物质的各个粒子具有感觉。这时期许多思想家的著作中都表现有进化论的思想，例如，拉·美特利的《人是植物》、《伊壁鸠鲁的体

系》(1748 年)和狄德罗的《自然论》(1763 年以后)以及崩内的《哲学的复兴》(1769 年)。这些人可以算作是拉马克和达尔文的先驱。

法国启蒙运动的思想家尽管在细节方面彼此不同,他们却一致认为,自然现象,无论是物理现象或精神现象都为规律所制约,人类的精神生活和道德生活都是自然的必然产物。根据这种观点,爱尔维修(1771 年以前)解释人类道德,经济学家杜尔阁和孔多塞(1743—1794 年)开拓了历史哲学,孟德斯鸠(1689—1755 年)在《法意》(1748 年)中研究人类法律和制度。

参　考　书

希本,《启蒙思想哲学》,第五章;维伯尔,前引书,第 399—417 页;许夫定,《近代哲学史》,第一卷,第五篇;朗格,《唯物论史》;库赞,《洛克的哲学》;宇伯威格-海因泽,前引书,§ 18;达米隆,《十八世纪法国哲学史资料》。

第六节　科学

启蒙运动的时代没有局限于宣传以前几个世纪已经形成的一般的观念,它热中于研究自然科学和人文科学。它没有理由为它在这些领域里所产生的人物而感到惭愧:在数学方面有欧拉、拉格朗日和拉普拉斯;在天文学方面有赫舍尔和拉普拉斯,后者著有《天体力学论》;在物理学方面有伽伐尼和伏打;在化学方面有拉瓦锡、普里斯特利、戴维、阿羽伊和伯泽利乌斯;在生物学方面有林耐、哈勒、比夏和卡·弗·沃尔夫;亚历山大·冯·洪保耳特在许多科学方面都是杰出的。在政治学和法学方面有孟德斯鸠;魁奈、杜尔阁和亚当·斯密是新政治经济学的创立者。在美学方面有鲍姆加登,不要说以前已经论述的心理学家和道德学家了。

第七节 卢梭

启蒙运动推崇知识、科学、艺术、文明和进步，夸耀人类的成
389 就。但是，让·雅克·卢梭（1712—1778年）把科学、艺术看作是奢侈怠惰的产物，是道德败坏的根源，粗暴地动摇了启蒙运动的骄傲和自信，主张回到自然的纯朴天真状态中去。他著有《论科学和艺术》（1750年）和《论人类不平等的起源和基础》（1753年）。他认为人的本性天真和善良，具有保卫自己和发展自己能力的冲动，而又为同情他人所推动，受到宗教感情、感恩和崇敬心情的激励。道德和宗教不是推理思维的事，而是自然的感情问题。人的价值不在于他有智慧，乃在于他有道德的本性，这种本性本质上是感情：唯善良的愿望具有绝对的价值。卢梭强调情操作为精神生活因素的重要性，否定理性的发展能够使人完善。人本来平等，社会有了私有制，才使人不平等，从而现在有主人和奴隶，有有文化和没有文化的，有富有者和穷人。文明以及由此产生的文化和不平等，腐蚀了我们的自然倾向，一方面导致卑躬屈节、作威作福、奴颜婢膝、忌妒和憎恨；另一方面引起轻侮、傲慢和残酷，使生活矫揉造作和呆板。这种观点类似某些近代社会理论，这种理论从社会条件中寻找道德和罪恶的根源，从社会的改造中谋求人类的完善。

卢梭以人民直接参政（创制权和复决权）代替代议政体。他的政治理论是瑞士共和国的理论，正如伏尔泰所遵循的洛克的政治理论是英国立宪君主制的理论一样。在卢梭那里，人民不仅包括第三等级或兴旺的资产阶级，还包括第四等级或劳动人民和农民阶级（他出身于这后一阶级）；正如伏尔泰为中等阶级要求思想和信仰自由一样，他为第四等级要求平等权利和解除社会的束缚。卢
390 梭极为重视洛克的民主理想。他认为如果人生来自由平等，又有

同样的天赋权利和能力，那么就没有理由受一个特权阶级的统治，或被它剥夺他们祖传下来的东西，无论这个特权阶级是贵族或工业**资产阶级**。1789 和 1793 年的《人权宣言》[①]体现了卢梭的理想，这种理想对今天许多国家的立法都有影响。

返回自然可以使人摆脱这种腐败和矫揉造作的情况，这只有靠创造自然的社会条件和自然的教育方法才能实现。(《社会契约论》，1762 年；《爱弥儿》，1762 年。)自然的社会是建立在契约上的，在这种社会中，个人为公民权的自由而放弃个人的自由；公民权的自由为公共意志或人民的道德意志所制约。自由就是服从自己规定的法律。主权归于人民；公共意志，即谋求公共福利的人民的意志，是最高的法律。政府执行人民的命令，人民能够限制或撤销他们授予政府的权力。

卢梭的教育理论主张自然教育，主张自由发展儿童的自然而未变坏的冲动。教育应该从产生求知的欲望开始。因此，教育大部分是消极的，即要消除不利的条件，这种工作需要特别注意。在区分好坏的冲动方面，必须研究儿童的个性，对本性予以帮助。所以，最好把儿童同社会环境隔离，让儿童在私人教师的引导下，遵循自然的进程而发展。卢梭的理论对近代教育有很大的影响，巴斯窦、裴斯泰洛齐和福禄培尔曾把这种理论付诸实际的实验。

卢梭的这种思想同洛克的原则不矛盾。如果心灵本来是空白的白板，那么，人本来是平等的，像爱尔维修所指出的那样，差别
产生于一切外在的原因。教育和社会环境是使人类完善的最重要 391

① 1789 年的《人权宣言》第一条写道："在权利方面，人们生来是而且始终是自由平等的。只有在社会福利上才显出社会差别来。"第六条："法律是公共意志的表现。全国公民都有权亲身或经由其代表去参与法律的制定。"参看霍布豪斯的《自由主义》，第 61 页。(译文参阅《十八世纪末资产阶级革命》。——译者)

的手段。

卢梭同伏尔泰一样，反对唯物主义和无神论，赞同自然宗教的教义，从这个意义上说，他是一个自然神论者。他认为宗教植根于感情中，宗教是情感问题，不涉及理智，虽然宗教真理可以由理性来证明。灵魂是非物质的、自由和不死的；由于现世间邪恶的猖獗，来世是必要的。

卢梭对德国的康德、赫德尔、歌德和席勒有很大的影响。下面的一段话，足以证明康德的思想所受卢梭思想的影响："我自己爱好研究，具有极强烈的求知欲，急切地要获得知识，每前进一步都感到满足。有一个时期，我相信这都会促进人类的繁荣，我蔑视无知的贱民。卢梭纠正了我。骄傲的优越感消失了，我逐渐尊重人类。如果我不相信这种思考能够使我承认其他一切职业有价值，即重新确定人类的权利，我想我自己还不如一个普通劳动者那样有用。"

参　考　书

除去原版第 383 页论启蒙运动的著作以外，参看约翰·摩莱等论卢梭的专著；由许多法国学者撰写而载于《社会科学总论丛书》中的一卷；罗代，《卢梭的社会契约论及其政治思想》；莫尔内，《在法国从卢梭到圣培尔论自然感情》；哈格曼，《卢梭的社会哲学》；费斯特尔，《卢梭和德国历史哲学》。

第六篇　康德的批判哲学

第一章　伊曼努尔·康德

第一节　近代哲学的进展

近代哲学由相信人类心灵能够获得知识开始，成问题的只是如何、用什么方法得到知识，知识的范围能扩展到多远。经验主义 392
者和唯理主义者都认为真正的知识是普遍和必然的，一直到休谟为止几乎都宣称在某些领域里可能有自明的命题。笛卡尔、霍布斯、斯宾诺莎和莱布尼茨建立起形而上学的体系，认为这种体系是像欧氏几何学一样的逻辑证明。培根没有提供宇宙论：在用新方法确定事实之前，不能从事于这种工作；但是他认为能够证明上帝存在，能够发现事物永恒的本质或自然规律。可是，关于人类智慧能否解决终极的问题，甚至范围较小的问题，他开始有所怀疑。他往往认为形而上学和神学超越天然理性的能力。霍布斯同意笛卡尔的观点，承认经验不能给人以确实性，而又把感觉看作是人类一切知识的来源，这透露了他对真正的物理科学偶然感到疑虑。洛克看到有必要比以前更加彻底地检查知识问题，得出这样的结论，即人类有关于观念之间相符合或不相符合的确实的知识，有关于自己存在和上帝存在的确实的知识；数学和伦理学是确实的。但是他断言人类没有关于外在世界的存在以及关于事物性质的必然联系的知识：自然科学中没有真正的知识。贝克莱宣称，没有要认识的外在的（物质的）世界，但是人却认知观念、心灵以及观念之间的关系。培尔猛烈攻击神学和形而上学的学说，认为这种学说不仅超越理性，而且违反理性。休谟得出在他看来是感觉论的认识论的结论：如果人只能认识在感觉中所经验者，那么，理论神学、理论宇宙论和理论心理学是不可能的：关于上帝、宇宙和灵魂的知识则超出人的能力范围以外。的确，即使是关于事实的知识也只有盖然性，人不能认识必然联系、实体或自我；我们甚至不能说我们的观念必
393 然遵循我们曾经经验过和我们相信它们会重复的秩序。我们由比
较我们的观念，注意它们之间的关系并对这种关系进行推论，我们能够得到“一种论证的知识”；仅此而已。

第二节 神秘主义

批判的精神曾经冲击教权和传统，崇拜理性，现在又审核理性本身，否定理性的权威。衡量唯理主义和发现它的缺陷的，不仅是经验主义者；一伙神秘派和推崇信仰的哲学家也抗议唯理主义的虚夸自负及其假想的成果，他们不相信理智的论断，在人类心灵的其他方面或职能方面来寻求满足渴望确实性的方法。在他们看来，思辨的知性不能透入实在的帷幕；真理导源于感情、信仰或某种神秘的洞见；最深邃的实在不能由理性构想，只能由心灵所感受。在近代，特别激起这样反对唯理主义思想爆发的，是机械论和决定论的世界观，这是科学的或唯理主义的思维不可避免地所导致的世界观，它把个人贬低为傀儡。对许多人来说，这孤立无援的天然智慧不是归结为绝望和阴郁的怀疑论，就是归结为悲惨的宿命论，这种宿命论是对人类极为强烈的渴望的嘲讽，使其最崇高的价值化为泡影。

第三节 康德的问题

理智破坏性地批判了自己的能力，意志要求承认它的道德和

宗教的价值，对此，现在哲学被迫作出回答。康德承担了这个任务，力求公平地对待他那时代的各种思潮，诸如启蒙运动、经验主义、怀疑论和神秘主义。像他一个同时代人所指出的，他的问题是"一方面限制休谟的怀疑论，另一方面限制古老的独断论；反驳和摧毁唯物论、宿命论、无神论以及唯情论和迷信。"康德本人出自沃尔夫的唯理主义学派，对英国经验主义和卢梭又感兴趣。休谟"把他从独断的睡梦中唤醒"[①]。他感到迫切地需要考察或批判人类 394
理性，好像是审问理性，以便保障理性的正当要求，摈除无稽的要求；换言之，迫切地需要一种认识论，这种认识论要研究普遍和必然的知识的可能或不可能、来源、范围和界限。他认为，一直到现在为止，哲学是独断的：它往前进行而**没有预先批判它自己的能力**。现在必须**批判**，或开始不偏不倚地考察理性一般的能力；康德怀有这样的目的，写了他的三种"批判"：即《纯粹理性批判》，考察理论的理性或科学；《实践理性批判》，考察实践的理性或道德；《判断力批判》，考察美学和目的论的判断，或艺术和自然中的目的。

康德把真正的知识规定为普遍和必然的知识。他同意唯理主义者的观点，认为在物理和数学中有这样的知识。他又同意经验主义者的观点，认为这样的知识是属于观念性质的知识；它不是关于事物本来状态的知识，而是关于现象的知识，即关于感官所感受的事物的知识。因此，理论形而上学（宇宙论、神学和心理学）是不可能的。他还同意经验主义者的观点，认为我们只能**认识**我们所经验者，感觉是知识的材料；同意唯理主义的观点，认为普遍和必然的真理不能得自经验。感觉提供知识的材料，心灵按照由它的本性所形成的必然的方式予以整理。因此，我们有关于观念的秩序的

---

① 关于康德批判哲学的发展，参看原版第396页所列书目中保尔森、凯尔德和黎尔的著作；还有保尔森，《康德认识论的发展史》；博姆，《康德的前批判著作》。

普遍和必然的知识(唯理主义),这不是关于自在之物的知识(怀疑论)。知识的内容来自经验(经验主义),但是,心灵思维它的经验,按照它先验或固有的、即唯理的方式来思考这些经验(唯理主义)。不过,自在之物是存在的,我们能够思维自在之物,但是,不能像认
395 识经验世界的事实那样,认识自在之物。如果不是因为有道德意识或实践的理性,就不能回答、甚至无从讨论这样的问题,即关于和有因果关系的时空秩序不同的一个世界的存在、上帝的存在、自由和不死。

1724年伊曼努尔·康德生于哥尼斯堡,是马具师的儿子;他是在宗教环境中受抚育成长的,父母是虔信派教徒。几乎他整个的一生,都是作为学生、教师和学者在他所出生的城市度过的。在弗雷德里夏学院作入大学的准备(1732—1740年),他主要对罗马的经典感兴趣;在哥尼斯堡大学他研究物理、数学、哲学和神学(1740—1746年)。从1746年到1755年他曾在几家人家作私人教师,住在哥尼斯堡附近。1755年他被聘为大学讲师,教授数学、物理、逻辑、形而上学、伦理学、自然地理、人类学、自然神学和“哲学百科全书”。从1766年到1772年,除去这个职务以外,又兼任皇家图书馆副馆长。1770年他任逻辑和形而上学教授,1797年因身体衰弱而必须退休,在这以前,他一直担任教授职务。他死于1804年。

康德早年信奉莱布尼茨—沃尔夫哲学,这种哲学统治着德国大学,在学术界以外也受欢迎。从1760年到1770年他受英国经验主义的影响,洛克、沙甫慈伯利,后来还有休谟,使他感受很深;像他所说的,是休谟“把他从独断的睡梦中唤醒”。1770年他把握到那使他卓著声誉的哲学观点,表述于用拉丁文写的论文中,这就是《可感觉和可理解的世界的形式和原则》,以后他用十年工夫发挥这篇论文。他的名著《纯粹理性批判》于1781年出版(修订后的第二版,

1787 年出版），以后出版的有《任何未来的形而上学的绪论》（1783 年），《伦理学的形而上学的基本原理》（1785 年），《自然科学的形而上学原理》（1786 年），《实践理性批判》（1788 年），《判断力批判》（1790 年），《纯粹理性界限以内的宗教》（1793 年），《伦理学的形而上学》（包括他的法哲学，1797 年），《保卫永久和平》（1795 年）。《论教育》出版于 1803 年。

康德的著作，哈尔腾斯太恩编，10 卷，1838 年以后；柔森克朗兹编，12 卷，1838 年以后；克尔巴哈编，载锐克拉姆版《万有藏书》；卡西雷尔编，12 卷；沃尔兰德编，9 卷。并参看 B. 埃尔德曼，《康德关于批判哲学的见解》，1882 年以后；以及赖克，《康德遗著的零散篇章》，1889 年以后。《纯粹理性批判》单行本，克尔巴哈编（根据康德此书第一版），埃尔德曼、埃底克斯编（根据第二版）。

翻译：《纯粹理性批判》（第二版），麦克尔炯译，1854 年，（第一版和第二版的增补）马克司·穆勒尔译，1881年；马海夫和贝尔纳德所作释义；1770年的《论文》，埃考夫译；《导论》，马海夫和贝尔纳德译；《道德的形而上学基础》、《实践理性批判》、《道德的形而上学》的几部分和宗教的第一部分合成一卷，阿博特译；《宗教》，森普尔译；396
《自然科学的形而上学基础》，贝克斯译；《宇宙进化论》，哈斯蒂译；《判断力的批判》，贝尔纳德译；《法哲学》、《政治学原理》和《永恒的和平》，哈斯蒂译；《永恒的和平》，M. C. 斯密译；《教育学》，车尔顿译；《幽灵占卜者》，格尔维茨译；《选集》，瓦岑译；《纯粹理性批判》释义，弗格尔和惠特内译。在我们的论述中引用了穆勒尔的译文。

参　考　书

保尔林，《康德》，克雷顿和勒斐弗尔译；温累，《康德及其革命》；W. 华莱士，《康德》；亚当森，《康德哲学》；瓦岑，《康德哲学解说》；韦尔，《康德简介》；

格林,《康德哲学讲义》,见其著作第二卷;西季威克,《康德哲学讲义》;E.凯尔德,《康德的批判哲学》,两卷;K.费舍,《康德》,两卷;克朗恩伯格等新近所撰写的德国专著。摩里斯,《康德的纯粹理性批判》;普里查德,《康德的认识论》;黎尔,《哲学的批判主义》,第一卷;斯提尔林,《康德课本》;K.拉斯威茨,《康德关于时间和空间的主观性的学说》;沃耳克耳特,《康德的认识论》;柯亨,《康德论经验》;魏欣格,《康德纯粹理性评注》,两卷;E.普夫莱德雷尔,《康德的批判主义和英国哲学》;瓦尔腾伯格,《康德的因果论》;F.阿德勒,《康德的伦理学评论》,见《纪念W.詹姆斯论文集》;波特尔,《康德的伦理学》;舒尔曼,《康德的伦理学和进化的伦理学》;梅塞尔,《康德的伦理学》;柯亨,《康德的伦理学基础》,第二版;克雷松,《康德的伦理学》;德耳博,《康德的实践哲学》;黑格勒,《康德伦理学中的心理学》;弗斯特尔,《康德伦理学的发展》;施米特,《康德伦理学的发展》;梯利,《康德和目的论的伦理学》,见《康德研究》,第八卷第一册;塞格尔,《康德关于信仰的学说》;平亚尔,《康德的宗教学说》;塔夫茨,《康德的目的论》;梅雷狄思,《康德的判断力批判》;斯塔德勒,《康德的目的论》;柯亨,《康德的美学基础》;波温,《康德和斯宾塞》;拉夫焦伊,《康德和英国柏拉图主义者》,见《纪念W.詹姆斯论文集》;乌普修斯,《康德和他的先驱》;包赫,《路德和康德》;麦耶-本法伊,《赫德尔和康德》;塞瑟,《艾奈西狄姆、巴斯噶和康德》;斯皮克,《康德、休谟和贝克莱》;西多,《康德哲学评注》。

关于德国全部唯心主义运动的著作有:罗伊斯,《近代哲学精神》;普林格耳-派蒂逊,《从康德到黑格尔》;克隆恩伯格,《德国唯心主义史》,三卷,(第一卷论述康德以前的唯心主义);李普曼,《康德及其后继者》;查理伯斯等所撰写的著作。并参看普夫莱德雷尔,《康德以来理论神学的发展》。埃底克斯在《哲学评论》,第Ⅱ卷中所列关于康德的书目。

第四节 知识问题

康德的基本问题是知识问题:什么是知识?知识如何可能?什么是人类理性的界限?要回答这些问题,必须审查人类理性或对它
397 加以评判。知识总是表现为判断的形式,在判断中有所肯定或有所否定。但是,不是每一判断都是知识。在**分析判断**中宾词仅仅阐明主词已经含有者:例如,物体是有广袤的东西。另一种判断必然

是综合的，它对宾词有所增益，扩展人类的知识，不仅仅阐明宾词：例如，一切物体都有比重。不过，并非所有的综合判断都给人以知识，其中有些判断来自经验，举例来说，这种判断告诉我们，一个物体具有如此这般的特性或这样活动，但是，并非必定具有这样特性或这样活动。换言之，这种判断缺乏必然性：理性不像迫使人承认数学命题那样，迫使人承认这种判断。这种判断又缺乏普遍性：我们不能说，因为一类中某些物体具有某种特性，则这类一切物体都有。缺乏普遍性和必然性的判断或后验的判断，是不科学的。一个综合判断要成为知识必须有必然性，即同它相反的命题是不可思议的；它还必须有普遍性，即不容有例外。普遍性和必然性不是导源于感觉或知觉，而是在理性、在知性中有其渊源。不靠经验（并在这个意义上先于经验），我们知道一个三角形的三内角之和必然等于二直角，而且永远如此。因此，一个判断要给人以知识，它必须是先验的。

于是得出结论，知识存在于先验的综合判断里面。分析判断总是先验的，不借助于经验，我们就知道一切有广袤的东西是有广袤的；这类判断是建立在同一律和矛盾律之上的，不能给人增加知识。后验的综合判断给人增加知识，但是不牢靠；它们所提供的知识模糊、不确实和可疑。在科学中我们要求必然的确实性，只有在先验的综合判断中，这种确实性才是可能的。

康德从来没有怀疑过有这样的判断，在物理、数学、甚至在形而上学中就有这样的判断。他认为普遍和必然的知识的存在是确定的事实，因而不追问先验的综合判断是否可能，只追问先验的综 398
合判断如何可能。这种知识的条件是什么？这种知识的存在在逻辑上以什么为必要条件，或必然涵蕴什么？因此，像这位德国批判者自己所说的，他的方法是独断的：认识论是一种严格的论证的科学，先验或纯粹的科学，是把真理建立在先验的必然的原则之上的科学。他的方法不是心理学的方法，而是逻辑的或先验的方法：他不是让人在自己的意识中来考察知识的条件，知识在心理上是如何产生的，而是要研究真实的知识，比如数学或物理的命题，要向自己追问，这种命题的存在在逻辑上以什么为必要条件。举例来说，毕竟能够有判断，即关于空间关系的判断，或者肯定因果关系的判断，从这一事实必然推论出什么？没有综合的心灵，就不能有综合的判断；没有知觉空间的心灵，就没有关于空间的判断；没有根据因果来思维的心灵，就没有关于因果的判断。康德运用这种方法，他自然运用人类理性及其所有的范畴，这样，他认为知识当然有可能性和确实性，就是说，他是一个独断论者。但是，这并没有使他感到不安，因为像他所宣称的，如果休谟否定知识的可能性是正确的话，那是一种“耻辱”。如果理性在能够从事考察它自己的工作以前，必须确定它有这样的能力，这绝不会产生什么结果。

然而，问题是在数学、物理和形而上学中，先验的综合判断如何可能？或者纯粹数学、纯粹物理学和纯粹形而上学如何可能？需要指出如何和为什么在这些领域里，我们能够有真正的知识。要回答这些问题，我们必须考察认识的器官；必须思考它的能力、作用、可能性和限度。认识以心灵为必要条件。没有所思维的东西，我们不能思维。除非有通过感官所取得的对象，除非心灵有接受能力或有感受性，我们没有思维的对象。感受性提供对象或知觉（Anschauungen，直观，康德有时称之为经验的直观）。这些对象必须为
399 知性所思维、理解或思考；由知性中产生概念。没有感觉或知觉以及思维或理解，不可能有知识。知识的这两种必要条件根本不同，却相互补充。“知觉和概念构成人类一切知识的要素”。没有概念，

则知觉是盲目的；没有知觉，则概念是空洞的。理智所能做的，是对感受性所供给的材料的加工。这两种能力可能有一个共同的根源，但是我们不了解。

知识如何可能？这个问题又分成两个问题：感官知觉如何可能？知性如何可能？**先验的感性论**（知觉能力论）回答了第一个问题，**先验的逻辑**（概念和判断论）回答了第二个问题。二者构成**先验的原理论**。

第五节　感官知觉论

让我们首先讨论**先验的感性论**。什么是感性或感官知觉的能力的逻辑上的先决条件？要知觉，必须有感觉（颜色、声音和硬度等等）。但是，单有感觉，不是知识；感觉仅仅是意识的变化，仅仅是在意识中发生的变化，仅仅是由某种别的东西使人产生的主观状态。感觉一定涉及到时空，涉及到在时空中一定的地位；必须把感觉理解为某种外在的东西，在其他东西旁边，在某种东西以前或以后，或和它同时俱起。人们的感觉都被排列在时空的秩序中。因此，知觉以材料或内容（感觉）和形式（时空）为必要条件。感觉构成原料（颜色、声音和重量），这种原料由感性给排列在时空的格局或形式中，于是成为知觉。心灵不仅**接受**感觉，而且，由于它有直观能力（intueri，注视、观察），还**知觉**这种感觉：它看见颜色、听见声音在它以外，在空间中，在时间秩序中。感性具有**先验地**知觉空间和时间的能力；的确，心灵是这样构成的，即使没有物体呈现，它也知觉时空；它不仅知觉在时空中的物体，而且还知觉时空本 400
身。在这个意义上，我们能够说有**纯粹**知觉。

把感觉排列在时空中的形态或形式本身，不是感觉。它们不是经验的或**后验的**直观形式，而是心灵本性所固有的，即**先验的**。

时间是内在感觉的形式:就是说,我们不能不把人类的心理状态理解为在时间的连续中的彼此相随。空间是外在感觉的形式:从空间方面我们只能理解那影响人类的感觉器官的东西。但是,既然一切给与或呈现于感官者都为意识所修整,从而属于内在感觉,那么时间是一切观念(Vorstellungen)或现象的必要条件。

时空不是实在的,或独自存在的东西,也不是为事物所有的真正的性质或关系。它们是感性理解事物的方式,是感觉的形式或形态。如果世界上没有能够直观或知觉时空的人,这世界就不再具有空间和时间性质。“让思维的主体离开,整个的物质世界就会消逝,因为这个物质世界无非是思维的主体所感受的现象。”我们永远不能设想没有空间,虽然我们能够设想空间中没有物体。那就是说,我们不得不借空间而知觉和想象。空间是现象的必要的先决条件,因而是必要的先验的观念。这就是康德称之为先验的或形而上学的方法的一个例证。没有空间,我们不能思考事物;没有事物,我们能够思考空间。因此,空间是我们关于事物、关于现象世界的观念的必要的先决条件。凡是必要的先决条件,必定是心灵的先验的形式。这些话同样适用于时间。

这样,就回答了纯粹数学如何可能的问题:因为心灵具有时空的形式,因为它在本性上必须通过时空而知觉和想象,所以我们在数学中有真正的知识或先验的综合判断,或不证自明的真理。

但是,要记着,时空仅仅是感性的条件、或感官知觉的形式,即
401 人类知觉事物的方式。因此,只有当它们被用到被知觉的事物、外观现象,而不是被用到自在之物或离我们对事物的知觉而独立的事物的时候,它们才有有效性。我们不能把它们用到人类的观念世界以外去。但是这无损于人类经验知识的确实性;无论时空为自在之物所固有,或仅仅是知觉事物的必要的形式,知识都是可靠

的。我们所知觉的事物，我们认为是自在之物，却不是自在之物；我们所知觉的关系也不是自在之物的关系。如果撇开主体或只是撇开感性，时空中事物的一切性质和关系、的确连时空本身，就会消失。那种关系和性质不再是自在的现象——即我们不再把我们的感觉归因于外界——而仅仅是人心中的感觉、人的意识的变化。我们不知道，脱离感性的自在之物是什么，使我们产生感觉的是什么，脱离对我们的感觉器官的影响而独立的是什么。当一物使眼睛有所感受时，我们就看见颜色；使耳朵有所感受时，听见声音；如此等等。这都是我们所有的感觉，我们不知道那脱离对意识所产生的影响的物自体(das Ding an sich)是什么。我们只知道知觉这些事物的特殊的方式，这种方式尽管对人来说是必要的，也许不是一切生物都需要的。在这个意义上，时空是主观的或有观念性质。不过，我们感受的一切现象都被排列在时空的秩序中，在这个意义上，时空是实在的或客观的：没有一种物体不是在时间的条件下能够为人所经验的；作为外在现象的一切物体总是并列于空间中。

总之，如果没有以下的几种情况，像人类所有的那样实在的知识，是不可能的。心灵必须有某种东西呈现给它，它必须能够感受影响，或接受印象。但是，如果我们仅仅接受印象，或经验到意识的变化，我们乃被禁锢于自己的主观性以内，不知觉一个客观世界。我们的感觉必须客观化，归因于外界，投入于空间(可以这么说)，即被排列于时空的秩序中。只是因为人类心灵具有这样一些知觉的方式，才能够有像我们所知觉它那样的一个客观世界。 402

第六节 知性论

不过，这还不够。仅仅是没有关系、没有联系的知觉不是知识。仅仅知觉时空中的对象不能产生知识。仅仅有关于太阳的知觉，随后有关于热石头的知觉，这和认识到太阳晒热了石头不同。只有在思想上以某种方式把这两种经验联系起来，才能构成太阳是石头发热的原因的判断。必须对对象加以联系、联结、思考或思维。没有一综合的、能思维的心灵、即知性（Verstand）或理智，知识或判断是不可能的。理性不单有感受性，而且有能动性和自发性。直观关乎知觉，知性涉及概念：它用概念来思维。我们必须使知觉为人理解，或置知觉于概念之下，同时又要使概念关连到感性，或给予概念以可知觉的对象。知性不能独自直观或知觉任何事物，感觉不能独自思维任何事物。只有二者结合起来，才可能有知识。关于感性规律的科学，被称为感性论，关于知性规律的科学，被称为逻辑。

知性思考或联结或联系知觉，具有不同的形式，这种形式是先验的，而不是来自于经验的，所以被称为知性的纯粹概念或范畴。知性表现于判断中，实际上，知性就是判断能力：思维就是判断。因此，思考的方式就是判断的方式，要发现这种判断的方式，我们必须分析判断，检查判断所表现的形式。因为通常逻辑已经做了这项工作，到那里去查阅，会对我们有帮助。判断的逻辑表可以引导人去发现范畴。判断表中有多少可能的判断，就有多少心灵的纯粹概念或范畴。论述这一课题的那部分逻辑叫作先验的分析论。

康德认为有十二种判断：(1)全称判断（所有的金属都是元
403 素）；(2)特称判断（有些植物是隐花植物）；(3)单称判断（拿破仑

是法国皇帝）。在这些判断中我们用量的范畴来思考事物：总计、多数、单一。（4）肯定判断（热是运动的形式）；（5）否定判断（心灵没有广袤）；（6）无限判断（心灵是非广袤的）。这种判断表示质的范畴：实在、否定、限制。（7）直言判断（物体是重的）；（8）假言判断（如果空气温暖，寒暑表的度数就上升）；（9）选言判断（实体是固体或液体）。这种判断表述关系的范畴：存在和固有（实体和属性），原因和从属（原因和结果），相互联系（主动和被动者之间的相互作用）。（10）或然判断（这或许是毒药）；（11）断然判断（这是毒物）；（12）必然判断（凡原因必有结果）。这些判断表示程式的范畴：可能或不可能，存在或不存在，必然或偶然。

第七节　判断的有效性

问题产生了：我们有什么权利把心灵的形式应用到事物上？它们的客观有效性是什么？它们纯粹导源于心灵，却被运用于经验中。我们把那独立于经验，即不是来自经验的范畴注入到经验中，注入到物体世界中。这如何可能？我们有什么权利这样做？法学家把在法律处置中关于权利和要求的证明称为**推演**。在这里，我们所需要的是推演或证明或辨明，即范畴的先验推演。康德的证明就在于表明，没有范畴，则不可能有条理分明的经验。没有这样初始的**先验**的思维活动，没有一个统一的和有统一作用的意识或自我意识，或没有像康德所说的综合的统一的统觉（它凭借这种范畴而活动），就不可能有知识，就没有有联系的经验世界。知性是判断，是把许多被知觉的对象集合到一个自我意识（统觉的统一）中的行动。没有以某种方式（空间和时间）知觉和以某种方式（范畴）判断或思维的有理性的心灵，没有由自然（**先验地**）这样组成 404
的心灵，即心灵必须像它现在这样知觉和判断，就不能有关于经验对象的普遍和必然的知识。知识是把知性的纯粹概念或范畴，运用到由感觉所提供和被知觉为占有时空的对象上。范畴使经验得以成立，那是范畴证明自己的用途的唯一的理由。

举例来说，除非心灵理解液体和固体这两种状态在时间中有关联，并把二者在思维的单一的活动中联系起来，否则像知觉水结冰这样简单的活动就不可能。那使我们构成判断的必要的统觉的综合的统一，在我们产生知觉和理解事物方面同样是必要的。那在人类思维中发生作用的认识、回忆和想象的自发的活动，在感觉经验中同样发生作用；同样的范畴在两方面都起作用。凭借范畴，才可能有经验世界；现象的秩序或像我们所知觉它那样的自然依赖于理智的形式，而不是像经验主义者所主张的那样，正好相反。康德说知性把它的规律给予自然，这就是他的意思，这就是他引进哲学中的哥白尼革命。

既然心灵把它的规律给予自然，那么，我们就能够先验地认识自然的普遍的形式。我们能够知道，为人所知觉的世界总是以某种清晰的方式联系着，人类的经验总是关于以固定的秩序而占有时空的事物的经验，关于作为实体和偶性、原因和结果以及相互影响而有关联的事物的经验。这样，我们把范畴应用到感觉世界上，不会有错误。但是不要忘记，这些范畴只是合法地运用在实际或可能的经验领域中，即只是运用在现象界；超出这个范围应用它们则归无效；我们不能超越经验，或者不能有超感觉、关于自在之物的概念知识。根据这种理论，还可以断定，我们不能先验地知道经验的材料或内容、不能先验地知道什么特殊的感觉（颜色、声音、重
405 量等等）将要出现；我们只能说，不论这种感觉是什么，心灵都会按照必然的规律来组织它们。

但是，理智的范畴如何能够应用到知觉上，应用到可感觉的现

象上？照康德看来，纯粹概念和感官知觉绝对不同，或者是异质的，那么，我们怎么能够把它们结合起来？必须有一个第三者，即处于纯粹概念和感官知觉之间的一个**中介的**观念，它既纯粹（没有任何经验的东西），同时又可以感觉。康德称之为**先验的模式**，这是用来联系或联结人类经验的。运用这样一种模式，是**知性对感觉内容使用概念的活动**。时间的形式符合所规定的要求：它既纯粹，而又可以感觉。人类的一切观念都为时间的形式所制约，就是说，我们把一切经验都排列于时间中：经验发生于时间中。因此，如果理智毕竟要影响感性，如果它要联结感觉经验或联系它们，它必须利用时间的形式。它试图借纯粹时间的形式来**想象**它的概念、它的范畴、它进行联系和联结的一律的方式，那就是以某种时间的关系来想象它们。例如，它连续地一加一，或把时间看作是一系列同质的片刻，从而得到数目。这种一又加一计数的运算是量的范畴的模式，这种范畴表现于时间的形式中。一片刻的时间表示单一，几个片刻表示多数；一切片刻或片刻的总体表示普遍。量的范畴表现在**时间系列**的模式中。理智还想象发生于时间中的感觉、在时间中的内容、在时间中的某种东西，或者想象在时间中空无所有。这就是理智想象质的范畴的方式：质的范畴表现在**从时间方面看内容**的模式中。理智把在时间中实存者、即内容，看作是保持不变的，尽管其余的一切有所变化。这就是它想象实体范畴的方式。它认为实存者是某一种东西，另外一种东西在时间中恒久不变地随后发生：这就是因果范畴为人所知觉的方式。或者它把一实体的性质和另一实体的性质看作是恒久不变地在时间中一起出现的：这就是它想象相互作用范畴的方式。实体、因果和相互作用的 406
范畴表现在**时间**一**秩序**的模式中（永恒、相继和同时）。或者它思考某种东西存在于任何时间内（可能性的范畴）、存在于一确定的时间内(现实性)、存在于一切时间内(必然性)。可能性、现实性和必然性的范畴表现于从时间上理解的模式中。

第八节　关于自在之物的知识

如前所述,我们不能超越经验,或者拥有关于超感性的东西、关于自在之物、关于脱离其影响意识的方式而本然的事物的先验的知识。知识包含知觉,自在之物不能为感官所知觉:在感官知觉中我们所能认识的,不过是自在之物显现于意识前面的方式。理智也不能知觉或直观自在之物;我们没有理智的直观,不能在一瞥中,好像是用心灵的眼睛那样,面对面地看到事物;理智是推论的,而不是直观的。如果我们把范畴应用到这样的自在之物上,我们不能认为这是正当的;举例来说,我们不能证明,在一个有条理的世界中,凡是存在的都作为实体而存在。但是,我们能够思维这样一个自在之物,说它是任何属于感官知觉的宾词都不能描述的某种东西;说它不在时空中,不变化,如此等等。不过,没有一个范畴能够适用于它,因为我们没法知道是否有同这范畴相应的东西存在。如果知觉不给我们提供实体范畴可以应用的情况,我们永远不知道是否有任何存在的东西同实体这个概念相应。就自在之物而言,知觉使人处于困难的境地。

自在之物这个概念是不可知的。但是,那不是一个矛盾的概念,因为我们确实不能坚持认为现象界是唯一可能知觉的形式。我们只能有关于可感觉事物的感性知识,而不能有关于自在之物的知识;感官不能擅自肯定能够认识理智所能思维的任何东西。作为感官所不能认识的某种东西(但是,用理智的直观来认识它的可能性是可以思议的)的自在之物的概念或本体,是一个极限的概念,
407 它对感官说:这就是你的界限,不能越雷池一步;这就是你管辖区

域的终点。你只能认识现象，而非现象界，即本体界、理智可以思维的世界，是你不能达到的。

我不能如实地认识事物本身，只能认识事物呈现给我的情况。同样，我不能认识我自己的真实面貌，只能认识我自己表现出来的情况。我意识到我的存在、我的活动和我的自发性。但是，关于一个人自己的意识，不是关于一个人自我的知识。认识要有知觉。我对我自己、我的自我，没有知觉，也没有对我自己的理智的直观；通过知觉的眼镜、即通过时间的形式，我把我自己看成是相继的状态。尽管我不能从知觉的意义上来认识自我，我却能思维自我。的确，康德全部的认识论是建立在这样一个自我思想上的：统觉的综合的统一性，无非是有自我意识的自我。没有自我意识和有统一作用的自我，不能有知识；但是，这种自我本身不能在直接被知觉的意义上为人所认识。

显然，关于任何未被知觉的东西，我们不能有普遍和必然的或先验的知识。因此，不能有超越经验的形而上学、关于自在之物的形而上学以及能够给我们提供关于非现象世界（自由意志、不死和上帝）的真正的知识的形而上学。但是，根据以上所述的理由，关于现象界的先验的科学是能够成立的。数学因时空的形式而有必然性，几何学建立在先验的对空间的知觉上，算术建立在那先验地表现对时间的知觉的数的概念上。自然科学以范畴为基础，在那里我们陈述实体和偶性、原因和结果以及相互作用等等。休谟和经验论者是错误的。在数学和物理中我们能够有普遍和必然的知识，但是，那只是关于现象的知识，只是关于现象的形式和排列的知识。我们不能认识自在之物，在这一点上休谟是正确的。不过自在之物是存在的，的确，它必须存在，否则感觉就无法解释了。同现象相应的，必然有显现的某种东西、心外的某种东西、影响我们

408 的感官和提供知识原料的某种东西。康德在任何时刻都没有怀疑过这样的自在之物的存在。在《批判》的第二版,他甚至进而证明它的存在(驳斥唯心主义)。但是,在他强烈地坚持肯定它存在、肯定它是人类感觉的基础以后,由于他的体系的性质,他不得不使它成为一个极为含糊不清的因素。它成了一个极限的概念,限制感性知识的权利:我们不能凭借感官认识超感性的东西。于是我们又被告知,虽然我们不能认识它,却能思维它:我们能够摈弃有关于它的范畴。或者我们能够对它应用范畴,而这样被应用的范畴却没有客观的有效性。这是必须解决的问题,对此,康德曾进一步予以注意;我们会看到,他的后继者也热中于钻研这个问题。

第九节 形而上学是不可能的

康德的目的首先是反对"怀疑论者"休谟,表明人能在数学和物理中取得知识;其次是反对莱布尼茨—沃尔夫派的"独断论者",表明人不能在形而上学中有关于超感性的东西的知识,在这个意义上形而上学是伪科学①。现在我们就论述他的第二部分。知性只能认识为人所经验的东西;但是理性力图超出知性的界限,试图思考超感性的东西、在知觉中没有对象的东西、仅仅为人所思维的东西。它混淆了知觉和纯粹思维,这样,就陷于各种含糊暧昧、模棱两可、错误推断和矛盾中。这就是出现在关于超验的东西的形而上学中的情况。关于经验世界所提出的有意义的问题,一旦超出现象界,就毫无意义。像原因和结果、实体和偶性这样的概念应

① 康德认为在下列的几种意义上形而上学是可能的:(1)研究认识论;(2)关于自然的形式和规律的绝对知识;(3)关于意志的规律或形式的绝对知识、即道德哲学;(4)建立在道德规律之上的关于精神世界的知识;(5)具有某种程度的盖然性的关于宇宙的假设。

用到现象界完全合法，转移到本体界则没有意义。形而上学也往
往忘记了这一点，把现象和本体混淆起来，从而用那仅仅在感官世 409
界有效的概念，来论述超验的东西。它乃陷于错误和幻想，这牵涉到知性的原则，康德称之为先验的幻想。他把那应用在可能的经验的范围以内的原则，称之为内在的原则；把那超越这种界限的原则，称之为超验的原则、或理性的概念、或观念。把应用到感觉上的主观的原则，误认为是客观的原则，并把它应用到自在之物上，这是理性不可避免的幻想。先验的辩证论的任务就是要发现这种超验的判断的幻想，防止这种幻想来欺骗我们。不过，它不能消灭这种幻想，因为它是自然而不可避免的。我们可以看穿它，以免受骗，却不能摆脱它。

仔细检查形而上学的论证，就会发现许多逻辑错误、模棱两可的含义、错误的推论和矛盾。像我们以前所了解的，知性是人赋予心灵的能力的名称，或者是一般的理性，它按照规律或原则、以一致的方式联结人类经验，从而给人提供许多判断。这种判断本身又被包容在更加广泛的先验的概念以内。理性是担当这种工作的心灵的能力，它能把知性的规律置于更高的原则之下。在这个意义上，理性(Vernunft)的目的在于统一知性的判断。但是，这种较高的原则只是知性的主观的经济法则，极力把概念的应用尽量削减到最小的数目。这种最高的理性没有给物体规定规律，也没有解释人类关于这种物体的知识。

这样，在理论心理学中，理性力求把一切心理活动置于一般的条目或心灵的观念下；在理论宇宙论中，把一切物理事件置于自然的观念下；在理论神学中，把一切一般的现象置于上帝的观念下。上帝的观念是最高的观念、最高的统一体，是无所不包的绝对的
总体。可是这类观念是超验的，超出经验以外：没有经验上的价值 410

或用途。我们永远不能以一影像的形式来表征一绝对的总体的观念；那是没有答案的问题。但是这种观念有指导知性的价值和用途，能够引领它前进以追求知识。

一、理论心理学。除非有一个主体、一个自我或认知者，除非各种思想集中在一单独的意识中，除非在一个判断中那思维主词的自我和思维宾词的自我是同一的，否则就不能有知识，这是正确的结论。但是我们没有权利推论，认知者是一个自我存在、单纯和不可分解的自我同一的灵魂实体，是在一切变化中保持不变的实体。理论的心理学作这样的推论，它所得的结论不能由前提所保证；它在不同的意义上使用自我或主体和心灵这样的词，犯有错误，康德称之为谬误的推论。我们不能在理论上证明自由意志存在和灵魂不死。虽然理论心理学没有给人增加知识，却能防止人采纳冷酷无情的唯物论或没有根据的唯灵论。在这里，理性暗示我们放弃毫无结果的思辨，使自知应用在道德方面。道德规律教诲人，要尊重单纯的正义的意识，超过世界上任何其他事物，使自己适合作一个较好的世界的公民，这个世界只存在于他的观念中。

二、理论宇宙论。理性还试图把一切现象的客观条件归结到一终极和至高无上的境地、或一无条件的境地。我们构成一个自然整体的观念、宇宙的观念，把这看成是一切现象所依赖的原则，或者在现象本身中寻求一无条件的境地。无论是在哪一种情况，我们构成宇宙论的观念，都使自己陷于各种对立中，康德称之为二律背反：这种诡辩的命题既不能希望得到证实，也不怕来自经验的反驳。正题没有矛盾，而且植根于理性的必然性中，但是偏巧反题同样能够为自己的成立举出切实有力和必然的根据。

有四种这样的二律背反，其中的正题和反题都能得到证明。能
411 够得到证明的有：(1)世界在时间上有开端，世界在时间上没有

开端，或者是永恒的；世界在空间上是有限的，世界在空间上是无限的；(2)物体可以无限分割，物体不是可以无限分割，其中有单纯的部分，不能再进一步分割(原子)；(3)世界上有自由，世界上一切事物都是按照自然的规律产生的；(4)世界上存在一绝对必然的神，作为世界的一部分或它的原因。无论在世界以内或以外，世界上没有这样的神，作为它的原因。参与者喜爱一种论旨，而不喜爱另一种，只以他们自己的兴趣为转移，而不考虑真理的逻辑标准。凡是思想健全的人，如果他认识到他真正的利益，对正题或独断论会有一定的实际的兴趣。世界有一开端；我的能思维的自我是单纯而不可毁灭的；它是自由的，不为自然所强制；构成世界的事物全部秩序导源于原始的神，一切事物都从那里得到统一性和有目的的联系——这些都是伦理和宗教的支柱。反题或经验主义则剥夺或似乎剥夺了人所有的这些支柱。如果没有和世界不同的原始的神；如果世界没有开端，从而没有一造物主；如果人的意志不自由，人的灵魂像物质一样可以分割和毁灭，人的道德观念和原则就会失去全部的有效性，和构成它们理论上支柱的先验的观念一起衰落。

这还涉及到纯理论的旨趣问题。如果我们肯定正题中先验的观念，我们能够先验地思考一连串的全部条件，从无条件的境地开始推导出有条件的东西。反题不能做到这一点。如果经验主义者愿意摈弃鲁莽傲慢的态度，他的原则会教诲他在声称所能做的事情方面要谦虚些。我们不应该被剥夺那对实际旨趣有影响的理智上的推断或信念。这种推断和信念只是不能自豪地称为科学和理性的洞见，因为真正纯理论的知识永远不能拥有经验以外的对象。但是，经验主义本身变成独断的，它大胆地否定了超出直观的知识 412
范围以外的东西，这给理性的实际旨趣造成无可挽回的损害。

康德指出反题适用于现象界，正题适用于本体界，这样就解决了二律背反所带来的困难。人类感官所知觉、占有时间和空间的世界，在时间上没有最初的开端，在空间上没有最后的界限。我们永远经验不到绝对的界限；在时间的追溯和空间的扩展中，我们永远不能停留在任何地方。但是，或许有一个非空间的世界，其中存在绝对单纯的东西，那是一个精灵实体的世界。不能因为在一个世界中不可能有界限，就由此推论出在其他世界也不可能。尽管有我们所了解的情况，真正的世界或许有开端，为上帝所创造而是有限的。但是，我们没有权利在空间中寻求精灵的东西，在超感觉的领域里寻求占有空间的东西。

因果的二律背反也按同样的办法得到了解决。在现象的系列中，每一事物都被类似它的东西所制约，每一结果都有现象方面的原因，在因果的联结中不可能有缺口。我们的任务就是在这链条上一直无限地往前追溯。但是可以设想，现象的情境还有理智所能把握的或本体的情境，存在着在现象方面被制约者所依赖的现象系列以外的某种东西。人类理智的性质已经确定：我们永远不能在感性世界中发现自由的原因，因而不能从经验中得出自由的观念。自由的观念是理性脱离经验而创造的，所以是一个超验的观念。不过很容易看到，如果感性世界中的一切原因都仅仅是自然的原因，每一事件都必然地为某一其他事件所决定，那么，在自然中每一种活动就是某一现象的必然的自然结果。否定先验的自由和自发性，势必破坏实践的或道德上的自由。实践的自由以这种情况为先决条件，就是说，虽然某种事情没有出现，它应该出现，因此，它的现象方面的原因没有绝对的决定作用，人类意志能够脱离它的自然的原因、甚至违反自然原因的力量和影响而做出
413 某种事情。如果先验的自由是可能的，实践的自由就是可能的；意

志可以不受感性冲动的强制，不像动物的意志那样完全被决定。

照这样做，能够调和自由和自然的必然性。我们可以把现象看作是自在之物所引起的，这自在之物是理智所能把握的原因，不为人所知觉，但是，它的活动、即现象，却为人所知觉和被安排于一连绵不断的因果系列中。这同一的现象，被看作是占有时间、空间的现象界的一部分时，就是因果链条中的一环；被看作是不为人所知觉的自在之物的活动时，它就是自由的原因的活动，这自由的原因自己创制它在感性世界中的结果。事件一方面只是自然的结果，另一方面是自由的结果。换言之，这种结果是现象，必然有经验上的原因，但是这种经验上的原因本身，可以是一非经验上的原因的结果，这非经验上的原因或理智所能把握的原因或自由的原因，至少同自然的原因没有断绝联系。

把这种学说应用到人上，则得出下列的结果。从感性和知性方面来看时，人是自然的一部分；在这个意义上，他有经验上的品格，是因果链条中的一环。但是，其实人是一有理智或有心灵的生物。对这样的一种生物，感性的形式不适用；这样的一种生物能够创始活动。人意识到这种能力，这表现在他承担责任上。无论什么时候，我们把一种活动看作是现象时，我们不能认为那是由它本身开始的，它必定有原因。不过，我们不能那样看待理性，我们不能说理性决定意志的情况前面还有一种情况，如此类推。因为理性不是现象，所以不受任何感性条件（时间、空间和因果关系）的制约。我们不能从自然方面来解释其因果关系，为它所做的每一件事都寻求原因。理性、有理智的生物或本质上的人，是他一切自愿活动的永恒的条件。经验上的品格，只是有理智的品格的感性上的模式，那就是我们想象人、使人现象化的方式。

这清楚地说明了康德的思想。每一种自愿的活动，都是有理智 414

的品格、纯粹理性的直接结果，因此，人是自由的主动者，不是自然原因链条中的一环。但是，把活动本身看作是一种现象时，它是被绝对地决定的。人实质是自由的主动者，他创始活动；但是，心灵知觉这种活动时，则把它们编织在一个原因的网里，把某一事物置于它们的前后，使它们成为特定的冲动、观念、教育和天赋的气质等等的结果。然而活动的实在原因是理性，我们把行动归因于人的有理智的品格，这表明我们认为理性丝毫不受感觉的影响，它是不变的。

但是，康德在《纯粹理性批判》中不是要确定自由的现实性，甚至不是要证明自由的可能性。他只是希望指出，理性创造这一**观念**，即它能够绝对地创始一因果系列，同时理性又把因果的规律加给知性，或者说理性使自己陷于二律背反中；他只是希望证明，自然和自由的因果关系的**观念**并不矛盾。

康德这样解决必然的神和偶然的存在之间的二律背反。理智不认为在现象的系列中的任何事物是必然或独立的；一切事物都是偶然或偶发的，即依赖其他某种东西。但是，这并不否认**整个的**系列依赖某一有理智的神，它是自由、离一切经验条件而独立的，它本身是这一切现象可能性的基础。我们可以把全部感性世界看作是某一有理智的神的表现；它是实体，是一切事物所赖以存在的必然的神，而它的存在却无所他求。理智不能因为有理智的神在解释**现象**上没有用，就说它是不可能的。这样一个神或许不可能，但是，我们不能根据那对知性来说是对的情况，就推论出这不可能。当我们论述现象时，我们必须从感觉方面出发，不过，那不必是观察事物唯一的途径；我们能够设想存在的另一情境，即自在之
415 物，非感性而为人所思维的事物，不是呈现于感官而人能够思维的事物。我们必须肯定现象所依赖的由理智所理解的某种东西，但

是我们不能认识这种对象。我们所能做的只是去构成这种对象的某种观念，以我们运用经验的概念的方式作类比，来思考这种对象。

三、理论神学。我们构成一经验的总体、全部经验的观念，把这个对象的体系、这个事物的宇宙或现象，看作是离我们而独立存在的某种东西。我们忘记了那是我们的观念，这样乃视之为一实体。我们把它看成一个体的事物，它本身包含极为完备的实在性：它是最实在的东西、最高的现实，是极为自足、永恒和单纯的。康德称这个观念为先验神学的理想。不过，这最实在的神的理想只是一个观念。最初我们视之为一对象、即一现象的对象，尔后，又使之成为一实体，接着又把它人格化。

对上帝的存在只有三种证明，即物理—神学的、宇宙论的和本体论的证明，所有这些证明都没有价值。现在论述本体论的证明：那包含极为完备的现实性的神的概念，并不涵蕴存在。从最实在的东西的概念中推不出存在来，在这里，人们从一个完全任意的概念中，编造出一个同它相应的对象的存在。在宇宙论的证明中，人们从一切可能的经验的观念（世界或宇宙）中，推断一个必然的神的存在。只有上帝被认为是这样的一个神。不过，我们没有权利论断，由于我们认为必须有一个绝对的神，这样一个神就存在。这实际上又是本体论的证明。而且，这是从偶发性或偶然性到原因的论断。这样的推论在现象界以外没有意义，但是，在宇宙论的证明中，它被运用而超越经验，这是不容许的。康德指出这种论证包含一套辩证的假定。假定上帝存在，作为一切可能的结果的原因，以便帮助理性寻求原因的统一性，这是许可的，但是，要说这样一个神必然存在，却不是合理的假设所用的最谦逊的用语，而是冒昧地保证不容置疑的确实性。我们所需要的作为事物终极支柱的无条 416

件必然性，是人类理智真正的深渊。

物理—神学的论证从当前的世界的性质和安排中，推论最高的神的存在。它也失败了。它告诉我们，世界的多样性、秩序和美，引导人去推论它的起源和持续的原因。这样一个原因比人所能经验者，必然拥有更高的完善的程度。我们怎么会不设想，一切可能的完善性结合在这个**最高的原因**中，像结合在一个单一的实体中一样呢？这个证明最值得受人尊重，它是最悠久、最清楚和最符合人类理性的。它揭示自然中的意向和目的，这是人类的观察本身所不能发现的。但是我们不能赞同它自认为有绝对的确实性。那是一种类比的论证，根据自然的产物和人类技艺的产品（房屋、船只和钟表）之间的相似性，推论一个相似的原因、即理智和意志是自然的根源。如果我们一定要指出一个原因，我们只能以人类设计的这种产品作类比，唯有这种产品的原因和结果，我们是完全了解的。如果理性放弃它所知道的原因，求助于它所不知道的含糊而不能证明的解释原则，那是不可原谅的。但是，这种论证充其量也不过是确定一个宇宙建筑师，这个建筑师受他用来作建筑材料的性质很大的限制；它不能确定宇宙的创造者，一切都服从他的**观念**。物理—神学的证明从经验出发，导致宇宙论的证明。这只是伪装的本体论的证明。如果本体论的证明果真是可能的话，那么它就是唯一的可能的证明。

在经验的范围以外，因果关系的原则不能应用，而且没有意义。因此，除非我们以道德规律为基础或由它们所引导，否则就不能有理论神学。因为，一切知性的综合的原则只是可以**内在地**应用，即在现象界中应用；要取得**最高的神**的知识，我们必须先验地应用这些原则，这是人类知性能力办不到的。即使我们容许在
417 因果方面越过经验的界限，我们也不能把握到一个**最高的神的**概

念，因为我们永远不能经验一切可能的结果中最大的一种结果，由此来论断有最高的原因。不过，超验的神学有很重要的消极方面的用途，它经常检查我们的理性，排除了一切无神论或自然神论或神人同形同性论的论断。

第十节　形而上学在经验中的用途

虽然先验的观念造成无可抗拒的幻象，对理性来说，这种观念却像知性的范畴一样自然。不过，后者表达真理，即概念同其对象相符合。如果我们能够发现一种手段的正确方向，这种手段就有用。先验的观念有其内在的用途。要是误认为它们是实在事物的概念，它们的应用就是超验的，有其欺骗性。它们没有组成作用，就是说，它们不是物体的概念；它们有调节作用，即引导知性趋向一定的目的：它们统一杂多的概念，正如范畴使杂多的对象归于统一一样。理性通过观念以求知识的系统化，借助于一原则以联结知识。这种系统的统一只是逻辑上的统一，理性必须继续进行统一；系统的统一是一种方法，它作为一种方法在主观和逻辑方面是必然的，在客观上并非如此。许多所谓科学原理是观念，有假设的价值，而没有绝对的真理性。我们只能先验地知道实在的形式，例如，实在是占有时间、空间的，事物是有因果关连的。但是，关于一些基本的原因或力量或实体的存在，甚至关于一个这样的力量或原因或实体的存在，只不过是假设。我们不能断定这样一种统一性存在，我们却必须始终寻求它，以有利于理性，使人类知识有条理。当哲学家说，"不要不必要地增加原则"，这时候，他们肯定自然中有这样的统一性。

有些研究自然的学者（特别着重纯理论），比较注意自然的统一性，注意于差异中发现类似；另一些学者（特别着重经验）总是力

求分化自然为种。这后一倾向建立在追求完备的系统的逻辑原则上。每一类都有不同的种，这些不同的种又有亚种，如此类推。理
418 性要求，不要把任何一种看作是绝对最低级的一种。因此，我们有同质的规律和划分的规律，这都不是从经验中取得的。而且，在种和亚种之间往往可能有居中的种。这是种连续性的规律：由某一种过渡到另一种，不是飞跃(per saltum)、越级的，只是通过比较小的差异的等级。这个规律以先验的自然规律(自然中的连续性的规律)为先决条件，没有这个规律，知性也许会因走上违反自然的道路而迷途。但是，这种形式的连续性同样不过是一种观念，在经验中人不能指出有什么对象同它相符合；自然中的种实际上是可以划分的。这个规律只是一般地引导知性，不关涉到任何特殊的对象。这两个原则(统一和差别)能够很容易结合起来；只要我们误认为那是客观的知识，那就会在真理的道路上造成混乱，以至障碍。

这种观念在某种意义上有客观的实在性，这并不是说我们在什么经验中能够找到同它们相符合的对象；在任何地方我们都不能看到一最高级的类或一最低级的种或无限多居中的过渡的种。它们在这个意义上有客观的实在性，知性是它们的对象，它们对知性发号施令。它们给知性制定出它所遵循的程序或方法。它们说，继续寻求最高级的类、最低级的种，如此等等。这样，它们对经验的对象有间接的影响；它们使知性的职能前后一致。

最高的神的观念唯一的用途，是要在使用理性于经验方面时，保持最大的有系统的统一性。关于人类经验的对象的根源或原因的观念，帮助人组织知识。心理的、宇宙论的和神学的观念不直接关涉到同它们相应的对象及其属性，可是，在观念上假定这一对象，就会引导人组织和扩大知识而永远不会同它相矛盾。因此，遵

循这样的观念前进是理性必要的准则。在心理学中,我们必须联系一切内在的现象,好像灵魂是一个永恒存在的单纯的实体,而且 419
有人格的同一性(至少在此生),以便把人的经历统一起来。在宇宙论中,我们从事于永远不能完成的研究,必须探索一切自然现象的条件(内在的和外在的),好像这个系列是无限的,没有最初和最高的环节。在神学中,我们必须这样考虑可能的经验的联系中的一切事物,好像那种经验形成一绝对的统一体(而在感性世界中,这样的统一体绝对有所依赖,总是被制约的)。与此同时,我们又必须这样看待一切事物,好像所有的现象(感性世界)的总体,在它以外有一个最高而完全自足的根源,即一个独立、原始和有创造性的理性。这并不是说,从一个单纯能思维的实体中推得心灵的内在的现象,而是说,根据一单纯存在物的观念,从相互关系上推得这些现象:即根据通常的科学方法来对待这种现象,但是要在头脑中保持这一观念,即在现象总体中有统一性。这不是说,从最高的智慧中推得宇宙的秩序和宇宙的秩序中的系统的统一,而是说,为了满足理性本身,用一最高的聪明的原因的观念作指导,以便尽量使理性来联结这世界中的原因和结果。

这些观念或原则不是头脑的单纯的虚构,而是非常有用,的确是十分必要的。不赋予观念以对象,好像是不让它对象化或使它实现,我们就不能思维有系统的统一。但有没有这样的对象曾经为人所经验,它是由人以提出问题的方式、即作为一个问题而被假定的。我们假定一个上帝,这样,我们就有在那上面固定系统的统一的根基,就有从那里前进和向那里归拢的焦点。这同样的思想对灵魂实体的观念也适用。不要把灵魂实体看作是自在之物,即我们对它能够有所认识的实体,而是要把它看作是我们的思想所依据的某种东西,是一切意识状态起源的焦点。如果我们如实地看待观念，即把观念当作单纯的观念来看，我们就不会把物质现象的经验的规律(这是完全不同的)，同那属于内在感觉的解释混淆起来，就不会承认关于灵魂生长、消灭和轮回的毫无根据的假设。

420 人类知识从知觉开始，前进到概念，归结为观念。就这三种因素而言，人类知识都有知识的先验的来源。圆满的批判表明，关涉到这三种因素，理性在它纯理论方面的应用上，永远不能超出可能的经验的范围。

第十一节 目的论在自然中的用途

理性在思索自然时所用的观念当中，有目的的观念或目的论的观念。康德在他那称为《判断力批判》的专门著作中，对这一观念作了精细的评论，也讨论了美学判断的性质。知性认为自然中每一存在的整体，只是它各部分同时一致活动的力量的结果。不过，就有机物体而言，各部分似乎要依靠整体，由整体的形式或计划或观念所决定。每一部分既是手段，又是目的，而且在构成整体的协作上，由整体的观念所决定，在这里，我们又遇到了二律背反和辩证法：正题说，按照机械规律，一切物质事物的创造是可能的；反题说，按照机械规律，有些事物的创造是不可能的。我们不把这些命题看作是组成的原则，而看作是制约的原则，矛盾就可以解决。在后一种意义上，正题是要我们尽量在物质自然中寻求机械的原因；在机械的解释似乎不能满足需要的某种情况下(以至在全部自然中)，反题则要我们探索终极的原因或目的。我们作这样的解释，却不能根据这些原则推论出，对某些自然的产物不能作机械的解释；也不能推论出，对它们只能用机械的因果关系加以解释。人类理性永远不能由探索机械的原因来发现自然的目的。同样事物的物理—机械的系列和目的论的系列，有可能在自然的不可知的内在的根基中，结合成一个原则。康德所谓人类理性的构造、反省的判断，迫使人把有机的世界看成是有目的的；但是，感觉经验永远不会发现这种目的，我们也不具有任何理智的直观，使我们可以看见这种目的。我们不能假定一盲目的无意识的目的，因为这是 421
物活论，意味着一切自然哲学的死亡；而且我们在经验中也找不到这样盲目的目的。我们所知道的唯一的目的，是人类有意识的目的。康德拒斥活力论。我们不是放弃确定有机体统一的原因的努力，就是认为这原因是一个有理智的神。目的论观念的价值在于引导研究者研究自然；它帮助人发现身体器官和最微小的部分所适合的目的，通过什么动力因，这种结果或目的才得以实现。因此，对自然作目的论的解释，是理性不可避免的态度，是由思索一定的现象的形式所激起的，但是，除去作为作业假设或指导原则以外，这种解释在经验中没有合法的用途。

第十二节　理性和道德神学的实践用途

自然安排人类理性终极的目的，是道德的目的。无论是纯理论的或实践的理性极为关切的事物，集中在三个问题上：我能知道什么？我应该做什么？我可以希望什么？我们永远不能具有在科学意义上的关于上帝存在、自由和不死的知识。但是，这些问题的纯理论方面的意义是很小的。即使所有这些问题得到证明，那也不会帮助我们在自然科学的领域里有任何发现。就知识而论，它们对于人没有用处；它们真正的价值是实践的、伦理的。可以说，人类理性统率道德规律。道德规律是必然的。如果它们是必然的，我们就能以此为前提，遵循必然性在理论上来进行推论。规律告诉我如何行事就应该得福；这是必然的实践的规律。因为理性这样命令，我就根据理论理性的必然性而可以希望得到幸福。道德和幸福不可分离地联系着，却只在观念中联系着。如果上帝是自然秩序的主宰，就可以指望这自然的秩序也是道德秩序，或者毋宁希望在这样的自然秩序中有道德就享幸福。理性迫使我们认为自己
422 从属于道德世界秩序，其中幸福和道德是有联系的。但是感性世界只表现现象，在那里，没有显示这种联系。因此，我们就得假定一个来世，在那里，这种联系是存在的。上帝和来世的生活是两个先决条件，根据纯粹理性的原则，这种条件同理性迫使我们感到的义务（道德规律）是不能分开的。

道德神学必然导致一单一的、极为完善和有理性的初始的神的概念。这个神必然是全能的，能够掌管全部自然及其同道德的关系；必然是全智的，可以知道最内部的倾向及其道德价值；必然是无所不在的，能够即刻满足世界至善的需要；必然是永恒的，因而永远不会没有自然和自由的和谐。如果世界同人类实践理性、即理性的道德用途的要求和谐一致，必须肯定世界来自一观念、即至善的观念。人类实践理性要求德性同幸福相结合，除非我们认为世界有道德的目的，即在世界背后有一个道德的神来实现这种目的，否则，就不能有这样的结合。这样，纯理论的理性和实践的理性结合了起来。而且，研究自然就要采取目的论体系的形式，变成为物理—神学。换言之，通过道德规律我们被引导到目的论和上帝那里。

因此，在实践的应用上的纯粹理性、即道德理性，把一种知识和人类最高的实践的利益联系起来；这种知识，单纯的思索只能揣度而不能予以保证。理性不能由此而使之成为得到论证的信条，但是可以使之成为它的基本目的所绝对必要的前提。

第十三节　伦理学

康德在他的《道德的形而上学的基础》、《实践理性批判》和《道德的形而上学》中所陈述的道德哲学，可以看作是他评判直觉论和经验论以及唯心论和快乐论之间的争论的一种尝试。他的基本问题是要发现善、正确和错误或义务的意义以及道德知识的含义；我们如何规定义务？从人的道德性中会引出什么结果？

卢梭曾经教诲他，在这世界以内或以外，除去善良的愿望以 423
外，没有绝对的善。一种愿望为尊重道德规律，或关于义务的意识所决定，则是善良的。出自倾向、例如自爱以至同情的行动，不是道德的；行动要成为道德行为，必须不顾这种冲动，纯粹出自对道德规律的尊重。而且一种行为正确或错误，不以其结果或后果为转移；只要行动者的动机是善良的，结果是否幸福或完善没有关系。纯粹尊重道德规律是最高的标准。康德对"自愿尽义务者"重感情的道德体系，像对功利伦理学一样讨厌。道德规律是绝对命令，它绝对地、无条件地命令人。它不是说：如果你要快乐或成功或完善，你做这个；而是说：因为做这个是你的义务（为义务而尽义务），做吧。道德规律不关涉到特殊的行为、以至一般的法规，而是制定一基本的原则：永远这样做，那么你就能希望你的行为的准则或有决定性的原则，变成为普遍的规律：这样做，那么你就能希望所有的人，会遵循你的行为的原则。这条规律是对什么是是非的确实的检验。举例来说，你不能希望人人竟会作出虚伪的诺言，因为如果人人都作出虚伪的诺言，则谁也不相信谁，虚伪的诺言本身就归于失败。一个有理性的人不能真正希望有自相矛盾的东西；希望有虚伪的诺言，就是自相矛盾。这样的人也不能不顾别人的幸福，这是因为，如果那种行为普遍起来，有一天他本人就会受到无情的待遇；他不会希望成为无情的社会中的一个成员。

这个规律或绝对命令是普遍和必然的规律，是**先验的**，是理性本身所固有的。它存在于最普遍的人的心目中。虽然他也许没有清楚地意识到它，它却统率他的道德判断；它是他的是非的标准或轨范。涵蕴于这个规律之中或者毋宁和它是同一的，有另一规律：要这样做，就是在所有的情况下，要把人看作是目的，永远不能看作是工具，无论那人是你自己或任何别人。每一个人都认为自己
424 的存在本身是目的，具有价值，因此他必须同样对待每一个有理性的动物的存在。这是斯多葛学派和原始基督教所宣扬的人道理想，这种理想在十八世纪的伦理和政治理论中发挥很重要的作用。

因此，唯理的意志要求自己遵守普遍的规律，这种规律适用于一切人，为一切人所接受。如果人人遵守理性的规律，就会产生一有理性的人类社会，康德称之为目的王国，这是靠唯理的目的所组成的社会。换句话说，绝对命令隐含地统率一个完善的社会，其中必然含有唯理的精神领域的理想。因此，每一个有理性的人应该这样行动，好像根据他的准则、他的普遍的原则，他是一普遍的目的王国中合法的成员。他既是君主，又是臣民：他制定下道德规律，又承认这个规律。由于他的有道德的本性，他是精神王国的成员；他承认支配他的道德规律的权威，他这就承认理想的世界是至善。

一个人由道德规律所统率，不受他的冲动、自私的欲望和嗜欲所支配，他是自由的。动物听任需要和本能的摆布；通过认识到心中的道德规律，人则能够抑制他感觉上的嗜欲，所有这些嗜欲都是追求自私的快乐的。因为他能压制他的感觉的本性，他是自由的：他应该压制，所以能够压制。道德命令是人的真实自我，是人之所以为人的本质的原则的表现。道德规律表现人的最内在的自我，

道德规律是他的命令，是每一个有理性的人的命令。人要求自己遵守道德规律：这就是他的自律。

关于道德命令的事实，表明意志自由。如果不是因为人有道德的本性或实践理性，根本不能证明意志自由。人通常的科学知识只涉及事物的现象、时间和空间的秩序，在这里，每一事物都是按照必然的规律安排的：像我们所了解的，现象世界的现象是绝对被决定的。如果这时间、空间和因果的秩序是实在的世界，自由就不可能。但是，康德宣称，那显现给人类感官的世界不是实在的世界。因此，自由是可能的。不过，自由是否确定，如果不是由于有 425
道德的规律，它给人指出一个无始无终、广漠无垠的宇宙，指出一个自由的人的理性世界，我们永远不能知道。换言之，人的道德意识、关于是非的认识，使他能够洞察不同于呈现在感官面前的物质世界的那个领域。

道德意识含有意志自由。它还含有上帝存在和灵魂不死，在《纯粹理性批判》中，这种概念作为在科学上可以论证的义理，已经被粉碎了，却作为可能性留存下来。下面是对上帝存在的道德论证。绝对命令统率绝对的善良意志，即有德性的意志和神圣的意志。理性告诉我们，这样的一种意志应该享福：一个好人应该幸福；因此，至善就在于有德性和享幸福，因为没有幸福，德性就不是完全的善。但是，在现世界中德性和幸福并不相称，有德性的人不一定得到幸福。理性告诉我们，应该有一个神，他按照应得的报偿来分配幸福。要这样做，这个神必须有绝对的智慧，或者是全智者：他必须洞察人类；他必须具有人类的道德理想，就是说，他是全善的；他必须拥有绝对的权力，以便把德性和幸福联系起来，或者他是全能的。这样一个全智、全善和全能的神就是上帝。证明不死建立在同样的前提上：道德规律统率神圣性或一绝对的善良意志。因为道德规律出自理性,它所责成的事必定可以实现。但是,我们不能在存在的任一时刻达到神圣性,需要有无穷无尽的时间,趋向这种完善的永恒的进展。换言之,灵魂必须是不死的。

康德在《纯粹理性批判》中排斥了过去关于意志自由、上帝存在和灵魂不死的论证;在这方面,《纯粹理性批判》的结果是否定的。在《实践理性批判》中,他把这些概念建立在道德规律上。人是自由的,人是不死的,上帝存在:所有这些真理是人心中唯理的
426 道德规律的必然的含义。道德规律保证有自由、不死和上帝;宗教建立在道德体系上。

这种学说和基督教的概念有密切联系,康德自己就是这样指出的。(1)道德要求神圣性、完善和一绝对的善良意志。(2)可是,人不能完全达到这个理想。只有上帝完善和神圣;人有强烈的欲望,因而有犯罪恶的倾向。他所能做的,只是尊重道德规律,获得一忠于职守的习性。(3)至善只能实现于来生。(4)一个同道德规律完全一致的人,一个完全有道德的人,具有无限的价值,应该享有一切可能的幸福。(5)但是,道德规律并不保证得福;不管我们幸福与否,只要事情正当,我们必须做正当的事。遵守道德并不保证得福。(6)不过,我们的理性告诉我们,一个有道德的人应该得福。因此,设想有一个神,他按照各自应得的报偿,给好人分配幸福,这是合理的。上帝的王国就是做了这样分配的世界。(7)但幸福永远不能作道德行为的动机。我们做正当的事,不是为了永恒的幸福,而是因为那是正当的缘故。正是这样的学说使康德博得了新教哲学家的称号。

第二章　康德的后继者

第一节　要解决的问题

新哲学使人想到一些问题。首先，或许不是困难最小的任务，是了解“哥白尼式的革命”的性质。当时的文献表明，许多人作出最初的努力，要把握其意义，可是一点没有成功。哈曼称康德为普鲁士的休谟，加尔维把他的学说和贝克莱的唯心主义等同起来。有些人认为那学说是破坏宗教的历史基础，证明自然主义的微妙的巧计，另一些人怀疑它是衰微的信仰哲学的新支柱。为了帮助人更清楚地了解这个问题，康德写了他的《绪论》(1783 年)，舒耳策出版了他的《解说》(1784 年)，伦霍耳德出版了他的《论康德哲 427
学的书札》(1786—1787 年)，胡费兰德和许茨创办了《耶拿文学评论通报》(1785 年)，作为批判思潮的机关报。耶拿变成了新哲学的根据地，通过席勒、伦霍耳德、费希特、谢林和在那里任教的黑格尔的努力，哲学在德国变成了最受人尊重的研究学科之一。

康德后继者所面临的其他任务当中，有康德认识论的发展，它的原则的统一，由他的理性世界和现象世界之间的二元论所引起的问题的解决，诸如自由和机械论、形式和原料、知识和信仰以及实践理性和理论理性；还要排除自在之物的观念所造成的前后矛盾。另外要从事的工作，是在康德所奠定的批判哲学的基础上创建一完全的体系，这是这位伟大的改革家的最有声望的后继者费希特、谢林和黑格尔的主要事业。

第二节 唯心主义和自在之物

康德曾经考察数学、自然科学、形而上学、道德学和美学中的判断,还有目的论的判断;并指出这些判断所根据的前提、先决条件和原则。是否这些原则起源于一共同的根基,或许从那里导出,这个问题就提出来了,而且康德自己也经常追问。当时的一些思想家思考关于判断的理想的体系,关于由一基本和绝对确实的原则所结合在一起的知识的相互联系的体系,这就使他们试图创建一无所不包的唯心主义的形而上学体系,但是,在达到这一阶段以前,在清除康德《纯粹理性批判》中的难题方面,还要做大量的工作。

K. L. 伦霍耳德(1758—1823 年)在他的《人的表象能力和新的理论研究》(1789 年)中,从一单一的原则,即表象能力那里,推得感性和知性的能力以及范畴,这种表象(Vorstellung)能力既有
428 感受性,又有能动性或自发性:它接受原料,制造形式。离表象而独立存在的对象是自在之物,自在之物是不可知的。C. E. 舒耳策在他的《艾奈西狄姆》*(1792 年)中,攻击康德和伦霍耳德所论述的新的批判哲学;他认为这种哲学没有废弃怀疑论,而是恢复了它,使哲学一如休谟所处置的情况。它否定认识自在之物的可能性,又设想它存在;在宣布范畴只在经验世界中有效以后,又对它应用范畴。照 S. 迈蒙看来,克服怀疑论和自在之物这个概念所含有的矛盾,唯一的途径是摈弃自在之物,因为它是不可思议和不可能的。他著有《先验哲学研究》(1790 年)。他认为现象或意识中后验的因素的原因和渊源,是我们不知道的,是一个无理数、不尽

* 此书的重版,李贝尔特编,1911 年。

根，是一个永远不能解决的问题。因此，我们不能有完全的关于经验的知识。我们不能制造经验的对象，却能制造思想的对象，为此，这是人类知识唯一的对象。S. 贝克受批评《纯粹理性批判》的影响，在唯心主义的意义上来解释自在之物：不是必须排斥自在之物，就是《纯粹理性批判》自相矛盾，这种评述见他所著《从唯一可能的观点来评论批判哲学》(1796 年)。康德不会创制一种自相矛盾的哲学。唯有这种观点是可能的，即凡是出现于意识中的都是意识的产物。没有唯心主义，不可能有《纯粹理性批判》。

第三节　新哲学的评论家

诗人 J. G. 赫德尔(1744—1803 年)著有《批判后论》(1799 年)，《关于人类历史哲学的思想》(1784—1791 年)。他反对康德的心智能力的二元论，强调心灵生活的统一性，思想、意志、知性和感觉都发源于一共同的根基。所有这些因素都在认识上协作。他认为唯理主义用它的着重概念的方法(即**阐明**)不能如实地把握"活生生的实在"，他有机地和历史地解释自然和心灵。上帝显现于自然和人类中，特别是显现于宗教、艺术和各民族生活中(泛神论)。人类的历史是向人道理想演化的过程，那就是同环境有关的 429
一切人类能力的和谐的发展。人类唯理的能力应该受到训练，使之形成为理性，使精微的感觉形成为艺术，使冲动形成为真正的自由和美，使动机形成为对人类的爱。

F. H. 雅科比(1743—1819 年)宣称，《纯粹理性批判》必然归结为主观唯心主义，他否定它的结论。在他看来，这样一种"绝对主观性的体系"，他称之为虚无主义，不能把握心灵寄托在上面的终极的实在即上帝和自由。批判哲学认为物体是现象、观念、梦觉和"彻头彻尾的幽灵"，它把自己编织于观念之网中，永远不能从中摆脱出来,不能发现事物真正的本质。雅科比断定,另一方面,独断的唯理主义同样不能达到真理,斯宾诺莎的数学方法为这种唯理主义提供了最前后一致的例证。据独断的唯理主义来看,一切事物都是被决定的,凡是没有根据的,都无法解释,都是不合理和不存在的。它达于极点,则成为无神论和宿命论。它凭借普遍的抽象而思考,必然不能把握自由和上帝活生生的活动的自发性。唯理主义夸大一般,漠视个体,夸大演绎推理,轻蔑直接的确实性,夸大唯理性,反对信仰,弄窄了经验的概念,使经验仅限于感觉经验。雅科比依赖感情、信念或信仰,认为其中有天然的真理,借以避免被称为唯心主义的怀疑论和唯理主义的宿命论和无神论。我们直截了当地确信自在之物存在,这种信仰之所以可能,只是由于自在之物直接**显现**,由于我们直接知觉物体。我们所面临的是实在,不像唯心主义所说的那样仅仅是观念;观念不过是我们所直接知觉的原物的摹本。理性从来不能用它的抽象的原则证明任何一种存在。正如我们直接经验到外在的物体一样,我们经验到我们自己的存在、自我、真、善、美、自由的因果关系和上帝。康德和雅科比
430 都反对自然主义及其无神论和宿命论,力图保全上帝、自由和不死。他们怀有这个目的,都不相信能作推论的知性是终极真理的泉源,在这个意义上,二者都是反理智主义者,认为人不能"认识"自在之物。可是,二人都谋求公平地对待自然主义,康德是让自然主义掌管全部**现象**界,而雅科比则靠建立起一个**实在**物体的世界,这个世界却不完全受制于决定论。康德努力推导出上帝、自由和不死,视之为**唯理的**道德规律所涵蕴者,在这方面,他仍然是一个唯理主义者,而雅科比则认为它们的实在性直接由某种内在的经验所保证,这种经验含有直接感受的确实性或信仰。康德所说的信仰是**唯理的**信仰,立足于**实践**或道德的确实性,即人关于是非

的认识上。雅科比所谓信仰则建立在超感觉世界的直接经验上：终极的实在直接显示于人类意识中；在这里，人直接面对精神、自由和神圣的神：因为我们直接经验这些事物，所以我们相信它们。同哈曼和赫德尔一样，雅科比扩大了经验的概念，使之包括洞见实在，批判哲学断定这种实在是人类知性所不能达到的。

雅科比著有《论斯宾诺莎学说信札》(1785 年)和《D. 休谟论信仰》(1787 年)；休谟著作《导论》全集，六卷，1812—1825。

参　考　书

威尔德，《雅科比》；克劳福德，《雅科比的哲学》；哈尔姆斯，《论雅科比的学说》；累维·布鲁耳，《雅科比的哲学》；库耳曼，《F. H. 雅科比的认识论》；施米特，《雅科比》。

雅科比·弗里斯(1773—1843 年)在他的《纯粹理性新的或心理的批判》(1807 年)中，把康德和雅科比的学说结合起来。他使批判哲学建立在心理学上，以自我观察代替先验的方法。照弗里斯看来，康德试图先验地证明的理性原则，在意识中直接为人所认识：人在自身中直接知觉这些原则的确实性。只有感官所知觉的东西能够为人所认识，人不能认识超感觉的东西，或自在之物，那是信仰的对象，满足内心的要求。

一个新弗里斯学派正在出版论弗里斯的论文，L. 纳尔逊是这学派杰出的成员。(参看埃耳森汉斯，《弗里斯和康德》。)

431

第七篇　德国唯心主义

第一章　费希特

第一节　康德以后的哲学

据我们所了解，康德的同代人及其直接后继者的兴趣，集中在这样一些问题上：如何使知识的体系有统一性，或者为自然科学、道德学、美学和目的论原则找出一共同的基础；同自在之物有什么关系；如何为上帝、自由和不死的观念作辩解。在统一的体系中兼容并包当代的各种倾向：批判的唯心主义、斯宾诺莎主义、唯理主义、主信仰哲学以及在法国思想和赫德尔著作中占有重要地位的发展概念，这在当时似乎是符合需要的。

康德反对全部自然主义的世界观及其机械论、宿命论、无神论、利己主义和快乐论，把能作推论的知性限制在现象的范围以内，借以为唯理地相信人类的价值留有余地。在感觉经验世界中，自然科学的对象、即规律，占有最高的统治地位：每一事件，包括人类活动在内，都是因果链条中的一环。在这领域以外不可能有科学知识：就《纯粹理性批判》而论，自在之物是超出可以认识的范围以外的。但是，精读其他《批判》表明，自在之物的概念随着我们对这批判体系的认识深入而发展。自在之物最初被看作是单纯的抽象、被思维的东西，一变而成为理性必要的观念、成为制约的原则，这种原则表现对统一性（灵魂、世界和上帝）有唯理的要求。自由的观念被认为是一切事物可能或可以想象的基础，道德规律证明这个观念的实在性，并保证上帝存在、有一个精神王国和不死。

自在之物最初是抽象的,以后被解释成为自由、实践理性和意志,并且被肯定为理论理性的基础。这样,就有一种比科学的智力所提供的真理,更高级的真理。人心中的道德规律是超感觉世界存 432
在的确实保证,这个世界不是知性的数学—物理方法所能探索的。但是,康德对待绝对命令所提示的实践的可能性是慎重的,他对超越经验的界限是迟疑的,他不肯引导他的后继者进入这有希望的境界。这种境界,不能通过理论理性来达到;他也看不出通过直接经验的门户进入其中的可能性:他认为越接近于直接的经验,越陷于混乱之中,离真理越远:没有概念,知觉是盲目的。人没有理智的直观,不能同自在之物直接会面。这位头脑清醒的批判家也不准备借助重情主义或神秘主义,来通向实在的核心;他确实蔑视哲学中的这种谬论,他认为那是谬论。但是,尽管他非常注重唯理主义,他的方法中却有主信仰的因素:信仰道德命令,则人不致陷于不可知论、唯物主义和决定论:因为我们相信道德规律,所以我们认识这种规律。要不是有这种情境,我们不仅对于自由和理想界一无所知,而且也无法使自己摆脱自然的机械性:道德真理既让我们取得自由,又证明了我们的自由。新哲学的这一方面特别引起新的一代的共鸣;它让人避开有因果关系的宇宙,而显然没有牺牲认识上的正当要求。在十八世纪下半纪的德国,斯宾诺莎主义流行,许多思想家、以至反对它的思想家,都认为那是最前后一致的独断的体系,确实是思辨的形而上学的最高成就:莱辛、赫德尔和歌德曾对这种哲学感兴趣,费希特在他了解批判的哲学以前,勇敢地接受了严格的决定论,视之为无可避免的。康德关于头脑和内心之间的论战的解决,以及这种解决办法所确定的唯心主义的世界观,在德国哲学中流行起来,形成所谓康德以后的唯心主义的起点,这种唯心主义的主要代表是费希特、谢林和黑

433 格尔*。

康德由努力批判地考察科学、道德和形而上学的知识而构成他的观点，他的后继者以道德规律所指向的那为心智所理解的世界或自由，为其思索的出发点：理想的或超感觉的世界、心灵或精神(Geist)的世界是真实的世界。他们以这种自我决定的精神活动作为原则，试图解决一切哲学问题，说明知识和经验，解释自然、历史和人类制度。他们宣称，这个理想的原则统一了人类知识，统一了范畴以及理论和实践理性，克服了机械论和目的论之间的二元论，排除了康德自在之物的矛盾。只有按照自我决定的理性来解释实在时，我们才能理解它；从而只有理性了解它自己时，才能了解世界。因此，在后起康德派的体系中，关于认识的科学，费希特称之为认识论，占有重有的地位：发现正确的认识方法，就会解决形而上学的问题，的确，哲学就是认识论。因此，哲学也是绝对的科学，它解释一切，唯有它能够解释一切：仅仅是关于事实的经验的知识不是实在的知识，关于自然和历史的经验的科学不是真正的科学。如果认识意味着了解实在的能动、活动、综合和精神的历程，那么，把自己局限在有时空和因果系列的现象以内的方法，不可能成为认识：费希特、谢林、施莱尔马赫和黑格尔都同意这一观点。他们还一致认为，实在是一个演化的历程，对事物持有机和历史的观点，这是莱辛、赫德尔、文克耳曼和歌德所宣扬的。但是，他们在获得认识实在的方法上，彼此却有区别，这在下面我们就会看到。

第二节 费希特的原则

费希特的基本思想，他视之为批判哲学的主旨，是自由的概

---

* 参看梯利，《浪漫主义和唯理主义》，载《哲学评论》，三月号，1913 年。

念，即这种思想，意志或自我不是事物中的一种，不单纯是因果链条中的一个环节，而是自我决定的活动。只有这活动是真正实在的，其余的一切都是死寂的被动的存在：这种活动是生活和心灵以 434
及知识和行为的本原，确实是人类全部经验世界的本原，是一切进步和文明的动力。它是知识所依据的基础，是理论知性有统一作用的原则，这个原则是康德所提示和伦霍耳德所寻求的；它又是理论和实践理性共同的根源。因此，研究认识是哲学研究中最重要的科目，是费希特不断孜孜以求的事业。**认识论**是一切知识的关键：在那里，他对理论和实践理性的条件、原则或前提作了全面和详细的论述。

1762 年约翰·哥特利勃·费希特生于萨克森，是一穷织工的儿子。由于一贵族赏识这儿童的才能，慷慨解囊，费希特才得以进入麦生和舒耳普弗尔塔的学校。他在耶拿、莱比锡和维滕堡（1780—1784 年）学习神学，他做家庭教师，给私人授课，（1784—1793 年）而得到餬口之资，往往长期中断他的大学学业。1790 年他的一些学生请求他教授新的批判哲学，他于是开始研究康德，这种研究变革了他的思想，决定了他的生活方向。1794 年他被聘到耶拿当教授，当时耶拿是德国的文化中心；他成为新唯心主义的领袖，这种唯心主义的目的是要改造生活，不亚于要改造科学和哲学。在耶拿期间（1794—1799 年），费希特写了一些著作，论述《关于认识的科学》、《天赋人权》和《伦理学》。1798 年他出版了《论人们相信神圣世界秩序的根据》，把上帝和道德世界秩序等同起来，乃招致无神论的罪名。他辞去教授职位，前往柏林，在那里，他发展了他的哲学，在演讲和著作中通俗地论述了这种哲学。在 1807 年和 1808 年之间，当拿破仑的军队还在占领柏林的时候，他发表了他那著名的《对德意志人的演讲集》，激发人民的爱国心。1809

年他在新创立的柏林大学任教授，出色地和忠实地为这个学校而服务，一直到 1814 年逝世为止。

他的著作有：《一切启示的批判》(1792 年)；《科学认识论的基础》(1794 年)；《天赋人权的基础》(1796 年)；《伦理学体系》(1798 年)；《人的使命》(1800 年)；《达到幸福生活的途径》(1801 年)；《对德意志民族的讲演集》(1808 年)。

费希特逝世后出版的作品，J. H. 费希特编，三卷，1834 年；全集，J. H. 费希特编，八卷，1845—1846 年；选集，梅迪柯斯编；《书信集》，万霍尔德编，1862 年；J. H. 费希特编，1830 年。翻译：《费希特的通俗著作》(《论学者的使命》、《人的使命》、《宗教》、《当代的特征》)，斯密编；《知识学》(《论知识学》、《全部知识学》的一部分，
435 1795 年《随笔》以及一些短篇论文)、《人权学》和《伦理学体系》，柯柔格尔编；发表于《思辨哲学杂志》中的其他著作，柯柔格尔编；《人的使命》和《对德意志民族的讲演》，载《德国古典著作》，第 V 卷。

参　考　书

阿达姆逊等所撰写的专著。汤普森，《费希特认识论的统一性》；塔耳博特，《费希特哲学的基本原理》；雷赫，《费希特：他的伦理学等等》；齐默尔，《费希特的宗教哲学》；拉斯克，《费希特的唯心主义和历史》；卡比茨，《费希特认识论的发展史》；并参看原版第 396 页所列参考书最后一段。符赫斯，《三位思想家的发展：费希特、谢林和施莱尔马赫》；梯利，《费希特、谢林和施莱尔马赫》，见《德国典籍》，第五卷；《浪漫主义和唯理主义》，见《哲学评论》，1913 年，三月号。

第三节　认识论的目的和方法

在费希特看来，康德从经验中抽绎出范畴，但是他没有证明那是理智的必要的规律：就是说，他没有证明他的原则。费希特指出，只有靠从一共同的根源中推导出范畴，即依赖严格的科学程

序，才能证明。每一种科学要成为科学，必须具有一融贯的命题整体，这些命题由一首要的原则连结起来，其整体必须是相互有联系的命题的体系，是有机的整体，其中每一命题占有一定的地位，同整体有一定的关系。因此，空间概念是几何学的中心观念，因果概念是自然科学的中心观念。各种不同的科学需要一涵括一切的科学，即科学的科学或认识论，这种科学建立或证明各个科学所依赖的基本原则。这一普遍的科学或哲学、即一切其他科学的确实性的泉源，它本身必须出自自明或必然的命题，出自绝对首要的原则，这个原则使它自己的判断有科学性，同时又保证其他研究领域的判断有确实性。

但是这种中心的科学不是立法者，而是认识的历史编纂者：它意识到心灵必然活动的体系，观察或注意它的必然的创造。它却不单纯记录发生的事情，虽然费希特有时宣称它是这样的记录者；它试图了解这些活动的必然性，发现各种认识形式的基础或逻辑前提。“如果在唯心主义所锻造的长链条中仅仅有一个环节，没有 436
同它下一个环节最终联系起来，那么，我们的科学就不能说究竟证明了什么。”这假定，心灵本身是一个唯理的体系，它作为有机的理性而活动，理智不同的职能不是没有联系和没有意义的活动，而都是趋向一共同目的的手段；要不是这样，理性的目的、即自我意识的发展，就不能实现。因此，哲学家在他能够进行推导工作以前，应该了解全部意识的目的或意义。正如一架钟，如果我们知道整体的目的、它的结构、大小等等，我们就能指出它的各个部分应该是什么样；同样，就意识的体系而言，如果我们知道整体或目的，即清楚和完全或发展了的自我意识，我们就能知道各个部分。认识论的方法就在于表明，理智的各种活动是自我意识发展的手段，如果没有理智的这种特殊的活动，心灵就不能自由和自觉。在他比较早期的专门著作中，费希特根据基本的原则，发展了他的认识的体系；在比较通俗的著述中，他由观察认识上升到原则。但是他的目标始终是相同的，那就是阐明认识的有机的统一性。有时他称他的方法为发生学的方法，这种方法的目的却不是描述认识原则的心理上的起源，而是论证这些原则如何产生于必然的前提，或者理性如何引申出这些原则。

要研究理性思维的产生，哲学家必须用意志活动来推动他的思想：因此，哲学不是由事实开始，而是由活动开始。认识不单纯是被动地反映世界或仅仅是意见，而是自我决定的活生生的历程，即不是占有，而是创业。只有靠自由的活动，才可能有真正的知识。我只能理解我在思想上创造的东西，凡是我不能创造的，我就不能理解。意识不能由它以外的东西来解释，它不是外在的东西
437 所引起的，它是自发的活动或创造，在创造的活动中察觉到自己。换言之，认识必然以纯粹的活动、自我决定的活动为前提、为根据；它毋宁就是这样的活动。认识、理智和思维是自由的。没有这样的活动，就不能有感觉世界、经验和思维；因此，这是人所寻求的基本原则。纯粹自我、自我性的原则或自我活动的理性，是认识论的出发点，是一切认识不证自明的先决条件；它也是这种科学的目的或目标，因为认识论把握到完全的自我意识，意识就领会了全部认识的意义。

如前所述，要使心灵（自我）活动起来，需要有意志活动；一旦发动了，它就按照一定的必然的途径来活动。在这个意义上，必然是自由的产物。我不是被迫而思维；不过，如果我思维，我必须根据规律来思维，让我们用感性的词来说，那就是根据时空的形式，根据充足理由原则，如此等等。但是没有一个活动的自我，就不可能有意识。举A＝A这个判断为例，尽管它很简单，如果没有综合

的心灵，也不可能。如果自我没有生起和活动，或者没有像费希特所说的那样置定它自己，就不可能有主体、客体和经验世界。因为没有自我作为条件，就没有经验世界、现象世界，所以不可能设想自我是物体链条中的一个环节；否则，那就是本末倒置。

第四节　关于自我的知识

这个问题就提出来了：如何达到自我原则？我们可以推论它是经验的基础和思维的形式，是理论和实践理性的统一体。但是舒尔采告诫说那是违反《批判》的精神的，不要作这样的推论；费希特本人有时也看不出设想一精神的根基比物质的根基有更大的纯理论上的保证。他提出另外一些论证以维护他的唯心主义。其中一种论证是同康德的伦理哲学的成果联系起来，是借助于道德规律来达到这个原则的。费希特同意康德的观点，肯定理智无能为力：人不能通过能推论的知性及其时空和因果关系的概念，来把握活 438
生生的实在；只有看穿日常认识的性质、它的浅薄和相对性时，才能把握在表面背后的活生生的实在，即自由、有道德的世界秩序和上帝。如果我们局限于科学的认识，则永远不能超出无情的因果秩序的概念以外，不能摆脱自然的机械性。但是出路是有的。理智的直观的活动本身，是一种自由意志的活动，在这种活动中我们意识到职责的法规，或普遍的目的，这种目的指使我们做自由人，从自然的决定性中解放出来，拒绝成为因果链条中单纯的一个环节。承认职责及其所涵蕴的自由的法规，则人的生活就有价值和意义，人就了解世界为一普遍目的（实现自由）的工具，人就从这目的的盲目的工具转化为自愿的协助者。现在我们看清了，人的日常由感官知觉而来的知识，是获得自由的实用的工具，它给人以锻炼意志所需要的阻力：我们不作出努力，不能获得自由，因此，我们需要一个同它作斗争和克服它的世界。如果那责成人获得自由的命令不能实现,世界就没有意义;按照道德意识的判断来看,这世界是完全可以理解的。

这种思想使费希特的哲学博得伦理唯心主义的称号:那就是建筑在道德信仰之上的世界观。我们不能根据理论理性证明一个自由而作自我决定的人的卓越地位,因为理论理性从来没有中断寻求根据;但是我们肯定这一原则是终极的,因为只有它能够满足人类道德本性的要求,使人类生活有价值和意义。就是依据这种观点,费希特才说,“一个人选择自己的哲学,视他为哪一种人而定。”一个没有伦理理想的人,一个不能从自然的机械性中解放出来的人,只能把自己看成为物、为产物,对自由的自我不感兴趣:他
439 不能认识和珍视他所未经验者,即作为人的自由;他不能经验到这种自由,因为他从来没有获得这种自由。一个从感觉的奴役中解放出来的人,是一个作自我决定的主动者,认为自己是超越一切可感觉的事物的一种力量,不会甘心把自己看成为物。

费希特还有另外一条思想线索,照这条线索来看,自我直接意识到它本身的自由活动。唯心主义比独断论或唯物主义有这样的优越性:它的对象、即自我,出现于意识中,不是经验的对象,不是现象或因果系列中的一个环节,而是自我本身,某种实在的东西,某种超越一切经验的东西。关于自由的心智的活动,直接的自我意识是存在的。但是,这种意识不是强加于人的,人一定是通过自由的活动而使之产生于人心中的。如果我们不能进行活动,我们就不能了解唯心主义哲学,就不能瞥见实在的心灵世界。独断论者否定关于自由的假定和自我的独立性,因为他不能在他的世界中发现这种东西;如果他前后一致,他必定是一个宿命论者和一个唯物主义者。我们不能在概念上证明有这样的理智的直观的活

动，也不能证明那是什么。每一个人一定会在他本身中直接发现这种活动，否则他就永远不能理解它。我们要证明这种理智的直观是什么，有如我们试图向天生的盲人解释颜色是什么一样。但是，可以向每一人指出，在他的意识的各个方面都有这种理智的直观出现。每一个认为行动出于自己的人，都隐含地诉诸这样的直观。在这里，费希特断言，凡是有精神活动的地方，就有这种活动的意识，虽然独断论者没有注意这一点。

费希特还指出，唯心主义的真理性能够由经验证明。如果唯心主义的前提正确，又作出了正确的推论，其最后的结果必定是必然的观念的体系，或经验的总和。如果一种哲学的结果同经验不相符，这种哲学一定是错误的，因为它未能遵守诺言，用理智的必然的活动来推导出全部经验和解释它。但是，唯心主义不着眼于 440
经验，不以经验为要达到的目的；它丝毫也不注意经验。唯心主义在它的活动中，根据基本的观点，推演出命题，不论结果如何。这是费希特所说的，事实上他却注意经验；他让我们观察理智的活动，留意心灵的操作。他的意思是说，单纯观察这种活动不是哲学，观察要求理解这种活动，理解它的根源和目的，只有靠逻辑思维才能达到这种理解。

第五节　外在的世界

费希特把一切实在建立在自我上。既然自我是万物，外界就没有什么东西，即没有在一个独立的心外的物体意义上那样的自在之物。因此，唯心主义的问题是要解释人怎么会认为那似乎仅仅是主观的东西具有客观的实在性，或者人怎么会肯定存在，或同生命、行动和精神对立的存在。费希特指出，这种存在从属于那要限制自己的自我活动的本原的本性：在本原生起而成为存在的同时，它限制自己，而且如果它毕竟要成为本原，它必须限制自己。在我有红、甜和冷的感觉中，我经验到自己的局限性；这种感觉向我表明我是有限的，它们是强加于我的。独断论者试图把这种原始的感受或感觉解释成为某种东西、即自在之物所造成的，但是在这里，费希特认为一切先验的解释都碰壁了。客观世界是自我为它自己而造成的，意思是说，精神把意识的纯粹主观的变化投射于空间或者使之成为物体。如果没有自我的感觉和必要的机能或活动（时间、空间和因果性），我们永远不会造成我们所知觉的现象世界。我们不知道什么东西引起感觉，这并不是说我们关于现象世界的知识没有客观的确实性。事物呈现于我们面前，这不是幻想，这是唯一的真理。只有当我们说有离我们而独立存在，即在人以外的自在之物时，那才是幻想。提出这种虚假的概念的是错误的哲学，常识丝毫不知道这种概念。照你所见的那样来看待世界，要努力了解它和对它施加作用。这是批判的唯心主义的观点：我们
441 不能凭借理论理性来超越意识。我们所能知道的是，自我设定它自己，由非我所决定；它这样做，不能在理论上加以解释。然而，费希特从实际方面解决这个问题：我们不能唯理地解释这种界限的根源；但是界限的意义或伦理的价值是十分清楚和确实的：界限标志人在事物的道德秩序中确定的地位。我们通过事物所知觉的东西有实在性，这是同我们有关系或对我们来说存在的唯一的实在。世界是“人类职责感性化的质料”，通过这种东西我们能够而且必须实现我们的道德理想。世界是实现人类目的的手段，因而它是实在的，还是现象，这有什么关系呢？自我作为自我活动的存在物，需要一个对立的世界，在那里它能够奋斗，能够意识到自己及其自由，能够得到自由。它要求一个按照规律来安排的世界，一个严格被决定的世界，以便使自由的自我依赖于这种规律来实现

它的目的。自我必须知道它期待什么，否则合理的有目的的行动是不可能的。

第六节　客观的唯心主义

在这种观点中有许多使人想到主观唯心主义的东西，费希特大部分的同时代人也作这样的解释。但是，费希特所说的自我，即他的哲学据以为基础的自我，不是常识上个体的自我，而是纯粹的自我，纯粹的活动，宇宙的理性，原本的智慧。在他看来，绝对的自我（自我性或我性）和个体性是完全不同的概念。原本的理性（在逻辑上）先于个人的自我，是个体的自我的条件或逻辑基础。不肯定一切个体的自我都具有同样的理性，同样普遍的思维活动，我们就不能思议这种个体的自我。不过，在费希特那里，这种逻辑本原没有停留在单纯的逻辑本原上；我们已经看到，其结果则绝对的自我就不只是一种抽象。实际上，它超越一切人，超越个体的人；它是普遍的活动的理性，在一切人中都一样，如果谁向往，谁都能洞察这种情境。最高级的自我意识是哲学家的自我意识，是理智的直观，自我在其中复归于自身并意识到自己的活动。在这里，它超出空间和时间的知觉，它不再关注现象上的因果秩序，而是复归于自身中，注视自己，认识自己。在费希特看来，这就是使他的哲学 442
具有确实性的东西；最高级的自我意识不仅推论出一种基质或靠逻辑抽象达到这种基质，而是经验到它，于此经验这个词的意义比康德所能赞同的要广泛。费希特在他的早期著作中，把这个基质说成是在一切人心中活动的普遍的理性，即人类的这一面，我们可以说，它用普遍的词来思维，认识普遍的真理、具有普遍的目的或理想。他要驳斥自然主义、关于实在的机械的和决定论的概念，因而强调一切经验的唯心主义特性。他没有给他的自我概念详细地下定义。这一点以及他称之为自我的事实，使人误认为他的体系为主观唯心主义，从一开始他就强烈地反对这种看法。后来，他解决了这个问题，作了更确定的表述，这样，被他的极端的反对者解释成个人的主观的自我的基质，终于变成了上帝。

但是无论这种基质叫作宇宙的理性、绝对的自我还是上帝，它被认为是支配一切个人意识的普遍的生命过程。在人以外还有其他有理性的存在物，他们对现象界施予作用，以同样的方式表象世界；这表明同样的生命的力量、同样的普遍的基质在一切自我中活动。自然不是个别的自我的创造物，而是普遍的精神基质在主体中的现象上的表现或反映。普遍的生命是真正的实在，个体的自我是产物或现象；它像自然规律一样支配着他们。费希特不仅仅肯定个体的意识，还肯定一个实在的普遍的基质，因此，在这个意义上他是一个实在论者。但是，他不认为这种基质是静态的实体，无论是物质的或精神的：它是在个体的自我中表现或显现自己的，一个活生生的、流动和自我决定的精神过程，那就是个体的自我的本性的规律、个体的自我的感觉或现象生活以及思维的必然规律的共同基础。那就是这种普遍的生命和理性，它在人以内生活、思维和活动：人在它以内生活、活动和存在。费希特并不否认一个心外的世界、
443 即个体的个人意识以外的实在的存在；的确，他试图表明，如果没有普遍的生命过程，就没有这样的意识，就没有个人。但是，这个世界不是按时、空、因果秩序来安排的死事物的世界；时、空、因果秩序是绝对的基质在人类意识中的显现，如果没有普遍的自我，它就不能存在。费希特的主观唯心主义为客观或形而上学的唯心主义所补充；他本人称之为实在的唯心主义。人是无所不在的自然的生物、产物或显现；自然的普遍的规律通过人而思维和有意识，确实，就因为这个理由，自然必然是心神、精神、心灵，

不能是任何别的东西。

费希特试图用光的比喻来说明,普遍和无限的生命基质如何分布于无数的个体的自我之中。犹如光遇到障碍,则分散和反射或折回于光源,普遍的活动必定因某种障碍而反射或折回于自身。除非无限的活动遇到某种障碍,否则就不能有意识(光)、自我意识以及自我决定的思想和知识:因此,只有在有限的形式中、在受对立面限制的自我中,它才意识到自己。既然普遍的生命是无限的,它不能在有限的形式中耗尽自己;它必定无限地前进,造成个体的自我,在这样的分化或个体化的过程中意识到自己。意识似乎是由普遍的自我的自我限制而起,由先于意识产生的活动而起,关于这种活动我们是意识不到的。绝对的自我无意识地造成个体的自我,这种个体的自我意识不到自己的创生。

但是,为什么毕竟要有生命,为什么这种生命表现于无数的意识形式中?我们不能设想普遍的生命过程或纯粹的活动没有目的;如果它不是达到道德目的的手段,它就没有意义。自然或非我的目的也是如此,是实现自我的手段。表现于人和自然以及个体的自我和非我之中的,是同一绝对的自我。世界的生命和世界中的个人,是终极的道德目的可见的表现,我们只能这样理解;除去 444
作为达到道德目的的手段以外,他们没有实在性。但是个体的自我能够凭借意志的活动,把自己从单纯的现象的情境提升到认识超感觉事物的高度,并通过这种方式采取普遍的道德的目的作为自己的目的。

这样,绝对、独立的自我,同有意识、有所依赖的个体的自我,是有差别的。绝对的自我出现在个体的自我之中,是促进行动的纯粹冲动,是道德目的,是关于职责的意识;它命令个体的自我克服感觉世界的对立,以实现绝对的自我所努力追求的自由的理想。

当我们察觉到我们自身中纯粹的活动时，我们就认识了实在的本质；当我们努力实现道德目的时，我们是在努力实现宇宙的意义、绝对的自我的目的。个体的自我在自身中所意识到的目的，是绝对的希望，即表现于事物世界中的同一的绝对的自我的目的。我们能够完成我们的本性所敦促或迫使我们要做的，那同一的普遍的意志激励行动，与此同时就造成了外在世界的变化。

在这种格局中个体的自我还有什么自由呢？这个问题就产生了。个体的自我是绝对的活动的表现，在理论方面由感官知觉和思想的必然规律所决定，在实践方面由普遍的目的所决定。无论个人愿意与否，普遍的目的一定要在这世界中实现自己；感觉世界要遵循它的规律而对个人无所顾及。但是个人是否要思维，他有能力选择；——在实在意义上的思维只靠意志的活动才有可能——他还能决定是否以普遍的目的为自己的目的，这也要依赖他的自由选择。我们是保持作普遍的目的的盲目工具，还是在为善而服务方面成为有意识和自愿的工具，我们有能力来决定。一旦我们自由地决定来履行自己的职责，实现普遍的目的，我们就不再自由了；我们作绝对的工具，我们的道德生命就被决定了。

就这一点而论，自由意味着一种不可解释的自由的选择，即不
445 以为意的自由、意志的突然闪动。费希特根据这个观点断言，人是好坏，要看他们择善而行，或者总是作感觉的机器上的纯粹齿轮，只有好人得以不朽。他还断言，阻障和道德上的奋斗永远不得完结，普遍的道德的目的永远不能实现；道德生活不断前进，趋向它永远不能达到的善：因此，宇宙常新。

第七节　道德哲学

费希特整个体系都染有伦理观念的色彩：它由康德的绝对命

令开始，以上帝的普遍的道德目的而告终。我们已经了解，他如何从道德规律推演出经验世界：道德规律使人免除感觉的支配。除非有要摆脱的某种东西，有一种不自由的状态，有一个受世界限制的自然的自我，否则就不能有从感觉解脱出来的问题。道德规律涵蕴自由，自由涵蕴解除阻障，阻障涵蕴一感觉世界。道德规律涵蕴不断的奋斗生活，因而涵蕴不朽；它还涵蕴普遍的目的或上帝。道德规律还以这一点为前提，个人在他忠于职责的行动中所追求者，实际上已经得到和实现了，那就是一种秩序、即应该由人的意志的道德上的决定而来的秩序，这是超出人自己的道德意志范围以外的某种东西，但是，必须设定这种东西，以便使道德有目的和意义。换言之，道德规律涵蕴宗教信仰：没有宗教信仰，没有对道德世界秩序和道德世界秩序安排者的信仰，道德规律就没有意义。信仰使那或许为单纯虚幻的东西有确实性和令人信服的力量，这种信仰是意志的决定：我愿意相信。良心是一切真理和信心的试金石。

伦理的目的在世界中实现自己；自然和人是为善而服务的工具。因此，人的天职是履行他的职责，有意识和自愿地实现至善，把他的注意力转向普遍的道德目的。他的良心命令他从感觉的奴役中解放出来，要做人，不要做物。但是，没有知识，他不能摆脱自然的决定，没有知识他不能施作用于自然，因此，他必须为道德目 446
的而求知，不是单纯出于好奇心。他的职责是知道他要做什么；不知道做什么，就不采取行动。他应该总是靠信心而采取行动，永远不受权威的强制。同让人自由的命令相偕而行的，是人运用理性、了解由良心所确定的目的的命令。良心命令人为职责而履行职责，这命令涵蕴要实现的目的，良心指出他的目的应该是什么。我所以采取一种行动，并不是因为某种东西是我的目的，而是因为我应该采取这样行动，那种东西才成为目的。良心没有错误，在每一种具体情况下它总会告诉我如何行动;那就是说,如果我们慢慢把事情想透,那就会确实如此的。

费希特认为道德不在于仅仅有良好的愿望,尊重道德规律还不够;良好的愿望必须表现在行动中,应该力求克服自然内外的阻障:道德是斗争。不过,同自然作战,不在于消灭,乃在于使之适应人的道德目的;人能够而且应该使自然成为理性的目的的合适的工具:自然财物、财产以及各种行业和人的全部产业活动,都可以使之为普遍的道德目的而服务,因而具有道德意义。道德生活不是孤立的个人生存,而是社会生活,所以每一个人都应该视自己为从事劳动的社会成员,都应该为公共福利而牺牲自己尘世的财产,只有靠公共福利才能实现终极的目的。每一个人都应该根据他良心的指令,在这世界上选择他行动的范围,但是作妥善的选择,需要教育,的确,要使人产生良心,他有必要受教育;不经教诲,他不会意识到职责,不会了解职责的意义。

每一个人都在其为全体而劳动的社会中占有特殊的地位。同样,每一个民族在文明中都占有特殊的地位,都要在人类为自由而战斗中作出独特的贡献。在他的爱国的《对德意志人的演讲集》
447 中,他向本国人民宣扬德国统一的理想;他说,德国的使命是要恢复民族的实存,在文明事业中担任哲学上的领导,建立植根于个人自由中的国家、即真正正义的王国,这样的王国从来没有在地球上出现过,它要实现以一切人平等为基础的自由。人类的天职是要团结在唯一的统一体、即普遍的联邦中,在那里,各时代和各民族所贡献的文化将要传播于全世界。

但是,世俗的目的不是人的最高目的,人仅仅以人类的世俗的目的为达到普遍的目的的手段而促进之,那就是要实现精神王国,只有精神王国才能使现象界有价值和意义。人是两个世界的公民：如果人不**愿意**至少为这一世界而工作，他就不能为另一世界而工作。人使愿望善良，借以为另一世界而工作；凡是符合这愿望的行动，都能感动上帝，并通过上帝而感动其他精灵。良知是在人心中的天命；精神世界通过良心而降临于人，人则通过愿望而上达于天，并对它有所反应。上帝是精神世界和人之间的中介。那使我承认你的工作的唯一的原则是良知，良知命令我尊重你的工作，这种良知就是天命。人相信感觉世界的真理，只不过是这种信仰，即促进自由和道德的生活，会从人在感觉世界中无私和忠实地履行职责出发，永无止境地往前演进。

人间的天下太平和人绝对统治自然的机制，这种状态不是为它本身而人要占有的东西；人应该自己造成这种状态，这种状态像一个伟大的自由的有道德的社会，应该由所有的人造成，这是理想。人现在的生活为其中一部分的伟大的道德王国的基本规律是这样：除非通过人自己的道德愿望，对一个别的个人来说，就没有什么是新的东西或更好的东西；除非通过社会的有道德的愿望，对一个社会来说，没有什么是新的东西或更好的东西。

“我不明了我的全部天职，我根本想不到我应该怎么样和我将要成为什么。在我的生命的每一时刻我确实知道的是，我应该做 448
什么：我应该发展我的智慧，学得知识，以便扩展我的职责的范围。我应该把自己的身心看作是单纯履行职责的目的的手段。我所关怀的是，在有理性的人的王国中促进理性和德性，为前进而前进。我把自己看作是合理的目的的工具，仅仅把自己作为工具而尊重和钟爱自己。我只用这个目的来衡量世界上一切事情。我整个的精神都贯注在思索这个目的上。我处于极为明智和至善的世界之中，这个世界毫无差误地贯彻执行它的计划，我安于这种信念而享有幸福。”

第二章 谢林

第一节 新唯心主义和浪漫主义

费希特在哲学中考虑到他那时代的各种思潮，力图汇合各种思潮于一共同的川流中。和**启蒙运动**一样，他反对权威和传统，力图唯理地解释世界。他推崇自由的人格和人的权利以及文明和进步，要求改造科学、哲学、宗教和教育，以及概括来讲，要求改造人类生活，这样，他就表现了全部近代的精神。他为德国的统一所作的爱国的呼吁和他以平等和正义为基础的**国家**理想，代表受专制政体的压迫和遭拿破仑战争蹂躏的人民的要求。他以心灵或精神（**心神**）为实在的中心原则，使人从机械的重累中解放出来，于此他表达了对这样一种宇宙的渴慕，它为理性所理解，并对人类理想寄予同情。他认为存在是由道德目的所指引的动态的演化过程，这同他所解释的唯心主义是一致的，同德国文学界的伟大首领莱辛、赫德尔和歌德的意见相吻合。他同意他那时代的古典派和浪漫派的诗人以及注重信仰的哲学家的观点，确实同意康德本人的观点，认为科学的范畴不能把握遍及宇宙的活生生的整体；他同意歌德的
449 观点，认为必须把宇宙看作是有机的、是差异中的统一体；他同意雅科比的观点，认为只有在自由的行动者的内在的活生生的经验中、在直觉中，才能认识宇宙，那就是说，在自由的行动、在责任感和爱真理方面，精神和精神交谈。浪漫派诗人，如施勒格耳兄弟、提克和诺瓦利斯，对费希特的严格的逻辑性兼有反唯理主义和神秘的因素深感兴趣。他们也赞赏这新唯心主义的许多其他方面：它表面上的主观主义、它的历史观点以及它关于德国文化卓绝的

概念。但是，他们有夸大所有这些特征的倾向：感情和重情论取理性而代之；费希特的直觉变成了诗人天才的预测和同情的洞见；有理性和伦理的自我转化成浪漫、神秘和感情容易冲动、以至怪诞的个人主义的自我。他们借类比于这样的自我来解释自然，把自然看作是奥秘的有人格的力量居处的地方，而援引历史则是为了维护传统，使往昔享有权威，用以统治现在。

参　考　书

关于浪漫派诗学和它同哲学的关系，参看各种德国文学史；哈伊姆，《浪漫派》；瓦耳策耳，《德国浪漫派》；K. 费舍，《谢林》；诺阿克，《谢林和浪漫派哲学》；T. 齐格勒，《十九世纪的思想和社会潮流》；文德尔班，《十九世纪德国精神生活中的哲学》。

谢林受所有这些倾向，特别是新唯心主义和诗人的浪漫主义的影响。他对斯宾诺莎主义以及为批判的哲学所推动而前进的德国自然科学运动，同样感兴趣。谢林作为一个青年，还没有离图宾根神学院的时候，已经因最善于阐明费希特的哲学而闻名；几年以后，他以自然哲学来补充费希特的哲学，这种自然哲学不仅得到浪漫派和诗人歌德的欣赏，而且也为德国的自然科学家所喜爱。

弗里德里希·威廉·约瑟夫·谢林生于1775年，从1790年到1795年在图宾根大学神学院学习哲学和神学。在莱比锡给两个青年学生作过两年私人教师，这期间他在大学中研究数学、物理 450
和医学；以后他应聘为耶拿大学教授（1798年）。在那里，他倾慕奥古斯特和卡柔林·施累格耳所领导的浪漫派，写出了他那最出色的著作。他在维尔次堡（1803—1806年）曾担任各种职务，在慕尼黑任美术学院院长（1806—1820年），在埃尔兰根（1820—1827年）和又一次在慕尼黑新建立的大学里做教授（1827—1841年）；之后，他被召到柏林,来遏止流行的黑格尔哲学的浪潮,但是没有成功。他死于1854年。

早期,谢林重述费希特的哲学,贯彻费希特的精神来延续这种哲学。他的著作当中有:《关于自然哲学的一些观念》(1797年);《论宇宙精神》(1798年);《先验的唯心主义体系》(1800年)。第二时期表明他受有布鲁诺和斯宾诺莎的影响。他认为自然和心灵是一较高本原的两方面,这就是他表述于他的《布鲁诺》(1802年)和《学术研究方法》(1802年)之中的同一哲学。第三时期,他发展了他所称谓的实证哲学,这是一种天启和神话的哲学,或通神学,同雅科伯·柏麦的哲学相仿。他把宇宙看作是脱离上帝的堕落。他在神话和天启的混沌的开端中寻求宇宙历史的意义,认为从那里我们可以得到关于人脱离上帝的初始堕落的启发。这时期的著作,除去论人类自由的一部以外,都是在他死后出版的。

参 考 书

全集,其子编,1856年以后,十四卷;选集,魏斯编,1908年;翻译载《思辨哲学杂志》。瓦岑等所撰写的专著;博兰德,《谢林、黑格尔和费希特》;弗兰茨,《谢林的实证哲学》;原版第396、435页所列的著作。

第二节 自然哲学

谢林热中于以心灵来解释世界的新唯心主义,成为这种唯心主义的积极的阐述者。但是,就谢林出现于哲学界时,费希特已经构成的自然观而言,他不满意这种观点,即认为自然是在个体意识中的绝对的自我的产物,仅仅有阻障或刺激意志的作用:"自然是人类职责的材料。"像费希特所做的那样,谢林向客观唯心主义和泛神论推进了:认识论上纯粹的自我变成为形而上学的绝对的自我。如果实在归根到底是类似人类精神的一个活生生的、自我决定的过程，就不能把自然看作是意志的外在的障碍物或死寂的机 451
械界。人所以能够了解自然，就是因为它类似于人，是一活动精神的表现，其中有理性和目的。但是，理性不必是**有意识**的智慧，同浪漫派和主信仰的哲学家一样，谢林扩展了精神、心灵或理性的概念，以便包括无意识的、本能的和有目的的一种力，这种力显现于无机和有机自然界以及力向那里演进的、即谢林所说的最高级的自我意识中。纯粹的活动、自我决定的能，为无意识的自然和有自我意识的心灵所共有；实在是彻头彻尾的活动、生命和意志。一切事物的绝对基础、泉源或根源，是有创造力的能、绝对的意志或自我，是一个无所不在的宇宙精神；一切事物都潜在于其中，一切现实的事物都从那里产生。理想和实在、思想和存在在其根源上是同一的；那显现于有自我意识的心灵之中的同样的有创造力的能，在感官知觉中、在动物本能中、在有机物的成长中、在化学反应和结晶以及电的现象和万有引力中，无意识地发挥作用：所有这些事物中都有生命和理性。那作为盲目的无意识的冲动而构成和推动我的身体的本原，尔后会意识到自己，好像是从它那盲目奋斗的状态（它仍然无意识地进行工作）中挣脱出来，变成为纯粹的精神、纯粹的自我意识。普遍的自我表现于我和无数其他个体的自我之中：在灵魂中它觉识到自己。只有我们植根于普遍的自我之中，我们才是实在的；我们要是无所依赖、孤立的个体，就不实在：绝对的孤独的自我是虚幻。

谢林以自然为可见的精神，精神为不可见的自然，这种思想促进了浪漫派的想象，鼓舞新诗人赋予世界以生命和精神、用爱慕的同情心来看待世界，这是他们在呆滞的机器面前所不能感受的。

但是，自然和精神、存在和思想，不像斯宾诺莎所说的那样是

绝对的两个平行的方面，而是在绝对精神的演进中不同的步骤、阶段或时期。**绝对**自行展开，具有历史：它是一演化的过程，其最高
452 的目的为自我意识。犹如在我们自己的自我中，我们从无意识或半意识上升到清楚的自我意识，而依然保持为同一的自我，一个普遍的自我则由黑暗上升到光明。从无生物界到人的有机物体的渐进的阶梯，清楚地表明有一种创造力，这种创造力只是逐渐演进成完全自由状态。自然的死寂和无意识的产品，不过是自然反映自身而没有成功的尝试。所谓死寂的自然是不成熟的智慧，但是，它的现象无意识地显示了理性的踪迹。自然在人那里达到了它的最高目的、即自我意识，于此，人得到了关于自然和精神原来同一的启示。因此，最完善的自然观是这样一种，其中一切自然规律能够化成知觉和思维的规律，全部自然会归结为智慧。

无论是从自然或精神开始，从**自然哲学**或从**先验的唯心主义的体系**开始；无论是追问自然如何变成为（有意识的）智慧或智慧如何变成为（无意的）自然，这都无关紧要。认识的原则和实在的原则是同一的，回答认识如何可能的问题和世界如何可能的问题，都要根据同样的条件和规律。结果是相同的。从原始的感觉开始，上溯到自我意识历史的不同时期，与此同时，我们是在追溯显现于自然中的绝对的本原的发展。“一切性质都是感觉，一切物体都是关于自然的知觉；自然本身，连带它的一切感觉和知觉，是凝结了的智慧。”

一切事物具有同样的规律：位于事物根底的同样的本原，以同样齐一的规律而活动，到处以同一的节奏而跳动。它的活动是膨胀和收缩的过程：本原展开那潜在或隐含于其中的东西，使自身客观化，它可以说是由自身中走出，而又于丰富和扩张以后复归于自身：在自我意识中自然自我表现为主体和客体，在这过程中分化和

意识到自己。自然中不同的力基本上是同一的；热、光、磁和电，像无机界和有机界一样，是同一本原的不同阶段。各种有机的形态 453
也有统一性：它们构成渐进的阶梯，是同一的组织原则的产物，是根据同一的计划建成的。所有这些自然的产物，都由一个有创造力的精神结合在一起；自然的各个部分都能促进整体，人是这整体的最高产物，在整体中其目的是要实现自我意识。

像费希特曾经试图论证精神发展的逻辑步骤一样，谢林试图先验地建造自然，推论出自然演化过程中的必然阶段。跟在他以前的赫德尔、费希特和在他以后的黑格尔相同，他认为辩证的过程在这世界上发挥作用，在这过程中有两种对立的活动（正和反），在一较高的合中结合并和谐或调合起来。他称为三重法：作用后面跟随反作用；由对立产生和谐或合，这种合在时间的永无休止的运动中又要分解。因此，自然中不可能有死寂的、静止的实体（或不变的原子），也不可能处于完全的变化状态，举例来说，既没有绝对的固体，也没有绝对的液体，只有二者的结合。谢林把这种思想运用到无机界和有机界的细节中；我们看到，这个规律表现于下一系列中：吸引、排斥和万有引力；磁、电和化学性；感觉、刺激和生殖。他认为诗和科学融合交错，想象和逻辑相互协助，关于这一点，我们不再论述；只提醒读者，谢林把自然看作是活动的演化的基本思想，在当代的自然科学中是流行的学说，那就足够了。

因为自然是活动的，其中有规律、理性和目的，所以我们能够了解它，能够看出它极为丰富的内容。它同我们血肉相连。和费希特一样，谢林排斥不变的、静态的实体的旧观念，代之以动态的观念，普遍的生命的概念，活生生、有创造力和有目的的演化的本原，这种本原从无意识发展到有意识状态，它终极的目的是人类有自我意识的理性。他反对数学—物理的自然观，代之以目的论的自然

454 观，或者毋宁说，他以无意识的目的的概念来调和机械论和比较陈旧的目的论。在较低的阶段，**绝对**的活动似乎具有有意识的目的；它虽然活动而没有意向，却不是由外部机械地被迫而活动。如果观察者不只是观察事物外部、它表面上的变化和它的不同的状态和阶段，而能够置身于内部；如果他自己能够是冲动或运动而意识到它，他就会发现，这种行动不是来自外部的强迫，而是由内部推动自己的，那外向的活动本身是它自己的意志，它知道它要到哪里去。

谢林的自然哲学包含荒诞的思想，往往提供大胆的论断、幻想的比喻和华美的词句，而没有证明和事实。它试图迫使自然纳入于逻辑程式中，而不注意细节。但是，它激发了对自然和自然研究的兴趣，抵制片面的机械论的影响，甚至在大科学家中间，它活跃了那总是作为德国思想的一种标志的**哲学**本能或对统一性的追求；它还强调实在的动态的和演化的概念，这在今天又流行起来。

第三节　精神哲学

我们不打算论列那陈述于《先验的唯心主义体系》中的谢林的精神哲学，在《先验的唯心主义体系》中，谢林之依附费希特是非常明显的。谢林的精神哲学追溯自我意识不同阶段的历史，从原始的感觉到有创造性的想象，从有创造性的想象到反省，从反省到绝对的意志的活动。既然在生命的一切形式中同一的原则在发挥作用，所以我们料想精神活动同自然中的活动相符合；自然中的各种力继续在人的意识中起作用。所用的方法同费希特的方法相同：除非有一个绝对的自我或活力，限制其无限的活动和产生一现象界，就不能有有限的自我；要没有这样的现象界，自我就不能获得自我意识和自由。客观世界是绝对理性的产物，绝对理性产生感
455 官知觉、必要的思想范畴和个体中的自我意识。自我意识和自由

的另一必要条件，是在社会和有组织的国家中的生活。一个孤独的自我不会有实在世界的思想，从而不会有自由的意识。在作为无意识的普遍的理性的表现的国家中，天生的自私的冲动为普遍的意志所控制；个人无意识地社会化了，并准备趋向较高的伦理阶段，在这一阶段，他们不是被迫，而是有意识和自愿地做正当的事。在艺术中自我意识的发展达到最高阶段，有创造性的艺术家模仿自然的创造活动并意识到它，即意识到绝对的活动；在艺术家的创造中，绝对确实意识到它自己的创造力。艺术（而不是道德，像费希特所指出的那样）是人类最崇高的职能，这种观点流行于德国文学的黄金时代和政治衰微的残酷时代。

第四节　逻辑和直觉

谢林的哲学展开以后，是一种泛神论，这种泛神论认为宇宙是一活生生的、演化的体系，是一种有机体，其中每一部分都有其地位，都为促进整体而效力。在这个意义上，主体和客体、形式和质料、理想和实在是同一的，是聚拢在一起而不可分的；一就是多，多就是一；正如在一有机体中，我们不能把部分从整体中割裂开来，我们不能脱离整体而了解部分，也不能脱离部分而了解整体。在精神生活中我们发现同样的杂多中的统一或差异中的同一；在认识活动中，认知者和所认知的东西是同一的。

这个问题就产生了：我们怎能确信这个体系的真理性，我们如何证明它？行动、生命或意志是事物的本原，经过谢林所描述的演化阶段，这有什么保证？他的答案不是始终一样的。有时候他宣称，既然世界是绝对唯理的，不言而喻，理性应当了解它，我们应当能够在思想上重建它。而且，既然历史中有逻辑，我们就能在思维中复制它的演化的必然阶段。在这里，他的理想是构成知识的

456 有机的体系，其中每一个判断都有它的适当的地位，它的真理性要依赖其他判断和整个体系。他以这种方式来模仿斯宾诺莎并运用几何学的方法，使他的哲学成为逻辑一论证。但是，尽管他试图从绝对的概念和目的出发，对自然和精神前进的阶段作唯理的推导，他并不一贯相信他的体系能够建立在先验的普遍和必然的公设上。他认为哲学不能证明独断论或唯物主义，也不能证明唯心主义；人的世界观是人自由选择的。证明自由或有创造性本原的实在性唯一的途径，是自由的自我决定的人自己。当我们树立自由为理想时，我们隐含地肯定了绝对、有创造力的精神的实在性；如果世界仅仅是物质，争取自由就没有意义了；相信理想包含相信一精神世界。意志要自由，它将以唯心主义的方式来看待世界。费希特曾经用过另一论证：一个自由的人能够认识什么是自由并了解唯心主义。人只有在理智自发的活动和自愿的行动，即在哲学家特有的资质即理智的直觉中，来认识自由或绝对。科学的知性及其时、空和因果范畴，不能把握自然中活生生的、运动的因素，即实在的内在的意义。谢林指出，“用概念所描述的是静止的，因而只能有关于事物、有限和为感官知觉的东西的概念。运动的概念不是运动本身，没有直觉，我们永远不会知道什么是运动。自由只为自由所理解，能动性只能为能动性所理解。”自然科学和常识对事物采取静态的观点，只理解其存在；哲学认识事物的变化，注意其中活生生的、运动的因素。自然科学和常识只从外部观察事物，把事物割裂开来；我们必须从内部来认识事物，认识自在和自为的事物，这只有靠认识自己才能做到。通过宣告直觉使人把握本原
457 或基本条件，这也许能够使人建立一唯理的宇宙观，或许能够调和谢林思想中唯理主义和直觉主义的倾向。

在他生活于其中的伟大的诗的时代和艺术气氛的影响下，谢

林认为这种直觉为艺术的直觉。最初他把自我意识或纯粹的自我反省看作是绝对的目的、生命和精神演化的最高成就；他认为只有在哲学家的直觉中才能经验到这种情境。后来他把宇宙解释成艺术作品：绝对在宇宙的创造中实现它的目的。因此，最高的人类职能是艺术，而不是哲学知识。在艺术作品中，主体和客体、理想和实在、形式和质料、精神和自然以及自由和必然是同一的，或相互渗透：在这里，达到了哲学所追求的谐和，谐和出现在人的眼前，为人所见、所闻和接触。自然本身是一伟大的诗篇，艺术揭示了她的秘密。有创造性的艺术家在实现其理想方面，他的创造同自然的创造一样，所以他知道自然如何工作。这样，艺术一定能为直觉宇宙而做绝对的模型：艺术是哲学真正的器官。哲学家犹如艺术天才，必须有知觉宇宙中的谐和与同一的能力：审美的直觉是绝对的认识。有机的概念类似审美的概念，谢林有时候把理智的直觉描述成有机的概念：那就是看事物整体、于个别中见一般、于杂多中见统一以及于差异中见同一的能力。他明确地宣称，这种职能丝毫不神秘，但是，一个人要是没有超越经验中的分散和孤立的材料的能力，没有透过外壳而进入实在的内核的能力，他就没有希望成为哲学家。

这种类型的思想同科学的逻辑—数学方法直接对立，德国文学和唯心主义哲学都反对那种方法。歌德全部的自然观、艺术观和人生观建立在有机或目的论的概念上。他也认为于部分中见整体、于具体的实在中见理念或形式的能力，是诗人和思想家的最高天赋，是那暗示人类似上帝的意识的一瞥或启示。这种天赋是浮 458
士德所渴望和麦裴斯托所嘲笑的高度的直觉[1]。

---

① 参看梯利，《一个诗人的世界观：歌德的哲学》，载《希伯特杂志》，1908年，四号。

谢林在他的哲学发展的最后阶段,构成宗教的神秘主义:他认为世界为降自上帝的堕落,肯定以复归于上帝为目的,这在神秘的直觉中得以实现,在那里,灵魂剥除其自我性,贯注于**绝对**。但是,就所说的一切情况而言,**绝对**被规定为精神和自然、有限和无限的结合或同一,理想被规定为通过某种直觉,接近对本原的认识,无论这种直觉是在思想家的自我意识中,在意志的自由活动中,在艺术的创造中,还是在宗教的感情中。

第三章　施莱尔马赫

第一节　宗教哲学

施莱尔马赫是一个具有深厚的宗教感情和特殊的才智的人。宗教构成了他的思想核心。这位名人要解决的问题是发挥那会满足理智和心灵的实在的概念。他所面临而作为一个思想家又不能忽视的伟大的哲学思潮,是康德、雅科比、费希特和谢林的理论以及当时在德国特别显著地趋向斯宾诺莎主义的倾向。他还不得不注意浪漫主义,他同它的许多有代表性的人物有友好的直接接触,他们的神秘主义投合他的宗教气质。他研究希腊唯心主义,特别是柏拉图的唯心主义,把柏拉图的著作翻译成德文,这也给他的头脑提供了**世界观**方面的资料。施莱尔马赫自觉地接受所有这些文化动向的影响,他自称为哲学爱好者,他确实是一个折中派,这一事实可以说明他的许多不一致处。但是,他的折中主义属于独立、有创造性的类型,他吸取了他那时代能够满足其伦理和宗教需要的
459 文化因素,使之适合他的基本目的,即建立一巨大的新教神学体系。正是由于他对他那时代文化生活的理解和赏识,他才能

对宗教思想具有极为深刻的影响,获得新神学创建者的称号。

弗里德里希·丹尼耳·埃尔恩斯特·施莱尔马赫于1768年生在布拉斯劳,曾在摩拉维亚兄弟派、一个虔信派的一些学校里接受一部分教育。他受新的批判哲学的影响,在哈勒大学继续研究神学和哲学(1787—1790年),做过私人教师,以后又做牧师(1794年)。1809年他成为柏林三一教会的传教师,从1810年起又在新成立的柏林大学任神学教授,他担任这两种职务,一直到1834年逝世为止。在柏林,他受到浪漫派领袖的影响,但是在他们的极端的学说方面,他并未追随他们。虽然施莱尔马赫是出色的神学家,他在哲学史资料的研究方面也卓著声誉。

他著有《论宗教》(1799年)(欧曼译),《独白》(1800年),《批判迄今为止的伦理学说》(1803年)和《基督教的信仰》(1821—1822年);还翻译了柏拉图的《对话》,并附有引言和注释(1804—1828年);《基督教的信仰》,(1821—1822年)。全集,(1834—1864年);选集,布饶思编。

参 考 书

塞耳比,《施莱尔马赫》;克罗斯,《施莱尔马赫的神学》;弗赫斯,前引书;狄尔泰,《施莱尔马赫的生平》,第一卷;克朗莫塞耳,《施莱尔马赫的宗教哲学》;原版第396、435、450页所列著作。

第二节 知识和信仰

施莱尔马赫排斥费希特的唯心主义,只是由于它力图从自我中推演出一切实在,并肯定一实在的世界的存在。人不得不推论一切思想和存在的先验的根基;一切个别的事物都渊源于一本原,这个本原是二者绝对的统一,即同一的本原,一切差别和对立都消融于其中。人能认识事物本身的性质,不是像康德所说的那样，只认识现象。但是，由于人类思维有知觉的性质，人不能恰当地认识事物的本原；思想在对立中运动，永远不能领悟绝对的同一。问题是要认识绝对的本原，即思维和存在的同一、上帝，但是，任何唯理的认识都不能把握这本原的真实性质。那永远不得实现，只能接近：概念的思维永远不能摆脱差别和对立，而终极的根基却没有差别和对立。因此，哲学不是科学，而是认识论、关于认
460 识的科学：它是思维的艺术或辩证法；它是社会或协作的思想的产物，教诲人如何接近目标。用康德的方法，通过实践的理性，也不能恰当地认识上帝。事实是，施莱尔马赫早已以上帝的概念为真理的准则，并以此为基础来建立他的知识的概念：人类智慧及其分裂事物的习惯，不能理解神性的本性的统一性。

人只有在宗教的感情或有预见性的直觉中，领悟理想；凭借感情人同上帝直接相通：思维和存在绝对的统一或同一，不能用概念术语予以规定，却在自我意识中直接为人所经验。宗教是关于绝对依赖绝对的世界根基的感情；它亲切地意识到，一切有限的东西都是无限的，因无限而存在；一切暂时的东西都是永恒的，以永恒为依归。施莱尔马赫反对启蒙运动肤浅的唯理主义及其神学证明，也反对以上帝为施与赏罚者传统的功利概念；他同样拒绝像康德和费希特所做的那样，以确信道德为基础来建立宗教。在他看来，宗教不在于礼拜活动和道德行为，也不在于理论教义或唯理主义的证明。因为上帝是不能认识的，神学必定是关于宗教感情的理论；它的职能是明确地表达和使人清楚地意识到宗教感情的含义 。

第三节　上帝、世界和个人

这就是施莱尔马赫在他的神学中所进行的工作，他的神学标志斯宾诺莎和唯心主义的融合，这在十九世纪初期德国是很普通的。他从有机的观点看待绝对，拿绝对同人类精神相比拟，视之为差异中的统一、思维和存在的同一。施莱尔马赫没有一致地贯彻斯宾诺莎的思想，他试图把他的泛神论和二元论结合起来。上帝和世界是同一的、是真的；但是，事物不是单纯无本质的形式，世界有相对的独立性。妥善的宇宙论必须肯定上帝和世界不可分割，即上帝永远不能脱离世界，世界也永远不能同上帝分开，但是，必 461
须区分上帝的观念和世界的观念：上帝是无时空性的统一体，世界则是有时空性的杂多状态。

我们不能断定上帝有人格，因为那会使他有限。我们也不能认为他有无限的思想和意志，因为这些词相互矛盾，一切思维和愿望在本性上必然是有限的。上帝是普遍的创造力，是一切生命的泉源，赫德尔、歌德、费希特和谢林就是这样解释斯宾诺莎的实体的。

施莱尔马赫思考个人和绝对的关系的方式，是要保持个人某种程度的自由和独立。个体的自我是自我决定的原则：自由就是指（像莱布尼茨所断言的那样）个人能力或天赋的自然的演进。但是，个体的自我好像是嵌入普遍的实体中，他们是宇宙间彼此有关连的成员，因而他们的个体的本性必定同宇宙相符合。每一个个别的自我都有他的特殊的才能或天资，他在事物整体中占有绝对必要的地位，因此，他必须表现他自己的个性，整体的本性才得以实现。施莱尔马赫赋予人格以很高的价值，他又坚持自我发展和自我表现，这是德国思想中浪漫倾向的特征。这种个人主义倾向尽管有绝对依赖的感情，却防止他把人的灵魂浸沉于普遍的实体中，这使他创制了个人主义的伦理学。他对康德严格的道德学以及理性和自然的二元论，没有什么同情；除非主观的意志和客观的意志结合于原来的自然意志中，否则这种二元论就永远不能融合。

自然和人类一样，也有理性和意志；道德是以低级的形式、早已表现于自然中的某种东西的高级的发展。自然所固有的理性和有自我意识的主体的理性是同一的：自然规律和道德规律之间，没
462 有不可调的矛盾。毁灭低级的冲动，不是理想，展开在整体和谐中个人特殊的本性，才是理想。每一个人的活动的伦理的价值，就在于这种活动有其独特的性质：因此，要做一独特的人，按照你特殊的本性而行动。甚至在宗教方面，个人也应该享有自由，以他自己特有和熟悉的方式来表现自己。不要把这种学说解释成自私的个人主义，因为在施莱尔马赫看来，意识到一个人自己人格的价值，就兼而赏识别人的价值。天下一家之感（der allgemeine Sinn），是个人完善的最高境界。因此，伦理生活是一种社会生活，是由独特的个人所组成的社会中的一种生活，这类个人尊重人类的独特性，尊重为他们本人所有或为别人所有的独特性。“一个人越类似宇宙，他越能充分地同别人相通，一切人的统一就会更加完善；……超越和克服自己，则走上通往真正不死和永恒的轨道。”但是，照亮一个人全部生活，使之归于统一的，是宗教感情。在虔诚的感情中，人认识到他要成为一个独特的人格的愿望，同宇宙的活动是谐和一致的；“宗教认为世界上一切事情都是上帝的事业。”个人不死，绝对办不到；宗教所谓不死在于同无限合而为一；要不死是“要在每一时刻成为永恒的”。

第四章 黑格尔

第一节 黑格尔及其前辈

费希特和谢林都从康德的先决条件出发：精神是知识的本原；一切哲学归根到底是关于精神的哲学，其中形式和范畴极关重要。二者都对实在采取动态的观点，因为他们都认为理想的本原是一活动的、活生生的历程。尽管有浪漫派的倾向，他们运用逻辑方法，力图揭示经验所赖以构成的条件，借此来解释经验世界。我们知道，谢林如何修改了费希特早期的观点，至少在几个重要方面进行了加工。可以说，在谢林那里，哲学又变成了形而上学：自然和 463
精神被认为是一绝对本原演进的前进阶段，这个本原表现在无机界和有机界、个人和社会生活以及历史、科学和艺术中。批判的认识论的结果被运用到本体论上；思维的必然形式也被认为是存在的必然形式。自然在他的思想上占有重要的地位：不仅在所谓非生物界，而且在历史、社会和人类精神中，无意识的活动历程都在起作用。谢林在他的一些早期著作中所遵循的严格的逻辑方法，逐渐被补充或代替：审美的直觉变成为认识的器官，审美的理想取费希特的伦理学而代之，被置定为人类进步的目标。

黑格尔在费希特和谢林所奠定的基础上建立哲学。他同意费希特的观点，坚持用逻辑方法，他确实着手把他朋友谢林的世界观置于一唯理的科学的基础上；他同意谢林的观点，把逻辑和本体论或形而上学等同起来，他同意费希特和谢林的观点，认为实在是一活生生、发展的历程。他也把自然和精神或理性看作是同一的；只是他使自然从属于理性。的确，他认为一切实在和理性是同一的，那在理性中起作用的同样的历程，到处都有；因此，凡是现实的，都是合理的，凡是合理的，都是现实的。因此，历史中有逻辑，自然中也有，归根到底，宇宙是一逻辑体系。绝对不是一个没有差别的绝对，“其中所有的牛都是黑色”，像谢林所说的那样（照黑格尔看来），而是理性本身。绝对也不是一种实体（斯宾诺莎的观点），而是一主体，那意味着它是生命、历程和演化以及意识和认识。一切运动、活动和生命不过是无意识的思维，它们服从思维规律；因而自然中规律越多，它的活动越是唯理的。最后，发展着的绝对活动所趋向的目的是自我意识；在其最高发展中，即在真和善的实现中，在那儿认识宇宙的意义和目的，并视自己和宇宙目的为同一的精神的实现中，含有全部历程的意义。

464 乔治·威廉·弗里德里希·黑格尔，1770 年生于斯图加特，在图宾根研究过神学和哲学（1788—1793 年）。从 1794 年到 1801 年在瑞士和法兰克福做家庭教师。1801 年他定居于耶拿，1805 年应聘为教授，1806 年耶拿战役后，他被迫辞职。他曾任班堡报纸编辑（1806—1808 年）、纽伦堡大学预科学校校长（1808—1816 年），之后，他被聘为海德堡大学哲学教授，后来又到柏林，在那里，他有很大的影响，得到许多拥护者。1831 年死于霍乱。

他的著作有：《精神现象学》（1807 年）；《大逻辑》（1812—1816 年）；《哲学全书》（1817 年）；《法哲学原理》（1821 年）。他关于哲学史、美学、宗教哲学、法哲学和历史哲学的演讲录，于他死后由他的学生出版，收集在从1832年起出版的十九卷《全集》中。1795年所写的《耶稣传》出版于 1906 年，《道德体系》出版于 1893 年。新版单行本，拉松、博兰德和竹斯编并见《哲学书目》。翻译：《逻辑》，第二卷，哈瑞斯译；《百科全书》：《逻辑》和《精神哲学》，华莱士译；《精神现象学》，贝利译；《法哲学原理》，底德译；《哲学史》，哈尔顿译；《历史哲学》，席布雷译；《宗教哲学》，司皮尔斯译；《艺术哲学》导论，博赞克特译；第二编，载《思辨哲学》，布瑞安特译；节译本，哈斯蒂译。

参　考　书

E. 凯尔德，《黑格尔》；希本，《黑格尔的逻辑》；W. 华莱士，《黑格尔哲学研究导论》；斯梯林，《黑格尔的秘密》，共两卷；贝利，《黑格尔逻辑的起源和意义》；哈里斯，《黑格尔的逻辑》；麦克塔加尔特，《黑格尔逻辑集注》，《黑格尔辩证法研究》，《宇宙论》；A. 塞瑟，《黑格尔主义和人格》；G. W. 肯宁汉，《黑格尔体系中的思想和实在》；麦肯齐，《黑格尔的教育理论和实践》；哈伊姆，《黑格尔及其时代》；K. 费舍，《黑格尔》；乌尔里齐，《黑格尔哲学中的原理和方法》；柯罗齐，《黑格尔哲学中的活东西和死东西》（德译本）；诺埃耳，《黑格尔的逻辑》；狄尔泰，《黑格尔的青年时代》；诺耳，《黑格尔早期的神学著作》；P. 巴特，《黑格尔的历史哲学》；博兰德，《黑格尔的法哲学》，《宗教哲学》；莫里斯，《黑格尔的国家和历史哲学》；关于后起康德派著作，见原版第 396、450 页。

第二节　哲学问题

在黑格尔看来，哲学的任务是如实地认识自然和整个经验世界，研究和理解其中的理性，这种理性不是肤浅、暂时和偶然的形式，而是永恒的本质、和谐与规律。事物有意义，世界上的过程是有理性的：太阳系是有理性的秩序，有机体是有理性、有目的和充满意义的（sinnvoll）。既然实在归根到底是有理性的，是思维或概念的必然**过程**，是逻辑过程，这只能由人用思想来认识；哲学的 465
职能是要了解理性所据以活动的规律或必然形式。因此，逻辑和形而上学是同一、一样的。但是世界不是静态的，它往前运动，是动态的；思想或理性也是如此。**概念**或真正的概念是活动、运动的过程，演化的过程。在演化中，可以说未发展、未分化和同质的某种东西，在这个意义上说就是抽象的东西，发展、分化和分裂了，采取许多不同，因而对立或矛盾的形式，一直到最后成为统一、具体和个别化了的物体，即差异中的统一。我们所由以着手的不确定的、抽象的根基，变成为确定、具体的实在，其中的对立调和或结合于整体中。演化过程中的高级阶段，是低级阶段的实现，它实际是低级阶段所要达到的目标；从这个意义来看，它是低级阶段的真理、目的和意义。含蕴于低级形式中者，在高级形式中明晰起来，或者得以显现。在这过程中，每一阶段都包含一切先行的阶段，预示一切未来的阶段：这世界在每一阶段上，既是产物，又是预兆。低级形式被否定于高级形式中，不再是原来的样子；但是它又被保持于高级形式中，被传带下去而升华了。黑格尔用一个德文字aufgehoben（扬弃）来表示这种思想，他把事物中向对立面过渡的过程，称为**辩证的过程**。

黑格尔宣称矛盾是一切生命和运动的根源，一切事物都是矛盾，矛盾的原则统治世界，上述种种就是黑格尔这样宣称的意思。一切都要变化，向它的对立面转化。种子里有成为另外的东西、其他的东西的冲动，这就是自相矛盾，就是要超越自己。没有矛盾，就没有生命，没有运动，没有成长和发展；一切事物就会是死寂的存在，静止的外界。但是矛盾并非一切，自然界并不停留在矛盾上，而是努力克服它。诚然，事物向它的对立面转化，运动却继续前进，对立面被克服和调和了，即变成为一统一的整体的部分。就
466 彼此之间的关系而言，对立面就是对立面，但是，从它们构成统一体或整体的部分来说，则不是对立面。孤立地来看对立面，它们没有价值或意义，考虑到它们是一整体、一过程富有计划性、有联系的部分，它们乃有价值和意义。它们是事物的**概念**的表现，是事物的理性或目的的表现。要实现其目的、其概念或德文概念（Begriff），事物则克服它的存在和它的概念之间的矛盾，克服它的现状和它所含有的实质之间的矛盾。举例来说，全部自然界都努力克服

它的物质存在，解除它的现象上的障碍，表露它的真实的本质，显现不死性。

而且，宇宙是一个演化的过程，在这过程中实现目标或目的，即宇宙理性的目的。这是一种有机的或目的论的观念。像黑格尔所说的，整个的有机体是有机体的目的、形态、概念或观念的实现，是有机体的真理。在演化中最关重要的，不仅是开始时存在什么，而是在终结时发生了什么，或被揭示出什么。真理存在于整体中，但是整体只有在完整的演化过程中才能实现；存在于终结时表露其实质。我们可以说，绝对本质上是结果，不过，这样的结果不是完全的整体；结果及其全部的发展过程才是真正的整体；事物在其目的中尚未穷尽，唯有在完成功业（Ausführung）中，才得以穷尽。

因此，哲学重视结果；它必须表明一种结果如何产生于另一种结果，如何必然产生于另一种结果。谢林认为这种运动在自然界，以至在历史中，无意识地进行。但是，思想家能够意识到这种过程，他可以描述它，重新思考概念。如果他已经把握世界的理念，认识它的意义，能够重新追溯普遍的动态的理性的活动及其范畴和概念，他就达到了最高的认识阶段。他头脑中的概念和普遍的概念具有同样的性质，哲学家头脑中概念的辩证的演化和世界客观的演化是相符的；主观思想的范畴同样是宇宙的范畴，思维和存在是同一的。

第三节　辩证的方法 467

如果哲学的任务在于探索事物的性质，指出实在的实质、缘由和根据，指出事物的存在、基础或本质以及目的，那么它的方法必须适合它的目的。这个方法必须重现那唯理的过程或理性在这世界上演化的行程。像谢林和其他人所设想的那种天才的艺术直觉或相仿的神秘的方式，不能达到这个目的；除去严格的思维以外，别无其他办法。正如康德所宣称的，哲学是一种概念的科学（Begriffswissenschaft）。但是黑格尔认为我们不能用**抽象的**概念详尽地阐明实在；实在是一运动、动态的过程，一辩证的过程，抽象的概念不能如实地予以表述：抽象的概念只能说明一部分、一小部分。实在时而如此，时而那样；在这个意义上，它充满否定、矛盾和对立：植物发芽、开花、凋零和死亡；人则年轻、成熟和衰老。要正确地对待事物，必须揭示它的**全部**真理，论述它所有这些矛盾，并且表明它们如何调和与保存于所谓事物的生命的协调一致的整体中。日常的抽象思想孤立地理解存在的事物，把这种事物看作是真正的实在，只单独地思考它们特殊的阶段和对立。理智所能做的不过是区分、对立和联系，它不能思考对立面的统一，不能理解生命和事物的内在目的；举例来说，它只能对动物的本能及其活动感到惊奇。理智轻视思辨的方法，但是它永远不能把握生命的真谛。单独来看或割裂开来，事物的矛盾方面是无意义的现象；这种矛盾方面只能被理解为有机的、协调一致的体系的部分；或者像黑格尔所说的，一切存在物的真理只存在于理念中，因为理念是唯一的真正的实在。一理念遍布于整体和整体所有的部分中；一切个别事物的实在性存在于这一统一体中。看事物整体或把对立面统一起来的活动，是心灵的高级职能，但是，我们要记住，心灵不能弃绝理智。这两种职能相偕而行。

因此，思维从最简单、抽象和空洞的概念开始，前进到比较复
468 杂、具体和丰富的概念，前进到**总念**（notions）。这种方法已经在康德那里被揭示，又为费希特和谢林所运用，黑格尔称之为**辩证的**方法；和他们一样，黑格尔区分开其中三个环节或阶段。从抽象的一般的概念开始（正），这个概念引起矛盾（反），矛盾的概念调合于

第三个概念中，因而，这个概念是其他两个概念的结合（合）。例如：巴门尼德认为存在是永恒的，赫拉克利特认为存在处于不断变化中，原子论者则断言，哪一种观点都不对，存在既是永恒的，又处于不断变化中；有某种东西是永恒的，又有某种东西是变化的。但是新的概念引起新的问题和矛盾，这种问题和矛盾又必须消融于其他概念中。辩证的过程，紧跟实在的演化，前进不已，一直到达一终极的概念或总念为止，在那里，一切对立都消融和保存下来。但是，没有一单一的概念，即使是最高级的概念，能够代表全部真理，各个概念只代表部分真理；真理或知识由全部概念的体系所组成，其中每一概念都由一基本概念演化而来。真理和唯理的实在本身一样，是一活生生的逻辑过程。

或者用其他语言来说：一种思想必然从另外一种思想而来，一种思想激起一矛盾的思想，同这种矛盾的思想相结合而形成另一种思想。辩证运动是思想的逻辑上的自我展开。黑格尔所说的，好像思想或概念思维自己：其中有内在的必然性，它们像成长着的有机体，展开它的生长能力，变成为一具体的有机的整体，一具体的共相。因此，思想家必须做的，只是让他的思想以上面所说的方式遵循它的逻辑进程发展；既然这个过程，如果得到正确的推进，和世界过程是同一的，那么，它就是事物所固有的发展的重演。这样，人就能按照上帝那样，来思维他的思想。

第四节　思维和存在

思辨的或辩证的思维是一种过程，它力图正确地对待运动、活的有机的存在；它是这样的一种过程，在那里，差别被融合，区分不仅被作出，而且被包容。哲学概念是一差异的有机的统一、各部分的整体，即一统一而又有区分的整体。黑格尔指出，具体的共相的 469

概念是对立面的综合，他是要陈述思想的性质以及实在的性质。存在如浪漫派所喜欢称谓的那样，是一流动的实在，类似生命和精神。而且，进行抽象的理智不能把握实在，它只能看到实在的一般方面或瞥见实在，把它割裂成碎片，而忽略它的有机的性质；这样，浪漫派又是正确的。但是实在不能由神秘的感情、审美的直觉或侥幸的猜测来领会。实在是一种唯理的过程、有意义而必定可以为人思维的过程。实在不是发狂的浪潮，不是不受约束、绝对没有意义的现象，而是有秩序的演化，是一种进展。通过它的结果，我们可以认识它；就它所达到的目的来看，它所有外表上的对立和矛盾都可以理解，得到调和。试图把实在分裂为本质和现象、内部和外部、实体和属性、力和力的表现、无限和有限、精神和物质以及上帝和世界，其结果只能是错误的区分和武断的抽象。自然界既没有核心，又没有外壳(Natur hat weder Kern noch Schale)：本质即现象，内部即外部，精神即肉体，上帝即宇宙，如此等等。

实在是一逻辑的演化过程。它是一精神过程，因此，只要我们在自身中经验到这种过程，就可以理解它。但是，我们不要忘记，使我们这样理解的，不是我们自身中个别的观念、经验或心理的内容。一切思想中都有唯理的必然性，这必定可以为人重现。人类思维唯理地演化或发展，它逻辑地、发生地和辩证地运动着：在这个意义上，像黑格尔所说的，它是普遍的、超越经验、先验或形而上学的。真理不是表现在这个或那个个人上，而是表现在种族中，是由种族的生活中成长的。神圣的精神或理性表现在种族意识的演化、人类历史中。但是，必须永远记住，只有人类历史是唯理、必然和逻辑的，我们才能说它表现神圣的理性。

470 黑格尔称上帝为理念，意思指的是潜在的宇宙，即一切演化的可能性的无时间性的总体。精神或心灵(Geist)是理念的实现。理念在它本身中潜在地、隐含地和观念式地包含那展开于世界上的全部逻辑—辩证的过程；理念包容有那以客观存在的形式而表现自己的一切演化规律的梗概。理念是有创造力的逻各斯或理性；活动的形式或范畴不是空洞的外壳或无生命的观念，而是构成事物本质的客观思想、精神力量。逻辑就研究有创造力的逻各斯的必然演化。这种理论并不是说上帝作为纯粹思想或逻辑理念先于世界的创造而存在，因为黑格尔宣称，世界亘古以来就是被创造了的。神圣的精神永远不能没有自我表现，上帝是世界活的运动的理性，他在世界、自然和历史中显示自己；自然和历史是上帝演化成为自我意识的必然阶段。（演化不是有时间性的，意思是说，不是曾有一段时间没有演化。绝对永远是演化发展所依归者；范畴永恒地潜在于其中，从来不会由空无演化而来。不过，范畴相继发展，一个接连一个，一个是另一个的条件。）世界不兼并上帝，上帝也不兼并世界，没有世界，则上帝不成为上帝；不创造一个世界，不在他的他在中认识自己，上帝就不能存在。绝对中一定有统一和对立：上帝不能同世界分离。没有理念，有限的世界不能存在，它不是独立的；没有上帝，它就没有实在的存在：它所有的任何真理性，都仰赖于上帝。犹如在人的头脑中，思想和感情起伏不能穷尽头脑，自然现象出现而又消逝，也不能穷尽神圣的精神。还犹如人的精神因其思想和经验而丰富和开展起来，在思想和经验中、并通过思想和经验，上升到越来越丰富的自我意识，神圣的理念也同样因其在自然和历史中的自我表现而丰富，并通过这种自我表现而上升到自我意识，使原来自在的变成自为的。宇宙精神在自我异化和自我展开的有节奏的过程中，实现它的命运：在其对象中思维自 471
己，从而认识它的本质。绝对只是在演化中、尤其是在人类中，意识到自己。因此，黑格尔并不是说上帝或逻辑理念先于世界的创造、作为有自我意识的逻辑过程而存在——没有世界，上帝不能有意识；他是一个发展着的上帝，只有在人类精神中充分意识到自己，人类使隐含于普遍的绝对理性之中的逻辑—辩证的过程明确地显示出来。

第五节 逻辑和形而上学

根据所有这种论述来看，逻辑必定是基本的科学，因为它重视神圣的思想过程的本质。辩证思维表现宇宙精神最深刻的本质，在这种思维中，宇宙精神认识自己的本质；于此，思维和存在、主体和客体、形式和内容是同一的。逻辑所展开的思维的形式或范畴，和实在的形式是同一的：这种形式和范畴既有逻辑涵义，又有本体论的或形而上学的涵义。在事物的本质中，思想认识它自己的本质，像在镜子里一样看到自己。理性到处一样，神圣的理性到处发挥作用：宇宙或其中实在和永恒的，是上帝的思想的结果。因此，我们在自身（逻辑）中研究理性、辩证的过程或在宇宙（形而上学）中研究，无论从哪里开始，都没有关系，总会得到同样的结果。在逻辑思维中，可以说纯粹思想研究它自己，思维者和思想是同一的；而且，在逻辑思维中，思维者随着他的思维而发展。其他的科学是逻辑的应用：自然哲学研究绝对或宇宙理性的他在、自我客观化或自我异化；精神哲学表明理性如何克服客观的自然，好像是复归于自身或演进成自我意识。

必须注意，在理性显现的所有的情形中，无论是作为自然或作为精神，理性表现为无限暂时或倏忽而逝的形式变化。这些呈现在表面上的偶然的形式，不是哲学的对象。哲学的任务是要了解事物中的理性，自然或精神中的本质或实质，永恒的谐和与秩序，
472 自然固有的规律和本质，人类制度和历史的意义或理论基础，闪耀

在暂时和偶然的东西之间的永恒的因素以及跃动于外在的形态之中的内在的脉搏。而且，只有从概念上，通过概念、通过辩证的或逻辑思维，我们才能认识事物中的理性；因此，唯一的名副其实的知识，是先验的或哲学的知识，即自然哲学、法哲学和历史哲学。

第六节　自然哲学和精神哲学

逻辑研究概念，表明一概念如何产生于另一概念，表明思维中有必然的演化，就是说，如果我们思维正确，我们必然从一阶段到另一阶段，一直达到最高阶段，达到这过程的顶峰和终结、一切其他过程的集中体现。当我们思维这种概念时，我们处于真正实在的世界、即宇宙永恒和不可毁灭的过程中。我们在逻辑中所思维的概念的体系，形成一有机的整体，代表事物真正的本质。那不单纯是人类头脑中的某种东西，我们发现它显现于世界过程、自然和精神、个人精神和社会精神以及世界历史和人类制度中。但是，我们在逻辑中思考理性的纯粹状态，好像是它的赤裸裸的状态；在这个意义上，理性是无本质的形式的影子世界，是逻辑理念，是创造世界以前的上帝。因为它缺乏实体或物体，是赤裸裸的思想，没有穿上宇宙的外衣，所以它是一个影子世界。黑格尔说逻辑没有现实的存在，除非在人类思维中，它永远不能成为现实的；在人类思维的范围以外，宇宙理性则超出纯粹思想。这就是黑格尔的意思。逻辑不研究它的显现、自然、历史和社会，却研究真理的体系、观念世界的本质。但是，我们也能就它的显现来研究它，能够看到这个骨架或构架如何附上血肉，或者毋宁说能够看到它有血肉的情况。在自然界，理性显现于它的他在、它的外在性和相继性以及时空中。我们不能真正说逻辑理念向自然过渡，因为逻辑理念即自然，自然乃逻辑理念的形式，是具有时空形式的理念。自然是理性，有概念

473 性质，是在“并列”中的概念，是有广袤形式的概念。黑格尔称之为冥顽不灵的理智、无意识的理智，这可以说是展开了的概念。而且，自然是逻辑理念演化成精神或心灵（Geist）所经过的转化阶段。那就是说，体现或外在化于自然中的理念，复归于自身而变成为精神：在精神中理念向自己显示自己。

精神或心灵经历辩证的演化阶段，显示为主观精神、客观精神和绝对精神。主观精神表现为灵魂（依赖于自然的精神）、意识（同自然对立的精神）和精神（同自然调和于认识中的精神）：黑格尔用人类学、现象学和心理学同这些阶段相对应。理念或宇宙理性变成为动物有机体中的灵魂。它体现自己，为自己创造一躯体，变成为个别的、个体的灵魂，这灵魂的职能或使命是运用其特殊的个体性；那就是无意识的制造。灵魂为它自己造成一有机体，意识到自己；把它自己同它的肉体区分开来；意识就是由以肉体为其表现的本原而来的演化。意识的职能是认识。在纯粹客观阶段，意识认为可感觉的对象是最实在和最真的东西，它从这一阶段上升到另一阶段，在那里，理性则被看作是自我意识和客观实在最深邃的本质。至高无上的精神或心灵（Geist）把这两种职能结合起来，它是有创制作用的认识。人实际上只认识自己所创造或制成的。精神的对象是它自己的产物，因此，精神的本质、特别是理论精神的本质在于有认识作用。精神或理智贯注于对象中乃有知觉。不在精神上生活于其中，即不真正直觉对象，就不能说清或写明一对象。认识完成于有构思作用的理性的纯粹思维中。表象（vorstellung、记忆、想象和联想）介乎知觉和理性之间。理性引申或展开概念，即靠纯粹思维而形成概念的自我发展。知性或理智作判断（urteilt），就是分开概念的因素；而理性作结论，则把概念的因素
474 结合起来。在纯粹思想的发展中，理论的理智洞察自己，认识自

己;它变成为认识自己的理性。

理智或理性是其发展唯一的根基,因此,它的自我认识的结果是这种认识,即它的本质是自我决定、意志或实践精神。意志似乎是个别的主体或自然的个体,努力满足他的需要或从他的不幸中解脱出来。沉溺于冲动的意志是不自由的。

第七节　法哲学

理念或宇宙理性不仅表现在自然和个人中,而且也表现在人类制度和历史、权利或法(财产、契约和惩罚)、道德或良心以及习惯(sitte)和伦理的义务(家庭、市民社会和国家)中。在这种制度和历史中,理性实现它自己或变成为现实的,即表现为外在的形式;在这个意义上,它被称为客观的理性。造成人类制度的理性和谋求理解这种制度的理性是同一的:无意识地引申出法、习惯和国家的理性,在法哲学中意识到这种过程。这种哲学的任务不是指出国家应该怎样,而是要认识它的实质,即揭示它固有的理性;这只有靠辩证的思维才能做到。哲学的任务是要表明,合理的制度如何渊源于公理或正义的理念或性质。研究这种制度,可以作历史的解释,说明它们的存在依赖于什么条件、情境,如此等等。但是,这样因果的解释不是真正哲学的解释。追溯制度历史上的演化,指出制度所以建立的情境、需要和事件,是一回事;论证其中的合宜性及其唯理的必要性,是另外一回事。只有了解事物的概念(den Begriff der Sache),我们才能了解权利、法、习惯和国家的道理。

客观的理性实现于自由的个人社会中,在那里,个人希望有其民族的法律和习惯。在这样的社会里,个人使他主观的良心(道德)服从宇宙理性;他看到他的普遍和真正的自我表现于其民族的 475

习惯(sitte)和伦理的义务中:他认识到法律中有他自己的意志,他自身中有法律个别化的表现。伦理的精神演化成有自我意识的个人的社会,是能动的理性演化的结果。个人在社会上有了丰富的经验以后,他知道向往公共事业,他是在向往他自己的愿望或者他是自由的。于此,实在和理想是同一的:个人的理性视宇宙理性为己有;个人放弃他的主观性,使他个人的理性服从宇宙理性,这宇宙理性表现于民族精神、人民意识和民族心智中:这就是德行。实现完善自由的完善国家,是世界历史的目标和目的:进步意味着自由的意识的发展。各个民族和伟大的历史人物是宇宙精神实现其自己的目的的工具:每一个伟大的民族都在神圣的演化中有其要执行的使命,这只有从整个的发展中来看,才能为人所理解。当它完成它的存在的目的以后,乃让位于更强大的民族。一民族为另一民族所征服,这是宣告一民族所代表的理念服从取胜的民族的理念:这样,强权乃构成公理,物质力量和合理的正义是一致的。黑格尔设想强者会挫败弱者、人类的进步为物质和道德上的冲突所推动,据此,他认为战争是观念之战,是正当的:世界历史是世界的仲裁者。天道或宇宙理性也利用个人的情绪和独特的兴趣来实现它普遍的目的:这是理念的战略,伟人是理性的执行者。黑格尔在他的《历史哲学》中,力图表明宇宙精神如何实现由它的本质的辩证的演化所规定的目的。

第八节 艺术、宗教和哲学

在精神发展的任何一个以前的阶段,宇宙精神都没有认识它
的本质,没有达到自我意识和自由的最高水平。在那样的任何一
476 个阶段,思维和存在、主体和客体都不能说是同一的,或者不能说
一切对立都充分调和了。逻辑理念演化的最高阶段是绝对精神,

它的唯一的目的和工作在于把自己的本性向自己显示出来，因此绝对精神是自由和无限的精神。每一个别的主体作为一个真正能认识的主体，就是这样一个绝对的主体。绝对精神同样经历三个阶段：显示于艺术、宗教和人类精神、哲学中。绝对精神在艺术中以直观(Ansch auung)的形式来表现它的本质或真理；在宗教中以表象或想象(vorstellung)来表现；在哲学中以概念的形式或纯粹逻辑思维(Begriff)来表现。精神在完全的自由中来知觉它内在的本质，是艺术；精神虔诚地想象它内在的本质，是宗教；精神在思想上思考和认识它内在的本质，是哲学。"哲学除去上帝以外，没有别的对象，因而它在本质上是唯理的神学，也是为追求真理而对上帝所持的始终不渝的崇敬"。每一种形式都实现于辩证的演化过程中，都有其历史，那就是艺术史、宗教史和哲学史。

在哲学史中，每一伟大的体系都有其必要的地位，代表逻辑发展的一个必要的阶段。每一体系引起一个对立的体系；矛盾在更高一级的综合中得到调和，然后又产生新的冲突，如此演进无已。黑格尔哲学代表最后的综合，在那里，绝对精神意识到了自己；它认识到了在历史发展中自身的内容，它就是从这一历史发展中经历过来的。黑格尔自己就是这样认为的。

第九节　黑格尔学派

从1820到1840年黑格尔体系是在德国占统治地位的哲学。它享有普鲁士国家的支持，几乎在每一所德国大学里都有其代表。特别引起许多思想家注意的，是它的逻辑方法，这种方法似乎避免了唯理主义的生硬的抽象和神秘主义的轻率的想象；还有它自诩可以达到的绝对的确实性，以及它在克服困难和解决人文科学中几乎每一领域的问题上，显然取得的成就。这位大师逝世后，黑格尔 477

学派分裂为保守的和自由的集团。关于神学问题,即上帝、基督和不死,黑格尔没有确定地表明自己的意见,于是发生分歧。保守派从传统超自然的意义上来解释黑格尔体系,认为它宣扬有神论、个人不死和化为人形的上帝(欣里赫斯、戈舍尔和加布累尔),而自由派、即所谓青年黑格尔派,则坚持唯灵论的泛神论,认为上帝是一个普遍的实体,它在人类中变成为有意识的。纯粹的精神是永恒的,是宇宙精神,不是个人精神。上帝化身为基督,被解释成上帝在人类中的表现。属于这一翼的有李希特尔和卢格,在这一段时期,还有 B. 鲍威尔、D. 施特劳斯和 L. 费尔巴哈。一些自由黑格尔派成员终于转变而采取自然主义立场,其中有 B. 鲍威尔、D. 施特劳斯和费尔巴哈。既敌视黑格尔思想,又同情右翼有神论观点的有 C. H. 魏塞、J. H. 费希特和 H. M. 查利巴奥伊斯。

早期的社会主义者(马克思和拉萨尔)及其经济史观,也以黑格尔的前提作根据。他们论证,原来是合理的在演化的过程中变成为不合理的:私有制原来是正当、合理的,在社会主义那里将要作为历史的辩证的逻辑的过程的结果而被废除和推翻。

黑格尔促进了哲学史和宗教史的研究,于是产生一派伟大的哲学史家(特伦德伦堡、利特尔、勃兰迪斯、J. E. 埃尔德曼、E. 策勒尔、K. 费舍和 W. 文德尔班)和宗教史家(O. 普夫莱德雷尔)。他同样在历史哲学、法理学研究、政治学——确实在一切人文科学方面,具有很大的影响。

参 考 书

关于黑格尔以后的时期,参看:西贝尔特,《黑格尔以后的德国新哲学》;宇伯威格-海因泽前引书,第三编,第一卷;库耳佩,《德国目前的哲学》,G. 培吹克译;原版第 396 页所列著作。

第八篇　黑格尔以后的德国哲学 478

第一章　赫尔巴特的实在论

第一节　反对黑格尔哲学

但是,黑格尔的哲学同样引起极大的对立,激发出反动的运动,其中走极端者排斥一切形而上学,认为那是无益的事。新德国哲学的各个方面都遭受到攻击,诸如它的唯心主义、泛神论、唯理主义以及**先验的**方法。有些思想家坚持比较严谨的科学方法,达到同新哲学相矛盾的结果:实在论和多元论。另外一些思想家拒不接受世界是合理的观点,指出哲学必须说明实在中不合理的因素。还有其他思想家,步神秘主义、信仰哲学和直觉主义的后尘,在理性以外、心灵的其他职能中,寻求解决宇宙之谜的答案。所谓思辨哲学的两位最大的反对者是赫尔巴特和叔本华:二者都认为自己是康德真正的继承人,都注重自然科学,都在经验事实中为他们的思想找根据。他们都提供了形而上学的体系:赫尔巴特提供的是复归于莱布尼兹的多元论的实在论;叔本华提供的是类似谢林的**自然哲学**的泛神论的唯心主义,以及同费希特哲学和谢林晚年观点相仿的唯意志论。

赫尔巴特的著作有:《哲学导论》(1813 年);《心理学是科学》(1824—1825年);《普通形而上学》(1828—1829年);《普通教育学》(1806 年);《普通实践哲学》(1808 年);全集,哈尔腾斯太恩编,十三卷,第二版,1883—1893 年;克尔巴哈编,十五卷,1887 年以后;教育学著作,威尔曼编,两卷,第二版,1880 年;《心理学教科书》,M. K.

斯密译。

参 考 书

肯克尔等所撰写的关于赫尔巴特的著作,参看里博特,《当代德国心理学》,鲍尔德温译、心理学史。

第二节　实在论哲学的理想

约翰·弗里德里希·赫尔巴特(1776—1841 年)是一个有独创精神的善于批评的思想家,他反对在康德以后发展起来的整个的唯心主义运动。在没到耶拿时,他研究康德和康德以前的唯理主义者;在耶拿他听费希特演讲(1794 年),以后做编外讲师和教
479 授(1802—1809 年)。他认为新哲学背离了哥尼斯堡伟大的批评家(1809 年他被聘来继承他的讲座)所奠定的原则,有一次他说他是 1828 年的一个康德派。他攻击它的方法、结果,得出的结论直接反对那几乎在每一重要之点都占统治地位的学派的结论。他认为人不能根据一原则推导出实在:这样的原则位于哲学的末尾,而不在其开端。我们不能把存在化归为一单一的根基,因此一元论和泛神论不能成立。的确,关于事物终极的本质、即关于自在之物的认识是不可能的:黑格尔所指的形而上学是梦想。但是,自在之物是存在的,不是一,而是多;世界不单纯是个人的观念。赫尔巴特反对唯理论的方法、先验论、一元论、泛神论、主观唯心论和自由意志,用经验论、多元论、实在论和决定论取代这些学说。

他指出在经验的范围以外,认识没有进展的希望。哲学的任务是从经验和科学的一般概念开始,从民族无意识地展开的思想开始。我们必须借助于形式逻辑来检查这种概念,形式逻辑的职能是使这种概念的意义清晰明确,如果有矛盾,即予以揭示。因

此，哲学一般是要在概念上下功夫：分析、比较和试图调和概念。像事物、变化、生成、物质和自我意识这样的概念，似乎是最简单、最清晰和最明确的概念，逻辑却在那里发现困难、不一致和矛盾：它们都包含许多矛盾。例如，日常思想中的事物是属性的复合：金子很重，却可以熔解；一事物是许多事物，一统一体是杂多。赫尔巴特断言，凡是矛盾的就不能是实在的，从而恢复了往昔逻辑的矛盾律在哲学中原有的光荣地位。实在只能被看作是一绝对自相一致的体系。在这个意义上，赫尔巴特毕竟是一个严谨的唯理主义 480
者：真正的知识是自相一致的概念的体系。因此，如果我们的经验为我们提供一矛盾的世界观，这种世界观是站不住脚的。这就开始了形而上学的工作，必须移除与调和矛盾；我们必须修改和订正日常的和科学的概念，让它们彼此一致，构成实在的谐和的图景，使经验世界为人所理解。

第三节　形而上学

这就是赫尔巴特在他的形而上学方面着手要做的。他同意康德的学说，认为经验只揭示现象，但是他断言现象必然始终是某种东西的现象：现象涵蕴实在；现象恰好在同样的程度上暗示存在。在这里，这个康德派的思想家又透露出他的唯理主义，他以根源的概念为基础，由观念推及自在之物。我们的感觉不能按唯心主义的办法，被解释成单纯的心灵的产物；观念尽管是主观的，却使人想到观念以外的存在，即一自在之物的世界。问题是，这个世界、即真正的实在是如何构成的？

表面上显现的现象世界是一个矛盾的世界，是一个有许多性质和变化的世界。例如，我们说一事物有许多性质，一事物改变它的性质。一事物怎能是许多事物？一事物怎能是白的、硬的、甜的和香的,怎能时而是一事物,时而又是另一事物?那不可能,因为那是矛盾。每一事物就是它那样,同它自己是同一的,是绝对的一:肯定它有几种性质或者认为它有变化,那在用语上就是矛盾。每一种感觉指向一单一的实在或存在。一事物是单纯、不变和恒常的存在物:绝对、不可分,而且不在时空中展开。不能把一事物看作是一延续体,否则,它就不是单纯和绝对的。在这个意义上,同一律是赫尔巴特用以建立他的实在论的基本规律。

481 如果一事物就是它当前那样,是一简单、不变的实体,我们怎能说明多样化和变化的幻觉呢?为什么我们所经验到的事物,表现有许多性质和变化呢?形而上学只有根据这种假定,即有许多简单而不变的基质、实体或赫尔巴特所说的实粒,才能解释这情况。每一个别、在外表上是简单的事物,实际上不是具有许多性质的简单的事物,而是多少经常结合在一起的许多简单的事物或实粒的复合或集聚。因为所谓事物有许多性质,我们必须假定许多实粒;如此这般的实粒彼此恰好构成如此这般的结合,发生如此这般的关系,于是就造成如此这般的现象。变化被解释成实粒的来去;说一事物改变了它的性质,意思只是说:组成一事物的实粒或单子的关系发生了变化;原来组成那事物的实粒本身不变,它们都照旧维持原样;只有关系发生变化,实粒增加或减少了。为此,我们称现象为事物"偶然性的观点"。同一条线可以是半径或切线,同样,一实粒可以和其他实粒发生不同的关系,而不改变它的实质。不论我们说它们相互之间的关系如何,不会影响它们的实质:这就是我们所采取的单纯偶然性的观点。

实粒的世界是绝对的,其中没有变化、成长和现象,一切都是原样。但是人把一事物同另一事物、同另一实粒或一些实粒联系起来;外观是人所见者,多样化的矛盾和变化也是人所见的现象;

一切性质都是第二性的性质。这种观点认为一切差异和变化因人而起;实在的世界是一绝对静止的世界,其中不会有新事物;一切事件是意识中的现象。

但是,实粒本身表现有变化。这解释如下。每一实粒都力图保持它的同一性,抵制其他实粒的干扰。因此,同一个实粒会采取不同的行动,以保全自己,抵制其他实粒。实粒没有实在的变化,它维护它的属性,或者保全它的本质,抵制一切干扰,但是它保全自己的方式,视威胁它的干扰的性质和程度而定。即使没有对立,如果它独自存在,它也会保全它的属性。实粒始终在同样的水平 482
上保持自己,它在它所呈现的面貌上是恒常而没有变化的,但是,面临对立的不同性质和不同的程度时,它需要作出不同程度的努力,来保持稳定状态。从实粒不相互影响的论述来看,问题就产生了,这一切怎么可能呢?看来实粒确实是相互影响;其他实粒的出现不会改变任何实粒的性质或状态,却能引起它不同程度的活动(自我保全)。按照同样的方法来对待空间、时间、运动和物质:它们不是实粒,而是实粒的客观表现。

第四节　心理学

赫尔巴特的心理学是形而上学的一部分,是唯理的心理学。经验心理学不能作哲学的基础;心理学以形而上学为前提,没有形而上学的心理学,不能回答对理性批判的问题,甚至不能彻底讨论。心理学依赖经验、形而上学和数学。灵魂是简单、绝对、没有时间性和空间性的实物,这是科学迫使我们预先假定的第一个实体。因此,它不能有心理学家所说的各种机能或能力。赫尔巴特攻击机能心理学,是从他的形而上学的前提出发的。因为灵魂是一简单的实体,其中除去自我保全以外,没有别的活动。灵魂同肉体相联结，肉体是实粒的集聚；灵魂位于大脑中。一切灵魂在本质上相似，灵魂及其发展中的差别起因于外部条件，例如，身体构造。灵魂原来没有能力或认知能力；也没有观念、感情和冲动；它对自己一无所知，没有形式、直觉或范畴，没有愿望或行动的先验的规律。灵魂维护自己而抵制另一实物时，灵魂中乃产生感觉；感觉是自我保全机能的表现。在发展状态中全部灵魂的内容，是感觉再现和联合的结果。心理学是心灵的静力学和力学。赫尔巴特的目的是要创立同物理力学平行的一门科学。旧物理学用力解释一切，新
483 物理学把一切化归为运动；旧心理学用能力和机能来解释一切，新心理学必须以观念的运动来解释一切：感觉和观念倾向于存留，而其他的心理状态则同它们作斗争，于是有作用和反作用。赫尔巴特试图用数学公式来表示它们之间的关系。心理生活被解释成观念的错综混杂、融合和对立；感情和奋进或冲动是观念的变化。意识不是全部心理生活，在意识阈限以下、在无意识的领域里还有活动。没有自由意志，心灵中的一切都遵循固定的规律，心理过程能够用数学方法予以确定。

精神生活恒久的根基是灵魂实体，不是所谓与自身同一的自我、作为认识者的自我或有自我意识的人格。当然，这样一个有自我意识的主体的概念是矛盾的。那是一主体，怎能又是客体？自我怎能表象或意识到自己？说认知者即被认知者、主体即客体，是矛盾的。而且，我们永远不能认识自我，因为当我们试图抓住它时，它总是移动它的基础，我们得到的是一个客体、即作为客体的我。眼睛不能看见自己，自我只能看见它的画像，被看见和注视的一个自我就不是进行察看和知觉的自我了：后者是我们永远把握不到的。有自我意识的自我不是一个本原，而是产物；它不是精神生活天然的根基或中心，它本身却是灵魂通常活动的结果。自我意识是在意

识到客体以后产生的，它以许多自我的观念为前提。费希特的纯粹自我是一种抽象；我们所知道的唯一的一种自我意识是经验的自我意识，这始终是关于客体的意识。

赫尔巴特心理学的特征是他对机能论的排斥，他以表象（vorstellung）为灵魂唯一和基本的职能的学说，他关于无意识的学说，他的统觉论，联想论，相互作用论，决定论以及他这一观点，即自我不是本原，而是产物。空间、时间和范畴不是心灵先验的形式，而 484
是灵魂通常活动的产物，即心理因素相互作用的结果。

第五节　价值论

形而上学必须探讨实在。有一种叫作美学的科学不探讨实在，而探讨价值，作出审美的判断。这两种科学绝对不同，赫尔巴特反对历来要把二者结合起来的尝试。除去理论的判断以外，还有表示赞成和不赞成的判断：我们称道事物为美或丑、值得赞扬或应该谴责。美学的问题就是要检查这些判断的对象，发现其中使人愉快或不愉快的是什么。赫尔巴特认为这种对象不是内容，而是形式；我们赞成和不赞成的感情是由存在于事物中的某种简单的关系所激发的。

实用哲学是美学的一个部门，研究道德美。我们赞成或不赞成意志的某种关系。经验表明有五种类型的关系，引起伦理判断，这叫作类型或理念。我们赞成个人的意志同它的信念相符合的关系（内在的自由的理念）；同一主体中、意志各种奋发的劲头之间和谐的关系（完善的理念）；一意志以满足另一人的意志为目的的关系（仁爱的理念）。我们不赞成几种意志相互妨碍、即冲突和倾轧的关系。我们赞成每一种意志容许一种意志妨碍它自己的关系（正义的理念）。我们不赞成有意为善或作恶的行为没有得到报应的关系(报应的理念)。按相反的次序、同这五种理念相应的是五种社会体系:法律体系、工资体系、行政体系和文化体系;所有这些体系都在实现适用于社会的内在的自由理念上结合起来。社会的最高理想是意志和理性的结合,其中的成员没有倾轧。

赫尔巴特通过他的教育理论,造成极大的影响。他认为教育是应用心理学,它的目的由伦理来决定。他关于精神生活是观念
485 相互作用的结果的机械观,可以说明他为什么强调教育、兴趣的重要性以及统觉的价值。

F. H. 贝尼克(1798—1854 年)受赫尔巴特以及弗里斯和英国经验主义的影响,著有《心理学是自然科学教科书》(1833 年)和《实用哲学体系》(1837 年)。他同意赫尔巴特的意见,认为心理学必须建立在经验上,反对心理依赖数学和形而上学的观点。心理学是关于内在经验的科学,是人类知识中最确实的,必须充任形而上学、认识论、伦理学和教育学的基础。

第二章 唯意志哲学:叔本华和哈特曼

第一节 叔本华

阿图尔·叔本华于 1788 年生在但泽,父亲是富有的银行家,母亲是当时的通俗小说家。这个后生从事商业,但是他感到商业生活没有趣味,于是脱离会计室,上大学。在格丁根(1809—1811年)和柏林(1811—1813年)他专心致志地研究哲学、自然科学和梵文典籍。他最钦佩的哲学著作家是柏拉图和康德。他在柏林听过费希特讲课,毫无疑问,受有影响,尽管他轻蔑地评论费希特以及谢林和黑格尔为“哲学的空谈家”。从1820年到1831年,正当黑格

尔声名显赫的时期，叔本华在柏林大学任编外讲师，断断续续地在那里授课，但是他作为教师不怎么成功。1831 年他从大学里退休，饱经风霜，十分仇恨所有的“哲学教授”，定居于美因河畔的法兰克福，专心致力于思考和写作。他获有声誉较晚，但是在他一生中最后几年这种声誉使他感到愉快。他死于 1860 年。

叔本华的著作有《充足理由律的四种根源》(1813 年)；《作为意志和表象的世界》(1819 年)；《论自然中的意志》(1836 年)；《伦理学中两个根本问题》(1841 年)；《附录和补遗》(1851 年)。全集，弗绕恩斯德编，六卷，第二版，1877 年；格雷席巴哈，1890 年以后(新版，见《锐克拉姆》版，六卷)；斯太内尔编，十三卷，1894 年；德森编，1911 年以后。《索引》，瓦格内尔编。

翻译：《作为意志和表象的世界》，哈尔德恩和凯莫普译，三卷，1884 年以后；《四种根源》和《自然中的意志》，希尔布兰德译，第二版，1891 年；《道德的基础》，布洛克译；《论文选》，T. B. 松德尔斯译。

参　考　书

W. 华莱士等所撰写的专著；保尔森，《叔本华、哈姆特雷和麦斐斯托斐利》；齐美尔，《叔本华和尼采》；粲诺夫，《叔本华对康德的评论》；Th. 洛伦兹，《叔本华形而上学的发展史》；参看祖利，《悲观主义》。

第二节　世界是意志和表象

叔本华承受了康德《纯粹理性批判》中的思想，认为经验世界
是现象界，为人类理性所制约。心灵有其知觉的形式(空间和时 486
间)和认识的范畴；叔本华把后者化归为单一的因果范畴。康德曾经宣称，我们不能认识，永远不能认识，脱离理智的世界是什么样、在认识现象那样的意义上来认识它；那是巨大的不可认知者，那是

以可知觉的世界为其现象的本体。我们不在理智直觉中面对自在之物，因而，除去它存在以外，我们对它一无所知；心灵的形式，如空间、时间和因果性以及其余者，不适用于它。

在这一点上，叔本华的学说同他老师的学说有分歧。叔本华说，如果我仅仅是一个有理智的动物、一个观察外界的主体，诚然，我只能知觉安排于时空和因果关系中的现象。但是，在我内心深处的意识中，我面对我的真实的基本的自我；我意识到活动，我就认识了自在之物。自在之物是意志，那是初始的、无时间性和空间性、无因而成的活动，它在我心中表现为冲动、本能、奋进、渴望和要求。我还知道我自己为现象、为自然中的一部分；我想象我自己为一有广袤的有机体。我从两方面认识我自己，即为意志和肉体，但是，它是同一个意志，在自我意识中表现为对活动的意识，在知觉中表现为我的物质的肉体。意志是我真实的自我，肉体是意志的表现。

第三节　自然和人类中的意志

这种思想是解决全部形而上学问题的关键。一切事物都由叔本华借类比人的概念而加以解释。世界是意志和表象；表象上溯到理智，但实际上即意志。这种唯意志论的宇宙观有事实上的证明。当我内察时，我面对意志；当我向外看时，我知觉我作为肉体的意志。我的意志使自己客观化为肉体，表现为有生命的有机体。因此，我们有理由凭借类比的方法，推论其他的肉体和我的肉体一样，是意志的外在的表现。在石头那里，意志表现为盲目的力；在
487 人那里，意志意识到自己。磁针总是指向北方，物体总是垂直降落，实体受其他实体影响，则构成晶体；所有这些现象都证明自然界里有类似人类意志的力的作用。植物界里有无意识的奋进或冲

动的痕迹。树木渴望日光，乃努力向上；它又需要潮湿，就往土壤里扎根。意志或冲动引导动物的成长，支配它的一切活动。要吃捕获物的野兽发展爪牙和体力；意志为自己创造了适应其需要的有机体；机能先于组织而行：冲撞的愿望是生角的原因。求生的愿望是生命的基本原则。

在人和高等动物那里，这种原始的冲动是有意识的；它创造智慧作为器官或工具，智慧是照亮意志在世界上通行的道路的明灯。意志为自己制造脑髓，脑髓是智慧的所在地；智慧和意识是脑髓的机能，在这方面叔本华和唯物主义者是一致的。在较低的存在阶段，意志没有意识，盲目地渴望，**盲目地**活动；在人那里，它变成有意识的；智慧被连结于意志上，则为自我保全的最大工具。但是，它始终保持为意志而服务，意志是主人，智慧是仆从。

意志统率知觉、记忆、想象、判断和推理；我们知觉、记忆和想像我们愿意知觉、记忆和想象的；我们的论证总是为意志作辩解。按存在的阶梯、从人类到矿物往下看，我们观察智慧逐渐退居于幕后；但是，意志保持为一恒常和持续的因素。在儿童和野蛮人那里，冲动支配智慧；在动物界，本能逐渐变成无意识的；在植物中，它就是无意识的；在矿物中，智慧的一切痕迹都消失了。

显现于矿物和人类之中的基本意志，不是一个个体人，不是一个有理智的上帝。它是一种求生存的盲目的、无意识的力。它既没有空间性，也没有时间性，却表现于占有时空的个体中，那就是 488
说，它这样活动，我们的心灵通过它的个体的形式、即具有时间性和空间性的形式而知觉它。它以永恒不变的类型来显现自己，这种类型，柏拉图称之为**理念**。例如，各种有机物的种是永恒不变的类型：种不变化；从属于种的个体有生有死，而意志类型或种却延续不断。这种类型形成一上升的阶梯，是一个从最低级的物质到人类的渐次提高的系列(亚里士多德的观点)。个人可以生成和消逝,而意志却永远往前推进。因此,人类根本的部分即意志,是不死的;它借以表现的个别的和个体的形式是要死的。因此,自杀毁灭的是意志个别的表现,而不是意志本身。

第四节 恻隐之心的伦理学

求存的意志、求生的意志,是世界上一切斗争、悲苦和罪恶的根源。各种形式的求存的盲目的意志在那里相互斗争、不断奋战和搏斗的世界,即大鱼吃小鱼的世界,不是一个好的世界,而是一个罪恶的世界,确实是一切可能的世界中最坏的一种(悲观主义)。人生是不值得保持的,因为它充满灾难:人生竟然充满痛苦和灾难,这是由人类意志的本性造成的。生活就是盲目的渴望,渴望没有得到满足以前是痛苦的,满足以后,又产生新的痛苦的欲望,如此推进,一直到令人作呕的程度。凡花都有虫,人永远不能得到满足。人像失事的船上船员一样,不停地进行斗争,以便从惊涛骇浪中挽救自己疲倦的身体,却终于被旋涡所吞没。“大多数人的生活不过是求生存的持续的斗争,即注定终于要失败的斗争。人每一次呼吸都是对威胁自己的死亡的抵御,每一秒钟都为抵御死亡而战斗。但是死亡终于必然取得胜利,因为人一生下来就受它支配,它只是在吞噬它的捕获物之前,要玩弄他一会儿而已。人却尽最大努力来延长寿命,正如人吹肥皂泡,使之尽量大和尽量长远,尽管我们绝对确实知道它终于必然破灭。”

489 一个人的生命凋谢以后,意志又在新的个体中重复同样的旧日过程。“大多数人的生活是令人厌倦的向往和痛苦,是经过四个时期,趋向死亡的如痴如梦般的蹒跚,伴有前后相继的肤浅的思想。那像一架钟,上了弦就走而不知为什么;每当一个人成为胎儿而降生，人生的钟又重新上弦，奏出同样陈腐的老调，这以前演过无数次，冤仇报应，彼此相当，只带有微不足道的变化。”

人生是自私和卑贱的，这是它所以是罪恶的另一个原因；人生竟然如此，乃出于意志的本性。人是性恶的动物，是残酷而怯懦的利己主义者，恐惧使他诚实，虚荣使他合群；在这世界上成功的唯一途径，是像其余的人一样贪婪和欺诈。知识和文明的进步于事无补，只带来新的需要，新的需要又引起新的痛苦以及新的自私自利和不道德的行为。所谓德性，诸如爱劳动、坚韧、克己和节俭，是经过洗炼而美化了的利己主义。“知识越多，越悲苦；增长知识的人，是增加了烦恼。”“历史是永无终结的一连串的谋杀、劫夺、阴谋和欺骗；如果你了解其中的一页，你就了解了全部。”

叔本华指出同情或恻隐之心是道德的基础或标准，民族自私自利，则是不道德的。行为要善，必定是由纯粹同情心所促成的；如果动机是自己的福利，那么这种行为丝毫没有道德价值；如果动机是损害别人，它是不道德的。人的经验上的特性是完全被决定的，但是悔恨的事实提示意志是自由的，因此，我的特性一定终归取决于我的意志：有理智的自我塑造了经验上的自我。

因为自私的意志是一切罪恶的根源、一切烦恼的渊源，人必须否定意志，压抑自私的欲望，以便享受幸福，或至少能够坦然平静。通过几种途径，这是可能的。艺术或哲学天才可以从自私的意志中解脱出来，忘却自己，醉心于艺术沉思和哲学思想；这种途径尽 490
管使人尝到解脱的滋味，只让人得到暂时的解脱。个人也可以通过沉思世界的邪恶、一切欲望的无益以及个人生存的虚幻，从他自私的意志中解脱出来。如果他思索这些事情，记住一切个人在本质上是一体的，都是同一的原始的意志的显现，他会对一切创造物表同情或有恻隐之心；他会由他人推及自己，感受别人的烦恼犹如自己的烦恼。这是道德的途径,但是,仍然使人得到唯一的暂时的解脱。最好的途径是像基督教禁欲主义者和佛教圣徒所实行的那样,在禁欲的生活中完全弃绝意志。随后则遁世绝欲,意志消亡。圣人从他自己的意志,从束缚自然人于尘世的冲动那里解脱出来;意志一旦通过了解生活,认识到使人痛苦的道路引向何方,意志就会消亡。

第五节 无意识哲学

E. v. 哈特曼(1842—1906 年)受谢林、黑格尔和叔本华的影响,力图调和黑格尔的唯理智论和叔本华的唯意志论,运用归纳的科学方法来思考,提供了类似谢林所写的自然哲学。他认为机械论的解释是不妥当的,机械论必须为唯心主义的观点所补充。不肯定自然中意志的作用,就不能说明事实;必须设想这种意志为目的观念所决定,而目的却是无意识的。例如,动物的本能是趋向一种目的的聪明的行动,却意识不到那个目的。本能不是由机械的或心理的条件所决定的,而是要使自己适应环境,变革器官,以满足需要。包括物质在内的事物的指导原则,是无意识、无人格而有理智的意志,那就是观念加意志,这只有在人的头脑中完全变成为有意识的。物质由力的中心或无意识的意志冲动所组成,后者代表一绝对普遍无意识的精神的活动。这种绝对精神原来处于不活动的状
491 态,仅仅是潜在的意志或理性,但是它被没有根据的意志所推动。由于绝对精神有逻辑理性,无意识的宇宙意志才为唯理的目的所统率,才表现于唯理的演化过程中。但是,一切愿望本质上都是邪恶的,是愁苦的原因。这种过程最后的目的是绝对意志从自身中解脱出来,复归于宁静的境界、即涅槃。当人类决定不存在时,就会达到这个目的。与此同时,人类的职责是要尽力维护求生的意

志，不实行禁欲主义和遁离尘世。

哈特曼著有《无意识的哲学》1869年（库普兰德译）；《道德意识的现象学》，1879年；《认识论的基本问题》，1890年；《宗教哲学》，1881年开始；《范畴论》，1896年；《哲学体系大纲》，1907年以后。

参　考　书

祖利，《悲观主义》，第五章；A. 德列福斯，《哈特曼的哲学体系》；O. 布劳恩，《E. v. 哈特曼》；魏欣格，《哈特曼、杜林和朗格》。

第三章　新康德主义

第一节　反对思辨哲学

康德曾经试图确定数学和自然科学的确定性，驳斥休谟的怀疑论，但是他否认形而上学作为自在之物的先验的科学的可能性。他认为理论神学、宇宙论和心理学没有科学价值：我们不能遵照理论理性来证明上帝存在、灵魂不死和意志自由；于此，理论的知识不能成立，因为这些东西不是，也不能是经验的对象。诚然，我们能够构成具有或多或少的盖然性的形而上学的假设，但是在这种假设里不能把握到普遍和必然的知识。不过，我们似乎可以通过道德直观、对自由、不死和上帝提高一点认识：实践理性向我们保证这种真理有确实性，尽管我们不能举出它们的感性内容，从而不能在科学的意义上认识它们。

如前所述，康德的伟大后继者费希特、谢林和黑格尔，没有像康德那样对形而上学感到不安。黑格尔对宇宙的各个方面都提出了逻辑的解释，他的哲学一直到1840年在德国占有统治地位。但 492

是，在后起康德学派的范围以外，对唯理主义的形而上学一再出现批判的对立，表现在弗里斯、贝尼克、赫尔巴特、叔本华和许多其他人的著作中。人们也反对这种主张，即哲学凭借谢林的艺术直觉和黑格尔的辩证过程，具有特殊的认识方法；他们否定这种态度，即把科学研究看成是哲学的单纯的准备工作，甚至当作错误的方法。思辨哲学被指责忽略事实或试图从它自己内在的意识中编造事实，于是名誉扫地。自然科学的进步推动了对经验作更加深入的研究，导致实证论以及对形而上学日益增长的轻蔑。形而上学被认为是和后起康德派的思辨是同一的东西。1842 年罗伯特·迈尔发现能量守恒，1859 年达尔文发表了划时代的著作《根据自然选择的物种起源》。哲学的衰微和自然科学的胜利鼓舞唯物主义的成长。十九世纪五十年代，德国开始了唯物主义的斗争，卡尔·福格特(1817—1895 年)、H. 裘尔伯(1819—1873 年)、J. 摩莱肖特(1822—1893 年)和 L. 毕希纳(1824—1899 年，著有《力和物质》，1855 年)，领导各方面力量，反对唯心主义体系。这个运动既反对思辨哲学的夸夸其谈，又同样反对神学的反动观念；把它的唯物主义的形而上学同人道主义和唯心主义的伦理学结合起来。当然，他们所提供的理论依然丝毫不是前后一致的唯物主义理论，而是由许多观点集成的：思想有时候被认为是运动，有时候被认为是运动的结果，有时候被认为是必然和运动同时俱起的，有时候又被认为是潜在的、不可知的基质的一个方面，运动是和这基质平行的一种表现。毕希纳的书从五十年代起极为流行，至少刊印了二十版。现在海克尔的《宇宙之谜》(1899 年)取代了它的地位，这部著作和毕希纳的书一样，暴露出相同的各种矛盾[①]。

---

① 参看梯利，《一个科学家的世界观：E. 海克尔的哲学》，见《通俗科学月刊》，1902 年，9 月号。

化学家威廉·奥斯特瓦尔德(1853—1932 年*)著有《克服科学的唯物主义》(1895 年);《自然哲学》(1902 年)。他摈弃唯物主义和机械论,赞成唯动力论或“唯能”论。他认为物质的各种特性是能的特殊形式,诸如动能、热能、化学能、磁能和电能等等,其中一种能不能化归另一种。心理能是能的另一种形式,它是无意识或有意识的神经能。相互作用被解释成从无意识的能向有意识的能的推移或相反的变化。 493

第二节　批判主义的复活

在这种情况下,哲学家自然又重新思索康德曾经精心和认真研究过的认识问题,对当代的各种文化思潮进行批判的考察。对反对黑格尔派的方法和唯物主义的进步以及怀疑一切形而上学的人来说,批判的哲学变成重整旗鼓的地区。1865年O. 李普曼大声疾呼:回到康德那里去。他著有《康德及其追随者》。魏塞、策勒尔、福尔特拉格、哈伊姆和 K. 费舍支持他的口号,F. A. 朗格出版了他的名著《唯物论史》。近年来,新康德派运动已经广泛地开展起来,几乎每一个有声望的德国思想家,都在某一方面属于新康德派。这一集团所有的成员都强调钻研认识论的必要性,有些人甚至认为对康德的著作、特别是《纯粹理性批判》进行语言学方面的研究是头等的重要事(魏欣格尔、B. 埃尔德曼、赖克、克尔巴哈、阿迪克斯和 E. 阿诺耳德就持这种观点)。某些新康德派限定哲学为认识论,肯定实证论的结论,认为人只能认识现象,摈弃超出人类知识范围的一切形而上学,无论是唯物主义的或唯心主义的形而上学。朗格(1828—1875 年)具有很大的影响。照他看来,唯物主义作为一种方法是有道理的,却不应成为世界观,因为它未能解释物理对

---

* 译者后加。

象的基本性质和人类内在自我的性质。他断言形而上学的和宗教的玄想是人类“有创造性的本能”的产物，没有理论价值：一个理想的世界的存在不能得到证明，但是这种概念在人类生活中有实践的价值。H. 柯亨（1842—1918 年）* 是马堡学派的头目，他以康德
494 的方法为基础，发展了批判的哲学，提出了他自己的体系，著有《哲学体系》（1902 年以后）。他的学生当中有 P. 那托尔卜和 R. 什塔姆列尔。前者著有《社会教育学》（1899 年），后者著有《关于正当权利的学说》（1902 年）。

第三节　内在哲学

另一思想家集团受贝克莱、休谟以及康德的影响，限定哲学为对意识状态的分析。他们的学说被称为内在哲学，这个学派有舒佩、雷姆克和舒贝特-索尔登作代表。有些成员以唯我论为归宿，比较大的一部分人宣扬客观唯心主义，确定普遍的意识为认识的必要前提。

神学家的新康德派极为重视康德的伦理哲学，认为唯理的道德信仰和伦理—宗教经验构成宗教的基础。属于这集团的有 A. 里奇耳及其追随者，W. 赫尔曼、J. 卡夫坦、H. 舒尔茨、K. 克斯特林、A. 多尔内耳和 R. 利普济乌斯。

第四章　新唯心主义

第一节　形而上学和自然科学

随着黑格尔派的衰落，自然科学和唯物主义乃占上风，一切哲

* 译者所加。

学也暂时衰落了。凡是不能理解和真正认识自然科学和哲学的方法和结果的人,不可能希望重新确定哲学受人尊敬的地位。在德国涌现出若干思想家,有些来自自然科学界本身;通过他们的努力,哲学在科学的体系中又取得了光荣的地位。这些人当中最杰出的是洛采、费希纳、哈特曼、冯特和保尔森。所有这些人都研究各种思潮,诸如实证主义、唯物主义、批判主义和后起康德派的唯心主义,从中得到好处。他们认为用各种旧学派的唯理主义的方法,脱离自然科学而建立形而上学的任何尝试都是徒劳无益的。虽然他们摈弃主观唯心主义以及先验和辩证的方法,却可以称为德国唯心主义的后裔。和康德的《纯粹理性批判》一样,他们认为没有经验,就没有科学和哲学知识;和实证主义的观点相同,他们 495
断言任何形而上学的体系都没有绝对的确实性。

第二节　赫尔曼·洛采

由于所受的教育和气质,最适宜承担重建哲学的任务的思想家是洛采,他提供了一种体系,把莱布尼茨的单子论和斯宾诺莎的泛神论结合起来,试图调和一元论和多元论、机械论和目的论、实在论和唯心论、泛神论和有神论;他称之为目的论的唯心论。他的目的是要公正地对待伦理—宗教的唯心论的论点(费希特)以及对自然现象严谨的科学解释。

洛采(1817—1881 年)曾在莱比锡学习医学和哲学,在这个大学任生理和哲学教师(1839 年),在格丁根任哲学教授(1844 年),一直到 1881 年被聘请到柏林为止。

他的著作有:《形而上学》(1841 年);《普通病理学和治疗法是机械的自然科学》(1842 年);《逻辑学》(1843 年);《生理学》(1851 年);《医疗心理学》(1852年);《小宇宙》,共三卷,(1856—1864年);

《哲学体系》:《逻辑学》(1874 年);《形而上学》(1879 年)。

参 考 书

《小宇宙》,哈密尔顿和琼斯译,1884 年;《逻辑学》,B. 鲍桑葵译,两卷,1884 年;《形而上学》,B. 鲍桑葵译,两卷,1884 年;《洛采的大纲》(讲演),赖德译。关于洛采,参看琼斯,《洛采的哲学》;哈特曼,《洛采的哲学》;法耳肯伯格,《洛采》;E. 普夫莱德雷尔,《洛采的哲学世界观》;V. 罗宾斯,《洛采认识论的一些问题》;V. 莫尔,《洛采形而上学中的伦理学》;利希汤斯坦,《洛采和冯特》;M. 温特舍尔,《洛采》。

第三节 机械论和目的论

人不仅仅是事实的镜子,机械的宇宙不能满足人的伦理和宗教兴趣。但是,包括生命在内的物理世界,必须以机械的原子论为基础,按物理和化学规律予以解释。有机物和无机物的不同,不在于它有生命力,只在于它各部分的排列有所不同,这种排列是决定每一部分的方向、形式和演化的物理反应的体系。有生命的物体是自动机,超过人所发明的任何机器。这种观点似乎完全抹煞了
496 人及其目的和理想,但是,考察机械论所根据的前提,表明情况并非如此。呈现给知觉的外在世界,不是像朴素的实在论所肯定的那样,为实在的摹写,而是人类意识对外界刺激的反应,是心灵在自身中的创造。具有时空性的感觉世界是现象界,是意识的产物。感觉、知觉以及人借以解释现成的感觉的逻辑规律是主体的职能。那么,外界的实在事物、自在之物的本质是什么呢?我们只能靠类比推理来回答这问题,而类比推理则导致形而上学的唯心主义。自在之物必定有施予作用和被施予作用或起变化的性能,它在一切变化中却始终不渝。我们只在自身中直接认识具有这类性质的东西,那是被称为心灵的作自我决定的统一原则。这种意识的统一,

即心灵结合杂多的现象于意识统一中的能力，迫使我们肯定一不可分割、超感觉的心灵的存在，它和肉体不同。只有在心灵那里才有多样性中的统一、变化中的常在以及发展：凡是人所经验的不再消失，而转移到当前并作为人类精神生活的一部分。因此，实在的宇宙必须按精神、按直接为人所认识的唯一的实在，加以解释。科学所说的原子是非物质的本质，像莱布尼兹的单子或力的中心，类似我们在自己的内心生活中所经验者。空间不是无形体的实在，而仅仅是这些活动的原子存在的可感觉的现象，是知觉恒常的产物。甚至最低级形式的物质也不是死板、呆滞的质量，而是组织很好的体系，富有生命和活动。实在有各种等级，人类精神在精神生活的阶梯中代表最高的、有自我意识的阶段，但是，精神生活同样出现在存在物的不太清楚的意识情态物中，以至出现在粗劣的物质形式中。

洛采也以实践或伦理为根据，来肯定形而上学的唯心主义。他认为设想一冷酷的物质原子的机制，竟然为在有感觉的灵魂中绘制一美丽的有声有色的幻景这一唯一的目的而存在，那是令人不能容忍的思想。这样一个宇宙既没有意义，又没有伦理价值。497
我们可以把实在解释成我们绝对赞成的某种东西，即绝对好的某种东西；因此，现象世界不能是无意义的幻景，而必须被看作是有伦理秩序的精神世界的显现。就这一点而论，洛采的逻辑和形而上学植根于伦理学中。我们不能设想那不应该存在的东西的存在；我们的思维形式（逻辑规律）植根于对善的要求中，实在本身则植根于绝对善、即至善中。

精神和肉体的关系是相互作用的关系。肉体如何引起精神的变化或者相反，不能解释，但是这个困难并不比任何其他困难更大。我们所指的因果作用无非是这种情况，即一物体有变化时，另一物体就发生变化：至于怎么发生的，我们不得而知。能量守恒原理不是反驳精神和肉体相互关系的论据：肉体同精神本质上没有差异，这才有可能。和莱布尼茨一样，洛采认为肉体是由单子或精神力组成的，精神位于头脑中，在头脑中同肉体发生关系。只要肉体活着，灵魂就控制肉体；肉体死亡以后，灵魂如何，则是一个谜。但是洛采出于信仰，认为一切事物总会各得其所。

第四节 泛神论

我们看到，在洛采的思想中，机械论如何转化为关于相互关连的精神实在的体系。不能设想这样一个多元的世界没有一个有统一作用的宇宙实体，一切现象都是这个实体的状态或表现。即使是机械的世界观，像它那样肯定世界上最小原子的运动同一切其他原子具有谐和的相互关系，也需要这样一个无限的实在物的概念；的确，自然的机制是绝对意志的表现，是绝对赋予自己以外在的有限形式的方式。如果我们不把繁杂的自然历程看作是同一的无所不包的实体的状态，我们丝毫不能了解相互作用，以至不能了解因果关系，即事物相互影响的可能性。于此，洛采的哲学发展为
498 同莱布尼茨和斯宾诺莎思想因素相结合的唯心主义的泛神论。人类心灵不得不用它所知道的最高实在来解释宇宙实体，即把它解释成一个人物；我们必须相信这神圣的人物是绝对善的实在物，是仁爱的上帝。

第五节 费希纳

谷斯塔夫·席欧德尔·费希纳(1801—1887 年)是莱比锡大学物理学教授，是心理—物理学创造人之一，是新唯心主义运动的一个代表。

他著有:《死后生活手册》(1836年),《至善》(1846年),《南娜或论植物灵魂生活》(1848年),《扎拉斯图拉信徒的经典》(1851年),《关于灵魂问题》(1861年),《心理—物理学原理》(1860年),《美学入门》(1876年)。关于费希纳,参看:拉斯韦茨,《费希纳》;冯特,《费希纳》;帕施托尔,《费希纳》。

费希纳通过类比,从人本身的精神活动及其在肉体上的表现,推论动植物以及那由原子作力的中心的无机物,也有心灵生活,只是清晰的程度每况愈下而已。整个宇宙富有生机(泛心灵论)。还有比人的心灵生活更高级的心灵生活,地球和其他行星都有灵魂,这些灵魂同一切具有心灵的存在物一道,都被包容在最高级的灵魂,即世界灵魂或上帝的灵魂中。上帝和宇宙的关系同人的灵魂和人的肉体的关系相仿;自然是上帝的肉体,即宇宙灵魂的客观表现,它超越自然,正如人的灵魂超越人的肉体一样。

弗里德里希·保尔森(1846—1908年)在他那于德国和美国广泛为人阅读的《哲学导论》中,提供了一种类似洛采和费希纳那样的唯心主义世界观。(参看梯利,《保尔森的伦理学著作》,载《国际伦理学杂志》,XIX,2.)

第六节　冯特

威廉·冯特(1832—1920年*)的著作表明,他受有斯宾诺莎、德国的唯心主义、赫尔巴特、费希纳和洛采的学说以及近代进化论的影响;他最初在海德堡任生理学教授(1864—1873年)。1873年在苏黎世大学任哲学教授,1875年应聘到莱比锡大学。他 499
是近代实验心理学的鼻祖。在世界各地这一新科学的许多教师曾

* 译者所加。

经是他的学生。

他著有《生理学教程》(1864 年);《人类和动物心理学讲演录》,1863 年(克雷顿和铁钦纳译),第五版,1911 年;《生理心理学》,1874 年,第六版,1908—1911 年;《心理学导论》,频特译,1912 年;《逻辑学》,三卷,1880—1883 年,第三版,1906—1908 年;《伦理学》,1886 年(铁钦纳、瓦士博恩和谷利维尔译),第四版,1912 年;《哲学体系》,第三版,(1907 年);《哲学导论》,第五版,(1909 年);《民族心理学》,五卷,(1900 年以后)。

参考书

康尼格,《冯特是心理学家和哲学家》;艾斯勒,《冯特的哲学和心理学》;康拉德,《冯特的伦理学》;许夫定,《近代哲学》。

冯特为哲学下定义,说它是一般的科学,其职能在于结合得自专门科学的一般真理,而构成本身一致的体系。意识中的事实是人类全部知识的基础,所谓外界经验、即关于外界的知觉,是内在经验的一面;人类一切经验都是属于精神的。但是,对此,不能在主观唯心主义的意义上作这样的解释,说这意味着世界不过是意识的反映;我们不得不推论出外界的存在(批判的实在论)。时空、因果性和实体,即导源于心灵的概念,没有客观世界的协作,决不会在人心中出现。没有外在的原因和概念的形式,关于自然的知识是不可能的。如果我们以外界经验为世界观的基础,我们就被推到原子论的唯物主义那里;如果我们把自己局限在精神生活事实的范围以内,则将归结为唯心主义。但是,我们不能把外界解释成缺乏内在生活的世界:宇宙的机制是外壳,在它后面隐藏着精神创造,隐藏着一种类似我们于内心中所经验的奋进而有感觉的实在。按照这种认识论的结果而言,心理因素占有优先的地位,内在经验必然是知识的原始材料。心理学表明，精神生活本质上是活动，是意志：这表现在注意、统觉、联想、情绪和意志上，构成精神的中心因素（唯意志论）。

不要把心灵看作是实体，因为那是唯物主义的概念，而要把它
看作是纯粹的精神活动（actus purus）。必须设想实在为奋进而有 500
意志力的实在物的整体，这种实在物表现于物质的形式中：实在是由独立而经内在目的决定的实在物所组成的（目的论）。由于伦理上的理由，我们把这些个体的意志包含在宇宙的绝对意志中，关于后者的性质我们不能进一步予以规定。世界是一种精神的演化，是相互有联系、有目的的形式往前推进的发展。

第七节　价值哲学

我们所考察的一些哲学体系建立在价值判断上，这些体系以至善来解释实在：归根到底，世界一定是伦理、美学或重逻辑的意识所要求而作为理想的世界。康德认为宇宙本质上是道德意识所涵蕴的，那就是应该如何的宇宙：本体界必然是一个精神领域，一个目的王国，一个自由而合理的社会，其中每一个人都愿意有这样的结合。费希特的世界观与此相仿。洛采的思想由善的概念所指引，他认为我们只能设想世界建立在善的原则上。许多人说把这类概念引进形而上学，是剥夺它的科学性。他们认为哲学是理论理智的工作：它的任务是不受人类道德、美学或宗教本性要求的牵制而说明实在。看待世界，不要从人类要求的角度、不要从它应该如何的角度出发，而要着眼于它的实际情况。重价值的哲学家反对这种科学和唯理主义的观点，指出向往真理和合理性、要求逻辑一致性和统一性本身，就是热望应该如何的东西，于此，我们也就是为理想所推动；如果我们把实在看作是紊乱一团，那会伤害人类

关于秩序与和谐的爱好、人类完善的理想或者人对于美的渴望。因此，他们争辩说重逻辑的冲动不得凌驾于人类本性的其他要求之上，凡是不公正地对待所有这些要求的哲学体系，都不妥当。

W.文德尔班(1848—1915年[*])著有《序曲》，第三版，(1907年)；《历史和自然科学》，第三版，(1904年)；《意志自由》，第二版(1905年)；《趋向真理的意志》(1909年)。他受康德和费希特的影
501 响，根据批判哲学的精神制定他的学说。在他看来，哲学是关于一般价值的科学，研究绝对价值判断(逻辑、伦理和美学)原理；其他科学的课题则是理论判断。这两种命题根本不同：例如，这东西是白的，这东西是好的。在前一种情况，我们陈述那属于所呈现的客观内容的一种性质；在后一种情况，我们陈述一种关系，它表明规定某种目的的意识。逻辑公理、道德法规、美学规律的确实性不能证明；其各自的真理建立在一个目的上，这个目的必然作为人的思想、感情或愿望的理想而是必要的前提。那就是说，如果你向往真理，你必须承认思维原则的确实性；如果你相信有是非的绝对标准，你必须承认某种道德准则的确实性；如果美不仅仅是主观的满足，你必须承认美有一般的准则。所有这些公理都是准则，其确实性建立在这个前提上，即思维旨在实现求真的目的，意志旨在实现为善的目的，感情旨在实现理解美的目的——其方式是普遍可以接受的。相信普遍的目的是批判的方法的必要条件，没有这个条件，批判的哲学就毫无意义。

因此，逻辑规律是追求真理的意志必要的工具。但是，这不能从有用即真理的实用主义的意义上来理解；真理不是得自意志，不是任意独断的事情，而是由事物本身而来的。文德尔班区分开自

---

* 译者所加。

然科学和纪事科学。前者研究恒常、抽象和普遍者,研究规律;“制订科学定律”。后者(历史)记录个别、具体、特别和新异者,“陈述独特事件”。

在这一方面需要指出的有H.李凯尔特的著作,即《自然科学概念构成的界限》,第二版,(1913年);《文化科学和自然科学》,第二版,(1910年)。有H.闵斯特贝尔格的著作,即《心理学和生活》,(1899年);《永恒的生命》,(1905年);《科学和唯心主义》,(1906年);《永恒的价值》,(1909年)。W.狄尔泰著有《人文科学导论》(1883年),强调人文科学的特殊性,即同自然科学有区别。我们必须研究各种人文科学的关系、方法和前提;通过思考精神在历史 502
和心理学中的表现,我们在这种科学中取得了关于实在、价值、准则和目的的知识。但是,形而上学作为实在、价值和目的的逻辑体系,是不可能的。人文科学是建立在目的论的、描述—分析的心理学之上的,这就是普通心理学、比较心理学和社会历史心理学。

第八节 奥伊肯

鲁道尔夫·奥伊肯(1846—1926年*)建立起一种形而上学体系,力图公正地对待逻辑的理智以及人的价值,这在学术界以外和许多国家里激发起人们对伦理唯心主义的兴趣。

奥伊肯的著作有《现代思潮》,1909年(布斯译,题为《现代思潮的主要流派》),于1878年第一次出版时,题为《现代基本概念的历史和批判》;《伟大思想家的人生观》,1890年,胡夫和博伊斯·吉伯森译,题为《生活问题》;《为精神生活的内容而奋斗》(1896年);《生活的意义和价值》,1907年,博伊斯·吉伯森译,题

* 译者所加。

为《生活的价值和意义》;《一种新世界观的原则》,1907 年,威芝瑞译,题为《生活的基础和生活的理想》;《精神生活哲学导论》,1908 年,博格松译,题为《精神生活》;《伦理学和现代思想》,1913 年。

在他看来,自然主义和理智主义都不能充分地解释实在;前者总是隐含地假定一精神世界,而它的原则又予以否定;后者从来没有使经验同逻辑思维相符合。对无限抱有殷切希望的精神,显现自身于人类历史中,表明有一个宇宙的精神历程、一个独立而有条理的超然世界,它是个体精神生活的泉源。我们在自身中经验到这样一个自由、自我活动的精神:这是我们不能推导的自明的事实或活动,只能直接领悟。就人的本质而言,他超越历史;只有从他不完全、努力追求完善方面来看,他才是有历史的生物。精神生活要不是物质的自然界的附带现象,就是自我存在的整体、一个宇宙整体、一切存在的泉源。如果人类生活不过是自然界中偶然发生的事件,那么,它就没有价值,一切崇高和美好的东西仅仅是虚幻,
503 宇宙是不合理的。宗教所极力追求的不是人的快乐,而是以人为本,保持真正的精神生活。人的精神天赋和他的实际地位中间鲜明的对照,鼓舞他怀有这样深切的信念,他内心里有比较高尚的能动的力量。我们不能在内心里灭绝对真理和爱的渴望,对过真正的精神生活、不逐现象之波而漂流的希望。人心中要没有一无限的力量的活动,人的不断追求,自我活动的冲动,直接领悟和无限性,就不可思议。如果没有一个超验的世界,精神生活则将瓦解,失去其内在的真谛。由希望有一个比较高尚的世界,产生出唯心主义的泛神论。

宇宙生命是万物,即人类历史、人类意识和自然本身的根基。宇宙历程是从无机物到有机物、从自然到精神、从单纯的自然的心

灵生活到精神生活的演化;在这趋向独立和自我实现的演化历程中,世界意识到自己。不过人的人格并未湮没在这宇宙精神中,当然,只有在宇宙生命中分享宇宙生命,个性才可能有发展。

参　考　书

关于奥伊肯,参看博伊思。吉伯森,《奥伊肯的人生哲学》;布斯,《奥伊肯:他的哲学和影响》;西伯特,《奥伊肯的世界观和人生观》;A. J. 琼斯,《奥伊肯:人生哲学》。

第九篇　法国和英国的哲学

第一章　法国实证主义及其反对者

第一节　对感觉主义的反动

在法国以自然主义哲学为依据的启蒙运动，促成大革命以及动荡的社会和政治变迁。孔狄亚克、百科全书派和霍尔巴赫所倡导的感觉主义和唯物主义理论，在十八世纪后半期曾经脍炙人口，大革命以后则盛况消失，新哲学登上前台。批判和自由主义趋于极端，势必招致保守派的反对；对自由思想的要求为一派思想家所反对，这些思想家强调权威的原则，提出一种超自然主义的哲学，
504 以便挽救纷争不安的时代，这是不足为奇的。约瑟·德·梅斯太(1754—1821 年)宣称人类理性已经暴露出无能统率人类，只有信仰、权威和传统能够约束人，使社会稳定。心理学似乎是为反对唯物主义提供了最好的论据，是最有前途的研究领域。甚至孔狄亚克那一学派的成员，对他的感觉主义也感到不满。唯物主义者卡巴尼斯注意到极其重要的感觉和本能的反应，即那很难解释成单纯产生于外在感官的有意识的生活的因素。芒·德·毕朗(1766—1824 年)起初追随孔狄亚克和卡巴尼斯，他认为努力奋发的感觉是意识的中心因素和认识的基本原则：他断定在这种内在的经验中，人直接意识到心灵的活动以及物质世界的存在。努力奋发的感觉也是人关于力、因果性、统一性和同一性等等概念的基础。

反对唯物主义极为重要的人物有罗亚-库拉尔(1763—1845 年)、维克托·库赞(1792—1867 年)和 T. 乔弗罗(1796—1842 年)。罗亚-

库拉尔是索尔崩的能言善辩的哲学教师,他继承了托马斯·雷德的常识哲学。库赞制定了一种折中主义哲学,这种哲学以唯灵论为基调,显然受有雷德、库拉尔、毕朗、谢林和黑格尔的影响;他成为法国教育方面的领导力量。

参　考　书

关于十九世纪前半期的法国哲学,参看累维-布鲁耳,《法国现代哲学史》;莫雷耳,《十九世纪欧洲思辨哲学》,第二版,(1847年);弗林特,《法国哲学史》;达米隆,《十九世纪法国哲学史》,第三版,(1834年)。还有泰思、腊韦松和费拉兹的著作;宇伯威格-海因泽,前引书,第三编,第二卷,§35—40。书目见宇伯威格-海因泽前引书。

第二节　圣西门

以上所述各种思潮都没有足够的生气勃勃的力量,以满足那时代对自由、平等和博爱的理想仍然感到关切的需要。大部分法国思想家依然梦想改造人类社会,同折中主义哲学家相比,他们更加积极地重视实际问题。政治革命确实没有带来普遍的幸福,宣 505
称普遍人权并没有消除下层阶级的愚昧无知和悲惨的境遇。于是有人指出,要达到这种目的,必须靠社会演进,通过由教育和启蒙运动所取得的社会逐步改造。克劳德·昂利·圣西门(1760—1825年)肯定,一种新社会科学可以消除财产、权力、文化和幸福的不平等的分配。在他看来,劳动者的经济和文化的解放是主要的事情,政体的形式无关紧要。他宣称需要新基督教,这种宗教所宣扬的不是克己,而是爱世界;他强调爱的统帅,指的是爱贫苦和卑贱者。改造世界以认识社会规律为前提,因此,这涉及科学和世界观的改造。他认为当时是批判、否定和解体的时期,是精神上紊乱的时代,是有批判而无组织的时代。中古时期是建设的时代,是在精神和社会方面有组织的时代，是有机的时代；我们必须回到这个时期。人需要一种新的思想体系，这必须是**实证哲学**，即以经验和科学为基础的体系。

第三节 孔德

圣西门是胸怀同情心的幻想家，是富有热情的人，而不是有系统的思想家。他没有创建实证哲学。奥古斯特·孔德承担了这个任务，他受圣西门委托，为他的《实业家问答》(1823—1824 年)撰写科学的教育体系的部分；但是圣西门认为这种论述未曾妥善处理教育中感情和宗教的一面。1798 年孔德生在蒙彼利埃，出身于正统的天主教家庭。他曾在巴黎工艺学校学习(1814—1816 年)，在那里他获得了严正科学的知识，汲取了圣西门主义原理，这种原理在那个学校有热情的追随者。离开学校以后，他研究生物学和历史；教授数学，借以谋生。孔德同圣西门已经交往多年，而两人的意见却不一致；孔德开始独立地发挥他自己的思想，尽力靠写作和私人教学来维持生活。虽然他几次试图得到教授的职位，但是终未成功。他死于 1857 年。

他著有《为重新组织社会的必要的科学工作计划》(1822 年)；
506 《实证政治》(1824 年)；《实证哲学教程》，六卷，(1830—1842 年)，H. 马提纽节译；《实证哲学体系或建立人道宗教的社会学论文》，四卷，(1851—1854 年)，包括《计划》，有英译本；《实证主义问答或广泛宗教解说撮要》(1853 年)，康格雷夫译。还有孔德致瓦累书信(1877 年)和孔德致穆勒书信(1877 年)。

参考书

J. S. 穆勒，《孔德和实证主义》；E. 凯尔德，《社会哲学和孔德的宗教》；瓦岑，《孔德、穆勒和斯宾塞》；惠特克，《孔德和穆勒》；利特雷，《孔德的实证哲学》；累维-布鲁耳，《孔德的哲学》；杜尔姆，《孔德及其著作》；杜皮，《孔德的实证主义》；德富尼，《实证主义社会学》。

第四节　社会和科学的改造

正如其著作标题所表明的，孔德的理想和圣西门的理想一样，是要改造社会。要达到这个目的，必须认识社会规律，必须有一种社会科学，这种科学本身又要以其他科学和一种哲学观点为前提。因此，要改造社会，就得改造政治和社会科学以及哲学，就得有一种新哲学，孔德毕生致力于创制这种哲学。中世纪的神学中有其世界观，即关于宇宙和人生的共同的概念，这种神学代表原始的思想阶段。近代、特别是在法国，自然科学显著的进步令人想到，科学方法是新任务要遵循的方法。科学唯一的目的是发现自然规律或存在于事实中间的恒常的关系，这只有靠观察和经验才能做到。这样取得的知识是**实证的**知识，只有为实证科学所证实的知识才能成功地运用到人类实践的各个领域。凡是没有把握这种知识的地方，我们的任务是要靠模仿高等自然科学所用的方法，来取得这种知识。我们看到，孔德是站在经验派思想家一边的，他属于以休谟和狄德罗为重要代表的哲学家的行列。

第五节　知识的演进

实证知识是孔德的理想，是历史演化的结果。人类精神经过三个阶段（三阶段规律），或运用三种哲理思考的方法，即神学、形而上学和实证的方法，其中每一种都有其实践的价值和相应的社会制度。在神学阶段，即童年时代，人用神人同形同性论的观点来 507
看待事物，把事物看作是超自然物的表现，由拜物教经过多神教到一神教。这是君主政治和绝对权威的时代，有僧侣作为领导人。

在形而上学阶段，即青年时代，抽象的力量或实体取有人格的神而代之，这种力量或本质被认为是各种事物所固有的，是在事物中所观察到的现象的必然的原因。认识了这种原因，据说可以推知其结果。起初，人们设想有各种力量，诸如化学力、生命力和精神力，用以解释不同种类的现象，但是，像以前的阶段一样，这种倾向是要上达一唯一的初始的力量。形而上学的时代是国家主义和人民自主的时代，法学家居领导地位。神学和形而上学都相信，取得绝对的知识和解释事物内在的本质是可能的。在实证主义阶段，要发现事物内在的本质被认为徒劳无益而摈弃，并为努力发现存在于现象之间的一致的关系所代替。所提的问题不是为什么？而是怎么样？自然规律代替了绝对的原因；于是用观察的方法，来确定事实之间的不变的关系就是目的。伽利略、刻卜勒和牛顿建立了实证科学。人不能认识热、光和电本身，却能认识它们所以发生的条件以及为这种条件所共有的一般的现象，即制约这种条件的普遍规律。例如，解释光是把光置于运动规律之下。这种知识足以适应实践的目的，为预见而见（voir pour prévoir）是实证主义者的座右铭。

人类心灵力图把一切归于统一，这只不过是主观的倾向。我们不能把许多不同的自然规律化归为一唯一的无所不包的规律，经验也为此表明有许多不能化归的差异。孔德说，实证一词指**实在**、**有用**、**确实无疑**和**严谨**，指**否定**的反面，就是说，实证的知识不单纯是否定或批判。

508 第六节 科学分类

但是必须创建实证**哲学**，这种哲学搜集和排列得自各种科学的一般规律，给人以各种科学共同的方法，表明这些科学如何相互联系，这就提供了科学分类。这种综合不但是克服专业弊端的手段，而且对教育也有价值。孔德按照进入实证阶段的次序来排列科学：数学（算术、几何和力学）、天文学、物理学、化学、生物学和社会学（后来他又在社会学后面加上伦理学，作为一切科学的顶点）。这种分类还表示从简单到复杂的渐进：数学包含最简单、最抽象和最一般的命题，居于首位，形成其余一切科学的基础；社会学最为复杂，用它以前的科学作前提。所以如此排列的理由是这样，规律越简单、一般，其应用的范围越广泛。几何学的真理适用于一切有广袤的现象（静力学的观点）；力学的真理适用于被认为是在运动中的一切现象（动力学的观点）。虽然在上升的系列中，每一种科学都以其前面的科学为基础，这并不是肯定它所研究的现象是从比较简单的现象派生出来的，例如，生命现象由运动现象派生而来。否则，那就是唯物主义，孔德排斥唯物主义，他认为我们不能从机械或化学方面来解释有机现象。这六种科学领域中每一种都有一个和其他领域中的因素不同的新因素。这话同样适用于每一种科学内部的现象：热和电不同，植物和动物不同，各种有机物的种彼此也有所不同。

在孔德的科学分类表中，没有逻辑、心理学和伦理学的名称。逻辑作为关于理智职能的科学，甚至比数学似乎还要靠前，但是法国哲学家视之为心理学的一支。照孔德看来，心理学不是一种特殊的科学。心灵或灵魂是形而上学的实体，对实证主义来说，是不存在的。由于内省不可能，我们不能从主观方面来观察心理活动。509
我们所能做的，是从客观方面来研究心理活动，那就是研究同这种活动有联系的有机现象以及这种活动表现于其中的人类制度。因此，心理学一部分属于生物学，一部分属于社会学。事实上，如果把心理学列入这个分类表中，那会给孔德造成很大麻烦；几何学和力学不能运用到像心理那样独特的现象上，科学分类就会垮台。但是，如果有机现象(尽管被认为极其特殊)不可从力学方面予以解释，却能在科学的系列中占有地位，而心理学竟被排除，那是不可理解的。孔德没有首尾一致地思索透彻这类观点；他对加耳骨相学感兴趣，厌恶一切唯灵论的心理学，这引导他认为一切心理状态是大脑的机能。

第七节 社会科学

在科学阶梯中，最后和最复杂的科学以及即进入实证阶段的科学，是社会学。社会学依赖其他科学，特别是生物学(因为社会是由有机的个体组成的)；它包括经济学、伦理学和历史哲学以及一大部分心理学。孔德自称是社会学的创立者并为它规定了名称。他认为不研究社会科学和历史哲学，就不可能研究心理学、伦理学和经济学：这些科学所探讨的现象同社会和社会演化有相互之间的关系。社会静力学研究社会事实、社会存在的规律和社会秩序；社会动力学研究社会演化，它是历史哲学，目的在于探索社会的进步。

社会生活的渊源不是自利，而是社会冲动。人有利己主义的冲动，这也是社会所不可缺少的。比较高尚的冲动、即利他的感情，为理智所鼓舞，控制自利的本能；起初这种本能比利他主义(孔德所创造的词)强烈，必须加以约束，社会乃得以存在。家庭是社会单位，为规模更大的社会生活做准备。理智是进步的指导原则。
510 进步在于人之所以区别于兽类的人类职能的发展，在于理性或比较高尚的冲动的往前推进。社会经历三个演化的阶段，这相当于已经指出的理智的三阶段。秩序、训练和武力是军国主义的特征，组织是进步的首要条件。随后到来的则是革命的阶段、政治权利的阶段，即具有否定性的过渡时期。实证的阶段是“人类确定的阶段”，是工业制度的阶段，这阶段所强调的是社会问题，而不是政治问题和个人权利。那是专家的时代，他们的职能一方面是指导科学研究，监督公共教学和鼓吹舆论；另一方面是调节社会生产。孔德反对人民代表，认为那会使专家从属于愚昧者。舆论是恶政的解毒剂。他相信社会问题归根到底是道德问题，改变观念和习惯会促成确实有益的国家的产生。

如我们最初所指出的，孔德的主导思想是社会改革，这必然建立在伦理的理想上。他用他的理想来解释历史：进步意味着人类理想的实现，意味着社会中的人的完善。历史朝着这个理想而往前推进，理智、社会和伦理的演化一直趋赴实证主义，即人类确定的阶段。不难看出，实证主义归结为独断论，变成为一形而上学的体系。

第八节　伦理学和人道教

孔德于晚年极其重视生活中的感情和实践方面，特别突出伦理的理想。以前他强调理智是社会改造的重大因素，现在则摆正理性和科学同感情和实用的关系。客观的方法为主观的方法所代替，主观的意思是说，这种方法把知识同满足主观的需要和追求世界观的统一和单纯性的愿望联系起来。孔德给六种科学加上伦理学，作为第七和最高的一种科学，作为目标，所有其他科学都是这
目标的部分。重大的人类问题是尽力使个性服从社会性；一切事 511
物都一定同人道有关连，仁爱是主要的冲动，为他人而生活乃绝对的要求。人道是巨大的神明，值得崇拜。

第九节 唯心主义反对实证主义

实证主义没有消除库赞的唯灵论的折中主义,而一种反动却崛起于这学派内部,一些有创见的思想家(如波尔达-德莫兰、腊韦松、塞克雷汤和瓦歇罗)根据科学的观点,另外一些思想家根据德国唯心主义的观点,来攻击折中主义。在法国天主教神父(如拉芒内,1782—1854 年)中间还有柏拉图派的基督教运动;托马斯哲学也复活了,特别是在比利时的鲁汶大学,这所大学作为认真进行哲学研究的中心,一直延续到今天。实证主义有许多追随者(利特雷、泰恩和勒南),它不利于形而上学研究,却鼓舞了心理学(Th. 利鲍)和社会学(G. 塔尔德和 E. 杜尔克姆)专业。进化论同样有助于削弱唯灵论的影响。

在《哲学批判》主编 C. 雷诺维叶(1818—1903 年)的领导下,一个以康德的批判主义为基础的学派兴起,它既反对实证主义,又反对传统的唯灵论。雷诺维叶称自己的哲学为新批判主义,可是这种哲学发展成唯心主义的形而上学,类似莱布尼兹的单子论,以多元论和人格论为其特征。他认为没有本体界,没有自在之物;就其呈现而言,事物是现象;对人来说,除去观念以外,别无他物存在。一个现实的无限性的概念,既在经验上是矛盾,在逻辑上也是矛盾。宇宙是有限事物有限的总和。因此,现象中没有无限的过渡,这就需要有突变性的观念。突变性包含无因而成的开始以及意志自由的可能性。这样,知识则是相对的,仅限于发现存在于事物之间的关系。

A. 库尔诺(1807—1877 年)已经预先表露了雷诺维叶的一些
512 思想,他认为自然和历史中有机遇和偶然性。自然规律只是近似
地真实。机遇是属于独立现象系列的事件的结合或协合。

受雷诺维叶影响的有 F. 皮荣、E. 布特鲁、H. 柏格森和威廉·詹姆斯。

库尔诺的著作有:《机遇和概率论》(1843 年);《论认识的基础》(1851 年);《论科学和历史中基本观念的联系》(1861 年)。

雷诺维叶的著作有:《一般批判论文》,四卷(1854—1864 年),第二版(1875—1896 年);《新单子论》(同 L. 普拉合著,1899 年);《人格主义》(1902 年);《最后的谈话》(1905 年)。皮荣有价值的评论文章见《哲学年鉴》,他是年鉴的编辑。布特鲁的著作有《论自然规律的偶然性》(1874 年),第四版(1902 年);《哲学史研究》,第二版(1901 年),茹斯威尔译;《科学和宗教》(1908 年),尼尔德译;《道德和教学问题》(1896 年),茹斯威尔译。关于詹姆斯和柏格森,参看原版第 566、577 页。

参考书

关于十九世纪后半期的哲学,参看累维-布鲁耳,《法国近代哲学》;布特鲁,《1867 年以来的法国哲学》;宇伯威格-海因泽,前引书,§ 40—60。关于这思潮的书目,见宇伯威格-海因泽书。许夫定,《近代哲学》(法译:《现代哲学》);塞伊、冉森和阿舍尔关于雷诺维叶的专著。费格尔,《法国新批判主义》;关于库尔诺,参看《形而上学和道德学评论》,1905 年,五月号;博廷内利,《库尔诺》。

A. 富耶(1838—1912 年)在他关于观念力的唯意志论和演化论的哲学中,试图调和唯心主义和唯物主义。他认为唯物主义强调运动而排除其他因素,有片面性,唯心主义强调思想,也有片面性。精神和物质、意识和生命,作为一统一的原则而起作用。精神和物质是唯一的全部实在的两种抽象,是看待同一事物的两种方式。一切心理现象都是冲动和嗜欲的表现。心理活动是人直接感受的唯一的实在,因此我们有权以能动的精神或观念力作比喻来解释世界。

富耶的观点表述于下列各书中:《自由和决定论》(1872 年);《观念力的演化论》(主要著作,1890 年);《观念力心理学》(1893 年);《观念力伦理学》(1908 年);《思想》(1912 年);《伦理学解说大纲》(1913 年)。参看 A. 居伊约,《富耶的哲学和社会学》以及有关雷诺维叶的著作。

让·居伊约(1854—1888 年)是富耶的卓越弟子,强调趋向统
513 一的宇宙的生命冲动,这种冲动在人类的利他主义中,不亚于在自然之力中的表现。团结性和社会性原则的演进是道德、宗教和艺术共同的特征。居伊约的著作有:《既无义务又无制裁的伦理学大纲》(1885 年),第五版,(1903 年);《论未来无视宗教》(1887 年),第七版(1904 年);《教育和遗传》(1889 年),第五版(1900 年);《现代美学问题》(1884 年),第六版(1901 年)。参看富耶,《居伊约以后的道德、艺术和宗教》,1889 年。前三种书已有译本。

第二章 苏格兰的唯理主义哲学

第一节 威廉·惠威尔

从威廉·奥卡姆的时期以来,虽然英国哲学表现有坚决趋于唯名论和经验主义的倾向,漠视形而上学,但是对立的学派一直没有完全消失。我们曾经提到十七世纪剑桥的柏拉图学派以及十八世纪和十九世纪初托马斯·雷德及其学派所代表的反休谟的活动,当时常识哲学在苏格兰各大学中占统治地位。这后一运动的价值,与其说在于它有正面的学说,毋宁说在于它对经验主义的批判以及在英国推动人们对流行的学说作更彻底的考察。后来苏格兰哲学受康德批判哲学的影响,有威廉·惠威尔(1795—1866 年)和威

廉·哈密尔顿爵士(1788—1856年)作代表。惠威尔著有《归纳科学史》、《归纳科学的哲学》和《道德哲学原理》。他认为在归纳法中有经验主义所忽略的因素,那就是心灵在认识现象上提供了经验的内容借以组成和统一的一些观念和原则。在我们没有意识到这些观念和原则好久以前,我们就通过它们来解释自然,把事实资料翻译成我们的语言。它们是无意识的推断,却有必然性,意思是说相反的情况是不可思议的。

在简单的理解中,这些基本的观念和原则都起作用;我们确实不能设想它们不在其中发挥作用的心灵活动。虽然它们不是由经验派生的,却通过经验而发生和发展。它们不是存在于心灵中的
成品,而是当心灵活动时才出现的;它们是心灵施作用于原料而为 514
心灵所有的方式。在这些原则中,惠威尔提到:空间、时间、原因和目的,还有人应当做正当的事的道德法则。像常识哲学一样,惠威尔关注认识的某些原则,但是他没有仔细分析这些概念,使之统一起来。惠威尔在归纳科学方面的著作是有益的,约翰·斯图亚特·穆勒指出,没有这些著作,他就不能在这领域里完成他自己的任务。

第二节　哈密尔顿

威廉·哈密尔顿爵士沿着康德批判主义的方向,超越了常识哲学。他是一位比惠威尔深刻的思想家,一位锐敏的逻辑学家和辩证学家,同他的前辈相比,他具有更渊博的哲学史知识。他的著作当中有《关于哲学和文学的探讨》(1852年以后)和《形而上学和逻辑讲演录》(1859年)。他主要对道德和宗教感兴趣,以批判的哲学作他的神学基础。

哈密尔顿断定有必然或先验的真理,即简单自明的真理,它们本身具有绝对的确实性;普遍和必然性是这种真理的最后标准。例

如，所有的人都相信两条线决不能围成一空间，他们确实不能想像两条线围成一空间。然而，就某些所谓必然真理而论，诸如因果律、实体律以及同一律、矛盾律和拒中律，如果说意识的论断竟然不真实，那是不可思议的；以某些偶然的真理而言，例如外界的存在，则不是不可思议，我们在实践上却不能相信它谬误。一命题矛盾的对立面之不可想象，不足以检验真理，因为这命题本身同样可以不可想象。自由活动和完全受决定的活动就都不可想象。一个命题一定确实是必然的：当它可以想象，而同它相矛盾的对立面则不可想象，才是这样。“一切确实的思想位于两个极端之间，哪个极端我们都不能认为是可能的，可是二者相互矛盾时，我们必须承认其中之一是必然的。”这是哈密尔顿论有条件者的规律。他把这
515 一规律运用到因果原则上。我们不能想象存在的绝对的开端，也不能想象绝对的终结。“我们必然在思想上否定那表面上开始如此的对象，实际上就是如此开始的；我们必然把它的现状和它过去的存在视为同一的。”“我们不得不相信对象（即一定的**性质**和**数量**，这就是我们所见的在**现象上**升起而存在的）在这种升起之前**实际上**以其他形式存在。但是，说一事物起先以其他形式存在，只是换句话说，一事物有原因。”不过，我们也不能想象一无限的无开端或一无限的无终结。因此，我们不能肯定因果律有绝对的确实性；因果律仅仅建立在相反的情况不可思议上面，而如前所述，不可思议不是检验真理的标准。如果规律确实有必然性，那么自由意志就不可能。但是它不是确实的规律，因而自由意志是可能的。意志是否自由取决于证据；关于自由的事实，我们有直接或间接的意识方面的证据。

我们只能认识有条件的有限的东西，我们不能绝对地认识存在本身，只能认识它同我们的机能有关联的特殊形态。如果真是

这样，我们不能认识终极的神祇或上帝，因为终极的东西是无条件的。无条件的东西不是绝对的（即完备、完善的），就是无限的，但是它不能兼有这两种性质，因为绝对和无限是相互矛盾的对立面。既然上帝必定具有这一种或那一种性质，既然我们不能决定把哪一种性质加在他身上，理论神学是不可能的。我们不能先验地认识上帝。没有一个思辨神学的鼓吹者能够证明上帝是绝对或无限的，虽然许多人为他下定义，说他兼有两种性质，而这却是矛盾的。哈密尔顿没有断定无条件的概念是自相矛盾，也没有如此论断绝对或无限的概念。相信上帝、相信他绝对或无限，这是可能的，而相信他二者兼备，则不可能。我们决不能先验地证明他具有哪一种性质。

关于实体和现象的原理是无条件规律的另一种应用。我们所 516
有的精神和物质的知识是相对的、有条件的；我们只意识到有条件的存在。我由我的本性的必然性所驱使而认为现象是不可知的实体的可知现象。我不能肯定这种相对是绝对地相对，即这种现象只是现象，而不是还有更多一点东西。我能设想它是没有显现的某种东西的现象；我把它看作是一主体或一实体的偶性。

哈密尔顿在自然实在论的学说上表明它受有苏格兰常识派哲学的影响，这种实在论认为人能直接意识到实际存在的世界。因为我们知道、感觉和知觉世界存在，所以我们相信它存在。但是我们没有直接知觉物质或精神实体。我们直接知觉现象，或现象的一定系列或聚合体或并协性，或显现为并存的现象。我们必须把这种现象或性质看作是某种东西的现象，这种东西有广袤、坚实和形状等等性质。这种东西只有在它的性质、外表、相对或现象方面的存在上，为人所认识或思考。思想规律迫使我们思考绝对和不可知的某种东西为相对和可知者的基础或条件。物质如此，精神也是这样。精神和物质作为可知或可认识者,只是现象或性质不同的系列:它们作为不可知和不可认识者,是被认为固有各种不同性质的两种实体。因此,我们直接知觉的是性质、属性和现象,而不是实体。

参 考 书

威特奇,《哈密尔顿》;芒克,《哈密尔顿》;穆勒,《威廉·哈密尔顿爵士的哲学研究》;关于哈密尔顿及其学派,并参看麦科希和普伦格尔-帕蒂逊关于苏格兰哲学的著作以及福尔西思和J.塞思关于英国哲学的著作(原版第254页以下);许夫定,《英国哲学》,库瑞拉德译;宇伯威格-海因泽前引书;§57,书目见此书。

第三章 穆勒的经验主义

第一节 经验主义和实证主义

休谟从经验主义的前提中得出对他来说最后的结论。如果人
517 类知识限于印象及其微弱的摹本或观念,自我无非是一束感觉,那么人就没有普遍和必然的知识:原因的概念化归为时间上相续的观念,伴随原因的必然性的意识化归为习惯或信仰;假定一精神实体或一物质实体作为感觉的原因则属于虚妄。休谟的思想势必流于偏颇的怀疑论、不可知论和唯现象论,如前所述,这引起强烈的反对,导致苏格兰学派常识哲学的发展。但是,由于自然科学的进步和法国实证主义的兴起,十九世纪中叶经验主义观点又在英国思想界占有主要地位。这种观点以休谟和哈特莱的学说为基础,在约·斯·穆勒的《逻辑》中达到顶峰。虽然这位思想家没有摆脱他极为敬慕的奥古斯特·孔德的影响,却有传统的英国学派

的领导人，诸如他父亲詹姆斯·穆勒（1773—1836年）和耶利米·边沁（1748—1832年）等，作为他思想上的前辈，而且在孔德的著作问世以前，他已经有了倾向性。的确法国的实证主义和晚近的英国经验主义有许多共同之处，这足以使某些历史学家认为后者是孔德运动的一个支派。二者有共同的思想倾向为特征：它们都强调事实和科学方法的价值，在原则上反对形而上学；目的都是要进行社会改革，以人类幸福和发展为伦理理想。但是实证主义者注意专门科学的方法和结果，致力于人类知识分类和系统化，而英国人则遵循其学派的传统，以法国人所忽略的心理学和逻辑为出发点，在那里寻求问题的解决。

约翰·斯图亚特·穆勒（1806—1873年）是詹姆斯·穆勒的儿子，东印度公司秘书，在经济、政治、社会学和哲学方面都有著作。穆勒幼年时，老穆勒就对他进行文化上的教育，并对此亲自精心照管。他引导小穆勒研究十八世纪的哲学；哈特莱的心理学和 518
边沁的伦理学，又使这儿童得到极为深刻的印象。哈特莱的观念联想说像对他父亲那样，变成小穆勒心理学和同类科目的指导原则，而边沁的功利主义，如他本人所述，把他对事物的看法统一起来，确定了他所怀抱的愿望。他旅行各地和研究法律几年以后，于1823年进入东印度公司工作，他担任这个职务，一直到1858年该公司被国会撤销为止。1865年他作为自由党员被选入国会，任职三年，而他对他的国家的政治生活的极大影响，却是通过他的著作来实现的。

他的著作有：《逻辑》（1843年）；《政治经济学原理》（1848年）；《论自由》（1859年）；《关于国会改革的意见》（1859年）；《论代议政体》（1806年）；《论妇女受压制》（1861年）；《功利主义》（1861年）；《奥古斯特·孔德和实证主义》（1865年）；《威廉·哈密尔顿爵士

的哲学研究》(1865年)。他曾编辑詹姆斯·穆勒的《人类精神分析》(1869年),还编了他自己发表在《论说和探讨》(1859—1874年)中的文章。他的自传以及关于宗教的论文,诸如《论自然》、《宗教的效用》和《有神论》是在他死后出版的。累维-布鲁耳编辑了穆勒和孔德的通信,穆勒还有和埃希塔耳的通信;艾利奥特编《书信集》,两卷。新版著作见《新万有丛书》。

参　考　书

道格拉斯等关于穆勒所撰写的专著;道格拉斯,《约·斯·穆勒的伦理学》;许夫定,《英国哲学》;麦克孔,《六位激进的思想家》;利鲍,《现代英国心理学》,鲍尔德温译;居伊约,《现代英国伦理学》,并参看原版第506页有关孔德的著作以及原版第254页以下有关英国哲学的著作。

第二节　科学和社会改革

社会和政治改革的理想引导着穆勒的学术活动。他有十八世纪对进步和启蒙思想的热忱,同样相信教育至上的作用,他认为没有教育所不能改变或消除的自然冲动,人的性格将随着人的思想而变化。为了实现改革,需要有知识,即关于正确目的和实现这种目的的手段的知识。但是要取得知识,必须运用正确的方法,穆勒在他的《逻辑》中专门研究这种方法。自然科学突飞猛进使人想到研究科学方法,并把这种方法运用到心理或道德科学上,诸如心理学、伦理学、经济学、政治学和历史。不思考认识论的一般原理,不能成功地进行认识方法的研究,《逻辑》就是研究这种一般的原理的,
519 它被认为是对经验主义认识论作了前所未有的最深刻的阐述。

第三节　逻辑

休谟指出人不能取得普遍和必然的知识,即人不能经验到事

物中间必然的联系；直觉主义者特别重视的判断的必然性，只是由习惯而来的。人所知道的是观念，这种观念按照相似、邻接和因果的联想规律，以一定的时间顺序而彼此相随。哈特莱制定了联想论，把休谟的三个规律化归为唯一的邻接规律：观念唤起那在意识中以前与之有联系的观念；他力图把一切心理现象解释成为这一规律的例证。根据这种理论，知识不过是观念的牢靠而始终一致的联系，所谓思想的必然性无非是这种联系的牢固性。因此，认识的意思就是研究观念的关联，取消偶然、短暂的连结，发现永恒、持久和不变地反复出现的观念，即正确和牢靠的关联：这要由归纳法来完成，这种方法就是穆勒所描述、为近代实验研究所运用的方法。因此，一切推论和证明，一切非自明真理的发现，都是由归纳法和对归纳法的解释构成的：一切非直觉的知识统统发源于此。

第四节　归纳的推论

穆勒的全部理论都建立在联想律上。儿童推论火会烧伤，因为以前火和烧伤连结在一起；在这种情况下，推论是由个别到个别，而不是由一般到个别，或由个别到一般。这是一切推论的基本形式。由彼得死亡一事，我是否推论保罗之死或一切人之死，这没有关系：在后一种情况下，我简直把推论扩大到无数个别的情况，而不只是一种情况。无论是哪一种情况，我都是由已知到未知者，其中包括同样的推论过程。**归纳**中的结论比前所含有者，包括更多的内容。

而三段论法的过程（一切人都要死，保罗是人，所以保罗要 520
死），不是推论的过程，因为它不是由已知到未知者的过程。每一三段论式，从它作为证明结论的论证来看，都以未证实的假定为论据：保罗要死这个命题已经在一般的假定，即一切人都要死中，预先假定了。三段论法的大前提不证明结论。当我们论断一切人都要死时,推论就结束了。大前提为个别的例证所证明:它是多次观察和推论结果简明或扼要的表现形式,是在未曾预知的情况中,对作无数推论的指导形式。它实际上告诉我们已经发现了什么,记录下已经被推论者,记录下什么事件或事实结合在一起,因而为人推论彼此是连缀在一起的;它指导未来的归纳推论。

第五节 归纳推论的保证

这个问题立即产生了,即作这样的归纳推论有什么保证?每一种归纳推论的情况都含有这样的假定,即凡是发生一次的,只要有足够的相似程度,仍将发生,而且不仅是再次发生,还会随着同样情况的重现,发生一样多的次数。这种假定本身有什么保证呢?有经验上的保证:就人所知者而言,宇宙是这样构成的,不论什么事情,在某一种情况下是真的,在一定种类所有的情况下也是真的;这是普遍的事实。自然进程始终如一这个原则,是基本的原则或归纳法公理。但是,这个原则本身是归纳法的例证,是最后才达到严格的哲学准确性的归纳推论的一种。如果是这样,怎能把它看作是一切其他归纳推论的保证呢?在这里,穆勒不是在作循环论证吗?用自然齐一律来证明个别的归纳推论,又用这种推论来证明自然齐一律。穆勒回答说,不然,自然进程的齐一原则和一切归纳推论的关系,有如三段论法的大前提和结论的一贯的关系;它不是有助于证明结论,而是结论被证明的必要条件(就是说,如果这规律不真,结论就没得到证明)。对约翰、彼得和其他人适用的,对全人类也适用,这种论断的实在的证明只能是这样,即另外
521 一种假设和我们所知、存在于自然过程中的齐一性不相符。穆勒认为这个规律是人类过去经验的纪要或总结:它只记录曾经被观

察者。它并不证明个别的归纳推论，只是加强了它们的确实性。这样，我们固然可以解除穆勒搞循环论证的指责，但很明显他没有给他的归纳法的理论找到逻辑基础。他没有实现他的希望，而且他没有意识到他的论点的怀疑论的后果。

穆勒还指出，我们所讨论的齐一性，严格说来，不是一种齐一性，而是各种齐一性。当某种情况出现时，某种事实必然发生，当某种情况不出现时，那种事实就不发生；其他事实也是这样，如此类推。存在于自然现象中的这类齐一性叫作自然规律。归纳逻辑的问题是确定自然规律，彻底探索这种规律。其目的是要确定哪些齐一性被发现为完全不变的，弥漫于整个自然界；什么是这样的齐一性，被人发现随着时间、地点的不同或其他可变的情况而变化。就任何人类目的都需要确定性而言，某些齐一性可以被认为是十分确实和十分普遍的。借助于这种齐一性，我们能够把许多其他归纳推论提高到归纳阶梯中同样的水平上。如果关于某一归纳推论，我们能够证明它不是必然为真，就是这些确实和普遍的归纳推论之一必然容有例外，那么前者的概括会在所指定的范围以内达到后者所具有的同样的确实可靠性。

第六节　因果律

同时并起的齐一性和前后相续的齐一性是存在的。我们在数和空间的规律中，最毋庸置疑地认识到我们所寻求的严格的普遍性。但是，在同现象有关连的一切真理中，对我们最有价值的是同现象前后相续的秩序有关连的真理。在这些真理之中，我们发现有这样唯一的一条，它在任何情况下，都未因环境变迁而失败或被弃置不用。这就是因果律；凡是有前后相续现象的领域，都有因果 522
律，无论什么前后相续的事例都是它的例证，从这个意义上说，这个规律有普遍性。凡是有开端的事实都有原因,这一真理是和人类经验同时并存的。

原因的概念是全部归纳推论理论的根基,因此,有必要把握到一清楚和确切的因果观念。归纳推论理论所需要的唯一的因果观念,是得自经验的概念。因果规律是人所熟悉的真理,即由观察所发现,存在于自然中某一事实和在它以前的另一事实之间的前后相续的不变性。某些事实总是彼此相续,而且我们相信这将连绵不断。所谓原因,并不是说在事物之间存在一神秘和最有力量的联结,或实际产生另一种东西的某种本质。不变的前提称为原因,不变的后果叫作结果。从哲学方面来说,原因是促成和阻挠的条件加在一起的总和。

对于这一原因的定义,有人或许要提出反对的意见,认为它没有论述一重要的因素,即必然性或必然联系的观念。如果不变的居先的事情是原因,那么黑夜就是白昼的原因,白昼就是黑夜的原因。为了避免这种反对意见,穆勒补充说,原因不仅含有后果总是尾随居先的事情而出现的意义,而且只要事情现在的组织持续不变,那情况将永远如此。必然性一词所能含有的意义是无条件性。凡是必然的,凡是一定如此的,意思是说那仍将如此。因此,现象的原因是居先的事情或一些居先的事情同时俱发,现象是一定而且无条件地随后出现的。我们如何知道随后发生的事情是无条件的呢?这问题的答案是:凭借经验。在某些情况下,我们没有把握确定迄今不变的居先的事情就是不变的居先的事情。但是,一定的初始的或恒久的原因是存在的,一切现象是这种原因或这种原因的某种结合的结果,这种原因是无条件的。如果一个人知道存在于此刻的一切动力因以及它们的分布情况和所有的特性,换言之,即知道它们起作用的规律,就能预断宇宙全部随后发生的历

史。任何人熟悉一切自然动力因原始分布情况以及这些动力因的 523
前后相续的规律，就能先验地创建过去和将来宇宙历史的整个系列的事件。

我们看到穆勒肯定严峻的规律和秩序统治着宇宙，不变的、无条件的前后次序是存在的，这都要靠构成科学方法的归纳、演绎和证实来确定。这个学说，如果贯彻始终（没有做到），会导致一唯理主义的科学，至少在理论上有可能促成一绝对的知识体系的建立。但是这不符合他的归纳推论的理论，根据这种理论，因果观念只能是对现象的前后相续的信赖，这种信赖建立在意识中观念的前后相续上。穆勒动摇于唯理主义和经验主义的因果观念之间，即动摇于因果性含有必然的联系的观点和因果性只不过是不变的时间上的前后相续的观点之间。根据后一假设，我们只能说对因果性的信赖随着前后相续的经验而加强。穆勒检验我们这种权利，即在一切归纳方法中都假定因果律有普遍性，的确此刻他一般就持有这种观点。他指出，我们不能靠人类心灵相信的倾向来说明这种假定的合理性，因为相信不是证明，而且没有一种所谓本能的信赖是必然的。甚至迄今还有许多哲学家认为意志不受因果律的支配。他对待这问题的立场是同他关于自然齐一性的观点相一致的。因果律的普遍性确实只是自然中前后次序的齐一性的一个例证。通过概括许多部分的前后次序的齐一性，我们把握到普遍的因果规律。诚然，我们是靠简单枚举那样不严格和不确实的归纳法而获得这种规律的，乍看起来，这样的原则似乎是科学的归纳推论的不充分和不牢靠的基础。但是这种方法不牢靠的程度是同概括的广泛性成反比的；就现象的前后次序和共存而言，因果律是在内容上经验所保证的一切概括中最广泛的。从确实性方面看，因 524
果律位于一切所观察到的齐一性的顶端，它给这种齐一性以证明，它又从中取得同等的证明。批评的意见指出，归纳推论以因果律为基础，同时又把这规律本身看作是归纳推论的一个例证，这是自相矛盾，对此，穆勒采取回答关于自然齐一性的反驳意见那样的办法，作了答复。只要我们确实知道，除非怀疑每一件事都有原因，否则个别的结果不容怀疑，这样，我们就对批评的意见做了我们所能做的一切[①]。

关于证据，我们既不需要绝对的，也不可能得到绝对的。凡是在无数的事例中被发现为真的，经过应有的考察，没有发现它在任何事例中是假的，在没有出现真正的例外以前，而且在确实没有忽略例外的情况下，我们就可以安然地认为它有普遍性而据以采取行动。但是我们不能有把握地断定这样一般的规律在超出我们的经验的最大范围以外，在星体领域遥远的空间也起作用。这样的规律不必肯定为宇宙的规律，而是我们确实的观察手段所能达到的那一部分宇宙的规律，它以合理的程度扩展到邻近的场合。

第七节 先验的真理

关于自然进程齐一的规律和普遍因果性的规律，都是由经验而来的。这种规律不是必然或先验的真理；确实没有这样的真理。甚至逻辑的原则和数学的概括都是由经验而来的概括。两条直线不能围成一空间的命题，是根据我们所取得的一切经验而作的归纳推论。此外，数学命题只是近似真实。我们不能设想没有宽度的线。一个真正的圆的半径都会相等，但是这样的圆是不存在的。

---

① 但是穆勒忘记了他肯定因果关系为无条件的前后次序，肯定自然中有一定的初始和恒久的原因，决定宇宙历史整个系列的事件。根据这种观点，个别的结论不容任何怀疑，因为它肯定一切现象都是自然的这种初始和恒久的原因的结果。

没有符合几何定义的实在的点、线和圆；符合几何定义的实在的点、线等等是我们经验到的点、线等等理想化的摹本，是抽象，是纯 525
粹假设。因此，数学命题只有假定的确实性。命题不能由经验推论出来，其对立面不可思议，这种论证也没有用处。一事物之不可思议，丝毫不能证明我们对它的确信没有经验上的来源。所谓演绎科学的结果是必然的，其意义乃在于它们必然从被称为公理和定义的第一原理而来，即如果这种公理和定义为真，它们就确实为真。定义是建立在极为丰富和明显的证据之上的实验真理，而公理则是由经验而来的、最有一般性的一类归纳推论，是感官和内在的意识给人提供的最简单和最容易的各种概括。论证的科学，毫无例外，都是归纳科学，它们的证据是经验上的证据，因为它们的结论依赖某种假定才得为真，而这种假定接近或应该接近真理，即使有完全为真的，也为数很少，所以论证的科学也是假定的科学。

第八节　外界和自我

和批判的唯心主义一样，穆勒认为我们所能认识的只是现象，而不是自在之物。关于物质的隐秘性质以及思维原则的隐秘性质，我们一无所知，而且，尽管我们有各种机能，必然永远处于这种无知状态。犹如物体通过感觉而显示给我，我才认为物体是感觉的原因一样，在我的本性中，思维原则或心灵只通过我意识到的感受而为我所认识。但是，如果我们所知道的一切是感觉，是人所不知的外在原因的结果，我们怎能相信离我们而独立的事物呢？穆勒以记忆、期待和联想律为基础，为我们的信念作了心理的解释。我在桌子上看见一张白纸，我闭上眼睛或走入另一间屋，我不再看见这张纸，但是我记得它，而且，如果同样的条件存在，在同样的情况

下，我期待或相信我还会看见它。我形成常住、持续的某种东西的
概念，所谓外在的东西只是这种可能性，即某种感觉按其曾经出现
的秩序，将重新出现。我过去的感觉是感觉恒久的可能性，即它们
526 始终有复发的可能性；外界就是感觉恒久的可能性。这样，我们乃
相信恒久的可能性是真正的实在，而倏忽而逝的感觉只是这种可
能性的偶然的显现或表象。相信外界物体是相信感觉会重新出
现。这种信念不是固有的，不是天赋的概念，而是产生于经验的，
是后得的信念，是观念联想的结果。在这里，穆勒不是试图证明物
体是在人以外，而只是要说明这一事实，即我们所经验到的虽然无
非是观念的前后相续，我们却能构成在意识以外的常住的物体世
界的图景。

但是，穆勒的哲学中有自在之物，有不可知的某种东西或外在原因的概念，我们认为感觉起源于这种原因。穆勒尽管坚持唯心主义，却没有忽视超验的实体或感觉的原因。人所认识的世界是现象界，此外，还有一个本体界，一个不可知和不可认识的自在之物的世界。于此有一个穆勒没有考虑的问题，那就是根据他的前提，这样一个世界以及我们关于这样一个世界的概念的可能性问题。他提到作为实体和原因的自在之物，甚至没有追问根据他的实体和原因的定义，持有这种观点的可能性问题。如果实体指感觉的复合，原因是不变的、现象上的居先的事件，我们怎能说有感觉系列以外而作为实体和原因的某种东西呢？

穆勒关于心灵或自我的思想是摇摆不定的。他同休谟和詹·穆勒一样，称心灵为一系列感觉。他试图像解释我们对外界的信念一样，来解释我们对自我的恒久或常住性的信念：那就是对感觉的常住的可能性的信念，这种信念伴有现实的感觉。但是他看到联想论把心灵看作是单纯感觉的前后相续的观点有困难，而且他坦

率承认那是事实。他说,“如果我们说心灵是一系列的感觉,我们必须称之为这样一系列的感觉,它知觉它本身的过去和未来,这个论述才算完全。而且我们只能于两种途径之中,选取一种:不相信 527
心灵或自我是不同于任一系列感觉,或感觉的可能性的某种东西,就得接受这种自相矛盾之论,即被设想为单纯一系列感觉的某种东西,能够认知它本身为一系列感觉。……我认为我们所能做的极为明智的事情,是承受这不可理解的事实,而不提出说明那是如何发生的理论;如果我们不得不用那肯定一种理论的词来陈述它的时候,对所用词的意义要采取保留的态度。”①

第九节　心理科学和道德科学

如前所述,穆勒极其关心社会改造和人类幸福。他相信社会和政治领域里知识的进步,会和自然科学一样,产生相等的结果。要取得这种知识,他断言有必要运用那用于物理学、解剖学和生理学中十分成功的方法。他坚决主张需要改造心理和道德科学。

但是,对人性作科学的研究,其前提必须是承认精神领域中的秩序、齐一性、规律和不变的前后次序。这样的问题立即产生了:能够有这样的科学吗?人类行动受规律支配吗?有人反驳说人不受规律支配,不是被决定的,而是自由的。和休谟一样,穆勒认为对必然论学说的主要反对意见乃由误会而起。为人所正确了解的决定论,指的是不变、确实和无条件的前后次序,而不是强制、拘束,不是一种现象强制造成另一种现象,不是某一动机必然产生某一种结果。它的意义是这样,给出动机、性格和环境,我们能够

① 穆勒忠实地坚持从他父亲那里继承下来的英国联想心理学,又默然接受或至少是赏识他那时代许多唯理主义的思想家的学说,因而他的思想有许多前后矛盾之处。

预断行动。行动不必然因一定的条件而产生；其他的条件可能出现而使情况发生变化，从而造成不同的结果。必然性指某一原因会产生结果，它完全有可能为其他原因所抵消；不是说原因是不可抵制的。宿命论的错误在于它认为我的性格是给我塑造的，不是
528 由我塑造的，其实，塑造我的性格的愿望是原因。如果我想改变，我就能改造我的性格；如果我想抵制，我就能抵制我的习惯和诱惑。道德自由的意义就在于有这种意识，如果我愿意，我就能做。另一种误解是认为我行动的动机始终是预料到苦乐。按联想律来说，苦或乐不是动机；我形成渴望或希求的习惯，不是为快乐或痛苦的思想所鼓动的。

只要事实按照规律而彼此相随，就会有科学。但是这种规律可能尚未被发现，确实靠我们现有的手段也许不能发现。因为我们不知道所有的情况，不知道各个人的性格，所以我们在人性科学中不能作预断。不过许多结果为一般的原因所决定，这些结果依全人类共有的情况和性质而定。关于这些结果，我们能够作出几乎总是可以证实的预断，而且我们能够构成那几乎总是真实的一般的命题。这种近似的概括必定和它们所由产生的自然规律有演绎上的联系；我们必须证明它们是由一般的自然规律而来的必然结果。换言之，我们需要一种关于人性的演绎科学。但是我们不追究什么是心灵的本性，而是要追究什么是它的各种思想、情绪、决心和感觉的规律。而且心理学不是生理学，它所研究的课题不是神经兴奋，而是心理现象。心灵的简单和基本的规律是由普遍的实验研究方法所发现的。这些规律当中有再现（记忆）的规律和观念联想的规律：这构成人性哲学抽象或普遍的部分。一切共同经验箴言（如老年足智多谋，青年刚毅勇敢），是由这种规律而来的结果或后果。但是，就这种经验规律而言，我们没有把握肯定超出

我们观察的范围以外,它们仍然真实,因为后随者(如智慧)不真正是居先者(年老)的结果,而且有理由相信这种前后次序可以分解为更简单的前后次序。真正的科学真理是解释经验箴言的因果规 529
律;经验箴言证实这种理论。除去在最单纯的科学中,如天文学,经验规律永远不会完全为真的;在天文学中原因(或力)为数少:原因少,则规律性强。

第十节　人性学

心理学确定心灵一般的单纯的规律,是观察和实验的科学。人性学或关于性格形成的科学,追溯这种单纯的规律在情况复杂结合中的作用,完全是演绎的。这种演绎的人性学还有待于创建,它的重要问题是从心理学单纯或一般的规律中,推导出所需要的居中的原则;是根据心灵的一般规律,再结合人类在宇宙中一般的地位,来决定什么条件的实际或可能的结合,能够促进或防止我们所关切的人性(或性格)的性质的产生。这样的科学是一种相应的学科,即教育学科的基础。当然,**后验**的证实和**先验**的推导必须相互结合起来。理论的结论不经观察证实,不能信赖;观察的结果,不由人性的规律以及对个别情境的严密的分析中推导出来,从而同理论有联系,也不能信赖。

第十一节　社会科学

其次,在论个人科学以后,是论社会中的人的科学,即关于人类集合的群众的行动以及组成社会生活的各种现象的科学。我们能使政治和社会现象的研究成为科学吗?一切社会现象都是由外在的环境施作用于人类群众而产生的人性的现象;因此社会现象一定符合固定的规律。由于资料不可胜数而且不断变化,原因又如此之多以至我们有限的能力难以考虑，预断是不可能的。关于社会和政体有两种从理论上加以说明的错误方法，那就是实验或化学的研究方式，以及抽象或几何学的研究方式。真正的方法是运用演绎的方法，然而那是根据许多，而不是一个或极少数的原始
530 前提（像在几何学中那样）而作的演绎；它把每一种结果看作是（它实在的情况）**许多**原因集聚的结果，这些原因有时通过同一的、有时通过不同的心理活动或人性的规律而起作用。社会科学是演绎科学，不是以几何学为范本，而是以更复杂的物理科学为范本。的确很难预测各种相互矛盾倾向的结果，这种倾向在某一社会某一瞬间按许多不同的方向而发生作用，促成许多不同的变化。但是补救的办法在于**证实**：即把我们的结论同具体的现象本身相比较，或者在可以提到经验规律的情况下，同经验规律相比较。

但是，作为**先验的**演绎体系的社会学，决不是作肯定预断的科学，只是关于**倾向**的科学。因此，它所有的一般命题都是假设的：这些命题建立在某些假想的情况上，宣称如果没有同其他原因相结合，某些原因如何会在这情况下发生作用。穆勒还指出，不同种类的社会事实，由于主要具有不同的原因，如希望富有，必须分别加以研究，这就在社会学研究中产生了尽管不是独立、却是特殊而分立的支系或部门。举例来说，政治经济学根据这种假定，即人只从事于获得和消费财富，进行研究那制约各种活动的规律。如果追求财富的欲望不为其他欲望所妨碍，它会促成什么样的行动呢？但是，每一分立的科学结论以后一定要为实践的目的，由其他分立的科学发生的变化所纠正。

但是没有分立的政治学，因为政治这样的事作为原因和结果，和个别的民族、个别的时代的特性交织在一起。它必然是一般社会科学的一部分。这样的一般社会科学，除非靠颠倒的演绎法，没

有真正科学的性质。那就是说，它不追究在某一社会状态中什么 531
是某一原因的结果，而是追究一般产生社会状态的原因以及什么是标志社会状态特征的现象。基本的问题是找出规律，按照这种规律，某一社会状态产生继之而起和取代它的状态。这就提出了人类和社会的进步问题。人类的特性及其外在的环境都有前进的变化。精确地研究历史，会发现社会的经验规律。社会学必须确定这种经验规律，把这种规律和人性规律联系起来，这要依赖演绎法，就是要表明，这种规律是自然为人所期待而作为那终极的规律的结果的派生的规律。对这种经验规律唯一的核对或矫正，是靠心理学和人性学规律不断地证实。经验规律是同时并存的齐一性和前后相续的齐一性，从而有社会静力学和社会动力学。社会动力学是从前进的运动状态方面考虑来研究社会；社会静力学研究当代社会现象的相互作用和反作用的谐调一致，研究当前存在的制度。社会静力学这种科学的一个主要结果，是确定稳定的政治结合的必要条件，穆勒提到其中有教育制度、忠贞或忠实的感情和同情心。

考虑到各种因素前进的变化以及每一因素当时的条件，必须把关于社会现象静态的观点同动态的观点结合起来，从而在经验上得出这些因素的同时存在的状态之间以及同时发生的变化之间的对应的规律。这种对应的规律，如果充分地先验地予以核实，会变成为人类及其事务发展的真正科学的派生的规律。历史和有关人性的材料表明，人类思辨能力的状态，包括他们关于自己和周围世界总能达到的性质在内，是社会进步的主要动力。思辨的影响是对社会进步主要起决定作用的原因；有助于进步的人性的其他倾向，要完成它们那份工作则视思辨而定。人类各方面进步的级序， 532
主要以人类思想上的信念的进步级序为转移，即以人类舆论相继转化的规律为转移[1]。但是这种规律起初根据历史而被确定为经验规律，尔后能够靠从人性原理先验地推导出来，使之转化成科学的定理吗？要这样做，必须考虑过去的全部历史，一直到上一代和当代的重大事件。用理论把宇宙历史的事实联系起来，已成为真正科学的思想家的目的。

第十二节　伦理学

穆勒在他的伦理理论方面，大部分因袭传统的英国快乐论学派，这学派的最重要代表是洛克、哈奇森、休谟和J.边沁(1748—1832年)。穆勒读了杜蒙的《立法论》这一部对边沁主要思想解说的著作，他认为那是他生活中的一个新纪元，学术思想史上的一个转折点。他在他的《功利主义》中同意边沁的观点，认为幸福，或大多数人最大的福利是至善(summum bonum)和道德标准。但是在一些要点上他和他的老师有所不同。根据边沁的意见，快乐的价值要由其强度、持久、确实或不确实、邻近或遥远、丰富、纯粹和范围(感受快乐的人数)来衡量。边沁未作性质上的区别；如果其他条件相等，“小孩玩的图钉游戏和诗无分高低”。穆勒指出，快乐在性质上也有区别，那伴有思维能力运用的快乐，比感觉上的快乐，更高尚、更好；经验到两种快乐的人，喜欢比较高尚的。没有一个有才智的人宁愿当傻瓜，没有一个受过教育的人会是愚昧无知者，没有一个有感情或良心的人甘心自私或卑鄙。纵然你确信一个傻瓜、蠢材或流氓对他们的命运比你对你的命运更加满意，你也不会用你的命运同他们的命运相交换。做人而不满意，比做
533 猪而满意好；做苏格拉底而不满意，比做傻瓜而满意好。傻瓜和

① 托马斯·H.巴克耳(1821—1862年)在他的《英国文明史》(1857—1861年)中，试图证明进步唯有依靠智慧。

猪的想法或许不同,然而那是因为他们只了解问题的一面、即傻瓜和猪的一面。边沁和穆勒一致认为,人应该争取最大多数人最大的幸福,但是边沁以自利为基础来肯定这一点,而穆勒则把这建立在人类的社会感情,即和其同胞和睦统一的愿望上。穆勒告诉我们,在行动者本人的幸福和他人的幸福之间,功利主义要求他严格地不偏不倚,有如一个公平和仁慈的旁观者。"拿撒勒的耶稣的金玉良言体现了功利伦理学的全部精神。己所欲者,施之于人,爱邻如己,是功利主义道德完善的理想。"除非一个人的幸福,假如在程度上相等(适当地考虑到种类),被认为和另外一个人的幸福一样重要,的确最大的幸福原则不过是空洞的语言,而没有合理的意义。边沁的格言"人人平等,没有人高于他人",可以写在功利原则的下面,作为说明的注释。

穆勒的功利主义和他的许多其他理论一样,在相互对立的观点之间摇摆不定。除去经验的联想论—心理学及其快乐论、唯我论和决定论以外,它还倾向直觉论、至善论、利他主义和自由意志。不过正是这种理论的前后矛盾处,使许多人对它感兴趣;这种理论中有许多东西,相互对立的学派都可以赞同。像格林所指出的,它有很大的实践价值,它以批判和清醒的顺应代替盲目和无疑的顺应。最大多数人的最大幸福这个理论会改进人的行为和性格,它帮助人以有利于更广大范围的人群的方式来充实自己的理想。我们可以补充说,这个理论做到了这一点,并非由于它的快乐论的因素,而是由于它强调了大同主义,因为功利主义者所趋向的目标毕竟是要实现比较好的社会生活,在这种生活中人人平等,没有人高于其他人。特别是穆勒变成了英国自由主义哲学上的代言人,为民 534
主主义而进行思想上的战斗。他在他的著作《论自由》和《论妇女受压制》中,坚持个人要有最充分的可能的权利,因为他认为社会福利必然和个人福利紧密地相联系。他指出“对人和社会来说，性格类型应有巨大差异的重要性，以及给人性在无数和相互冲突的方向上以充分的自由来发展的重要性”，而且他认为压制妇女对社会的损失比对妇女更大。他在他的《政治经济学》第一版（1848）中，推崇经济上的个人主义，但是终于他的“根本改良的理想远远超越了民主主义的范围”，使他接近社会主义。他在他的《自传》中告诉我们，“我们极力反对大部分社会主义制度被认为要牵涉到的社会对个人的暴政，可是我们期待着这样的时刻，社会不再分化为懒惰和勤劳的人；不劳动，不得食的法规不仅应用于穷人，而且大公无私地应用于一切人；劳动产品的分配不是像现在那样在很大程度上取决于出生的偶然性，而是要根据公认的公平原则由协商来进行；人们不再不可能或被认为不可能去竭力取得那不完全为他们所有，而要和他们所从属的社会共同分享的利益。我们认为将来的社会问题，是如何把最大的个人行动自由，同共有地球上的原料以及所有的人平等地分享共同劳动的利益，结合起来。”他对人性的各种可能性持有坚定的信心；“教育、习惯和情操的修养，会使一个普通的人为祖国而采掘和纺织，正如他毫不犹豫地为祖国而战斗一样。”

宣扬功利主义的有亨利·西季威克（1838—1900 年）。他著有《伦理学方法》，第六版（1901 年）；《伦理学史》，第五版（1902 年）；《政治学原理》，第二版（1897 年）。他关于伦理学方面的著作，表明他受有伯特勒和康德的影响。他放弃穆勒的心理的快乐主义，信奉**伦理的**快乐主义，即这样的观点：普遍的幸福是至善，或是非的根本标准。自明的实践原则，诸如合理的自爱或谨慎、仁爱的义务和公正，可以引导人达到这个目标。
535

参　考　书

关于快乐学派，参看梯利，《伦理学导论》，第六章和第八章。

第四章　斯宾塞的进化论

第一节　关于知识的理想

斯宾塞认为知识的理想是一个完全统一的思想体系。普通人的知识不统一、不连贯、不一致；各个部分没有联系在一起。科学给我们提供了部分的统一的知识。而哲学却是完全统一的知识，是一个有机的体系：它的问题是发现最高真理，从中能够推导出力学、物理学、生物学、社会学和伦理学的原理来。所有这些命题必须彼此谐调。《第一原理》是整个体系的基础，在那里斯宾塞阐述了基本的公理，后来这种公理被运用到《生物学原理》、《心理学原理》、《社会学原理》和《伦理学原理》中。《伦理学原理》复述了以前各著作所达到的概括，所以伦理学的真理是建立在一切其他知识领域的结果之上的。这种科学的概括可以在经验上确定，也能够从第一原理中推导出来。

斯宾塞称他的哲学为综合哲学，他同意冯特的观点，认为这样一般的科学的职能，在于把个别科学所得到的真理结合成一融合一致的体系。在这方面，他同哈密尔顿和穆勒有分歧。哈密尔顿根本没有提供哲学体系，而且他认为绝对是不可认识的，人也没有能力提供体系。穆勒批评孔德信赖哲学以求统一科学。诚然，穆勒在他的道德科学的逻辑中同样抱有由一般原理所联结在一起的真理体系的理想，还提示关于自然的先验科学的可能性，但是他没

有作出努力来使他的思想系统化。的确，像他的前辈休谟所清楚看到的，从他的总的立场出发，不可能达到一般的综合。斯宾塞试
536 图把知识建立在康德所谓心灵的先验形式上，并把这种职能化归为简单的原理，因此他和经验主义有所不同。在这方面，他受有批判哲学的影响，多半是通过哈密尔顿的著作来了解这种哲学的。他断定人类的一切知识都以思维的初始活动为基础，即使怀疑论者力图否定知识的可能性，也预先假定了思维的基本职能。如果不是因为心灵有对逻辑一致性的要求以及发现相似和差异的能力，知识是不可能的。没有一种这样的职能是个人经验的结果。斯宾塞应用进化的假设，试图解释这种职能为种族经验的产物，从而站在经验主义一边来调和直觉主义和经验主义。经验的绝对齐一性产生思想的绝对齐一性。外在的齐一性重复千百万代，造成固定的观念联想和必然的思想形式。斯宾塞没有说明，现在没有先验的综合的心灵，就不可能构成这样的联系，而在人类开始有知识时，那是如何构成的。他也没有把知识的确实性建立在这个基础上，因为现在被认为是必然的原理代表人类无数代的经验，这一事实并不能保证它们是绝对真理。

赫伯特·斯宾塞于1820年生在英国达比，是教师家庭的后裔。他似乎继承了他父亲的才智，据描述，他父亲是一个很有教养和能独立思考的人，他教学生思维而不是记忆，这个榜样对斯宾塞的教育观点有影响。由于斯宾塞幼年时期体质柔弱，他父亲没有催促他学习，据说他在学校里怠慢懒惰、顽皮、不守规矩。他父亲教他向自然学习，鼓舞他进行采集的愿望，引导他做物理和化学试验；在他父亲的指导下，他在教室以外的进步较大。后来（1833—1836年）他接受他叔父托马斯·斯宾塞的教诲。托·斯宾塞是一个国教牧师，有为公的精神，又有民主主义的理想；他教赫·斯宾塞

准备进剑桥，但是赫·斯宾塞拒绝去那样一个地方，那里所教的东西他不感兴趣。赫·斯宾塞能够抓住原理，作出结论，在数学和力学方面他超过其他的同学，但是他不喜欢记忆词语和文法规则。他的著作表明他所受训练的方式所给他的影响：他独立思考、有创见而又自然。1837 年他帮助他父亲做教育工作，以后又学土木工程学。他断断续续地从事他的职业，一直到 1846 年专心致力于新闻事业为止。他利用许多业余时间专心研究地质学和其他科学。他引起少数然而却著名的思想家注意的第一部巨大的著作，是《社会静力学》(1848—1850 年)。1852 年斯宾塞辞去《经济学家》的编辑职务，以其余生致力于完成其综合哲学的体系，1860 年发表了这体系的大纲。在出版他的著作方面他遭受了很大的经济上的损失，在美国的敬慕者安排出版他的著作以前，他著述上的冒险事业一直并不兴旺。他死于 1903 年。 537

他著有《政府的本分》(1842 年)；《社会静力学》(1850 年)；《心理学原理》(1855 年)；《论教育》(1858—1859 年)；《第一原理》(1860—1862 年)；《生物学原理》(1864—1867 年)；《社会学原理》(1876—1896 年)；《伦理学原理》(1879—1893 年)；《个人对国家》；《论文集》，第五版，三卷(1891 年)；《事实和评论》(1902 年)；《自传》，两卷(1904 年)。

参　考　书

柯林斯，《斯宾塞哲学摘要》(斯宾塞写有前言，综述了他的哲学)，第五版(1905 年)；W. H. 赫德逊，《H. 斯宾塞哲学导论》，《斯宾塞》；里奇，《国家干预的原理》；西季威克，《格林、斯宾塞和马提诺的伦理学》；波温，《康德和斯宾塞》；沃德，《自然主义和不可知论》，第一卷；高普，《斯宾塞》；邓坎，《斯宾塞的生平和信札》；罗伊斯等所撰写的书；宇伯威格-海因泽，前引书，§ 59。并参看原版第 254 页以下所列关于英国哲学的著作、关于穆勒的著作。

第二节　知识的相对性

和哈密尔顿一样，斯宾塞注意到知识的相对性，并表明这可以由考察思维过程以及对思维结果的分析推导出来。人所能达到的最一般的认识不能化归为比较一般的认识，因此不能为人所理解、解释和说明。解说终究会使人碰到不可解说者，人所能达到的最深刻的真理必然是无法说明的。而且思维过程本身包含关系、差异和相似；凡是没有这种可能的，就无从被人认识。思维是联结，思维始终只能表述关系。通过思维的首要活动，我们发现相似和差异，这种活动是我们一切知识，即知觉和推论的基础。没有这种活动，既不会有知觉，也不会有推论，因此，我们必须肯定心灵的这种首要的职能有确实性。

538 哲学的任务是构成植根于意识中的观念的体系，发现人类基本直觉的含义和建立命题相互关联的系统。思维确实性的标准，一方面是它的必然性（真理的证明在于它的对立面不可思议），另一方面是思维的结果同实际经验相符合。

如果知识在以上所说的意义上是相对的，我们自然只能认识有限和局部的事物。绝对、初始因或无限，不能为人所认识，因为它不能同任何别的东西相似或有区别。不过我们总能把事物同绝对联系起来，的确我们必须有一个绝对，以便把事物同它相联系——除非一相对事物同一实在的非相对事物相联系，否则它本身就不可思议——相对事物以绝对为前提。因此，我们能够在事物彼此之间的关系以及它们同绝对的关系中认识事物。如果我们不能把事物同绝对联系起来，就不会认识它们；当然，它们本身就会是绝对。我们意识到一个位于一切现象背后的实体。我们不能摆脱关于现象背后的实在的意识，由于这种不可能，我们对实在乃有不可毁灭的信念(实在论)。但是绝对本身不能同任何别的东西有联系:我们不能把绝对置于任何条目之下,因此它是不可知的。绝对的不可知,不仅在演绎上,即从我们智慧的本性方面,得到证明,而且在归纳上,即从科学事实方面,也得到证明:我们不能理解终极的科学观念,诸如空间、时间、物质、运动、力、自我和心灵的起源,如此等等。

尽管如此,我们不能形成绝对观念这一事实,不是否定绝对的理由。科学和宗教都同意这一点,即在一切现象背后有一绝对的实在。宗教力图给我们解释这普遍的实体,它为这实体下了各种定义,但是宗教越往前推进,它越了解绝对为一完全的神秘物。思想不断试图为绝对下某种定义,形成绝对的某种观念;只要记取我们用以表示绝对的形式仅仅是符号,这是无可非议的。我们不得 539
不模糊地设想它为关于活动或肌肉紧张的主观的感觉的客观的相关物,那就是力量或力。本体和现象是同一变化的两个方面,我们必须把现象看作同本体一样真实。

第三节　力的持久性

这种客观的力量是关于力的主观的感觉的必然的相关者,我们必须肯定它是持久的。某种东西竟能变成虚无,那是不可思议的;当我们说某种东西变成虚无的时候,我们是在建立两个观念之间的关系,其中一个不存在。所谓力的持久性,指的是那超越我们的知识和概念的某种原因的持久性。断定有这样的原因,我们是断定有一个既无开端,又无终结的无条件的实在。位于经验背后,从而越超经验的唯一的真理,是力的持久性。它是经验的基础,所以它必然是经验的任何科学的组成的科学基础。彻底的分析使我们达到这一点,唯理的综合必然建立在这上面。

所谓物质不灭指的是物质借以影响我们的力的不灭。这种真理不仅由分析后验的认识，而且同样由分析先验的认识而得到证明。另外一个一般的真理是运动的连续性。某种东西，例如运动，竟然化为乌有，这是不可想象的。可是运动经常消失不见了。事实是这样，经过空间的平移本身不是一种存在，因此，运动的停止，如果仅仅被看作是平移，不是一种存在的停止，而是存在的某种标记的停止。那就是说，运动的空间因素本身不是一种东西。位置变化不是一种存在，而是存在的表现。这种存在可以停止表现为平移，但是这只有通过表现为应变，才能实现。这种活动原理时而表现为平移，时而表现为应变，往往兼有两种表现，是不可见的。运动所呈现的活动原理是人类主观奋发的感觉的客观的相关者。运动的连续性是从力的角度真正为人所认识的。

540 力有两种，即物质借以表现其存在的力以及它借以表现其活动的力（称为能）。能是代表那表现在大块物质运动和分子运动中的动力的通用名称。力的每一种表现都只能解释成为某种先行的力的结果，无论那先行的力是无机的行动、动物的运动、思维或感情。精神能和身体能一样，在量上同耗费在它们所以产生的某种能有相互关系，同它们所创始的某种其他的能也有相互关系，否则必然是无中生有，有变成无。我们不否定力的持久性，就得承认每一种物理和心理的变化是由某种先行的力所产生的，从这样的力的一定的量中只能产生同等的这样的物理和心理的变化。

这样，科学的基本原理是能量守恒原理，能既不能创造，也不会消灭。斯宾塞没有从实验上证明这个原理，照他看来，这当然是在一切实验中被预先假定的。这是思想中的必然性，是公设：我们不能设想无中生有或有变成虚无；这原理包含于原因的概念中或者和它是同一的。我们不得不肯定某种东西有持久性。

第四节 精神和物质

绝对或不可知者在直接对立的两大类事实中表现自己，即表现于主观和客观、自我和非我以及精神和物质中。然而那是表现在两方面的一种力或力量；我们所思者和我们的思维本身是不同种类的力。物理和心理的东西都受相同的经验规律的支配。如果精神和物质被认为是绝对的不可削减的两个方面，那么，精神就不能从物质中派生出来，物质不能像运动变成热那样，变成精神。在《第一原理》和《心理学》最初的几版中，斯宾塞认为那是能变的；不过以后他看到不能用从物理上加以解释的能量守恒原理来说明意识。但是他仍然把那用力、物质和运动这样的词来表述的进化公式运用到一切现象上，包括生命、精神和社会的现象在内。这就使他的 541
体系看来像唯物主义，往往遭到攻击，虽然他自己要人注意，不要把他的体系解释成唯物主义。绝对是不可知的，我们能够予以唯物主义或唯灵主义的解释；无论是哪一种情况，我们都只不过是在运用符号。一种力量对我们产生某些影响，关于这种力量的性质我们始终不能理解，我们不认为它在空间或时间中是有限的。我们用物质、运动和力来概括这最一般的影响，在这些影响中间存在着某种联系的相似性，我们把其中最恒常的看作是有最高度确实性的规律。

第五节 进化的规律

我们的知识仅限于相对的现象，仅限于绝对的内在的和外在的表现。作为哲学家，我们的任务是要发现一切现象所共有的特性，或者发现事物的普遍规律。进化的规律就是这种规律。我们注意到演化过程的各个方面：(1)集中(如在云的形成、沙堆、原始星云、有机体和社会中所见者)；(2)分化或一团物质同其环境分离,在一团物质中各种特殊物质块的形成;(3)确定,即互有区别的各部分形成一统一的、有机的整体,各部分虽然不同,彼此却有相互关系。这就是进化和分解的区别,在分解中只有分化,而没有组成。在确定中各部分既分化,各部分又集成或集中成为一整体。从这个意义上说,进化是从不确定的、无联系的同质状态,向确定的、有联系的异质状态的过渡。这个规律是根据归纳法得出来的,也可以通过演绎法从力的持久性的第一原理中得出来。我们知道,斯宾塞把力的持久性看作是因果律,根据因果律可以得出:物质不灭,运动的连续性(潜在的和实在的),力与力之间的关系的持久性,各种力的转化和相等(包括精神和社会力在内)、运动方向的
542 规律和运动不停顿的节奏。普遍综合的规律是物质和运动不断的再分配的规律。进化在于物质的集成和运动的消耗;分解在于运动的吸收和物质的分散。集中和分化达到平衡状态时,演化则达到顶点。由于外界影响要予以破坏,这种状态不能持久。换言之,分散是必然的,全部过程又重新开始。所有这种情况不适用于宇宙整体,只适用于出现在人类经验中的个别的整体。

斯宾塞把在《第一原理》中所得到的一般原理应用于存在的各种形式上,诸如生命、精神、社会和行为。这种一般原理被认为是真理,并用以证明生物学、心理学、社会学和伦理学的特殊真理,后者是一般真理的例证;一般真理是特殊真理的解说。因此,进化的规律适用于一切现象;在各个研究领域里所发现的特殊规律从属于一般规律,或是这一规律的表现。这种经验规律或真理,如果被证明是一般规律的特殊情况,则在演绎上得到了证明。

第六节 生物学

生命是内部(生理)关系对外部关系持续的适应。有机体不仅

感受影响，而且随后发生变化，这种变化使它能够以特殊的方式来反映外界随后发生的变化。那就是说，在有机体中产生了适应外在关系的内部变化：内部和外部事件相互作用。有机体不演化成一个同外在关系相适应的内在关系的体系，就不能维持生存。内在和外在关系之间的适应越密切，有机体发展的程度就越高。最完善的生命是这样，其中内在和外在关系完全适应或谐调一致。

有机物不是产生于无机物，而是在外因的影响下，产生于原来没有结构的有机物质或同质的原生质。有机组织按照演化的普遍规律的作用而发生分化，就是说，原来异质的物质分化了。有机体
和外界相互作用乃产生物种。形态和生理上的分化是外力分化直 543
接的结果。天文、地质和气象情况的变化缓慢，但是这种变化已经连绵不断，经历多少百万年之久。有机体通过外因而发生变异，这种变异如果同环境相适应，就由自然选择保持下来。组成有机体的生理单位的关系，因各部分不断地执行职能（职能先于结构）而起变化，这种变化又被传给后代（获得性遗传）。因此，在斯宾塞看来，只靠自然选择不能解释物种起源，达尔文夸大了这种间接的演化方式的影响。有机体本身适应外界影响，这种适应在有机体中产生了新的平衡状态。

第七节　心理学

物理学单纯地研究外在现象，心理学单纯地研究内在现象，生理学则研究内外之间的联系和关系。主观心理学是内省的，它研究那伴随内部关系明显的适应而起的感受、观念、情感和意志；它探索意识状态的起源和相互关系。心理现象和神经活动是同一变化的内外两个方面。从客观方面来看，是神经变化，从主观方面来看，是意识现象。客观心理学不单纯研究心理现象，却研究这种

现象同人和动物活动的关系。作为生物学的一部分，它把心理现象看作是内在关系借以适应外在关系的职能，来加以研究。

当感受繁多，需要排列成系列时，即当有机体没有这样按顺序的排列就不能适应环境时，乃产生意识。因此，意识被规定为按顺序排列的内在状态，对外在状态适应的一种形式。但是，意识不单纯是感情和观念的总和，在感情和观念后面有某种实质性的东西
544 或起结合作用的中介，不过根据同样的道理，即一切终极者都不可知，这种东西也是不可知的。不过，我们可以研究这种实体在其中显现的变化的状态或变更。心理学的任务是发现意识的单位，即意识所由组成的因素。分析意识的现象方面，揭示出终极的单位，斯宾塞认为这种单位是“和我们称之为神经震惊的属于同一级序的某种东西”，即和神经震惊在心理上相等的东西。正如不同的感觉由共同的单位所构成，一种知觉是由感受的单位或原子组成的。心理上的单位或原子不能化归为物质的单位或原子。我们把物质原子同我们自己奋发的感觉相类比，认为它是阻力，就是说，我们用自己活动的意识来解释物质原子。同样，我们用有关物质的术语来解释心理现象。斯宾塞认为有意识的生活具有显现于一切相对的实在中的同样的特征：集中、分化和确定。意识是一种演化，只能了解为从反射活动到本能、记忆和理性的发展过程，即连续有等级的序列。这仅仅是智慧不同的等级或阶段，这种阶段极其细微地相互推移，同外界条件逐渐增长的复杂性和分化相适应。例如，记忆和理性由本能而起。最初的推论完全是本能的，由于情况逐渐增长的复杂性，无意识的活动有所不便时，就出现了意志。我们已经看清，斯宾塞如何从种族经验中得出认识的原理。他沿循同样演化的途径来解释感情，原来个人的愤怒、正义和同情的感情，是人类祖先同环境不断斗争的结果。

第八节 外界

我们原来只意识到自己的感觉，推论出外界物体的存在，这种说法是不正确的。唯心主义是语言的病态，只存在于我们的语言中，在我们的思想里没有地位。理性损害知觉的真实性，就是摧毁了自己的权威。意识的基本规律、理性的一般假定，迫使我们接受实在论。当我们感到和看到物体时，竟然没有物体，这是不可思议 545
的。我们不得不思考心外的实在，不得不思考它为力、为主观上关于力的感觉或关于肌肉张力的感觉的客观的相关物，而那种感觉是我们于自身中所经验到的，是不可知的客观存在或持久存在的某种东西的一般符号。我们关于空间、时间、物质和运动的观念也标志着这种不可知的实在。

斯宾塞所谓变形的实在论取粗朴的实在论而代之。它认为呈现于我们意识中的事物，不是客观实在的影像、摹本或图画，而是符号，这种符号和它们所代表的实在没有多少共同之处，犹如文字和它们所代表的心理状态没有多少共同之处。但是意识以外有某种东西存在，这是必然的结论；不这样想，就是思考没有先在者而发生的变化。"有某种本体上的顺序，从那里才产生我们认知为空间的现象上的顺序；有某种本体上的顺序，从那里才产生我们认知为时间的现象上的顺序；有某种本体上的联系，从那里才产生我们认知为差异的现象上的关系。"关于外界的这种知识是极其有限的，但是只有这种知识对我们有用。我们所要知道的，不是外界起作用者本身，而是它们持久不变的关系；我们有这种知识。始终有关于真实存在的感觉，这就是我们的智慧的基础。我们总是意识到那持久和脱离条件而独立存在的东西。我们不能形成这种绝对存在的概念，我们所构成的每一概念都是完全自相矛盾的。不可能摆脱关于现象背后的一种现实的意识，于是产生对那种现实的不可毁灭的信念。

第九节　伦理学

斯宾塞在《伦理学资料》前言中宣称，作为综合哲学家，他以前的各项工作都是对《道德原理》的辅助工作。自从他的第一部著作《政府的本分》(1842 年)问世以后，他的目的是要给一般的行为是
546 非原则寻求科学的基础。他指出，要了解道德行为的意义，我们必须从总体上理解行为，即一切生物的行为以及行为的演化；我们必须从物理、生物、心理和社会方面来考察行为，就是根据其他科学的成果来研究它。

这种研究将引导我们，把行为规定为适应目的的活动或活动对目的的适应；将对我们表明，极其进化、因而在伦理上最好的行为，使履行这种行为的个人、他的子孙以及他在其中生活的人群的生活丰富而久远。在持久和平的社会里，进化达到极限，在那里每一个成员实现他的目的而不妨碍别人实现自己的目的(公正)，各个成员相互帮助以实现目的(仁爱)。凡有助于每一成员的适应的，也对所进行的适应的整体有所增益，使所有的人的生活更加完善。只有根据这种假定，即生活带来的幸福较痛苦为多，我们才把对生活有帮助或有妨碍的行为称为善或恶(乐观主义)。善一般是令人愉快的(快乐论)。只有当行动不仅促进将来的幸福、特殊和一般的幸福，而且即刻就使人愉快时，才是**完全**正确的。人类大部分行为不**绝对**正确，由于含有某种痛苦，只**相对**正确。绝对伦理学理想的准则，规定在演化到极点的社会中完全适应的人的行为。这种准则能够使我们解释在过渡阶段由于不适应而充满悲苦的现实社会的现象，作出关于不正常的性质和最趋向正常的进程，接近

正确的结论。

斯宾塞坚持主张，道德终极的目的是社会集团成员的生活，而不单纯是社会福利。社会健全是其成员福利的手段，因此凡是威胁这种健全性的就会损害成员。起初利己主义强烈，利他主义虚弱。因此，相对的道德准则强调和同胞在一起，需要对行为加以约束。它禁止侵犯的行为，教人为推进福利作出自发的努力（仁爱），547
又教人约束自己以促成合作（公正）。同情是公正和仁爱的根源。既然个人最高的完善和幸福是理想，利己主义必然先于利他主义：每一生物将因其由遗传下来或后天获得的本性而得到好处或遭受祸害。但是利他主义对生活的发展和幸福的增进也是必要的，而且自我牺牲和自我保全同样是亘古就有的。每一社会中每一成员的利己主义的满足，要靠利他主义的行为公正，注意正义之伸张，鼓励和改进实行正义的动力，在体质、文化和道德上使其他人进步。纯粹的利己主义和纯粹的利他主义都是不合理的。在逐渐增长的社会锻炼下，人自发地追求同情的快感，以致达到有利于个人和全体的最大限度。每一个人终于都会热中于放弃他的利己主义要求，而其他人具有同样的气质，将不让他在很大的程度上这样做。

斯宾塞把传统的英国功利主义学说和新的演化论结合起来，制定出一种进化的快乐论。从他的观点来看，这是可能的，因为他认为极其高度演化的行为产生最大的幸福。他根据那建立在各个科学之上的伦理学体系，从这种科学所提供的基本原则中推导出道德规律，还把他的**唯理的**功利主义和他前辈的**经验的**功利主义区别开来。

第十节 政治学

伦理的理想是造成完善和幸福的个人:最适宜的个人得以生存和最能适应的变异流传下来。只有当每一个人从他的本性和因此而产生的行为,得到好处或遭受祸害时,才能实现这个目的。但是,既然集体生活对适者生存是必要的,每一个人必须进行这种活动,使之受限制,就是不在很大程度上阻碍其他人同等的活动。在防御战争中个人还要受到进一步的限制,以致到牺牲生命的程度。
548 因此,正义要求每一个成熟的人自由地做他所愿意做的事,如果他不侵犯别人同等的自由。真正的所谓权利,是由平等的自由规律而来的必然的结果:每一个人都有到一定限度的权利,不能超过这个限度。

根据这种前提,斯宾塞反对现代社会主义国家。他认为包揽一切的国家职能是低级社会形态的特征,放弃职能标志趋向较高的社会形态的进步。结合在一起的市民群众必须保持这种情况,每一个人可以取得和其同胞的最丰富的生活并行不悖的最丰富的生活。国家必须防止内部的侵犯,使其成员不受外来的侵略:超出这个范围,就是违反正义。国家职能的扩张一直证明是灾难,唯有那考虑到公正的立法,才证明是成功的。而且在竞争的压力下,各种非政府机构颇著成效。竞争同样迫使它们改进,利用最好的设备,得到最好的人员。这样也最能满足一般的社会需要。最后,国家干预对性格有坏影响。我们由不文明的过去继承下来的本性,仍然非常不完善地适应半文明的现在,如果任其继续下去,会慢慢适应十分文明的未来的要求。社会生活中的锻炼在几千年以内已经做出这么多工作,终于会做它需要做的事。人为的陶冶不能做自然的陶冶所做的。斯宾塞极端反对社会主义,他认为社会主义就要到来，那对人类将是很大的不幸，但它不会持久。我们不要认为他仇视相互帮助和自愿的合作，他的确相信标志工业制度特征的自愿的合作将要占统治地位，在合作中各个成员会得到陶冶而适合集体的目的，这种陶冶是通过自我适应自愿的合作的生活而自发取得的。他赞同放任主义的理论，因为他相信，只有让个人独立自救，不受国家干涉，才能实现全体幸福。

第五章　英美的新唯心主义 549

第一节　德国唯心主义的影响

十九世纪初，以康德为准的德国唯心主义思想，通过文学大师柯勒律治、华兹华斯、卡莱尔和罗斯金流传到英国，开始影响经验主义和直觉主义、惠威尔和哈密尔顿以及约翰·斯·穆勒。但是在 J. H. 斯梯林的《黑格尔的秘密》1865 年问世以后，新德国哲学才被认真地加以研究。从那时起，一群群深受康德和黑格尔影响、确实受整个德国唯心主义运动影响而精力充沛的思想家，在英国思想界居领导地位。我们列举的姓名有托马斯·希尔·格林、爱德华·凯尔德、约翰·凯尔德、F. H. 布拉德雷和 B. 鲍桑葵。

格林的《休谟导论》(1875 年)被称为新黑格尔派的第一部巨著，随后有爱·凯尔德的《康德哲学评述》(1877 年)，即他更大的一部著作《康德的批判哲学》(1889年，两卷)的前驱；还有许多德国哲学的解说和翻译，不断增加。詹姆斯·沃德(1843—1925 年)* 著有《自然主义和不可知论》(第三版，1907年)和《目的王国》(1912

*　译者所加。

年），是属于洛采类型的唯心主义者；他宣扬多元论，以能创造的上帝概念作为世界的统一性，来代替一元论者的绝对。唯心主义哲学，一部分通过英国新黑格尔主义的中介，一部分通过直接研究德国思想，在美国也赢得大批追随者，其中有许多大学哲学教授，为首的是柔西亚·罗伊斯。

这一派的代表有共同点，即推重关于心灵和知识的有机的思想，反对作为英国联想论特征的原子论的观点，驳斥机械论为普遍的理论；认为经验世界是哲学的题材。英国哲学家没有采取德国老师先验或辩证的方法，也没有不加批判地承受他们的结果。但
550 是他们根据格林的启发，新颖和独立地"重新处理"德国唯心主义的全部材料，却保持由康德所创始的思潮的基本原理。

参　考　书

关于这学派的全貌，参看原版第 254 页以下所列福尔西思和塞恩所撰写的书；法耳肯伯格，最新德文版《近代哲学史》。宇伯威格-海因泽前引书，§61；宇伯威格-海因泽书中的书目；关于现代英国哲学，参看麦肯齐，《大不列颠哲学》，载《形而上学和道德学评论》，第 XVI 卷，第 5 期，第 583—606 页。关于现代美国哲学，参看梯利，《现代美国哲学》，见上述刊物并见《纪念 J. M. 哈尔特语言和文学研究》；关于现代一般的唯心主义，参看柴培里《哲学评论》，1911 年，九月号和柴培里的书，《从批判到唯心主义》；关于现代哲学，参看培里，《现代哲学的趋向》，并参看原版第 563 页以下所列书目。

第二节　格林

1836 年托马斯·希耳·格林生于约克郡比尔金，是教区长的儿子。从腊格比他进入牛津巴利奥耳学院，在那里他作为学生、会员、助教、讲师和教授而度过其一生。在讲授古代和近代史以及古代和近代哲学以后，1878 年他被选为道德哲学教授，1882 年逝世以前一直担任这一职务。除去学术上的任务以外，格林忠实地热

中于实际的教育、政治和社会工作，帮助改革学院，作为市参议会议员而活动，任职于英国民众教育改革的皇家委员会，关注节俭运动、道德运动和慈善事业。他始终亲切地同情下层阶级，坚定地相信民主政治。布赖斯这样论述他，“人们尊重他的品格，因为他有高尚的责任感，他单纯、正直并热中于理想，这超过他们对他的才智能力的仰慕。”

格林著有《休谟哲学导论》，第一次发表于 1874 年由格林和格罗塞所编的休谟著作中；《伦理学绪论》（1883 年）；《政治义务原理讲演录》（1895 年）。内特尔希普编格林著作三卷，其中只有《伦理学绪论》没有收入。

参　考　书

内特尔希普写的回忆，载格林著作第一卷（也有单行本）；费尔布罗塞，《格林的哲学》；R. B. C. 约翰逊，《知识的形而上学，关于 F. H. 格林实在理论的考察》；西季威克，《关于格林、斯宾塞和马提诺的讲演录》；格雷夫，《格林哲学的精神原理》；格·弗·詹姆斯，《格林和功利主义》；谬尔赫德，《国家的公务》：关于格林政治学说的四篇讲演录；里奇，《国家干预的原则》；普林格尔-派蒂逊，《黑格尔主义和人格》；麦孔，《六位激进的思想家》。并参看《心灵》、《哲学评论》和《国际伦理学杂志》中的文章。

第三节　形而上学 551

格林的哲学观点是客观唯心主义，他在德国唯心主义的影响下发挥这种理论，反对英国关于世界和人生的传统的观点。他以康德的批判主义和康德后继者唯心主义的形而上学为依据，攻击休谟的经验主义、穆勒的快乐论和斯宾塞的进化论，力图以唯灵主义的形而上学补充自然科学。他的哲学是要公正地对待当时对立倾向的一种尝试，即公正地对待唯理主义和经验主义、宗教和科学、泛神论和有神论、希腊文化和基督教、完善论和功利主义、自由主义和决定论以及个人主义和大同主义。在格林看来，人不仅仅是自然的产儿：一个单纯由自然力量产生出来的生物，如何能够制定关于说明他自己的力量的理论？人是精神的生物，因而不在自然事件（现象）之列。在他那里有非自然的基质，这种基质的特殊职能是使知识成为可能。这使知识成为可能的同样的精神基质，还有另一种表现，那就是关于道德理想的意识以及由此而来的关于人类行动的决定。不肯定有这样一个精神的自我，就不可能有知识和道德。

自然科学研究自然、现象方面和占有时空的事物，即研究由观察和经验所能确定的事实。哲学或形而上学研究精神或本体事物，事实是这种事物的基质的表现。经验主义者和进化论者的错误在于，他们认为那产生现象界者是现象界的产物。没有一能统一、能组织的精神基质，则不能有关于自然的知识，到此为止，格林和康德的批判是一致的。但是，在结论上他同意后起康德学派的唯心主义者的观点，认为没有这样一个基质，则没有自然本身，这就超出了批判的界限。自然是杂多的，然而其中有统一，因此，我们借类比自我意识来解释自然，把它看作是由一永恒的智慧使之
552 可能的一种精神宇宙、一种相互联系的事实的体系。世界的存在就含有这样一个连结一切的意识。至于它是什么，我们只能通过它对我们所起的作用来认识：它使我们具有关于世界和道德理想的知识。

第四节 人在自然中的地位

这样的问题产生了：人在这样一个宇宙中的地位是什么？人是能认识、有自我意识的生物，作为自由活动而存在，那种活动不是在时间中的活动，不是自然变化链条上的一个环节；除去它本身以

外，没有居先的东西。自我意识没有起源，从来没有开始，因为它从来没有不存在过。大脑、神经和组织的一切活动，生命和感觉的一切机能，包括人的心灵历史的前后相续的现象在内，是由宇宙意识决定的。人类意识本身，至少从它是综合而有自我创造力的方面来说，是宇宙精神的重生。我们不像宇宙意识的自我传导的承担者那样，由宇宙意识所决定。格林认为这种观点不受进化论的影响。人类有机体或许由动物演化而来，动物有机体或许有所改变，于是经过无数代，一种永恒的意识能够通过它的机能来实现自己、重生自己。

格林表明，印象或感觉单纯的相续不是知识，没有一个具有感觉和组织感觉的自我，知识是不可能的。他指出，动物欲望、冲动或嗜欲单纯的相续，同样不能构成人类行动：这和自我明确有这种欲望的主体不一样。一种嗜欲或动物欲望是自然事件，不是真正的动机：除非一个有自我意识的主体明确有这种欲望，换言之，除非他有意识地使这种欲望或冲动属于自己，予以采纳沉浸在它那里，努力实现他在这种欲望或冲动中所意识到的理想的对象，否则它不能导致明确的人类行动。仅仅由动物欲望所推动而形成的行动，不是人类活动或行为。当一个人对不同事物倾注一种冲动、情绪、影响或癖好时，他有所希望。他的希望是欲望，有了这种欲望，则人自行规定，这和那对他施予作用者不同。诚然，一个人所感到的一种善，要靠他过去的情绪和行动以及环境来定，是取决于他内 553
心生活过去的历史的（决定论）。但是在他所有过去的经验中，他曾经是他自己的对象，从而是他的行动的主宰者。因此他能因当时激励他的那种善而决定采取行动。此外，他能为自己设想一种较好的情况，从而试图变化，在将来变得和他现在不同而更好一些（自由意志）。

第五节 伦理学

因为人能够思考自己较好的一种情况，能够设法实现这种情况，能够有所希望，所以他是在道德上操主动权者。他能够这样做，因为他是一个有自我意识的主体，是永恒的自我意识的再现。关于一种较好情况的观念，是上帝心灵中的理想或终极目的处于萌芽状态的感召。这种观念在人面前置定一个他认为绝对需要的目标，借以施作用于人。它一直是人生中启发德性的动力。

什么是有道德的善？满足那在道德上操主动权者的欲望的，是善。真正的善，是一个在道德上操主动权者的努力，能够确实在那里找到其归宿的一个目的；那是这样的目的，他的基本的自我、他的实在的意志认为是无条件的善，认为是有绝对价值和绝对需要的某种东西。人有关于他自身绝对需要的某种东西的概念。这个自我是受许多利益、也受对别人的关注的影响的自我。别人对我来说是目的，或者他们毋宁是这目的的一部分，包括在这目的中，包括在我为自己而生活时，即为之而生活的目的中。那就是说，我认为实现做人的人格、完善做人的灵魂和开展它的能力是至善；努力追求这个目标时，我必须帮助其他人；关于一个绝对和共享的善、即对我和别人都是善的观念，一定在我心灵中起作用。有了这个观念，不管在范围上多么有限，那就有希望和有潜力涌现这样一种理想，即它的实现是完善的道德；也就是这样一种社会理想，其中每一个人都把别人看作是邻居，在那里对每一个唯理的行动者来说，每一个其他这样的行动者生活美好或完善，包括在他为之而生活的自己的完善中。

有人说，如果不是法律和有权威的习惯施作用于我们的祖先，
554 我们在道德上就不会像现在这样。这是对的。但是这样的法律和

习惯本身是有理性的动物,即抱有理想的动物的产物。此外,服从这种法律和习惯的个人承认其中有好处,肯定那要求他们限制求快乐的倾向的行为方式有价值。

最初,道德理想只是一种要求,人们没有意识到这种要求的目标的全部性质,但是它和追求快乐的欲望不同。最低阶段上的道德,是对某种幸福生活的要求,这种幸福生活为渴望它的个人和别人所共享。唯有作为这种要求的道德,产生了家庭、部落和国家的制度,这种制度进一步规定了个人道德。制度自然的发展,思考这种制度,以及为保持这种制度而形成并由这种制度产生出来、博得好评的行为习惯:这些都有助于构成关于目的或要求的更合适的概念。于是出现那涉及人的范围不断扩大的概念,发展了和一切人类共存的大同社会的理想。

我们没有关于完善生活的适当的观念,但是**全体**人的完善和**社会中**的人的完善是理想。这样的生活必定为一谐调的意志所决定——所有的人的意志是每一个人的意志——这谐调的意志就是仁爱的意志。格林所谓仁爱的意志不是指的什么抽象的东西,而指的是由仁爱的意志所支持和调合的全部仁爱的活动。而且他认为一种行动的道德价值,取决于行动所代表的动机或品格,这是以真正的道德动机总会产生道德行动为前提的。

格林推重善的自我牺牲的社会类型,即改革家的类型,认为这种类型表现了时代的精神。但是他似乎对圣人、善的宗教类型和中世纪的完善的类型更加崇敬。他指出,道德上努力的最高形式是一种精神行动,在这种行动中人心超拔而向往上帝,整个人的内部精神追求个人圣洁的理想。这有内在的价值,不是由精神行动所促成而在它以外的任何结果派生出来的。善意(社会愿望)和这种精神行动都具有内在的价值,其差别在于善意的实际表现也作 555

为手段而有价值,因为它们会导致人类社会的改良。但是,归根到底,所有这种改良的目的在于造成这样一种神圣的心。归根到底,对人来说最高的价值是人本身的完善。因此,善的实际类型和做更多的自我探索或有意识地追求上帝的类型,都各有其内在的价值,因为每一种类型都靠品格、心地和意志。没有一种类型没有影响,只是以改革家的情况而论,影响是比较明显和短暂的,而在圣人那里,影响则是更加细微和内在的。

格林的思想实际是这样:对社会的一切贡献和改造的目的,归根到底,是人在精神方面的完善,是具有品格和理想的人的发展。格林用带有宗教色彩的语言来表明这种思想:他说神圣性是这种完善经久不变的形态;他说在神圣性的理想前面,自我谦卑的精神是有最高价值的精神状态。一切道德上的努力的最终目的,应该是人的灵魂的一种态度的实现、人的人格高尚的意识的某种形式的实现。社会改造是好事,但是社会改造应该具有那超过增进单纯身体上舒适和物质上满足的某种目的。供人的身体吃住完全够了,但是首要的问题始终是:什么样的灵魂居于这种身体中。

就理论以道德行为对人类福利的作用为其标准而论,在伦理学方面的近代学者受康德和格林以及功利主义影响的有:J. S. 麦肯齐,著有《伦理学手册》(1892 年);J. H. 缪尔赫德,《伦理学原理》(1892 年);腊什达耳,《善恶论》(1907 年)和《伦理学》(1913 年);J. 杜威,《伦理学》(与 J. H. 塔弗茨合著,1908 年)。关于其他唯心主义伦理学代表,参看梯利,《伦理学导论》,第七章。

第六节 布拉德雷的形而上学

最难捉摸和最著名的现代英国唯心主义思想家是 F. H. 布拉德雷。他生于1846年,如他被称呼的那样,是近代哲学中的芝诺;他的形而上学体系经过深思熟虑而被表述于《现象和实在》中。

他著有《批评史的前提》(1874 年);《伦理学研究》(1877 年);《逻辑原理》,两卷(1883 年);《现象和实在》(1893 年);《心灵》中的文章。关于布拉德雷参看原版第 550 页所列参考书。 556

参　考　书

腊什达耳,《布拉德雷的形而上学》;哲学杂志中的文章;许夫定,《近代哲学》;参看鲍桑葵的著作,《个性和价值原理》(1911 年)。

和德国唯心主义者一样,布拉德雷认为形而上学试图了解实在和单纯现象相对立,研究第一原理或终极真理,或者努力理解宇宙,而这种理解不是零散的或支离破碎的,总是从整体方面着眼。我们有关于**绝对**的知识,尽管这种知识不完全,却确实和实在。因为人有思考终极真理本能的要求,竭尽我们本性之所能,试图彻底思索和理解实在,这是很好的。和费希特、谢林、黑格尔以及浪漫主义者一样,他认为作推论的知性没有能力了解世界。批判地考察若干看待实在的方式(诸如第一性的性质和第二性的性质、实体和属性的关系以及性质、空间和时间、运动和变化、原因和活动、自我和自在之物等等概念),得出否定的结果,即它们都是自相矛盾的:我们不能在现象中发现统一,结果每一事物都无非是现象。不过现象存在,那是绝对确实的。虽然现象不自相融贯,因此和实在不一致,它却不能脱离实在。这样问题就产生了:现象所从属的这种实在的本性是什么?除去它存在以外,我们还能够对它有所陈述吗?它仅仅是康德的自在之物或斯宾塞的**不可知者**吗?布拉德雷认为终极的实在,是一个自我协合的整体,包容一切差别于一无所不包的谐和中:使人迷惑不解的一团纷杂的现象一定是统一和自我协合的;因为它除去在实在中以外,不可能在其他任何地方。而且它的内容不过是感觉经验；感情、思想和意志是一切存在的材料，此外没有其他现实或可能的材料。我们这样有限的生物不可能完备地创建这种绝对生活，不可能具有绝对生活所由组成的特殊经验；但是我们能够获得关于绝对生活主要特征的观念，因为这种特征是在我们自己的经验以内的，因此关于这种特征相结合的抽象的观念是我们完全能够了解的。

557 第七节 直接的感情和思想

在这一点上，布拉德雷同这样一些人的意见是一致的，他们为了解决宇宙问题，求助于理智以外的心灵的其他机能。但是他不依赖神秘的直觉，使他直接面对绝对，却从人的日常经验中得到关于终极实在意义的启发。仅仅在感觉和直接的表象中，我们就有关于一整体的经验。这个整体包含着差异，另一方面又是谐和。它能够提示给我们关于总体经验的一般概念，在总体经验中意志、思想和感情又都再一次浑然成为一体。我们能构成绝对经验的一般观念，在绝对经验中现象上的区别被淹没了。因此布拉德雷得出结论说，我们有关于绝对的实在的知识、建立在经验之上的实证的知识，而且如果我们前后一致地思维，那是必然的。

所以单纯思维不会使我们达到所期望的境地。思想是寻求关系和进行推论的：它所表明的是分解，绝不是实际生活。如果它不这样做，则是自行毁灭；可是它要保持这种状态，又怎能容纳直接的表象呢？思维的目的在于把握一直接、自立和无所不包的个体性，但是要把握这种个体性，它会失掉它自己的本性。布拉德雷表明思维能够构成关于一种理解的观念，这种理解类似直接的感情，包括它寻求关系的努力所探索的一切特性，从而满足了它；借此以解决两难的情况。单纯直接的感情绝不会使我们认识绝对，单纯搞推论关系的思维也不能；但是，如果我们试图尽可能地接近直接的感情或理解，就是说，如果我们构成绝对的观念，我们能够了解绝对。全部实在仅仅是凝神贯注的单纯思维所彻底进行思维了的对象。这同样的实在是完全得到满足了的感情。在这两种情况下，我们都具有单纯理解的直接性和力量，不被它的矛盾所迫而推向无限的过程，即不断地进行联系和分解而看不到事物的整体。这样，如果意志极为坚决，也变成为我们的绝对，在这里我们又达到了观念和实在的同一或者差异中的统一。诚然，我们不能想象这 558
种直接经验的梗概如何在细节上被充实起来，但是我们能够肯定直接经验是实在，它把某些一般的特性，在一个不可分割的理解的活生生的体系中，给联结起来了。

第八节 绝对

在以上所述的方式下，绝对是可知的。它是一个谐和的体系，而不是事物的总和；它是统一体，其中结合在一起的事物都改变了，都同样变化了，尽管不是同等地变化了。在这种统一体中，孤立和敌对的关系都被肯定和吸收了。错误、丑陋和罪恶都在其中变化而被吸收了，这一切都为绝对所有，在本质上构成它的内容。没有一种形态，其他形态从属于它而作为它的属性，或化归为它的。从第一性的性质的纯骨架方面来看，自然是死寂的，不能认为是美好或值得崇拜的。这样理解的自然几乎没有什么实在性，它是科学所需要的观念上的创造物，是必要的起作用的虚构。我们必须给我们自然的概念加上第二性的性质，即快乐和烦恼、感受、由它所激起的情绪和美好。一切专门科学，即物理和心理科学，只探讨虚构；灵魂和肉体都是抽象、现象或实在的特殊方面；唯心主义和唯物主义都是一半真理。

实在是一经验。在实在中我们所能发现的无非是感情、思想、意志、情绪或其他这类东西。这不会归结为唯我主义吗？布拉德雷说不会，任何形式的有限经验从来不会被一垛墙封闭住。实在整体呈现于我们最初的直接经验中，整体作为实体呈现于它每一种属性中。一有限经验已经在部分上是宇宙。全部宇宙不完全呈现于有限经验中，如果完全了，那就仅仅是这种经验的完满。从一方面看，我所经验的是我自己的状态或我的精神。但是那不可能单纯是我自己的属性。自我是由实在产生的，是一种现象；那么，经验怎能是它的产物呢？

实在不单纯是我的经验，也不是由精神或自我组成的。绝对不是个人的，因为它比这更多一些，它是超个人的。绝对不过是经验，它包含着我们所能知道和感觉的一切最高超的东西，是一个统
559 一体，其中完全渗透和包含着细微的情况，从这个意义上说，它是个人的。但是这个词会使人误解；绝对在它的内在的差别以上，不是以下，包含着这种差别，作为它的圆满性的因素。

绝对没有自己的历史，尽管它包含无数的历史。这些历史只是尘世现象领域中的部分情况。否认宇宙前进会使道德停滞不前。至于不死，个人的延续是可能的，只是不死的内容更加丰富一些。而且，如果任何人能够相信不死，认为自己为这种信仰所支撑——毕竟那是可能的。但是消除恐惧和希望，比陷入任何形式的可耻的迷信要好。

真理是经验的一个方面。真理是绝对的，就这一点而言，它标志那一切可能为真和实在的一般类型和性质。宇宙的这种一般性质是能完全被人认识的。我们不认识，也永远不能认识它的一切细节。从知识是和经验或实在是同一的意义上说，我们不认识，也永

远不能认识它的整体。真理是整个世界的一个方面，即在哲学中最高的一个方面，可是甚至在哲学中真理也意识到它自己不完全。

第九节　罗伊斯

美国唯心主义学派首领是柔西亚·罗伊斯（1855—1916 年）*。他是哈佛大学教授，学识渊博，善于思索领悟，对文学有鉴赏力。根据他的学说，在我们常识的世界中，没有一事实不可能用观念加以解释，因此这个世界彻头彻尾地同样是观念所由构成的那种材料。以我们所知和我们所能指出那意指什么而言，我们对这世界所能肯定的实在变成为观念性质。事实上由经验强加于我们的一定的观念体系是存在的，我们必须利用这个体系以指导我们的行为。我们称之为物质世界。但是，不是在彼岸有某种东西，事实上同我所有的这一系列经验相应吗？是有。不过那种东西本身是一个观念体系，它在我的心灵以外，却不在所有的心灵以外。如果我的彼岸的世界毕竟是可知的东西，它本身和它的表现一定在本质上是一精神世界。它根据和表现一标准，即一宇宙精神而存在，这一精 560
神的观念体系确实构成了世界。因为我自己是一精神，所以我能了解各个精神。没有精神属性的存在，是我完全不能了解的。不是彼岸有一精神，否则就是不可知，二者必居其一。没有一种绝对不可知的东西能够存在，那种东西的概念是荒谬的。一切可知的都是观念，即某一心灵的内容。如果为一心灵所认识，那么这种本质在本质上已经具有观念和精神性质。实在世界一定是一精神或一组精神。

* 译者所加。

但是我怎能把握在我以外的精神的观念呢？在一种意义上你从来没有或不能超出你自己的观念以外，你也不应该希望这样做，因为所有那组成你的外在和实在世界的其他精神在本质上和你自己是一回事。全世界在本质上是一个世界，所以在本质上是一个自我的世界，而且那就是你。正如你寻求已经失去的观念的时候一样，那意指对象的自我和那拥有此对象的较大的自我是同一的。这比较深刻的自我是从统一方面认识一切真理的自我。只有一个自我，他有机地、反省地和有意识地包括一切自我和一切真理。那就是逻各斯，是问题的解决者，是无所不知者。从一开始关于这个世界绝对确实唯一的东西，是它有智慧、有理性和有秩序，在本质上可以理解，所以它的一切问题都以某种方式解决了，它的一切最难捉摸的奥秘都为最高超的自我所认识。这个自我无限地和反省地超越我们的意识，而且，既然它包括我们在内，它最低限度是一人格，比我们更加有意识。既然它所拥有的是自我反省的知识，除意识以外，什么是意识到自己的知识呢？照罗伊斯来看，根据康德关于先验或超尘世的自由以及我们一切行动在尘世上的必然性的学说，自然界和精神界、物质界和道德界、神明和人事以及命定和自由都可以调和起来。

根据罗伊斯《近代哲学的精神》，我们对他的哲学作了以上的论述。在他的有系统的大著作《世界和个人》中，这种理论发挥得更加详细，而且被运用到关于自然和人的事实的解释上。一部分
561 由于他所研究的问题的性质，一部分或许为了回避夸大理智主义因素的批评，罗伊斯在这些后期的著作，比在早期关于他的观点的陈述中，更加强调经验中有意志和目的方面。“存在只意味着表现、体现某一绝对观念体系的全部内在的意义，而且这一体系确实包含在不管多么不完全的每一有限观念形式的真正内在的意义

或目的中。”观念终极的形式，即“我们寻求存在时，所寻求的终极的目标，是(1)我们总是开始寻求的有限观念的内在意义的完全的表现；(2)部分包含在这观念中的意志或目的的完全的满足；(3)其他物不能代替的个体的生命。”

换言之，罗伊斯强调观念的能动方面，借以回避唯理智主义的指责；强调个体的自我在绝对自我中的地位，用来回避神秘主义的指责。

《忠诚的哲学》振振有词地表述了罗伊斯的伦理理论。在这本书中罗伊斯根据基本的道德原理，即对忠诚的忠诚，推导出唯心主义的世界观；这个原理就是忠诚于一目的，这目的促成了最大限度的忠诚，或使人献身于一目的。我的一些目的必然形成一体系，构成唯一的目的，即忠诚的生活；这必然促成了普遍的忠诚。因此忠诚包含对一普遍的目的、至善和最高的精神价值的信仰。如果这个原理有什么意义，而不是纯粹幻想，一定有一精神的统一体，在这统一体中保存着一切价值。忠诚的原理不仅是生活的指南，它还向我们表明或揭示精神生活的一个永恒、无所不包的统一体，即一个保存和坚持真善的存在物。这就是关于上帝存在的道德上的论证，类似在康德的《实践理性批判》中所表述的。

罗伊斯的著作有《哲学的宗教方面》(1885 年)；《近代哲学的精神》(1892 年)；《上帝的概念》(1897 年)；《善恶的研究》(1898 年)；《世界和个人》，两卷(1900 年，1901 年)；《心理学大纲》(1902 年)；《赫伯特·斯宾塞》(1904 年)；《忠诚的哲学》(1908 年)；《威·詹姆斯和其他论文》(1911 年)；《宗教洞见的渊源》(1912 年)；《基督教问题》，两卷(1913 年)。

通过独立研究康德等哲学家或美国哲学教师，美国学者受有 562
康德和后起康德学派洛采以及德、英、法相仿的思想家影响的，可以说有 W. T. 哈利斯(1909 年以前)、J. 沃森、G. T. 莱德、G. H. 豪伊逊、A. T. 奥蒙德、B. P. 波温(1910 年以前)、J. E. 克赖顿、J. H. 希本、E. 阿耳比、M. 卡耳金斯、R. M. 温利、H. 卡尔迪讷尔、C. B. 斯特朗、J. H. 塔弗茨、A. K. 罗杰斯、C. M. 贝克韦耳、A. O. 拉夫焦伊、J. A. 雷顿和 W. E. 霍金。这些人当中比较年青的成员,特别是克赖顿、贝克韦耳、拉夫焦伊和阿耳比,为维护唯心主义而反对实用主义和新实在主义的批判,以吸取这些敌对学派中他们认为正确的因素的方式,发展了这个学说。

第十篇　现代对唯理主义和唯心主义的反动新倾向

现代思想界有许多不满的信号，不仅对长久以来一直占统治地位的体系，即唯心主义不满，而且总的说来，对唯理主义的科学和哲学的方法和结果不满，这种科学和哲学被认为破坏了个人自由，使人类价值没有存在的余地。无论我们赞同自然科学的机械论，从运动着的物质粒子出发，或赞同客观唯心主义，从逻辑概念或宇宙目的出发，据说人类生活都被降低为单纯附带现象。在思想史上人们曾经作过多次尝试，来避免人类思维似乎要导致的结果，这种尝试今天又以略有变化的形式复活了。但是反对唯理主义的不限于这些人，他们最关切的是使人摆脱自然主义和唯灵主义的决定论；还有单纯搞自然科学的人，在认识论上受休谟和实证论者影响的思想家。我们可以把现代反对传统学派的，区分为几条思想路线，需要注意，其中有些路线同样为具有极为不同的气质的人所遵循，诸如怀疑派、主信仰的哲学家和唯理主义者。在某些人看来，人类理智不能解决宇宙之谜：形而上学是不可能的。他们 563
不是认为知识只限于研究和描述经验事实，就是认为知识单纯是为求生的愿望而服务的工具，或者认为知识的结论——甚至在自然科学的领域里——只不过是协定、符号或对真理的接近；不然，他们就赞同所有这些观点。其他思想家一致断定理智或作推论的知性不能理解实在的意义，不能就人类心灵的其他方面或各种机能，如感情、信仰、直接或纯粹经验、意志或直觉，发现知识比较确实的来源，从中寻求摆脱怀疑论、机械论、决定论、无神论以及个人所对抗的一切阴沉的学说的途径。我们知道，这种思潮在哲学上并不新鲜，确实在唯心主义学派本身的人物当中，如费希特、谢林、黑格尔、洛采、奥伊肯、文德尔班、闵斯特贝尔格、雷诺维叶和布拉德雷，也有反理智主义或反唯理主义的倾向；今天居领导地位的革新者就是由这一学派培育起来的，而且同这一学派仍然有许多共同点。另一些人在许多方面类似赫尔巴特，维护唯理的理智，驳斥它的科学和哲学方面的批评家，但是他们反对有机的唯心主义观点、它的一元论和它所主张的主观主义，认为分析是科学的哲学真正的方法，多元论和实在论是它的逻辑上必然结果。还有那些人，他们主要着重反对传统观点的唯灵主义的一面，回复到自然的实在论，认为事物不是主观或客观精神的现象，而是完全脱离精神而独立的，精神是在事物本身演化的过程中产生的某种东西。

我们即将探讨某些现代学者，他们表现了那作为后来哲学思想特征的不满的精神。

参考书

梅尔茨，《十九世纪欧洲思想史》，三卷；培里，《现代哲学倾向》；梯利，《浪
564 漫主义和唯理主义》，载《哲学评论》，1913 年，3 月号；《现代的特征》，载《希伯特杂志》，1911 年，10 月号；万·贝卡累尔，《美国哲学》；利曼，《神学和人类问题》；沃克，《认识论》；富耶，《思想》；A. 莱伊，《近代哲学》；本如比等在《形而上学和道德学评论》，1908 年，9 月号上关于现代哲学的文章；柴培里，《现代哲学的趋向》，载《哲学评论》，1910 年，3 月号，以及《从批判到新唯心主义》；贝特洛，《重功利的浪漫主义》；里吉罗，《现代哲学》；哥提埃，《现代思想》；戈耳德斯坦，《现代哲学中的变化》；奥伊肯，《近代思想的主流》；施泰因，《现代哲学思潮》；黎尔，《现代哲学》；文德尔班，《现代的哲学方向》，载《大思想家》中；许夫定，《近代哲学》（法译本：《现代哲学》）和《英国哲学》；包曼，《最近

十年德国内外的哲学》；宇伯威格-海因泽，第三编，第二卷；法耳肯伯格，《新哲学史》第七版；W. 考德威尔，《实用主义和唯心主义》（1913 年）。

第一章 新实证主义的认识论

第一节 马赫

埃伦斯特·马赫（1838—1916 年）* 是物理和哲学教授，著有《感觉的分析》（1886 年，第五版，1906 年）和《通俗科学讲演录》，第四版（1910 年）。他根据休谟和实证论者的现象论，创制了一种认识论，认为世界仅仅是由人的感觉组成的，自在之物是虚幻。构成他的认识论的基础的，不是公理或**先验的**真理，而是直接的纯粹经验。科学的目的在于对事实，即人的意识内容，作完全的描述；它唯一的任务是发现不能再进一步加以分析的感觉要素的联系——那就是认识这种联系，而不是用形而上学的预先置定的假设予以解释。建立一种一般的物理现象学，即包括一切领域而不要任何假设的物理学的途径，是用类比的方法。科学从假设开始，但是这种假设仅仅是使我们了解事实的临时的权宜手段，是一种间接描述，逐渐为直接观察所代替，即为经验或感觉现象所证实。一切科学都在于在思想上使事实有系统地再现。如果不能在杂多的变化中发现相对恒常的东西，那在思想上反映世界则是徒劳的。每一科学判断都包括或扼要地陈述了许多观察：概念和判断是各组感觉的简写的思想符号，是表述事实的速记法。这是**思维经济原** 565
理。规律不过是对事实的广泛而又精炼的陈述，即对事实中于人

---

* 译者所加。

重要的一面的陈述。物质仅仅是始终一致的感觉的复合。自我同样是一组感觉。感觉复合中相对地比较固定和恒常的一面，给记忆和经验留下印象，这就是语言上所说的物体。和一个别物体相联系的记忆、情态和感觉的复合被称为自我，是另外相对恒常的一面。被认为依赖我的身体的感觉，构成心理学的内容，被认为依赖其他物体的同样的感觉，构成物理学的内容。物体并不产生感觉，感觉复合却构成物体。世界不是由神秘的自在之物组成的，这种自在之物和自我发生相互作用，则产生被称为感觉的其他神秘的东西。科学的目的在于联系比较不恒常、尚未充分建立起来的关系和比较恒常、已经建立起来的关系。

虽然这种理论把知识限制在感觉的领域以内，从而反对形而上学——即只是扰乱科学经济化的一种无益的工作——马赫却力图以唯意志论为知识的哲学基础。知识是意志的工具，是由实际生活的需要产生出来的（实用主义）。思想不是生活的全部，而好像是要照亮意志之路的移动的闪光。我们需要一种使自己同环境发生某种关系的世界观：为了以一种经济的方式取得这种世界观，我们创造了科学。思想和观察的一致是适应和选择的手段。物体和自我的概念不过是在世界上指导实践的权宜手段，必须放弃；原子、力和规律的概念也是如此。只要我们的思想能够再现感觉到的事实，实际和理智上的需要就得到了满足。如果我们的思想使
566 我们把握到那结合在一起的感觉材料的整体，以致这种思想几乎要取而代之，我们就满足了。马赫论述了使事实观念化、系统化和得以完全的一种冲动。

第二节　阿芬那留斯

R. 阿芬那留斯（1843—1896 年）著有《纯粹经验批判》（1888—

1900 年)* 和《人的世界概念》(1891 年),是经验批判学派的创始人,这个学派是遵循马赫所走的同样的路线而行的。他认为构成知识唯一的方法,是以精确的知觉为基础的描述。科学的哲学是对经验的一般的概念的形式和内容作描述上的确定。纯粹经验是一切可能的个人经验所共有的经验,知识的任务是消除不合理的个人因素。我们逐渐接近关于宇宙的这样的一个纯粹经验的概念。原来一切人都有同样的世界概念,但是,由于在经验中"摄取"了思想、感情和意志,经验分裂成外在的经验和内在的经验、主体和客体,实在就被弄得黑白颠倒了。消除"摄取",我们可以恢复原来对世界的自然看法:纯粹经验。

表现类似马赫那样的观点的有詹姆斯・克拉克・麦克斯韦(1831—1879 年),他著有《科学论文集》;威廉・克利福德(1845—1879 年),他著有《观察和思维》(1879 年)和《严正科学的常识》(1885 年);卡尔・毕尔生(1857—1936 年)*,他著有《科学入门》(1892年,第二版,1900年);还有H.赫茨(1857—1894年)。昂利・彭加勒(1857—1913 年)著有《科学和假设》(1902 年),翻译为《科学的价值》,第十四版(1906 年)。他认为科学的公理是方便的定义或协定,在一切可能的协定中作出选择,则以实验的事实为指导,但是选择是任意的,只以必须避免一切矛盾为限。

---

* 译者所改。

第二章　实用主义

第一节　詹姆斯

威廉·詹姆斯(1842—1910年)在思想上受他的生物学研究、英国经验主义和查尔斯·雷诺维叶学说的影响。他本人宣称，雷诺维叶极精湛地宣扬多元论，这使他解除了他在其影响下成长起来的一元论的迷信。他不满意唯物主义和唯灵主义的一元论的“一整块宇宙”以及严峻的、决定论的体系，他说，“如果一切事物，包括人在内，都由原始星云或无限的实体而来，那么，道德责任、行
567 动自由、个人努力和愿望会怎么样呢？的确，需要、不确定、选择、新奇事物和奋斗会怎么样呢？”无论是把绝对的实体看作是宇宙物质或宇宙精神，在它手里个人不会变成一纯粹木偶吗？这种体系不能满足人的本性的一切要求，因此不可能真实。关于一种理论、信仰和学说的检验，必须是它对我们的影响、它的实际结果。这就是实用主义的检验。你总要问问自己，你信奉唯物主义或唯灵主义、决定论或自由意志、一元论或多元论、无神论或有神论，这在你的经验中会构成什么样的区别。一个是失望的学说，另一个是有希望的学说。“根据实用主义原理，在最广泛的意义上，如果上帝的假设令人满意地发挥作用，它就是真实的。”

真理的检验是它的实际结果：拥有真理不是目的本身，只是对其他极关重要的满足的初步手段。知识是工具，为生活而用知识，不是为知识而生活。詹姆斯扩大了这种实用主义或工具主义的概念，以致把逻辑的一致性和证实包括在实际的功利观念中。真实的观念是我们能够吸取、确认、确证和证实的观念。给我指出期

待哪一种实在的观念，就算是真实的观念。因此，关于真理，你可以说因为它是真实的，所以它有用；或者说因为它有用，所以是真实的。“科学中的真理是使我们得到最大限度的满足的，包括趣味在内，但是同先前的真理和新事实的一致，始终是最迫切的要求。”

即使对实用主义的公式作了这样重要的补充，它仍然认为一种哲学要真实，必须满足逻辑要求之外的东西——在这个意义上，实用主义是反理智主义的。在詹姆斯看来，实际道德和宗教的要求垂青于多元论、自由、个人主义、唯灵主义和有神论。这都是意志所信仰的概念，这位实用主义者拒绝理智作真理的绝对裁判，以便保全这种概念。一致性依然始终是**最迫切的**要求。

虽然这种绝对主义的假定，即完善是永恒的、天然的和最实在的，具有确定的意义和宗教方面的作用，多元论的态度却同实用主 568
义的气质最相吻合。因为它使各种明确的活动发挥作用，多元的宇宙只有零散地、事实上(de facto)作为许多**个人**的行为的结果而被保全。我们还可以相信在宇宙中存在着比人类经验较高的经验的形式；根据宗教经验所提供的证明，我们完全可以相信，较高的强有力者存在并沿着同人类的理想路线相仿的理想路线，为拯救世界而发挥作用。

詹姆斯从另一方面，即从彻底或纯粹经验主义的一面，达到了同样的结果，这种经验主义反对古典的唯理主义和古典的英国经验主义。它认为凡是合理的，就是实在的，这不对；**凡是为人所经验的，才是实在的**。如果我们要把握实在，我们必须肯定未被概念思维加工以前的本来的经验，即处于清净和原始单纯状态的经验。我们必须全面地审查和纠正概念的职能，在感觉生活比较原始的流动那里，来认识实在的真相。哲学应该这样活生生地了解实在的运动，而不是跟在科学的后面，徒劳无益地把它的死结果的片断缝补在一起。哲学和逻辑相比，是更加关涉到带有感情的洞见的问题，逻辑只是在事后为洞见寻求理由。

詹姆斯和德国唯心主义一致，认为科学的理解割裂了实在，在这一点上，即人们通常的感觉经验不能揭示实在的真面貌，他和德国唯心主义也是一致的。但是他和布拉德雷相仿，信赖活生生的朴素的人类经验。实在是离人类思维而独立的**纯粹**经验，是很难找到的某种东西；它是刚刚进入经验而人尚无以名之的东西；否则它就是在产生对其出现的任何信赖以前，在应用任何人类概念以前，某种被想象、天然出现于经验中的东西。实在是绝对沉默和很快消失的，只是人类心灵思想上的极限。我们可以瞥见它，但是绝不能把握它；我们所把握的，总是为了人们应用而事前由人类思维加工制作了的代用品。这种直接经验是一种差异中的统一，这种统一和差异一样是原来就有的。因此，经验主义说我们的心理生
569 活是由多种多样的独立的感觉组成的，这是错误的；唯理主义说这种感觉由范畴结合于灵魂的统一中，也是错误的。被称为灵魂而起结合作用的中介概念是多余的，因为没有各自独立的因素要结合。那两种观点都是抽象的。实在有几成是我们不知来自何方的感觉流，一部分得自感觉之间或人类心灵中感觉摹本之间的关系，一部分是先前的真理。这种关系当中有些是变化和偶然的，其他是固定和本质的，但是二者都是直接知觉的内容。关系和范畴是直接经验的事情，同事物或现象没有差别：观念和事物是“同质的”，是由同样的材料做成的。

詹姆斯似乎是动摇于这两种观点之间：实在是纯粹经验，即脱离一切思想而独立的经验，幼儿或半昏睡的人的生活与此相近；实在是成人意识的全部领域，是渗透着思想的经验。他的意思可能

是说后一形式的实在是由前者产生出来的。他指出有一个感觉流,但是凡是属于感觉流的,似乎从始至终大都是我们自己所创造的。世界实际是可以塑造的,等待人们动手把它最后塑成。实在不是现成的,不是亘古以来就是完备的,而是处于创制的过程中,尚未完成,哪里有能思维的人发挥作用,它就在哪里逐渐形成。真理产生于一切有限的经验内部,这种有限的经验互相依赖,但是,如果有这种经验的整体的话,它却无所依赖。在感觉流以外,没有什么东西可以解释它;它只能从自己固有的条件和能力那里希望得到说明。在单纯的现象事实背后一无所有,没有自在之物,没有绝对,没有不可知的东西。试图用假设的实在来解释已有的具体的实在,那是荒谬的;关于这种假设的实在,除去借助于那根据人的经验中制定的符号以外,我们对它不能形成什么概念。这听起来像是主观唯心主义,然而这不是詹姆斯的意图,他从来不怀疑心外世界的存在。纯粹原来的经验不是主观的,而是客观的,是变成为有意识的原始的材料。

彻底的经验主义有利于多元论:经验向我们表明的是杂多、差异和对立,而不是一整块宇宙,不是绝对论者或一元论者完全组织好了的和谐的体系,其中一切的差别和对立都调和了。此外,多元 570
论的宇宙满足我们道德本性的要求,而绝对论的宇宙却不能:根据实用主义的方法,多元论的宇宙是有道理的。当然一元论也不是单纯理智的理论,赞同它要看它的结果而定;它满足某些人的审美和神秘的冲动。但是它不能说明我们有限的意识,它引起了邪恶的问题,它不能说明变化,它是宿命论的。多元论完全信赖知觉经验,就我们自己的活动的情境而论,真正原来具体的知觉流,提供了关于创业的行动者或自由意志完全可以理解的例证。在这世界里容许有变化、奇异和无条件的东西(偶成论或偶因论)。多元论认为宇宙是可以改善的。如果世界各个角色尽力而为，世界则可以安然无恙。用社会作比喻，可以把宇宙改善论的宇宙看作是许多独立的力量。宇宙的繁荣昌盛，恰好和多数这种独立的力量为其繁荣昌盛而工作成正比。如果无人工作，它将衰退；如果每一个人都尽力而为，它不会衰退。在这样的世界里，人要冒险来实现其理想，是有自由的。

有神论是唯一的关于上帝的一种思想，它能够满足我们感情和意志上的天性。上帝是宇宙的一部分，是一个有同情心和有能力的救助者，是伟大的伴侣，是一个有意识、有人格以及和我们有同样道德本性的存在物；某种经验（突然皈依和信仰治疗法）表明，人能同上帝交往。这种有神论的假设确实不能完全得到证明，但是任何哲学体系也不能得到证明；其中每一种情形都植根于信仰的意志。信仰的本质不是感情或理智，而是意志，即信赖那不能科学地论证或反驳的意志。

詹姆斯著有《心理学原理》，两卷（1890 年）；《信仰的意志》（1897 年）；《对教师的谈话》（1899 年）；《多种多样的宗教经验》（1902 年）；《实用主义》（1907 年）；《真理的意义》（1909 年）；《一个多元论的宇宙》（1909 年）；《一些哲学问题》（1910 年）；《回忆和研究》（1911 年）；《彻底的经验主义论文集》（1912 年）。

参 考 书

弗路尔努瓦，《威廉·詹姆斯的哲学》，翻译；布特鲁，《威廉·詹姆斯》，亨德逊译；罗伊斯，《威廉·詹姆斯和其他论文》；普腊特，《什么是实用主义？》；申茨，《反实用主义》；默里，《实用主义》；埃贝尔，《实用主义》；F. C. S. 席勒关于实用主义的文章，载《大英百科全书》以及刊于许多哲学杂志中的文章。

第二节　杜威

约翰·杜威(1859—1952年)在反对旧哲学方面的激烈程度， 571
不亚于詹姆斯。他毫不厌烦地抨击旧方法，认为这种方法的目的在于，追求在自然过程背后和以外的实在，运用超越平常的知觉和推论的唯理的方法来探索这种实在。他认为这些问题没有真正的意义，只要加以分解，就很简单地解决了。他反对根据人的本性的认识方面作类推，把宇宙建成为一个在固定关系中固定因素的体系，无论这种因素是机械的、感觉的或概念的；反对把人的本性的一切其他方面，诸如信仰、厌恶和倾慕都看作是单纯的附带现象、显现、主观的印象或意识的感受。他反对把具体的自我、即有明确的感情和意志并相信有自己的意向的人，降低为现象。他反对这样一个世界，在那里人的奋斗已经永世不变地完成了，他的错误已经永世不变地被克制了，他偏爱的信念已经永世不变地被充分理解了，这样，需要、变易、选择、新奇和努力就没有余地了。对杜威这个进化论者来说，实在不是一个完全已有的、现成的和固定的体系，根本不是一个体系，而是处于变化、成长和发展中的事物。一种真正的哲学必须放弃追求绝对的起源和绝对的终结，以便探究那产生这种绝对的东西的特殊的价值和特殊的条件。知识唯一可以证实和有成果的对象，是产生这种研究对象的特殊的一套变化，以及由这种变化而来的结果。不能提出这样可以理解的问题，关于为人设想的位于外界者是什么，即关于特殊变化背后的整个本质，关于一劳永逸地塑造事物的智慧，或关于善的终极目的。这位进化论的哲学家所感兴趣的问题，不是本体论的老问题，而是实际、活的道德和社会问题：特殊的变化如何有利于具体的目的或使之失败；甚至现在，事物如何促成特殊的才智；如何实现

正义和幸福的直接增长,这种增长是现实的明智的政府可以办到的,而于当前漠不关心或冥顽不灵,则会予以破坏或放弃。把整个
572 宇宙理想化或唯理化,是把责任的重担推诿给先验论者的肩膀上。哲学必须变成为道德和政治的诊断和预测的方法。——世界正在形成,我们必须帮助它形成。

这种新哲学要求修订思维的理论,要求一种新的演进的逻辑,这种逻辑坦率地从以思维为**探索**,和从以纯外界的存在物为探索的对象这个事实出发。这被修订过的思维的理论,将分析确实性、客观性和真理以及真理的检验和体系,这种分析是以它们在探索活动的范围以内实际的意义和所起的作用为基础的。杜威把思维看成是消除现实和愿望之间的冲突的工具,即实现人的愿望,使那意味着满足、实现和幸福的事物得到安排的手段。这种谐和是思维的目的和标准:在这个意义上成功就是目的和标准。如果我们所形成的观念、观点、概念、假设和信念成功了,达到协调和适应的目的,我们称之为真实的。成功的观念是真实的。我们不断地改变、变化我们的观念,一直到它们起作用为止,就是说,我们使之真实,予以**证实**。一个观念有效的作用,即它的成功,**就是**它的真实性。说观念起作用,和说它真实的意义相同。成功的作用,是真实观念本质的特征。观念的成功,不是它的真实性的原因或证明,而**就是**它的真实性:成功的观念是一个真实的观念。真理的检验和标准依观念所促成的谐和的实在而定。哪里有经过改进或经过检验的观念,即发生好的作用的观念,哪里就有一种具体的情况朝着圆满或谐和的境地前进。不过我们不要把已经实现了的情况同它的过程分开。如果我们把它同它的过程分开而单就它的现状来看,那么它就不是真理,也不是真理的标准,而恰恰像任何其他事实状态一样,是一种事实状态。有这类情况,一旦一个观念被证实

为真实以后，就不再作为观念而存在。不过科学的观念，例如万有引力定律，在许多其他研究中起作用，不再是单纯的观念，而是被**证明**了的观念。

思维为人的目的而服务，有用处，能消除冲突，满足欲望；它的效用、它的目的论，就是它的真理。换言之，人的意志激发思维，思维是为实现人的目的的工具。固定的事物（原子、上帝）只有通过 573
有意识的行动者和受到压力的人的问题、需要、斗争和工具，才得以存在和有意义。我们面临这样一个宇宙，它本身原来就无常和令人疑虑，在那里个人的态度是实在的。

思维的理论的修订，也使信仰的原则恢复了它自己应有的面貌。信仰、绝对直率的纯粹个人信仰，在科学中又作为作业假说而出现了。信仰是一切事物中最自然和最富有玄想的，知识因人事和实用而产生于信仰，知识是为弄清信仰的含义及其相互关连、为指引它们的形成和应用而组成的技术。因此，信仰变更和塑造实在；有经验而有意识的人类真正决定存在物。如果情况是这样，就没必要害怕自然科学会侵犯和破坏我们精神上有用的东西，因为我们能够把我们有用的东西（社会和政治的）变成为存在物（制度）。杜威所感兴趣的世界，是一个由活生生的、做工作的个人所组成的实际的社会界。

世界正在建造中，将永远在建造中，我们塑造它以适应自己的目的；在这过程中有意识的人的思维和信仰起积极的作用。要记取，杜威认为**认识**不是经验唯一和真正的形态。事物、任何事物、一切事物，都是为人所经验那样的东西，每一种经验都是某种东西。事物是为人所经验的那样被认知的东西，但是它们在美学、道德、经济和工艺方面为人所经验；因此要恰当地论述任何一事物，就要指出那事物为人所经验的情形。这是直接经验主义的基本公设。如果你要了解任何哲学术语意指什么，诸如主观的、客观的、物理的、心理的、宇宙的、原因、实体、目的、活动、邪恶、存在和数量，就要取得经验，看看它被经验的情形。个人不仅是一个认知者，而且是一个有感情、有冲动和有意志的人；意志，即自我基本或主要的一面，激发起仔细思考的态度。

杜威的著作有《心理学》(1886年)；《伦理学研究》(1891年)；《逻辑理论研究》(同他的一些学生合著，1903年，第二版，1909年)；《伦理学》(同J. H. 塔弗茨合著，1909年)；《达尔文对哲学的
574 影响及其他论文》(1910年)；《学校和社会》(1899年)以及在哲学杂志中发表的许多文章。

其他的实用主义者为F. C. S. 席勒，他著有《人本主义研究》(1907年，第二版，1909)，《人格主义的唯心主义》(同斯图尔特等人合著，1902年)，《柏拉图还是普罗塔哥拉?》(1908年)，《形式逻辑》(1912年)；H. 斯图尔特，他著有《人格主义的唯心主义》(同席勒等人合著，1902年)，《剧场偶像》(1906年)；A. W. 穆尔，《实用主义及其评论家》(1910年)；H. 博登，《实用主义原理》(1910年)；J. E. 布丁，《真理和实在》(1912年)；G. 布朗德耳，《行为》(1893年)；W. 耶路撒冷，《哲学导论》，第五版(1910年，翻译)；H. 魏欣格，他著有《仿佛的哲学》(1911年)；G. 亚博比，《实用主义》(1909年)；巴比尼，《实用主义导论》(1907年，载“列奥纳多”)。并参看C. S. 皮尔士在《通俗科学月刊》(1878年，一月号)中发表的文章。

第三节 尼采

反对传统概念，这在德国个人主义者弗里德里希·尼采(1844—1900年)的学说中，达到了登峰造极的地步。虽然尼采著

书在美国实用主义出现以前，他却被认为是全部不满思潮中极其狂妄放肆的人。他不仅反对旧学说和方法，而且他扫除旧价值，谴责现代文化的整个倾向，认为历史的态度是我们这时代怯懦的原因。坚强而可尊敬的、肩负重任的人，背着许多过去的奇谈和价值的包袱。因此他宣称，哲学的任务是变革一切价值(Umwertung allr Werte)，创造新价值、新理想和新文化。

尼采承袭了叔本华的基本观点，即意志是存在的本原，但是他认为这种意志不仅是求生的意志，而且是谋权的意志：生活在本质上就是要尽力争取超级权力，这种旺盛的本能是好的：一切优秀的都是本能(Alles Gute ist Instinkt)。根据这种思想，他衡量理智，衡量知识、科学、哲学和真理。心灵或理智仅仅是本能，即求生和谋权的意志手中的工具，是由身体所创造的"小理性"，身体及其本能则是"大理性"。"在你的身体中比在你最聪明的智慧中，有更多的理性"。知识只有保全和促进生命，或者保全和发展种族时，才有价值。因此，幻想和真理同样是必要的。认为真理高于错误和幻想，为真理本身，不是视之为生活手段而爱真理，是把事情弄颠倒了，是一种病态的本能。的确，这种为真理而求真理的理想是另 575
一种形式的苦行主义：为其他事物而在生活上克己或否定生活。

尼采还声称，没有普遍真理这种东西。由人提出而作为普遍真理的命题都是错误的。思维实际是不准确的知觉：它追求相似，忽视差别，造成实在的虚假图画。没有常住的东西，没有实体，没有普遍的因果联系，自然中也没有目的，没有确定的目标；宇宙不关注人类幸福或道德，又没有在宇宙以外而能帮助人的神圣的力量。知识是谋权的工具，保全的功效是在认识器官发展背后的动机。我们在思想上这样安排世界，以便我们有可能生存，因此我们相信永恒和有规则地反复出现的某种东西。我们借助于自己创造的公式和符号，把提供给我们的复杂的多种经验，化归为唯理的和可以支配的系统；其目的在于能够加以利用而欺骗自己。在这个意义上，求真理的意志就是要掌握杂多的感觉的意志——就是用某些范畴把现象串起来。因此逻辑和理性的范畴只是为功利的目的而安排世界的手段，做这样的安排，我们才能统率它。但是哲学家误认为这种范畴、公式、便利的形式，为真理的标准、实在的标准；他们天真地把人类为保全自己而采取的对事物的看法——这种以人类为中心的特殊的表现方式——视为**事物的尺度**，视为“实在”和“非实在”的标准。这样世界就被划分为实在的世界和貌似的世界，人在其中虚构其道理而为人所居住的世界，即这有变化、变易、杂多、对立、矛盾和战争的世界，乃不受信任，遭到毁谤。实在的世界被称为貌似的世界，单纯的现象，一种虚假的世界；被创造的虚构的世界，由人肯定为常住的世界，不变和超感觉的世界，虚假的世界，则被封为真实的世界。

我们所能直接认识的，是我们的欲望和本能的世界，而我们所
576 有的本能都可以化归为基本的本能，即谋权的意志。一切生物都靠消灭其他生物来尽力增强自己的权利，这是生活规律。其目的是要创造**超人**，创造较高的类型，创造英雄的种族，这没有斗争、痛苦、忍受以及对弱者的伤害，则不能实现。因此，战争比和平略胜一筹，的确，和平是死亡的预兆。于此，我们不是为了我们的快乐，为了我们的幸福，不是为了任何目的，但是我们必须坚持自己应有的东西，维护自己的权利，否则就要沉沦。因此叔本华所肯定那为一切道德渊源的恻隐之心，是有害的：它伤害了与者和取者，使强者和弱者一并脆弱起来，削弱了种族的力量，它是有害的。

诚然人生可畏，但是没有理由要悲观。除非在有病态和衰退的民族那里，悲观和遁世是不可能的，因为健康精神求生的欲望极

其强烈，不能为痛苦和斗争所制胜。生活是实验，是选择主要和次要人的过程。生活有选择作用，有贵族气派。它显示出人性方面的不平等，表明人是不平等的。有些人比其他人高超，在身体和精神上占有优势。比较高超的人，天生的贵族，应该享有较多的特权，因为他们比平民、比乌合之众，担负较多的责任。最上等的人应该治人。因此民主主义、社会主义、共产主义和无政府主义，都同这种理想相矛盾，都阻碍占优势的个人的发展，所以都是不可能的。各种形式的奴隶制度一直存在，将永远存在。近代劳工只是取代了古代奴隶的地位。妇女不能和男人享有同样的权利，因为她们在创造力和意志方面都不和男人相等。今天我们最大的危险是平等狂。

尼采也摈斥传统的道德，因为这种道德建立在恻隐之心上，有利于弱者和萎靡的人，不利于条件优越的人。因为同样的理由，尼采也弃绝宗教，特别是基督教；他轻蔑科学和哲学，这可以作同样的解释，就是他推崇谋权的意志。和平、幸福、怜悯、克己、轻蔑世界、优柔寡断、不抵抗、社会主义、共产主义、平等、宗教、哲学和科 577
学都被摈斥了，因为它们同生活相矛盾；认为这些东西有价值、其本身值得追求的一切思想体系和一切制度，都是衰退的预兆[1]。

尼采的前驱中有极端的个人主义者麦克斯·施蒂纳（卡斯巴尔·施米特的笔名，1806—1856 年）。他著有《唯一者及其所有物》（1845 年，马凯译）。

尼采的著作有《悲剧的诞生》（1872 年），《扎拉图斯拉如是说》（1883年以后），《善恶的彼岸》（1886年），《道德的世系》（1887年）。

---

① 参见梯利，《弗里德里希·尼采的哲学》，载《通俗科学月刊》，1909，12 月号，以上论述的一些部分录自此文。

全集，柯格尔编，1895 年以后；还有书信集（1900 年以后）。英译本，A. 提尔编，O. 累维编。

参 考 书

E. 福埃斯特尔-尼采，《弗·尼采的生平》，两卷；道尔逊等的专著（法文和德文版）；菇德·艾斯勒，《尼采的认识论和形而上学》。

第三章 柏格森的直觉主义

第一节 理智和直觉

现在反唯理主义的运动中，最引人注意和最有声望的人物是昂利·柏格森（1859—1941 年）*，他的著作犹如威廉·詹姆斯的著作，在学术界以外有许多同情的读者。和浪漫主义者、实用主义者和神秘派一样，他宣称科学和逻辑不能透入实在的外皮；在生活和运动面前，概念思维无能为力。科学只能理解结晶了的死物、创生的废料、停滞不前的事物、脱离时间或变化的惰性的渣滓以及我们能够对它作预断的东西。但是理智的作用不是没有目的的，正如实用主义者所宣称，它是为求生的意志而服务的工具。在柏格森看来，理智的作用比这一点要多，实用主义只是一半真理。概念思维最能适应在死寂、静止的世界中，在由机械性统治的惰性物质世界中的运用，而且在这里它取得了极大的成功。凡是没有个性、没有内在性，而只有死寂的表面的地方，科学和逻辑都有实用和理论价
578 值。可是当它们扩展其作用于这样一个世界，其中一切的事物都在

* 译者所加。

运动、成长、变化和生活，它们就割裂实在，虚构实在的图景。理智为无限的多样化和形式的变化所困扰，认为不断前进的流动为虚幻，于是建立起一瘦骨架子，一呆板的框子，把这看作是真正的实在，用以代替使人困惑和不快的在时间上不断前进的情境。它始终用静止的因素、永恒的实体和原因来解释流动，而把那不合乎这种逻辑格局的东西认为是单纯的现象，予以消除。科学所向往的，是一种静态的世界，它把流动的时间化归为空间关系；在它看来，绵延、运动、生命和进化不过是虚构，对它们都作机械的解释。生命和意识不能从数学、科学和逻辑方面来探讨，用通常数学—物理方法研究和分析这种课题的科学家，是把它们摧毁和破坏了，没有理解它们的意义。形而上学者不能给人关于生命和意识的科学知识；哲学是对实在的直接洞见，而且必须保持如此，即哲学是真正的世界观，是直觉。直觉是生活，即能反省的实在和直接的生活。宇宙中有类似诗人创造精神的东西，一种活生生的推动力，一种生命之流，这种生命之流是数学才智不能掌握的，只能由一种神圣的同情心，即比理性更接近事物本质的感觉所鉴赏。哲学是从其过程、生命推动力方面来理解和把握宇宙的艺术。我们的直觉同本能，即有意识、精微和化为精神的本能相仿，本能比理智和科学更接近生命。我们只能通过直觉的能力来了解实在的、“变化的”和内在的“绵延”(durée)、生命和意识。只有为观察而观察，不是为行动而观察，绝对才显示自己的情况。它的本质有心理性质，而没有数学或逻辑性质。正常的哲学必须公正地对待理智和直觉，只有靠这两种能力相结合，哲学家才能接近真理。

第二节　形而上学

柏格森严格区分理智和直觉、科学和哲学，这渊源于他那带有

579 二元论色彩的形而上学*。物质是没有记忆的大机器，精神或意识在本质上是自由和记忆的力，是一种创造力，它的特性是像滚雪球一样，积累起往事，在绵延的每一瞬间，把作为实在创造的某种新东西同往事组织在一起。意识不是前后相继的各个部分简单的排列，而是在其中没有重复的、不可分割的过程，是自由和创造的活动。一切活物质在原则上都有意识，的确生命不过是为了它的目的而利用物质的意识。一个生物是一个不确定性和不可预见性的贮积者，即有各种可能行动的贮积者，或者简言之，是选择的贮积者。生命利用物质一定的适应性，潜入呆滞的物质表现有不确定性的任何无限小的部分中，使之有利于自由。动物只靠引起无限小的火花而进行随意的运动，这种火花释放出贮存于食品中的势能。

意识是不断创造和增殖的行动，而物质则是不断破坏和消耗的行动。无论是构成世界的物质或利用物质的意识，都不能靠它本身而得到说明，这种物质和意识具有共同的来源。地球上全部生命的演化，都是在本质上为创造力的一种努力，这种努力是要通过物质达到那只有在人那里实现、即使在人那里也实现得不完善的某种东西。意识试图组织物质，使之作自由的工具，这样，它乃坠入陷阱：自动性和必然性尾随于自由之后，自由终于被窒息。只有在人那里，链条被打断了，人的头脑能够以另一种习惯对抗任何一种已经形成的习惯，使必然性和必然性作斗争。如果我们的行动出自我们整个人格，是那人格的表现，我们则是自由的；因此，真正的自由行动在我们的生活中是罕见的。

物质起阻碍和激励的作用，让人感觉到自己的力量，也能使人
580 加强这种力量。愉快（不是欢乐）是一种标记，每当我们的行动充分展开了的时候，它就告知我们；它是生命胜利的显著的信号；只

* 参看他的文章《生命和意识》，载《希伯特杂志》，1911年，10月号。

要愉快，就已经有了创造。终极的人生之道是一切人在任一时刻都能同样实行的创造，是靠自己对自己的创造，是人格的不断丰富，这种丰富不靠人格从外界提取的因素，却依赖它促使产生于自身的因素。意识经过物质的过渡，则使原来混乱的倾向或潜在性精确起来，表现为明确的人格，还让这种人格靠自我创造的努力于增强自己的力量的同时，来检验这种力量。但是意识也是记忆，其中一个基本的职能是积累和保存往事；在纯粹意识中凡是往事一无所失，有意识的人格的全部生活是一个不可分割的连续体。这就引导我们设想这种努力延续到尘世以外。或许只有在人那里，意识是不死的。

柏格森著有《时间和自由意志》(1888 年)，派格逊译；《物质和记忆》(1896 年，保罗和帕尔梅译)；《论笑》(1900 年，柔斯威尔译)；《形而上学导论》(1903 年，休尔梅译)；《创造的进化》(1910 年，米彻尔译)；《生命和意识》(载《希伯特杂志》，1911 年，十月号)。

参　考　书

卡尔，《柏格森》；勒·鲁瓦，《新哲学：H. 柏格森》，布朗译；A. D. 林赛，《柏格森的哲学》；J. M. 斯图尔特，《柏格森的哲学评述》；多德森，《柏格森和近代精神》；贝特洛，《功利主义的浪漫主义》；格朗迪让，《哲学中的革命》；克瓦格内，《从康德到柏格森》；布罗德和威尔奇，《直觉和概念》；哲学杂志中的许多文章。

第四章 实在论对唯心主义的反动

第一节 新实在论者

柏格森和德国唯心主义者的意见一致，认为科学知识分析和割裂存在，因而有缺陷；他寻求正确对待有机的实在的性质的一种方法。在英国和美国崛起实在论对唯心论的反动，这种实在论认为科学是最确实的知识体系，把哲学和科学的分离看作是哲学的
581 灾难[①]。根据它所理解的科学方法的精神，这个学派摈弃那以关系为内在的或有机的、唯心主义的认识论，认为关系不影响事物的性质或所联结的各项，就是说，关系是外在的。一直线是同样的直线，无论它是圆的半径、方形的一边或三角形的高。因此这个学派强调分析——就是这种认识方法，黑格尔及其追随者，不亚于实用主义者和直觉主义者，斥之为求真理的不适当的方法——它只能选取多元论，而不要一元论。伯特兰·罗素说，"我的哲学是分析的，因为它主张有必要寻求复合体所由组成的简单的因素，断定复杂的事物以简单的事物为前提，而简单的事物却不以复杂的事物为前提。"[②]在肯定存在不依赖于知识这个意义上，这种哲学也是实在论的。"在逻辑、数学、物理和许多其他科学中所研究的实体，就心理的这个词的固有的或通常的意义来说，不是心理的。""这些实体的存在和性质绝不因它为人所认识而受制约。"[③]

① 参看马尔文，《形而上学方面的创新书》，第一章。

② 《法国社会》公报，1911年，3月，并参看马尔文，前引书，第八章。

③ 引自《六个实在论者的纲领和首次宣言》，见《哲学杂志》，第Ⅶ卷，第15期。

属于实在论学派的有英国人伯特兰·罗素、G. E. 穆尔和 S. 亚历山大；有六个美国实在论者，即 E. B. 霍尔特、W. T. 马尔文、W. P. 蒙塔古、R. B. 培里、W. B. 皮特金和 E. G. 斯泡耳丁。这六个人联合写作了《新实在论》(1912 年)和《六个实在论者的纲领和首次宣言》。E. B. 麦吉尔佛里同情实在论的运动。

F. J. E. 伍德布里季主要反对主观唯心主义和“以意识为关系中最后一项的传统的意识观点”。在他看来，意识本身是一种关系。即一种**意义的关系**，这正如时间和空间一样是事物中间的关系。了解不过是在有意识的情境中，事物所有的各种不可抵制的意义上的联系。认识迄今为止尚未被认识的实在，这种外加的情况只是对它有所增加，而不是变革它。不是有一个外在的心灵，它用自己的观念来认识实在，而是实在通过它自己逐渐展开和重新调整的过程而为人所认识。事物不是表征意识以外的其他东西的观念，而是实在的事物，这种事物因在意识中而有**相互**表征的能 582
力，有相互代表或相互包含的能力。

罗素著有《几何学的基础》(1901 年)，《数学原理》(1903 年)，《哲学论文集》(1910 年)和《哲学问题》(1911 年)。G. E. 穆尔著有《伦理学原理》(1903 年)和《伦理学》(1912 年)。马尔文著有《形而上学基础》(1912 年)。培里著有《研究哲学的方法》(1907 年)，《道德经济学》(1909 年)和《现代哲学倾向》(1911 年)。并参看哲学杂志中所有实在论者的文章。

第五章 唯理主义及其反对者[①]

第一节 反理智主义的功绩

现在反理智主义的各种哲学的特征，是反对任何极端决定论的体系，无论是唯物主义的或唯心主义的。这类哲学都要求一种比较有伸缩性的宇宙，要求这样一个宇宙，在那里人生不仅仅是一出木偶戏，或各种人物在其中只演分派给他们的角色的一出戏。他们都摈斥这种世界，其中缺乏自由、创造性、个人责任、新奇、冒险、豁着干、机遇和浪漫活动，即未受哲学影响的个人所过的生活；他们的兴趣由一般转向个别、由类似机械的性质转向有机性，由理智转向意志、由逻辑转向直觉、由理论转向实践和由上帝转向人。近代的浪漫主义，要求人在其中有奋斗机会的世界，人能够通过努力为适应自己的目的和理想而予以塑造，人在其中能够成功或失败。它希望那为平凡而无反省的常识所看到的世界再恢复起来。

在这些新倾向中有许多是有益的。首先这种倾向激励了旧古典哲学，使之为其存在而辩解。没有对抗，没有要打的战役，哲学很容易入睡，沉浸于“确定无疑的意见的酣睡中”。冲突比自满的
583 确信或漠不关心好。在精神领域像在其他各处一样，“战斗是万物之父、万物之王”。已经为人所遵循的信条最无生气。穆勒说得好，“一旦战地上没有敌人，教师和学生就要在他们的岗位上走进梦乡”。一种哲学完成了，也就完结了。

① 以下各页录自作者的文章《浪漫主义和唯理主义》，载《哲学评论》，1913年，3月号。

这些新思想家除去有助于恢复哲学的生气，从而起了很重要的作用以外，还促使人专心注意那容易为人所忽视的问题。他们又突出了自然科学和哲学的关系、全部认识论问题，强调在各种事物体系中人的价值的意义，就是说，他们突出了这种问题，随着人类研究的进展，它们要求有日新月异的答案。他们告诫我们不要把实在一般的结构认为是实在本身，坚持主张我们要保持接近具体的经验。他们反对片面的形而上学，这种形而上学不能正确地对待人类一切不同的经验，只用经验的片段来解释宇宙，认为世界为物理、逻辑或有目的的机器。他们拒不承认由向外看的理智对实在的阐述为完全的，也反对借类比于能认知的人类心灵来描绘实在。他们强调实在的动态的特征，即赫拉克利特的世界观，反对埃利亚学派静态的绝对，认为存在类似人类意志。

第二节　诉诸理性

最新哲学改革家的著作中的所有这些论点和许多其他论点，都在思想史上深为人所理解，并曾一再被强调。他们之所以完全不信任理智的背后的动机，是害怕贬低标准的道德和宗教价值，是由于有预先形成的形而上学和略嫌狭隘的理智的概念。可是不要忘记以意志的要求为基础而对理智的不信任，不是必然的真正的不信任。凡是满足信仰的意志的，可能满足不了要了解经验世界的意志。必须使人能够明了信仰的意志本身，必须指出所以接受其要求的理由，这种理由必须满足求知的意志。必须指出所以维护信仰的意志，即诉诸理智的理由，这同一理智曾经帮助我们摆脱自然的奴役和自己的迷信的奴役。诚然，一切反理智主义者都诉 584
诸理性，一切实用主义者也是如此，他们要求人赞同他们的理论，因为它是合理的，因为它能说明他们所理解的那样的事实，因为它是真的——在真这个词原有的意义上是真的。即使是主信仰的哲学家也总是说明理由，他们给人创建一个世界，在那里信仰的意志不属于无理的因素。康德肯定绝对命令及其含义，因为他相信一唯理的宇宙，因为对他来说，这样一个宇宙，即在那里人类理性竟然要求一无理的事物、一无意义的法规，似乎是不可理解的。

第三节 理智和实在

如果能够证明理智虚构了实在的图景，它迫使我们构成一种绝对不真实的世界观，就有正当的理由来反对理智的能力。这种反对是以我们具有一种形而上学或知识的其他来源为前提的，我们能够把这种来源和理性的结论对立起来，认为那是实在和更有权威性的东西。如果理智塞给我们一整块宇宙，事实上没有一整块宇宙，我们应当鸣鼓而驱逐理智于阵营之外。但是十分自然地这个问题就产生了：人类理性确实从存在中榨取出一切生命，只剩下一骨头架子吗？唯理的思想要求一绝对封闭的体系吗？在那里，凡是以前不存在的，现在也不存在；在原则上一切事物都可以毫无遗漏地从原先存在的因素中推导出来。根据理性的本性，必然得出这样的结果吗？凡是现在存在的，曾经一直存在过，而且将永远存在，太阳底下没有新东西，新事物不过是旧事物的重新组合。如果我们首先把实在规定为僵硬的、无活动力的物质块块，只任人摆布，则必然得出这样的结论，即原来没有的东西，不能从中产生出什么东西来。如果我们把实在看作是精神，而精神是这样的东西，它除去为其他事物所推动外，就无所作为，或是一静态的宇宙目的，那么世界又是一封闭的体系：凡是原来不存在的，就不能进入到里面。但是，我们不是受强制而采取这一种方式或那一种方式来
585 规定实在，人类理智不是出自本性而被迫这样看待实在；如果它承

认这样一种定义，就只是不得不承认由这种定义所产生的结果。而且这不是伟大的历史上的思想体系所提供的实在观；根据这种观点来解释那种体系，是对它们的误解。诚然，人类心灵有它自己的思维方式，我们的问题是由我们思维的本性而来，并产生某种结果。没有任何一个主信仰的哲学家、直觉主义者或实用主义者，不用这样一般的人类思维方式来进行思维，不力求前后一致，不注意其经验中类似之点以及差异，不选取和抓紧经验的某些方面，不按照某种方式把它们联系起来。心灵有它自己的活动方式，其中有些方式，如果听其自然，会削实在之足，使之适应它。理智总是有片面性的危险，它类似本能，会千篇一律地对待它所遇到的周围一切事物，会到处运用康德、费希特、谢林和柏格森只容许它在死寂的世界中应用的那种方法，会像对待死尸一样，来试图对待生命和意识。这样的危险是存在的，而大部分同抽象公式打交道的思想家却屈从它。但是哲学的任务，恰恰是要避免这种危险，要极其明智地运用这种方法；医治理智还得用更多的理智。

人的心灵本性中没有任何东西迫使它把一切实在都化归为可以计算、按次序排列和可以计量的死块块。没有什么东西妨碍它正确地对待经验的动态的、活生生的、流动和飞奔的一面，对此，新哲学家是极其关切的。唯理主义既不是注定要用数学—物理的研究方法和静态的绝对，也不为任何假设的前提所阻挠，而认识不到动态的和发展的宇宙。黑格尔肯定了这样一个世界，使理性运动同它的步调一致，或者毋宁说，他不能阻止理性同它步调一致，因为在他看来，唯理的思想恰好和世界一样是动态的过程。浪漫主义者在他不信任单纯的理智方面，没有比他不信任知性更加明显，没 586
有比他避免知性的诱惑更加坚决的了。但是他没有因此就断然抛弃思维，而以信仰和直觉作领航员；他认为理性本身足以矫正作推论的知性的短见。

第四节 哲学的目的

无论黑格尔试图在思想上再现动态的宇宙过程，是否成功，人类理性都不需要一静态的世界，以求得满足。我们要作唯理的思维，也不必根据逻辑学家的精神而推论，把实在看作是一无血肉的范畴骨架，或者把它归结为一冷静沉思的上帝。哲学以解释它所认定的经验为目的，力求了解它，使之为人所理解，对呈现出来的事物提出某些问题，并予以解答。它不试图这样做，即用先验真理来编造实在，脱离经验而建立一概念的体系；即似乎是闭目塞听，只在暗中精心思索这个世界。它提出要直接面对经验而观察，如实地看待事物，只根据人类所能了解的意义，即它们彼此之间的各种关系，来了解它们。它不会拒绝任何有助于说明它的任务而来自实际经验的方法或资料，无论这种方法或资料是理智的、艺术的或宗教的直觉，但是它不会毫无批评地接受其中任何一种，这正如它不随便接受日常的感觉经验一样。

仅就我们所知道的情况而论，没有一种新哲学派试图把它们的直觉或信仰的意志强加于人，而不为我们所以接受这种认识方法却不接受其他方法，说明理由：唯一的问题是理由妥当与否。在这种观点后面，即纯粹经验、直接经验、理智的直觉、同情的艺术感情，或道德、宗教信仰，使我们最清楚地和最真实地洞见实在，总是有或多或少的唯理的理论。对巫婆和恶魔的盲目信仰，靠它本身提供的证据，不会为那具有强烈的求知愿望的人所接受；没有一种所谓经验，不为自己提供理由，就不被追究而为人所承认。

第五节　整块的宇宙

由费希特、谢林、柏格森和无数其他人所强调并赋予不同名称的内在的经验，人类本身的内在的精神生活，如果没有充足的认识论方面的保证，不能置之不理，或把它化归为单纯的现象。新思潮 587
反对关于生活和精神的机械观点，这可以说是有道理的，但是它们不反对理智和唯理主义，从柏拉图时代以来一长串著名思想家，都是以唯理主义反对静态和机械观点的。新改革家反对一精神的整块宇宙，反对关于精神生活的原子观点或由主要目的所统辖的目的论的专制主义思想，这可以说是有道理的，但是反对唯理主义是不正确的，唯理主义绝不是不得不对精神生活采取这种生硬的看法。唯理主义只承担这种任务，即了解经验，对它提出问题——不是任何愚人要问的问题，只是智者能够回答的问题。

诚然，理性只能在唯理的世界中发挥作用，在这样的世界里，差别之外有相似，杂多之外有统一，变化之外有常住。它不需要以死寂、静态世界为活动场所，它不为生活、变化和进化所困惑；如果创造新奇事物不是绝对反复无常的，它甚至不为创造的进化和新奇事物所困惑：在杂乱无章的世界里，理性会晕眩而闭目。对于绝对反复无常的事物，对于完全莫名其妙、胡乱出现和消失而又绝对同任何别的东西没有关系的新奇事物，无论是理智或直觉都无所作为。新奇事物如果同旧事物没有关系，就没有意义：没有旧，不可能有新。然而，新奇事物的出现并不能使理论研究无能为力。生命和意识现象同机械的现象相比，可能是特殊的事件；如果唯理主义不能把这种事件归结为一个别原理，它只得承认它们的特殊性。人类理性的任务不是虚构经验世界的图景，而是了解它；它在心目中抱有统一和单纯化的理想，但是它不必把一切差别埋葬在一起。理性本身乃差异中的统一，既是一，又是多，它不会损伤自己的本性。

第六节　理智和直觉

没有什么东西妨碍我们把这种思想方法，即导致机械地看待
588 经验的方法，称之为理智，而赋予我们所借以把握到不同的概念的职能以另一名称。如果要区分，我们可以区分理智和直觉、知性和理性，视前者为科学研究方法，后者为属于更高一级的形而上学的知识来源。但是这种区分是人为的，浪漫主义者就猛烈攻击这种区分，认为它割裂了不能割裂的东西。不可能有绝对缺少理智的直觉，没有理智不在其中起作用的哲学和知识。彻底的经验主义、朴素的实在主义和直觉主义，都代表要直趋事物核心的一种努力，都是强烈渴望实在的表现，都是缅怀形而上学的征兆。唯理主义能够承认任何一种或一切敏捷而彻底地领悟实在的英雄企图——如果它们行得通的话。但是不经过在日常生活中发挥作用的同一理智的检查，任何经验，无论是纯粹的、直接的或直觉的，能够作哲学真理的基础吗？这种理智能够被抑制而不活动吗？能够专心致志地做非理智的神秘的凝视吗？如果能够，那么它对科学和哲学究竟有什么用呢？正如一切理论要做的那样，没有尽力要证实其方法和知识来源的理论，能够或实际拒绝这样做，即思索直接经验，为我们分析经验，指出经验是如何构成，并且于做这一切时，应用范畴。新哲学家们所描述的纯粹经验丝毫不是纯粹经验，而是分析和反省的产物，是他们所谴责的、用概念思维的结果。意见是赫拉克利特的，手法却是巴门尼德的。

但是，如果坚持认为理智给我们所揭示的，只是外在的世界，只是具有因果—机械关系的物理对象，的确这种理智是不全面的。

如果理智使它所关注的一切事物瘫痪，阻止运动，伤害生命，残杀实在，那么科学思维确实是不妥当的，就需要一种特殊的方法或者放弃哲学。如果概念思维犯有造成这样严重混乱的罪过，直觉主义者摈弃逻辑和概念，或至少把它们的破坏作用限制在业已死寂的事物范围以内，他们是正确的。他们认为感官知觉不是唯一的 589
来源，被感知的事物不是唯一的认识对象，这也是正确的。只能向外观察的人，不会察觉单纯向外探索的理智永远不能把握的一些经验。活的意识只是活的意识所能认知的世界中的事情。如果哪里有静态的绝对，哪里才有科学，那么试图用科学方法来研究生命和心灵，必然是虚构它们的图景，科学对它们最好不要加以干预。但是没有必要对理智和认识采取这种片面的看法。科学不限于只有外在的知觉。理智也不限于只履行这种职能，即割裂事物，并计算、度量和整理碎块；综合和分析同样是它的职能。这两种职能互相包含，没有其中一方，就不可能有另一方；没有分析和综合，怎能计算、度量和整理呢？

第七节　结论

这是我们的结论：如果任何人有根据设想，唯理主义旨在从**先验的**原理出发来推导出一世界，来建立一脱离经验而独立的绝对体系，他完全有理由反对它。一切思维的目的是要解释人所感受的经验，不是用**先验的**原理来编造经验。我们寻求理论，如果可能，寻求那帮助我们了解存在事物的一般的理论，这种理论必须以经验为基础，不能悬在半空中。虽然心灵渴望确实性，并以一相互有联系的判断的体系为其理想，当前的唯理主义不能、也没有表示自己能够掌握全部真理。而且人类思维有它的方式和习惯，唯理主义承认这种习惯或思维范畴，它是正确的。但是这种范畴不是单纯任意的形式，不虚构实在。设想心灵是在这世界中成长起来的，应该感染到它的一些精神，这是很自然的。很难理解，在没有习惯的世界中，心灵怎能竟然形成习惯，或者心灵怎能生活在一个没有规律的环境里，可是又认为它服从规律。如果对世界应用范畴，就是虚构世界，我们就会面临这样的双重奇迹，健全的心灵降生于疯人院，在疯人院中依然保持健全。

590 而且，如果认为唯理主义具有这种含义，即似乎杂多的经验被贬低为单纯的幻景，具体的个别事物受那称为物质、能、精神或上帝的抽象物的绝对统治，则多元论的反对是合理的。没有杂多的统一是死寂的，正像没有统一的杂多是混乱的一样。的确，思维本身面临绝对千篇一律的单调性，犹如它面临绝对混乱的情况，将同样无能为力。感官知觉、感觉和直觉也是如此。唯理主义不迫使我们把一切现象归结为单一的原则；一个有差别、对立和变化的世界不是无理的世界。诚然，在没有统一和齐一性的世界里，不可能有知识，但是在没有差别或变化的世界里同样不可能有知识。唯理主义不**先验地**规定科学或哲学的目标和途径，不限定心灵必须使用数学—物理方法，不迫使我们把生物学、心理学和历史学归结为物理学，不强迫我们把万物化归为静态的绝对和整块的宇宙。它给冒险和变化留有广阔的天地，如实地对待经验，并发现其中有规律。即使我们认为自然及其规律是经常变化的，只要在变化着的规律当中仍有发现变化规律的可能，唯理主义就不会消亡。唯有在没有变化的规律、自然完全杂乱无章的情况下，唯理主义才会失败。但是在那种情况下，所有的其他哲学，诸如实用主义、直觉主义等等，将随着唯理主义的遭难而一起沉没，因为其中每一种哲学都试图了解经验，而在一个无理的世界，却没有一种哲学能够成功。在这样一个世界里，什么东西都不起作用了。

唯理主义基本假定，经验是可以理解的，一切真正的问题总有一天可以解决；如果理性能够提出清楚明白的问题，理性能够解答。但是，要求合理性，不必排除还可能有自由、责任、变化、新奇事物和进化，只有利于绝对的决定论。诚然，如果实在被分割成物理的因果系列或精神的因果系列，那么具体的个体、事物或人，就 591
为环境所控制，不管这种控制属于机械性质或目的论性质。无论他受物理的机器或宇宙目的的钳制，人同样是奴隶。但是我们为什么这样愚蠢地解释原因、目的和进化范畴，坚持把一切事物，包括生命和意识在内，看成为静态的绝对呢？那样看待事物，是对理性和理智采取了断然狭隘和非历史的观点，使机械论轻而易举地取得了胜利。要避免整块的宇宙的途径，不是通过浪漫主义，而是通过胸怀旷达的唯理主义哲学。

增 订 本 补 遗*

* 伍德(Ledger Wood)修订版,1962 年,第三版从本节开始。原版已有或属引言性质者从略,随文注明原版相应页码,以利比较原版与修订版所增订者。以下圈码作者注均为伍德注。

一、近代哲学中的唯心主义倾向

第一节　英国和美国的绝对唯心主义

（一）布拉德雷（1846—1924 年）*

（1）逻辑、真理和实在

真理是经验的一个方面，就它是绝对的而言，它是实在的本质 566
方面的典范。我们可以充分认识宇宙的一般情况，却未认识、永远不能认识它的一切详细情况。真理在一个方面，即哲学中至上的方面，是全部世界；而哲学甚至意识到它自己的不圆满性。在《逻辑原理》中布拉德雷精心制订一种唯心主义逻辑，这种逻辑极力描述哲学中寻求真理所需要的判断和推论的形态。那是沿袭黑格尔传统的哲学逻辑的，可是它明显地脱离了黑格尔的模式。布拉德雷和黑格尔不同，认为逻辑中基本的东西不是概念或范畴，而是判断，在他的逻辑方法上，他摆脱了带有正题、反题和合题三分法的黑格尔的辩证法的刻板性和形式主义。但是他关于逻辑的范围和职能的概念显然是黑格尔式的：就思维要认知和反映实在的结构而言，逻辑是研究思维形式的。那真正是哲学的逻辑。

在考虑逻辑的基本单位是判断，而不是项、概念或范畴方面——

*　下面关于《现象世界》的一段见原版第 556 页，有所增补，兹从略。

项不过是在分析上可以区分的判断中组成部分——布拉德雷取得了重要进展，超越黑格尔，也超越休谟和穆勒英国学派的联想主义逻辑，这种逻辑使判断从属于观念。判断是思想和知识的单位，在布拉德雷的理论中，虽然判断反映实在，是关于实在的真理的唯一的载体，它本身却是一种符号，是关于实在的意义和真理的传达者。一个符号是“代表另外某种东西的事实。凡是符号的任何东西都有……它的意义或者它所意指的东西。”[①] 一个判断是观念上的内容或“逻辑观念”指所谓判断行为以外的实在；每一种判断都是关于实在的知识。用布拉德雷自己的例证，如果我判断海蛇存在，我“用海蛇这个形容词来描绘实在世界”。因此所谓判断的真理，我指的是它的提示比一个观念多，它是事实。在这个意义上，每一个判断的终极的主词是实在。判断和推论是密切相互关联的逻辑活动：推论是在判断系统的情境中所作的判断，每一种判断至少包含某种基本或许无意识的推论。布拉德雷说，“每一种推论是被认作实在的现成的客体在观念上的自我发展。”[②] 逻辑涵蕴，即一
567 切推论的基础是“存在的，真正的涵蕴也是实在的。”“涵蕴假定一个观念上的宇宙和其中从属的整体和系统的实在性。”[③]

(2)伦理学说

布拉德雷的伦理学立场和格林一样，是自我实现的伦理学，是在有关绝对唯心主义的形而上学的背景上制订的。伦理的目的不仅是自我的实现，而且是作为整体的自我的实现。个体只有通过他的有限的目的和那终究包括在无限的绝对整体中、不断展开和涵括较广的目的相关联，才能实现他自己。道德的终极目的和终

① 《逻辑原理》，第 1 卷，第 3 页。

②③ 《逻辑原理》，第 2 卷，第 598 页、第 600 页。

极的实在，即绝对，相符合，从而伦理学和形而上学是汇合在一起的。布拉德雷置定于他的形而上学中而作为他的认识论和形而上学分析的先决条件的绝对，在他的伦理学中的职能是道德理想。有限的自我确实不能成为实际的无限的，但是它能不断地努力追求日益开展和涵括较广的目的，这种努力追求则构成道德上的进步。布拉德雷说，"实现你自己为无限的整体"，意思是说，"通过在你自身中实现整体，实现你自己为一个无限的整体的自觉的成员。"[①]

虽然无限的整体或绝对是我们道德上的努力所趋向的理想，还有尚未达到绝对的中间的整体，和这种整体一致起来则促进个体的自我的道德发展；中间整体是个体为其成员的各种社会组织、机构和社会团体。每一个个体是许多人类社会组织的一部分，诸如家庭、社会和国家这样的社会组织是由力量、幻想或契约捏合在一起的。每一个个体看到，他能够自发地和有意识地追求他自己的目的，这种目的也促进他业已从属的团体的利益和幸福。他这样做实现了比他自己个人的私利更大的自我，同时也促进了社会团体的福利。个人是其中一部分的这些社会整体为个体制定了行为规范；它们包含职责和相伴随的权利的体系，布拉德雷在他的《伦理学研究》中的主要论文、题名为"我的地位和职责"中，对此作了相当细致的描述。布拉德雷论述社会和制度上的道德时，否定英国伦理学传统上的个人主义，维护道德中贵族的社会等级类型的体系，这使人联想到黑格尔《法哲学原理》中的体制结构和政治上的绝对主义。他以一个英国儿童由出生于某种家庭的父母所生 568
为例，描述这种社会力量的影响。这样一个儿童不仅是一个家庭成员，而且生在包括政治在内的其他领域中；他出生为英国国民。因

① 《伦理学研究》，第80页。

此,“一个人的生活及其道德职责主要是通过他在那国家为一些整体的一种体系中的地位而充分实现的,这一部分由于它的法律和制度,尤其是由于它的精神,使他过这样的生活而且应当过这样的生活。”[①]

(二)鲍桑葵

伯纳德·鲍桑葵(1848—1923年)是英国绝对唯心主义三位一体的阐述者中第三个人。他的立场同布拉德雷极其相似,却表现出比较强烈的黑格尔思想倾向。在费希特、谢林和黑格尔那里的德国唯心主义的发展,同格林、布拉德雷和鲍桑葵所代表的英国思潮,彼此类似是惹人注意的。格林和费希特是各自的传统的唯意志主义者;他们都强调实践理性的首要性,突出自我及其在伦理方面的实现。因此他们可以被称述为伦理的或唯意志主义的唯心主义者。布拉德雷像他的德国原型谢林,在他关于理解绝对而承认感情的作用方面,表现出浪漫的和反理智的倾向。鲍桑葵或许是英国集团中最接近黑格尔的一个人;他的唯心主义没有运用黑格尔的辩证法,同他的先驱的唯心主义相比,是更加唯理智主义和唯理主义的。

参　考　书

鲍桑葵的著作:《逻辑》,1888年;《美学史》,1892年;《关于国家的哲学理论》,1899年;《个体性与价值原理》,1912年;《个人的价值与命运》,1913年;《当代哲学中极端的汇合》,1920年。

原来由黑格尔所阐述的有关“具体的共相”的学说,成为博赞克特新黑格尔体系的关键概念。具体的共相不是抽象的一般,而

① 《伦理学研究》,第174页。

是具有内在的结构，努力追求统一和实现的个体；“具体的共相包含思想趋向个体性的奋斗。”[①] 趋向完满和实现构成个体性，不管这种个体是逻辑体系、道德上的自我、社会有机体或制度，或艺术作品，为了解现实提供了线索。一个个体达不到整体，不能取得它的完满性，因此，绝对是知识、道德行为和艺术创造的目标。在知识领域内，真理是知识体系的理想的总和或完满性。鲍桑葵主张真理的融贯论：“真理的检验是更多的真理。”在伦理学的领域，任 569
何行为的道德品质都由它与更广泛和更加涵括的体系融贯来判断，从而终极的道德目标是绝对本身。鲍桑葵既从逻辑和伦理学方面，也从戏剧方面来设想实在的统一与和谐，但是，这并不意味着容许审美的和戏剧的价值超越逻辑和伦理的价值。所有这些价值领域都以努力趋向统一、和谐、融贯和完满的形式而显示同样的个体性原则。这种趋向统一的迫切要求是现实和价值的特征。现实和价值的不可分割性，即赋予价值以本体论的地位，表述在他的最重要著作的标题中：《个体性与价值的原理》。价值不是由有限的意识投入现实中的主观的、第三种性质；“价值对实在来说是基本的。”同样在艺术创造中，美的审美理想是完满的整体的和谐，是至高的审美价值；鲍桑葵把绝对在它的一个方面比作伟大的戏剧家，在他面前演出了存在的戏剧。

（三）麦克塔加尔特

约翰·艾利斯·麦克塔加尔特（1866—1925年；《黑格尔辩证法研究》，1896年；《黑格尔逻辑学评注》，1910年；《存在的性质》，第1卷，1921年，第2卷，1927年）比英国新黑格尔主义的其他代表

① 《个体性与价值原则》第54页。

更严谨地坚持黑格尔的逻辑学和辩证法，但是，他在《存在的性质》中详尽阐述的他自己的形而上学立场脱离了黑格尔的绝对主义，在多元的和人格主义的唯心主义的方向上移动，这种唯心主义和黑格尔相比，更接近莱布尼茨和洛采。一切实在都是精神的，这种精神的实在的组成部分是结合在一起的自我。如果上帝存在，他也有人格，是一个自我；不过这样的一个上帝不完善，因此不是格林、布拉德雷和鲍桑葵所设想的那种绝对*。

572 ## 第二节　法国和意大利的唯心主义

（一）法国唯心主义的渊源

法国的唯心主义思潮，不像格林、布拉德雷和鲍桑葵的英国学派那样直接从德国思潮中派生出来的。它是已经存在于法国思想主流中唯意志主义和动态观念的发展，表明对孔德及其追随者的实证主义的反动。法国唯心主义确实受到康德的批判的唯心主义的很大的启示，反映费希特、谢林和叔本华的后起康德派的唯心主义；但是，黑格尔对法国学派的影响显然没有像在英国学派的情况那样值得注意。法国唯心主义的主要的本土的来源是梅内·德·比朗（1766—1824年）的注重心理方面的物力论，我们已经谈到他是主要反对实证主义者之一。比朗哲学中的关键概念是“努力”或“能动的力量”，这是心灵在克服障碍中所意识到的——这个概念使人联想到费希特关于能动的自我的概念，这个自我只有遭

* 下面关于罗伊斯哲学的论述见原版第559—561页，文字有改动，兹从略。

遇到表现非我的障碍时，才能实现它自己。比朗的能动主义是结合到维克托·库赞折中哲学中的一种因素，这一事实提高了它的威望，为它对十九世纪晚期和二十世纪早期的法国唯灵主义和唯心主义的影响提供了条件，这种唯灵主义和唯心主义的主要代表是拉维松(费里克斯·拉维松—莫里安，1813—1900年)、雷诺维叶、富耶和布特鲁*。

参考书

L. 累维-布鲁耳，《法国现代哲学史》，G. 柯布伦斯英译本，1899年；N. E. 特茹曼，《梅内·德·比朗的意志哲学》(科乃耳哲学研究，第五期)，1904年；L. S. 斯太宾《实用主义和法国唯意志主义》，1914年；H. 许夫定，《现代哲学家》，1915年；J. A. 顾恩，《现代法国哲学》，1922年；G. 博阿斯，《浪漫主义时期的法国哲学》，1925年；I. 耶茹比，《法国当代思想》，E. 狄克尔英译本，1926年。

(二) 布特鲁

艾弥尔·布特鲁(1845—1922年)是强调科学中偶然性思潮登峰造极的代表。库尔诺(1801—1877年)在研究概率论的数学理论的基础上，向传统的观点挑战，这种观点认为科学规律是表现客观的自然的齐一性的确实和绝对的真理；强调科学规律是盖然的——不只由于人类知识的局限性，而且还由于自然中客观的机遇或偶然性。布特鲁在他的主要著作《自然规律的偶然性》中，采取了库尔诺关于作为科学基础的客观的机遇或非决定性的理论。布特鲁把它提升为哲学理论，据认为是支持意志自由。他应用自然中因果的非决定性作为人类自由的基础，是肯定原子"突然转向" 573

* 关于雷诺维叶和富耶哲学思想的论述，见原版第511—512页，文字有改动，兹从略。

制约人的意志自由的伊壁鸠鲁理论的现代翻版。因此，布特鲁的理论正如它的伊壁鸠鲁理论原型，遇到差不多同样的困难：只是因
574 果非决定性的意志自由有什么伦理价值呢？布特鲁体系中的偶然性没有排除世界上某种程度的机械性和决定性：他设想世界是在存在水平上的等级制度，其中最低级的惰性物质含有最大限度的决定性和最低限度的非决定性，由此上升而经过越来越大的非决定性阶段。这个系列在上帝那里达到顶峰，上帝体现最高程度的非决定性和自由。

参　考　书

布特鲁的著作：《自然规律的偶然性》，1874 年，第四版，1902 年，F. 柔特威尔译，1916 年；《当代哲学中的科学与宗教》，J. 倪尔德英译本，1909 年；《在内部的超越者》，J. 尼尔德英译本，1912 年。参看 L. S. 柯饶福尔德，《艾弥尔·布特鲁的哲学》，载《柯乃尔哲学研究》，第 16 期，1914 年；《当代科学和哲学中的自然规律的观念》，F. 茹斯威尔英译本，1914 年。

（三）意大利的唯心主义渊源

意大利唯心主义运动发源于黑格尔，主要从黑格尔的心灵或精神哲学，尤其是从黑格尔学说关于演化和历史方面得到启示，而不注重黑格尔的逻辑和绝对学说。他的格言“哲学就是历史”成为克罗齐和金蒂雷体系的主要课题。这两位思想家按照黑格尔的演化、自由和创造性的概念加以解释，把实在看作是历史过程。

在消极方面，意大利的唯心主义是批判布拉德雷和鲍桑葵的绝对主义，这种绝对主义主要导源于黑格尔的逻辑著作，忽视或低估包含在《精神现象学》和《精神哲学》中黑格尔哲学的一面，而这种哲学强调人类精神在历史、艺术、宗教和哲学本身中逐步前进而取得的成就。克罗齐乃其学派主要反对英国黑格尔学派的绝对主

义，把实在看作是永恒、静态和完美的整体，从而倾向于忽视或至少不强调人类精神因时而异、逐步前进和有创造性的成就。由意大利唯心主义者承袭的黑格尔的积极的论点，认为实在是思想，被设想为积极的有创造性的和逐步前进的发展。这是克罗齐在他的题名为《黑格尔哲学中的活东西和死东西?》一书中所提问题回答的实质。

（四）克罗齐

本纳德透·克罗齐(1866—1952 年)接受唯心主义这种中心论点，即显现于思想和经验中的精神是基本的实在。他规定思想和经验特征的方式表明他的唯心主义观点与众不同。他使之与实在等同的经验是人类经验，而不是超验或绝对的经验。而且经验是短暂的，限于当前活生生的经验；过去只有制约当前时，才是实在的，将来能从当前展开时，才是实在的。当前经验的两种主要形式或方面为：(1)它的理论方面包括凭借心灵的直觉的活动或概念的活动的一切认识；(2)它的实践方面含有由运用意志而产生的心灵的意愿和活动。

理论活动为心灵提供知识的材料和形式：直觉是心灵创造一切人类经验的材料的过程；美学是关涉直觉的理论哲学的分支。概念思维是心灵理论活动的状态，这种活动提供经验的结构和组织；逻辑，克罗齐描述为纯粹概念的科学，专门着力于理论哲学的概念方面。美学，即关于直觉的一般科学，即涉及知觉的理论，又涉及美的理论。克罗齐在双重意义上使用“美学的”[①]一词，把康德 575
的《纯粹理性批判》第一部分中“感性的”原始的认识论意义，同鲍姆加登用“美学的”这个词意指美的哲学理论的有限制的意义，结

① 原文为 aesthetic，也可以译为审美的。

合起来了。这个词的双重用法对克罗齐的哲学来说，有理论上的意义；它提示包含于感官知觉（在康德意义上的“感性”）和审美的直觉（鲍姆加登意义上的“审美”），本质上是相同的。一种知觉理论如果合宜，与此同时就是关于有创造性的艺术家或诗人活动的论述：通常的知觉有审美的性质，审美的创造和欣赏是精炼的知觉经验。感官知觉不是心灵被动地察觉到外界客体的过程，而是由直觉创造思想材料的认识过程。知觉和艺术创造的区别不在于种类不同，乃在于程度有别：它们是心灵同样表达职能的表现。感官知觉的审美的直觉需要以意象为中介来表现，这是有创造性的艺术家的首要职能。艺术家的意象表达他的知觉的直觉，和原始的直觉分不开，毋宁是向那种直觉复归。这样，心灵恢复知觉的直接
576 性，摆脱了思维的反省状态的限制。

逻辑关涉那组织和把直觉的材料分类的概念的或反省的思维状态。克罗齐规定逻辑为纯粹概念的科学，他对纯粹概念的论述，是沿袭康德和黑格尔的唯心主义传统、有关哲学范畴的理论。克罗齐所列举的逻辑的纯粹概念是：性质、演化、形状和美。克罗齐把哲学的纯粹概念同常识和科学的概念，诸如房子、三角形和人，对立起来，称谓后者为“伪概念”。纯粹概念有这种特性：(1)普遍性；(2)表达性；(3)具体性。它是遍布于人类经验总体的特征，所以它是普遍的。每一种范畴内在于每一种经验，哪怕是局部的经验中，但是，纯粹概念不是它的经验事例的总和所穷尽的，它又是超验的。概念表达心灵的逻辑活动，犹如知觉或意象表达感情的活动。概念是构成具体经验的要素，所以它是具体的，用黑格尔的语言来说，它是具体的共相，而不是抽象的共相。由于纯粹概念有具体性并内在于经验中，这种哲学的概念同科学的抽象概念或伪概念相对立。具体与抽象之对立是克罗齐批判科学的基础：科

学的结论因为利用抽象的概念，只有相对的确实性。虽然专门科学研究来自经验的抽象，例如，物质、电子和三角形，好像它们是经验世界的真正的组成部分，其实它们是抽象智慧的人为的产物，这种产物尽管在科学中有用，却歪曲和错误地阐述了实在的真实性质。只有哲学的纯粹概念才能把握实在。

心灵的实践活动可以分析成相互区别而又不能分割的两方面：意愿和行动。意愿和行动是同一的；不可能有一种行动，它不是意志的表现。不表现意志的行动不是真正的行动，只不过是机械运动，这种行动是科学的伪概念。行动表现意愿，意愿本身又总是表现知识。实践依赖于理论，这却不是可以相互转换的。没有认知，不可能有所意愿，没有意愿却很可能认知。从另一种观点来 577
看，实践领域划分为仅仅牵涉有用事物的经济范围，以及关联善的伦理范围。经济领域单纯由利己主义所统御，而伦理领域却引进了利他主义，即一种普遍化的利己主义。

克罗齐解释历史为出现在哲学的历史学家头脑中、关于历史的了解和解释的当前的有创造性的过程。历史不单纯是关于僵死的过去的事实的再造，而是在对历史过程有创造性和想象的解释的意义上的编纂工作。

（五）金蒂雷

焦宛尼·金蒂雷（1875－1944 年）的哲学虽然深受克罗齐的能动的和个人主义的唯心主义影响，却在某种程度上复归于古典德国运动中唯心主义的比较绝对主义的观点。他发现克罗齐哲学中，所谓经验的统一性和经验在美学、逻辑、经济和伦理领域里表现的复杂性，二者之间的矛盾。金蒂雷强调统一性的一面，借以解决经验统一性和它的四重表现的不相容性，但是，他又遇到一元论者和绝对主义者不可避免的问题，即说明经验的明显的复杂性问题。他以自我意识概念为解决这一困难的线索，这种自我意识是主体和客体的完善的综合；在自我认识中，主体与客体、知者与所知结合起来。个人的自我意识取得了主体与客体的完善的统一性，这可以说明普遍经验的统一性。照金蒂雷来看，艺术在性质上总是主观的，同普遍的自我意识中的主体项相关联，而宗教唯独关注客体项。但是，既然脱离客体的主体不是一种实在性，艺术和宗教是普遍的自我意识片面而不完全的表现。唯有哲学在它的自我——意识经验中达到主体与客体的理想的统一，是艺术与宗教的综合。既然哲学是世界上自我意识的最高表现，哲学不仅是关于实在的知识：哲学就是实在。实在等同于自我意识使金蒂雷采取了这种怪诞的立场，即哲学家在他的活动中确实创制了实在。实在是自我意识，哲学家从事反思地自我意识的思索，实在只有在哲学家那里，通过哲学家而意识到它自己。哲学家在他的理论活动中不仅沉思实在，他创制实在。既然绝对通过哲学反思的自我揭示是一种有时间性和历史的过程，哲学等同于历史。历史、艺术和哲学是人类精神三种相互依赖的创造性活动，在这种活动中绝对的实在达到自我意识的实现。

578 第三节　浪漫主义对唯理智主义的反动*

（一）唯理智主义的反对者

在近代和当代哲学中反对唯理智主义的主要来源之一，是古

* 这一节是原文最后一节的摘要和修订，原文取自梯利文章《浪漫主义和唯理主义》，《哲学评论》，1913 年 3 月，略有改动。

典的德国唯心主义，这种唯心主义虽然它本身是强烈地唯理智主义的，特别是在黑格尔的追随者中间，却觉察到理智的局限性。唯心主义者区分开理智和唯理的洞见或直觉，前者为使经验机械化的思维职能，后者是能动地解释经验的心灵的职能。在德国唯心主义中这种基本区别由知性（Verstand）和理性（Vernunft）的对立来表示，前者为抽象或概念思维方法，后者是形而上学知识的来源。

但是，同极端唯理智主义者对立，不限于唯心主义者、直觉主义者和其他浪漫主义哲学家，甚至存在于自然科学家的行列以及在认识论方面受休谟和实证主义者影响的思想家中。二十世纪反对唯理智主义者，包括气质大不相同的哲学家——唯心主义者、怀疑主义者、唯意志主义者、直觉主义者、实证主义者、实用主义者和虚构主义者。可以把反对唯理智主义者分为两大组。一组包括实用主义者、实证主义者、虚构主义者、约定主义者以及重视科学的哲学家，这种哲学家肯定人类智慧虽然在它自由的领域可以胜任，却不能解决世界之谜；因此，形而上学是不可能的。他们认为知识限于研究和描述经验事实，或者知识是为意志服务的工具，或者知识的结论——甚至在自然科学领域——不过是约定者、符号或与真理近似者。另外一组思想家包括直觉主义者、唯心主义者和浪漫主义者，他们一致认为智慧或能推论的知性不能领会实在的意义；在人类心灵的其他方面或职能上，发现比较确实的知识源泉，这就是感情、信念、直接或纯粹经验、意志或直觉。强烈的反对唯理智主义或反唯理主义的倾向在唯心主义学派的行列中，例如，在洛采、奥伊肯、布拉德雷和罗伊斯那里也是可以讨论的。

（二）浪漫主义的意义

579 这些近代浪漫主义的和反唯理智主义的倾向有许多是可以称许的。它们激发比较古老的经典哲学，迫使它们辩解自己存在的合理性。没有对抗、没有要打的战役，哲学很容易入睡，沉浸于“确定无疑的意见的酣睡中”。冲突比自满或冷漠可取。这些倾向除去有助于哲学恢复活力外，能够使人注意重要问题。它们又把自然科学和哲学的关系问题提到重要地位，又重新强调事物系统中人的价值的意义。它们告诫我们不要以实在的概念框架来代替实在本身，坚持要我们继续不断地接近具体的经验。它们抗议片面的形而上学，即未能正确对待人类一切变化多端的经验的形而上学。它们拒不承认由向外看的理智论述实在为妥善而圆满，这种理智只根据抽象认识来描绘实在。它们侧重实在的动态特征，即侧重反对埃利亚学派静态的绝对的赫拉克利特式的世界观。它们都为一个比较灵活的宇宙而辩护，为这样一个世界而辩护，在那里人类生活不单纯是一种木偶表演或木偶戏，其中的人物只担任为他们安排的角色；它们关注自由、主动性、个人责任、新奇事物、奇遇、冒险、机会和浪漫事迹。兴趣转移了，从一般到特殊，从机械式到有机组织，从理智到感情和意志，从逻辑到直觉，从理论到实践。浪漫主义要求这样一个世界，在那里人有奋斗的机会，通过努力他能够按照他的目的和理想来塑造世界。

第四节 德国和法国的存在主义 583

(一) 基尔凯郭尔的复兴

十九世纪早期丹麦哲学家索伦·基尔凯郭尔(1813—1855年)相对的长期隐匿之后,恰好在第一次世界大战以前,开始对德国哲学产生深刻的影响。这种影响在两次大战之间迅速增长,已经扩展到德国的疆域以外,有助于法国、拉丁美洲和美国的存在主义的形成。基尔凯郭尔哲学的动机是有神论的,在它的文学和诗的形式方面是审美的,就其含义而言有伦理性质。青年时期,他研究神学,他认为人类个体的自由和价值是新基督教的伟大的洞见,这给他留下深刻的印象。他后来的全部哲学是对基督教的作为个体的人的概念的详尽阐述,这种个体面临基本选择,在他承担的事业中,意识到他自己和内在的自由。基尔凯郭尔彻底的个体主义的新教,虽然在他的晚年使他同既定的丹麦国教发生公开的冲突,却主要通过K.巴尔特对后期新教神学发生深远的影响。基尔凯郭尔哲学中宗教和神学占统治地位的倾向同他著作中文学和艺术的敏感性相结合(确实往往发生冲突),这种敏感性表现在他的诗的或想象的形式中,表现在关于人性的本质上浪漫主义的解释中。他设想自己为诗人,他的一位传记作者把他称述为“宗教诗人”。但是基尔凯郭尔不容许他的审美主义和浪漫主义分散他对人的伦理属性的深切关怀。虽然他没有提出伦理体系,一种关于道德的诚挚之情的精神却弥漫于他的全部哲学中。他的伦理哲学是个体主义的,因为它坚持每一个个体面临伦理的选择,这种选择只由他自己作出,对此,他承担唯一的责任。个体所作的每一种决定无可挽回，这使他感到有必要作出随后的决定。

从技术性和系统性的意义方面看，基尔凯郭尔不是一个哲学家，严格确定他的哲学形式的任何企图，会不可避免地歪曲他的立场，粗暴地对待他的思想精神。但是，我们能移集中他的存在主义思想的主要哲学论旨，他以此而成为当代存在主义的源头。基尔凯郭尔哲学的三个主要概念是真理、选择和上帝。

584 (1)基尔凯郭尔关于哲学真理性质的概念本质上是苏格拉底式的。“真理不是由外面输入个体，而是始终内蕴其中的。”基尔凯郭尔把存在主义者的思维同抽象的思索尖锐地对立起来：抽象思维借助逻辑技术而探究可能性的领域，只取得假设的知识，而存在主义者的思维却获得关于现实、具体的个体的真理。存在主义的真理是对客观和理论上不确定的某种事物的热情而内在的信奉，是存在着的个体可以达到的最高真理。基尔凯郭尔十分清楚，按照他的定义，真理等同于信仰。(2)基尔凯郭尔哲学的中心概念是选择，这个概念在他的早期著作《或者—或者》中得到解释，贯穿于他后来的全部哲学中。在《或者—或者》中选择被描述为在两种生活方式之间的决定。(a)审美的生活，专心致志于艺术、音乐和戏剧；(b)伦理的生活，在婚姻、商业和一种职业中寻求幸福。照基尔凯郭尔来看，不可能对选择现象作妥善的心理描述；要了解选择，必须有经验。只能用这样的形容词来勾画选择的特征，诸如个体的、主观的、暂时的、绝对的、自由的和不可改变的。由个人选择的一种生活方式是“跃过深渊”。(3)存在主义思维的顶峰是认识上帝。个体在其内在的经验选择中，至少暂时可以取得关于永恒上帝的认识。基尔凯郭尔说，“永恒是由上而下，以达到存在着的个体为目的，这种个体因存在而处于运动过程中。……”个体的暂时存在和上帝永恒实在性的符合，是公认的自相矛盾的，但这对思辨的理智说才是矛盾，可以把它理解为信仰的真理，则无困难。基尔凯郭尔关于个体同上帝的接触的论述是承袭伟大的基督教的神秘主义者的传统的。基尔凯郭尔在严格和确实的词义上是神秘主义者——他相信个体同上帝融合的可能性，这种融合并不抹煞个体。即使个体同上帝建立了关系，他保持他的个体性，上帝仍然是一个“绝对的他者”。基尔凯郭尔是一个信基督教的神秘主义者，深信基督在人的自我超越中起中介作用；基督被描述为引导个体的人趋向上帝的邀请者。

基尔凯郭尔是一个存在主义哲学家，从他那里德国存在主义哲学家汲取了丰富的灵感，但是，把他说成是存在主义哲学的创始人还不适宜，因为他著作中的存在主义观点没有结晶成固定的学说。基尔凯郭尔赋予“存在”(Existenz)这个词以特殊的意义，这 585
就是在德国和法国当代存在主义哲学中所具有的意义——这种意义曾在前一段中予以描述，同存在(亲在—Dasein)的中性意义大不相同。基尔凯郭尔和后来的存在主义哲学家不是单纯在中立的意义上断定个体的人的存在，如在中立的意义上断定个体的马和狗存在，而半人半马的怪物却不存在；个体的人存在具有独特的性质、以选择为特征的意义上而存在。基尔凯郭尔式的“存在”在海德格尔和雅斯贝尔斯存在主义哲学家那里成为哲学存在主义的中心概念。

参　考　书

基尔凯郭尔著作的英文翻译。《哲学论文片断》，D. F. 斯文逊译，1936年；《生活道路的诸阶段》，W. 劳瑞译，1940年；《基督教论文》，W. 劳瑞译，1940年；《非科学的最后附言》；D. F. 斯文逊和 W. 劳瑞译，1941年；《恐惧和战栗》，W. 劳瑞译，1941年；《或者—或者》，D. F. 斯文逊，L. M. 斯文逊和 W. 劳瑞译，1944年；《恐惧概念》，W. 劳瑞译，1944年；R. 布莱太尔编，《基尔凯郭尔选集》,1946 年;《爱的作业》,D. F. 斯文逊和 L. M. 斯文逊译,1946 年。

论基尔凯郭尔的著作。W. 劳瑞,《基尔凯郭尔》,1938 年;D. F. 斯文逊,《略论基尔凯郭尔》,1941 年;J. 柯林斯,《基尔凯郭尔的思想》,1953 年;M. 韦收格拉德,《基尔凯郭尔和海德格尔》、《存在的本体论》,1954 年。

(二) 存在主义和当代文化

在德国的存在哲学是对黑格尔和黑格尔派极端唯理主义反动的最晚近的阶段。存在主义是一种非唯理主义哲学,由于它重视人的热情和审美的性质,重视他的苦恼、爱情、内疚的感情以及内在的自由的意识,它是沿袭浪漫主义的传统的。它认为真理是个体方面自由承担的作为,像海德格尔所表述的,是"果断的决定"的产物。因此存在主义是一种"信仰—哲学"的形式。但是,它并不依附唯意志主义,因为决定不是作为自我的一种特殊官能的意志的职能,而是作为整体存在物的个体的选择。因此,存在主义尽管它极其强调个体的自由,却不信奉自由意志理论。它毋宁是个体主义的一种形式,这种个体主义承认个体的人的决定极端重要性,并不忽视个体与他人的关系;个体通过他自我的超越,同其他个体,最后同包容万物的最高存在者交往。虽然德国存在主义在它的许多见识方面受益于传统的唯心主义,海德格尔和雅斯贝尔斯都抵制唯心主义的称号;他们拒绝把存在和意识、心灵、思想、精神
586 或任何其他唯心主义基质等同起来。存在主义避免通常的哲学分类,因为它自认为已经超越了自然主义和唯灵主义、实在论和唯心主义、多元论和一元论的对立。

存在主义的意义不在于它对专门哲学的贡献,因为在这方面它要说的,没有什么不是以往的哲学体系没有更清楚、明白而有系统地申述过的;毋宁在于用哲学语言表达了当前文化普遍的情境。

存在主义是突出的危机哲学；它把全部人类存在和同样的全部宇宙存在解释为危机情境的相续，每一种危机情境都充满危险，要求个体所有的内在的才智加以解决；每一种危机引起新的危机，需要类似的解决，整个的系列导致最终的“毁灭”。存在主义是一种幻灭和失望的哲学。但是，它没有把邪恶归咎于终极的存在物，终极的存在物超越善恶；严格地说，它不是哲学上的悲观主义。存在主义是一种虚无主义哲学，这种虚无主义确实把人类的一切努力化归为子虚乌有；但是，存在主义者从危机的相续，和最终面临虚无中得到反常的安慰。从历史方面考虑，存在主义哲学是对当前文化危机的基本反映。

参　考　书

关于存在主义的一般著作。G. 德·茹日尔柔，《存在主义》，E. M. 柯刻斯译，1946 年；哈佩尔，《存在主义》、《关于人的理论》，1948 年；M. 格仁，《可怕的自由》，1948 年；J. A. 华尔，《存在主义简史》，F. 威廉斯和 S. 马容译，1949 年；H. 库恩，《遭遇虚无》，1949 年；E. 穆尼尔，《存在主义哲学家》，E. 布劳译，1949 年；H. J. 布莱克汉，《六个存在主义思想家》，1951 年；J. 柯林斯，《存在主义者：批判的研究》，1952 年。

（二）海德格尔和雅斯贝尔斯的存在主义

马丁·海德格尔（1889—1976 年）在他的《存在与时间》（Scin und zeit，1927 年）中详尽地论述了存在主义的哲学体系。海德格尔哲学的中心问题是存在问题，从它集聚于人的生活和存在的有短暂性和历史的特性方面予以考察。他分析个体的人同他自己、他的环境和其他人的关系。个体的存在是有限而短暂的，人意识到他的有限性和短暂性赋予他的存在以特殊的性质。人的全部存在交织着因意识到死亡的不可避免性而引起的悲剧性的焦虑和苦恼（Angst）。个体想象他自己的死亡时，则面临绝对的虚无——

这种虚无不单纯是缺乏存在,而是原始的实在。海德格尔把死亡同虚无相联系,是给予死亡一种超越个体单纯非存在的地位。这
587 就是他这一论断的含义,即人的存在是"为死亡的存在"。海德格尔——仍然遵循基尔凯郭尔的精神——强调在一切人的决定和行动中的冒险的因素;每一种决定,包括选取一种哲学立场,不仅危及作出这种决定的个体,而且在某种程度上也危及他人;海德格尔根据这种情况规定哲学为由存在危及存在。不要轻率地或不负责地接受或拒斥一种哲学立场,因为那不仅会危及哲学家本人,而且还会危及他人;一个个体既然置身于此世界中,一切存在就牵连到他的哲学立场和观点或受到影响。

个体不是封闭于他本人以内;他通过果断的决定而取得自我超越——不过这不是达到上帝的通路。海德格尔祛除了超越观念在基尔凯郭尔那里的宗教和神学的内涵。海德格尔所列举的第一种超越是关涉到世界的超越。个体与世界的关系,主要不是由遵循笛卡尔—洛克传统的传统哲学家所设想,甚至保持在康德和后起康德派唯心主义中的认识性质;个体同他的世界的关系不是主体—客体的关系,而是一种直接、主动的参与的关系。笛卡尔自我中心的范畴和认识论上的超越问题,对海德格尔来说,是根本不存在的。超越的第二种形态是个体同其他个体的关系,这也是直接交往的关系,而并非单纯的传导。最后,个体在他担心和忧虑未来,特别是全神贯注于死亡中,取得他当前短暂存在的时间上的超越;他不仅在认识上预期未来,而且在某种意义上先于他自己而生活〔即超越当前生活而前瞻未来〕。像他的著作标题(存在与时间)所提示的,海德格尔系统地、详尽地论述了存在本质的短暂性学说,在它的精微隽永方面往往使人联想到柏格森。

K. 雅斯贝尔斯(1883—1969 年)通常和海德格尔的名字连成

一对，他的哲学是存在主义论旨另一种世俗化的阐述。通过雅斯贝尔斯之手，存在主义获得它最清楚明白而有条理的论列。他最初期的著作是在心理病理学领域，他把那标志他作为科学家的著作的某种明晰性和描述的准确性输入他的哲学中。在他的《世界观心理学》(psychologie der Weltanschauungen，1919 年)中，他认为各种可能有关世界的理论是在诸如机会、邪恶和死亡这种不可避免性面前，个体的人的如此众多的基本的人的反应或决定，从而预示了他后来的存在主义。存在主义本身可以看作是这样一种基本的有关世界的理论，对当前的文化危机的反应。

雅斯贝尔斯三卷《哲学》(Philosophie，1932 年)是关于他的存 588
在哲学系统的阐述。论述方法论问题时，雅斯贝尔斯区分开在哲学历史进程中衍变的三种方法。这种方法绝不互相排斥，每一种方法都对哲学探索作出它的特殊贡献。(1)在哲学上有关世界定向的方法(Philosophische Weltorierung)，是在寻求从哲学上理解人和世界方面利用科学知识。如果哲学家从来没有忽略科学探索本质的局限性(这对雅斯贝尔斯来说是重要的附带条件)，物理与心理科学可以促进人在世界中的定向。科学的主要局限性是不完善；无论是在逻辑和数学的形式科学中，或是在关于自然和人的经验科学中，都不可能达到完善的真理体系。某些有科学根基的哲学，如实证主义和唯心主义，确实达到了一种虚伪而造作的完善性；但是，一种真正的批判哲学则认识到科学本质的非完善性。这是康德哲学主要洞见之一，它认为完善性是科学的规范观念，不可能实现。(2)第二种方法雅斯贝尔斯称之为"存在的阐明"(Existenzerhellung)；这是存在主义的思维方法，这种方法的特征关联到基尔凯郭尔和海德格尔，我们已经有所阐释。个人在他一切选择中的自由和他那作为结果而承担的绝对责任，是关于存在阐明的主要评判。雅斯贝尔斯的存在主义强调自由个体之间的交往，他称之为“传导”。没有完全孤立的人格这样东西；人与人之间总有相互作用，这不只出现在当前的社会中，而且也产生在历史的结构中。在历史的过程中，雅斯贝尔斯看到不同时代的人与人之间的交互作用，个体借此而实现其自由。(3)第三种形态是形而上学(Metaphysik)形态。照雅斯贝尔斯的意思来看，形而上学是哲学家对“一种存在物”的追求，这种存在物是在哲学家那里等同于上帝而囊括(umgreifend)一切的绝对。哲学上的绝对是思辨哲学的目标，不能由科学来把握，甚至不能单独由存在主义思维来把握。要勾画终极实在的轮廓，除去存在主义思维以外，形而上学的思辨还应用各种辩证的、想象的、思辨的和象征的技术。

雅斯贝尔斯的哲学方法比海德格尔的哲学方法设想得比较广
589 泛，可是，尽管它含有比较浓重的天主教教义，他的哲学仍弹那成为一切形式的存在主义特征的苦恼和失望的音调。表现于基尔凯郭尔的“病而至死”和海德格尔的“为死亡而存在”中的同样全神贯注死亡，在雅斯贝尔斯这种论点中是明显的，即人由于他的自由和自我超越，注定最后毁灭(naufrage)，他将自由而心甘情愿地接受这种命运以实现他的存在。

参 考 书

海德格尔的著作：《存在与时间》，1927 年；《论根据的本质》，1929 年；《形而上学是什么?》，1929 年。

雅斯贝尔斯的著作：《世界观的心理学》，1919年；《时间的精神情境》，1931年；《哲学》，三卷，1932年；《趋向智慧的道路》，R. 曼汉姆译，1951年；《理性与存在》，W. 阿尔译，1955 年；《我们时代的理性与反理性》，S. 格德曼译，1952 年。

(四) 萨特的存在主义

让-保罗·萨特(1905—1980 年)从师于海德格尔，受德国存在主义影响,是法国存在主义运动中领导人物。他在出版于1943年的《存在与虚无》(L'Etre et le Néant)中发挥了他的存在主义的哲学观点,以文学的形式在诗、小说和戏剧中表述了他的存在主义。他的存在主义论点和他的老师海德格尔一样,是世俗的、无神论的,而不是有神论的。在无神论公式"上帝已死"方面,他受惠于尼采,他反唯理智主义在形式和实质方面反映尼采的影响。犹如海德格尔,他把存在主义和源出于胡塞尔的现象学结合起来:他的主要著作副标题为:《论现象学的本体论》(Essai d'ontologie phénomenologique)除去导源于笛卡尔哲学、关于意识的主观主义的概念以外,他没受法国思想主要传统的什么影响。

萨特的存在主义的基本的本体论前提是否定和无神论的:"存在主义无非是试图从始终一致的无神论立场推导出一切后果。"[①]他断定上帝概念本身是自相矛盾的,把宗教信仰和神学教条贬低到属于纯粹神话的湮没无闻的地位。他从他的初始的无神论的设想得出许多结论,包括存在先于本质的论旨,存在主义即由此而得名。照萨特看来,有神论的观点推论上帝存在,从上帝的本质和性质推论出世界,这种进程的最纯粹的形式构成上帝存在的本体论的论证。萨特的无神论的本体论,弃绝上帝,一反本质先于存在的有神论的学说,或者它毋宁是完全拒斥本质而赞同存在。无 590
神论的存在主义取代了有神论的本质主义。由此形成的本体论的革命是激进的、属于一切唯理智的探索领域的本质让位于不能由理性所把握的存在。在本体论的范围,以存在代替本质必然拒斥唯理主义而垂青于非唯理主义和反唯理智主义。无神论的存在主义声称,"如果上帝不存在,至少有一种存在物,在他那里存在先于

① 《存在主义》,B.弗莱识曼译,第60页。

本质，这就是在用任何概念可以规定以前就存在的存在物，这种存在物是人。”[①] 萨特很自然地促成他的哲学从本体论向人本主义的水平过渡：存在的核心是存在而不是本质，他的这种理论必然要引导到对人作存在主义的论述。萨特于人的解释虽然派生于他的本体论，或许是他哲学中比较有重要和有影响的一个方面。他关于人的重要概念是有意识的主观性、自由和虚无的概念——这一切都在存在的实在性方面有其本体论的基础。

萨特关于人的存在主义理论从考察意识出发。意识总是关于某种事物的，我意识到任何事物同时也察觉到我自己的意识。但是，意识的客体不是由察觉客体而构成的，因此萨特强调主观性并未使他信奉唯心主义。自我意识只是对客体理解的普遍的伴随物。萨特根据区分有意识的主体及其伴随的自我意识和意识的客体的观点，来描述知识；他认为意识的客体是表现出来的现象，而不是位于现象背后的超越的客体。在这种情况下有意识的主体被认为是自为的(pour-soi)；之所以这样称谓它，因为它在每一种反思的自我意识的活动中都为它本身而存在。客体，如果我剥除主体所赋予它的一切意义和解释，则被标明为自在(en-soi)。自为和自在之间的基本的相反性质是否定的因素，造成那标志人类存在特性的紧张、孤独和受挫的感受，也会使人自由。人的生活是不断地追求自为和自在的统一，这种统一固然根本不可获得，却规定人类知识、选择和行动不可避免的条件。人的自由在于他同自在有意识的分离，在于为自己选择理想和自己投向未来。人为自己创制理
591 想，从而把自己投向未来，于是人是自由的。他这样做的目的是要使自为和自在相结合，这种企图注定要失败的。人关于自由的

① 前引书，第18页。

作为是不可避免的:“人被判定要自由”,因为自由内附于人类存在的根本构成中;自由持续不断,一直到死亡来临,毁灭一切未来行动的可能性。人的自由持续时,是不受限制的;除去自由的行动着的主体本人所设计者以外,它不从属于普遍地有约束力的道德规律、有强制性的道理理想或责任体系。但是,这种事实并不剥夺人的责任性;他要对他自由选择的理想和由于他采取这种理想而对其他人的理想和行动产生影响,承担责任。人察觉他对他的没有限制和带关键性的决定的责任感,是他恐惧和苦恼(angoisse)感情的基础,这种感情伴随着一切选择和随后的行动。“我要对我自己和其他任何人负责。我创造我自己选择的某种人的形象……这帮助我了解什么是这些毋宁是夸张的字眼,如苦恼、面临的孤寂和失望内容。”①

参 考 书

英译萨特的著作。《存在主义》,B. 弗莱迟曼译,1947 年;《想象心理学》,1948 年;《激情:理论大纲》,B. 弗莱迟曼译,1948 年;《理性的时代》,E. 苏桐译,1951 年;《存在与虚无》,H. E. 巴尔纳斯译,1956 年。

(五) 马塞尔

噶布瑞尔·马塞尔(1889—1978年)的存在主义同萨特尔无神论的存在主义相反,具有宗教的情调。马塞尔在他最初出版的哲学著述中表明他受黑格尔以及像布拉德雷和罗伊斯那样的当代唯心主义者的影响,但是,他脱离唯心主义转移到存在主义的方向。马塞尔的哲学同基尔凯郭尔有许多共同点,虽然一直到他自己的思想定形以后,他才熟悉基尔凯郭尔的著作;他和基尔凯郭尔一样,

① 《存在主义》,弗莱迟曼译,第 21 页。

排斥黑格尔式的绝对唯心主义;强调人的个体自由和超越的上帝对人的影响。

马塞尔的哲学没有形成系统或构成纲要式的论述,因为他的见解采取有高度个人情调的形式,的确他的主要著作《形而上学日记》是以反省或沉思的文学形式写成的。他的存在主义本体论的一个中心论旨是必须克服那感染传统哲学的彻底的二元论和对立,特别是主体与客体、思维与存在、理智与意志、灵魂与肉体、“我”与“你”和自我与上帝之间的二元论。主体与客体、思维与存
592 在之间的认识论上的二元论,造成从笛卡尔到罗素感到困惑的人为的和根本不能解决的问题。马塞尔所倡导的哲学本体论超越论断存在物存在的主体和由主体论断的存在物之间的对立[①]。从与认识论相对照的本体论的观点来看,“知识被认为依赖于参与存在,认识论对此不能说明,因为认识论继续不断地以此为前提。”[②]同样,历代哲学家力求解决的灵魂与肉体的关系问题,在存在主义面对存在前面乃化归乌有。作为灵魂用具或工具的身体概念,是笛卡尔哲学问题构成的基础,错误地表述了人面对世界及其身体的本体论的情境。与其说,“我有身体”或者“我利用我的身体”,我应该更贴切地说,“我是我的身体”,或者“我通过我的身体而参与存在,这种存在是我周围全球的世界”。对马塞尔来说,我的精神与我的肉体存在的结合,无疑是必须承认的“奥秘”,但是,它不再是能够给予理智解决的“问题”。马塞尔存在主义类型的最高的本体论奥秘,是自我同上帝这个超越的存在物相结合的奥秘。人通过他弃绝他的自我满足性、通过他的无条件的接受和肯定上帝的存

① 参看《论本体论的奥秘》,载《存在主义哲学》,M.哈拉里译,第8页。

② 同上。

在而取得这种超越性。马塞尔的宗教存在主义有时候被称为“基督教或天主教的存在主义”，但是，他不承认这种称号，因为在根据基督教或任何其他宗教教条构成其系统的阐述以前，他认为存在参与最高的存在就是有充分理由的。他的存在主义的宗教倾向的中心见解，即人的存在和上帝的最高存在相结合，毫无疑问，在当时的历史情境下，根据基督教宗教信条，最轻而易举地得以表述，但是，他认为本体论的奥秘可以由这种人承认和接受，这种人对任何种类严正的宗教都是陌生的；而且他以为“这种承认通过某种比较高级的人类经验的形式而产生，决不依附于任何现有的宗教。”[①]

参　考　书

《形而上学日记》，1913—1923 年，1927 年；《存在与有》，1935 年；《存在的奥秘》，两卷，1951 年；《存在哲学》，M. 哈拉里译，1948 年；《存在的奥秘》，第一编，《反思与奥秘》，《基福德讲演录》，R. 海格译，1951 年；《存在与有》，K. 法瑞尔译，1950 年，K. 基尔逊编，《基督教的存在主义：G. 马塞尔》，1947 年。

① 《论本体论的奥秘》，载《存在主义哲学》，哈拉里译，第 31 页。

593 # 二、近代哲学中的实在论倾向

第一节　实在论的传统

（一）对唯心主义的反动

二十世纪实在论复活是近代和当代哲学中最重要的现象。从近代哲学一开始，就有一再出现、往往激烈的实在论的反抗，但是，同唯心主义、经验主义和唯理主义相比，实在论尚未持续而成为不断上升的传统。实在论一般表现为对过度的流行的唯心主义的反动，而不是一种占统治地位的独立的传统的表现。实在论的中心论点是有一种外在和独立于意识、精神或经验的实在存在；它是对这种唯心主义理论的反抗，这种理论认为实在由精神所构成、并为精神而存在，不管这种精神是个人的精神或绝对的经验。

实在论的中心论旨有各种表述，这取决于它声言反对的唯心主义特点以及它出现的每个时期的文化情境。十八世纪，反对贝克莱主观主义的唯心主义的过度，产生了 T. 赖德的常识的实在论和苏格兰学派的其他代表；这种类型的实在论延续而融入十九世纪的威廉·哈密尔顿爵士的自然的实在论中。赫尔巴特的多元论的实在论是十九世纪德国对黑格尔的绝对唯心主义的反动。二十世纪在德国、英国和美国实在论运动阶段，同它在近代哲学中较早的表现相比，或许是实在论更加有力、有创造性和有建设性的表现。这种实在论之崛起主要反对流行的唯心主义，反映它抗拒十九世纪
594 和二十世纪成熟了的唯心主义运动；它不只攻击体现贝克莱的“存在即被感知”的唯心主义论证，而且还被迫同黑格尔和布拉德雷的

绝对唯心主义以及洛采、罗伊斯和德国新康德派唯心主义类型的心理学和认识论理论相对抗。近代实在论对唯心主义的反叛,因其对手的细致精微而丰富起来。

(二) 休谟的影响

在近代实在论的发展中,绝不会过分强调休谟的影响,因为,虽然休谟关于外在知觉的理论是唯心主义的,他的分析的和经验的方法以及关于印象的心理原子主义对英、美的实在论产生了无可估量的影响。

休谟的心理原子主义显然是把经验分析成彼此分立的印象,他意指这种印象为“当我们听、见、感觉、爱、恨、希求或愿望时,我们比较生动的知觉”。休谟认为印象是在分析上彼此有区别的,因而是我们经验中互相分离的因素。由休谟的分析把经验分解成原子的印象,是我们一切知识的建筑材料,包括关于外界客体以及关于我们自己的心理情境的知觉。休谟术语中的“印象”是英、美实在论者的“感觉材料”。感觉材料和“印象”一样是我们一切知识的出发点;这种感觉材料在知觉中由心灵直接领悟,是我们知觉中实际的组成成分。记忆和想象的意象和休谟的“观念”一样,是原来得自感觉的材料的再现。

按大多数实在论者来说,抽象、概念和科学知识可以追溯到感官知觉;那是由应用于经验的感觉材料的抽象、推理和构造过程而获得的。一个有意义的观念或概念,正如根据休谟关于意义的经验理论所规定的,可以追溯到原始的印象;一种无意义的观念被规定为不能作这样追溯的。英国的实在论本质上坚持同样的意义的经验标准:一个概念只有可以分析成源出于经验的感觉材料的,才取得有意义的资格。

（三） 实在论的论旨

在积极和建设性方面，近代的实在论利用了由本世纪逻辑和数学长足的进展所提供的强大的分析工具。自然科学也对实在论的认识论作出了贡献：物理学的发展澄清和彻底改变了关于科学
595 对象比较古老的解释，而生理学和心理学又加深了实在论者对涉及知觉、记忆的过程以及比较高级的认识过程的理解。

一切类型的实在论一致同意的中心论旨，认为在知觉、记忆以及抽象逻辑、数学思维和科学理论中的认识的客体是存在的实在，具有脱离认知的心灵而独立的性质。这种"认识论的实在论"论旨是实在论者针对"认识论的唯心主义"所作的相反的建议，这种唯心主义论断认识的客体的存在及其性质有赖于认知的心灵创造性的活动。虽然实在论者都同意认识的客体的独立存在这个中心论旨，但是，涉及认知心灵的性质和情况、认知中感觉材料的职能，甚至知识的对象的性质的理论，彼此却有分歧。

在这一章将要概观几种类型的实在论，包括：现象学、直认(presentational)的实在论、观象主义和表象的实在论。(1)德国现象学注重在"意向性"活动涉及在它以外的"目的物"时心灵的认识的超越性。布伦塔诺所制订的现象学在突出"目的物"方面，赋予心灵以如此重要的作用，它保留了唯心主义的遗迹，但是，潜存于他的理论中的实在论，在他的追随者梅农和胡塞尔那里以清晰而有力的形式出现，他们使"目的物"具体化和实体化。(2)G. E. 摩尔直接、"朴素"或直认的实在论赋予由感觉材料构成而被知觉的客体一种完全脱离心智活动而独立的地位；它对唯心主义唯一的让步是保持作为纯粹察觉活动的心灵。(3)"客观的相对主义"，观象主义和中立的一元论（包括所谓"新实在论"）是实在论最

激进的派别:他们把知识的客体归结为存在的实体或景象的集合,完全不需要被看作是实体、主体或行动的能够认知的心灵。(4)表象的、二元论的实在论(包括美国的“批判的实在论”)是一种折中的理论,在保持心灵及其主观的材料方面,它是唯心主义的,但是,在承认外在于心智的物理对象方面,它是实在论的。

第二节 德国现象学的发展

近代现象学的历史前例大部分是唯心主义的。这种理论从笛卡尔的主观主义以及它对自我和自我活动的分析,从康德关于现象世界的分析,从黑格尔的精神现象学,得到许多启示。虽然在方法和分析经验方面现象学受惠于唯心主义,在它的认识论和形而 596
上学的学说方面却充分表露了由柏拉图主义派生出来的实在论倾向。德国的现象学把现象学的分析和对经验的描述同关于逻辑本质的理论结合起来。

(一) 布伦塔诺的“意向性”心理学

在F.布伦塔诺(1838—1917年)的心理学中可以找到现象学的中心见解的最直接的来源。布伦塔诺的著作《从经验的观点来看心理学》(1874年),由它严格区分思想的心理学上的起源和它的逻辑或认识论的意义与确实性,而为后来的现象学开辟了道路。仅仅关注心理——发生问题——这是由休谟开创的大多数英国经验心理学的特征——犯了“心理主义”的错误。按照布伦塔诺的用法,一种真正的“经验”心理学不关注意识内容的起源,却关注心灵借以设想客体的心智活动的分析和描述。布伦塔诺心理学的中心概念出自经院哲学的渊源,是关于意向性关涉的概念;根据他的心理学，心灵本质的和规定的特性是心智的活动关涉到在它以外的某种事物的能力。我们的思想永远是关于某种事物的思想。心灵关涉它本身以外的能力是它的一种内在的和本质的职能。布伦塔诺心理学主要限于论述心灵关涉的职能；他没有承担更雄伟的任务来考察意向性关涉的“客体”。关于现象学的客观性的展开了的理论的发展，归功于梅农和胡塞尔。

参　考　书

除去他有影响的《从经验的观点来看心理学》（1874 年）以外，布伦塔诺的著作还包括，《伦理认识的起源》1884 年；《论哲学的未来》（1893 年）；《哲学的四阶段》（1895 年）。

（二） 梅农的客体论

A. 梅农（1853—1921 年）是布伦塔诺的学生，根据修订的布伦塔诺的意向性理论观点制订了“关于客体的总论”（Gegenstands-theorie）。就梅农涵括的意义而言，一个客体是能够意向或**设想**的任何东西；在他有关客体的理论中，他给自己提出探究和区分几种客体的任务。个别的存在物——树木、书桌、书籍、如此等等，构成一类客体。因为这是我们日常实际生活有关的客体，我们倾向
597 于唯独把它们看作是实在的，而把思想和想象的客体贬入非实在性的领域。梅农悲叹这种“垂青于现实事物的偏见”，这种偏见使许多哲学家把实在和存在等同起来。按照他的理论，非存在的客体是实在的，这是有意义的。重要的一组非存在的客体是在逻辑和数学中所探究的诸如关系和数字等等思想上的客体。“3 是在 2 与 4 之间的整数”，是潜存的整数，正如“3”、“2”和“4”也是这样的数字。除去思想上的或潜存的实体以外，还有另一组非存在的客体，

像“金山”和甚至“方的圆”这种想象的客体。这种客体不仅是一种“实有”(being),而且我们还能探索它们的性质,以致对它们作出真正的陈述。

梅农用专门术语“客观事物”来标志特殊类型的客体,即在判断和推测中呈现于心灵上的客体。“太阳明天会升起”,“4 大于 3”是客观事物,而“太阳”、“4”和“3”是客体而不是客观事物。客观事物和其他客体的区别主要在于前者能够真和伪。根据梅农的理论,对于一种客观事物可以以不同的确信程度予以肯定或否定,或者只是假定或推测而不论及它的真伪。我们的陈述和判断涉及客观事物,这种理论通过乔治·爱德华、摩尔和伯特兰、罗素对英、美哲学产生很大影响。梅农的客观事物附带某种条件,罗素称之为命题。

梅农的客体和客观事物理论是承袭柏拉图的形式理论和中世纪共相理论的传统的。梅农承认潜存和其他不存在的客体有实在性,他是把自己列入实在论者的阵营之中的。但是,他的实在论类型与典型的柏拉图主义显然不同。和柏拉图不一样,他不严格地区分知觉和理智的东西,却倾向于把二者吸容于同一的类型中。他关于客体的理论不是本体论;他主要关注的不是赋予潜在的客体一种独特的本体论的地位;而是描述客观性不同的种类和层次。他的哲学的总的倾向因此是现象学的,而不是本体论的。

参 考 书

梅农的著作包括《对价值理论的心理学—伦理学的研究》,1894 年;《论假说》,1902 年;《关于客体理论和心理学的研究》,1904 年;《全集》,三卷,1914 年。

J. N. 芬德莱的《梅农的客体论》(1933 年)是关于梅农哲学的一部出色而全面的论述,偏重影响罗素和摩尔的实在论的理论。

598 （三）胡塞尔的现象学

布伦塔诺和梅农是现代现象学的前驱，其真正的创始人是埃德蒙特·胡塞尔（1859—1938年）。胡塞尔给自己提出用一般的术语来描述一种新的纯粹现象学科学的方法和课题的任务；他还进行了许多细致深入的现象学研究。现象学是对现象的研究，现象是显示或在经验中发现的项目。一种现象是主体所遇到的任何事物，而没有提示像康德所设想的那样，这种现象是基本实在的单纯表现。因此，不要把现象学和现象主义混淆起来——现象主义是这样一种理论，它把知识限制到不可达到的实在的现象的表现。在他的第一版《逻辑研究》（1900—1901年）中，胡塞尔规定现象学科学为主观过程的描述，因此，就课题而言，现象学的范围和心理学相同；这两种科学的区别仅在于，心理学力图用因果和发生的术语来解释现象，而现象学仅仅按其所呈现者来分析和描述现象。胡塞尔申明现象学是一切其他科学不可缺少的前提，这种现象学对主观的现象作描述的分析，而不依赖于任何哲学或认识论的预先的假定或信奉。胡塞尔认为纯粹现象学是必要的准备科学，犹如亚里士多德把逻辑看作是基本科学一样。

现象学在它的研究中以笛卡尔的方式最初倾注于自我及其表象，是主观主义的。的确，胡塞尔在纯粹现象学研究的方向上以笛卡尔的《沉思》为初始停顿的步骤。但是，现象学在心理或精神的意义上不是主观主义的。现象学的课题不是洛克或贝克莱所肯定的心理观念的领域，而是自我在它的经验中所遇到的理想的意义和普遍的关系。胡塞尔强烈地攻击流行于他当代的许多人中的“心理主义”，包括斯图谟普夫（Stumpf）和李普斯（Lipps）在内；他反对把逻辑试图划归为心理学。胡塞尔坚持对经验中理想的关系因素作唯理的探索的自主性。现象学是先于并独立于心理学的哲学科学，却不排除合理的心理学研究。胡塞尔反对心理主义，只是反对心理学要取代逻辑和现象学研究的放肆的自诩，并不反对作
为特殊的、有关事实的科学的心理学。 599

现象学方法本质的特征是对人类经验有关事实的一面“加括号”或“取消”的技术，以便凝神于它的本质的、理想的一面——即哲学探索的真正课题。现象论学者不关注真正的特殊事实，却倾向于那通过殊相而闪耀的理想的本质。胡塞尔经常用“悬置”(Epoche)（中止判断）来指谓纯洁经验的事实性；独特的现象学的态度包括对意识表象的存在——无论是物理的或心理的——作初始的判断悬置。对存在加现象学的括号或取消是一种方法论的态度，必须始终保持这种态度以便保证研究经验本质的构成。数学为持续的运用现象学的技术提供了典型的事例；纯粹数学有系统地对我们关于空间和量的经验的事实和存在的方面“加括号”，把注意力完全凝聚在理想的关系上。胡塞尔说，现象学像数学一样，是“关于纯粹可能性的科学，这种科学到处都领先于有关实在事实的科学。”[①]

现象学的分析和描述同理想的*实体打交道，这种实体是在我们对事实性加以括号和取消以后所遇到的。这就提出了一个问题，现象学探索的这种理想的客体是否是柏拉图的共相。胡塞尔的答案是否定的：他拒绝由于把这些理想的东西实体化或实存化而使自己归依柏拉图式的实在论。相反，像梅农一样，在他解释现象学研究的客体方面，他求助于意向性指谓的理论。意向性(Inten-

① 胡塞尔为《观念：纯粹现象学的总括的导论》(第13页)所写的前言。

* 原文为 ideal，也可以译成“思想上的”，意指顺理而呈现于思想中的。

tionalität)是意识的主观过程固有的特性,他们借此来指谓客体;现象学探索的客体是意向的客体。除去这种客体被设想的单纯事实以外,现象学者不是要赋予这种客体以任何本体论的地位。从现象学的观点来看,重要的事不是理想的客体的地位,而是这样的事实,即这种客体可以就彼此的关系加以研究,这种描述的分析的结果是有强制性和可以传导的。这种理想的客体就只有对真正的
600 知识目的来说是必要或需要的客观性。胡塞尔及其追随者进行了细致而重要的现象学研究,其中大都太专门,不宜在此复述。现象学运动通过舍勒尔、盖格尔、海德格尔和其他人在德国发展,移植到英、美的国土上还能生存,这证明它有生命力。

参 考 书

《算术哲学》,1891 年;《逻辑研究》,1900—1901 年,修订版,1913—1921 年;《关于一种纯粹现象学的观念》,1913 年(W. R. 罗伊斯 · 吉布逊的英译本,标题为《观念》,1931 年,包括胡塞尔所写的前言);《形式的和先验的逻辑》,1929 年;《笛卡尔式的沉思》,1932 年;《经验和判断》,1939 年。《现象学》,载《大英百科全书》,第 14 版,1927 年。

参看 E. P. 魏尔迟,《埃德蒙特 · 胡塞尔的哲学》,1941 年,其中有很好的书目;M. 法伯论《现象学》的论文,载《二十世纪哲学》(D. D. 茹恩斯编),1943 年;论《现象学》的论文,载《哲学辞典》(D. D. 茹恩斯编),1942 年;M. 法伯,《现象学基础》,1943 年;《纪念 E. 胡塞尔哲学论文集》(M. 法伯编),1943 年;还有《哲学和现象学研究》杂志。

第三节 近代英国的实在论

(一) 乔治 · 爱德华 · 摩尔

英国的实在论主要发端于由剑桥哲学家 G. E. 摩尔(1873—1958 年)所写的刚健而有高度创见的论文,标题为"驳斥唯心主

义”，这篇论文于 1903 年发表在英国哲学杂志《心灵》上。（这篇论文收入摩尔的《哲学研究》中。）在这篇文章中，摩尔步德国现象论者梅农的后尘，区分察觉的行动和我们所察觉的客体，根据这种区分构成他对贝克莱式的唯心主义的深入的驳斥，还提出了他自己的实在论的认识论纲要。他认为贝克莱未能严格区分认知的活动和所认知的客体，错误地得出这样的结论，即客体被认知时才存在。在论证任何知识的客体，比如，关于蓝色的感觉，只有被感知才存在时，贝克莱患了混淆作为有意识的感觉活动的感觉和作为所感觉的客体的感觉的错误。关于蓝色的感觉肯定是一种有意识的或心智的活动，只有当我们有意识时才存在，但是，所感觉的蓝色是感觉的“客体”，它不为人感觉或不被感知却完全可以存在。摩尔说，“于是在每一种感觉中我们有两种不同的因素，一种我称之为意识，另外一种我称之为意识的客体。”[1]在应用到感觉上，贝克莱把存在和被感知等同起来，貌似有理，是由于感觉一词的模糊性而 601
产生的，这个词既指谓感觉活动，又指谓所感觉的客体。感觉的活动往往在反省中被忽略，因为那是“透明的”或显而易见的；很容易检查蓝色，却很难反省关于蓝色的感觉。如果我们认为蓝色的存在是与关于蓝色的感觉或意识不同的某种东西，“我们能够和必须设想蓝色可以存在，而关于蓝色的感觉却不存在。”[2]蓝色作为感觉的客体可以不被感知而存在；它的存在不是被感知。摩尔随即肯定通过区分有意识的感觉及其客体，他驳斥为贝克莱和其他形式的唯心主义而作的本质的和必要的论证，他没有驳倒唯心主义；即使唯心主义的基本论证错误，它的立场很可能是完全正确

① 《哲学研究》，第 17 页。

② 《哲学研究》，第 19 页。

的。但是,摩尔驳斥存在即被感知的论证,破坏了由贝克莱所提出,并由费希特、叔本华、布拉德雷、罗伊斯和其他人沿循唯心主义传统,加以变化、所重复的唯心主义立场的主要基础。摩尔所作的驳斥的这种消极的成就为他自己的建设性的实在论清除了道路,促进了全部的英、美实在论运动。

实在论作为建设性的认识论立场,论断知识的客体不同于并独立于察觉的活动;察觉的客体,“当我们察觉它时,它恰恰就是那样子,即使我们无所察觉。”[①] 摩尔应用于感官知觉上的建设性的实在论很清楚地表述于一篇论“感觉—材料的地位”的文章中,这篇文章是 1914 年发表的。在这篇文章中他提出这样的问题,是否感觉材料——或者他宁愿称之为“潜感觉材料”(sensibles)——“当它们根本不为人所经验时,有时还会存在。”[②] 他回答,有理由相信某类潜感觉材料,即在通常的清醒的经验中会为人所经验者,与余象、关于可感觉事物的记忆和想象、梦想和幻觉等等相反,在它们不呈现于任何知觉者的条件下,可以在事实上存在。[③]“有大量的根本未为人所经验的潜感觉材料存在于任何时刻,不过这只是严格受限制的一类潜感觉材料,即这种潜感觉材料,如果一个身体具有某种构成,在给予的物理条件下,占有现在还未取得的地
602 位,它们会在适宜的感觉中为人所经验。”[④] 这是实在论论点清楚明晰的陈述,应用到重要、尽管有限的一类客体上,这类客体是颜色、声音、味道、气味和其他通常感官知觉的材料。

摩尔进一步提出潜感觉材料或感觉材料同物理客体的关系如何的费解问题。物理客体,他指的是像银币这样的东西,从上面看是

① 《哲学研究》,第 29 页。

②③④ 《哲学研究》,第 180 页、第 181 页、第 182 页。

圆的,从其他方面看则是椭圆形,被认为有内外两面。摩尔采取这样的立场,即银币借以为人知觉的潜感觉材料或者感觉材料可以不为人感觉而存在,物理客体却没有这样独立的地位。作为物理客体的银币只在这种意义上不被知觉而存在,“如果一定的条件得到满足,我或其他人应该直接掌握某种其他潜感觉材料。”[①]“根据这种观点,很明显,尽管仍然容许我们说,在我看到银币以前,银币存在,是圆的等等,如果这一切表述是真的,要在匹克威克*式的意义上加以理解。”[②]以这种假设的,“匹克威克式”的方式来解释关于物理客体的命题,摩尔大大削弱了他应用于感觉材料上的初始的实在论。他的实在论确实几乎同洛克的立场恰好相反,洛克的立场是把关于物理客体的实在论同关于感觉性质的主观主义结合起来。穆勒把物质描述为“永恒的知觉的可能性”[③]。像摩尔在另一篇论文中所提示的,他关于物理客体的实在论重申了这种类型的观点。

参考书

《伦理学原理》,第二版,1922 年;《伦理学》,1912 年;《哲学研究》,1922 年(包括《对唯心主义的驳斥》)

(二) 伯特兰·罗素

伯特兰·罗素(1872—1970 年)的新实在论反映了,G. E. 摩尔关于感觉材料和物理客体的实在论的理论以及梅农客体论的逻辑实在论的影响。在他的长期哲学事业中,罗素的立场发生多次变

①②③ 《哲学研究》,英文版,第 189 页、第 190 页、第 224 页。

* 匹克威克是狄更斯《匹克威克外传》中的主人公。匹克威克式的意义即特殊的意义。

化，但是，从《哲学问题》(1911年)到《人类知识》(1848年)，某种实在论始终是他一切著作中的主题。在《哲学问题》所提出的知觉理
603 论中，像摩尔一样，他区分作为有意识的经验的"感觉"和我们所察觉的感觉材料："因此，凡是当我们看到一种颜色时，我们有关于颜色的感觉，但是，颜色本身是感觉材料，而不是感觉。"但是，摩尔把感觉材料解释为公共的客体，可以不被感觉而存在，而罗素则把感觉材料描述为私有的，因为这种感觉材料只对一个人直接呈现[①]，而且他认为感觉材料只有为人所感觉时才存在。罗素说，"如果我闭上眼睛，颜色终止存在，如果我使手脱离和桌子的接触，硬的感觉终止存在……"[②]和摩尔不同，罗素接受关于感觉材料的唯心主义的论证；它们的存在即被感知。"贝克莱把构成我们关于树的知觉的感觉材料看作多少是主观的，他是正确的，这意思是说，这种感觉材料既依赖于树，也同样依赖于我们，如果树不被知觉，它们就不会存在。"[③]但是，在这里，他同贝克莱的吻合告终了。因为主观的感觉材料是我们关于物理客体知识的中介，物理客体享有脱离知觉的行动而独立的实在论的地位。那么，除去感觉材料以外，肯定物理的客体的根据是什么？罗素承认我们永远不能证明在我们的感觉材料的背后有一个物理的客体存在，可是，他接受物理的实在论为说明普通的感觉知识事实为最简单的假说。"每一种单纯性原则都强烈要求我们采取一种自然的观点，即除去我们自己和我们的感觉材料以外，确实有客体，它们不靠我们有所知觉而存在。"[④]

在《哲学问题》中罗素把他的实在论超出物理的客体以外，扩展到共相，从而使物理的实在论和逻辑的实在论结合起来。他通

①②③ 《哲学问题》，第32、213页、第42页、第64页。

④ 《哲学问题》，第37页。

过论断像白性属于性质的共相和像相等属于关系的共相的超心智的实在性，来说明我们先验的知识，提出一种与柏拉图的形式或理念的理论相近的共相论。共相是实在的实体，既不存在于心智的世界，也不存在于物理的世界，却有一种潜存的或逻辑的地位。罗素声称心灵直接认知或直觉共相，这种直觉为我们关于先验真理的唯理的知识提供基础。“一切先验的知识都完全探讨共相的关系。”[1] 例如，“二加二是四”这个算术命题，是关于共相“4”和共相的复合，即“二加二的综合”之间相等关系的真理。罗素的逻辑实 604
在论，照他的意见来说，是建立在直觉的基础之上的，因此，比他的物理的实在论有更牢固的根基，他提出物理的实在论只是作为一种假说的。

在 1914 年出版的《我们关于外在世界的知识》，又以题名为《哲学中的科学方法》而问世的书中，罗素在几个重要方面修订了《哲学问题》的认识论的实在论。他保持他早期的对知觉的知识分析为三个因素：(1)“意识”或心智察觉的活动；(2)我们所察觉的“感觉—材料”或“可感觉的客体”；(3)通过感觉材料的中介而被认知的知觉的客体。“可感觉的客体”不是像桌子那样的东西，而是当我看或摸桌子时我暂时察觉的一块颜色或感觉。罗素现在不再像他在他的早期著作中那样自信，认为假设一独立的物理客体是最简单，从而真实正确的观点；他现在把知觉的客体，比如，被知觉的桌子只看作是一种“逻辑构造”，这种构造建立在桌子于同时或不同的时间对一个特定的观察者或不同的观察者不同的表现上：“一事物的这一切方面是实在的，而事物则仅仅是逻辑构造。”他为他的假设的构造所要求的唯一的权利是这样，“没有根据反对

① 《哲学问题》，第 162 页。

这种信念的真实性，但是，我们得不到任何肯定的理由来袒护它。"[①]罗素关于物理的客体是逻辑构造的理论和彭加勒的约定主义有明显的密切联系。

在1921年出版的《心的分析》中，罗素受美国新实在论影响，提出一种认识论观点，这种观点完全取消了他两部早期著作中纯粹意识活动，把"感觉材料"或"可感觉的客体"——这时经常指谓为"感觉"——看作是构成心理的和物理的客体的实在的外表或景象。"感觉"是中性的实体——既非物理的，又不是心理的，这种实体作为一类或聚合的部分构成物理的客体，归属于另外一种聚合则成为精神。他说，"感觉是心智世界和物理世界共有的东西；可以规定为心物的交叉点，"[②]上面引文中总结出的理论可以描述为中性的一元论；实在的终极构成成分都属于一类(一元论)，既不是心理的，又不是物理的(中性主义)。个体的心灵是中性实体的某
605 种选择；物质的客体是另外一种选择。心灵和物质客体交叠或部分同一时，乃产生知识。因此，构成物理的客体的某种中性的景象也是我的经历的组成成分；在一种情境中它们被称为"心理的"，在另一情境中则被称为"物理的"。有"两种可以组成个别事物的方式，一种是组合成'事物'或'物质的断片'，另一种是组成'景象'的系列，每一系列是可以称为'经历'者。"[③]例如，"当我看见一颗星时，我的感觉是：(1)一组个别事物的成员，它是星星，它和这颗星的所在地有关系；(2)一组个别事物的成员，它是我的经历，和我的所在地有关系。"[④]从一种特定的景象现在是我的经历部分，即使不被我或任何其他观察者所经验，继续作为一种物理的客体的

① 《我们关于外在世界的知识》，第99页。

② 《心的分析》，第144页。

③④ 《心的分析》，第124页，第129—130页。

景象而存在来说，和罗素的中性的一元论相联系的这种认识论的立场完全是实在论的。

罗素在《对意义和真理的探索》(1940 年)中表述的实在论观点，几乎没有《心的分析》中观象的实在论的痕迹；特别接近他最早的认识论著作中的表象的实在论。他的讨论仍然把注意力贯注在这个问题上，即关于我们的“知觉经验”，比如，“看见太阳”或者“看见一只猫”和与此相关联的物理的客体之间的关系。“我们有一些我们称之为‘看见太阳’的经验；按照天文学来说，还有一大团热的物质，这**就是**太阳。这一大团和被称为‘看见太阳’的一种情况的关系是什么呢”[①] 在太阳和“看见太阳”有因果关系，大概二者之间还有一定程度的相似处：“太阳在我的视觉空间中**看起来**是圆的，在物理的空间中**是**圆的。”[②] 一个物理客体的存在促成我的知觉经验，并且或许和它相似，这是建立在归纳的推论上的。“因此我们有理由断定……当我‘看见一只猫’时，很可能有一只猫。我们不能超越‘很可能’，因为我们知道有时候人们看见猫时，猫却不在那里，比如在梦中。”[③] 近来在《人类知识》(1948 年)关于知觉的知识的讨论中，罗素又论及这个问题：如何并在什么程度上知觉可以是我们关于物理的客体知识的源泉？而且他又回答，根据物理学的 606
规律所作的盖然性的因果推论，从知觉作为结果推进到物理的客体作为原因，是可能的；但是，他退一步承认“知觉和被料想为人知觉的物理的客体的关系是模糊的、近似的和多少有点不确定的。”[④] “不能够在**确切的**意义上说我们知觉物理的客体。”[⑤] 在其

① 《对意义和真理的探索》，第 146 页。

②③ 《对意义和真理的探索》，第 147 页、第 151 页。

④⑤ 《对意义和真理的探索》，第 207 页。

哲学发展的漫长过程中,罗素的精神倾注于知觉的经验与物理的客体的关系,虽然他的认识论立场有重大变化,他从未放弃他的基本的物理的实在论;在他的一切著作中,他强调指出,物理的客体不管它怎么为人设想,不被知觉时却是继续存在的。

参 考 书

《数学原理》,1903 年,1938 年;《数学原理》〔与怀特海合作的数理逻辑著作〕,1910—1913 年;《哲学论文集》,1910 年;《哲学问题》,1911 年;《哲学中的科学方法》,1914 年(又以题名为《我们关于外在世界的知识》出版,1914 年);《神秘主义和逻辑》,1918 年;《数学哲学导论》,1919 年;《心的分析》,1921 年;《物质的分析》,1927 年;《哲学》,1927 年;《怀疑论文集》,1928 年;《我所信仰者》,1929 年;《科学的观点》,1931 年;《宗教和科学》,1935 年;《对意义和真理的探索》,1940 年;《哲学和政治》,1947 年;《人类知识》,1948 年;《权威和个人》,1949 年。

P. A. 施尔普编,《伯特兰·罗素的哲学》,《在世哲学家丛书》,第五卷,1941 年。

(三) 塞缪尔·亚历山大

英国的实在论在 S. 亚历山大和 A. N. 怀特海的著作中取得了最有系统的表述,这两个人在自然主义形而上学的基础上制订了认识论的实在论,可是,自然主义反对传统的唯物主义的机械论。亚历山大的实在论的和自然主义哲学涵括在 1920 年出版的唯一的两卷集著作《空间、时间与神》中。在这部著作中亚历山大作出了卓越的哲学综合,其中主要的组成成分是:(1)和物理上的相对论理论有密切联系的关于时、空的形而上学理论;(2)和柏格森创造的进化论有紧密关联的突生的进化论;(3)和摩尔、罗素以及美国新实在论者的直接的实在论相近的观象主义;(4)沿循英国传统的经验的认识论,而又对非经验或先验的认识论留有余地;和(5)关于价值、人类自由和神的理论,这种理论同由布拉德雷和博赞克特所代表的英国绝对唯心主义学派的主要见解有许多共同点。

在开始论述他的哲学时，我们可以适当地讨论他的认识论，虽 607
然他用这些话否定认识论的首要性："知识问题，即认识论的课题，不过是比较广泛的形而上学科学的一章，虽然重要，却不是它不可缺少的基础。"[①]虽然认识论不是形而上学不可缺少的开端，却是它的一个重要部分，亚历山大告诉我们在他自己的思想历史的过程中首先来临的是认识论。

亚历山大区分两种认识形式，他称之为"欣赏"和"沉思"："欣赏"是心灵直接察觉它自己，心灵通过它自己的活动而生存；"沉思"是对它以外的其他客体的理解。"心灵自我欣赏，沉思它的客体。"[②]欣赏和沉思是心灵认识客体的互有区别而又不可分离的方面；心灵在沉思一个外来的客体过程中自我"欣赏"。亚历山大大概肯定"欣赏"为终极而不可分解的自我理解的形态；心灵能够自我欣赏，因为它是它自己。沉思是欣赏活动和被沉思的客体之间结合的关系。这种结合或亚历山大所称谓的"共在"，不是唯一的认识关系，而仅仅是结合的普遍的时空关系的一例。亚历山大认为在宇宙间心灵不占有特权的地位；它没有特殊的尊严或卓越性。"心灵不过是在事物的民主政体中我们所知道的天赋最高的成员。在存在物或实在方面，一切存在都有平等的地位。"[③]

感官知觉是亚历山大认识论中基本的东西，因为"我们的一切经验，不管是被欣赏或沉思的，都通过感觉器官而被激起。"[④]感官知觉比它在表面上的显现更加复杂。物质的第一属性是实在的客

① 《空间、时间与神》，第 1 卷，第 7 页。

② 同上书，第 12 页。

③ 同上书，第 6 页。

④ 同上书，第 2 卷，第 143 页。

体在其时空特性中的决定性，直接为直观所把握，第二属性为感觉的活动所把握，这种感觉活动揭示“感觉材料（sensum）的性质、蓝或热或甜或硬。”[①] 直观第一属性和感觉第二属性在知觉的单一的行动中融合在一起。

亚历山大的形而上学是自然主义的，而不是唯物主义的，因为
608 终极的形而上学实在，即涵括一切事物的普遍的间架，不是物质而是无限、连续的时—空。亚历山大坚持时空的相互依赖或者毋宁是不可分离性，试图证明其中之一的特征依赖于另一个的特性：他论证“空间有三维的理由是时间在方向上是相续的、不可逆的和始终如一的。”[②] 他声称通过形而上学的论证达到了同样的四维时—空连续体概念，这个概念是闵考夫斯基于1908年在数学上取得而被结合到爱因斯坦的相对论中的。从他的时—空为“单纯事件或点—瞬的无限连续体”的概念出发，他发挥了观象的理论。观象被描述成“根据时—空所考虑的一个时—空横断面，点—瞬被看作参照的中心。”[③] 时—空的观象和固体平常的观象相似。时—空观象的系统是知识的基础、制约知识。当心灵“欣赏”时—空某一领域时，由于观象存在于每一个参照的中心，它能够在空间和时间上“沉思”其他遥远的领域。因此，知觉、记忆和其他心灵的认识过程在实在的原始的观象的结构方面有其基础。亚历山大的形而上学的自然主义为他的实在论的认识论提供了基础，按照这种认识论，知识被认为是时—空中自然的事件，仅仅有别于在心灵面前不认识的事件。

时—空是一个无限的、连续的间架，其中的要素是点—瞬或赤裸的事件。全部时—空和它的每一部分或领域由普遍的特征或范

① 《空间、时间与神》第2卷，第160页。

②③ 同上书，第1卷，第57页、第68页。

畴表明其特性。同一性、差异性、存在、关系、实体、因果性、量、强度和运动范畴是时—空的基本特性，不像康德所设想那样，依赖于心灵才有其必然性和普遍性。这些范畴在经验上是可以发现的。但是，既然它们是任何可以经验到的事物的普遍和本质的组成成分，也可以被看作是事物先验或非经验的特性。因此，亚历山大相信根据关于现实的实在论的和自然主义的理论，他已经确证了哲学范畴的确定性，而不必求助于康德范畴推导的唯心主义的和先验的工具。亚历山大在哲学上与康德的革命背道而驰，不承认康
德声称，心灵利用范畴把规律加给自然。相反，范畴之所以能够应 609
用到心灵上，因为范畴主要是自然的特性，心灵是自然现象。

突生的进化论被融入于自然主义中；时—空是普遍的间架，在那里有在性质上较高水平的实在创生*出来。步 L. 摩尔根的后尘，亚历山大认为心灵是来自生命中的“一种‘创生物’，生命是来自比较低级的物理—化学水平上存在的一种创生物。”[1] 考虑到心灵同神经中枢和物理—化学过程作基础有关联时，应用于心灵上的“创生物”这个词，用来指谓为心灵所有的新奇性。当物理—化学过程达到一定程度的组织的复杂性时，有生命的性质创生了。由此前进，当有生命的有机体的神经中枢的过程达到一定水平的复杂性时，意识或心灵出现而为新的创生物。价值同样是创生物，由客体和心灵对客体鉴赏的融合而起。“第三种性质，真、善、美，虽然在心灵的创造方面不同于第二和第一种性质，其实在性并不逊色。它们严格地归属于客体和心灵的融合或结合。”[2] 神是比心灵更高的一个等级的创生的性质：“那种性质是什么，我们不知道；因为我们既不能欣赏，更不用说沉思它了。我们从纯理论上确信，宇

---

* 创生即突生。

① 《空间、时间与神》，第 2 卷，第 14 页。

② 同上书，第 1 卷，第 244 页。

宙是孕育这样的性质的。”[①]上帝不像在传统上所设想的那样是第一原因和创世者，而是在一系列创生物中最后的创生物。

参　考　书

《道德秩序和进步》，1891 年；《实在论基础》，1919 年；《空间、时间与神》，两卷，1920 年；《艺术的创造和宇宙的创造》，1927 年；《斯宾诺莎和时间》，1927 年；《斯宾诺莎》，1933 年；《哲学和文学杂志》，1939 年。

A. F. 李德尔，《亚历山大的空间、时间与神》；1925 年；P. 德沃，《亚历山大的体系》，1929 年。

（四） 阿尔弗来得·诺尔司·怀特海

A. N. 怀特海（1861—1947 年）的哲学在几个重要方面同亚历山大的哲学相仿：二者都受到近代相对论物理学发展的启示；二者融合导源于生物学的有机的和进化的概念；二者在认识论方面采取了观象实在论的形式，在形而上学方面是自然主义的而不是唯物主义的，因而归属于近代对二元论的反抗；最后二者都对价值采取客观主义的解释，力求在自然主义的宇宙中为上帝寻求地位。

610 在怀特海的认识论中，知觉被认为是知识基本的和典型的形式，在知觉中作为典范的知识型式反复出现在一切水平上，从最基本的感觉经验到最精细的科学的和宇宙论理论。知觉这个词在通常的用法上指谓对客体有意识的、认知的理解。怀特海感觉到需要比知觉和领悟更一般的词来标明**重视**客体本质的特性的过程，提示去掉“领悟”（apprehension）的前缀的“融会”（prehension）这个词。“我用**融会**这个词代表**尚未认识**的领悟：意思是说这种领悟可以是认识或不可以是认识的。”[②]怀特海所用融会一词和在亚

① 《空间、时间与神》，第 2 卷，第 347 页。

② 《科学与近代世界》，英文版，1925 年，第 161 页。

历山大那里作为“沉思”的认识过程基础的“共在”或“结合”，极其相似。对怀特海和亚历山大来说，认识已经失去唯心主义所赋予它的卓越地位，被解释为弥漫于整个自然中更一般的非认识关系中特定的产物。怀特海说，“现实世界是杂多的融会……。知觉只是对融会的统一体的认识；或者更简洁地说，知觉是关于融会的认识。”[1]怀特海融会理论的历史原型是莱布尼兹反映论，每一个单子都从它的独特的观象来反映宇宙；的确，莱布尼兹关于微弱、无意识的知觉(petites perceptions)的理论很清楚地预示了怀特海非认识的或先于认识的融会。

构成认识的知觉的融会的情况是十分复杂的，在1929年出版他的主要著作《过程与实在》中，怀特海分析它的构成为以下最重要的因素：(1)“主体”，(2)“初始的材料”，和(3)“客观的材料”[2]。这种分析可以在认识水准上以听见声音来说明：“为了避免不必要的复杂性，让声音为一种确定的音调。”[3]听者是“感觉”和听见声音的主体；直接听见的声音是被感觉到的初始的材料；声音被看作由这个或那个现实的实体组成的复杂有序的环境的部分，是客观的材料。这种三合一的分析不要认作表象的知觉的理论，因为“初始的材料”和“客观的材料”不是在数值上不同的实体，而是完全结 611
合在一起的。“现实的实体是初始的材料，是所知觉的现实的实体，客观的材料是‘观象’，在这种观象的条件下现实的实体被知觉，具有这种单纯身体感觉的主体是知觉者。”[4]

虽然知觉是他的认识论的核心，怀特海却敏锐地察觉到在感官知觉范围内固有的局限性，还察觉到由于“隐含地把知觉看作感

---

① 《科学与近代世界》，英文版，1925年，第164页。

②③④ 《过程与实在》，英文版，第337页以下，第357页，第361页。

官知觉,”[①]而对认识论和系统的形而上学所造成的危害。他令人信服地攻击对纯粹的感觉材料*的专心关注,这种关注是标志导源于休谟的英国认识论特征。“注视一块红颜色。这块红颜色本身作为一种客体,脱离其他有关的因素,是当前的知觉活动的单纯客体,对过去和未来都没有表明什么意义。……赤裸裸的感觉材料是纯粹当前而直接的,感觉材料本身没有为解释感觉材料提供材料。”[②]对各种形式的感觉主义,特别是对源出于休谟的英、美有关感觉材料的认识论的反驳,是怀特海对认识论最重要的贡献之一;它标志着在英国经验的传统中彻底扭转了的倾向。诚然,英国唯心主义者,格林、布拉德雷和鲍桑葵曾经攻击过流行的英国认识论传统的原子性,但是,他们的攻击依靠绝对主义的形而上学,而这种形而上学与英国思想不相合,因此,大都未能摧毁心理原子主义。在怀特海和亚历山大那里,批判原子主义的感觉主义是从经验的、自然主义的和实在论的哲学出发的,从而对英国思想来说有较大的说服力。怀特海批判感觉—材料理论是建立在那弃绝错误的抽象有关经验的具体性的原则之上的。感觉—材料理论失误于过度抽象;它犯了他称之为“误置具体性的错误”。这种错误在于把具体经验中的抽象看作好像是具体的东西——从而“误置了”具体性。怀特海绝不是论断抽象本身是不合法的——的确,他极其注意在逻辑、数学和物理科学中抽象的合法作用:

> 把注意力集中到确定一组抽象概念上,其优越性在于对具有明晰确定关系的明确的确定的事物,倾注全部思想……

① 《观念的历险》,英文版,第231页。

* 原文为sensa,即sensum的复数,意指感官知觉的内容。

② 《观念的历险》,英文版,第232页。

> 而且，如果这些抽象概念基础巩固，就是说，如果它们没有脱离经验中一切重要的东西，那凝神于这些抽象概念的科学思想将取得关联到我们对自然的经验的各种重要真理……把注意力专门集中一组抽象概念上，不论其基础多么巩固，其不利条件在于，这种情况的性质如此，人们脱离了事物中其余的东西。①

从休谟到摩尔和罗素的英国经验主义往往把感觉材料——从 612
具体的知觉经验中孤立和抽象出来的——看作知觉认识的实在的组成成分；怀特海的融会把在时间、空间中遥远的东西纳入当前经验的统一体中，避免了这种错误的抽象主义。

怀特海的融会论不局限于知觉；他随即把我们直接过去原始的记忆吸收到融会的理论中："在人类经验中，非感觉的知觉最惹人注意的例子，是我们关于我们直接过去的知识……大致说来，那是在一秒的十分之一和二分之一秒之间我们过去的一部分……那是过去了，可是还在这里……"② 照怀特海来看，当前和将要出现者有本质的关系，未来也"内在于当前中"。在怀特海当前包容过去和未来的这种论点方面，柏格森的影响是很明显的。

怀特海的形而上学，他称谓之为"有机的机械主义"或"有机主义哲学"，是一种形式的自然主义，但是，它和传统的唯物主义的自然主义形成对照。传统的自然主义或者像怀特海那样宁愿把它叫作"科学的唯物主义"，描述自然为在时、空中占有确定位置的大量的粒子的机械的相互作用。怀特海说，科学的唯物主义"以弥漫于空间的一种不可化归的无生命的物质或材料的终极事实为前

---

① 《科学与近代世界》，英文版，第 85 页。

② 《观念的历险》，第 232 页以下。

提……”[1]科学的唯物主义认为物质所具有的本质的性质是在时、空中“只占有位置”；每一个物质客体被认为占有一个确定的边界以内的空间，持续于确实规定了的时间间隙。在怀特海看来，假定只在时、空中占有位置的物质实体，是错误的、引人误入歧途的理智抽象的结果；那是他称之为“误置具体性的错误”事例，即误把抽象当作具体的实在。怀特海对科学的唯物主义基本假设挑战，与此同时，他对现代的宇宙论的体系提出严厉的批判，从伽利略、笛卡尔和牛顿的时代起，这种体系一直统治现代思想。怀特海提出一种有别于传统宇宙论的理论，这种理论设想自然为互相渗透的“事件”、“场合”或“现实的实体”的有机的、有结构的体系。一种事
613 件是和其他事件有交易的在时间—空间上的显现。现实世界是由这种现实的实体或形成类型的事件的总体所构成的过程；“现实世界是在过程中，过程……是现实实体的变革。”[2]一切现实的实体互相渗透，在它们的“结合”中构成作为过程的实在。构成现实的事件是由内在的关系连结在一起的，事件由此而互相“融会”。存在于一切现实事件的融会的关系为怀特海的实在论的认识论提供了形而上学的亚结构。融会是把一切事件联结在一起的基本关系，当这种融会关系各项中的一项是有意识的心灵时，融会则上升到认识的领悟水平。对怀特海来说，认识的领悟是把一切现实的事件联结在一起的融会关系的一个特殊事例。怀特海的形而上学剥夺了唯心主义哲学赋予认识关系的优越地位；怀特海认为心灵及其认识活动远非现实的组成成分，只不过是其他事件中的一种，认识关系是弥漫于一切实在的融会关系的一个事例。怀特海的立场与肯定知识是实在的组成成分的康德论点完全相反：“康德认为

① 《科学与近代世界》，第25页。

② 《过程与实在》，第33页。

所以有经验的过程是从主观性到明显的客观性的过程。有机体哲学翻转了这种分析，把这种过程解释为由客观性出发而推向主观性……”[①] 康德的“哥白尼革命”为怀特海相反的革命所代替：康德批判的唯心主义翻转了洛克和笛卡尔的实在论，怀特海自然主义的实在论轮到他自己，又翻转了康德的唯心主义。

怀特海关于实在世界是现实实体体系的理论没有穷尽他的形而上学；他的形而上学体系还包容关于“本质”或“永恒客体”的理论。“要分析自然的每一个体系一定要面临两种事实，**变化**和**持久性**。它还要面临第三种事实，即**永恒性**。”[②] 关于现实实体的理论足以解释变化和持久性的现象，怀特海认为要解释永恒性，需要由引进“永恒的客体”来扩展他的形而上学体系的基础。永恒的客体是同样一再出现的实体，例如，颜色。“一种颜色是永恒的。要像幽灵一般随时出没。出现而又消隐。但是，不论它出现在哪里时，它是同一的颜色。”[③] 相反一座山是一个现实的实体；它持续而经 614
久；或者如果它被侵蚀了，则消逝——或许由一座新山来更替。怀特海区分永恒的客体和现实的客体同传统的实在论区分共相与殊相，极其相近。正如怀特海所认识的，永恒的客体与柏拉图的形式相似；像柏拉图的形式一样，它们融入现实的实体或殊相中。永恒的客体具有“潜入”现实的客体变化的潜在性。“潜入”一词指谓永恒的客体实现于一种特殊现实实体中的特殊形态，以此来促成那现实的实体的确定性[④]。

除去现实的实体和永恒的客体的实在性以外，怀特海的宇宙

① 《过程与实在》，第 236 页。

② 同上书，第 126 页。

③ 同上书，第 126 页。

④ 参看《过程与实在》，第 34 页。

论的体系还安排上帝作为唯理的基质、承担选取永恒的客体潜入现实的实体的世界的职责。根据这种概念，“上帝……被认为是创造性的结果，秩序的基础和趋向新奇性的目标。”[①] 虽然上帝作为宇宙间秩序和合理性的原则而起作用，“他的存在是终极的非合理性……不能为上帝的性质指出理由，因为那种性质是合理性的根据。”[②]

参　考　书

《自然知识原理》，1919 年；《自然的概念》，1920 年；《过程与实在》，1929 年；《科学与近代世界》，1925 年；《观念的历险》，1933 年；由 L. 普赖斯所记录的《对话》，1954 年。

D. N. 艾梅特，《怀特海的有机主义哲学》，1932 年；N. P. 斯塔尔克纳赫特编，《创造哲学研究》，1934 年；P. A. 施尔普编，《A. N. 怀特海的哲学》，1941 年；卡斯兰，《怀特海的有机哲学》，1950 年；F. S. C. 诺斯柔普，《A. N. 怀特海：选集》，1953 年。

第四节　近代美国的实在论

615 ### （一）“新”实在论*

美国的新实在论是一个学派，肇始于 1910 年发表在《哲学杂志》上的《六个实在论者的纲领和首次宣言》，还有由这六个作者，即 E. B. 霍尔特、W. T. 马尔文、W. P. 蒙太古、R. B. 培里、W. B. 皮特金和E. G. 斯泡尔丁合写的文集《新实在论》。新实在论在它的消

---

① 《过程与实在》，第 135 页。

② 《科学与近代世界》，第 257 页。

* 参见原版第 580—581 页。

极方面，沿循类似摩尔驳斥唯心主义的路线，抨击贝克莱的论证。蒙太古用三段论式的形式把贝克莱的主要论证表述如下："观念不能脱离心灵而存在。物理的客体就其毕竟为人所知觉或认识而言肯定是'观念'。因此，一切物理的实体不能脱离心灵而存在，"于是断定贝克莱的错误为模糊地应用"观念"这个词，"这个词在大前提中被用来指示知觉的行动或过程，而在小前提中它被用来指示那种行动的客体，即为人知觉的事物或内容。"[1]蒙太古认为布拉德雷的绝对唯心主义犯有相仿的错误，这种错误在于模糊地应用经验这一词：蒙太古说，"经常用经验两个字来指示一种经验活动和一种被经验者，这在唯心主义者的思想上造成一种奇异的幻觉……即我们所经验的客体只有当他们为人经验的时刻才存在。"[2]

新实在论的认识论在它的建设性方面，分析了认识的情境，这种分析同摩尔的实在论极其相似。新实在论者根据独立性理论制订了他们主要的实在论的理论，这种理论由 R. B. 培里在他的题名为"实在论的独立性理论"的论文中，规定为对一种特定的关系没有依赖性或缺乏依赖性。把独立性的概念应用到认识关系上，培里看到至少某些物理事物、逻辑和数学实体和其他心灵独立于认知的意识，它们可以成为意识的对象而不牺牲它们的独立性。蒙太古说，"实在论认为被认知的事物不被认知时可以继续存在而无变化，或者事物可以进入或脱离认识关系而无损于它们的实在性，或者关于一个事物的经验不是和这事实有关联或依赖这事实，即任何人经验它、知觉它、构想它或以某种方式察觉它。"[3]

新实在论第二个独特的论点是认识论的一元论——即知识是 616

[1] 《新实在论》，英文版，第 258 页。

[2] 同上书，第 260 页。

[3] 同上书，第 476 页。

直接认识的、知识的客体直接呈现给意识的理论。在这里是认识论的一元论和认识论的二元论—即直接认知主义和表象主义之间争论的问题。认识论的二元论是这样的学说，即知识的“客体”只有以知识的“观念”或“内容”为中介，才为人所认知；知识的内容和客体是在知识情境里两个数值上不同的因素。二元论的实在论最典型的历史上的代表或许是洛克；照洛克来看，观念世界包含心灵以外的实在世界的意象、摹本或表象。新实在论在它的一元论方面是对洛克二元论认识论的反叛。

> 认识上的一元论〔培里说〕意思是说，当事物被认知时，它们和认知情况的观念或内容是因素与因素相对应地同一的……按照这种观点来看，平常被称为知识‘客体’者和观念融合在一起，或者它是整体，观念是其中一部分。因此，当一个人知觉一棵郁金香时，郁金香的观念和实在的郁金香因素与因素相对应地彼此符合；它们在颜色、形状、大小、距离等等方面是同一的。[①]

错误、错觉和幻象是一元论的实在论的极关重要的问题：如果一切知识都是亲接和直接认识的，很难看出如何划分知识真实和非真实的形式的区别，而这种区别是不可避免的。新实在论者没有企图回避虚妄的知识所造成的认识论上的困难。E. B. 霍尔特在《新实在论》里题名为《虚幻的经验在实在论世界中的地位》论文和在《意识的概念》里（1914 年）论《错误》的一章中，认真探讨了这个问题。我们在这里不考虑霍尔特和其他一元论的实在论者借以收

① 《现代哲学倾向》，第 126 页。

容虚幻的认识于他们的理论中的机智的方法;我们只注意到他们大都有勇气和前后一致性赋予虚妄和幻觉的客体一种实在性。

(二) 批判的实在论

表象的知觉论坚持主张直接呈现给心灵的感觉材料和实在的外部客体在数值上是二重性的,在认识论方面是二元论的。近代早期笛卡尔和洛克有关知觉因果性理论,是这种理论历史上的开端。在笛卡尔和洛克那里,表象观念和外部客体的认识论的二元论是和心理与物理界的形而上学的二元论相联结,而且是由它培 617
育的;但是这种联结在逻辑上不是必要的,在现在这一节我们不谈心理—物理的二元论,只关注认识论的二元论。认识论的二元论在美国是由G.桑塔亚那、C. A.斯特朗、A. K.罗杰斯、A. O.洛夫焦伊、R. W.塞拉斯、J. B.普拉特和D.德雷克组成的一群批判的实在论者提出来的。这些思想家在一般的哲学立场和形而上学信念方面彼此之间有很大的分歧,但是在他们合作的《批判的实在论论文集》(1920年)中,他们抨击新实在论一元论的信条,同意二元论认识论明晰的本质,这种本质可以概括如下:(1)心灵和构成知识内容或载体的感觉材料直接交接;(2)物理的客体脱离心灵而独立存在,以感觉材料而中介而被认知;(3)物质的客体和这种客体借以为人认知的材料在数值上是有区别的。

像在新实在论那里的情况一样,这几位批判的实在论者往往沿循不同的路线发挥他们个人的理论,而不是继续进行他们共同合作的认识论探索。A. O.洛夫焦伊(1873—1962年)的《对二元论的反抗》(1930年)和G.桑塔亚那的《怀疑主义和动物信仰》(1923年)就代表批判的实在论的认识论的这样两种不同的发展。洛夫焦伊的著作是批判的,而不是建设性的;这部书中早期的演讲录包括对怀特海和罗素的“客观的相对主义”详细的阐释和批判；只是在结尾的两个演讲录中洛夫焦伊才用明确的术语制订出他自己的认识论。他的二元论的实在论观点的主要信条是：(1)心灵直接察觉“观念”。所谓“观念”，洛夫焦伊指的是“非物理的而为人所经验的殊相”；犹如笛卡尔和洛克，在本质的同样的意义上他引用“观念”这个词。(2)观念为推论到那“不为人知觉而持续”，“同我们的感觉材料有因果关系的存在或事件的一个层次”提供证据。外部的客体“不能等同于我们的感觉材料”[①]。“我们关于实在的客体任何知识都是间接的或表象的；我们借以认知任何这样客体的材料和所认知的客体不是等同的。”[②](3)记忆和预料同知觉一样，是领悟的间接的或表象的形态：“在记忆和其他回顾中存在有意识地
618 和内在地关涉到呈现的内容以外的实在……”[③]“关于实际或设想的在时间上有间隔的认识的其他形式——即先知或期望——的二元论的涵义，如果可能，是更加明显的……”[④]洛夫焦伊把一切认识形式：“知觉、记忆、期望和关于其他心灵的知识收容在同样表象的或实在论的模式中。”[⑤]

参 考 书

关于新实在论者的著作

E. B. 霍尔特和其他人，《新实在论》，1912 年；E. B. 霍尔特，《意识的概念》，1914 年；R. B. 培里，《现代哲学倾向》，1912 年；E. G. 斯泡尔丁，《新唯理主义》，1918 年；W. P. 蒙太古，《认识的方法》，1925 年。

关于批判的实在论者的著作

①②③④ 《对二元论的反抗》，第 298 页，第 303 页、第 305 页、第 308 页。

⑤ 以上关于新实在论和批判的实在论的论述吸收了题名为“近代认识论各学派”一章的一些部分，这一章是由 L. 伍德为 V. 费尔姆所编《哲学体系的历史》(1950 年)所撰写的。这里引用它，得到 D. D. 茹恩斯博士、哲学丛书主席亲切的允诺。

D.德雷克等,《批判的实在论论文集》,1925 年;G.桑塔亚那,《怀疑主义和动物信仰》,1923 年;A.O.洛夫焦伊,《对二元论的反抗》,1930 年。

(三)乔治·桑塔亚那

桑塔亚那(1863—1952 年)既是哲学家,又是诗人、小说家和文学批评家,生于马德里,父母为西班牙人,1872 年赴美。他在哈佛大学受教育,在那里执教一直到 1912 年。当他辞去哈佛教授职位,返回欧洲后,以其余生专心致力于研究和著述。

桑塔亚那的欧洲祖先和美国的抚育、教育,把在的哲学中得到反映,既忠于欧洲大陆文化及其哲学传统,又忠于在哈佛流行的典型的美国思潮。他多方面的哲学体系,表露德谟克利特、柏拉图、亚里士多德和卢克莱修古典体系以及斯宾诺莎、黑格尔和叔本华的近代体系中的欧洲影响;还反映他深深受惠于他在哈佛的教师和同事、威廉·詹姆斯和柔西亚·罗伊斯。

桑塔亚那的哲学立场不容许把它融合到哲学的一个单一的学派、运动或类型里,或者把它划归为任何简单的哲学公式;它是一个多方面的体系,在那里可以辨认出这样不同的哲学主题,如自然主义、实在论、本质主义(本质或共相论)、唯心主义和浪漫主义。他把自然主义描述为"对我们周围物质事物粗陋的信仰",可是这种主义却是他哲学中最基本和遍布于各方面的主题。

参考书

《美感》,1896年,《理性的生活或人类进步的各个阶段》,(1905—1906年);《三位哲学诗人:卢克莱修、但丁和歌德》,1910 年;《学说的影响》,1913 年;《德国哲学中的自我中心》,1916 年;修订版,1940 年;《美国的人物和舆论》,1920 年;《在英国自言自语》,1922 年;《怀疑主义和动物信仰》,1923 年;《湮没无闻的对话》,1926 年;《柏拉图主义和精神生活》,1927 年;《实有的领域》,四 619

卷,1927—1940年;《随想录》,1936年;《统治和权力》,1951年。

G. W. 郝格特,《乔治·桑塔亚那》,1938年;P. A. 施尔普编,《乔治·桑塔亚那的哲学》,1940年;R. 布特勒,《桑塔亚那的思想》,1955年;W. E. 阿尔奈特,《桑塔亚那和美感》,1956年;L. 伍德,关于"乔治·桑塔亚那"的论文,载《大英百科全书》,第十四版,1956年。

(1) 理性的生活

桑塔亚那的著作《理性的生活》表述了他多方面哲学最早的观点,这部书共五卷:即《在常识中的理性》、《在社会中的理性》、《在宗教中的理性》、《在艺术中的理性》和《在科学中的理性》。桑塔亚那把这部书说成是"人类智慧假想的自传",它探讨在包括社会、宗教、艺术和科学活动在内的多方面的人类精神活动中理性的作用。这个规划在设想上,而不是在细致的实施方面和黑格尔的现象学相仿;的确,桑塔亚那最初想到这样一部著作是在他阅读了黑格尔的《精神现象学》以后。桑塔亚那的《理性生活》和黑格尔的《精神现象学》一样,不局限于人类纯粹理智探究意义上的理性活动,尽管这自然要包括广义的理性的生活之中。它涵有由无论是艺术、宗教、科学或哲学的理想和价值所统御和引导的一切人类精神的反思活动。"因此,《理性的生活》是知觉和追求理想的那一部分经验的名目。人类的理性生活是由反思不仅在其中出现而且证明有效的时刻组成的。"① 理性在它的一切表现中是本能和概念活动相结合,这是《理性的生活》中一再出现的主题;通过理想的投入而变成反思的和明智起来的是本能。"理性的生活是两种因素——冲动和概念活动——的幸福的结婚,这种结婚如果完全离异,会使人降低为畜生或疯子。"②

① I. 埃德曼,《乔治·桑塔亚那的哲学:选集》,第47页。

② 同上书,第50页。

对这五卷的《理性的生活》的简要的总结不能表达精微和新奇的见解以及丰富的旁征博引,桑塔亚那是借此来论述在人类的创造活动中本能的和理想的成分相结合的中心主题的。《常识中的理性》既表露桑塔亚那伟大著作的文学风格,又论述了这个主要课 620
题,在援引其中的一段中,他令人信服地描述了在理性生活中人的自然的和理想的组成部分的结合:"理想世界的每一方面都发源于自然,由它对自然的存在感兴趣而彰明较著地表明它的起源,它对自然的存在予以唯理的解释。远在科学额外用一种不同的抽象方式来阐述自然包含的机制以前,意境、艺术、宗教和社会就极其丰美地用符号表现了自然。"[①] 这同样的哲学论旨又出现在《社会中的理性》中,在那里桑塔亚那对爱情,即人类的社会存在的感情基础,作出哲学的解释。人的爱情和单纯的动物情欲相反,同时是自然的,又是理想的:"有两件事需要为任何一个在这样的思考上不会走上邪路的人所承认;其一是爱情有动物性的基础,其二是它有一个理想的对象。"[②] 人类生活自然的和理想的组成部分的同样的二重性表现于宗教中:他在《宗教中的理性》中坚持主张"宗教也有本能的和盲目的一面,在各式各样的偶然的实际作为和直觉中表露出来;不过不久它就朝着事物的核心摸索前进,不论它从何处而来,都转向终极的方向。"[③] 探讨人的不死问题时,桑塔亚那声称人是自然体系中的一部分,是要死的,可是在他的创造性的活动中,他取得一定的理想的或理性上的不死。

(2) 认识论

桑塔亚那的认识论是怀疑主义、直觉主义和批判的实在论新

① I.埃德曼,《乔治·桑塔亚那的哲学:选集》,第74页。

②③ 同上书,第88页、第144页。

奇的结合。他的怀疑主义是彻底的、激进的——甚至比笛卡尔的怀疑主义还激进。“信仰任何事物的存在，包括我自己在内，是根本不可能证明的，和一切信仰一样，依赖某种非理性的信念和生活的激励。”[①]

桑塔亚那的怀疑主义为发现本质，即不容置疑的真理领域，铺平了道路；一种不求助于动物信仰的确实无可怀疑的知识归属于本质领域。本质是共相，像柏拉图的形式一样，有实有性(being)[*]或实在性，虽然它们并不**存在**。这种本质由直接或直觉的理解为人认知，我们关于它们的知识具有最高度的确实性。物质领域虽然是桑塔亚那形而上学系统中的基本实在，并不能以本质特有的确实性程度而被认知。“对我们周围事物世俗的信仰”[②]是桑塔亚那自然主义的中心论旨，既不能由直接的直觉，也不能由论证和推论证明其合理性；对物质信仰，像对存在的一切信仰一样，是建立
621 在“动物的信仰”之上的。桑塔亚那的认识论的实在论在于它坚持声称，人类知识和具有脱离认知它们的心灵而独立的存在和实在的客体打交道。“知识……不是内在于心智或对经验来说是内部的……知识是知识，因为它有预先存在而有强制性的客体。”[③]知识的客体属于机械的自然界——的确，在其总体上它们构成那一界。这种客体不能直接或靠直觉而被认知，只有通过那唯一直接呈现于人的精神或心灵的感觉材料的中介，才能为人认知；对它们的理解在认知的心灵方面包含一种“动物信仰”的行为。“信仰的客体——并且知识是信仰的一种——甚至在最直接的知觉中，永远

---

* being 译为实有，或实有性，以便区别于存在(existence)。

①② I. 埃德曼，《乔治·桑塔亚那的哲学：选集》，第 375 页、第 42 页。

③ 同上书，英文版，第 410 页以下。

不能进入直觉的范围。"[①]"因此,知识是信仰;对事件的世界,特别是其中这些部分的信仰,它们接近自我,吸引它或威胁它。"[②]由自我和其他人的自我组成的精神的领域,像物质领域一样,不能直接认识;它是一个存在的领域,这样的一个领域只有凭借动物信仰才能被理解。桑塔亚那不赞成近代哲学中笛卡尔和全部唯心主义传统的这种论点,即自我认识是直接、确实和直觉的。

桑塔亚那和批判的实在论相结合,为他们合作的一卷《批判的实在论论文集》写文章,和其他批判的实在论者一样强烈地反对任何形式的直认的(presentational)实在论;他论列"希望直觉事物的荒谬性。"他的实在论是表象的(representational),却未降低自信心。客体不是由材料推论而来,因为不可能从本质到存在的事物作因果性的推论;在动物信仰的基础上承认和相信物理客体的存在。"因此,知识是信仰:信仰一个事件的世界……这种信仰对动物来说是天然的,先于一切仔细考虑应用直观作为事物的记号或描述。……"[③]桑塔亚那认为记忆是表象知识的关键事例;考察记忆的认识作用时,他坚持"如果记忆成为知识,应该享有记忆的名目,它本身必定报导自然世界中的事实或事件。"[④]

桑塔亚那在《怀疑主义和动物信仰》中阐述的认识论立场,除去他主张二元论的或表象的实在论以外,和洛夫焦伊的批判的实在论认识论更典型的观点没有什么共同之处。桑塔亚那的 622
理论在申述知识的直接材料方面和洛夫焦伊的理论相反:洛夫焦伊认为材料是存在的和属于心理的,而桑塔亚那却完全排除了

①② I. 埃德曼,《乔治·桑塔亚那的哲学:选集》,英文版,第407页、第417页。

③ I. 埃德曼,《乔治·桑塔亚那的哲学:选集》,第417页。

④ 《怀疑主义和动物信仰》,第150页。

存在的材料。桑塔亚那说，“材料存在的看法没有意义，如果坚持，那是错误的。”照桑塔亚那来看，知识唯一的直接和无可置疑的材料是本质。

(3) 实有的领域

桑塔亚那的形而上学立场在《实有的领域》中得到成熟和系统的发挥，它的大纲在他考察认识论问题的过程中，在《怀疑主义和动物信仰》中很清楚地被勾画出来了。三个主要的实有领域是物质领域、本质领域和精神领域；从而他把自然主义同本质主义和唯心主义结合起来了。

桑塔亚那自然主义的形而上学使全部存在等同于被认为是机械的世界的自然，其中的一切事物都受制于恒常的和始终如一的科学规律。他说，“任何一个毕竟能够把握经验——道德的经验不亚于物理方面的经验——的趋向的人，一定感到机械结构统治整个世界”，[①] 人是自然的一部分，甚至在他的科学的、宗教的、道德的、社会的和艺术的探索中，都由它来控制。

桑塔亚那的本质主义或关于本质的实在论是这样构成的，除去物质的存在领域以外，他确实相信一个本质的领域。本质是共相，虽然不存在，却具备实有性或实在性。桑塔亚那把颜色、味道、气味和其他感觉材料，以及思想和想象的理想客体，划入本质的领域。“在思想上的论域中一切可能的项都是无处存在的本质：同样是想象的，无论发现这种项的能力是感官或思想或最奇异的幻想。”[②] 本质“虽然(它们)具有柏拉图‘理念’的实质和本体论的地位，……在数目上却是无限的，在价值上是中立的。”[③] 本质在桑塔

① 《科学中的理性》，第76页。

② 《本质的领域》，英文版，第Ⅶ页。

③ 《怀疑主义和动物信仰》，第77页以下。

亚那的认识论中行使知识载体的职能;他说,“本质是在知觉事实的事物中不可缺少的项,使知识有可能传导。”[1]

就桑塔亚那置定一精神领域补充物质和本质的领域而言,唯心主义似乎是他体系中的一个因素。精神领域是主观经验世界,桑塔亚那把它刻画为“这样的自由表现世界,这样的感觉、激情和观念的漂流,永远按照意识而激动和衰微。”[2]精神虽然是在艺术、宗教、道德、科学和哲学中我们人类最高企望的实现——或受挫—— 623
的领域,它却从属于其他物质和本质的两个领域;因此,桑塔亚那的自然主义和本质主义遮掩了他的唯心主义。的确,自然主义是桑塔亚那哲学中的主要课题,因为,尽管在确实性方面关于本质的知识超过对物质的信仰,虽然精神是人的德性、创造性活动和最崇高的探索的领域,而物质及其随附的机制却是一切存在的基础。

(4) 美学

桑塔亚那的美学在他哲学发展的一切阶段上都是突出的,而且在其中出现的各种情境中一直保持显著的表现的连续性。在哲学方面他最初发表的论文《美感》(1896 年)是在美学上的主要贡献——或许在这领域里最重要的美国著作。这篇论文关注“我们美学判断的性质和因素,”他补充说,“那是一种理论的探讨,没有直接劝导的性质”[3]。这篇论文的主要论点是,审美判断表现艺术趣味,因此,“作一个判断实质上是建立一种理想”[4]。审美判断是绝对的,因为“对包含理想的判断来说,一切理想都是绝对和永恒的……”[5],但是,在一时刻所乞求的理想可以在下一时刻为一新的理想所取代,这新的理想和它的前驱一样是绝对的。桑塔亚那的

① 《怀疑主义和动物信仰》,第 80 页。

② 《本质的领域》,第 X 页以下。

③④⑤ 《美感》,第 6 页、第 12 页。

美学固然强调审美判断的理想或形式方面，并未忽略或贬低物质的或感觉的方面。“形式不能是空无一物的形式。因此，如果在发现或创造美时，我们忽略事物的质料时，……我们将失去永在目前的加强效果的机会。”[①]

桑塔亚那有作为哲学家的声誉，依赖于他从一系列丰富的人类经验中汲取哲学解释的资料，以及把多种多样的哲学课题交织在他的体系结构中。《理性的生活》揭示人类存在中的社会的、宗教的、艺术的和科学的组成部分，表明在解释这些斑驳陆离的经验方面作者特殊的个人的和哲学的偏爱。他的《实有的领域》结合像自然主义、柏拉图式的实在论和唯心主义而形成一个广博而深刻的体系。他的伟大在于他能够把往昔不同的哲学思潮融化在他自己的体系中，赋予它们以他自己的哲学倾向和偏爱的色彩和风味。但是，他的哲学缺少一个真正伟大的哲学体系所需要的建设性的力量和思辨的创造性。

① 《美感》第 77 页。

三、实用主义、实证主义和分析哲学 624

第一节　科学的约定主义和虚构主义

（一）反实在论的倾向

科学对近代哲学的发展指引哲学趋赴两个极其不同的方向。一方面，实在论者十分刻板地对待科学概念和理论，肯定知觉的和物理的客体的实在世界的存在，使实在论的认识论和自然主义的形而上学相结合，这在像亚历山大和怀特海那样的实在论者那里论述鲜明，是经过深入思索的。另一方面，实证主义的和现象主义的哲学家，诸如马赫、彭加勒和魏欣格尔坚持主张科学概念和理论是约定、建造和虚构，这在制订科学体系方面虽然不可缺少，却没有理由证明它们具有任何客观性的资格。约定主义者和虚构主义者怀疑科学概念和理论确实的客观性，不可避免地对形而上学及其肯定认识终极实在的性质，采取怀疑的态度。

近代对科学作现象主义的、约定主义的和虚构主义的解释，拒绝承认科学和形而上学肯定认识真理的表面的价值。它们认为科学和哲学的概念和理论不是描述实在，而是对现象事实的速记的总结或阐明和解释观察到的经验材料有用的方法。科学和哲学虽然不能达到关于心智以外的实在的认识，却为人类心灵整理和解释观察和经验的事实，提供唯一可以得到的概念体系。 625

近代和当代哲学反对实在论的倾向代表许多不同的学说，所有这些学说都一致拒斥科学和哲学的实在论的自诩，但是，在他们各自论述科学的和哲学的概念和理论的逻辑的和认识论的地位方面，却有明显的差别。这种观点从认为一切理论都是错误、虚构的，甚至容忍相互不一致的理论构造的魏欣格尔的虚构主义，延伸到约定主义、实用主义和操作主义的比较温和的立场，这种立场在选取敌对的概念系统时，应用像简单、方便和有效这样的标准*。

627 (二) 魏欣格尔的虚构主义

汉斯·魏欣格尔(1852—1933年)在他的《"虚构"哲学》(Philosophie des Als Ob,1911年)中提出一种实证主义的和虚构主义的认识论，这种认识论和美国的实用主义有许多相似之处。魏欣格尔的主要见解以及他采取"虚构"的表述来阐明他的立场，是由他研究康德的《纯粹理性批判》而想到的，他对这部书作了卓越的评注。由数学和自然科学、经济政治理论和法学以及由伦理学、美学和哲学所获得的概念和理论，是人类心灵设计的方便的虚构，这是"虚构"哲学的中心论点。魏欣格尔的虚构主义是属于极端的一种：他断定心灵的虚构的构造"违反"实在，就最大胆的和最成功的虚构的情况而论，甚至是"自相矛盾的"。但是，虚构并非与经验完全脱节——不是在真实中(in vacuo)的创造。他坚持主张感觉是"一切逻辑活动的起点，同时也是它们必然趋向的终点。"[①]这自然并不是意味着，虚构靠感觉经验来证实——它们虚构的特性排除了一切证实，而只是说感觉经验为心灵实行它的创造活动提供了
628 机遇、激发因素和线索，为使用和应用心灵虚构的构造提供场所。就魏欣格尔确定经验在创始和应用思想方面的不可缺少的作用而

* 下面关于马赫和阿芬那留斯的论述，原版已有，修订版反而删减一些字句，兹不赘。

① 引文均见《虚构哲学》C. K. 奥格登英译本，1924年。

言，他的立场可以称述为经验主义；但是，他赋予经验的职能和历史上英国经验主义所论断者有很明显的差异。照魏欣格尔来看，感觉的材料由思想彻底改造了；“由心魂本身重新塑造、重新铸造、压缩……清除杂质和其他合金混合在一起。……”

魏欣格尔的虚构主义强调心灵或“心魂”在构成概念和理论方面的自由、创造和创制的活动；心魂不是实体，而是有机体的所谓作用和反作用的总和。心灵的许多创造性活动原来是无意识地进行的，只是以后才被意识到；其他的创造性活动是经过深思熟虑和有意识地进行的。但是，无论是有意识地或无意识地设计的，最后造成的虚构在结构方面都是属于思想方面的。由于他坚持在虚构的制造上心灵的创造性，魏欣格尔的理论是唯心主义的；的确，他的立场被描述为“实证主义的唯心主义”或“唯心主义的实证主义”。

魏欣格尔倡导他的虚构理论的意境是有生物的意义和目的性的。和詹姆斯的实用主义与杜威的工具主义一样，魏欣格尔的虚构主义解释逻辑思维为一种活动，这种活动履行帮助有机体适合和适应它的物理和社会环境的生物职能。魏欣格尔一再呼吁注意思维的目的性和实际价值；用使人联想到詹姆斯和杜威的语言，他说，“我们极其注重实际的确证、逻辑结构有效性的实验检验，这种逻辑结构是思维有机职能的产物。”尽管在强调思维生物性的有效性和实际价值方面，他和美国实用主义的倡导者是一致的，魏欣格尔主张他的思维构造和实在“有矛盾”，甚至自相矛盾，这和实用主义始终有分歧。典型的实用主义者认为他的概念系统是“真理”——这种真理由其实际的后果来验证。魏欣格尔虚构的构造，虽然它们和实在相矛盾，却有预断的职能：凭借它们的帮助我们能够“计算出现的事件”；它们本身虽然是虚构的，却导致关于感觉未来显现的“正确的”预断。魏欣格尔在另一个重要方面缓和了他的虚构主

义:他承认思维除去创造虚构以外,还设计"导向实在"的假说。一
629 种假说是观念上的构造,这种构造"肯定或希望和未来的某种知觉相符合。它要对它的实在性加以检验,要求证实,就是说,它要被证明为真实、实在的,而且是实在的表现。"魏欣格尔认为区分虚构和假说、虚构的和有疑难的判断,对逻辑和哲学来说极其重要,他把过去哲学中许多悖理处归咎于这两种观念上的构造的混淆。

魏欣格尔的《虚构哲学》从数学、物理学、心理学、经济学、政治学、法学、伦理学、美学和形而上学中取得有关他的虚构理论的丰富的例证。特别在数学中,成功地应用了虚构的方法,而且为数学家们本人自觉地承认的。魏欣格尔指出数学中的一切基本概念——空间、点、线、面——是理想的、想象的和"矛盾的",因此,是虚构的。照魏欣格尔来看,芝诺有关自相矛盾的论点,是因当真对待像瞬间和点这样的时—空而起:"虚构变成假说,乃产生最明显的矛盾。"魏欣格尔援引某些几何的证明作为数学虚构的另一例证,证明中的曲线被认为是由无数的直线部分所组成;在这一事例方面,数学家是充分认清一个曲线不是无数的直线。微分学的基本概念、导数,是用极限的方法下定义的,是严格的虚构概念——因此,全部微积分具有虚构的基础。在物理中像物质和力这样的基本概念是一种虚构。魏欣格尔承认贝克莱对物质不存在的论证在本质上是有说服力的。贝克莱揭示了物质概念中固有的矛盾,但是,不幸他未能恰当地承认虚构物质的科学的效用。像物质本身一样,原子作为物质的客体的组成部分是纯粹虚构——这种虚构依然是物理科学所需要的。

魏欣格尔把孔狄亚克设想的只有嗅觉器官的雕像,看作心理学中虚构法的显著例证。孔狄亚克运用这种公然的虚构,能够从

人的全部感觉生活的某种复杂情况中抽象出注意力、记忆、判断、想象、抽象、反省等等，从而有助于在心理上了解意识。因此，仅有嗅觉的人的虚构促成对人的总体的了解。社会科学的历史提供了关于类似的虚构的成功而有促进作用的应用的无数的突出例证。
魏欣格尔提到：亚当·斯密和边沁虚构的假设，即人的经济和贸易 630
行为是单纯由利己主义所推动的；和惩罚相关联的自由和责任的虚构的概念，这种概念是刑法整个体系的基础；在某些方面把国家看作一个人的立法概念；现代经济的货币和信贷系统，这种系统是建立在纸币的“虚构价值”之上的。魏欣格尔伦理学的中心概念，即道德理想，是一种实践的虚构：他说，“理想是设想的构造，自相矛盾，又和实在相矛盾，但是，它有不可抵御的力量。”道德理想是历史上最崇高的人有创造性的想象的产物，为人类所坚持，人类据以指引他们的行动。魏欣格尔把他的伦理学观点追溯到康德的《伦理学的形而上学》，在那里康德提出这样的道德概念，关于“人的尊严”、“目的领域”作为“单纯观念”，即指导行动的“启发式的虚构”。虽然魏欣格尔没有提供充分发挥了的虚构的美学，他把一切诗、文学的明喻、隐喻、人格化和寓言解释为美学的虚构。科学的虚构是适应的工具，美学的虚构是为激发“某种精神振奋，要不然就是重要的情感而起作用”；魏欣格尔坚持主张在两个领域里的虚构的终极标准是实践价值。思辨的形而上学也是类比的和形而上学虚构的详尽阐述。魏欣格尔相当详细地说明形而上学的范畴，即实体与属性、整体与部分、原因与结果、目的等等，可以看作设想的构造——“是统御大量的感觉的辅助力”。只有认为它们是对独立的实在如实和理论的描述，才会导致错误。哲学体系及其所运用的范畴“只在实践上，而不是在理论上——就是说，为调整有序、传导和行动，才有价值；在理论上它们没有价值，而在实践上却重要。”虚构主义本身，即区分虚构和假说以及描述虚构在认识中的作用的理论，是一种假说，而不是虚构。

（三）彭加勒的约定主义

法国数学家和物理学家亨利·彭加勒（1854—1912年）提出关于科学的实证主义的和约定主义的解释，极其近似马赫的实证主义的理论。彭加勒认为科学的基本假设是方便的定义或公约，不
631 能靠先验的方法，也不能靠来自经验的归纳的概括来证实；我们选择可能的公约虽然由实验的事实所提示和指引，在最后的分析上，却为简单方便的考虑所制约。彭加勒严格地区分了两种类型的科学假说：(1)第一种类型的假说本质上是不能证实的；它们是心灵自由的能动性的产物，是科学家强加给科学系统的。这种假说是从广义方面设想的任何科学理论不可缺少的，即使它不能由经验证实或否定。(2)第二种类型的假说是普遍的归纳概括，正因为它们可以为实验的程序所证实或证伪，才有价值。一种科学理论包括两种类型的假说。彭加勒比较注意本质上不能证实的第一种类型，因为他相信它们一直大都被科学方法论的学者忽略了；而可以证实的第二种类型已经由经验的逻辑学家和方法论家从培根到J. S. 穆勒，作了广泛的论述。彭加勒全面而清楚地论述了不能证实的假说的性质及其在科学知识体系中的作用。他坚持主张这种类型的假说，虽然不能由经验证实，却为经验所提示，它的价值在于对经验的科学解释卓有成效。在经验中出现的事实可以融会到“无限的”不同的假设的构造中任何一种；每一种这样的构造都是心灵自由的能动性的产物，根据考虑到方便而在这些构造中有所选择的。因此，不能证实的假说确实是约定的，然而，不是任意的：“经验让我们自由选择，但是，它靠帮助我们来指引我们认识最容

易的途径。”[①]彭加勒的约定主义远远没有魏欣格尔的虚构主义那样彻底。魏欣格尔虚构的构造自相矛盾，又和事实“矛盾”，彭加勒的约定的假说中的每一种都是内部前后一致，又不是和事实不一致，因为事实既不能否定，又不能证实它们。

在被观察的事实可以融化在无限的不同的假说中，什么标准支配我们选取其中一种？对这个约定主义的关键问题，彭加勒毫不含糊地回答——简单性。“在一切可能的概括中，我们必须选择，而且只能选择最简单的。因此，我们被引导而行动，在其他事物等同的条件下，好像一条简单的定律比一条复杂的定律有更大的或然性。”我们选择最简单的定律，不是因为自然喜爱简单，从而 632
最简单者在客观上真实，只是有利于思维经济。反常的喜爱复杂超过简单的解释性的假说，会使科学事业遭到失败。“在相对少数实验的基础上，制订一般、简单和精确的定律，……因此，我们只遵从人类精神不能解脱的必然性。”

彭加勒把他的约定主义应用于他特别擅长的两门科学：数学和物理学，在他解释数学基础方面，他同样拒斥唯理主义和经验主义。历史上各种先验主义的形式都不能令人满意：几何学公理不是像笛卡尔声称的那样，为先验的直觉；数学也不是以莱布尼兹试图的方式，从矛盾原则分析推导出来；康德试图证实数学为建立在关于时空的纯粹直觉上的综合的先验真理的体系，是不成功的。彭加勒认为穆勒对数学作经验的论述依然不可取：几何公理不是关于知觉的空间特性的归纳概括。经验确实在几何学的产生上起到不可缺少的作用；但是，推断几何学甚至在部分上是实验的科学，则是一种错误。“如果它是实验的，它就只能是近似和暂时性的。”

① 此处引文和以下的引文见于题名为《科学基础》的彭加勒的三部著作的哈尔斯台德的英文翻译本。

彭加勒认可约定主义真正有别于唯理主义和经验主义：几何的所谓公理是公设，即不是因其真，而是以其方便才被采取的假设。经验“告诉我们不是哪一种是最真实的几何学，而是哪一种最方便”；因此，几何学不是实验的科学，它却是“恰好产生于经验的”科学。彭加勒正是在非欧几何学的系统方面来证实他对数学所作的公设的解释：被观察的现象可以融化到欧氏几何或一种非欧几何系统中；他说，不可能想象一种具体的实验能够用欧氏系统解释，而不能用罗巴捷夫斯基系统，即一种非欧系统，予以解释。没有一种经验竟和欧氏公设相矛盾；另一方面，也没有任何经验会和罗巴捷夫斯基的公设相矛盾。因此，任何几何学公设，无论是欧氏或非欧氏的，都是无可反驳，也是不可确证的；必须解释为不可证实（和不可证伪）类型的假说，因为简单方便而被采用。

在他卓越而有启发性的论文《科学的价值》中，彭加勒写道：
633 “数学有三重目的。它必须为研究自然提供工具。然而，这不是全部：它有哲学的目的，而且我敢于主张，还有审美的目的。……它的科学职能是为我们表述关于自然的知识，提供简单、精确和经济的语言；要表述如此精致、丰富和精确的关系，平常的语言太贫乏，而且还太含糊。”数学的哲学职能在于促进哲学家研究数、时间、空间、量和有关联的范畴。但是，最重要的是，彭加勒赞扬数学中固有的美学价值。“数学能手在数学中感到同由绘画和音乐所引起的类似的快乐。他们赞美数和形精致的和谐；他们惊异新发现为他们开拓未曾预料的前景；他们这样感受的乐趣不具有审美的性质吗，即使没有感官参与其间？”在《科学与方法》论“数学创造”卓越的一章中，彭加勒表现出他对数学家的创造过程深刻的洞见。他从心理方面非常精辟地描述了他自己的一个数学发现；这个论述证明，数学创造需要长期的准备阶段，在获得最后洞察方面无意识过程的作用,类比、直觉和想象的自由活动的重要性以及最后伴随终于成功的审美的满足和几乎神秘的兴奋。

照彭加勒来看,物理学,特别是力学,是第二种科学,在那里约定的假说起到不可缺少的作用。他对伽利略和牛顿的经典力学中的基本概念和作基础的假设进行了批判的详尽的研究,断定它们在很大程度上是约定的。关于力、惯性、绝对空间和绝对时间的基本假设,是约定的,意思是说,既不能证实,又不能证伪。彭加勒的约定主义在物理学中像在数学中一样,为唯理主义和经验主义之间的传统的争论,提出第三种重要的可能性。约定主义对数学的基本公理和自然科学的根本假设的认识论的特性作出了似乎合理的论述,避免了先验真理论独断的自负和后验真理论的盖然性。约定主义力图把唯理主义的精确性和严密性同经验主义实验上的丰富性结合起来。

参　考　书

彭加勒的著作:《科学和假说》,1902年,英文翻译版,1914年;《科学的价值》,1905年,英文翻译版,1907年;《科学和方法》,1909年,英文翻译版,1914年。由G.B.哈尔斯台德英译的以上著作总括成一卷,即《科学的基础》,1946年。

第二节　实用主义 634

(一) 实用主义和经验主义

威廉·詹姆斯描述实用主义为"一些旧思想方法的新名称"。这是他的著作《实用主义》一书的副标题,或许是詹姆斯过度谦虚地承认实用主义受益于较早的经验主义的思潮,特别是从洛克到穆勒的古典的英国经验主义，以及像马赫、彭加勒、奥斯瓦尔德和杜恒这样思想家的大陆的实证主义。但是，实用主义不是较早的经验主义和实证主义哲学单纯的折中的总和；它是导源于自然科学并应用于哲学上的一种探究方法和关于意义与真理的理论。从十七世纪和十八世纪唯心主义大规模的标准来看，实用主义不是，也不自认为是一种思辨的哲学体系。在重新考察哲学的传统问题方面所取得的任何统一性，都得自它的经验的——实用的方法及其诉诸证实和意义的实用的原则，这由C. S. 皮尔士以卓越的理论精确性予以阐明，被詹姆斯、杜威和C. I. 刘易斯发挥和应用了。

（二） 查理·桑道尔斯·皮尔士

美国的实用主义的开端可以追溯到C. S. 皮尔士(1839—1914年)，他在一篇题名为《怎样弄清我们的观念》划时代的论文中，阐明了实用主义原则，这篇文章发表在1878年一月份《通俗科学月刊》上。皮尔士的实用主义原则，正如文章的标题所表明的，是一种箴言，目的是促进概念和命题意义的清晰性。像实用的箴言所规定的，一个思想上的概念或观念的意义是这个概念可以设想的实际后果："要确定一个思想上的概念，应该考虑从那个概念的真实性可以设想必然产生的什么实际结果；这些结果的总和构成那概念的全部意义。"[①] (5.9)关于实用的箴言的另外一种论述——最经常被援引的一种——是取自《通俗科学月刊》的论文，如下："考虑一下，我们设想我们的概念的对象具有什么效果，而这种效果是能够想象得到地会产生什么样的实际影响。因此，我们关于这些效果的概念，就是我们关于这个对象的概念的全部。"(5.2)我们要防止在皮尔士关于实用箴言初始的论述中，注入他有时过分

① 关于皮尔士引文的解释，见原版第638页书目。

热情的门徒所发挥、嗣后被认为属于他的学说。正如皮尔士所承认的，“实用主义不是世界观，而是一种反省的方法，以使观念清楚为目的”；(5.13 注)它甚至不是真理论，而仅仅是确定概念意义的一种技术。皮尔士自己的例证清楚地表明像他所设想的实用原则的有限的意图。他应用硬度和重量两个例证：“……让我们提问，我们称一个东西是硬的，是什么意思。显然它不会被许多其他物质的东西抓破。这个性质的全部概念，像每一个其他性质的概念一样，在于它可以设想的效果……其次让我寻求一个清楚的重量的概念……说一个物体是重的，意思只是说，没有对立的力量，它会跌落。”(5.40)观念的意义是由其可以设想或预料的效果构成的；因此，决定一个概念的意义是一种思想、理智活动；不需要实际执行设想的行动。皮尔士警告我们，如果实用主义“实在使作为成为生活的最高目标，那就是它的死亡。因为要说我们生活只是为了行动，即不顾及它所贯彻的思想的行动，这就是说没有合理的目的这样的东西。”(5.429)

635

皮尔士的方法论的洞察虽然重要，但是，因为他处于实用主义思潮创始者的地位，有时为人过分强调，而忽略他的体系的其他方面。皮尔士是个广博而有创造性的哲学和科学天才，他的崇拜者认为可以同莱布尼兹相比。像莱布尼兹的情状一样，阐述他的体系非常困难，因为他的哲学著作是支离零散的，他未能写出任何唯一的代表作。不过，我们能在他著作中辨认出他的体系的纲要。

(1) 符号学和认识论

皮尔士论述认识的核心是“符号学”或符号论。一个符号是用以指谓离它自己而独立的客体的任何东西。例如，“三角形”这个词是代表和指谓几何图形的一个符号。皮尔士描述应用符号的情境，区分(1)符号本身(说或写“三角形”这几个字)，(2)符号的客体

(作为指定的客体的三角形),(3)符号的“诠释”,是另一种符号,有解释或翻译原有符号的作用(“三角形”的诠释是“三个边的一平面图形”)。照皮尔士来看,应用符号是心灵,即诠释者的特权,使用和诠释符号的心灵或许应该列为符号情境中的第四种可以分辨的
636 因素。皮尔士的符号论是他的全部认识论的基础;在知觉的认识中知觉是被知觉的客体的符号。他的知觉论主要是实在论的。“没有什么东西防止我们如实地认知外界的东西,我们在无数的情况下这样认知它们,这最可能……”(5.311)就他的符号论的情境而论,皮尔士主张符合真理论:只要被认为是符号的命题和命题所指谓的客体相符,这个命题就是真的,探求真理是向理想的真理渐次推进——这种理想是永远不能完全实现的。皮尔士否定可以达到绝对确实、直觉的真理——他的易谬主义学说——是他的认识论的特征。易谬主义原则实际意味着没有一种综合命题能够最终而完全证实。“有三种事情我们永远不能希望达到,即绝对的确实性、绝对的精确性和绝对的普遍性。”(1.141)但是,不要把易谬主义和不可知论或怀疑论混淆起来。一切事物都是可知的,意思是说,只要我们的钻研进行到足够的深度,任何意义清楚的问题都是可以回答的。即使不可能认知每一事物,每一事物却是可知的。随着知识往前推进,我们越来越以不断增加的确实性来认知,虽然我们永远不能以绝对的确实性认知任何事物,也不企望认知每一事物。没有一个数字足够巨大“来表述尚未认知的数量和已知数量之间的关系。”(5.409)

(2) 现象学和本体论

形而上学包括认识论(关于认知的科学)和本体论(关于实有或实在的科学),对皮尔士来说,是一种观察的科学:“形而上学,甚至坏的形而上学,建立在观察上,无论是有意识或无意识地……”

(6.2)严格应用皮尔士的实用的原则剥夺了大部分传统的形而上学的全部意义；而皮尔士却自信，从哲学中取消伪—问题以后，“哲学中剩余者将是用真正科学的观察法能够钻研的一系列问题”。(5.423)合法的一种形而上学植根于现象学，即“一种科学，它……不过如实地沉思现象，只是睁开它的眼睛，描述它所见的……”(5.37)皮尔士的现象学和胡塞尔的现象学有许多密切的关系：二者都试图描述呈现的现象，二者都集中注意现象中普遍或本质的 637
因素。但是，皮尔士的现象学在某些方面比胡塞尔的现象学更激进；1898 年讨论胡塞尔，皮尔士悲叹他认为是胡塞尔现象学基础的没有希望的心理情况。(参看 4.7)

现象学的探索指向现象经验中普遍、无所不在的方面——这就是关于范畴的学说。从每一个范畴都从属于每一种现象来看，范畴是一般和普遍的，虽然在一种呈现的现象中，一种范畴比另一种更重要。皮尔士认为只有三种范畴对解释现象来说是必要和充足的；它们被称为第一位、第二位和第三位*，我们对其逻辑理由将不予以解释。第一个范畴，即关于第一位的范畴，“包括现象的性质，诸如红色、苦味、沉闷、硬度、伤心和崇高等等……”(1.418)性质不是赤裸裸的殊相，毋宁是关于属性本质的本性的性质；而且它们相互融合，就视觉和听觉性质的情况而言，构成有秩序的系列或体系。皮尔士饶有趣味地提示，如果我们的经验不是支离零散的，一切性质会组成一连续而无突然界线的体系。(参看1.418)皮尔士对性质作现象学的描述，保持彻底经验主义的框架，却与沿袭英国传统的休谟及其追随者的属性上的原子主义有显著的不同：休谟的印象是个别的、分立的、在性质上是不连续的，而皮尔士的性质

---

* 原文为 firstness, secondness, 和 thirdness, 也可以译为第一性、第二性和第三性。

是一般的、相互渗透，可能是连续的。皮尔士以实在论的观点解释现象的性质，避免了休谟理论的心灵主义和心理主义。第二个范畴，即关于第二位的范畴，包括现象经验粗野的事实性。

性质，作为性质，是一般、有点模糊和潜在的，而事实则是个别、确定和现实的。皮尔士谈到事实的“粗野性”，意指事实抵制我们的意志。通过感觉而直接为人理解的物质，是粗野的事实性的这方面的典型。第二位是这样的粗野的事实性的因素，它是在我们感觉的执拗性以及事物和事件的偶然性和符合中，使我们遭遇到的。(参看 1.419、1.431)第三个范畴，即关于第三位的范畴，标志事物的规律，同事物属性和事实性有区别。关于现象的规律不只关涉一切现实的事物，而且关涉一切可能的事物，因而是一般的。“集合的事实不能构成规律；因为规律超越完成了的事实，决
638 定可能的、而其全部永远不能出现的事实，如何为人表明其特性。”(1.420)性质、事实和规律的形而上学范畴穷尽了现象的本质的范畴；不需要其他范畴来解释现象世界。

需要把皮尔士划入有创见的思想家的行列——像苏格拉底、奥古斯丁和莱布尼茨——他们聪颖的头脑向许多方面发展，为后来更加系统的哲学提供了创始的观念。在他的哲学里的创始的观念中，我们已经注意到他的实用主义、实验主义、现象学、实在论和易谬主义；在他丰富的思维中的这些和其他倾向已经产生了影响，有把握地预断在二十世纪后半叶，皮尔士将继续影响的，不只是实用主义者、工具主义者、操作主义者和实证主义者，还有实在论者和唯心主义者。

参　考　书

《查理·桑道尔斯·皮尔士论文集》，C·哈尔特寿恩、P. 维斯编，1931—

1935 年由哈佛大学出版社出版，共六卷如下：Ⅰ、《哲学原理》；Ⅱ、《逻辑基础》；Ⅲ、《精确的逻辑》；Ⅳ、《最简单的数学》；Ⅴ、《实用主义和实效主义》；Ⅵ、《科学的形而上学》。以上论述中所有的引文都指的是《论文集》中第几卷和第几段；比如 5.9 指的是第五卷，第 9 段，1939 年出版的 J. 布迟勒的《查理·皮尔士的经验主义》包括对皮尔士的逻辑和认识论学说的解释，阐明皮尔士经验主义和近代逻辑实证主义的关系。1946 年出版的 J. 费布尔曼的《皮尔士哲学导论》阐述皮尔士的全部体系，包括皮尔士思想发展的论述，皮尔士和康德、邓·司各脱、达尔文和笛卡尔的关系，还考虑到皮尔士对詹姆斯、罗伊斯、杜威和近代实证主义与实在论的影响。

（三） 詹姆斯的实用主义

威廉·詹姆斯（1842—1910 年）于 1898 年 9 月，在加利福尼亚大学的哲学会上发表的演讲中，用这些话重新陈述了皮尔士的实用主义公式：

> 要使我们有关一个客体的思想完全清楚，我们只需考虑这个客体会牵涉到属于可以设想的实际的一种的什么效果——从它那里我们期待什么感觉，我们必须准备什么反应。那么，我们认为我们关于这些效果的概念，就是我们关于这个客体概念的全部，只要那个概念毕竟有积极的意义。[①]

这样阐明的实用的箴言，对詹姆斯来说，像它一直被皮尔士认定的那样，是弄清我们的观念的方法——是我们的概念和命题有意义的试金石——詹姆斯提出关于意义的实用主义的检验，“是解 639
决形而上学争端的方法，否则这种争端便不会休止。”[②] 他认为如果不同的形而上学争端，比如唯物主义和唯灵主义，没有构成实际

① 《论文集》，第 411 页。
② 《实用主义》，第 45 页。

的差异，那么，“不同的观点实际上意指同样的东西，一切争论都是无聊的”。詹姆斯所展开的实用主义不只包括意义论，还同样包括真理论，詹姆斯这样扩大了实用主义的范围和职能，远远超越了皮尔士比较谦虚和有限制的阐述。实用主义作为真理论，断言“任何观念卓有成效地把我们从我们经验的一部分带到另一部分，圆满地联结事物，稳妥地发生作用，节约劳动，正是在这些事情上是真的，在这样的程度上是真的，**在工具的意义上**是真的。”[①]“**真**……**只是思维方式的方便手段，正如正直是人的行为的方便手段一样**。”

实用主义是按照命题能否达到我们的目的、满足我们生物性和情感上的需要，来决定其真伪的方法；一个真命题是这样的命题，照此行事，导致成功，一个假命题则是造成失败和挫折的命题。在真理的定义方面，詹姆斯引进同满意、方便、实践性和工具性的关联，他激进地改变了皮尔士比较从思想上对实用主义阐述的面貌*。

640 （1） 多元的宇宙

实用主义是确定包括哲学在内的一切领域的真理的方法：在考察詹姆斯用以解决一元论和多元论之间的争论这样的实际的哲学问题的方法上，我们能够最清楚地了解这种实用的方法的性质。詹姆斯认为在实用的意义上多元论比一元论可取。**

643 （2） 哲学心理学

詹姆斯的伟大著作《心理学原理》，不仅是在狭义的科学意义上是关于心理学的论著，而且是对有关心灵的性质和职能的较广的哲学问题的重要贡献。他的心理学确实是一种哲学心理学或有

---

① 《实用主义》，第 58 页。

* 以下一段，见原版第 567 页。此处译文从略。

** 此段其余部分以及第 640—643 页各段，见原版第 566—670 页，此处译文从略。

关心灵的哲学，它在分析心智生活事实的过程中，提出并至少试图解决有关心灵、意识、自我和自由意志的主要问题。詹姆斯坚定地确信，内省，即由心灵对它的内容和操作作反思或回顾的考察，尽管不是唯一的心理研究方法，却是心理学中不可缺少的技术。这是心灵关于它自己的过程和活动的探索。詹姆斯相信自我观察虽然有困难，却是可能的，而且会产生在科学上正确的结果；詹姆斯本人就是一个无与伦比地精微准确的内省主义者。但是，詹姆斯无意用内省的方法取代心理学中生理和实验的方法。他在医学方面的训练给他留下这样的印象，意识的职能依赖身体，特别是大脑的条件。“没有心智的变更会出现而不伴有或跟随身体变化的。”[①] 这是他的心理学的基本原理。因此，内省是对身体反应的实验室的测量的补充，而不是代替物。这说明了显然异常的现象，詹姆斯在心理学上宣扬内省方法，却为约翰·B. 瓦村的行为主义学派铺平了道路，这个学派诋毁内省为虚幻和不科学，只依赖限于在行为上应用的观察技术。

詹姆斯内省的发现确实值得注意；他区分了意识现象，这种现 644
象不是完全为以前的心理学家所忽略，就是由他们作出模糊的勾画。他的许多内省的洞察不只是在心理学上重要，而且具有深远的哲学意义。詹姆斯“意识流”概念是他的一种最独特的灼见，同传统上关于心灵的性质的心理学和哲学的论述，即感觉主义和唯灵主义相对立。感觉主义或联想主义把心灵看作分立观念的单纯集聚，这种观念以各种方式结合和再结合。根据大卫·休谟的公式，心灵只是一“束”印象或观念。詹姆斯否定这种解释，因为它未能公正地对待心灵有意识的生活的统一性。唯灵主义是与此相对立的理论，在有意识的过程背后置定一个实质性的灵魂。按照詹

① 《心理学原理》，第1卷，第5页。

姆斯的意见,这种理论是蒙昧主义的牺牲品:这样的原则没有经验或内省的证明。区别于这两种观点,他提出意识流学说,这种学说把心灵看作是在意识过程本身中并为它所具有的统一体。

在他的著名的论文“意识存在吗?”中,詹姆斯对标题所提出的问题,以强调“不”字来回答——就是说,如果人意指意识为某种实体或心灵一材料。但是,如果人意指意识为职能上的统一体,毫无疑问,它是存在的。怀特海评价这篇论文,指出詹姆斯对意识的新的职能的看法构成心理学和哲学革命,可以和笛卡尔的“我思”(cogito)相比,这种革命开创了哲学中的新时代[①]。

詹姆斯对意志心理学贡献的革命性,不亚于他的新意识概念。意志曾经在传统上被认为是隐避于灵魂深处的一种神秘的能力,它的决定是任意而不可思议的。詹姆斯不相信官能心理学的蒙昧主义;他通过描述思虑的过程并把这种过程和有意识的生活其他方面相联系,来说明意志。意志不是和意识的其余方面无联系的孤立现象;它毋宁是意识的一般特性的特定情况,即一切观念归结为行动的倾向,除非由敌对的冲突的观念阻止这样做。詹姆斯把观念产生运动的固有的倾向称为“意念发动行动”;每一个意志行动都是意念发动行动的事例。

645 意志的本质在于心灵能够把它的注意力集中到一个观念上,而排除一切其他观念。这样做了以后,明显的行动自动地随之而起。因此,意志自由是心灵控制其注意力的能力。詹姆斯相信人的意志是自由的,其中的理由我们无需讨论。但是,无论我们承认这种最后的结论与否,我们必须肯定他对出于意志的行动的分析在心理学上有启发性,为思考自由意志问题勾勒了脉络。詹姆斯

① 参看怀特海,《科学与近代世界》,第205页以下。

有关意志的心理学的论述，还由于它给我们提供了他后来的实用主义的线索，而有重要意义。无可争辩的是，詹姆斯是靠他的心理学理论中的本质的唯意志主义的指引而趋向实用主义的。在《心理学原理》第二卷中论推理的著名的一章，代替严格地在逻辑上解释推理的枯燥的形式主义和唯理智主义，从明智的角度对推理的过程作心理的描述。推理是解决问题的形式，其目的是人适应其环境。在他的推理的心理学中潜存着詹姆斯自己的实用的知识观和杜威的工具主义的探索论。

参　考　书*

詹姆斯的著作：《论文和评论集》，1920 年；（与 C. G. 朗格合作）《论激情》，1922 年；《哲学选集》，1929 年。

《威廉·詹姆斯的哲学》，H. M. 凯伦编（近代丛书），选自詹姆斯的著作；近代丛书中有《各种宗教经验》，《心理学原理》现在有一卷本。参看《威廉·詹姆斯的书信集》，亨利·詹姆斯编，1920 年；R. B. 培里的卓越著作《威廉·詹姆斯的思想和品格》，1935 年；R. B. 培里，《威廉·詹姆斯著作的注释书目》，1920 年。

A. 曼那尔，《威廉·詹姆斯的〈心理学原理〉的分析和批判》，1911 年；J. 罗伊斯，《威廉·詹姆斯》，1912 年；H. V. 那克斯，《威廉·詹姆斯的哲学》，1914 年；J. S. 毕克斯勒，《威廉·詹姆斯哲学中的宗教》，1926 年；R. B. 培里，《威廉·詹姆斯的精神》，1938 年；J. M. 穆尔，《宗教经验理论》，1938 年；A. A. 柔白克，《威廉·詹姆斯，他的旁注，人格和贡献》，1942 年。

（四）杜威的工具主义和实验主义

约翰·杜威（1859—1952 年）把他的实用主义观点称为“工具主义”或“实验主义”，用这些话来描述它的基本目的和方法：“工具主义通过主要思考思维在实验上决定未来的结果如何起作用方 646

---

* 詹姆斯，《心理学原理》等著作从略。

面，试图构成有关概念、判断和推理在其各种形式中的精确的逻辑理论。”[①] 工具主义类型的实用主义的本质特征是它对结果的关联。“‘实用’这个词只是意指一切思维、一切反思的思考关联到结果作为最后的意义和检验的规则。”[②] 一个判断的意义在于它的预期的结果，它的真理由这些结果的实际证实来确定。例如，任何类型的判断——包括对事实的直言判断——被认为是包括所谈判断的预期结果的、一组假言判断：“一切陈述发现或探知的命题、一切直言命题就会成为假言命题，它们的真实性就要和它们被检验的结果相符合……”[③] 按照杜威来看，用以检验一个判断的意义和真理性的结果不限于是引起情感或审美的满足的那些；他的实用主义观点“不是因为关涉到情感的满足或欲望活动而复杂化。”[④] 一个命题即使不投合个体的审查者的志趣，也可在工具的意义或实验的意义上是真的。

杜威在其早期的逻辑论文中提出的工具主义的理论，在 1929 年的《确定的追求》中坚持下去，在 1938 年出版的《逻辑：探索的理论》中得到最系统的阐述。在其中的第一种著作中，工具主义的立场是用 P. W. 布雷治曼所提出的关于科学概念的意义的操作理论的语言来申述的。杜威赞同地援引布雷治曼的论点，“我们意指任何概念无非是一组操作；概念和相应的一组操作是同义的。”[⑤] 杜威把概念定义的操作技术和强调的实用结果结合起来，提出“根据要履行的操作以及由这些操作的结果对观念有效性的检验，来作

① 《观念的历史研究》，第 2 卷，第 353—371 页；重印见 D. S. 罗宾逊，《近代哲学选集》，第 431—445 页。D. D. 茹恩斯，《二十世纪哲学》，第 451—468 页。

② 《实验逻辑论文集》，第 330 页。

③④ 《实验逻辑论文集》，第 347 页、第 347 页。

⑤ 杜威在《确定性的追求》，第111页，引自布雷治曼《近代物理学的逻辑》，第5页。

观念性质的定义……”[1]这样，操作主义就补充和加强了杜威早期实用理论中的工具主义和实验主义。杜威承认操作理论的功绩， 647
认为它第一次构成了“经验的观念论，摆脱了感觉主义和先验的唯理主义同样强加的负担”[2]，相信从历史上考虑，操作主义已经成功地调和了唯理主义和经验主义，这是康德曾经非常大胆地尝试过，却未成功。杜威热情地称述操作主义和科学探索有关的理论为“思想史上三四个杰出的功绩之一”[3]。

杜威原先在四十多年以前早期论逻辑理论的论文之中所陈述的逻辑研究，在给人以深刻印象的著作《逻辑：探索的理论》中取得了成果。在这部著作中他避免用实用主义这个词，因为有许多误解和这称号相连结，但是，他在《前言》中解说，“要妥善的解释‘实用’，即视结果的职能为命题有效性的必要检验，假如这种结果在操作上创始，而且就这样来解决要求操作的特殊问题，以下的论题就是彻底实用的。”在这里我们又看到杜威把概念和命题意义的操作论嫁接到他的基本的工具主义上，构成健康的逻辑有机体。根据这种操作的情况，逻辑的基本形式、规律和原理被解释为假定或规定。杜威否定唯理主义者的这种论断，即逻辑规律是先验原则，坚持主张“它们是探索的而且为了探索的假定，是由条件形成的，是在探索的过程中发现的，如果它们产生可靠的论断作为结果，这会满足进一步的探索。”[4]作为假定或规定的逻辑规律，不比“事前约定订立某种商业协定”[5]的契约规则，更加随意。对逻辑原理作假定的解释，这就把逻辑形式置于具体的经验的情境的领域，与此同时，又说明了唯理的理论所强调的制约的职能。

①②③ 《确定性的追求》，第114页。

④⑤ 同上书，第16页、第17页。

……*

648 这并不是说工具主义赞同形而上学的怀疑主义，在杜威后期
的著作中，特别是在《经验与自然》(1925 年)和《确定性的追求》
(1929 年)中，我们发现他承认某种形而上学和本体论思辨的有效
性，甚至愿意从事认识论的猜测，尽管在许多方面有所保留。“自
然主义的方法要始终一致地遵循，会摧毁以前怀想的事物……但
是，它的主要目的不是破坏性的；经验的自然主义毋宁是一种扬谷
649 机。”① 通过恪守经验的自然主义的方法，杜威认为经验与自然不
是像发源于笛卡尔的近代哲学传统所坚持的那样不相容，而明智
地应用和合宜地理解了的经验，毋宁提供了发现自然的实在的一
种手段。二元论的孤立经验和自然使身心问题成为“一个不可解
决的奥秘”；在笛卡尔派的阐述中身心确实是一个伪—问题。一旦
承认经验中自然、个体的自我和外部世界本质的连续性，身心问题
就解决了。人的有机体现在被看作和自然有动态的联系，在思想
和行动上心灵和自然的联系是完全可以理解的。心灵与自然的连
续性并不排除心理探索和物理探索的分离；可是，它一方面帮助我
们统一心理学的成果，另一方面统一物理学和生物学的成果。**

650 工具主义的探索论使绝大多数的认识论的重点问题没有意
义，这些问题把当代的认识论者划分为实在论者和唯心主义者的
敌对行列。杜威以极其相同的方式，否定笛卡尔派的二元论，坚持经
验与自然的连续性，这消除了一整套形而上学问题——特别是涉
及身心关系问题——，而拒绝严格分离认知的主体和所知的客体，
则避开了认识论中唯心主义者和实在论者、亲接主义者和表象主

* 这一段见原版第 571—572 页，只文字有改动，兹从略。

① 《经验与自然》，第 iii 页。

** 以下三段见原版第 572—573 页，文字安排有改动，兹从略。

义者之间的争端。早在1917年杜威在他给由美国实用主义者发布的合作文集《创造的智慧》所写的文章中，就认为划分认识论的争论，是由他们起初分离认识中的主体与客体而引起的伪一问题。按杜威的意见看来，“近代哲学中的主要派别，不同种类的唯心主义、各式各样的实在论、所谓常识的二元论、不可知论、相对主义和现象论都是围绕主体与客体一般的关系而产生的。”而且，他问道，“哲学家从试图决定对问题的各种回答的可以比较的优越性，转向考虑问题的要求，不是时候了吗？”[①] 关于主观性或感觉材料客观 651
性、知觉的直接的或表象的特性，这样的认识论问题，导源于错误的假定，即意识是自然以外的某种东西，像超然的旁观者观看自然一样。杜威还猛烈地抨击感觉主义和各种形式的新实在论共有的关于感觉材料的原子性学说。为某种目的分析感觉材料或许合理，而由原子式的材料、不是由对事物的通常的知觉出发，由此乃孳生人为的和不可解决的问题。工具主义并非完全排除重要的认识论的探索，如果这种探索的出发点是“日常经验的客体，即我们生活其间的世界中的具体事物，从我们的实际事物、我们的享受和痛苦的观点来看，这些具体的事物构成我们居住的世界。”[②] 杜威从日常的经验的客体出发，描述我们借以进入诸如原子与电子这样的科学客体的推论；肯定这种科学的客体存在并有性质，只是对在特殊条件下要出现的知觉作出预测。杜威对关于物理客体的陈述采取操作的解释，从而避开了有关知觉的客体和物理或科学客体之间的关系的错综复杂的认识论问题[*]。

① 《创造的智慧》，第34页。

② 《确定性的追求》，第195页。

* 下一段见原版第573页，文字略有改动，兹从略。

652 参 考 书

杜威的著作:《心理学》,1887 年;《莱布尼茨的〈新论〉》,1902 年;(与 J. H. 塔夫特合)《伦理学》,1908 年;《达尔文对哲学的影响》,1910 年;《思维术》,1910 年;《德国哲学与政治》,1915 年;《实验逻辑论文集》,1916 年;《民主与教育》;1916 年;(与其他实用主义者合)《创造的智慧》,1917 年;《哲学的改造》,1920 年;《人性与行为》,1922 年;《经验与自然》,1925 年;《群众及其问题》,1927 年;《确定性的追求》,1929 年;《哲学与文明》,1931 年;《艺术是经验》,1934 年;《逻辑:探索的理论》,1938 年。

《近代世界中的智慧:约翰·杜威的哲学》,拉特纳尔编并附有导言,1928 年(选自杜威的著作);M. H. 托玛斯,《约翰·杜威的书目》,1882—1939 年;A. W. 穆尔,《实用主义及其评论者》,1910 年;D. T. 郝瓦尔德,《约翰·杜威的逻辑理论》,1918 年;W. T. 费尔德曼,《约翰·杜威的哲学》,1934 年;S. 胡克,《约翰·杜威》,1939 年;《约翰·杜威的〈逻辑:探索的理论〉评论文集》,《哲学杂志》,第 xxxvi,第 21 期(1939 年 10 月 12 日);P. A. 施尔普编,《约翰·杜威的哲学》(在世哲学家丛书),1939 年;S. S. 怀特,《F. C. S 施勒和约翰·杜威的哲学比较》,1940 年;M. G. 怀特,《杜威工具主义的起源》,1943 年;H. S. 萨耶尔,《实用主义的逻辑:考察约翰·杜威的逻辑》,1952 年;J. L. 柴尔兹,《美国的实用主义与教育》,1956 年。

(五) 概念的实用主义和关联主义

克拉伦斯·艾尔文·刘易斯(1883—1964年;从1930年起任哈佛大学教授一直到 1953 年退休)制订了有关意义、知识和证实的实用理论的观点,这大大加强了实用哲学的理论基础。他称他的立场为概念的实用主义,这种立场利用近代符号逻辑的技术,非常清楚地表明它是实用的认识论的明确的阐述。刘易斯在 1929 年出版的早期著作《心灵与世界秩序》中,阐述概念的实用主义的主要论点如下:“在我们的认识经验中有两种因素,即像呈现或给予心灵的感觉材料那样的直接材料,以及代表思维活动的形式、构造

或解释。"①知识中实用的因素存在于它的形式或先验的方面,而
不存在于经验或事实的方面;这种因素在于根据范畴和概念来解
释经验,而范畴和概念是按照人类需要由心灵本身决定的。这种
概念和原则虽然不是由经验派生而来,却能决定经验,因而是先验
的。刘易斯理论中实用的先验表明它受有康德理论的影响,但是
没有康德理论那样刻板和绝对。康德坚持一个专一的必然的范畴
体系的有效性,刘易斯的先验却容许有可以选择的概念体系来描
述经验。"解释的概念和原则要随着历史的变化而有所不同,从这
种概念和原则来看,可以有'新真理'"② 刘易斯的实用理论在他的 653
比较新近的《关于知识和评价的分析》中得到进一步的发挥,这部
书从意义论进到认识论,从那里又跨入价值论。这部书的主要论
点是:(1)没有综合的先验的陈述;先验的陈述毫无例外地是由分
析其意义而可以获得的;(2)属于"表述"类型的经验的陈述,阐述
直接呈现的经验内容,而非表述的经验的陈述,则按实用的方式被
解释为对行动结果的预断;(3)价值判断在确证的形态方面,和其
他种类的经验的陈述根本不同。他的实用主义非常清楚地来自他
关于"非终端"的经验判断的论述:这样一种判断的意义是一套预
断,涉及没有终结的一系列后果。这种意义的概念使皮尔士的实
用原理进一步精确了。

参　考　书

刘易斯的著作:《符号逻辑概论》,1918 年;《心灵与世界秩序》,1929 年;《关于知识和评价的分析》(保罗·喀拉斯演讲录,第七集),1946年;《权力的根

---

① 《心灵与世界秩序》,第 38 页。

② 同上书,第 267 页。

据和性质》,1955 年。

F. S. C. 诺斯柔普提出一种认识论,这种认识论类似刘易斯的理论,强调在知识构成中公设体系的作用。诺斯柔普(1893—)划分“直观的概念”和“公设的概念”之间的基本区别,前者的全部意义是直接把握的(例如,关于“蓝”的感觉概念和关于“需要”的内省概念),后者的意义全部或一部分是由它在其中出现的演绎体系的公设来指明的(例如,电子的概念)[①]。这两种类型的概念属于两种不同的论域,把它们结合成像“电子是蓝的”这样一个单一的命题中,则只能产生混乱和胡言。直观的概念同“人类知识”的“感性成分”有联系,而公设的概念则同其“理论成分”有关联。虽然这两种成分十分不同,可是把感性成分融合到理论成分中,却是一切科学和哲学知识的一项主要任务。这种融合,是通过在一方面是事物直观或感性成分和另一方面是它的公设或理论成分之间、诺
654 斯柔普称之为“认识的”(epistemic)相互关系而获得的。尽管在构成假说上他依赖公设的技术,诺斯柔普的理论,不像刘易斯那样,强调在选取不同的公设体系中所涉及的实用因素,相反,他提出一种类似怀特海的实在论的自然主义的认识论和形而上学。“借助假说的方法和它的间接的证实的形态,我们能够了解我们自己和自然中实体的结构和秩序,这种结构和秩序有一种特性,有别于、不同于在直接感觉的感性的连绵中直接感觉的性质的关系和秩序。”[②]

参　考　书

《科学与第一原理》,1931 年;《东西方的汇合:关于理解世界的探索》,1947 年;《关于自然科学与人文科学的逻辑》,1947 年。

---

① 参看《自然科学与人文科学的逻辑》,第 128 页。

② 《东西方的汇合:关于理解世界的探索》,第 451 页以下。

（六）关联主义

关联主义是实用主义的后裔，它像它的母体实用主义一样，提出一种相对主义的认识论，强调知识的约定主义和公设的特征、知识中后果的作用以及知识与行动的融合。哲学体系是解释一切经验领域——包括常识、科学和价值—经验——的不同假说，这种观点是斯蒂芬·派普尔在他的《世界—假说》一书中提出来的。他认为有四种相对合宜的世界—假说：(1)形式主义（关于本质或共相的理论）；(2)机械论（由机械论和唯物论的哲学作代表）；(3)关联主义（涵蕴于实用主义中关于“有关联的”实在的理论）；(4)有机主义（把实在解释为一种有机的有结构的整体）。每一种世界—假说都有它的“根本—比喻”或基本类比、它的方法论和认识论的设想以及它的形而上学的分支。这四种竞相争胜的世界—假说在相对的合宜性方面是相等的，因为一切事实都可以吸收到这四种理论中的每一种的关联中，没有事实的证据反对其中任何一种。派普尔驳斥约定主义的这种观点，即敌对的哲学假说不过是任意的约定或公设，但是，他有关借以解释一切事实的不同的哲学的理论，似乎暴露了公设或约定主义的偏见。而且，尽管他强调并一再坚持四种世界假说在相对的合宜性方面是相等的，派普尔却显示出他对关联主义的强烈的偏爱。关联主义以及和它相联系的有关知识的实用的和约定主义的理论，是四种世界—假说中同派普尔自己的观点，即有四种不同的哲学理论，最相和谐的一种。

655

第三节 近代实证主义倾向

（一）抨击形而上学

近代哲学中最有影响的思潮之一是逻辑实证主义，它发源于二十年代早期的“维也纳学派”，在历史上和休谟的怀疑的经验主义、马赫和彭加勒的科学的约定主义有紧密的联系。维也纳学派最初的成员大部分是在哲学以外的领域中的专家：莫里茨·石里克（1882—1936年）是这个学派在其发端时期的中心人物，曾经是物理学家，最初的一组包括物理学、数学、历史和社会学专家。

逻辑实证主义在其短暂的发展过程中，发生许多根本的变化。在这思潮的不同的代表中有很大的差异，但是，实证主义立场的主要的纲要是明显地突出的。实证主义的主要核心是应用证实性作为意义的标准：一个经验的陈述如果、而且只有如果通过诉诸经验可以证实，它才含有意义或富有意义。证实原则“最强烈”的形式要求，如果一个陈述要有意义，它应该容许由直接同经验对质而证实或证伪。例如，“在我的视觉领域内有一块红颜色”就是在这种“强烈”的意义上有意义。维也纳学派的石里克和其他成员坚持狭义上的有意义；但是，这证明太受限制，实证主义者现在一般接受比较宽泛的标准，这个标准既包括直接的证实性，也包括间接的证实性，既包括在实践上的证实性，也包括在原则上的证实性。按照这种修订了的检验来看，像这样一般的陈述，“没有支持的物体会跌落”，关于难以亲临其境的过去的历史陈述，以及像“月亮的那一面有山”，这样在实践上不可证实的陈述，都有意义。

逻辑实证主义研究了知识的经验或后验的方面，以及知识的形式或先验的方面。在形式方面,它借助语言分析的技术和近代数理逻辑的成就,来支撑它的论点,即知识中的先验性是分析的或同义反复。实证主义否定康德所肯定的综合的先验的知识的有效性,和莱布尼兹一样,坚持先验性总是分析的。合法的先验的陈述的唯一类型是表述同义反复者:全部形式逻辑和纯数学是由这样的同义反复组成的。在逻辑实证主义者看来,一切在认识上有意义的陈述,不是在经验上有关事实的可证实的陈述,就是依赖语言 656
的结构或其他符号系统的同义反复的陈述。实证主义的分析知识最惹人注目的哲学后果,是排除几乎全部形而上学为无意义——简直是胡说。传统哲学著作充满这样的陈述,它们既不是有关事实的经验的陈述,也不是分析的同义反复,实证主义者随手从古典哲学家那里几乎任意选取陈述,来证明形而上学大都是胡说的论点。

如果根据实证主义的标准,一切或大部分形而上学的论述被贬入胡说而被人遗弃的领域,哲学的职能是什么呢?在实证主义的框架以内,哲学有几种合法的任务。一个哲学家可以作出有关宇宙论的思辨的概括,这种概括由物理、天文和生物科学中的事实证据推导而来。对于物理宇宙过去的历史和生命起源的猜测,可以是有意义的有关事实的假说,至少在原则上可以证实。实证主义者特别怀疑宇宙论理论的有效性,但是,并未否定这种理论为形而上学的胡说。哲学还有完全合法的任务,即分析哲学概念,其结果为澄清哲学的意义。例如,实证主义者可以承认阐明诸如可能性、存在、盖然性、因果关系这样的哲学范畴有某种哲学意义。但是,他认为这样对概念和"范畴"研究的结果是纯粹分析的和同义反复的——它们不能像康德设想的那样为综合的先验的知识提供根据和基础。即使不能希望关于语言类型的哲学分析产生综合的真理,这种分析可以有意义和富有成效。

鲁道尔夫·卡尔纳普(1891—1970年;《世界的逻辑结构》,1928年;《哲学与逻辑语法》,1935年;《语言的逻辑语法》,1937年)现在是发源于维也纳的实证主义运动的领导人物。他于1926年加入维也纳学派,1936年到芝加哥大学,现在在洛杉矶加利福尼亚大学。主要是卡尔纳普把新实证主义移植到美国的,在那里它继续对美国哲学思想产生深刻的影响。实证主义令人惊异而成功地适应美国的情境,一部分由于它固有的生命力和灵活性,还由于它投合像实用主义和操作主义这样的美国哲学倾向。卡尔纳普
657 对实证主义的立场予以最有力而精确的阐述,是他主要把早期受到限制的逻辑实证主义转化成当前比较灵活、在哲学上容忍的逻辑经验主义。逻辑实证主义在它的反形而上学方面认定,科学知识由逻辑和数学的形式科学中的分析真理,以及经验科学中的事实真理所组成,穷尽了一切可能的知识;因此,传统的形而上学既非形式科学,又不是事实科学,是不可能的。形而上学和认识论的问题都是伪一问题,传统哲学所提出的解决办法是无意义的胡言。卡尔纳普的逻辑经验主义采取它现在的语言学的形式,仍然保持早期实证主义的反形而上学的要求,但是,在赋予哲学以探究语言的结构和职能的重要任务方面有所不同。澄清语言及其意义的任务在三个学科内进行:(1)句法学,关注语言符号形式上的相互关系,使句子构成的结构上的规则以及掌管它们相互之间的逻辑推导的规则系统化;(2)语义学,关注通过参照语言以外的事实,对名词和语句的意义的分析,研究同名词和语句经验上的意义和真理性有关的问题;(3)语用学,研究语言在它的心理和社会情境中的职能。

实证主义在英国繁荣起来,在那里路德维希·维特根斯坦(1889—1951年)著有《逻辑—哲学论》(1921年)和《哲学研究》(1953

年)，曾经是主要人物。主要由于实证主义接近导源于休谟的英美经验主义，这可以说明它在英国和在美国一样，受到赞赏的欢迎。在英国G.E.穆尔和B.罗素的分析和经验哲学提供了有利于欢迎实证主义的哲学气氛，正和在美国本土的实用主义为欢迎实证主义铺平了道路，情况极其相仿。在《逻辑—哲学论》中，实证主义消极的和反形而上学的主题得到极其突出的阐述："关于哲学问题所写的大部分命题和问题不是错误，而是没有意义的。因此，我们根本不能回答这类问题，而只能说它们没有意义。"[①] 虽然哲学，被认为是关于实在的真命题的科学，是不可能的，因为涵括一切真命题整体的自然科学穷尽了这类真理，哲学却承担澄清语言所表达的意义的无价的职能："一切哲学都是'批判语言'。""哲学的目的是在逻辑上澄清思想……一宗哲学工作完全由阐明所组成。哲学的 658
结果不是一些哲学命题，而是弄清我们的命题。"[②]

(二) 实证主义和伦理学

实证主义的分析已经扩大到伦理学和价值—理论领域。实证主义者可以通过两种方式把伦理的和其他的评价吸取到他的理论中：一方面，他可以认为伦理学为关于被看作事实的评价的经验的陈述；或者他可以看待伦理的陈述是非认识性的。石里克在他的《伦理学问题》中采取了第一种方式："价值、善不过是抽象，而评价、认可则是现实的心理现象……我们必须放在伦理学中心位置的问题，是心理—逻辑问题。"[③] J.A.艾尔文对伦理学采取了同样的有关事实的心理学的研究方式："我们的分析提示伦理学的合

① 《逻辑—哲学论》，4.003。

② 同上书，4.112。

③ 《伦理学问题》，D.瑞茵英译本，第21页以下。

宜的方法，是研究作为事实的无可否认的道德意识……因此，伦理学必然要成为有关道德意识的科学。"[①] 按照这种实证主义观点，伦理学的内容是有关评价的事实和心理方面的陈述，以及这种陈述在道德和社会行为中的道德功效。

还有和实证主义立场一致的另外一种研究伦理学的方式，它把伦理的和其他的评价陈述看作是非认识性的。例如，艾耶尔断言，一类伦理的陈述——规劝有道德德性——"根本不是命题，而是呼喊或命令，目的是要激励读者采取某种行动。"[②]"偷窃，是错误的"这个陈述，不过表示非难盗窃；"你应该说实话"这个句子，等于"说实话"的命令。在这些情况下的伦理字眼是纯粹"表现感情的。"C. L. 斯蒂文森的《伦理学与语言》中有关伦理学表现感情的观点是十分有启发性和创造性的。斯蒂文森对伦理的陈述的语言分析，证实实证主义理论的多面性，在澄清认识性的陈述和非认识性的陈述方面的实证主义分析，是富有成果的。

参 考 书

M. 石里克，《哲学的未来》，载《哲学方面的和平出版物汇编》，1932 年；R. 卡尔纳普，《哲学与逻辑语法》，1935 年，《可检验性与意义》，载《科学的哲学》，1935—1936 年；M. 石里克，《伦理学问题》，1930 年，D. 瑞茵的英译本，1939 年，《意义与证实》，载《哲学评论》，1936 年；A. J. 艾耶尔，《经验知识的基础》，1940 年；H. 费格尔，《逻辑经验主义》，载 D. D. 茹恩斯编，《二十世纪哲学》，1943 年；C. L. 斯蒂文森，《伦理学与语言》，1944 年；H. 费格尔和 W. 塞拉斯，《哲学分析资料》，1949 年；G. 柏格曼，《逻辑实证主义》和《语义学》，载 V. 弗谟编《哲学体系史》，1950 年；J. 姚根逊，《逻辑经验主义的发展》，1951 年；R. 冯·米西斯，《实证主义：人类知性研究》，1951 年。

① 《在伦理学中趋向彻底的经验主义》，载 H. M. 凯伦和 S. 胡克编《今天和明天的美国哲学》，英文版，第 243 页。

② 《语言、真理和逻辑》，第 103 页。

图书在版编目(CIP)数据

西方哲学史/(美)梯利著;葛力译.—增订本.—北京:商务印书馆,2015(2023.3 重印)
ISBN 978-7-100-11571-1

Ⅰ.①西… Ⅱ.①梯…②葛… Ⅲ.①西方哲学—哲学史 Ⅳ.①B5

中国版本图书馆 CIP 数据核字(2015)第 210489 号

西 方 哲 学 史

增 补 修 订 版

〔美〕梯利 著

伍德 增补

葛力 译

商 务 印 书 馆 出 版

(北京王府井大街 36 号 邮政编码 100710)

商 务 印 书 馆 发 行

北京艺辉伊航图文有限公司印刷

ISBN 978-7-100-11571-1

2015 年 11 月第 1 版　　开本 850×1168 1/32

2023 年 3 月北京第 9 次印刷　　印张 24⅛

定价:118.00 元